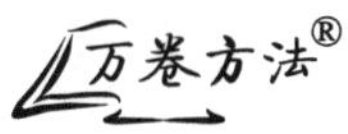

Educational Research:
Quantitative, Qualitative,
and Mixed Approaches
(Fourth Edition)

教育研究
定量、定性和混合方法

（第4版）

伯克·约翰逊 (BURKE JOHNSON)
拉里·克里斯滕森 (LARRY CHRISTENSEN)

马健生 等 译

重慶大學出版社

图书在版编目（CIP）数据

教育研究：定量、定性和混合方法 /（美）约翰逊（Johnson，B.），（美）克里斯滕森（Christensen，L.）著；马健生，等译. --重庆：重庆大学出版社，2015.6（2025.3重印）
（万卷方法）
书名原文：Educational Research: Quantitative, Qualitative, and Mixed Approaches

ISBN 978-7-5624-9020-3

Ⅰ.①教… Ⅱ.①约… ②克… ③马… Ⅲ.①教育研究—研究方法 Ⅳ.①G40-034

中国版本图书馆CIP数据核字（2015）第098571号

教育研究：定量、定性和混合方法
（第4版）
伯克·约翰逊（Burke Johnson）
拉里·克里斯滕森（Larry Christensen） 著
马健生 等译
策划编辑：林佳木
责任编辑：陈 曦 版式设计：张 晗
责任校对：关德强 责任印制：张 策
*
重庆大学出版社出版发行
出版人：陈晓阳
社址：重庆市沙坪坝区大学城西路21号
邮编：401331
电话：（023）88617190 88617185（中小学）
传真：（023）88617186 88617166
网址：http://www.cqup.com.cn
邮箱：fxk@cqup.com.cn（营销中心）
全国新华书店经销
重庆升光电力印务有限公司印刷
*
开本：787mm×1092mm 1/16 印张：35.75 字数：786千
2015年9月第1版 2025年3月第7次印刷
ISBN 978-7-5624-9020-3 定价：96.00元

作者简介

伯克 · 约翰逊（Burke Johnson）

伯克·约翰逊现在担任美国南阿拉巴马大学职业发展专业的教授，他的博士学位来自乔治亚大学教育学院的 REMS（研究、评估、测量和统计）项目。他还拥有心理学、社会学和公共管理学的硕士学位，这为他日后的教育方法研究提供了多学科视角。约翰逊教授出版了多本著作，并在多个期刊上发表了大量的文章，具有一定的影响。他担任 *Research in the Schools* 特刊和 *American Behavioral Scientist* 的客座编辑，并担任 *Educational Researcher* 的编委，还是 Journal of Mixed Methods Research 杂志的助理编辑。

他是 *Research Methods, Design, and Analysis*（2010）的第二作者，他参与 *Dictionary of Statistics and Methodology: A Nontechnical Guide for the Social Sciences* 第四版的编写出版工作；并且他是 *The SAGE Glossary of the Social and Behavioral Sciences*（2009）的助理编辑。

拉里 · 克里斯滕森（Larry Christensen）

拉里·克里斯滕森 1967 年获得南密西西比大学的博士学位。在完成博士学业后，他获得德克萨斯农工大学（Texas A&M University）心理学助理教授的职务。他在德克萨斯农工大学任教了 25 年，并且在 1982 年提升为心理学教授。1994 年他接受了南阿拉巴马大学（University of South Alabama）心理学院的教职，现在仍是南阿拉巴马大学的心理系教授、主任。克里斯滕森博士是三本研究方法和统计学教材的著作者和合著者，其中一本现在已经更新到第 11 版。他发表和出版的同行评议的研究论文、书籍章节和图书多达 70 多篇（本），都是他所涉及的学术领域。他最近的研究领域集中在食物和心情的联系，主要注意力放在对碳水化合物的渴望的研究上。他已经出版两本探索食物和心情关系的著作。

前　言

《教育研究：定量、定性和混合方法》（第 4 版）[以下简称《教育研究》（第 4 版）] 欢迎您！本书是为研究方法入门课程而编写的，美国绝大多数教育学院都要求学习这门课程。我们假设读者之前没有研究方法方面的知识积累。此书可以用作本科教材，亦可用于研究生课程。建议教师在一学期内讲完本书内容。

目的

我们编写这本教材有如下几个目的。

首先，我们希望编写一本既精确又与时俱进的研究方法入门教材。我们有着不同的学科背景，尝试着将各自的观点都包含在书中。约翰逊博士是一位教育研究方法学家，也是项目评估专家，此外，他还具有指导社会学研究生的经验。克里斯滕森博士是一位心理学研究方法学家，也是极为成功的《实验方法论》（*Experimental Methodology*）一书的作者。我们一直密切关注各自学科中研究方法所发生的变化，并将最新信息收录到这本教材里，包括方便有兴趣的读者进一步查阅原始资料的参考书目。

其次，我们尝试编写一本平等对待不同类型教育研究的研究方法教材。不像很多教材那样只强调某一种而忽略其他的研究方法，我们认为，如能仔细而正确地使用，**本教材里的所有主要研究方法都有其优点**。我们将告诉大家每一种方法的长处及其适用情况，展示各领域的专家们如何进行高水平的研究，以及如何选择他们的研究方法。

再次，为了尽可能让学习研究变得更为有趣，我们努力使本书具有相当强的可读性。其实学习研究方法的过程是十分激动人心的。我们对研究方法这一领域都很有激情，而且想在不失严谨的前提下，和你们分享我们的热情。

最后，我们想让读者能够成为研究的批判者和有潜力的研究人员。我们觉得，很多读者在职业生涯的某一时刻很可能会被要求去做研究综述、撰写研究计划、设计问卷或是用实证的方式来验证某个观点。《教育研究》（第 4 版）将帮助您准备上述事宜，并且让您熟练地阅读实证研究论文。

本书结构

我们根据研究过程的主要内容或步骤，将《教育研究》（第 4 版）分为如下几个部分：

第一部分　导论

在这一部分，我们将带您进入教育研究领域。首先我们以宽泛的方式定义科学，说明研究的一般过程。然后讨论归纳推理和演绎推理，接着描述研究过程中的探索（知识产生）和验证（知识验证）的部分。我们概述了一些一般性的研究领域，比如基础研究、应用研究、行动研究、评价研究和定向研究。我们还剖析了三种主要研究范式：（1）定量研究；（2）定性研究；（3）混合研究。

第二部分 研究计划

在这一部分，我们详细地解释了如何提出研究设想、撰写文献综述、提出研究问题与假设，以及如何撰写研究计划。我们也解释了教育研究伦理的重要性以及如何写知情同意书。

第三部分 研究基础

在第三部分，我们将讨论一些研究者充分理解或实施一项研究前必须知道的概念。我们先介绍测量，因为没有可靠而有效的测量，其他都无从谈起。接下来我们将讨论六种主要的数据收集方法：测验法、问卷法、访谈法、焦点小组讨论法、观察法以及二手资料或现有资料收集法。然后我们详细介绍选择被试样本的步骤。最后详细论述定量、定性和混合研究中效度和信度的重要性，说明影响研究质量的主要因素，并提供防止错误发生的具体方法。

第四部分 选择一种研究方法

在第四部分，我们将广泛讨论几种主要的研究方法，说明如何适当地使研究设计与不同的问题相匹配。我们介绍了下列定量研究方法：实验研究、准实验研究、单一事件研究和非实验定量研究，还介绍了下列定性研究方法：现象学、民族志、个案研究、扎根理论以及历史研究。最后介绍了混合研究方法。

第五部分 分析数据

在这部分，我们将用两章讲解定量数据的分析（描述统计和推论统计），用一章讲解如何分析定性研究与混合研究的数据。

第六部分 撰写研究报告

在最后这一部分，我们将提到如何用可以在教育杂志上发表的格式来准备研究报告。我们介绍了如何使用美国心理学会编辑出版的《APA 格式》*（*Publication Manual of the American Psychological Association*），因为这个指南被教育和心理类的期刊广泛使用。

本书特色

《教育研究》（第 4 版）所具有的特色会让有关研究的学习变得更轻松。

除了开放性短文把当前事件和研究联系起来之外，每章开头都有目标清单，以帮助学生思考他们到底将学到什么。

在每章结尾都有小结、问题讨论、研究练习、行动研究日志，以及相关网站和推荐阅读。**

第 4 版新貌

我们在第 4 版所进行的修改能更好地反映最新的教育研究进展。以下是最值得注意的几点：

- 包含配套网站上的“通过全文 SAGE 期刊论文理解教育研究”模块，它有 60 篇完整论文。
- 每章结尾都有经过整合的新版“行动研究”活动。

*《APA 格式：国际社会科学学术写作规范手册》第 6 版的中文版已由重庆大学出版社出版。

** 相关网站和推荐阅读移至“万卷方法”微博。

- 第 20 章如何准备研究报告包括了新版 APA 格式的变化，而且有一个 APA 格式的样例。
- 包含关于埃贡・G. 古巴和唐纳德・T. 坎贝尔观点的新展示，以及关于应用定性研究有效策略的新表格。
- 包含的新材料涉及研究范式、抄袭的类型、使用免费软件处理随机抽样和分配、因果关系中的普遍性与特殊性以及剂量 - 效应之间的关系。
- 少许章节有轻微删减，更为简洁易懂，但没有降低本书为人称道的严谨性。

给导师和学生的附件

以下所示的辅助材料用来进一步支持和强化学习《教育研究》（第 4 版）的目标。这些辅助材料包括受密码保护的教师教学网站和开放式的学生学习网站。

受密码保护的教师教学网站

www.sagepub.com/bjohnson4e/

这个加密网站给教师提供了多种资源，用于补充书中的资料，包括：

- 可在个人电脑上通过认证软件使用的电子题库，该题库为每章都提供了多套问题和答案。同时，每章都有多选题和判断题以帮助教师评估学生的知识掌握情况。
- 幻灯片演示用于辅助教学和复习，强调了本书的主要内容、特征和插图。
- 精挑细选的网络视频资源涉及一些重点内容，可供学生进行重要主题的自学和课堂讨论。
- 教学小贴士用于帮助教师理解每章的总体教学计划。
- 讲义总结了每章的核心概念，有助于准备讲课和课堂讨论。
- 为课堂内外活动所提供的生动有趣的建议可用于强化积极学习。
- 相关网络资源链接，让教师有更丰富的工具深入研究重要的章节主题。
- 提供可以下载的表格、图表和工作表。
- 作者为每章的复习问题都提供了参考答案。
- 为学季、学期以及在线课程提供了大纲样例。

开放式的学生学习网站

www.sagepub.com/bjohnson4e/

这个学习网站提供额外资源以便学生强化对书中内容的理解，并引领他们进行更深入的学习。这个网站包括以下内容：

- 学习目标为学生学习书中的材料提供了一个参照工具。
- 讲义可供学生打印并带到课堂上。
- 自我小测验让学生能够独立评估自己的学习程度。
- 电子抽认卡能促进学生理解和学习每章重点的术语和概念。
- 精挑细选的网络视频资源涉及一些重点内容，可供学生进行重要主题的自学和课堂讨论。
- 相关网络资源链接，让学生有更丰富的工具深入研究重要的章节主题。
- 可下载 PDF 格式的书内所有术语方便学生做参考。

给学生的建议

你们可能很想知道怎样才能更好地学习研究方法。首先是要使用书中的配套网站，建立它们就是为了帮助你们学习书上的材料。在你学习本书时，我们建议你先阅读每章的学习目标和章节小结，这将让你对学习内容有个总体把握。然后在配套网站上浏览一下概念图。接下来，仔细阅读这一章。阅读完毕，回答问题并确定你理解了概念图中的每一个概念，还要关注配套网站所提供的讲义，因为这些讲义会较多地涉及章节里的概念。在读完一章后快速浏览这些讲义即可。为了练习做研究并在做中学，每章至少要完成一个研究练习，还要认真完成行动研究日志。在准备考试时，要确保自己明白所有重要术语的定义，因为这些术语是研究“用语”的基石和词汇。但是不要迷失在细节中，要继续使用概念图来提醒自己抓住重点。最后，尽可能多地阅读已有的实证研究文献，因为学会理解、设计和实施教育研究的最佳途径就是大量阅读已发表的相关领域的高水平文献。如果做完了这些事情，你就会成长为一名专业的研究人员，也将毫无疑问地在这门课程上取得好成绩。

给教师的建议

为了学生，我们缩减了本书的长度和价格，并将许多实证研究文献放到了配套网站上（而非书里），学生能方便地打印这些文献。同样，你也能在上述的教师教学网站上找到许多有帮助的教学小贴士和材料，你也会发现学生学习网站大有用处，特别是它的讲义和概念图。一个有效的课堂教学策略是在课堂上使用概念图（通过互联网），并让学生进行讨论。另一个策略是让学生打印出讲义，并当堂讨论。还有一个策略是使用教师教学网站上所提供的幻灯片进行演示。本书的在线功能十分出色，配套网站上的讲义是伯克・约翰逊特意为自己的在线研究课程所写。我们的目标是为你提供最新最有用的教材，以及最出色的补充材料。如果您有任何问题或建议，请联系我们。

反馈

我们希望你们（教师和学生）能把意见发给我们，以便我们不断改进教材和配套网站。你可以通过如下的电子邮箱联系我们：bjohnson@usouthal.edu（Burke Johnson）和 lchriste@usouthal.edu（Larry Christensen）。

简要目录

目录

第一部分　导论 / 001

第 1 章 教育研究导论

002

第 2 章 定量、定性及混合研究

029

第二部分 研究计划 / 053

第 3 章 如何开展文献综述并形成研究问题

054

第 4 章 如何撰写研究计划

079

第 5 章 研究伦理

第三部分　研究基础 / 119

第 6 章 标准化测量与评价

第 7 章 如何编制问卷

148

第 8 章 数据收集方法

178

第 9 章 定量、定性与混合研究中的抽样

第 16 章 混合研究

395

第五部分 分析数据 / 417

第 17 章 描述统计

418

第 18 章 推论统计

445

第 19 章 定性研究与混合研究中的数据分析

478

PART I

Introduction

第一部分 导 论

第 1 章

教育研究导论

第 2 章

定量、定性及混合研究

Chapter 1

第1章

教育研究导论

Introduction to Educational Research

学习目标

- 能够解释教育研究的重要性；
- 能够列举至少五个教育研究领域；
- 能够解释基础研究与应用研究的区别；
- 能够描述评价研究、行动研究和批判理论研究；
- 能够讨论知识的不同来源；
- 能够解释知识生成的科学途径；
- 能够解释如何衡量一套理论或解释的优劣；
- 能够列举教育研究的五个目标并举例。

现实生活中的研究——研究辅助决策

2002 年 6 月，纽约州州长乔治·帕塔基签署了一项州法律，将纽约市公立学校系统的控制权交给了纽约市市长迈克尔·布鲁伯格。在大多数观察者看来，这是一个亟待改革的学校系统。该系统有 1 100 000 名学生在 1 100 所学校中接受教育。但是，使用"**教育**"（educate）一词似乎有点不当，因为只有一半的公立学校学生在 4 年内完成了高中学习，只有 40% 的三年级至八年级学生在阅读测试中达到了让人可以接受的水平，而数学测试中达到这一水平的只有 34%。1 100 所学校中，大约 100 所学校被州划定为失败校，还有 300 所则被划定为差校。显然，需要一些改变了。

当迈克尔·布鲁伯格竞选市长的时候，他提出了很多想法，其中之一就是建立一个无偿工作的教育委员会，其功能类似于公司董事会，专门负责财政监管。这一想法被纳入了新立法，与旧的教育委员会有着巨大差别——旧的教育委员会负责日常的管理决策，甚至包括常规的合同签订与采购任务。

然而，仅仅重建教育委员会是不够的，因为没有一个万能处方能解决纽约市学校系统的所有问题。在这个过程中，很多人给布鲁伯格提出了建议。科尔斯（Coles，2002）在《城市季刊》（*City Journal*）* 中撰写了一篇文章，阐述他对此的看法。他指出，布鲁伯格应该从系统外挑选一个名誉主席，这样他（她）就能够不被现有的关系或既有的利益所限制；应该建立一套统一的核心课程，尤其关注小学生和中学生的基本技能；应该取消自动升级（social promotion）**；最后，应该奖励最优秀的教师，因为 40% 的纽约市教师都没能通过初级教师资格考试。

说了这么多纽约市学校系统需要做的事，你认为哪一项应该实施？哪些建议能够得到最大的资本回报并能最有效地帮助学生？很显然，有许多不同的理念和不同的意见。然而，我们认为，如果政策制定者能够仔细查看教育研究发现，比较不同意见和方法的实施结果，那么他们将获益匪浅。研究发现会提供有力证据证明哪种措施最有效，从而有助于避免个人偏见和用特定途径谋取利益。简而言之，研究提供了一种有效的、提供证据的途径帮助梳理教育问题的各种想法和见解。也许我们写这本书的最重要的目标就是说服你：当你做教育相关决策的时候，开展研究是很重要和有益的。

欢迎来到教育研究的世界！研究的开展已经遍布教育领域的方方面面。实际上，这本书所提到的研究技术在世界范围内广泛使用着，帮助了许多领域的人们增长知识、解决难题。也许人们总是要为重要问题寻找更好的答案。在这本书中，我们将讨论开展研究的方法，试图为重要问题提供答案。我们希望你喜欢学习有关研究的东西，并期冀这能为你带来新的思考方式。

随着本书的学习，你会知道如何思考研究、如何评价发表的研究报告的水平以及如何开展自己的研究。

---

*《城市季刊》是曼哈顿政策研究院出版的季刊，出版地在纽约市，内容主要聚焦于城市政策。——译者注

** 自动升级是指对一些成绩未达标准仍准其按照年龄增长继续升级的情形。——译者注

在一定程度上，你会学到一种新的“语言”——研究者的语言，因为研究者会使用一种特殊的语言或行话。但是请记住，不要害怕这些新名词。这本书所用到的词汇有着你可以理解的含义，毕竟你整个一生都在学习新的词汇和思想。往更好的方面想，你也许会用到其中的一些新词，让你的朋友们大吃一惊。总之，我们欢迎你来到这个研究的世界，并希望你会喜欢它。对你来说，这可能是一门必修课，因此，就让我们先来说说学习这样一门教育研究方法课的理由吧。

为什么要学习教育研究？

你可能会问：“为什么我要上这样一门教育研究的课呢？”第一，研究可能会比你想象的更有趣。我们希望你很快就会发现这些材料和思考方式的趣味和益处。第二，通过这本书的学习，你将学会批判性思考。不要设想某本书里写的内容或是某个人说的话就是“事实”或是不可推翻的“真理”，你可以使用你将要学到的研究技术来评价那些言论。关键是要找到证据。我们建议你在这学期谈到研究结果的时候，把“**证明**”（proof）这个词从你的词汇表中剔除。“证明”存在于数学和演绎逻辑的领域中，但在科学和研究领域，我们所能做的最多就是提供证据（evidence）。有时，证据非常具有说服力；而有时，则不是这样。* 你必须使用批判性思维来判断任何一个主题下所能得到的证据。只要你活着，批判性思维能力就能使你的学习和工作受益。学习研究方法能够帮助你提高批判性思维能力。

学习研究的另一个重要原因是能帮助你更好地理解你在媒体上——例如电视、收音机、互联网或专业会议——所听到的和所看到的研究问题。在我们的社会中，研究的例子比比皆是。譬如，当你看一档电视节目，在每一段节目中间插播的是什么？是广告！你是否质疑过那些号称能够“证明”一种洗涤剂要优于另一种洗涤剂的“研究”？如你所知，广告的目的是为了影响你的购买行为。广告商每年花费数百万美元用于市场研究，试图理解消费者的想法和行为。你观看一场体育赛事的时候，可能会看到啤酒、轿车、卡车、食品和网球鞋的广告。而当你在下午观看一部肥皂剧时，则可能会看到完全不同的广告内容。这种差异的原因就是，广告商普遍都知道是什么人在什么时间观看什么节目。真正的广告是用来影响观众对于事物的有趣性、刺激性和重要性的看法。另外，你是否知道每个重要的总统候选人都有一个研究顾问在帮忙寻找获得选票、赢得选举的最佳途径？重点就是，总有其他人在研究你。而在这本书中，你将学到他们所使用的技术。

---

* 根据柯林斯词典的解释，proof 指显示某事物绝对正确或绝对存在的事实、论据或证据；evidence 指你看到的、经历的、阅读的或听到的，使你相信某事物是正确的或真的发生过的任何事物。——译者注

了解这些技术会帮助你认清他们的所作所为。

在这里，你将学到，不是所有研究都是一样的。也就是说，有些研究会比其他研究更站得住脚。你会学到如何针对一项研究提出问题，你会明白何时可以相信一系列研究发现。你将学会提出以下这类问题：这项研究是实验研究还是非实验研究？设计中是否包含了控制组？研究者是否随机将参与者分派到不同的比较组？研究者是如何控制无关变量影响的？研究中的参与者是如何挑选出来的？研究者是否采用了减少人为偏差的技术？

也许有一天，你需要审查某个主题的研究，并决定接下来要采取的行动，或是给其他人提建议。那么，知道如何审查和评价一项研究就变得很重要了。了解研究术语、不同类型研究的特征以及如何设计研究才能提供有力的证据，这些会使你能够批判性地评估研究结果，并基于研究文献做出正确的决策。**研究文献**（research literature）是指针对某一特定主题发表的一系列研究。你需要记住的一个要点是，如果几个不同的研究者在不同地点和环境下得到了同样的研究结论，那么你应该对这样的研究结论更有信心。永远不要把某个单项研究当成是某一主题的最后结论。

在实践的层面上，了解研究技术甚至可能帮助你成为更好的学生、教师、顾问或教练。也许有一天，你被要求写一份经费申请或是独立开展一项研究。如果你学了这本书上的内容，那么你就会学到如何设计和开展一项站得住脚的研究、如何撰写研究经费申请书的各个部分、如何构建一份调查问卷以及如何拟订研究计划。另外，如果你浏览其他教育课程所用书籍的参考书目，你会发现许多都属于研究类书籍。在学会研究之后，你就能够回过头来评估教科书上的研究了。换句话说，你完全没必要仅仅因为某个人说是真的就相信它是真的。你可能发现，一篇研究结论有问题的文章乃是使用了更有问题的研究策略。

复习问题　1.1　为什么我们应该学习教育研究？

教育研究领域

为了让你对教育研究有点感觉，让我们先来看看教育研究的几个领域。表 1.1 是美国教育研究协会（简称 AERA，网址是 http：//aera.net.）划分的主要研究方向和特别兴趣领域。美国教育研究协会是教育领域中最大、最具权威性的研究协会，目前拥有大约 25 000 个会员，包括研究教育问题的大学教授、政府职员、教师以及教育智囊机构、咨询公司、测试公司的专业人员。每年，大约 11 000 名会员和许多非会员参加由美国教育研究协会赞助的全国性会议，许多与会者将呈现他们最新的研究成果。

在表 1.1 中，你会发现教育是一个包含着许许多多不同研究方向的大领域。你是否觉得表 1.1 中的某些领域看起来特别有趣？如果你在写一篇研究报告，你可能会挑选其中的一个领域作为出发点。但是，表 1.1 所列举的研究领域仍然比较宽泛。要想知道教育研究者目前感兴趣的特定领域和主题，你可以去图书馆浏览教育期刊。

表 1.1　美国教育研究协会的主要研究方向和特别兴趣领域

AERA 的主要研究方向	
方向 A：管理、组织与领导力	方向 G：教育的社会背景
方向 B：课程研究	方向 H：学校的研究、评价与评估
方向 C：学习与教学	方向 I：职业教育
方向 D：测量与研究方法	方向 J：中学后教育
方向 E：咨询与人类发展	方向 K：教学与教师教育
方向 F：历史与史料编纂	方向 L：教育政策与政治学
AERA 的特别兴趣小组（Special Interest Groups，简称 SIGs）	
NAEP 研究	多元智能：理论与实践
Rasch 测量	法律与教育
保罗·弗莱雷、批判教育学、解放	非正式学习环境研究
财务问题、政策与教育财政	分层线性模型
测量服务	服务学习与体验式教育
测试效度研究与评估	福柯与现代教育理论
成年与老龄化	跟踪与脱轨
成人扫盲与成人教育	工作场所学习
城市教育与学生发展	国际研究
城市学习、教学与研究	行动研究
冲突调节与暴力预防	合作学习：理论、研究与实践
处境不利的学生的才能发展	和平教育
词汇	黑人教育研究
从事教育研究的教师	后殖民主义研究与教育
大规模评估	混沌理论与复杂性理论
大脑、神经科学与教育	混合研究方法
导师制与指导实践	基于问题的教育
道德发展与教育	基于艺术的教育研究
第二语言研究	技术、教学、认知与学习
多文化、多民族教育：研究、理论与实践	加勒比海与非洲教育研究
多元线性回归：一般线性模型	家庭、学校与社区伙伴关系

续表

家庭与消费者服务	教育中种族、民族、阶级与性别的批判审视
监督与教学领导力	结构方程模型
监管人地位研究	科学教育与学习
建构主义的理论、研究与实践	课程与文化研究的关键议题
教师的工作 / 教师联合会	课堂观察
教师教学、评估与发展	课堂管理
教师教育的学术审计研究	课堂评估
教师教育实践中的自我学习	酷儿研究
教师入职研究	跨学科的博士生教育
教师生活	灵性与教育
教学技术	聋人教育研究
教学教育心理学	媒体、文化与课程
教学史	美洲的土著居民
教学与教师教育的组合与反思	面向教育改革的草根群体与青年组织
教学中作为变革动力的技术	农村教育
教育、健康与人类服务的联结	女性与教育研究
教育变革	评估研究
教育领导力的学与教	青少年发展
教育评估中的全纳与适应	全国数据库的高级研究
教育社会学	全球儿童权益研究
教育统计学家	全人教育
教育学教授团体	认知与评估
教育与慈善	融合教育
教育与体育研究	儒教、道教与教育
教育哲学研究	商业教育与计算机信息系统研究
教育政治学	设计与技术
教育中的动机	社会、学校与教育的马克思主义分析
教育中的符号语言学	社会公正的批判教育者
教育中的计算机与互联网应用	社会公正中的领导力
教育中的民主公民意识	社会研究
教育中的伤残研究	社会与情感学习
教育中的调查研究	生态与环境教育
教育中的系统思维	数学教育研究
教育中的压力与应对	双语教育研究
教育中视觉与表演艺术的艺术与探究	太平洋的土著居民

续表

特殊教育研究	研究与改革的领域
特许学校研究与评估	邀请式学习
体育教学研究	伊凡·伊里奇
天赋、创造力与才能研究	艺术与学习
天主教教育	音乐教育
文化历史研究	语言与社会进程
文献	约翰·杜威的社会
西班牙语国家研究	阅读与读写研究
校外时间	在线教学
写作与读写	早期儿童教育的批判性视角
虚拟学习环境的应用研究	早期教育与儿童发展
叙事研究	择校
学习的高级技术	针对私人办学的研究团体
学习环境	职业发展
学习科学	职业发展学校研究
学校改进中的领导力	职业许可证的颁发与授予
学校改造与改革	职业与技术教育
学校社群、风气与文化	质性研究
学校有效性与学校改进	中级教育研究
学校与大学合作研究	州与地区性教育研究协会
学校与社区安全	传记与纪实研究
学校指标、形象与问责	自我管理式学习
亚洲与太平洋美洲教育的研究	宗教与教育
研究、教育、信息与学校图书馆	纵向研究
研究交流	组织理论
研究利用	作为研究者的教师

教育研究范例

大多数期刊文章在篇首都有一段摘要。**摘要**（abstract）是文章所含内容的简要总结。在这里，我们提供了几篇研究论文的摘要，以便你了解一项真正的研究是什么样的。

摘要非常有用，因为它们既简短又包含了研究的大意。通常浏览了摘要之后，你就能决定是否想要读这篇文章了。我们建议你尽快读一些完整的研究论文，这样你就能看到教育研究的完整实例了。

现在，请阅读下面的摘要，看看你是否能找到：（1）研究的目的；（2）研究者是如何研究这个现象的；（3）主要的研究结果是什么。

I.The Development of a Goal to Become a Teacher，by Paul A.Schutz（University of Georgia），Kristen C.Croder（University of Georgia），and Victoria E.White（University of North Carolina at Greensboro），2001，from *Journal of Educational Psychology*，93（2），pp.299–308.

此项目旨在调查教师是如何成为一些人的职业目标的。研究运用访谈的方式调查了 8 名职前教师的目标生成过程。其影响因素主要有以下 4 个：（1）家庭影响；（2）教师影响；（3）同龄人影响；（4）教学经历。这几种影响因素的作用是：（1）建议其成为教师；（2）鼓励其成为教师；（3）树立教师行为的榜样；（4）使其拥有教学经历；（5）劝阻其成为教师。另外，诸如关键事件、情感、社会-历史因素、教师的地位与薪酬等影响因素也都在参与者的目标生成过程中起着重要作用。最后，文章从目标和自主行为两方面对研究结果进行了讨论。

Ⅱ.Getting Tough？ The Impact of High School Graduation Exams，by Brian A.Jacob at John F. Kennedy School of Government，Harvard University，2001，from *Educational Evaluation and Policy Analysis*，23（3），pp.99-121.

本文检验了高中毕业考试对学生学业成绩及辍学率的影响。通过使用全国教育纵向调查（NELS）数据，并控制前期学生成绩及其他学生、学校及州的特征变量，发现毕业考试对 12 年级学生的数学及阅读成绩没有显著影响。这些结果通过了一系列的规范检查。尽管毕业考试对普通学生的辍学率没有明显影响，但却增加了能力较差的学生们辍学的可能性。这意味着政策制定者需要重新思考当前的考试政策了。

Ⅲ.Giving Voice to High School Students：Pressure and Boredom，Ya Know What I’m Saying？ By Edwin Farrell，George Peguero，Rashed Lindsey，and Ronald White，1988，from *American Education Research Journal*，25（4），pp.489-502.

本文使用了创新性的民族志研究方法（ethnographic methods），对城市中有辍学倾向的儿童进行了研究。本研究从对象人群中选出一些学生作为合作者而非信息提供者，并用录音采集了他们与同伴之间的对话。作为合作者，他们也参与了数据分析和对研究问题的识别。数据显示压力和厌倦是这些学生生活中最主要的负面因素。压力来自于校外的社会力量，但却造成了内在的厌倦感。

基本研究类型

在这部分，我们将向你介绍教育研究者常采用的几种基本研究类型（见表 1.2）。尽管这些基本的研究类型会有部分重叠，但它们有着不同的目的，面对着不同的受众。

表 1.2 研究类型的总结

研究类型	重要特征
基础研究	关注基础知识的生成
应用研究	关注现实世界的问题与应用
评价研究	关注干预性项目的价值、优点或质量
行动研究	关注解决实践者所面临的具体问题
取向研究	关注减少不平等、声援弱势群体

基础研究与应用研究

研究可以被放置在一端是“基础研究”（basic research），另一端是“应用研究”（applied research）的连续统上。“混合”（mixed）一词则可以被放置在中央，代表着同时具备基础研究和应用研究特征的研究。基础研究和应用研究常被大学的研究者们以及教育智囊机构、公司、政府和基金会的研究者们所使用，其成果主要发表在学术和专业的研究期刊上。

基础研究（basic research）旨在生成有关人类和自然基本过程的基础知识和理论性认识。基础研究的一个范例是研究记忆启动的效果。启动（priming）是指“对先前曝光的刺激过程的强化”（Anderson，1995，p.459）。假设一个研究者请你说出一种水果的名字，你说“菠萝”，然后在第二轮中，研究者要么请你说出另一种水果的名字，要么请你说出一种狗的名字。你认为你会对哪个问题回答得更快？结果显示，研究的参与者说出另一种水果的速度要比说出一种狗的名字更快（Loftus，Cited in Anderson）。第一轮说出水果的名字启动了参与者要说出下一种水果的心理进程。研究者相信启动的效果，因为第一次曝光激活了长时记忆中储存概念的神经元的复合体。基础研究通常采用严密控制实验条件的最严格的研究方法（如实验方法）。其主要受众包括研究领域的其他研究者。基础研究的首要目的就是为可靠的基本知识和理论找到稳固的根基，为未来的研究打下基础。

连续统的另一端是应用研究。**应用研究**（applied research）旨在为现实世界中的实际问题提供相对直接的解决办法。应用研究的主题通常是当前的教育问题或是政策制定者关心的议题。与基础研究相比，应用研究常常是在更加自然的环境（即更加现实的或实际的生活环境）下进行。

应用研究可能关注的是让表现不佳的小学生留级所产生的影响或是两种心理咨询服务（例如行为疗法与认知疗法）的相对有效性。前者的研究结果可能会对教育政策有实际的启示，而后者则对实践中的咨询师有潜在的帮助。应用研究的主要受众不仅包括其他应用研究者（他们会阅读教育研究期刊），也包括政策制定者、管理者和阅读研究期刊的项目负责人。应用研究也指向旨在改进社会环境的干预与项目，这也带来了下一种研究类型。

评价研究

当实施旨在改进各种环境的干预和社会、教育项目时，研究者通常开展评价研究来判断项目在现实环境中的实施效果以及应该如何改善。评价研究，或简称为**评价**（evaluation），是专门用来判断一个评价对象（例如一个教育项目）的价值、优点或质量的。评价要求评价者对评价物作出价值判断（例如，XYZ 项目是一个好项目，应该继续实施下去；ABC 项目是个差项目，应该终止）。评价对象（也称作 evaluand）是被评估的事物，包括项目、人或产品（Guba & Lincoln，1981；Scriven，1967；Worthen，Sanders，& Fitzpatrick，1997）。教育项目可以是面向有行为问题的学生的课后项目。人可以是你们新的学区负责人。产品可以是一本新的教科书或是学校正考虑购买的新仪器。

传统上，评价按照目的被分为两种类型。如果评价的首要目的是判断如何改进一个项目，那么它被称为**形成性评价**（formative evaluation）。形成性评价的信息能够帮助项目开发者，并支持项目成员设计、实施和改进他们的项目，使项目进展得更好。如果评价的首要目的是判断一个项目是否有效以及是否应该继续下去，那么它被称为**终结性评价**（summative evaluation）。当政策制定者和项目委托人作拨款决策以及考虑支持和淘汰哪个项目的时候，终结性评价的信息对于他们来说非常重要。

目前，评价常常被划分为 5 个领域或类型（e.g.，Rossi，Lipsey，& Freeman，2004）。每个领域或类型都基于一个基本的评价问题。

1. 需求评估（needs assessment）：是否需要这类项目？
2. 理论评估（theory assessment）：此项目是否被正确地概念化？
3. 实施评估（implementation assessment）：此项目是否按照计划、得到了恰当的实施？
4. 影响评估（impact assessment）：此项目是否对指定目标产生了影响？
5. 效能评估（efficiency assessment）：此项目是否物有所值？

正如你所看到的一样，评价可以为教育者提供重要信息。项目评价者通过搜集证据和提出建议，为教育和其他社会项目的决策提供重要参考。

行动研究

行动研究（action research）关注解决本地实践者在学校和社区面临的具体问题（Lewin，1946；Stringer，1996）。它把你的教室或其他工作环境当成开展研究的地方。另外，行动研究建立的基础是，拥有“研究者的态度”能帮助你与复杂的、时刻变化的环境相处；这种态度使你能不断发现新的问题，并尝试新的办法来改善环境。行动研究彻底地把理论和研究与实践结合起来，我们希望所有的读者在迈入职业生涯后都能拥有“行动研究者”的态度。

在行动研究中，本地环境中的实践者设计并实施研究。关于行动研究所要遵循的研究准则将在本书得到深入的解释。行动研究与基础研究、应用研究的关键不同之处在于，开展行动研究的人不是那些热衷于概括实践和发展理论以在学术期刊上发表的学术研究者，而是那些更加关注本地的实践和解决办法的人；行动研究更具有参与性；它是教师、管理者、顾问、教练和其他教育从业人员（有时也与大学的研究者合作）开展的研究，试图解决他们的具体问题。例如，一名校长研究本所学校里的教师职业倦怠和态度不满的问题；一组教师研究他们课堂上的纪律问题；教师和管理者研究他们学校的家庭教师协会（PTA）缺乏家长参与的问题；一名教师研究某个班级的某个问题儿童。

要开展行动研究，你需要诊断你所面临的具体问题，并进行充分的文献综述，从而判断是否已经存在有用的答案。如果文献不充足，那么你需要在你的环境中与你的学生或客户一同计划并开展你们自己的研究（例如，通过收集数据来帮助回答你的问题）。当你诠释完你的研究结果后，你就能通过实施变革来解决你的具体问题了。

行动研究是一个没有尽头的过程，因为大多数问题都不能通过一项单一的研究得到彻底的解决。许多学区都设立专门的研究部门来开展针对当地学校问题的研究。另外，许多教师和管理者现在尝试着为他们遇到的问题收集数据，从过去的问题解决中吸取经验。行动研究是一种思维状态。它要求对研究持有积极的态度，实践者（教师、顾问、教练）要持续关注最新发表的研究成果、尝试新的实践并观察实践结果。行动研究使研究本地化，帮助解决你所在的环境或情境中的问题。它要求你致力于终身的个人学习和组织学习，不仅要阅读已发表的研究成果，还要开展自己的研究。你的行动和实践将基于这些研究结果之上，但借助研究的学习过程是没有止境的，因为**当前永远是你的新起点**。当你和你的同事都对开展本地研究感兴趣，愿意进行头脑风暴、批评与改进各自的工作，并形成一种行动研究的风气，那就更加有益了。如果行动研究的结果提供了有效的解决办法，那么请一定要把你的发现与其他人分享，不仅要与你工作环境中的其他实践者分享，也要去地方性、地区性甚至全国性的会议上进行介绍。你也应该考虑把你的发现发表在简报和期刊上。与更广泛的教育研究团体分享行动研究的成果则会进一步扩展知识。

取向研究

最后一种基本的研究类型叫作**取向研究**（orientational research），它关注信息的收集，旨在帮助研究者提出某个意识形态的或政治的立场或取向，研究者相信这样的立场或取向会改变社会的某个部分（e.g.，Sandolval，2000；Smith，2008）。取向研究也关注为社会中弱势群体"发声"，扩大他们的影响力。取向研究者关心诸如社会歧视、权力和财富的不平等分配等议题。尽管所有的取向研究者都关注**减少**不平等，但是取向研究仍有一些分支。他们关注最多的领域就是阶级分层（即收入与财富的不平等）、性别不平等、种族与民族不平等、性别取向不平等以及国际不平等（即穷国和富国）。

所有研究者在一定程度上都具有某种意识形态的倾向（例如在他们所选择的研究主题上、所提出的建议上），但是取向研究者则非常明确地表达他们的意识形态和政治立场。取向研究有时也被称作**批判理论**（critical theory）研究（Anyon，2009）。这种叫法很恰当，因为这些研究者通常对"主流研究"抱有批判态度，他们认为主流研究支持了社会现有的权力结构。如果对取向研究感兴趣，你可以在网上找到大量的相关信息（使用诸如**批判理论、种族研究、女性主义、后殖民主义、酷儿理论**等搜索词）。

复习问题

1.2　五大基本研究类型的定义是什么?

1.3　为什么基础研究和应用研究都很重要?

1.4　形成性评价与终结性评价有什么不同?

1.5　以下几种形式的评价所提出的关键问题是什么：需求评估、理论评估、实施评估、影响评估及效能评估?

知识来源

现在，请花一点时间想想你是如何了解你周围世界的。试着识别你某个特定信念的来源（例如父母、朋友、书籍、传统、文化、思考、经验）。譬如，想想你的政党身份（民主党人、共和党人、独立派或其他）。政治学家发现，大学生的政党身份通常可以依照其父母的身份来预测。你的政党身份和你父母的相比呢？很显然，还有许多其他影响政党身份的因素。你能说出其中的一些吗？

在这部分，我们要检验人们连接世界以及生成知识的主要途径。对知识的研究——包括它的本质、它是如何获得或生成的、它是如何被证明的、其适当性的判断标准——被称为**认识论**（epistemology）。认识论有时也被称为"知识理论"。我们将按照认识论所探讨的几个主要方面来划分知识来源。

经验

经验主义（empiricism）认为所有知识都来源于经验。我们通过观察来学习，在观察的时候，我们依赖感官。在每天的生活中，我们看、触、听、嗅、尝，就这样了解着周围的环境。根据经验主义的哲学信条，我们用感官观察到的事物就是**真实的**。约翰·洛克（John Locke，1632—1704）是这个思想的拥护者。他说，我们的大脑在出生时是一块**白板**，等待着被我们的环境所书写。在我们的一生中，这块白板被基于经验的知识所写满。"我知道那辆汽车是蓝色的，因为我看到了它"，这句话就是经验主义命题（empirical statement）的一个例子：基于观察、实验或经验的命题。**经验主义**（empirical）是一个时髦的词，其含义是"基于观察、实验或经验"。它表示一句话能够通过观察、实验或经验得到证实或证伪。在下一段中，我们将尝试追溯你生活中的经验来源。

在我们的生活中，我们参与并认识周围的世界。我们与旁人交流，并生成我们自己的知识。最初，我们在某个时间、某个地点，出生在说着某种语言的某个家庭。随着我们的成长，家庭是我们的知识、态度和价值观的最重要的来源。当我们再大一点的时候，周围的其他人以及社会制度——包括我们的同伴、宗教、学校（和图书馆）、经济、政府和我们接触到的或主动使用的各种媒体——对我们的影响越来越大。我们学习周围人们的习惯、信念和传统。当我们了解了"事情是怎样的"，我们自己就构建了关于这个世界的自己的知识和观点。久而久之，我们的许多行为和信念就变得自然而然了。

推理

理性主义（rationalism）是一种认为推理是知识的首要来源的哲学理念。勒内·笛卡尔（Rene Descartes，1596—1650）就是一个著名的理性主义哲学家。推理意味着思考某事并通过推理对其产生了理解。严格说来，理性主义意味着许多真理是可以脱离观察而得到的。在不那么严格的意义上来说，理性主义仅仅是指我们运用推理来获得对世界的理解。演绎推理（deductive reasoning）和归纳推理（inductive reasoning）是两种主要的推理方式。

演绎推理（deductive reasoning）是一种得出结论的过程，如果前提是正确的，那么结论就必定是正确的。演绎推理的一种形式是三段论，例如：

大前提：所有学校教师都是人。

小前提：约翰是学校教师。

结论：因此，约翰是人。

根据这个演绎论证，约翰**必定**是个人。但是，请记住，这样的推理依赖于前提的正确性。

试着把“**人**”这个词换成“**火星人**”，那么就能推断出约翰是个火星人。当我们推理世界上的事物时，演绎推理是很有用的，但是我们必须确保我们的前提是正确的，并且必须采用有效的论证方式。当我们得出结论时，必须要谨慎对待我们的假设。

归纳推理（inductive reasoning）作为一种推理形式，是指前提“提供了好的理由，但并不能成为接受结论的决定性理由”（Salmon，2007，p.79）。在日常生活中，当我们观察一些现象的具体实例时，常常会使用归纳推理，继而得出结论。例如，你肯定在整个一生中都会观察到太阳每天早晨升起（除了阴天），在你观察的基础上，你可能会很自然地得出结论：（如果不是阴天的话）太阳明天会照常升起。这种情况下，你确实应该是正确的。但是请注意，当你使用归纳推理的时候，你也使用了推理的一种**概率性的**（probabilistic）形式。也就是说，你所说的可能会发生，但不是一定会发生。正因如此，你就在冒险（尽管在这种情况下这只是个非常微小的风险），因为归纳会涉及在前提提到的证据之外做出结论（例如，从“一些”到“更多”，从“检验的”到“未检验的”，从“观察到的”到“未观察到的”）。这不一定会构成问题，但是你应该小心，如果你期待你的结论是确切的，那么它可能会是个问题。

著名的哲学家大卫·休谟（David Hume，1711—1776）指出了所谓的**归纳难题**（problem of induction）：尽管一些事在过去已经发生了很多次，但它仍然可能在将来不再发生。简而言之，**未来可能与过去不同**。运用归纳推理，你可能会得出结论：所有猫都有尾巴。你会看到这里的问题：有一天，你可能碰到没有尾巴的马恩猫（Manx cat）。归纳推理能够帮助我们得到关于世界的有用的结论、预测和概括，但是，我们必须记住，我们还未**证明**它们是正确的。归纳仅仅提供了一种可能的说法。

复习问题　1.6　知识有哪些不同来源？其中哪些对教育研究是特别重要的？
　　　　　1.7　归纳推理和演绎推理的主要不同点是什么？

知识生成的科学途径

尽管**科学**（science）一词在某些圈子中已经成为热门的或有分量的词，但它的词根是拉丁语 scientia，即“知识”（knowledge）。在这本书中，我们对科学的定义要包含教育研究的各种方法。因此，我们把科学定义为一种生成知识的途径，它高度重视实证数据，遵循因有用而随时间流传下来的某些规范和实践。本书将解释其中的一些规范和有效的实践。

科学包含着一系列系统的或谨慎采取的行动，这些行动能够回答研究问题或满足一个不断发展的研究领域的需要（例如，描述事物、探究、实验、解释、预测）。科学通常涉及科学方法的使用，然而，如科学哲学家和科学史学家所说，科学由研究者试图生成科学知识时采取的许多方法和开展的许多活动所组成。科学不接受表面上看起来理所应当的知识（即我们设想的正确的事物）；相反，科学是用来揭示和证明关于人、群体和周围世界的描述和解释的。在本书中，我们基本上把“科学”（如刚才所定义的）和“研究”这两个术语看作同义词。

科学的源动力

随着时间的流逝，科学成为了特定发现、理论和其他知识的累积。在这个意义上，可以说科学是渐进式的。当研究者开展新的研究时，他们试图基于并扩展现有的研究理论和结果。牛顿就此说到：“我们站在巨人的肩膀上。”牛顿的观点是，研究者不是也不能完全从零开始，包括他本人也不例外。简而言之，研究者总是以过去的发现和理解为基础。

同时，科学也是动态的，他们对有前途的新思想和新理论持有一种开放的姿态。不同的研究者的研究路径不同，他们常常采用虽然不同但是互补的方式来描述、解释、诠释事物。于是，新的思想涌现出来。随着新思想的生成、新证据的获得，研究结果被公布在会议上，发表在专题论文集、书籍和期刊上，使得研究群体中的其他成员也能够检验它们。在研究发现被发表在期刊上之前，通常有一组专家——被称为评审人——对其进行评价，从而确保研究没有明显的缺陷且研究步骤是站得住脚的。研究者通常要准确地报告他们是如何开展研究的，这样，其他的研究者就能评价其研究过程，甚至开展重复研究。研究结果一旦发表，就会得到其他研究者的公开讨论和批判性评价。总之，我们可以说，科学是一个无止境的过程，包括理性的思考、对经验主义观察的依赖、持续的同行评价与批评以及——非常重要的——积极追求发现的创造力和动力。

科学的基本假设

为了能够开展日常的研究工作，教育研究者必须做出一些基本假设。大多数实践中的研究者在开展研究活动的时候并没有对哲学性假设思考太多，但是，对其中的一些假设进行审查是有帮助的。表 1.3 总结了最基本的假设。

第一，在最基本的层面，教育研究者假设有一个可被研究的世界。在教育中，这包括研究许多内在于人的现象（如态度、价值观、信念、生活经历），也包括与人有关的或是外在于人的更宽泛的现象或制度（如学校、文化和物理环境）。教育研究者研究下列因素与教育问题的关系：**心理因素**（psychological factors）（例如个体的特征与个体层面的现象的特征），**社会心理因素**（social psychological factors）（例如检验个体之间是如何互动及关联的、群体与个人是如何互相影响的）、**社会学因素**（sociological factors）（例如检验群体是如何形成和变化的；记录群体特征；研究群体间关系；研究群体层面的现象，如文化、社会、政治、家庭和经济制度）。

第二，研究者假设这个世界的一部分是独特的，一部分是有规律的或可预见的，同时大部分是动态的（变化着的）、复杂的（例如涉及很多部件或因素）。教育研究的一个重要任务就是记录特定人与群体的故事和经历。

表 1.3　教育研究者所做的基本假设的总结

1. 有一个可被研究的世界，包括研究个体的内在世界。
2. 这个世界的一部分是独特的，一部分是有规律的或可预见的，同时大部分都是动态的、复杂的。
3. 这个世界的独特性、规律性和复杂性都能被检验和研究。
4. 研究者应该尽力遵循一些得到共识的规范和实践。
5. 可以鉴别论断可信与否，研究是优还是劣。
6. 科学不能为所有问题提供答案。

另一个重要任务是识别世界中可预见的部分，从而生成能适用于不止一个人、一个情境或环境的结论。你能想象，如果我们要对每一个单独个体进行研究的话，是多么的困难！要想看到这个世界的规律性的例子，下一次你上研究课的时候，请注意你和坐在你周围的人的座位。当再一次上课时，看看你和你所观察的其他人是否坐在同样位置上。你可能会注意到其中的许多人都坐在同样的位置。为什么呢？因为人类行为在一定程度上是可以预见的。理解这个世界可预见的部分使得研究者能够概化其发现，并将其运用在该研究之外的人和地点之上。

第三，这个世界的独特性、规律性和复杂性能够被检验和研究。换句话说，"可发现性"（discoverability）存在于我们的世界中（即，可以记录其独特性、发现人类行为中的规律性、更好地理解许多人类行为的复杂性）。这并不意味着发现教育现象的本质是很简单的事。例如，尽管研究已经获得显著进展，但我们仍然不知道造成学习障碍的所有诱因。研究必须继续，随着时间的推移，我们希望能找到待解决问题的更多线索。我们希望总有一天能够解决更多教育问题。

第四个假设是研究者应该遵循某些达成共识的规范和实践。其中包括选择需要关注的教育和社会问题、收集实证数据、公开讨论研究结果、正直、诚信、有能力、系统调查、情感中立、尊重研究的参与者、对结果和解释抱有合理的怀疑主义精神、对发现持有好奇心和开放的心态、积极寻找反面证据（例如不符合你对某现象将给出的或已给出的解释的例子）、仔细审查研究结果的其他解释、遵守证据准则。本书的作者之一（约翰逊）喜欢对他的学生们说，研究者非常像是密苏里州车牌上的标志："索证之州"（The

Show Me State)[*]如果你也有话要说，那么“请给我证据”！一个好的研究者试图搜集高质量的证据，并期望其他研究者也这样做。很显然，几乎不可能要求一个研究者遵守这里列举的所有要求。另外，因为科学是一种人类活动，它也要受社会以及研究者与社会的权力关系的影响（Kuhn，1962；Lincoln & Guba，2000）。这就是为什么研究者必须努力遵守这些规范的原因了。

第五个假设是可以鉴别论断可信与否，研究是优或是劣。譬如，在实证研究中，我们可以判断哪个理论最适合这些数据，从而选择适当的理论。我们也可以检验研究策略与研究者得出每个结论所使用的证据，从而鉴别一项研究的水平。我们认为高水平的研究比低水平的研究更加可信或更加有效。我们将在本书中解释如何识别和开展可信的、有效的、可靠的、因而是站得住脚的研究。

第六个假设是科学不能为所有问题提供答案。譬如，科学不能回答哲学类问题，如生命的意义何在，什么是德行，什么是美。科学不能回答哪个立场在伦理上是正确的（如是否允许人类克隆；在有关堕胎的辩论中，主张妇女有选择流产的法律权利还是主张对胎儿进行法律保护）；或是在政治上是正确的（如共和党或民主党）；也不能解释诸如世界上善与恶的不同、死后是否存在灵魂这样的问题。如你所见，许多重要问题是在科学和实证研究的范围之外的。

科学方法

科学不是一个完全有序的进程（Kuhn，1962）。它是一个动态的过程，包括了无数的活动。然而，科学的几个关键特征是：（1）进行实证观察；（2）生成并检验**假设**（hypotheses）（预见或有根据的猜想）；（3）生成或构建并检验或证明**理论**（theory）（解释或解释性的体系）；（4）试图预见并影响这个世界，使之成为更好的居所（American Association for the Advancement of Science，1990）。尽管研究的开展绝不是一个完全有序的过程，包含着许多活动，但是采用一些普遍使用的**科学方法**作为起点则是有益的。

在这里，我们要区分两种主要的科学方法：探究性方法（the exploratory method）和验证性方法（the confirmatory method）（还有一些其他方法列举在本章末尾的研究练习3中）。尽管这两种方法都使用实证数据，但它们的目的是不同的。基本的**探究性方法**（exploratory method）包括三个步骤。首先，研究者开展观察。其次，研究者研究观察结果，并寻找模式（即陈述正在发生什么）。最后，研究者对该模式或世界某领域的运作模式进行试探性的推断或者总结。基本的**验证性方法**（confirmatory method）也包括三个步骤。首先，研究者通常基于现有的理论（当前有效的科学解释）来提出假设。其次，研究者收集数据，用实证的方法检验假设。最后，研究者在数据的基础上，谨慎决定或

* 因为它的居民素有眼见为凭的名声。也译作“不轻信之州”。——译者注

拒绝假设。

探究性方法可以看作是**自下而上**的方法，因为它强调从特定的数据和观察开始，更加宏观地发现正在发生的事情（即从数据到模式再到理论的运动）。这种探究性方法有时也被称作**归纳法**，因为它是“从特殊到一般”的运动。另一方面，验证性方法则可以看作是**自上而下**的方法，因为它强调由一般性理论开始，用特定的数据进行检验（即从理论到假设再到数据的运动）。验证性方法有时也被称作**演绎法**，因为它是“从一般到特殊”的运动。

探究性方法是**理论生成**（theory-generation）的途径：它遵循“发现的逻辑”，通过观察世界，试图生成和建构世界运行的思想和理论。验证性方法是传统的**理论检验**（theory-testing）的途径：它遵循“证明的逻辑”，总是用新的数据来检验你的理论和假设，以证明它们是否合理。新知识靠探究性方法或归纳法来生成，不成熟的知识则是靠验证性或演绎法来检验或证明。最重要的是，探究性科学方法关注理论发现、生成和建构，而验证性科学方法则聚焦理论检验或证明。

尽管我们分别探讨了这两种科学方法（探究性方法和验证性方法），但研究者在实践中会同时使用到这两种方法。在图 1.1 中，如你所见，方法的使用遵循了一种循环的过程。一个研究者可能关注理论检验的过程，另一个研究者则可能关注理论生成，但是两位研究者在思考和开展研究项目的时候，通常都要反反复复地经历很多次这个完整的循环过程。实际上，**定量研究者**（quantitative researcher）（即喜欢“硬性”定量数据——如标准化测试——以及关注假设检验的教育研究者）以及**定性研究者**（qualitative researcher）（即喜欢使用定性数据——如基于参与者的视角与实际的言语获得数据的开放式访谈——探索教育问题的教育研究者）都会经历这个完整的研究循环，但是他们强调的是不同的部分。定量研究者强调从理论到假设到数据再到结论的运动（即“证明的逻辑”），而定性研究者强调直接从观察到数据到描述到模式最后**有时**到理论生成的运动（即“发现的逻辑”）。

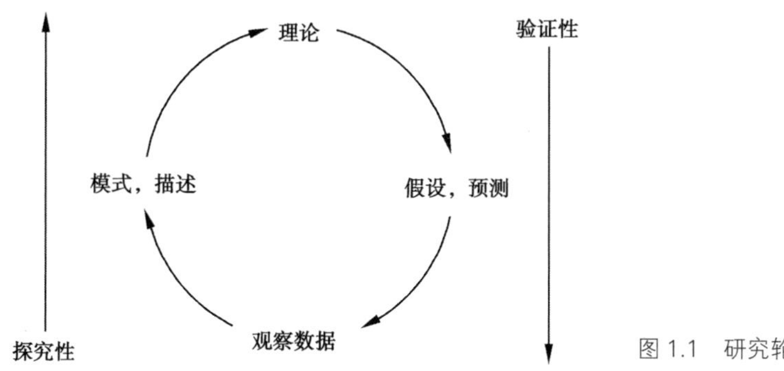

图 1.1　研究轮

理论

探究性和验证性方法都涉及理论的概念（即解释）。在本书中，**理论**（theory）这个术语往往是指对现象**如何**运作及**为什么**如此运作的解释或解释性体系。理论通常指的是用来系统解释一些现象的一个概括或一系列概括。换句话说，好的理论解释了事物一般（即对很多人来说）是如何运作的，而且它能超越任何一项单一研究的结论。使用一个好的理论，你应该能解释一个现象，讲得通它的道理，还能做出有用的预测。当你需要判断一项理论或解释的水平时，你应该试着回答表 1.4 中列举的 9 个问题。接下来，我们要定义和简要解释**可证伪原则**（criterion of falsifiability）和**简约原则**（rule of parsimony）。

卡尔·波普尔（Karl Popper，1902—1994）是 20 世纪最著名的科学哲学家之一。他认为评判理论的最重要原则就是可证伪原则（Popper，1965，1974，1934/1985）。可证伪原则是"一套命题或理论能够被经验驳斥的性质"（Blackburn，1994，p.135）。如果一个人说："我不介意我的研究结果是什么，因为无论如何，我都可以推断我的理论是被支持的。"那么，这个人显然没有开展能够驳斥或证伪一个理论的研究。实证研究一定有两种可能的结果：（1）能够支持该理论（"证实"该理论）；（2）不支持该理论（不能证实该理论，并且经过多次检验，能够用来驳斥或证伪该理论）。因此，你所开展的研究就是要弄清楚将会得到哪种结果。实践中，研究者不会因为单一的一次否定性检验就放弃一个有潜力的理论，但如果该理论失败了很多次，那么就会被遗弃。可证伪原则还认为，我们不应该有选择性地为我们的信念和解释搜寻可证实的证据，然后在这些所谓的证据之前止步不前。好的研究者会认真地搜寻并检验任何与他们的信念、研究结论及理论解释相悖的反面证据。

表 1.4　如何评估一套理论或解释的水平

1. 该理论或解释是否逻辑严密且连贯？
2. 是否清晰且简约？
3. 是否与可获得的数据相符合？
4. 是否提出可验证的假设？
5. 基于理论的预测是否得到了验证和支持？
6. 是否经受得住研究者为了发现问题或找出错误而进行的多次尝试？
7. 是否比其他竞争性的或对立的理论或解释更有效？
8. 是否具有良好的概括性，能应用到不止一个地方、情境或人？
9. 实践者能否用它来控制或影响世界的事物？（例如，好的教学理论能帮助教师积极影响学生的学习；好的心理咨询理论能帮助咨询师积极影响其客户的心理健康）

另一个评价理论的标准被称为**简约原则**（rule of parsimony）。当一个理论是简单的、简明的、精练的，那么它就是简约的。如果两个相互竞争的理论同样程度地解释和预见了一个现象，那么根据简约原则，更简约的那个理论更好。换句话说，当其他方面都相同的时候，简单的理论比复杂的理论更好。

现在，为了使你了解一个相对较好的理论是什么样的，让我们简要地检验一个教育理论。根据**期望理论**（expectation theory），教师对学生的期望影响着他们对学生的行为，也从而影响着学生的行为。这个理论建立在**自证预言**（self-fulfilling prophecy）的基础上（Merton，1948）。

罗伯特·罗森塔尔和勒诺·雅各布森（Rosenthal & Jacobson，1968）研究了教师期望的效应，发现被老师寄予厚望的学生的智商比其他学生提高的要多。研究者将这称为**皮格马利翁效应**（Pygmalion Effect）。罗森塔尔还发现，"那些被寄予厚望的孩子日后有更大的机会获得成功，而且也明显更加有趣、好奇、快乐"（Rosenthal，1991，p.6），那些未被教师看好的学生，即使智商有所提高，仍然不被教师所看好。这些结果表明，教师的期望有时能够影响学生的表现。但是，请注意，近期的研究已经表明，期望的力量并没有最初推断的那么大（Goldenberg，1992）。然而，期望理论仍然是个有益的思想。

教育学有许多理论，如归因理论（attribution theory）、建构主义（constructivism）、标签理论（labeling theory）、科尔伯格的道德发展理论（theory of moral development）、操作性条件反射（operant conditioning）、最近发展区理论（proximal development）、理情疗法（rational emotive therapy）、现场管理（site-based management）、情境学习（situated learning）和社会学习理论（social learning theory）。如果你想要深入了解这些理论，请去图书馆（或者使用你的电脑登录 www.eric.ed.gov），使用 ERIC 或其他计算机搜索工具来开展研究，这些方法将在本书第 3 章进行讨论。你也可以在 http：//tip.psychology.org/theories.html 找到许多教育及心理学理论的准确描述。

当你阅读研究论文时，请记住，你不是总能在文章中找到"理论"一词，因为开发良好或**清晰明确的理论**通常不能为研究者所用，或者研究者可能未给他（她）的理论起个好听的名字。这种情况下，你可以把作者对于其研究结果的解释看作理论。请记住，一些理论是高度完善的，而其他则非常简要或不完善。当我们在本书中使用"**理论**"一词时，你可以将其替代为**解释**，直到你已经习惯地认识到"理论"几乎就意味着"解释"。

证据准则

许多初学的学生相信，科学和研究是研究者不断证明什么是真理的一个过程。你可能会惊讶地发现，研究者在讨论他们的研究发现时，很少使用"证明"一词。实际上，如我们早前提到的一样，我们建议你在谈论研究时，把“证明”一词从你的词汇表中剔除，因为大多数研究者认为知识具有相当的不确定性（Phillips & Burbules，2000；Shadish，Cook，& Campbell，2002）。他们认识到，今日认为是正确的信念可能最终会发生改变；一些今日的研究结果将在以后被认为只是部分正确甚至完全错误。我们在研究中获得的是科学“证据”（evidence）。你必须要理解这个观点。已故重要的教育方法专家弗莱德·克林格（Kerlinger，1986）清楚地阐述了这一点：

> 对研究数据的诠释可以归结于“如果 p，那么 q”这类有条件的概率性陈述。我们通过说“在 r、s 和 t 的条件下，如果 p，那么 q”来限定和充实这样的陈述。**让我们坚信，没有什么能被科学地“证明”。我们所能做的只是让证据显示这样或那样的论点是正确的。**证明是演绎出的产物，实验研究方法并不是证明的研究方法［重点为笔者所加］。（p.145）

美国科学促进会（American Association for the Advancement of Science，1990）如是说：

> 科学是一个生产知识的过程。这个过程依赖于对现象的仔细观察，并通过理解那些观察而建构理论。知识的变革是不可避免的，因为新的观察总是会挑战盛行的理论。无论一个理论多么好地解释了一系列观察结果，另一套理论也可能会同样好或更好，或者适用于范围更广的观察结果。在科学上，对理论的检验、改进和不时的废弃——无论理论是新或旧——一直都在发生着。（p.2）

当你更加了解研究的时候，请记住这几点。同样重要的是，你要懂得不应该太过重视某一单项研究。其他研究者的**重复研究**（replication）（即用不同人群、不同方式对同样的变量进行检验的研究）应该使你对一项研究结果更加有信心，因为这样得到的证据会更加有力。但是，即使经过了重复研究，我们也只是获得了有力的证据而非证明，因为我们总是会留下可能性，让未来的研究者提出新的理论和结论。

无论何时你想使用“证明”这个词，请停下来想想，提醒自己教育研究的根本性质。就现在来说，无论何时你想使用“证明”一词，请使用“证据”来替代。有时我（约翰逊）会告诉我的学生们，证明是电视广告对他们产品性能的宣传，而在研究中，我们所能做的就是取得证据。在 20 世纪 90 年代的总统选举中，一个竞选管理者在竞选办公室贴出了这样的口号：“是经济！笨蛋！”从而使职员把当前管理中的经济成就看作是首要的竞选议题。在研究中，我们的口号是这样的：“是证据！不是证明！”我们把这种观念称为**证据准则**（principle of evidence）。

复习问题

1.8 描述科学方法的两种形式，并解释为什么二者都非常重要。

1.9 解释为什么研究者在期刊论文中写到他们的研究结果时，不使用**证明**一词？

1.10 你能用什么标准来衡量一套理论或解释的好坏？

1.11 证据准则讲的是什么？

教育研究的目标

对科学和实证研究的讨论往往聚焦于解释的重要性。然而，如果教育研究领域要继续有效地运行并有所进展，那么还有一些其他的目标也很重要。第一个目标就是**探索**（exploration），或试图了解并生成与现象有关的理念。探索在研究的早期阶段尤其重要，因为研究者必须在其他研究能够进展之前就生成对现象的看法。要想判断探索是否一项特定研究的目标，请回答以下问题：

1. 研究者是否在研究先前知之甚少的一个现象或是现象的某个方面？
2. 研究者是否选择忽略先前的研究或解释，从而能够在没有任何先入之见的情况下研究一个现象？
3. 研究者是否试图为未来的研究"发现"重要的因素或"生成"新的观点？

如果你对以上任何一个问题的回答为"是"，那么研究者可能就在运行研究的探索模式。

如第二和第三个问题所暗示的那样，探索不总是发生在研究的早期阶段。有时，研究者可能想要在进入所要研究的领域前，不带有固定的或先入为主的见解，这样他们就能用一种全新的方式探索一个现象，也就能避免因先前的研究发现或理论而产生偏见或被蒙蔽。本章早前提到的《声援高中生》（Giving Voice to High School Students）一文就是探索性研究，因为研究者试图揭示：处境不利的学生认为在他们的生活中什么是重要的，为什么会有那样的所作所为，他们是如何看待各种正式群体和非正式群体的（如教师）。研究者试图描述处境不利的青少年的信念和所处环境，从而揭示他们为什么会有那样的所作所为。一个发现就是一些处境不利的学生形成了与教师文化相冲突的亚文化；也就是说，这个群体的亚文化与公认为适当的价值观、信念和活动不一致。这些差异使得教师和学生很难沟通，也就造成了课堂中学生的冷淡和厌倦。要想看另一个以探索为研究目标的例子，你可以重新阅读同一部分所提到的《成为教师的职业目标的发展》（The Development of a Goal to Become a Teacher）一文的摘要。

有时，探索关注于描述先前不为人知的事物特性；当研究者试图理解某些现象或情境的细节，从而生成尝试性的假设或概括时，也会以探索为目标。探索与基本的描述性活动很相似，因为它们都含有描述。然而，探索性研究也常常试图对一个现象如何和为什么如此发生进行初步的解释。

第二个目标便是**描述**（description），或是试图描述一个现象的特征。要想判断描述是否是一项特定研究的目标，请回答以下问题：

1. 研究者是否主要描述了一个现象？
2. 研究者是否记录了某个现象的特征？

描述是最基本的研究活动之一。它可能仅仅涉及观察一个现象并记录下所见之物。

例如，一个经验丰富的教师可能观察一个实习教师的行为并做了笔记。其他时候，描述可能依赖于定量测量工具的使用，如标准化测试。譬如，一个研究者可能想要测量名为智商或 IQ 的抽象概念。为此，研究者必须依赖专门为此目的而构建的某类测试。另外，描述也可能涉及对某些议题的态度和观点的报告。举个例子，杂志《卡潘》（*Phi Delta Kappan*）1996 年 9 月刊就报道了当年国民对教育的态度。该研究由盖洛普组织开展，由教育荣誉协会菲德尔塔卡帕（Phi Delta Kappa，1996）委托。表 1.5 呈现了两个问题及其回答。

表 1.5 菲德尔塔卡帕 / 盖洛普民意调查的题目（1996 年 9 月）

问题：对于所有本地的公立学校高中生必须参加某类社区服务才能准许毕业的要求，你表示赞同还是反对？				
	全国总比例 %	没有孩子在学校 %	公立学校家长	非公立学校家长
赞同	66	66	67	75
反对	32	32	32	25
不知道	2	2	1	*
问题：在你印象中，你认为全国高中生辍学率与 25 年前相比，是更高了、更低了还是基本持平？				
更高	64	62	66	73
更低	15	15	15	8
基本持平	18	19	17	16
不知道	3	4	2	3

* 不足 0.5%

第三个目标是**解释**（explanation），或试图呈现一种现象是如何以及为什么如此发生的。对许多作者而言，这是科学的重要目的。要想判断解释是否某项特定研究的首要目标，请回答以下问题：

1. 研究者是否试图生成一套有关某现象的理论，从而解释该现象是如何以及为什么如此发生的？
2. 研究者是否通过识别造成现象发生改变的因素来试图解释某现象是如何发生的？更具体点说，研究者是否研究了因果关系？

如果以上任何一个问题的答案是“是”，那么该研究者的首要目的可能就是解释。大多数教育研究的目标都是解释。举个例子，由奈、亨吉斯和康斯坦托普洛斯（Nye，Hedges，Konstantopoulos，2001）开展的名为“小班效应会累加吗？”的研究就是一个强调解释的教育研究案例。在这个研究中，研究者关注班级规模对学生表现的影响。他们发现一年级到三年级实施小班教学最终提高了阅读和数学成绩，并且效应会持续下去。该研究运用了强实验设计，为因果关系提供了相对有力的证据。在类似的研究中，“因”（即小规模班级）用来解释“果”（即提高成绩）。另一个研究目标是解释的例子，可参阅先前提到的文章（在“教育研究的范例”部分）《越来越难？高中毕业考试的影响》。

第四个目标是**预测**（prediction），试图预测或预报一种现象。要想判断预测是否是某项特定研究的首要目标，请回答以下问题：研究者开展研究是否为了预测或预报未来的某个事件？当一些提前获得的信息能够被用于判断下一个时间点会发生什么，研究者就能够做出预测。有时，预测也可用于以解释为首要目标的研究中。也就是说，既然研究者确定了因果活动关系（解释），他们就可以运用这个信息来形成预见。

富尔特斯、塞拉希克和刘（Fuertes，Sedlacek，Liu，1994）开展了一项为期十年的研究，它是以预测为主的。该研究发现亚裔美国大学生的学业成绩及新生保有率能够通过学术评估测试（Scholastic Assessment Test，SAT）及另一个称为非认知性调查问卷（Noncognitive Questionnaire）的工具进行预测。最有力的学生平均绩点（GPA）预测工具是他们的 SAT 数学分数。另一个有用的预测工具（来自非认知性调查问卷）则是社区服务、现实的自我评估、学业的自我概念、非传统性知识以及对种族偏见的态度。招生（即新生保有率）的最有力的预测工具则是自我概念、现实的自我评估及 SAT 数学分数。

第五个目标被称为控制或影响（influence），或是试图运用研究产生某些结果。这个目标是指研究知识的应用，而非生成。它涉及应用先前的研究，从而控制世界的各个方面。这里，你应该问以下问题：研究者是否运用研究知识，使一些有益的事情在世界上发生？研究者是否通过“示范项目”来判断该研究成果能否运用于实践？大多数社会的、行为的、教育类的研究的最终目标都是改善世界，促进社会进步。因此，影响是很重要的。对于教师来说，影响涉及例如帮助学生学到更多知识，帮助有特殊需要的儿童，防止负面结果，如辍学、课堂中的破坏行为等。对于心理咨询师来说，影响可能涉及帮助客户克服如抑郁、人格障碍、机能障碍行为等心理问题。

当你继续学习这本书，学到不同的研究方法时，你会对这些目标更加了解。在这一点上，你应该能分析一篇研究论文，判断研究者的目标是什么。如果一篇文章看上去不止一个目标，也不要觉得惊讶，这是很正常的。你应该意识到，研究者经常使用**描述性研究、探索性研究、解释性研究、预测性研究**这些术语。当他们这样做的时候，他们就是在描述研究的首要目标。

复习问题　1.12　科学的五大主要目标是什么？（提示：首字母构成缩略词 EDEPI）
1.13　每个主要目标为什么都如此重要？

本书概览

我们是按照研究过程的一般步骤来编排这本教科书的。第一部分，我们向你介绍教育研究的种类、过程和研究假设。第二部分，我们展示了如何产生一个研究设想以及如何进行一项研究设计。第三部分，我们介绍了设计及开展好的研究所需的一些概念。第四部分，我们讨论了主要的研究方法。第五部分，我们呈现了如何分析研究数据。第六部分，我们说明了如何撰写研究报告的初稿。

要想彻底掌握这本书，你需要利用本书及配套网站上提供的一些应用练习，因为它们能让你运用本书的知识做一些训练。当你开始复习考试时，你可以通过回答配套网站上的单选题（含答案）及研究问题来复习整本书的知识。你也可以印下书中术语的概念。答题之后再去对照所提供的答案，然后判断自己的知识掌握情况。使用配套网站上的概念图可以帮助你将所学到的知识按照一定的结构组织起来。

我们也强烈建议你阅读一些已发表的研究论文，看看整个研究过程是怎样的。全书提供了许多已发表的研究论文作为参考，你可以看一看。另外，**我们也在配套网站上提供了 60 篇可供下载的期刊论文**，你可以打印、阅读或在课堂上进行讨论。你现在就可以去网站上打印和阅读名为《有天分的辍学生：谁？为什么？》（*Gifted Dropouts: The Who and the Why*）的文章，阅读或仔细审阅这篇文章可以让你对教育研究有具体的了解。

本章的结论非常清晰：只要努力，任何人都可以学会本书中的知识，这意味着**你**可以做到！我们希望让你知道，学习研究其实非常有趣。祝你好运！**不要忘了使用配套网站上的学习工具来使你的学习过程更加简单、有效！**

小结

研究对于教育及我们的社会非常重要，因此教育者和心理咨询师都应该懂得研究。通过学习研究，你将能够找到与你的工作相关的研究论文，能够评价这些论文，并能够计划与开展自己的研究项目，这些能力也许是你的工作所需要的（譬如，也许有一天，你的校长或经理要求你开展一项调查研究或是撰写一份经费申请）。教育研究者通过收集实证数据并使用探究性和验证性的科学方法，生成有关教育现象的证据。我们也解释了研究的五大基本目标是探索、描述、解释、预测及影响或控制世界上的事物。当阅读研究论文的时候，你应该判断研究者开展研究时的首要目标。在下一章中，我们将继续介绍教育研究，主要描述三大主要的研究范式——定量研究、定性研究和混合研究——的关键特征。

问题讨论

1. 你认为以下哪个是最重要的研究类型：基础研究、应用研究、评价研究、行动研究或批判理论研究？为什么？
2. 本章为什么说一个人不能在教育研究中获得必要的或最终的证明？
3. 探究性和验证性科学方法是否符合你之前对科学研究方法的理解？
4. 你（在新闻上或其他课堂中）听到过什么研究发现并感到好奇？

研究练习

1. 我们在本书配套网站上的第 1 章补充材料中放置了《研究方法调查问卷》，请把它填完并考察自己已有研究方法知识水平。
2. 上网并搜索更多有关你感兴趣的一些术语的信息。譬如，你可能想要搜索有关批判理论、归纳推理、项目评价或认识论的更多材料。
3. 在这一章中，我们区分了科学的探究性方法和验证性方法。但是，如我们提到的一样，研究者使用许多方法来获得知识。作为一个练习，请上网找到所需信息并（用 2 页纸）总结以下科学方法之一：最佳解释推理（inference to the best explanation）、穆勒五法（Mill's methods）、溯因推理（abductive reasoning）、类比推理（analogical reasoning）、演绎定律模型（deductive-nomothetic model）、假设演绎模型（hypothetico-deductive model）、归纳法（inductive methods）或演绎法（deductive methods）。
4. 现在，花一点时间看看本书配套网站上都有什么。你会发现这些内容：讲义、概念图、复习问题的答案、小测试、网络资源、章节补充材料，等等。如果你想到其他能帮助你学习本书的工具，请发邮件告知我们，因为我们会不断添加新的内容到配套网站上。我们的电子邮件地址是：bjohnson@usouthal.edu 以及 lchriste@usouthal.edu。

行动研究日志

行动研究试图解决现实世界的问题。它运用研究观念，使你的生活变得更好。它不是说只有一种正确的研究类型或是只有一种实现你宝贵目标的方式。相反，行动研究涉及你个人创造性地、合乎道德地、“科学地”思考如何把你的想法和见解运用到生活中，尤其是工作中去。为了帮你更快成长，我们将要求你在思考本章内容的时候，撰写你个人的行动研究日志。尽管这 20 章的练习并不一定能帮助你做好行动研究，但我们还是希望你能够在这期间设计并开展一个小型的行动研究项目。在每章的末尾，我们将提供一些思考题，让你能够开始并持续开展下去。之后，你将重温你的日志，重新思考你的见解，再次运用它们，并在终身学习和行动研究的道路上不断积累。

这里罗列了一些行动研究的想法，可以帮你开始思考你愿意做的行动研究项目：

- 我怎样才能增强学生们阅读的内在动机？
- 我怎样才能提高学生们在课堂上做演示时的自我效能感？
- 我怎样才能让处于社交小团体（“圈内人”）中的学生考虑和尊重其他学生（“圈外人”）的感受？
- 教师和管理者关于“一名好教师”的特征的看法是什么？如何使他们的认识相融通？
- 我怎样才能使学生们增加对有特殊需要的学生的关爱和互动？
- 我怎样才能使我的学生们更加热爱数学（或阅读或历史）？
- 我怎样才能调整我的课程，使低分和高分学生都能进步？
- 我怎样才能提高家长对学生作业的参与度？
- 我怎样才能提高教职工对学校活动的参与度？
- 我怎样才能改进我校的学校文化？
- 学生、教师、家长和管理者如何看待学校的目标？怎样才能增加这些群体之间的交流？

提示：行动研究是规范的。行动研究者把科学当成帮助实践者的工具。你可能会说行动研究者是特殊的“实践型科学家”。

1. 你会如何开始从广义的角度看科学（如“行动科学”），使其对你的日常生活和职业实践有益?
2. 当你阅读本章时，你获得了哪些深刻的见解?（如果没有，那就现在想想吧！）
3. 科学家是做什么的?实践者是做什么的?行动研究者试图将科学与实践联系起来。你将如何使用科学来辅助你的工作实践?你又将如何运用工作实践与经历来唤醒你多向度自我的科学家的一面?（注意：行动研究者认为科学和实践是相辅相成的，他们倡导实用科学。）

Chapter 2

第2章

定量、定性及混合研究

Introduction to Educational Research

学习目标

- 能够描述定量研究的特征;
- 能够列举并解释定量研究所用变量的不同类型;
- 能够解释实验性和非实验性定量研究的差异;
- 能够解释相关系数的概念;
- 能够描述定性研究的特征;
- 能够列举本章所介绍的各种定性研究并解释其不同点;
- 能够描述混合研究的特征;
- 能够解释三种主要的研究范式(定量、定性及混合研究)分别适用于何种情况。

现实生活中的研究：范式与视角

本章介绍教育研究中的三种主要范式。每种范式都倾向于用稍微不同的视野或视角来看待我们所研究的事物。看起来用一首古老的歌谣（由波斯诗人、哲学家儒密创作）来开始本章比较合适。这首歌谣告诉我们，各种视角都有真值，当我们把这些视角整合到一起，我们就能更加全面地看待我们所研究的事物。我们用这首歌谣来说明教育研究中使用这三种主要研究范式的重要性。

黑暗中的大象
一些印度人在展示一头大象

这里没有人见过大象
在晚上，他们把它带到了一间黑暗的屋子

一个接一个地，我们走到黑暗中，又走出来
说说我们感受到的那只动物

我们中的一个人碰巧摸到了象鼻子
"一种像水管子的生物"

另一个摸到了耳朵
"一种非常强壮、总是前后摆动的、像扇子似的动物"

另一个摸到了腿
"我觉得它是静止的，像寺庙里的柱子"

另一个摸到了弯曲的后背
"一个皮制的宝座"

另一个，也是最聪明的一个，摸到了象牙
"用瓷器做成的浑圆的剑"
他对他的描述感到骄傲

我们中的每个人都摸到了一个局部
并用那种方式理解了这个整体

黑暗中，手掌和手指的感受即是感官探索大象真身的方式

如果我们每个人都手握一支蜡烛
如果我们能一同进去
那么，我们就能看见它了

来源：Jelaluddin Rumi，The Essential Rumi，trans. & ed. By Coleman Barks，1995，San Francisco CA：Castle Books，1995. P.252. © Coleman Barks.

研究范式（research paradigm）是一个研究群体所持有的研究视角，是建立于一系列共享的假设、概念、价值观和实践基础上的。简单点说，它是一种思考和开展研究的方法。在本章，我们向你介绍三种主要的教育研究范式或方法：**定量研究**（quantitative research）、**定性研究**（qualitative research）和**混合研究**（mixed research）。混合研究也通常被称作**混合方法研究**（mixed methods research），但是我们用更简单的叫法“混合研究”。不只是“混合研究”比“混合方法研究”更简单，而且“混合研究”更加准确，因为定量、定性和混合研究的争论不只是方法问题。20 世纪 80 年代早期，定量研究和定性研究的倡导者之间发生的“范式战争”达到新的高潮，直到那时，定量研究才被普遍认可为教育研究的研究范式（Guba，1990；Tashakkori & Teddilie，1998）。20 世纪 80 年代期间，许多定量和定性研究者争论说他们的方法更高级。这些研究者中的一些人是“纯粹主义者”，他们争辩说两种方法不能同时使用，因为与两种方法有关的哲学世界观是不同的。

这种只能二选一的观点（即，一个人必须使用定量或定性研究，但不能同时使用二者）被称为**不相容论**（incompatibility thesis）。不相容论的问题是它不能认识到有创造性地、考虑周到地将假设、思想和方法混合起来是非常有益的，是能产生第三种范式的。思想和方法的混合从古至今一直存在，因为混合或结合建立在我们所知的基础上，并提供了思考和研究这个世界的新方法。简而言之，除了定量和定性研究，混合研究也提供了一种开展教育研究的好方法。

展示栏 2.1 展示了范式对话中的一个领导人物。范式对话已成为 20 世纪 90 年代前的一个世界性现象，并在今天的教育研究领域中仍然扮演重要的角色。

展示栏 2.1　埃贡 · G. 古巴（Egon G. Guba，1924—2008）

在 20 世纪 70 年代、80 年代和 90 年代早期，埃贡 · G. 古巴参与启动了定量研究与定性研究这一“新”研究范式的“范式对话”。古巴强调，研究范式有他们独特的（1）**本体论**——“可知的事物的本质是什么？或者现实的本质是什么？”（2）**认识论**——“知者（探究者）与被知的事物（或可知的事物）的关系是什么？”或范式的知识论是什么？（3）**方法论**——“探究者应该如何着手获取知识？”或，更具体点说，研究应该使用什么方法？（Guba，1990）。后来，又添加了另外两个范式的维度：（4）**价值论**——探究过程中价值起什么作用？（5）**修辞**——研究中应该使用哪种语言和交流方式？定量、定性与混合研究在这些维度和其他维度上存在的差异被列举在“三大研究范式的特征”部分的表 2.1 中。古巴撰写了许多有关定性研究与评价的书籍、章节和文章（例如，Guba; Guba & Lincoln，1989，1992; Lincoln & Guba，1985）。

展示栏中的定义：

- 本体论（ontology）：论述现实与真理的本质的哲学分支
- 认识论（epistemology）：论述知识及其正当性的哲学分支
- 方法论（methodology）：研究方法的确认、研究与证明
- 价值论（axiology）：论述价值与伦理的哲学分支
- 修辞（rhetoric）：语言的艺术或科学以及口头、书面交流

从 20 世纪 90 年代开始，许多研究者反对不相容论，开始倡导实用主义观点，提出定量和定性研究都非常重要，应该在一项研究中被合理地混合使用。根据**实用主义**（pragmatism）的观点，最重要的是什么对实践有益、什么能促进社会正义。实用主义关注的是我们渴望达到的目标。实用主义认为，你的研究设计应该以什么最能帮你回答研究问题为基础进行规划和实施；研究结果是实用性知识。实用主义提出，我们应该把那些声称针对特定人群的理论、项目或行动看作是目前对那类人群最有效的。我们专门把我们这个版本实用主义称为“辩证的实用主义”，因为混合研究的哲学应该仔细聆听定性和定量研究以及其他相关领域中（例如，不同学科的视角、不同利益相关者和社会群体的观点）的思想、假设和方法。辩证（dialectical）一词试图暗示听取多种意见的、有活力的、循环往复的过程。尽管混合研究仍然是“新成员”，但认同这种方法的研究者正在迅速增加。

图 2.1 中，你可以看到三大主要的研究方法可以被看成是落在一个研究连续体上，定性研究在左边，定量研究在右边，混合研究在中间。换句话说，研究可以是完全定性的或是混合的、但以定性为重点的，可以是完全定量的或是混合的、但以定量为重点的，也可以是混合的、定量和定性同为重点的。一个特定的研究将落在连续统的特定一点上。

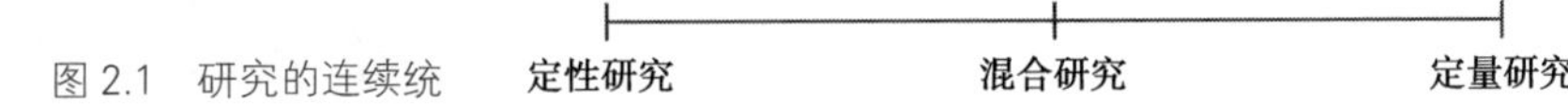

图 2.1 研究的连续统

现在，我们来比较三大研究范式纯形式上的特征或原则。本章后面，我们将向你介绍与每种研究范式相关的思想和术语。

三大研究范式的特征

纯粹的**定量研究**（quantitative research）依赖定量数据（数值型的数据）的搜集，同时拥有表 2.1 中定量研究范式的其他特征。纯粹的**定性研究**（qualitative research）依赖定

性数据（非数值型数据，如文字、图画）的收集，并拥有表 2.1 中定性研究范式的其他特征。**混合研究**（mixed research）涉及定量和定性研究方法、方式或其他范式特征的混合。准确的、恰当的混合是由研究者面临的研究问题以及情境性、实际性问题决定的。这三种研究范式对于我们解决教育领域面临的多方面复杂问题都是十分重要的。现在，花一点时间看看表 2.1，然后阅读下面对三种方法不同点的讨论。

首先，定量研究方法主要遵循验证性科学方法（第 1 章已有所讨论），因为它的重点放在假设检验和理论检验。定量研究者认为最重要的是陈述假设，继而用实证数据来判断数据是否能支持假设，从而验证这些假设。另一方面，定性研究主要遵循探究性科学方法（也在第 1 章有所讨论）。定性研究用来描述本地所见的事物，有时提出或生成新的假设和理论。当研究者对一个主题或现象知之甚少，且想要发现或了解更多的时候，会使用定性研究。它通常用来理解人们的经历，表达人们的见解。提倡混合研究的研究者认为在一项研究中同时使用探究性方法和验证性方法是很重要的（Johnson & Onwuegbuzie，2004）。

大多数研究者在开展研究时会使用归纳推理和演绎推理。譬如，当他们寻找特定数据中的各种模式、做归纳总结（如从样本到总体）、对最佳解释做出推断的时候，他们会使用归纳推理。最终，验证的逻辑是归纳性的，因为我们不是从实证研究中得到结论性的证明（见第 1 章的证据准则）。当研究者从他们的假设演绎出可观察到的结果时（如果假设是正确的，那么结果就应该随着新的实证数据而发生），研究者会使用演绎推理。另外，当研究者推断一个理论是错误的时候，也会使用演绎推理。如果他们得出这个结论，他们就会继续生成和检验新的思想和新的理论。

定量和定性研究的区别也在于对人类行为的不同看法。定量研究中，认知和行为被认为是高度可预见的并可解释的。传统上，**决定论**（determinism）——意思是所有事件都是由一个或多个成因完全决定的——的假设是由定量研究提出的（Salmon，2007）。譬如，儿童学会阅读的过程是由一个或多个成因决定的。因为定量研究没有找到人类行为的普遍的或一贯正确的法则，因此大多数当代的定量研究者在找寻**概率性成因**（probabilistic causes）（Humphreys，1989）。概率性陈述是这样的："接触毒品与酒精的青少年比未接触毒品与酒精的青少年更有可能从高中辍学。"重点是，大多数定量研究者试图识别因果关系，从而使他们能够进行概率性预测与归纳。

另一方面，定性研究者通常把人类行为看作是不定的、动态的、随时间和地点而变的，他们总是对概括所研究的特定人群之外的人类行为不感兴趣。在定性研究中，不同群体构建他们不同的现实或视角，这些社会建构又反过来影响他们"看"或理解世界的方式、对正常与异常的界定以及他们的行为方式。

混合研究者同时接受定量和定性研究关于人类行为观点中的积极价值。他们认为，

表 2.1　定量、混合与定性研究的重点

	定量研究	混合研究	定性研究
科学方法	验证性或“自上而下”的方法 研究者用数据来检验假设和理论	验证性和探究性方法	探究性或“自下而上”的方法 研究者基于实地研究所得数据来生成或构建知识、假设和扎根理论
本体论（现实/真理的本质）	客观的、物质的、结构的、一致同意的	多元主义；客观的、主观的、主体间的现实与其相互关系的评价	主观的、精神的、个人的、构想的
认识论（关于知识的理论）	科学的现实主义；寻找真理；通过对假设的实证性验证进行辩护；普遍的科学标准	辩证的实用主义；实用主义的辩护（具体情况下什么为谁效力）；普遍的标准（例如永远要遵守伦理）和基于某群体具体需要的标准的混合	相对主义；个体与群体的辩护；不同的标准
有关人类思想与行为的观点	有规律的，可预见的	有活力的、复杂的、部分可预见的；多重影响，包括环境/培育、生物/自然、自愿/代理、机会/偶然	环境的、社会的、情境的、个人的、不可预见的
最常见的研究目标	定量的/数值的描述，因果解释，预测	多重目标；提供复杂的、全面的解释与理解；理解多重视角	定性的/主观的描述，有移情作用的理解，探究
利益	识别普遍的科学法则；体现国家政策	连接理论与实践；理解多重因果关系、定律式的（普遍的）因果关系以及个别的（特殊的、个体的）因果关系；连接国家和地方的利益和政策	理解并评价特殊群体及个体；体现地方政策
“焦点”	窄角镜头，检验具体的假设	多物镜的焦点	广角的、“深角的”镜头，检验现象的广度与深度，从而获得更多了解
观察的本质	在可控的条件下研究行为；孤立单一变量的因果	研究多重情境、视角或条件；研究多重因素同时运作的效果	研究自然条件下的群体和个人；试图理解局内人的观点、含义和视角
所收集数据的形式	使用结构化的、经验证的数据收集工具进行精确测量，基于此收集定量数据	收集多种数据	收集定性数据，如深度访谈、参与式观察、田野记录、开放式问题。研究者是首要的数据收集工具
数据的本质	变量	变量、文字、类别和图像	文字、图像、类别
数据分析	识别变量间的数据关系	分别地、结合地进行定量和定性分析	使用描述性数据；寻找模式、主题和整体特征；评价差异/变化
结果	可推广的发现，代表了总体客观的、局外人的观点	提供了主观的局内人和客观的局外人的观点；多重维度和视角的呈现与整合	独特的发现提供局内人的观点
最终报告的格式	正式的统计报告（例如，有关联变量、方法的对比以及对研究结论的统计意义的报告）	数字与陈述的结合	非正式的陈述性报告，有对情境的描述和研究参与者的直接引语

仅仅使用定量研究或定性研究对于许多研究问题来说都是有局限的和不完整的。如表 2.1 中间一栏所示，混合研究者将定量与定性的概念与方法结合起来，从而更全面地理解这个世界。

定量研究通常采用所谓的“窄角镜头”，因为在同一时间它只关注一个或几个因果因素。同时让没有被研究的因素保持恒定。这通常是在实验室条件下完成的，实验者随机分配参与者到各组，只操纵一个因素，然后检验结果。例如，研究者可能首先将研究志愿者随机地分配到两组。随机分配使得两组非常相似。此时，研究者可能让其中一组采用新的教学方法，而另一组则采用不同的教学方法，除了使用不同的教学方法外，其他方面两组都非常相似。研究者这时检验哪组的学习更好，并将学习的差异归结于教学方法的不同。研究者能够做出一个因果归因，因为两组在实验开始前是非常相似的，并且唯一不同的因素就是教学方法。

定性研究用的是“广角、深角镜头”，检验人类在自然条件下的选择与行为。定性研究者不愿干预行为的自然流动，喜欢用自然而全面的方式来研究行为。他们试图理解现实的多重维度和层面，例如，一个群体中人的类型、他们如何思考与互动、达成何种共识或标准、这些维度如何形成整体来描述这个群体。譬如，也许一个定性研究者想要研究一所成功学校的社会风气和文化，研究者会花大量时间研究学校的各个方面，从而分析这所学校是如何办学的、是公立还是私立、为什么会成功。基于研究问题，使用混合研究的研究者会在每个不同的焦点模式上花时间，在广角、窄角和深角的视角上来回探索。

定量研究者试图在客观性的假设下进行研究。他们假设有一种待观察的现实，观察同一种现象的理性观察者会基本上同意它的存在和特征。他们设法尽可能地保持中立和客观，避免人为偏倚。在一定程度上，定量研究者设法研究一个与他们的利益“不甚相关”的现象。譬如，标准化调查问卷和其他定量测量工具常被用来仔细测量所观察到的事物。在实验中，研究者常用随机分配的方式把参与者分入不同的群组，从而避免在建立比较组的时候产生人为偏倚。在判断结果时，通过统计标准来得出许多结论。

定性研究者普遍同意“现实是一种社会性建构”的观点（例如 Guba & Lincoln，1989）。譬如，社会行为遵循社会性建构的标准。语言也对我们看待世界的方式产生重要影响。譬如，据说因纽特人能“看到”许多种类的雪，而普通的美国人也许只能看到几种。因纽特人的当地语言可能使他们洞察你注意不到的差别，这种思想被称为**语言 - 相对论假设**（linguistic-relativity hypothesis）。

定性研究者提出，通过参与者的观察来“接近”他们的研究对象很重要，这样他们就能够亲自经历所要研究现象的主观维度。在定性研究中，研究者被说成是“数据收集的工具”。定性研究者不使用标准化工具或测量仪器，而是问问题、收集数据、进行诠释、记录所观察到的事物。定性研究者不断设法从参与者、“本地人”或“行动者”的观点上理解他们正在观察的人。这就是“移情理解”(empathetic understanding)的概念。著名的社会学家马克斯·韦伯在20世纪早期的著作中把这种从其他人的角度理解问题的方式称为verstehen*(Weber, 1968)。这在美国俚语中也叫作“把你自己的脚放到别人的鞋里”**。记住，定性研究强调理解“局内人的视角”及他们的文化，这需要直接的、亲自的、通常是参与性的接触。

根据混合研究，理解我们世界中**主观的**(个体的)、**主体间的**(基于语言的、分析推理的、文化的)以及客观的(物质的、构成原因的)现实是很重要的。尽管不影响和不偏倚于你所观察的事物很重要，但理解局内人的意思和观点也很重要。譬如，如果你正在研究阿拉巴马州、田纳西州和佐治亚州三大地区的玩蛇教堂的文化，可能通过使教堂成员填写标准化问卷、测量他们的人格与人口统计学特征来收集定量数据，会很有帮助。通过深度的个人访谈及对教堂成员的密切观察来收集定性数据，从而对玩蛇文化获得更深的理解(以局内人的角度)，这也十分必要。简而言之，方法的混合可以增加非常有用的、补充性的信息。

定量研究基本上把测量简化为数字。譬如，在调查研究中，态度的测量通常使用**等级量表**。下面这个5分制的同意量表就是一个例子。

强烈不同意	不同意	中立	同意	强烈同意
1	2	3	4	5

访谈者或调查问卷提供一个命题，回答者用5项可选类别之一来回答。在所有回答者都提供了答案后，研究者通常计算出并报告整组回答者的平均分。譬如，让我们这样说吧，一个研究者问一组教师对以下命题的认同程度：“教师需要得到有关儿童精神病理学领域的更多培训。”随后，研究者可能计算整组的平均分，基于5分等级，平均分可能会是4.15。研究者也可能判断打分是否与教师工作年限有关。也许，新教师的平均分为4.5， 而有5年或以上工作经历的教师的平均分则是3.9。如你所想，定量数据通常是利用计算机上的统计分析程序进行分析的。

另一方面，定性研究者通常不以数字的形式来收集数据。他们开展观察和深度访谈，数据的形式通常是文字。譬如，一名定性研究者组织6或7名新教师建立焦点小组，讨论他们所受到的本科教育能否充分帮助他们应对学校中所遇到的现实问题。焦点小组的主持人可能会录像及录音。之后，录音会被转录成文字，继而用定性数据分析技术进行分析(见第19章)。另外，当定性研究者进入一个场地并开始观察时，研究者会写下

* 此词来自德语，意为理解。——译者注

**putting yourself into someone else’s shoes，即“换位思考”。——译者注

他 / 她的所见以及相关的见识及想法。数据仍然是文字形式。在定性数据分析过程中，研究者将试图确认所发生事物的类别，并描述数据中反复出现的一般性主题。混合研究方法使用各种不同的数据收集与分析方法。

最后，定性、混合和定量研究报告也是不同的。定量报告通常是 5 至 15 页的期刊论文形式，报告包括许多数字和统计显著性检验的结果（后面会加以解释）。然而，定性研究报告通常篇幅更长，并用记叙的形式来撰写、描述发现的事物，尤其是从被研究群体的局内人视角来描述。其报告更加具有诠释性，研究者设法理解和勾勒研究参与者的生活、经历与语言。定性研究报告通常 20 至 25 页长，定性研究的结果通常以书或专题论文的形式（而非期刊论文的形式）进行发表。混合研究可能沿袭定量的风格或定性的风格，更常见的则是混合使用两种方法。

复习问题　2.1　定量和定性研究的关键特征是什么?
　　　　　2.2　混合方法研究的关键特征是什么?

定量研究方法：实验研究和非实验研究

现在，你了解了定量、定性和混合研究的特征。接下来，我们介绍一些定量研究的不同方法。但是，在那之前，你需要知道变量的概念，因为定量研究者经常通过变量来描述世界，他们试图通过阐明变量间的关系来解释和预测世界的各个方面。你可以在表 2.2 中看到各种类型变量的总结。

变量

变量（variable）是能够承载不同的值或类别的条件或特征。智力是教育领域常被研究的变量，不同人的智力有高有低。年龄是另一个从低到高的变量（例如，从一分钟大到 130 岁左右）。还有一个变量是性别，或男或女。为了更好地理解变量的概念，可与其反义词"常量"进行对比。**常量**（constant）是一个变量的单一值或类别，如"性别"变量是两个常量的集合：男性和女性。"男性"类别（即常量）仅仅是一个事物的集合。它是构成"性别"变量的两个常量之一。性别可以不同，男性不会不同。因此，性别是一个变量，男性是一个常量。说到"年龄"变量，所有年龄构成了变量的值（即常量），每个值（如 13 岁）是一个常量。如果你仍然不能分清变量与常量，那么请这样想：变量像是一系列事物，而常量是这些事物之一。

表 2.2 根据测量水平及变量角色划分的常见变量类型

变量类型	关键特征	范例
测量水平		
类别变量 (categorical variable)	由一个现象的不同种类或类别组成的变量	“性别”变量是由“男性”和“女性”两个类别组成
定量变量 (quantitative variable)	因一个现象的程度或数量不同而变化的变量	“年收入”变量由零收入到非常高的收入水平不等
变量承担的角色		
自变量 (Independent variable, IV)	被认定是引起另一个变量发生变化的变量；原因变量	对学习的投入(IV)影响考试分数(DV)
因变量 (dependent variable, DV)	因另一个变量而发生变化的变量；效果变量或结果变量	对学习的投入(IV)影响考试分数(DV)
中介变量 (mediating variable, intervening variable)	出现在其他变量之间，帮助描绘变量间互相影响过程的变量	对学习的投入(IV)引起长期记忆中知识的输入和组织(中介变量)，由此影响考试分数(DV)
调节变量 (moderator variable)	描绘在不同条件或情况下利益关系是如何发生变化的变量	也许学习(IV)和考试分数(DV)的关系随着药物使用——如利他林(调节变量)——的程度进行变化
无关变量 (extraneous variable)	可能在解释一项结果的时候与自变量产生竞争的变量	也许所观察到的喝咖啡(IV)与癌症(DV)的关系实际上是由吸烟造成的

我们刚刚使用的变量——年龄与性别——其实是不同类型的变量。年龄是定量变量，而性别是类别变量。**定量变量**（quantitative variable）是随程度或数量变化而变化的变量，通常涉及数字。**类别变量**（categorical variable）是随类型或种类变化而变化的变量，通常涉及不同群体。年龄承载数字（如几岁），而性别承载两个类型或种类（男性和女性）。现在，想想“年收入”变量，它随什么而变化？它是随数量变化而变化，从零收入到非常大额的收入。因此，收入是一个定量变量。如果你想想去年你赚了多少钱，你就能判断你在“年收入”变量上的价值。现在，想想“宗教”变量，它又随什么而变化？它是随种类或类型的变化而变化。譬如，它可以承载任何象征不同世界宗教（如基督教、犹太教、伊斯兰教）的类别。要练习识别定量变量和类别变量，请看表 2.3 中的例子。

表 2.3　定量变量与类别变量的范例

定量变量	类别变量
高度	性别
重量	宗教
温度	民族
年收入	疗法
大部分能力倾向测试	大学专业
大部分成就测验	政党身份
学校规模	学校类型
班级规模	父母的婚姻状况
自尊水平	学生留级（留级还是不留）
平均绩点	教师期望的类型
教师 - 学生比率	母语
花在作业上的时间	教学方法
年龄	个性类型
焦虑程度	学习风格
职业满意度得分	反馈类型
行为爆发的次数	计算机使用（还是不使用）
阅读成绩	阅读教学的类型
拼写正确率	全纳（或不全纳）
行为错误的数量	解决问题的策略
认知过程的速度	采用的记忆策略
辍学率	社会阶层

然而，变量的另一种分类是自变量与因变量。**自变量**（independent variable）是被认定为引起另一个变量发生变化的变量。有时，自变量被研究者操纵（研究者决定自变量的值）；其他时候，自变量由研究者研究但不被操纵（研究者对自变量自然发生的变化进行研究）。自变量是先行的变量，因为如果它要制造变化，就必须要在其他变量之前出现。**因变量**（dependent variable）是被认定为由一个或多个自变量影响的变量。因变量是“依赖”自变量（先行变量）的变量。当自变量的变化倾向于引起因变量的变化时，自变量与因变量之间就会产生**因果关系**（cause-and-effect relationship）。有时，研究者称因变量为**结果变量**（outcome variable）或**反应变量**（response variable），因为它是用来测量一个或多个自变量的效果的。

这里有一个有关因果关系的简单例子。想想美国卫生部部长印在香烟盒上的警告：“吸烟引起肺癌、心脏病、肺气肿，并可能影响怀孕。”你能识别出这个关系中的自变量和因变量吗？吸烟被认为是引起了肺癌和其他疾病的原因。（你应该注意，简单观察吸烟与肺癌的联系之外，开展进一步的研究是用来证实吸烟与癌症之间的关联是存在因果关系的。）在这个例子中，吸烟是自变量（根据每天吸烟的数量而变化的值），肺癌的存在是因变量（有肺癌和没有肺癌的值）。

为了便于速记，我们可以用 IV 代表自变量，用 DV 代表因变量。我们有时也使用箭头：IV → DV。箭头“→”表示“倾向于引起变化”或“影响”。用文字来阐述的话，其意思是说研究者相信“自变量的变化倾向于引起因变量的变化”。在吸烟这个例子中，我们写成：吸烟→肺癌。

另一种类型的变量是**干预变量**（intervening variable）（也通常被称为中介变量）。干预变量或**中介变量**（mediating variable）出现在因果链中两个其他变量之间（Kenny，Kashy，& Bolger，1998）。在 $X \rightarrow Y$ 中，我们只有一个自变量和一个因变量。在 $X \rightarrow I \rightarrow Y$ 中，我们有一个干预变量（I）出现在另外两个变量之间。在吸烟这个例子中，也许干预变量是破损的肺细胞的发展。换句话说，吸烟倾向于引起破损的肺细胞的发展，这又引起了肺癌。识别干预变量是很重要的，因为这些变量可以帮助解释自变量引起因变量发生变化的过程。

再举一个例子。让 X 代表教学方法（也许这个变量的水平是讲座法和小组合作法），让 Y 代表课堂考试的分数（从 0 到 100% 正确之间的变化）研究可能显示 $X \rightarrow Y$；也就是说，测试分数由使用的教学方法决定。在这种情况下，干预变量可能就是学生的动机（从低动机到高动机不等）。因此，完整的因果链是 $X \rightarrow I \rightarrow Y$，$X$ 代表教学方法，I 代表学生积极性，Y 代表学生测试分数；即，教学方法→学生积极性→学生测试分数。

下一种变量是调节变量。**调节变量**（moderator variable）是改变或调节其他变量关系的变量。它描绘不同条件或情境下，不同类型的人之中关系是如何变化的。譬如，你可能分析一套研究数据，发现用讲座法教出来的学生与用小组学习法教出来的学生取得的分数差别极小或没有。然而，在进一步的分析中，你可能得知，合作学习对外向型学生更加有效，而讲座对内向型学生更加有效。在这个例子中，人格类型是一个调节变量：教学方法和成绩的关系由学生的人格类型决定。在研究中，我们通常发现教学有效与否取决于学生的类型。如你所见，了解调节变量很有帮助，这样你就能相应地调节你的教学方法了。

实验研究

实验研究的目的是判断因果关系。实验研究方法使我们能够识别因果关系，因为它允许我们在可控的条件下观察系统改变一个或多个变量的效果。具体地说，在**实验研究**（experimental research）中，研究者操纵自变量，积极地干预世界，然后观察发生的事情。于是，**操纵**（manipulation）作为实验者研究的干预行为，是实验研究关键的定义性特征。

在研究因果关系时，操纵的运用是基于因果关系的活动理论（Collingwood，1940; Cook & Shadish，1994）。只有实验研究才涉及积极的操纵。正因如此（因为实验控制），在所有研究方法中，实验研究对因果关系的存在提供了最有力的证据。

在简单的实验中，研究者会系统地改变一个自变量，并评估其对因变量的影响。譬如，也许一个教育研究者想要判断一项新教学方法对阅读成绩的影响。研究者可以对一组参与者使用新的教学方法，而对另一组参与者使用传统的教学方法。这样处理之后，实验者将判断哪一组获得了更好的学习成效（阅读成绩）。如果接受新教学方法的小组得到了更大的进步，那么研究者就会尝试推论，新方法比传统方法更好。

尽管研究者有时开展刚才所描述的这种实验，但它有一个潜在的问题。如果两组学生在一些变量上呈现出差异，譬如词汇、阅读能力或年龄不同，又怎么办呢？更具体地说，如果新的教学方法小组刚好年龄更大、词汇量更多、并比传统教学方法小组更擅长阅读，那又怎么办呢？另外，再假设词汇量更多、年龄更大、更擅长阅读的这些学生也倾向于比其他学生学习能力更强。如果是这种情况，那么无论采用哪种教学方法，新教学方法小组的学生都会学习得更快。在这个例子中，变量“年龄”“词汇”和“阅读能力”被称为无关变量。

无关变量（extraneous variable）是指除了自变量（如教学方法）之外而可能与结果相关的变量。当无关变量不以某种方式进行控制或处理时，研究的外部评论者可能会对研究发现提出不同的解释。评论者可能会提出，结果是源于特定的无关变量，而非自变量。

这些针对自变量与因变量间关系的相互矛盾的解释有时被称为**替代性解释**（alternative explanations）或**竞争性假设**（rival hypotheses）。在我们的例子中，研究者不知道新教学方法小组的学生是因为教学方法还是因为词汇量多、年龄大、更擅长阅读才会表现得更好。所有这些因素都具有**混淆性**（confounded）；也就是说，这些因素都与自变量有关系，研究者不能分辨出哪个才是最重要的因素。有时，我们使用**混淆变量**（confounding variable）这一术语来指代未被研究者控制并导致一种特定结果发生的无关变量。

由于无关变量的出现使得对研究结果的诠释更加困难，因此有效的研究者会尽可能地去控制它们。像上述这类实验中，控制无关变量最好的办法就是将研究参与者随机分配到各个组中。随机分配有助于确保待比较的小组成员在干预或操作之前是相似的。譬如，如果一名研究者想要随机将 30 个人分配到两组中，那么研究者可能会在 30 张纸上各写下一个名字，并把这些纸放进一个帽子里，随机抽出 15 张。被抽出的 15 个名字成为一组，帽子里剩下的 15 个名字成为另一组。这样做的时候，两组仅有的差异就只是偶然性的了。换句话说，两组在实验初期是**相似**的。在两组变得相似之后，研究者就要操纵自变量的水平，确保两组仅仅在这个变量上产生差异。也许教学方法是自变量，其水平就是合作型学习和讲座。对自变量的处理或操纵会使一组使用合作型学习，另一组使用讲座。然而，如果两组在操纵之后呈现差异，那么研究者就可以推断差异是源于自变量了。

总之，（1）实验者使用随机分配的方式使各组变得相似；（2）实验者对各组做一些不同的处理；（3）如果各组呈现差异，那么研究者就推论差异是源于实验者的行为（即是源于自变量）。在后面的章节中，我们将向你介绍其他用来控制无关变量的方法，当你不能使用随机分配的方法时，可以使用这些方法。现在，请记住随机分组是使各组变得相似、继而控制无关变量的最佳方法。

非实验研究

在**非实验研究**（nonexperimental research）中，自变量不被操纵。研究者也不会进行随机分配——在后面的章节中，你将学到随机分配只适用于最强的实验设计。由于这两个缺陷（不能操纵，不能随机分配），非实验研究收集到的因果关系的证据就十分有限，比实验研究（尤其是包含了随机分配的实验研究设计）搜集的证据要薄弱得多。如果你想要研究因果关系，应该开展一项实验，但是有时这并不可行。当重要的因果类研究问题亟待回答却不能开展实验时，研究仍然必须进行。在研究中，我们试图竭尽所能地做到最好，但是有时，这意味着我们必须使用较薄弱的研究方法。

譬如，在 20 世纪 60 年代，有大量研究涉及吸烟与肺癌的关系。用人类做实验研究是不可能的，因为这是不道德的。因此，除了用实验室动物做实验研究之外，医学研究者依赖于非实验研究方法对人类所进行的大量研究。

一种非实验研究有时被称为**因果比较研究法**。在**因果比较研究**（causal comparative research）中，研究者研究一个或多个类别自变量与一个或多个定量因变量的关系。在最基本的情况下，有一个类别自变量与一个定量因变量。因为自变量是类别的（如男性与女性，家长与非家长，公立学校教师与私立学校教师），因此，不同组别的因变量平均分可以拿来比较，从而判断自变量与因变量之间是否存在关系。譬如，如果自变量是学生留级情况（变量的类别是**滞留在一年级**和**不滞留在一年级**），因变量是**成绩水平**，那么留级生的平均成绩可以与未留级生的平均成绩进行比较。（你认为哪一组的平均成绩更高：留级还是不留级的学生？）

尽管**因果比较研究**这一术语中含有**因果**一词，但请记住，因果比较研究是非实验研究方法，这意味着研究者**没有对自变量进行操纵**。另外，控制无关变量的技术也比实验研究（可以进行随机分配）要更加局限。由于缺乏操纵以及控制无关变量的技术薄弱，因果比较研究在说明因果关系时要比实验研究困难得多。不要被这种研究中的“因果”一词误导，要记住，设计良好的实验研究实际上总是要更适合研究因果关系。

因果比较研究的一个范例是名为“大学生在数学成绩和其他变量上的性别差异”（Rech，1996）的研究。瑞克比较了一所大城市走读大学中男生和女生中级代数课和大学代数课的平均成绩水平。在中级代数课上，瑞克发现，女生比男生表现稍好一些。女生的平均正确率为 75%，而男生则为 73.8%。在大学代数课上，男女生的分数差异更小（74.3% 比 73.9%）。收集的数据来源于 6 个学期的 2 300 名研究参与者。

早先提到，因果比较研究的基本情况涉及一个类别自变量与一个定量因变量。表 2.3 设计了一个基本的因果比较研究作为练习，请找到可以作为自变量的类别变量（你不用操纵的那一个）以及可以作为因变量的定量变量。作为一个范例，我们可以选择“留级”作为自变量，**自尊**作为因变量。我们假设，学生留级（留级与不留级）对自尊产生影响。更具体点说，我们预测，一般情况下，留级的学生比不留级的学生自尊要低。如果我们想要开展研究，我们就要去一所学校收集数据，从而判断这种假设是否有根据。

另一种非实验研究方法被称作相关研究。和因果比较研究一样，在相关研究中，自变量不被操纵。**相关研究**（correlational research）中，研究者研究一个或多个定量自变量与一个或多个定量因变量的关系；也就是说，在相关研究中，自变量与因变量都是定量的。在本章中，我们将介绍只有一个定量自变量与一个定量因变量的基本情况。为了更好地理解如何研究两个定量变量之间的关系，你需要对相关系数有一个基本的了解。

相关系数（correlation coefficient）是一个数字指数，提供两个变量间关系的强度与方向的信息。它说明两个变量是如何相关的。更具体点说，相关系数是从 −1 到 1 的一个数字，0 代表完全不相干。如果数字大于 0，说明有正相关。如果数字小于 0，说明有负相关。如果数字等于 0，说明两个变量间不相关。如果数字等于 +1.00 或 −1.00，那么相关被称为是完全的；也就是说，相关性是最强的。现在，我们对这几点做些解释。

当两个变量的分数向一个方向移动，那么就存在**正相关**（positive correlation）。譬如，想想高中 GPA 和 SAT（大学入学考试）这两个变量。你认为这两个变量的分数如何相关？图 2.2（a）展示了这种关系。如你所见，有高 GPA 的学生也倾向于有 SAT 高分，低 GPA 的学生倾向于 SAT 的分数也低，这就是正相关关系。我们说 GPA 和 SAT 呈正相关，因为当 SAT 分数上升的时候，GPA 也倾向于上升（也就是两个变量向同一个方向移动）。由于这种关系，研究者可以使用 SAT 分数来帮助预测 GPA。然而，由于相关不是完全的，因此预测也远远不够完美。

当两个变量的分数倾向于向相反的方向移动——当一个变量上升，另一个变量倾向于下降，反之亦然，那么就存在**负相关**（negative correlation）。譬如，每日胆固醇的摄入量和寿命，你认为这些变量如何相关呢？你认为这种关系是否符合负相关的定义呢？图 2.2（b）呈现了这种关系，你可以看到，随着每日胆固醇的摄入量增加，寿命倾向于缩短。也就是说，变量向相反的方向移动。因此，研究者使用胆固醇摄入量的信息来帮助预测寿命。一个变量的高值与另一个变量的低值相关联，反之亦然，这就是我们所说的负相关。

此时，你知道正相关（变量向相同的方向移动）和负相关（变量向相反的方向移动）的不同了。然而，关于相关系数，还有一点需要你知道。除了相关方向（正或负），我们还对相关的强度感兴趣。**强度**（strength），意思是“关系有多强”。请记住这一点：0 意味着完全没关系，+1.00 和 −1.00 意味着关系最强。

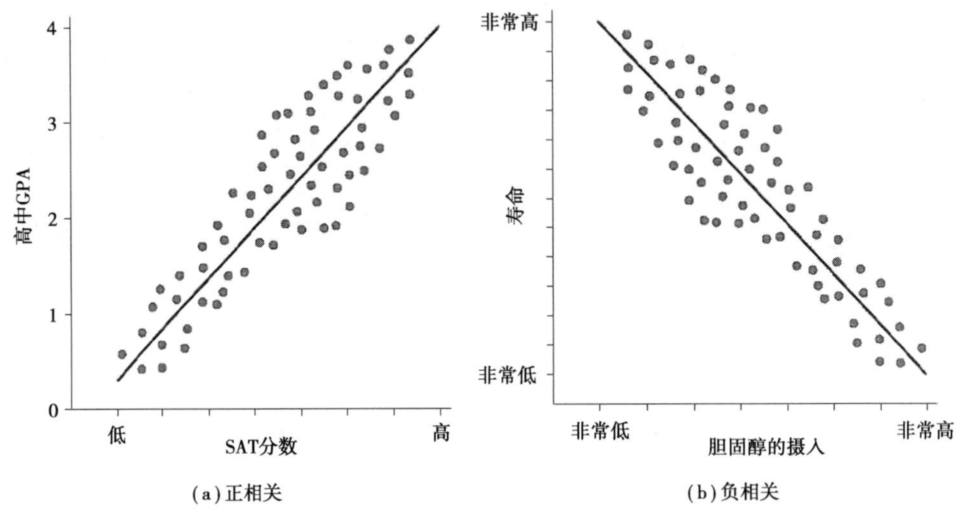

图 2.2 正相关与负相关的范例

数字越大（忽视负号），关系越强。譬如，如果你看到 −0.5 的相关，那么忽视负号，你就得到 0.5，即表示了相关的强度。因此，−0.5 和 +0.5 的相关有同样的强度。二者唯一的不同之处在于关系的方向（−0.5 是负相关，+0.5 是正相关）。当你关注的是强度时，相关是正是负就不重要了。相关的强度是这样的：0 代表完全无相关（也就是最小可能的强度），+1.00 和 −1.00 最大强度的相关。也就是说，+1.00 和 −1.00 同样强；在研究术语中，我们称 +1.00 和 −1.00 都是**完全相关**（perfect correlations）。+1.00 和 −1.00 唯一的不同是关系的方向，而非强度。你可以看图 2.3 中不同强度和方向的相关图。

如果你觉得上面的段落有一点难以理解，那么这还有另一个方法来判断相关的强度——仅仅检查数字离 0 有多远。数字离 0 越远，相关就越强。0.9 的相关比 0.2 的相关强，因为它离 0 更远。同样，−0.9 的相关也比 −0.2 的相关更强，因为它也离 0 更远。现在问个有趣的问题。你认为 −0.90 和 +0.80 哪个相关更强？答案是 −0.90，因为 −0.90 比 +0.80 离 0 更远。（我相信你已经明白了！）

这只是对相关系数做一个简单的介绍。你使用得越多，就会对这个概念越熟悉，我们在后面的篇章中将使用这个概念。现在，你应该清晰地理解了正相关、负相关和完全不相关，以及“一些相关比另一些相关更强”。你已经比你原本设想的学到了更多，不是吗？

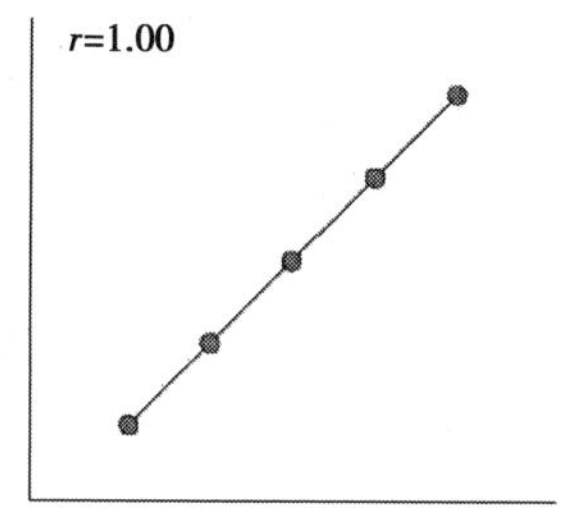

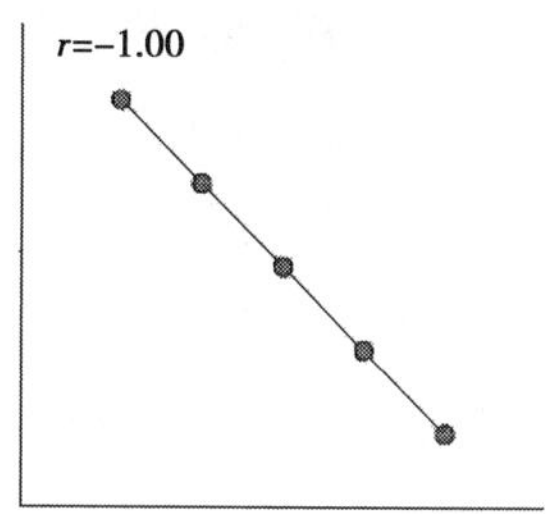

(a)完全相关

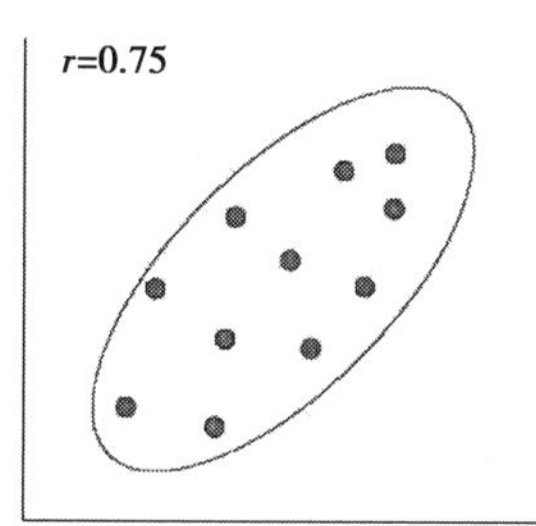

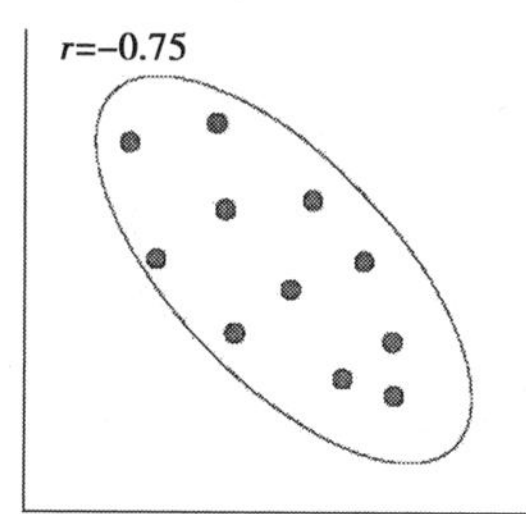

(b)高相关或强相关

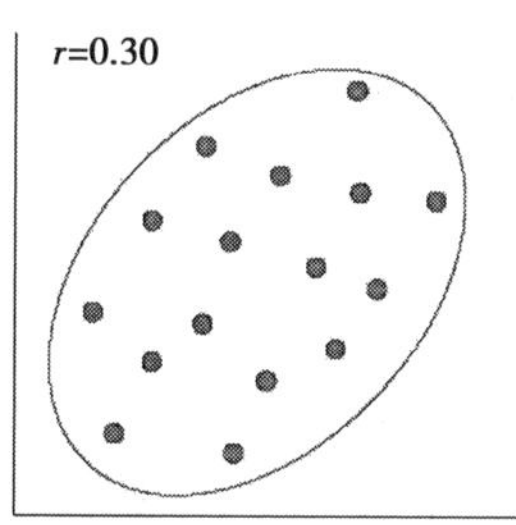

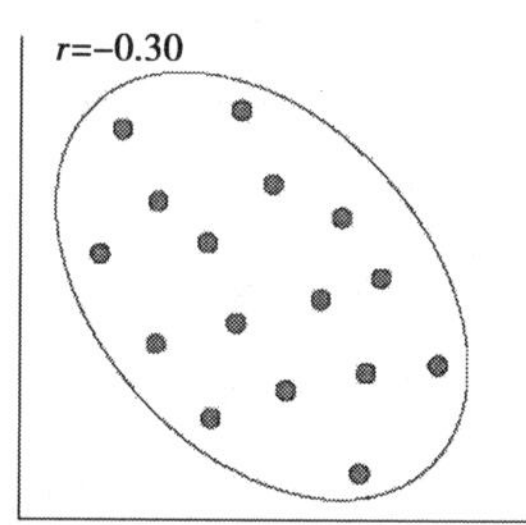

(c)低相关或弱相关

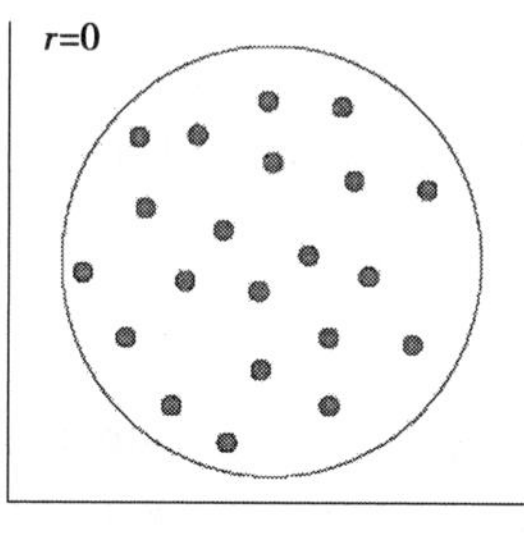

(d)不相关

图 2.3　不同强度和方向的相关性

在最基本的相关研究中，研究者检验两个定量变量的相关。譬如，也许一个教育心理学家有一套理论证明整体自尊（global self-esteem）（这是一个相对稳定的人格特征）可以预测课堂表现。更具体地说，教育心理学家预测，自尊心强的学生学习历史会比自尊心弱的学生学得更好，反之亦然。为了检验这个假设，研究者可以收集有关的数据，计算自尊与课堂考试成绩间的相关。我们可以期待有正相关（自尊心越强，历史考试的分数越高），假设相关性为 +0.5。这是一个中等程度的正相关，它将支持我们对正相关的假设。

在我们有关自尊与课堂表现的范例中，研究者实际上不能基于 0.5 的相关说出任何因果关系。我们所能断言的只是自尊与课堂表现存在关系：自尊心越强，课堂表现越好。这和我们在基本因果比较研究（有一个自变量和一个因变量）中遇到的问题是一样的。

本章所描述的相关研究和因果比较研究的基本形式中（有 2 个变量）存在三个关键问题：

1. 研究者没有操纵自变量。
2. 很难判断变量的时间顺序（即，哪个变量出现在先）。
3. 总是有太多其他的原因可以解释我们为什么会观察到某种关系（不同组别之间的相关或差异）；也就是说，总是有太多无关变量未被解释，并成为世界上一些事物发生的竞争性或替代性解释。

请记住这一要点：**你不能依据非实验研究做出任何有关因果关系的结论**，研究者在这类研究中仅仅检验了两个变量的关系，例如在相关研究中检验相关系数或是在因果比较研究中比较两组的平均值。仅仅发现了自尊与课堂表现的关系（相关研究）或性别与课堂表现的关系（因果比较研究）并不能构成充分的证据来推断因果关系。因此，你不能得出这样的结论。我们将在后面的章节中讨论更多因果关系的问题。我们也将向你展示如何改进本章中谈到的相关研究和因果比较研究，从而通过非实验研究获得因果关系的证据。我们认同，**相关**和**因果**比较对于教育研究并不十分有用（Johnson，2001）；我们认为，更应该关注于薄弱的和更强的非实验研究，并了解什么因素使得非实验性定量研究在决定因果关系上显得薄弱或更强。对于现在来说，请确保你记住了下面这个关键点：**随机分配的实验研究是决定因果关系的最好的研究方法，非实验研究方法（相关研究和因果比较研究）则要薄弱很多。**

复习问题

2.3 类别变量和定量变量有什么区别？各想出一个例子。

2.4 为什么当研究者对因果关系感兴趣时，实验研究比非实验研究更加有效？

2.5 因果比较和相关研究的基本形式中有哪三大主要问题？

2.6 你认为两个什么样的变量是正相关的？

2.7 你认为两个什么样的变量是负相关的？

定性研究方法

如你在表 2.1 中所见，**定性研究**（qualitative research）是基于定性数据，倾向于遵循科学方法的探究性模式。在本书中，我们将讨论定性研究的五大具体类型：现象学、民族志、个案研究、扎根理论和历史研究。第 14 和 15 章对这五类研究提供了详细的讨论；现在，我们要向你介绍每种研究方法的重要思想，为我们之后深入的讨论进行铺垫。

现象学

定性研究的第一大主要类型是**现象学**（phenomenology）。当开展现象学研究时，研究者试图理解一个或多个个体是如何**体验**（experience）一种现象的。譬如，你可能开展一项针对失去单亲的小学生的现象学研究，试图更好地理解学龄儿童是如何体验丧失亲人的经历的。现象学研究的关键要素是研究者试图理解人们如何从自己的角度体验一种现象的。你的目标是进入每个参与者的内心世界，从而理解他（她）的视角和体验。现象学研究者已经对许多现象进行考察，比如参加一个把供奉巨蟒当作一种象征仪式的宗教组织的体验（Williamson，Pollio，& Hood，2000），悲痛的体验（Bailley，Dunham，& Kral，2000），学习成为一名音乐教师的体验（Devries，2000），与酗酒者同居的体验（Smith，1998），体验年龄对于年轻人和老年人的意义（Adams-Price，Henley，& Hale，1998），以及小学生对压力的体验（Omizo & Omizo，1990）。

民族志

民族志是教育领域最受欢迎的定性研究方法之一。**民族志**（ethnography）一词字面上的意思是“关于人的著作”。当民族志学者开展研究时，他们致力于描述一个人群的**文化**（culture）并从群体成员的角度去了解作为一名成员的感受。也就是说，他们的兴趣在于记录一个人群所共享的态度、价值观、标准、实践、互动模式、视角和语言等一些方面。他们也可能感兴趣于群体成员生产或使用的物质，例如穿衣风格、民族食物和建筑风格。民族志学者试图使用**整体性描述**（holistic descriptions）；也就是说，他们试图描述群组成员是如何互动、如何走到一起组成一个整体的。换句话说，这个群体比各个部分之和要大。民族志学者研究的群体有：生活在华盛顿街区的一群乞丐（Lankenau，1999），生活在疗养院的有精神障碍的男人们（Croft，1999），女性联谊会中的黑人与白人成员（Berkowitz & Padavic，1999），美国历史课上的学生们（Keedy，Fleming，Gentry，& Wheat，1998），科学课堂上的六年级学生（Solot & Arluke，1997），卡拉 OK 酒吧的表演者（Drew，1997），有孩子接受特殊教育的波多黎各裔美国父母（Harry，1992），以及已经辍学的一组美国本土学生（Deyhle，1992）。在所有这些研究中，研究者都对所描述人们的文化中的某个方面感兴趣。

个案研究

在**个案研究**（case study research）中，研究者提供了一个或多个个案的详细记述。个案研究尽管总是依赖于定性数据，但也使用多种方法。个案研究可以用来回答探索性、描述性和解释性研究问题（Stake，1995；Yin，1994）。与关注于一些现象的个体体验的现象学、关注于文化某个方面的民族志，以及关注于发展解释性理论的扎根理论相比，个案研究更加多样化。然而，所有纯粹的个案研究都有一个共同点，就是它把每个个案都当成是存在于现实生活背景中的一个整体单位（即，个案研究是整体性的）。譬如，在“构建工程文化中的学习型组织”中，福特、博耶尔和威尔金森（Ford，Voyer，& Wilkinson，2000）检验了一个具体的组织如何随着时间成长为一个学习型组织的。尽管他们的焦点聚集在一个单一个案上，但其他组织也可能从福特及他的同事们的经历中学到一些东西。在“七位天才女性的大学之旅对她们职业选择的影响”中，格兰特（Grant，2000）详细地审查了 7 个人的个人、社会和学术经历。在分析了每个个案后，格兰特进行了个案间的比较，寻找相同点和不同点。

扎根理论

扎根理论研究（grounded theory research）是用你在研究中收集到的数据生成和发展一个理论的定性方法。你可以想起第 1 章说过理论是一些事物如何和为什么运作的解释。我们将在第 14 章详细解释扎根理论。现在，请记住，扎根理论是生成理论或解释的归纳性方法。扎根理论的一个范例是雷克和比林斯利（Lake & Billingsley，2000）所做的“特殊教育中导致家校冲突的因素分析”。雷克和比林斯利想要解释为什么特殊教育项目中的家长与学校领导会发生冲突。他们对家长、校长、特殊教育项目负责人和调解人进行了深入访谈（持续大约 1 小时），识别出导致家校冲突升级的一些因素。首要或核心因素是对儿童需要的理解存在差异，其他因素包括知识的缺乏（例如，缺乏问题解决的知识）、在提供服务方面意见不合、存在局限（例如，缺乏提供服务的资金）、对于如何评价孩子的看法不同、权力的单方面使用、不良的沟通以及信任的缺乏。除了讨论引起冲突的因素，作者还讨论了如何减少冲突以及如何避免冲突。如你所见，作者在数据的基础上对冲突生成了一套尝试性的解释。为了加强解释，他们需要进一步发展自己的理论，并用新的实证数据进行检验（这将归类到混合研究方法）。

历史研究

教育研究者使用的最后一种基本类型，也是本章要讨论的最后一种基本类型，是**历史研究**（historical research），或是有关过去的人、地、事的研究。这类研究有时被称作**叙事研究**（narrative research），因为它研究的是“历史的文本”，并且经常通过故事或叙事的手段来呈现结果。尽管许多历史研究最适合被划分为混合研究（例如，当定量和定性数据都被使用到的时候），但我们将这类研究归为定性研究的名下，因为大致上说，数据倾向于是定性的，证据使用的方法和论据的构成都更接近于定性研究而非定量研究。如你所知，历史研究的开展能使研究者更好地理解已经发生过的事件。

教育历史学家已经能够找到用于数据分析的历史数据，并研究了各种教育现象在过去是如何发生的。譬如，教育研究者记录了教育史和过去发生的重要事件，研究了教育发展趋势、导致特定事件发生的多重因素以及事物在过去是如何操作的（例如，不同的教学实践和这些实践产生的不同结果）。他们可能也研究当前实践的起源，并记录下随时间推移产生的任何变化。**史料编纂法**（historiography）一词有时被历史学家用来指“研究方法”。在第 15 章你将学到，史料编纂法涉及问题的提出、有可靠来源的材料收集、材料的分析与诠释以及最终报告的编写。历史研究与其他研究方法一样，在教育领域占有重要地位。

复习问题　2.8　定性研究有哪些不同类型？每种类型的典型特征是什么？

混合研究（或混合方法研究）

在**混合研究**（mixed research）中，研究者在一项单一研究或一系列相关研究中，混合或结合使用定量与定性的方法、手段或概念。研究中的定性和定量部分可能会同时进行（大约在同一时间开展两个部分）或是先后进行（先开展一个部分，再开展另一部分），用以回答一个研究问题或一系列相关问题。譬如，你对研究与有阅读障碍的高中生同住的现象感兴趣。你可以首先决定开展研究中的定性（探究性）部分，通过对 10 名或 20 名有阅读障碍的高中生进行开放式或非结构式访谈，你可以直接从这些学生口中得知与阅读障碍患者同住是什么样的情况。在这个阶段收集到的数据以及阅读当前研究文献的基础上，你构建了一份封闭式的、更加结构化的调查问卷。接下来，在研究的定量阶段，你请另一组有阅读障碍的高中生依据结构化问卷的特征与自己相符程度评分。在这个定量研究的阶段，你可以从多所高中选取一批学生样本，让他们填写问卷。然后，你分析问卷数据并写下你从定性和定量研究部分获得的“综合”发现。在这个范例中，定性阶段用于探究结构化调查问卷所要包含的文字、类别和维度。继而，你开始检验（或验证）该调查问卷在定量阶段是否有效。定性和定量方法结合在一起，产生了一份高质量的调查问卷。

混合研究的优势

我们把教育研究中使用多重视角、理论和研究方法看作是优势。实际上，我们把定量和定性研究看作是互为补充的。当采用混合研究或是你阅读和评估的研究涉及混合研究时，一定要想想**混合研究的根本原则**（fundamental principle of mixed research）：使用不同的研究方法、认识论和手段，使最终的混合或结合是优势互补而非劣势重合（Johnson & Turner，2003）。这里，**互补性优势**（complementary strengths）是指整体大于部分之和。混合研究方法有助于改善研究质量，因为不同的研究方法有不同的优势和劣势。

通过在一项研究中结合两个（或更多）拥有不同优势和劣势的研究方法，你就不太可能错过重要的东西或是犯错误。著名的定性研究者林肯和古巴（Lincoln & Guba，1985）用渔网做比喻，对此进行了解释。一个渔夫有多张渔网，每个都有一个或多个破洞。为了得到一个好网，渔夫决定把不同的网重叠起来，形成一个完整的网。所有网都有破洞；然而，当这些网被放到一起，那么可能就不再有破洞了。在研究方法中，实验研究可能很好地证明了因果关系，但是却由于研究实验室的限制，在体现现实主义上存在局限。另一方面，民族志研究可能不能很好地证明因果关系，但是却可以进行田野研究，使研究者能够观察自然状态下发生的行为，并因此提高现实性。当两种方法都被使用的时候，因果证据有力了，现实性也不再是个大问题。尽管通常在一项研究中使用超过一种研究方法或策略不太现实，但你应该意识到使用多重方法和策略的潜在好处。另外，即便研究者不在单一研究中使用多重手段或方法，已发表的相关研究也总是包括基于不同研究方法的研究。

因此，研究文献是混合方法的。最终，混合方法（或混合式渔网）的优势体现在整个研究领域中。

复习问题　2.9 什么是混合研究？能举个例子吗？

我们的研究类型学

我们在本章中涉及的研究类型都呈现在图 2.4 中。我们将在后面的章节中逐个讨论这些研究类型。明白我们在这本教科书中讨论的所有主要研究类型都具有价值，这很重要！一个教育研究者在不同时间采用几种不同的研究类型，这也是常见的。研究者应该总是在考虑所关心的研究问题、研究目标、时间和经费限制、可用到的人群、操纵独立变量的可能性以及数据的可用性的基础上，选择恰当的研究方法。有时，研究者会在一项单一研究中使用不止一种研究手段。然而，即使研究者从不在一项单一研究中使用超过一种研究方法，已发表的研究文献也总是倾向于包含基于不同手段和方法的研究论文，因为这个研究领域中的研究者总是多样的。

当一项研究发现已经证明是采用了多种类型方法的研究，那么我们就可以更加相信它。我们认为，如果不同类型的研究都发现了相同的结果，那么这个研究发现就是被**确证**（corroborated）了。相反，如果不同的数据来源或研究类型获得了互为冲突的信息，那么就需要补充研究来更彻底地探究现象的本质，并判断冲突的来源。也就是说，如果不同类型的研究得出了不同的研究发现，那么研究者就应该更深入地研究该现象，从而判断相互矛盾的结果得以发生的确切原因。

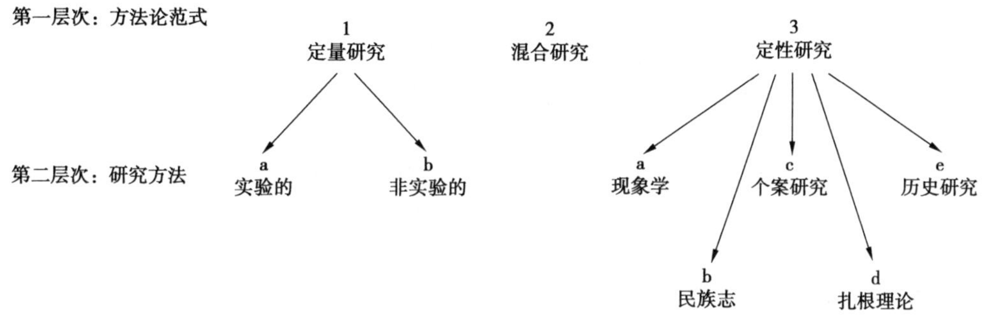

图 2.4　研究类型学（后面的章节将在此类型学中再加入第三个层次）

这个是一个复杂而时刻变化的世界。当我们研究它的时候，应该运用当前可用的最好的方法和手段。你可能发现我们讨论的某些方法和手段比另外的更符合你的风格或性格。然而，我们希望你在学习所有这些研究时能保持开放的心态，所有的研究方法在使用得当的情况下都是有用的。

复习问题　2.10　教育中有哪三个研究范式？每种研究范式又有哪几种主要的研究类型？

小结

教育研究的三大主要研究传统是定性研究、定量研究和混合研究。这三大传统都很重要，并有其独特价值。定性研究倾向于使用探究性的科学方法来生成假设，加深对特定人、地和群体的理解（例如，个案研究、民族志、现象学和历史研究）。定性研究者一般对概化推广不感兴趣，唯独一个例外就是定性研究中的扎根理论。定性研究是以发现为导向，在自然条件下开展的。另一方面，定量研究一般是在严格控制的条件下进行的，倾向于使用验证性的科学方法，关注于假设检验和理论检验。定量研究者希望找到思想和行为的普遍模式，并且使其得到广泛的推广。混合研究涉及在一项研究中混合并结合定性和定量研究。它是建立在实用主义哲学基础上的（对于回答研究问题很重要的事物便是有用的事物）。本章介绍了两个定量研究类型或方法（实验研究和非实验研究）、五类定性研究（现象学、民族志、个案研究、扎根理论和历史研究）以及混合研究。在后面的章节中，我们将详细阐述图 2.4 所示的研究类型学（即我们对不同类型研究的分类）中的每个部分。

问题讨论

1. 三个研究范式中，你最喜欢哪个？为什么？
2. 如果你在非实验研究中找到了两个变量间的统计关系（例如，收入与教育、性别与年级、学习的时间与年级），你能够自信地推断一个变量是另一个变量的成因吗？
3. 请举一个正相关的例子，再举一个负相关的例子。
4. 以下是几个研究问题。针对每个问题，请列举你认为回答这个问题最恰当的研究方法。
   1）在一个高度同质化的高中作为几个少数民族学生之一的个体体验如何？
   2）一个新的教学技术对小学算术成绩有何影响？
   3）认知疗法和行为疗法哪个对于治疗儿童抑郁症更加有效？
   4）在你的当地社区中，高中的乐队有什么样的文化氛围？
   5）GRE 分数与研究生学习成绩有何关系？
   6）男生与女生在高中英语课的学业水平上是否存在差异？
   7）生师比对于小学生的课堂表现水平是否有影响？
   8）试想一下，1921 年，在弗吉尼亚州大桥区（坐落在切萨皮克市）的四室学校（教授小学到高中课程）里，一名中学生的学习是什么样的？
   9）约翰·杜威是不是一个出色的学校教师？
   10）对学生开展合作式学习风格或讲座式风格的教学，哪一种会让学生在学术测试中表现得更好？

研究练习

1. 去本书的配套网站或大学图书馆的数据库中找一篇定性研究论文、一篇定量研究论文或一篇混合方法研究论文。简要地总结研究目的和方法（即文章试图如何回答研究问题）。解释一下你为什么把你的文章划分为定性、定量或混合研究。
2. 阅读配套网站上的定量研究，写一篇 2 页的摘要（打印、双倍行距）。按照下面三个部分来组织你的文章：
   （1）目的：该研究的内容是什么？研究者希望能了解什么？
   （2）方法：研究者如何开展研究的？他们实际上做了什么？
   （3）结果：研究的主要发现是什么？不要担心研究论文中出现的术语。试图去理解并清晰地表达出文章大意即可。
3. 阅读配套网站上的定性研究，写一篇 2 页的文章摘要。按照练习 2 的三个部分来组织你的文章（目的、方法和结果）。
4. 阅读配套网站上的混合研究，写一篇 2 页的文章摘要。按照练习 2 的三个部分来组织你的文章（目的、方法和结果）。

行动研究日志

提示：行动研究者总是采用混合研究范式，因为他们喜欢从定性和定量研究中选择最适合研究的部分。

1. 你喜欢采用哪种范式？为什么？
2. 你倾向于采用哪种哲学和实践假设？首先，对于现实（reality）你怎么看？你认为现实是单数的还是复数的？（这是你的一些本体论假设）第二，你认为获得知识有一个最佳途径还是有多重途径？对于“被证实的知识”（warranted or justified knowledge）你怎么看？（这是你的一些认识论假设）第三，你认为本章中讨论的研究方法对你认识世界是否有用？（这是你的方法论假设之一）

PART II

Planning the Research Study

第二部分

研究计划

Chapter 3

第3章

如何开展文献综述并形成研究问题

How to Review the Literature and Develop Research Questions

学习目标

- 能够明确研究问题;
- 能够解释文献检索必要性的原因;
- 能够开展文献检索;
- 能够解释表述研究目的和研究问题的原因;
- 能够解释定性和定量研究中目标陈述和研究问题的区别;
- 能够解释陈述研究问题和研究假设的目的和必要性;
- 能够解释定性和定量研究中问题表述的区别。

现实生活中的研究——研究学校成功

许多人私下似乎都有这样一种刻板印象但是又很少公开表达出来：对于那些就读于这个国家最差公立学校的贫困生，无论你投入多少资金或做出多少创新性教学尝试都是徒劳无功的，因为他们天生朽木难雕。然而，全州二十几所公立学校的成功证明了这只是一个谬见（Editorl，2002）。佐治亚州葡萄城的白求恩小学就是这些取得成功的学校之一，尽管它位于亚特兰大一个经济萧条的城市街区里面，但是在 2001 年的数学和阅读测试中，大约 86% 的四年级学生的成绩达到或超过了州的平均水平。

白求恩小学的成功显然否定了贫困对学业成绩的决定作用，证明了城市中心的贫困生在学业上也能取得好成绩。测验分数充分地证实了白求恩小学完成了全国许多其他学校所不能完成的任务。但是，教育研究者所要做的不仅仅是赞扬这些学校的成功，还要研究为什么白求恩小学和其他类似的学校成功了，而同样处于经济萧条的城市中心的大多数学校却没有取得成功。教育研究者将研究白求恩小学的总体计划并找出这一计划成功的主要原因。似乎该计划的所有部分都是必要的，但是其中的某个部分，例如寻求家长的帮助和合作，可能比学校员工所实施的纪律、鼓励和问责更重要。明确一项成功计划（例如，白求恩小学的计划）最为关键的部分是非常重要的，因为这是将成功经验移植到其他计划的主要方式。

这个例子告诉我们，现实生活中的事件如何引发一项好的研究，而且这也暗示了研究问题的产生是很容易的，对于资深研究者来说常常是这样。但是对于初级研究者来说，他们常常感到很难发现一个他们能够实施的研究问题。在这一章，为了将这一困难降到最低，我们将讨论大多数研究问题的来源以及将这些研究问题转化为可被调查的问题的方法。

之前，我们已经讨论了研究的基本特征以及三种主要的研究范式——定量研究、定性研究以及混合研究。但是，研究过程始于你所遇到的需要解决的问题，因为开展一项研究就是为了解决问题。

在教育领域中识别出研究问题比较简单，因为我们都面临和经历着这些大量需要解决的问题。我们所有人都曾置身于教育体系中，起初作为学生，然后可能是教师、管理者或者家长。不管你扮演过哪个角色，都可能已经观察到或者讨论过当前教育体系中存在的大量问题，或者接触过新技术和新教学方法。譬如，你可能认为某些教学策略，如计算机辅助教学、分组教学或合作学习会促进学习；你可能会质疑一些活动的价值，如校外参观学习、课外活动，或者生物、化学、物理所使用的新的教学方法。

从研究的角度来说，以上每个问题都代表着一个可能合理的研究问题。你要做的是稍微调整一下你的想法。例如，乔治 · W. 布什（George W. Bush）担任美国总统时，提倡进行额外的学术测验并加大对读写教育的资金投入，他认为这样会提高美国年轻人所受教育的质量。你也许会认为花费在这些项目上的钱应该用在缩小班级规模上面，你甚至可能会与同事们争论这些替代措施的价值并发现你不能改变他们的观点。这些争论或者分歧是一个合理的研究主题。你要做的是将这些争论转化为具体的研究问题并且提出来，譬如“增加学术测验能带来什么好处”或者“缩小班级规模会带来什么好处，会比增加学术测验带来更大的好处吗”。

一旦将这些争论转化为可研究问题，你就迈开了研究的第一步。教育领域中可研究的问题很多。要发现这些问题，你要做的就是养成一种好奇的态度并提出问题。

研究想法的来源

研究想法源自哪里？应该到哪里寻找可研究的想法呢？我们将讨论研究想法的四个主要来源：日常生活、实践问题、既往研究以及理论。不管研究想法的来源是什么，关键是当你试图提出研究想法的时候，你必须养成一种对生活的质疑和好奇的态度。

日常生活

对于一个研究新手来说，作为教育者的亲身经历是其研究想法的重要来源。作为教育者，在工作过程中，你必须不断地做出决定，比如选择最好的教学方法或者选择维护课堂秩序的方式。你可能会观察到一些学生积极地追求自己的学业，而另一些学生却拖拖拉拉不学习，这些经历就能够转化为研究问题。譬如，你可以提出为什么一些教学策略对一些学生的效果会比对另一些学生的效果好，或者为什么有些学生使用这种学习方法而另外一些学生使用其他方法，以及学习方法和学业成绩之间是否存在某种关系。

实践问题

许多研究想法可以来自需要解决的实践问题。教育者经常面临诸如教导青年人的问题、课堂上的破坏性行为、教科书选择问题、考试作弊、教师偏见以及文化多样性的适应问题，还有教师薪酬和工作倦怠等问题。20 世纪 90 年代，加利福尼亚州奥克兰教育委员会决定将“黑人英语”（ebonics，单词“乌木”ebony 和“声学”phonics 的合成词，指的是非裔美国人的语言模式）作为第二语言进行教学，这一决定引起了广泛的争议。这一决定以几个英语老师所发现的明显有利的结果为基础，这些老师均使用过黑人英语和“标准”英语两个版本的教材以便指出其句法上的差异。对于奥克兰教育委员会所做的这一决定，黑人社区对此反应消极，表现出不支持的态度。另外，联邦资金也不能用来支持黑人英语的教学。虽然用来支持相关的决定和反应的研究数据很少，但是这些有限的数据都是有效的（Leland & Joseph，1997）。很明显，这一实践问题应予以调查，并且它很容易构成一个具体的研究问题，譬如“如果非裔美国学生使用包括黑人英语和标准英语在内的两种语言的对比分析法，那么他们的标准英语会得到提高吗”。

既往研究

已有的研究文献是研究想法的一个非常好的来源，甚至可能是大多数研究想法产生的来源。这听起来似乎很矛盾，因为研究就是为回答研究问题而设计的。但是，研究常常会产生比答案还要多的问题。另外，正如你所知道的，在大学课堂上阅读或评论期刊文章时，你经常会发现文章中存在问题，**你在评论文章时所提出的这些问题可以作为一个非常好的研究起点，你可以基于这些文献开展另一项与之紧密相关的研究！**

尽管每一项精心设计的研究的确能增进知识，但是现象是由多种因素决定的。譬如，任何定量研究都仅能调查有限的几个变量，调查的变量可能会产生关于其他变量影响的假设。表 3.1 列举了多种既往研究激发新研究想法的途径。

表 3.1　既往研究激发新研究想法的途径

方法	原理
重复研究	你可能会决定重复做一项研究，看看是否能得到相同的结论，因为你认为作者的结论有重要的教育意义，你想去验证它们。
检验研究的外部效度（推广性）	你可能阅读了一项基于实验室的研究，这一研究为一些重要的问题提供了建议，譬如，阅读、攻击行为的控制或者改进教学。你想验证在实验室条件下的方法在教室中是否同样适用。
提高研究的内部效度（因果关系的准确性）	在阅读一项研究时，你可能注意到该研究没有控制一个或多个重要的变量，对这些变量缺乏控制会导致对研究结论解释的模糊性。譬如，格拉迪斯和德兰尼（Gladue & Delaney，1990）认为帕尼贝克（Pennebaker et al，1997）等人所做的研究（其研究发现酒吧女孩在即将打烊时会“变得更漂亮”）并没有回答是时间还是饮酒量使她们变得更加迷人的问题。
协调有冲突的结论	在阅读关于某个主题的文献时，你可能会发现研究结论相互矛盾。这些相互矛盾的结论会引发一项新研究来试图解决这个矛盾。这一矛盾可能是由于这些研究采取了不同的方法、使用了不同的测量工具，或者选择了不同的参与者。当研究相互矛盾的时候，你需要找出这些研究中任何一个不同点，因为这些不同点可能就是这些矛盾产生的原因。
关于未来研究的建议	从既往研究中产生研究想法的最简单方法之一就是查找作者为未来研究所提出的建议。多数情况下，尤其在综述性文章中，文章作者会对未来的研究方向提供建议。这些建议通常非常有效，是产生研究想法非常好的来源。
论文	论文通常会有一个部分用来描述未来的研究，该部分会明确指出作者认为接下来需要完成的研究。

既往研究能够提供研究想法。采纳文章中的建议并通过评论文章而提出你自己的建议，这是提出一个好研究主题相对简单的方法。

理论

理论（theory），正如第 1 章中所定义的，是讨论一个现象**如何**运作以及**为什么**这样运作的解释或解释性的体系。理论的目的是通过整合以及概括当前知识而使其变得有意义，这被称为理论的**目标功能**。理论还通过预测指导研究，这是理论的**工具功能**。一个好的理论不仅仅要实现概括和整合当前知识这一目标功能，它还会提出新的关系并做出新的预测。理论就是这样来指导研究的。因此，你应该努力去发现理论所提出的关系和做出的预测。为了证实或证伪它们的可靠性，你可以用新的研究来检验它们。

韦纳（Weiner，1974）的成败归因理论为思考和解释考试焦虑提供了一种方法。依据该理论，班杜拉、叶茨和桑代克 - 克莱斯特（Bandalos，Yates & Thorndike-Christ，1995）提出了考试焦虑与学生对考试成绩好坏的归因类型的假设，并进行了验证。报告显示，将考试失败归因于缺乏自身努力的学生比那些归因于缺乏能力或外部因素（例如，考试难度）的学生的焦虑水平要低。同样的，将取得好成绩归因为一些外部因素（如试卷简单）或运气的学生，其焦虑水平较高。如果你对这些理论几乎没有或完全不感兴趣，你可以考虑使用第 2 章所介绍的扎根理论的方法来收集数据，它可以帮助你生成一个理论。

这四种研究想法的来源——日常生活、实践问题、既往研究和理论，代表了研究想法的主要来源。但是，重要的问题不是识别研究想法的来源，而是从这些来源中产生研究想法。研究想法的产生代表着一项研究计划的初始阶段，其发展需要养成一种质疑的和好奇的思考方式。

提出研究想法并不意味着这就是你的研究焦点所在，因为你所提出的想法可能已经被研究过了。产生研究想法实际上是明确你想研究的主题。譬如，假设你认为与班级规模为 28 人相比，班级规模为 18 人时教师的工作更有效而且学生学到更多的知识，你想通过实证研究证实你的想法。但是，可能有很多人想到了这一主题并且研究过，因此，这一主题可能已有大量的研究。你所做的是要发现一个**研究主题**（research topic），或者你想要研究的一个宽泛的领域。你已经发现的研究主题是班级规模及其对学业成绩的影响。提出研究主题是一个有序过程的开端。这个过程始于研究主题的发现，结束于研究问题和研究假设，如图 3.1。

实证研究不能解决的研究想法

有些研究想法虽然很重要，争论激烈并且耗费大量的时间和精力，但是不能通过实证研究来解决。这些研究想法涉及美学、道德和宗教的判断。例如，学校祷告问题。这一问题已经争论了很多年，它使美国人民产生了严重的分歧，甚至拿到法庭上辩论，最终裁决是祷告不应该成为公立学校的常规活动。这一裁决是基于司法系统成员的法律意见，而并非出自实证研究的结果，因为学校祷告是一个道德问题。就其本身而论，它意味着什么是道德上的对和错，适当或不适当。尽管实证研究为个体和群体的意见、态度

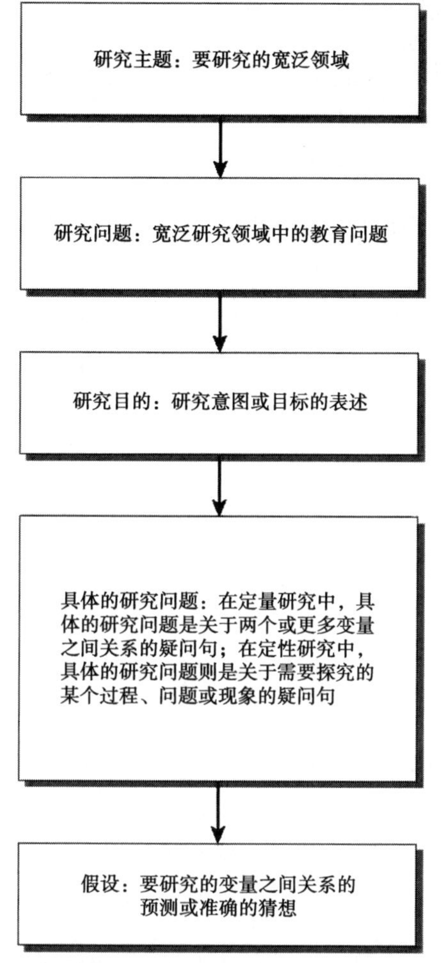

图 3.1　研究想法发展的流程图

和行为提供了有用的数据，但是它不能为这些问题提供答案。关键之处在于实证研究不能解决“什么才是最合乎**道德**的”价值立场问题。

复习问题

3.1　这一章提出的研究想法来源有哪些？

3.2　如何从不同的来源中获得研究想法？

3.3　哪些研究想法和问题不能通过实证研究来解决？

文献综述

在明确研究想法之后，许多研究者认为下一步应该做一个全面的文献综述，使自己熟悉与所选主题相关的有用信息。但是，定性研究和定量研究文献综述的目的不同。因此，我们将分别讨论定量研究和定性研究中文献综述的目的。

定量研究中的文献综述

定量研究中，在实际研究之前会进行全面的文献综述。譬如，假如你想研究学生的自我概念对学业成绩的影响，那么在开始设计这项研究之前，你必须首先熟悉与自我概念和学业成绩这两个主题相关的有用信息。

文献综述的一般目的是要了解你所选择的研究主题的知识现状。具体而言，文献综述有以下目的：

- 告诉你所确定的研究问题是否被研究过。如果被研究过了，你应该根据其他研究的结果修正你的研究问题或者重新寻找一个研究问题，除非你觉得有必要重复已有的研究。
- 帮助你形成具体的研究问题。
- 可能给你一些如何实施和设计这项研究的想法，以便你能够回答自己的具体研究问题。
- 能够指出具体研究问题中的方法论问题。开展这项研究需要特殊群体或者特殊的设备吗？如果需要的话，这些文献可以提供寻找设备或者确定研究所需的特定参与群体的线索。
- 能够确定合适的数据收集工具。

在收集数据和分析结果之后，熟悉文献也会给你带来帮助。在研究的最后阶段，其中一项工作是准备研究报告，以便与他人交流研究结果。准备研究报告时，不但要描述你所做的研究和取得的结果，而且必须对研究结果做出解释和说明。这些文献往往会提供产生这些结果的线索。如果熟悉这些文献，你可以就研究结果是否与先前研究一致或矛盾展开讨论。如果你的研究与其他研究不一致，你可以推测差异产生的原因。这一推测将形成另一项研究的基础，以便解决互相矛盾的研究结果。

定性研究中的文献综述

定性研究中的文献综述有几种用途。它可以用来解释研究的理论基础，有助于形成具体的研究问题和选择研究群体，或者在研究过程中促进新观点和新概念的产生。定性研究者经常将文献综述贯穿于整个研究过程，在文献和研究之间循环往复（LeCompte，Preissle，& Tesch，1993）。关于定性研究中文献综述的用途有两种观点。

一种观点认为，在收集数据**之前**做一个关于研究主题的全面的文献综述很重要。另一种观点认为，研究者应该排除先入为主的观念（包括已出版的文献），并且完全使用探索性方法，即从收集的数据中对研究做出解释、提出其他具体研究问题、形成假设和理论。从这个角度来看，开始时你对文献的了解只要能够保证你要做的研究没有被研究过就可以了。只有在收集数据**之后**，才能做一个全面的文献综述，尝试将你的研究发现与文献结合起来。

譬如，在第 2 章我们简单介绍了扎根理论（一种定性研究方法，研究者从访谈、观察等定性数据中发展出一种理论或解释）。以格拉瑟（Glaser，1978）为首的扎根理论派认为，文献综述应当在数据收集**之后**进行，因为它可能会使研究者产生“偏见”。格拉瑟想让研究者使用扎根理论方法去发现或生成一套完全不受先前研究或理论影响的构念*、关系或理论。格拉瑟建议在理论充分“扎根于数据”之后再做文献综述，以使其适用于研究中的特殊群体。接着，研究者检查理论是如何与先前文献相联系的、检测扎根理论是否与文献中的其他研究相类似，或者是否意味着扎根理论在特定的环境和特定的群体下运作不同。

尽管格拉瑟（Glaser，1978）建议在理论完全扎根和发展之后再做文献综述，但是其他扎根理论研究者则认为应该早点做文献综述。施特劳斯和柯宾（Strauss & Corbin，1990）列举了几种方法，在收集数据之前使用这些方法所做的文献综述或许有些价值：

- 文献综述可以提高对概念与关系的理论敏感性，这些概念和关系在先前文献中已经被反复强调，因此可能是有意义的、重要的。由于它们显而易见的重要性，你或许想将这些概念带到正在研究的情境中，明确其可能扮演的角色。譬如，如果“孤独”这一概念作为与创造性能力相联系的重要因素反复在文献中出现，而此时你正在研究贫困儿童的创造性能力，那么你可能想在你的研究中寻找孤独与创造性能力相关的证据。
- 文献可以促进具体研究问题的产生。文献可以帮助你确定一个初始的清单，罗列出你要研究的相关问题或要观察的相关行为。
- 最后，文献可以提供一些你需要研究的情境和研究群体的信息，以便能发现对你的理论发展起重要作用的现象。譬如，在有关创造性的研究中，文献可能会指出你应该观察经历不同情绪状态的个体，因为这可能是你发展创造性理论的一个重要变量。

总之，当前定性研究者似乎认为文献综述很有价值，但是研究者必须确保它不会限制或阻碍新的构念、关系和理论的发现。

信息来源

虽然可以从技术报告和学位论文中获取信息，但是，获取与研究主题相关信息的两种主要来源是书籍和期刊。

书籍

书籍是开始文献检索的一条有效途径，因为它们提供研究主题的概要，并总结了到该书撰写时已出版的文献。多数书籍围绕于一个特定的研究主题，如“分组教学”或“开

---

* constructs 即构念，由美国心理学家 G.A. 凯利所提出。他认为人的行为就是建立在他们各自的预期上的一种连续不断的试验，并随着不断展现的事件改变着他们的推断和预期。人的推断是以个人的构念系统形式来表现的。每个人采用不同的方式透过他们创造的模型去观察世界。——译者注

端计划”*。如果你选择了其中一个研究主题，那么关于这个主题的书籍将提供一个很好的主题概要，而且还会提供一些可能对你有所帮助的参考书目。但是，你要记住，书中所引用的文献一般都是多年以前的，因此，书籍不能提供最前沿的信息。

除了专题书籍，还有些提供关于特定教育主题的综合性评论和研究总结的参考书。专门的百科全书和字典提供背景信息、经常使用的术语和概念、产生重大影响的人物姓名、日期、重要的法律案例，还常常附有其他重要资料的目录。譬如，**《教育研究百科全书》**（*Encyclopedia of Educational Research*）提供了几百个教育研究主题的文献概述。

尽管书籍能很好地介绍你所选择的研究领域并且概述重要的研究问题，但是它不能提供关于特定主题的所有研究的全面概括。任何书的作者都是有选择性的，他们只呈现一小部分文献。为了确保自己不带偏见地阅读，你应该选择和阅读关于你的研究主题的多本书籍。

期刊

当你阅读完几本书并且熟悉了研究主题之后，下一步就是查找相关的期刊文章。期刊中通常能找到关于某一研究主题的大部分最新信息。如果你对所选择的研究主题已经很熟悉了，你可能会不查阅书籍而直接翻阅期刊杂志。许多期刊会出版教育研究或与之高度相关的研究，翻阅所有期刊来查询相关材料是不可能的。因此，你将使用一个自动化的检索程序，检索相关的计算机数据库。

计算机数据库

随着计算机技术尤其是互联网的发展，存储和获得大量电子数据已经成为现实。为此，几个综合性计算机存储和检索系统，譬如，OVID、SilverPlatter、FirstSearch 和 EBSCO，已经被开发出来了。像这样的信息检索系统可以使用很多的数据库。教育研究者感兴趣的信息可以在 EBSCO 中获得。当你使用 EBSCO 时，我们强烈建议你检索多种数据库，至少包括以下几种：ERIC（**包括最新版教育刊物论文索引和教育资源在内的全部条目**）、PsycINFO（**包括心理学文摘条目**）、SocINDEX（**包括社会学文摘条目**）。如果你对领导、管理或者监管等问题感兴趣，你应该检索商业数据库（例如，商业资源数据库 Business Source Premier）。

多数大学都通过互联网为学生提供许多电子数据库。通过查看图书馆主页或者咨询图书管理员可以获悉图书馆所订阅的数据库。一般的网络搜索引擎只能获得网络上的公共部分，不能获得这些数据库中存储的信息。这些检索工具是图书馆购买的，仅限大学中的学生、教师和职员使用，需要用密码登录。图书管理员常会开展指导和网络服务，从而帮助你使用这些数据库。你要熟悉图书馆主页以及图书馆提供的大量有用信息来源。

---

* Head Start，开端计划是美国联邦政府对处境不利儿童进行教育补偿，以追求教育公平，改善人群代际恶性循环的一个早期儿童项目。——译者注

复习问题
3.4　定量研究中文献综述的目的是什么？
3.5　定性研究中文献综述的目的是什么？
3.6　在开展文献综述时，你可以使用哪些信息来源？每种信息来源的优点是什么？
3.7　为什么你认为教育研究者检索多种数据库很重要？

开展文献检索

大多数文献检索是通过互联网进行的。**互联网**（Internet）是“网中网”（network of networks），它由世界上无数台计算机和不计其数的用户组成，它们互相联系，增进交流。所有大学和学院都提供互联网服务。

使用数据库

文献综述中有几种使用互联网的方法，最有效的方法是进入学校图书馆订阅的数据库。由于教育资源信息中心（ERIC）是教育研究者使用的重要数据库，我们将在表 3.2 中提供其使用的详细说明。遵循这些步骤，你就能够找到关于你的研究主题的许多文章。

表 3.2　检索 ERIC 数据库的步骤

为了说明检索 ERIC 数据库的步骤，我们假设你想检索约会强暴这一现象的文献。
步骤一：通过图书馆主页或通过 www.eric.ed.gov. 连接到 ERIC 网站。我们将使用刚刚提供的链接。你想要检索 ERIC 数据库，因此你要点击 ERIC 主页左上角的 ERIC 检索链接。这样就会打开“基本检索”网页。
步骤二：确定主题词或检索词。这些检索词或主题词将指导你检索。由于你的研究兴趣是在约会强暴，那么逻辑上，你的主题词或检索词应该是**约会**和**强暴**。但是，可能有其他的检索词对你的研究也有价值。如果你想找出其他检索词，点击同义词链接，你会找出其他重要的检索词。
步骤三：进入左边检索栏中的“主题词”或“检索词”，正下面就是“关键词”检索栏，如果点击这一栏，你可以将你的检索限制在某一项，例如文章的标题。你可以通过点击检索帮助链接来获得帮助。
步骤四：点击检索按钮。这样会出现另一个界面，提供关于约会强暴的一系列期刊文章。
步骤五：检查每篇文章的标题和摘要，确定可能与你的研究主题相关的文章。阅读摘要进一步确定检索的文章是否是你想要的或者可能用到的。在研究中使用这一步骤阅读检索到的所有文章，ERIC 提供一些文章的全文，摘要下面有 ERIC 全文链接。

使用公共网络

除了前面提到的数据库，我们还可以从公共网络上获得大量资料。许多团体、组织和公司都建立了网页，我们可以从互联网上获得它们。譬如，美国教育研究协会（AERA）在它的网站上提供了其会议、成员和出版物的电子信息，你可以通过 www.aera.net 进行访问，网站上还列举了包括从课程研究到高等教育的讨论专题。访问其中一个或多个链接，你就会获得对你的研究主题有价值的信息。

你可以使用表 3.3 中列出的多种常用的检索工具来获得公共网络上的信息。这个表并不包含所有的搜索引擎，但它们的确是首选。

尽管差异的界限逐渐模糊，你可以看到表 3.3 中至少有三种搜索公共网络的方法：主题目录、常用搜索引擎、元搜索引擎（使用多种搜索引擎）。那么，应该使用哪种方法呢？这是个很好的问题。使用不同的检索服务会获取不同的资料，因此，我们建议尝试多重检索服务。使用表 3.3 列出的检索服务所检索到的数据库是一些网页，而不一定是书和期刊文章等学术成果。因此，通过这种方式所获得的资料与你通过 ERIC 或 PsycINFO 检索到的资料差别很大。关于这些检索服务的其他信息可以通过以下两个网站获得：

1. Search Engine Showdown：www.notess.com 这一网站提供主题目录、搜索引擎和元搜索引擎的信息，包括综述、网络检索技巧以及多种搜索引擎的统计。
2. Search Engine Watch：www.searchengine.com 这一网站提供了一系列检索工具以及每种检索工具的简单介绍、检索技巧以及对主要检索工具的评价。

表 3.3　互联网检索工具

检索类型	网址
主题目录	
Internet Public Library(IPL2)	www.ipl.org
intute	www.intute.ac.uk
Open Directory	www.dmoz.org
WWW Virtual Library	www.vlib.org
Yahoo!	www.yahoo.com
搜索引擎	
Fast Search	www.alltheweb.com
Ask	www.ask.com
Google	www.google.com
Google Scholar	http://scholar.google.com
HotBot	www.hotbot.com
Yahoo!	www.yahoo.com
Bing	www.bing.com
altavista	www.altavista.com
Lycos	www.lycos.com
元搜索引擎	
Dogpile	www.dogpile.com
lxquick	www.lxquick.com
Metacrawler	www.metacrawler.com
MAMMA	www.mamma.com
SavvySearch	www.savvysearch.com

当一个用户，比如你自己，输入关键词“约会强暴”进行查询，你所使用的搜索引擎，比如谷歌，就会自动转换页面。Google 搜索引擎在其索引中过滤掉数百万网页，从中寻找与你所输入的关键词相匹配的内容，接着会提供一系列与这些关键词最匹配的网页，这些网页常常是包括文章标题和部分内容的简短概要。你的任务是审查这些带有索引的网页链接，点击包含你所要信息的网页，就可以弹出网页供你阅读和审查。

使用任何一个搜索引擎进行网络检索，都能提供比你想要访问的多得多的网页。尽管提供了大量的网页，但是没有一个搜索引擎的数据库可以使你获得全部的有用信息。为了获得最全面的检索信息，你应该使用多种搜索引擎。每种搜索引擎访问不同的网页，各自的数据库都会有细微差别。

为了在网站上提供一个更加全面的信息检索，目前已经开发出了元搜索引擎，例如 Metacrawler。这些搜索引擎能够将你的检索同时提交给几个搜索引擎数据库，最后将检索结果整合到一个页面上。

互联网是一个巨大的资源库，能够提供几乎任何主题的丰富资料。你可以在舒适的家里、公寓、办公室或宿舍随时使用网络。公共网络最大的缺点可能是获得的信息缺乏可信性和准确性。任何人都可以建立一个网页并呈现各类信息，这意味着你必须对每个网站上信息的可靠性和准确性做出判断。表 3.4 提供了一些用来评价网站上信息准确性的指导原则。

复习问题　3.8 使用公共网络开展文献检索的优缺点是什么？
3.9 你如何评价从网站上获得信息的有效性？

表 3.4　如何判断网络资源的质量

由于任何人都能建立网站，因此公共网络的主要难题就是判断网站上信息的有效性。下列标准能够帮助你区分信息的好坏。

1. 权威：如果一个网页列出了它的创始人以及他们的认证信息、域名地址，譬如，.edu，.org，或者.gov，则说明这个网页具有权威性。因此，为了评估网页的权威性，你应该做到以下几点：
   a. 寻找文档的来源。以.edu 结尾的网址来自高等教育机构，.gov 来自政府的分支机构，.org 来自一些非营利性组织如美国心理学会，.com 来自商业供应商，.net 来自任何能支付服务器空间的用户。
   b. 明确网络文档发表者的认证信息。你可以通过阅读网站上的“关于我们”、“任务”或者“我们是谁”等部分获得一些信息。

2. 准确性：当网页列出发表者的姓名、机构和联系方式时，其准确性最高。为了评估准确性，你应该做到以下几点：
   a. 看看网页编辑者的认证信息，检查相关链接或者邮箱地址，以便能联系到他们。
   b. 明确信息的目的。它是一项公共服务宣传、广告、商品推销、新闻发布还是出版的研究报告？目的可能暗示着信息中存在某些偏见。
   c. 确定一下网页是否有对于其信息局限性的说明，特别留意其是否指出信息出自某一研究报告。

续表

3. 客观性：当网页广告很少或没有广告，而且提供准确客观的信息时，其客观性最高。因此，你应该做到以下几点： a. 明确所呈现的信息是否存在某种偏见的证据。 i. 网页上的信息能否在一些书目或网络所参考的真实信息中找到？如果能找到，这些信息可能含有较少的偏见。 ii. 作者表达自己观点了吗？作者的观点暗含了偏见。
4. 时效性：当网页和其链接定期地更新时，即说明有时效性。这意味着你要明确以下信息： a. 网页创建的时间。 b. 网页更新的时间以及最新的链接（如果有的话）。
5. 覆盖性：当不需要付费或者安装额外的软件就能阅读网站上的信息时，网页的覆盖性就很好。

研究的可行性

完成文献综述之后，就要开始着手整合这些丰富的材料。不仅在你所选择的主题领域中明确研究问题，而且要形成具体的研究问题和研究假设。在形成具体的研究问题和假设时，必须要确定研究是否具有可行性。每项研究都会因搜集数据所花费的时间、研究参与者的类型、费用、研究者专长、道德敏感性的不同而不同。那些耗时太多、费用太高而且你并不具备所需技能的研究就不具有可行性。

表述研究问题

在完成文献综述并阅读和消化文献之后，你应该清楚地了解研究主题中的问题。请注意研究主题和研究问题之间是有区别的。研究主题是你所感兴趣的一个宽泛的领域，例如，远程教育、回归主流*或者自尊。**研究问题（research problem）**是宽泛的主题领域中你认为重要的教育问题。例如，在远程教育这一主题领域中，可能会有与学生缺乏学习兴趣或学业成就评估的准确性相关的问题。但是，研究问题的具体表述方式是不同的，这取决于你开展的是定量研究还是定性研究。

混合研究要点。一个混合研究问题：（1）可能与定量研究相似（因为混合研究可以为定量研究提供新的视角）；（2）可能与定性研究相似（因为混合研究可以为定性研究提供新的视角）；（3）可能是定量研究和定性研究的混合（与定量研究和定性研究相联系的观点明确地包含在单个研究问题的表述中）。由于混合研究是最新的研究类型，

* 回归主流是让残疾儿童在最少受限制环境中受教育，要使绝大多数残疾儿童尽可能在普通学校或普通班中与正常儿童一起学习。——译者注

因此选项（3）常常是最好的选择。混合研究的这一点也适用于研究目的和研究问题的表述。

表述定量研究问题

定量研究问题的表述强调解释、预测或者按照统计学描述一些结果或事件的必要性。下面是戴拉帕兹 (DeLaPaz，2001，p.37）所做的一项定量研究中的第一段内容：

> 学习困难学生的书面语表达困难得到了翔实的记录。这些学生通常缺乏写作的重要知识，在制订计划、组织文本或者进行实质性的修改等方面能力有限（Englert & Raphael，1998；McCutchen，1998；Thomas，Englert，& Gregg，1987）。包括拼写、字母大写和标点符号的方法问题妨碍了写作。因此，学习困难学生的作文在语言优美、思维发散、逻辑连贯以及表达有效等方面比不上他们的同龄人。（Englert & Raphael，1998；Graham，1990；Graham & Harris，1989；Montague，Graves，& Leavelle，1991；Mewcomer & Barenbaum，1991；Wong，Wong，& Blenkinsop，1989）。

戴拉帕兹在第一句介绍了总的主题领域“书面语表达困难”。接着，她指出有此困难的群体，即学习困难学生。然后，她进一步指出了这些学生存在的问题，譬如，在制定计划、组织文本以及修正材料方面能力有限。所有这些都是合理的研究问题，因为它们都是需要解决的教育问题。定量研究试图去解释为什么存在这些问题以及如何改善它们。

表述定性研究问题

在定性研究中，研究问题集中于理解特定群体的内心世界或者探究某个进程、事件或现象。下面以奥狄诺（Otieno，2001，p.3）关于 7 位非洲妇女教育经历的定性研究的导言为例进行说明：

> 根据已故的加纳人 Kwegyir Aggrey 博士的观点，教育一个男人，你只是教育了一个人；教育一个女人，你就教育了一个民族。非洲妇女人数超过其总人口的一半。尽管这种表述是正确的，非洲的女性教育至今还没有赶上男性的步伐。近来，多项研究调查了非洲妇女在争取高等教育时遇到的困难（Yeboah，1997，2000；Namuddu，1992；Lindasy，1980；Bappa，1985；and Eshwani，1983）。多数非洲国家已经将教育视为经济发展的关键因素。但是，不能过分强调女性教育和发展之间的关系。而且研究还发现，女性教育与计划生育、低生育率以及低婴儿死亡率高度相关（Yehoah，1997，2000）。在国际社会，教育家的一个共识是女性教育是国家和全球发展所必需的。这也是现在妇女教育和女童教育成为许多研究者关注重点的

> 一个原因。教育的回报对于个人和社会来说都很重要。对于妇女来说，教育是一个非常巨大的成就，因为教育开发了她们广泛参与经济的潜力。这种不断增强的意识已经带来了一些问题，如女性面临什么问题、什么因素阻碍她们以及如何克服困难从而确保多数妇女获得高等教育。在获得高等教育的进程中，正是通过全纳教育*，妇女能充分参与到国家的发展进程之中。

在这个例子中，奥狄诺（Otieno，2001）一开始就陈述了教育价值（尤其对于女性的价值），这是该项研究的主题领域。接着，她指出了主要的研究问题：与男性相比，非洲妇女较少接受教育。然后她进一步指出，妇女接受教育会对个人和社会产生积极的影响，这就强调了这个研究问题的重要性。她接着指出，意识到女性接受教育所带来的积极影响，就会把她们获得更高教育所面临的问题提出来。什么阻止她们获得更高的教育？她们是如何克服这些困难的？接着，奥狄诺只是通过研究女性获得更高教育的全部过程，就声称妇女能够参与国家的发展。之后，她继续开展研究以理解这些妇女并探究这一教育和文化的进程。

表述研究目的

研究目的（purpose of a research study）的表述是研究者进行研究的意图或者目标的表述。逻辑上，在明确一个或多个研究问题之后便是研究目的的表述。对研究目的的表述是必要的，因为它能够保证你更好地了解想要展开调查的具体问题。研究目的的详细表述也能使你与其他人就研究项目进行交流。研究之初，详细表述研究目的还便于引导研究进程，例如，预示数据是如何以及用何种方法收集的。但是，根据你所做的是定性研究还是定量研究，研究目的的表述稍有不同。在研究计划中，研究目的表述用一般现在时（“The purpose of the proposed study is to……”——“这项研究的目的是要……”）；在最终的研究报告中，研究目的表述为过去时（“The purpose was……”——“这项研究的目的是……”）

表述定量研究的目的

定量研究的目的表述是一个陈述句，旨在明确所调查的一组变量之间关系的类型。这种关系可以是因果性的或是描述性的。譬如，如果你想调查学习障碍治疗和拼写能力之间可能存在的因果关系，研究目的可以表述如下：

* 全纳教育是 1994 年 6 月 10 日在西班牙萨拉曼卡召开的世界特殊需要教育大会上通过的一项宣言中提出的一种新的教育理念和教育过程。它容纳所有学生，反对歧视排斥，促进积极参与，注重集体合作，满足不同需求，是一种没有排斥、没有歧视、没有分类的教育。——译者注

这项研究的目的是要调查学习障碍治疗对患有拼写能力学习障碍学生的影响。

但是，如果你的研究目的是描述拼写能力与学习者学习障碍程度之间的关系，那么研究目的可以表述如下：

这项研究的目的是要描述拼写能力与学习者学习障碍程度之间的关联度。

这两种研究目的的表述都明确了研究的意图以及要调查的不同变量。两者的区别是一项研究是试图确定学习障碍是否与学业成绩存在因果关系，而另一个研究的目的是这两个变量之间的关系。这两种表达都体现了研究目的表述的基础特征和本质特征：明确要调查的变量以及研究的目的，或者调查这些变量的方法。

表述定性研究的目的

定性研究的目的表述应该表明其目的是探究或理解个体在特定研究场所中所经历的某个现象。这意味着定性研究的目的表述应做到以下几点：

- 表达一种研究设计的新理念，其方式是陈述研究的目的是要描述、理解、开发或发现某些东西；
- 表述并定义你想要描述、理解或者发现的核心观念；
- 说明你计划收集和分析数据的方法，明确是否在开展民族志研究、扎根理论研究、个案研究或者现象学研究；
- 表述分析单位或者研究场所（例如四年级学生参与某个特定的项目）。

譬如，德鲁（Drew，1986）的研究目的表述如下：

目前研究的焦点是要探究看护者照料的病人所遭遇的痛苦和营养状况，并且明确这些遭遇对于病人意味着什么。本研究是在一个拥有 374 个床位的社区医院的外科和妇产科进行的（p. 40）。

这一研究目的的表述包含了定性研究的几个要素。它表达了一种研究设计的新理念，并指出研究目的是要“探究遭遇的痛苦和营养状况”，从而明确了研究的核心观念，同时也说明了研究场所是社区医院一个特定的部门。尽管这一研究目的的表述没有确切地指出收集和分析数据的方法，但是它包含了定性研究中目的表述的大多数要素。这一例子还表明，并不是每一个研究目的表述中，都包含一个高质量定性目的表述应该具有的全部基本特征。但是，一个好的目的表述应该包含大部分特征。

表述具体研究问题

具体研究问题是研究者对想要寻找答案的具体问题的表述。尽管定量研究和定性研究中都有其具体研究问题，但是它们在结构上有些不同。定量研究中的具体研究问题准确地表述目标变量之间要研究的关系，而定性研究中的具体研究问题没有那么明确。相反，定性研究更有可能提出一般性的问题，这种问题涉及一个具体现象的进程、探究或理解参与者的意义建构等。

表述具体的定量研究问题

具体的**定量研究问题**（quantitative research question）是询问两个或更多变量之间关系的疑问句，常见的形式是描述性的、预测性的或因果性的具体研究问题，如表 3.5 所示。不管哪种类型的具体研究问题，你都应该用特定的术语将其表达出来，以便你更好地了解所要研究的变量。这样做也可以帮你设计并开展一项研究。为了使你更好地理解这一点，试想一下，当你提出“参与课外活动对学习成绩会产生什么样的影响”这样的问题时，你可能遇到什么样的困难。这是一个很好的研究问题，因为它提出了一个重要的问题。但是，这一问题听起来很模糊，很难准确地确定这个问题在调查什么。什么类型的课外活动和什么类型的学习成绩？课外活动的类型有很多，认为所有类型的课外活动会产生类似的效果是不合适的。同样地，学习成绩可以指所有学科的平均成绩或者某一具体学科的成绩。

表 3.5 写出具体的定量研究问题

描述性问题

描述性问题试图回答诸如“多少”、“多久一次”或者“随着不同时间或者在不同情况下，会发生什么样的变化”等问题。这类描述性问题的脚本如下：

- （参与者）（研究场所）（用动词表述的变量）（描述性问题）

这一脚本可以产生如下描述性问题：

- 幼儿园小孩在操场上参与攻击性行为的频率是多少？

描述性问题可以寻求两个或两个以上变量之间的关联度。这类描述性问题的脚本如下：

- 对于（参与者）来说，（变量 1）和（变量 2）之间存在什么样的关系？

这一脚本可以产生以下关系问题：

- 高中学生在学习上花费的时间与其成绩之间存在什么样的关系？

预测性问题

预测性问题询问一个或更多的变量能否被用来预测将来的结果。预测性问题的脚本如下：

- 在某一（情境）下，（预测变量）能预测出（结果变量）吗？

这一脚本可以产生以下预测性问题：

- 父母的受教育水平能预测出学生的高中辍学倾向吗？

因果性问题

因果性问题往往要比较一些现象的不同变化来确定事情发生的原因，它们常常控制自变量并将其结果与对照组进行比较。因果性问题的脚本如下：

- （自变量）的（变化）会引起（因变量）的变化（增加或减少）吗？

这一脚本可以产生以下因果性问题：

- 家庭作业量的变化会改变学生的学业成绩吗？

现在，将这个问题与下面的问题进行对比：

> 足球赛季中，踢足球对学生的总体平均成绩会产生什么样的影响？

这一问题明确地指出了所要调查的变量：踢足球这项课外活动以及作为衡量学生成绩的总体平均成绩。

从这个例子可以看出，准确地表述研究问题能够确保你理解要调查的问题，还能帮助你明确研究的参与者以及开展研究所需要的资料和方法等因素。表述模糊的研究问题则不能起到这样的作用。请记住，明确一个具体研究问题的目的是确保你和你的读者能够很好地理解要调查的变量，并且帮助你设计和完成研究。

表述具体的定性研究问题

具体的定性研究问题是询问要探究的过程、问题或现象的疑问句。它是你要回答的一个总体性的、开放式的、首要的问题。这一首要的问题常常使研究者能够将定性研究的目的细化为更具体的问题。譬如，它有助于表述研究的总体性目标，并将总的研究问题分述为几个子问题。譬如，博迪克特、沃克和金（Bodycott，Walker & Kin，2001）调查了职前教师对校长的看法。他们的研究目的表述如下：

> 这项研究的目的是要探究学校的社会情境以及学校教育是如何影响职前教师个人对校长的看法（p. 15）。

在陈述了研究目的之后，相应具体的研究问题是：

> 学校的社会情境是如何影响职前教师对校长的看法的？

正如你所看到的，总体性研究问题的表述与研究目的的表述非常相似，它往往以问题的形式重述研究目的。在很大程度上，由于首要的研究问题是研究目的的重述，所以很多研究者会忽略它们。但是，许多子问题或者更为具体的问题通常会被提出来。例如博迪克特等人（Bodycott，2001）的研究包括以下两个子问题：

> 1. 职前教师对校长的看法是什么？
> 2. 什么或者谁会影响他们的看法？

这两个问题体现了研究的焦点。子问题也可以帮助引导你向参与者提出具体的访谈问题。例如，以上子问题可能指导你开发访谈问题，这些问题可能比研究子问题更为具体，譬如下面的问题：

> 学校校长的角色是什么？
> 教师和校长之间应该是什么样的关系？
> 谁和你讨论校长？
> 你认为谁会掌握最准确的校长信息？

形成研究假设

在明确要调查的研究问题、表述你的研究目的和具体研究问题之后，定量研究的下一步就是形成假设。**研究假设**（hypothesis）是研究者预测所调查的变量之间关系的正式表述。例如，巴特勒和纽曼（Butler & Neuman，1995）的假设或预测如下：

> 相对于“任务卷入”情境中的孩子来说，身处“自我卷入”情境中的孩子需要的帮助要更少一些。

请注意，这个假设包含了两个变量——寻求帮助的行为（因变量）以及情境的类型（自变量）——做出的预测是儿童所处的情境类型不同，他们寻求帮助的行为也不同。在陈述研究假设时，你可以使用以下脚本：

> （第 1 组参与者）与（第 2 组参与者）（在一些方面不同——增加、减少、提高）（因变量）（注：1 组和 2 组是自变量）

巴特勒和纽曼的研究假设使用了这一脚本，如下：

> 第 1 组自变量 = 自我情境中的儿童
> 不同 = 不太可能
> 因变量 = 寻求帮助
> 第 2 组自变量 = 任务情境中的儿童

使用这一脚本的另一个例子如下：

> 接受个别教学的学习障碍儿童会比接受小组教学的学习障碍儿童取得更好的学习成绩。

研究假设通常来自文献综述或者理论。如前所述，理论的一个功能就是指导研究，实现该功能的一种方法就是预测变量之间的关系。你已经阅读的研究文献可能表明了不同的研究变量间应该存在的关系。同样，假设也可来自于对日常事件的推理。譬如，你可能已经注意到一些孩子考试期间会变得非常焦虑，并且会考得很差。从这一现象的观察中，你可能会提出考试成绩随着考试焦虑的上升而下降这一假设。

不管假设的来源是什么，它必须满足一条标准，即假设能够被证实或证伪。也就是说，有一些可能的结果支持这个假设，还有一些可能的结果不支持这个假设。不满足这一标准的假设是不可检验的，对这样的问题不需要开展实证研究。如果你打算不考虑结果就支持自己的假设，那么实证研究是没有意义的。

定量研究的假设非常重要，因为其目的与定性研究不同。定量研究的目的是明确变量之间的关系，而定性研究是试图去发现、探索或者描述一个给定的背景、时间、情境及意义。

在定量研究中，通过开展研究来判断我们所预测的变量之间的关系是否真正存在，这一过程称为假设检验。在定性研究中，研究者的兴趣更多地集中在描述和探究现象、产生新观点、理解参与者的视角以及获得特殊的发现。这样的研究需要对参与者提出带有普遍性的和开放式的问题，以便其在回答时拥有更多选择的空间和自由。

复习问题

3.10　如何决定是否有可能开展一项研究？
3.11　定性研究和定量研究中的研究问题有何不同？
3.12　定性研究和定量研究中研究目的的表述有何不同？
3.13　定性研究和定量研究中的具体研究问题有何不同？
3.14　为什么定量研究中的具体研究问题要非常明确？
3.15　什么是假设？它必须满足什么标准？
3.16　为什么定性研究中通常不存在假设？通常情况下用什么替代假设？

消费者对文献的使用

在这本书中，我们解释了如何开展教育研究。但是，真实情况是大多数人不会一辈子都致力于研究，也可能从来不会开展一项正式的研究。但即使你不会成为教育研究者，这类课程也是有价值的，因为它们将使你成为更好的研究消费者。学成这门课程之后，你将获得评价一项研究的结论是否有效、实施是否正确的基本知识。表 3.6、表 3.7 和表 3.8 提供了评价定量研究和定性研究各要素的清单。如果你在课堂上需要综述和评论研究文献，这些表格会给你提供帮助。

为了成为有效的研究消费者，你不能把任何一项研究看作是终结性的，你需要考察多项研究以确认研究结果是否能被反复证实。例如，假如你读到的一项研究表明计算机辅助教学比没有使用计算机的教学获得更好的学业成绩，这是否意味着可以得出计算机辅助教学始终是最优的教学模式这一结论？当然不能！仅仅一项研究并不能得出可靠的终结性成果。教育现象的复杂性导致单独的一项研究很难充分说明问题，为了提高结论的可靠程度，研究结果必须经由别的研究人员在其他地区人群中反复验证。因此，许多研究都是在特定的情况下进行的，研究参与者和研究方法稍有不同，研究结果也稍有不同，你必须以某种方法整合这些研究，并将它们与你所处的特殊情境联系起来。

表 3.6　定量研究评价表

此评价表可用来帮助你评价定量研究的质量，尽管有些问题仅适用于实验研究。如果评价一项非实验研究，你可以忽略针对实验研究的问题。

引言

1. 研究主题是否在第一段就清晰地表述出来了？
2. 研究问题是否清晰地表述出来了？
3. 文献综述是否准确地概括了已有的最重要的研究？
4. 文献综述是否引出研究目的（和／或）具体研究问题？
5. 研究目的是否清晰地表述出来？
6. 具体研究问题是否清晰地表述出来了？
7. 每一个研究假设是否清晰地表述出来了？每个假设是否表述出自变量和因变量之间预期的关系了？
8. 假设所依据的理论是否得到了解释？

方法

9. 被试的人口统计学特征是否得到了清晰的描述？他们适合这项研究吗？
10. 鉴于研究目的，所使用的抽样方法是否合适？
11. 被试数量是否足够？
12. 所使用的研究工具对于被试是否可靠、有效？
13. 就实验研究而言，对于自变量的操作能否充分地体现出因果关系的构建？
    对于实验研究来说，被试是随机分配到不同条件下的吗？
14. 研究过程中是否存在影响结果客观性的因素？
15. 研究者是否采取了合适的行动来控制无关变量？
16. 对待被试的方式符合学术伦理吗？

结果

17. 分析数据时，是否使用了恰当的统计检验和运算？
18. 是否清晰地呈现了研究结果？
19. 有被忽略的数据吗？比如有被试被排除的情况吗？
20. 研究结果能被推广到研究者所期望的总体和情境吗？

讨论

21. 研究者是否清晰地说明了研究结果的意义和重要性？
22. 结果的讨论与研究开始时所使用的理论框架有联系吗？
23. 研究结果和结论的替代性解释是否检查过了？
24. 研究结果与先前的研究相矛盾吗？如果有矛盾，是否为这些相互矛盾的数据提供了解释？
25. 研究的局限性讨论了吗？
26. 是否为未来研究方向提出了建议？

元分析是概括一个给定现象的多种定量研究结果的技术。元分析是格拉斯（Glass，1976）用来描述定量研究方法的术语，可以整合和描述大量研究结果。

表 3.7 定性研究评价表

以下评价表可用来帮助你评价定性研究的质量。

引言

1. 研究主题是否在文章开头清晰地表述出来了？
2. 研究问题或重要议题是否说明清楚了？
3. 是否对相关文献做了充分的综述？
4. 研究目的是否清晰地表述出来了？
5. 能否识别且明确地表述具体研究问题？

方法

6. 是否准确描述了参与者的特征、研究场所和情境？
7. 参与者适合研究的目的吗？
8. 参与者数量足够吗？
9. 处理研究问题的数据是否收集得足够多？
10. 所使用的三角互证和其他增强效度的策略是否有助于产生可信的证据？
11. 对待参与者符合学术伦理吗？

结果

12. 研究结果是否得到了清晰的呈现？是否有证据（如引用、内容分析）支持？
13. 研究者有没有忽略重要的数据？
14. 研究结果是否提供了研究对象内心观点和意义的深层理解？

讨论

15. 是否为研究结论的可信性提供了充足的证据？
16. 研究者的结论是否与已有文献相符合？
17. 是否讨论了研究的局限性？
18. 研究者是否检查了研究结果的替代性解释？
19. 是否为未来研究提供了建议？

元分析解决了概括研究文献时进行主观判断和产生偏见的难题，因为它使用多种定量技术分析一个给定主题的不同研究结果。因此，当你开展文献综述并试图得到某一给定现象的结论时，要特别注意那些使用了元分析技术的文献综述，因为这些综述的结论更为准确。

为了阐明元分析的用途，让我们看看福尼斯和卡维勒（Forness & Kavale，1996）所做的元分析。他们分析了那些调查学习障碍儿童接受社会技能训练项目效果的研究。他们从摘要和引文、已有文献综述的参考条目、研究报告的参考文献中找出了53项研究。福尼斯和卡维勒使用标准的元分析统计步骤来分析这53项研究，以便全面整合和描述这些研究结果。这一分析表明，社会技能训练项目对有学习缺陷的儿童会产生很小的积极性影响。这是从当前可利用的文献中得出的主要结论。如果你只看个别研究，可能会发现有些研究表明社会技能训练项目完全无效，而其他研究则表明它们非常有效。不使用元分析技术，你可能会更容易受一个或几个研究的影响，从而得出不准确的结论。元分析技术消除了这种偏见，提供了一个可利用文献的总体概要。

表 3.8　混合研究评价表

此评价表可以被用来评价混合研究的质量。

引言

1. 研究主题是否在文章开头清晰地表述出来了？
2. 研究问题是否清晰地表述出来了？
3. 是否对相关的定量研究、定性研究和混合研究做了充分的综述？
4. 混合研究的目的是否清晰地表述出来了？
5. 具体研究问题是否清楚？
6. 是否明了定量研究和定性研究相结合的方法是处理研究主题或回答具体研究问题的最佳途径的原因？

方法

7. 是否仔细地描述了参与者的特征、研究场所和情境？
8. 参与者是否适合这项研究？
9. 是否清晰地说明了混合研究的设计？
10. 研究者所收集的定性研究和定量研究数据是否有效地解决了具体研究问题？
11. 设计研究时是否使用了混合研究的逻辑？（如，混合研究的基本原则）
12. 研究的每个部分是否都使用了增强有效性的策略？
13. 如果研究的一部分是一个实验，那么是否使用了随机分配？
14. 如果研究的一部分是一个调查，或者研究目标是将结论直接推广到总体，那么是否使用了随机样本？
15. 研究者是否有恰当的策略去理解参与者的观点或者被研究群体的内心想法？
16. 对待参与者符合学术伦理吗？

结果

17. 数据分析是否使用了合适的方法？
18. 研究者是否忽略了重要的数据？
19. 数据的整合、联系、连接是否体现了其整体性？
20. 是否为研究结论的有效性和可信性提供了充足的证据？

讨论

21. 研究者是否充分整合了研究结果并解释了其意义？
22. 研究者能否辨别出使用混合研究方法过程中所产生的增加值？
23. 研究者的研究结果是否与更广泛的研究文献相符合？
24. 是否指出了研究的局限性？
25. 是否提供了未来的研究方向？

小结

开展研究的第一步是明确研究主题，然后是明确需要解决的研究问题。虽然初级研究者在确定研究问题时会感到困难，但是教育领域中有大量需要解决的问题。为了明确研究问题，需要培养一种好奇的态度并提出问题。一旦你养成了这种思维模式，明确研究问题就相对容易了。使用文献综述非常有助于你明确研究问题。

教育研究问题来自一些传统的资源，诸如理论、实践问题、以往研究。而且，在教育领域，我们可以利用自身的经验，因为我们都有教育领域里的一些体验。请注意，处理道德、伦理和宗教等问题不能通过实证研究来解决。

一旦明确了一个可能的研究问题，你必须要开展一个全面的文献检索。文献检索将展现研究主题的知识状态、建议你调查这一问题的具体方法、指出方法论问题。如果你做的是定性研究而不是定量研究，你可能仅仅想使自己熟悉这些文献，以确定你想做的研究没有被研究过，这种方法认为缺乏先前文献的知识能使研究者采取新颖和不受先前知识影响的视角，并从数据中开发一套新颖的构念、关系和理论。

开展文献综述最有效的方法是通过图书馆使用可利用的信息检索系统，如 EBSCO 可以进入含有相关教育研究信息的数据库（如 ERIC、PsycINFO、SocINDEX）。此外，公共网络上也有大量的信息，我们提供了一套用来评价公共网络上的信息所需要遵循的指导原则，以区分有用信息和无用信息。在做完文献综述、初步确定研究问题、明确研究类型之后，你必须确定研究是否具有可行性，这意味着你必须评估研究花费的时间、研究参与者、专业能力、研究经费以及道德敏感性。如果这些都表明研究是可行的，就到了正式表述研究问题的时候了。定量研究问题指出了需要解释、描述或者预测的一些变量，定性研究问题则意味着需要探究一个或一组重要问题。

正式表述研究问题之后就是表述研究目的。在定性研究中，目的表述应该体现定性研究范式的语言、目的和方法论。在定量研究中，目的表述应该明确研究意图以及变量间关系的类型（因果关系的、描述性的、预测性的）。研究目的之后就是具体研究问题的表述。在一些研究中（尤其是定性研究中），目的表述之后是一系列更为具体的子问题，有助于明确研究问题的具体部分。在定量研究中，具体研究问题的表述是询问两个或两个以上变量之间的关系是否存在，而且这种关系必须能通过实证研究加以验证。

在定量研究中，具体研究问题之后通常是假设。假设通常来自于以往的研究，对被调查的变量之间关系作出预测。任何假设都必须满足一条标准：假设必须表述出来，以便能够被“证实”或“证伪”。定性研究中通常没有假设，至少在研究开始时没有。相反，定性研究关注于提出问题，其中的一些问题可能会在探究过程中才出现。

问题讨论

1. 在这一章中，我们已经列出了几种研究想法的来源。
   ①哪一种来源会产生最多的教育研究想法？
   ②如果要求你提出一个研究想法，你会使用哪种来源，为什么会使用这种来源？
2. 文献综述的最好用途是什么？是在定量研究中帮助你明确具体的研究问题、提出假设、设计研究，还是如一些定性研究者建议的应该在数据收集之后做文献综述，以将研究发现与先前的研究相整合？
3. 我们经常从电视、广播和报纸报道中听到或看到研究成果，当你从这些途径获悉研究成果时，你应该提出什么问题？你应该如何评价这些研究？

研究练习

1. 通过回答以下问题形成一个定量研究问题：
   ①我的主题领域是……
   ②这一主题领域的研究问题有……
   ③我的研究目的是……
   ④我的具体研究问题是……
   ⑤我的假设是……

2. 针对练习 1 中你所明确的定量研究问题，利用教育资源信息中心（ERIC）来找到与你的具体研究问题相关的三项研究，做一个小的文献综述，并提供每项研究的如下信息。

①题目　②作者　③期刊卷期和页码　④摘要

行动研究日志

视点：行动研究者依赖于多渠道的信息来源，以便听取任何有助于改善其工作情境的信息。

1. 作为一名行动研究者（如试图使学校或工作场所的某项工作开展得更好），你该从何着手呢？也就是说，你从何处搜集你所感兴趣的问题的相关信息？

2. 思考一个你感兴趣的主题。然后去图书馆网站，连接 EBSCO，点击几个跨学科数据库。接着，在检索栏中输入你的研究主题进行检索，阅读 10 或者 20 篇摘要。这些信息是如何帮助你的？摘要未能提供你想知道的什么信息？

Chapter 4

第4章

如何撰写研究计划

How to Write a Research Proposal

学习目标

- 能够深入回答“什么是研究计划”；
- 能够详细说明一个研究计划需包含的部分；
- 能够详细说明一个研究计划每个主要部分的内容。

现实生活中的研究——准备计划

2006年11月1日，当地报纸报道了在过去的六周内，新奥尔良一所最具影响力的高中里，学生袭击了学校的保安、教师和警察。其中，保安和教师受伤严重而被送往医院。新奥尔良地区的教育人员表示，此次暴力事件是“卡特里娜飓风”（Hurricane Katrina）*的一个长期效应。因为许多城市中的青少年与他们的父母分离，他们要么独自居住，要么与年长的亲戚居住。许多学生都要自己照顾自己，对此他们表现出狂躁的情绪。据一所高中的校长估计，多达五分之一的学生没有父母或其他监护人照顾而独自居住。

2006年，诺西特（Nossiter）以一个家庭为例说明了这个事实：母亲答应她儿子和儿子表哥的请求，将他们送回到新奥尔良与她的大女儿住在一起，而她在休斯敦留下来做一份医疗助理的工作。母亲每月会向居住在新奥尔良家中的孩子和侄子寄去支票，而这两个孩子也在快餐店打工来维持收支平衡。但是，家中却没有成人来监管孩子。

据这所高中的校方指出，家中缺少父母角色的情况已造成许多学生具有好斗的倾向，他们与校方公然对抗，并且也不畏惧父母的惩罚。这群激进的青少年给学校造成了极大混乱。因此，这所高中至少有25名保安守在校门口、楼梯口和教室外。同时，学校也配备了金属探测器、四名警察以及停靠在人行道上的四辆警车。

如果你有兴趣检验这所学校教育人员做出的假设，即缺乏父母监管和父母不在家中可能导致学生们的暴力与攻击行为，那么你将自然会对开展这项研究感兴趣。如果你是一名研究生，那么你可能想在做毕业论文时考虑开展这项研究。如果你是一名教员，那么你可能想获得资助来开展这项研究。不管开展这项研究的原因是什么，第一步是要撰写一个研究计划，要列出你想开展这项研究的理由以及收集研究数据的方法，这些方法将给你的研究问题提供答案。本章会为你提供准备研究计划的知识和指导。

好的研究想法的形成是好研究的先导，接下来就需要认真规划你的研究方式，审查你的研究想法。在上一章中，我们呈现了各类研究想法的来源。好的研究想法来源于各个领域中已有知识的某些结合。当这些知识以某种方式，并按照适当的比例与灵感、想象和运气等结合运用时，一个好的研究想法便产生了。正如在上一章中所讨论的那样，好的想法通常不只是来源于日常生活或既往研究，往往还要经历一系列的步骤——从一个好的可研究问题的模糊概念到具体想法的形成，再到具体研究问题的设定，继而开展一项研究。原始想法在你的脑海里酝酿，可能需要与他人分享才能被打磨和改造成一个好的、可研究的想法。有时你认为是一个很好的研究想法，但它并非可研究的，或者说必须要做重大的调整才可以进行。不管研究想法来源于哪里或是做了多少改变，要从研究想法发展到开展研究，通常需要形成研究计划。

实际上，准备研究计划是开展一项研究活动的良好开端，因为它不仅迫使你思考研究的理论依据，还促使你认真思考研究的每一个步骤。通过撰写研究计划，你将有机会在真正开展研究之前尝试各种想法。研究计划届时将由你的教授们或同事们阅读，他们

* 卡特里娜飓风是2005年8月出现的一个五级飓风，在美国新奥尔良造成了严重破坏。整个受灾范围几乎与英国国土面积相当，被认为是美国历史上损失最大的自然灾害之一。——译者注

将对如何更好地开展研究向你提供反馈意见。也就是说，任何一个研究计划将可能经过数次修改，好处就是每一次的修改稿都将比前一稿更好，并且将为一个好的研究提供详细信息。

研究计划的框架

研究计划（research proposal）是一个书面文件，它综述已有的文献资料，确定研究的主题领域以及要回答的研究问题，并且明确获得这些研究问题答案的程序。研究计划是研究程序的正式描述。如果你正在为毕业设计或毕业论文准备研究计划，那么你将要向委员会委员提交这个研究计划。他们将批判性地审阅你的研究计划，并提供一些改进意见。在你事业发展的某些关键时刻，你甚至可能会被要求准备一份计划书。计划书的准备和毕业论文或论文研究计划的准备有相同的要求。如果你在准备一份须提交给审查委员会机构（Institutional Review Board，IRB）的协议书，那么一份完整的研究计划是非常有帮助的，因为协议书在许多方面类似于研究计划。因此，撰写研究计划是一项重要的技能，需要我们去掌握。尽管大多数研究计划的构成要素类似，但是依照你所在系所、学院或大学、资助部门（联邦、州、私人）的要求不同，可能提交的计划有所不同。表 4.1 提供了两个范例来说明一个研究计划可能包括的主要内容标题。相关学生计划书的范例可在学生配套网站上的补充材料中找到。

撰写研究计划每部分的策略

研究计划的形成一般都要花费一段时间。你可能花了一些时间来反复思考你要研究的想法，并考虑它的各种分歧及你想要开展这项研究的方式。一旦你决定了研究想法并且阅读了相关的文献资料，那么接下来的任务就是撰写研究计划。下面的一些指南可以帮助你撰写研究计划。

引言

引言（introduction）的目的是向读者介绍你的研究想法，并且确立它的重要性和潜在意义。这就意味着你应该着手进行研究主题的概述，不仅要明确主题，而且要论证它的重要性。米切尔和乔利（Mitchell & Jolley，2011）区分了论证研究主题重要性的几种方式。第一种是通过引用数据或有影响的人或组织的表述来显示你正在研究的主题是如何与许多人的生活相关。例如，如果你研究青少年暴力，你可以引用表示校园暴力行为发生率的数据，或者你可以引用各种组织（例如，美国教育研究协会、美国心理协会或美国社会协会）表述的观点。第二种论证研究主题重要性的方法是呈现它与真实生活的相关性。

例如，你可以讨论一个近期广泛宣传的事件，如校园枪击事件。提供一个真实生活的例子不仅可以帮助你明确研究的概念，而且可以生动地阐述研究的重要性。

表 4.1　研究计划主要内容标题的两个范例*

例 A：传统法	例 B："三章"法
标题页	标题页
目录	目录
摘要**	第一章　引言
引言	1. 研究目的的陈述
1. 研究主题的陈述	2. 具体研究问题的陈述
2. 研究问题的陈述	3. 研究的局限性
3. 已有研究文献的总结	4. 重要术语
4. 研究目的	第二章　文献综述
5. 具体研究问题	1. 插入相应的主标题以区分文献综述的各个部分
6. 研究假设（如果开展的是定量研究）	2. 研究假设的陈述
方法	第三章　方法
1. 研究参与者	1. 参与者
2. 仪器和 / 或工具	2. 测量工具
3. 研究设计***	3. 研究设计
4. 程序	4. 程序
数据分析	5. 数据分析
参考文献	参考文献
	附录

*学会如何将标题运用到 APA 格式中，参见第 20 章的"标题"（Ⅰ.2D）

**摘要有时包括在研究计划中，你需要根据自己的情况确认是否需要摘要。

***研究设计有时被纳入到程序部分，如果是这样的话，那么就可以将程序部分更名为设计与程序。

在对研究主题的重要性提供一个明晰的讨论之后，你应该撰写与你的研究主题相关的文献综述，因为这个综述以两种方式使你的研究得以确立：第一，以既有的文献和知识为基础，文献综述能够说明你的研究如何融入现有的研究。第二，它给你一个机会来推销你的研究。通过"推销"你的研究，我们旨在向读者呈现一种逻辑论证，即为什么开展此项特殊研究是重要的，或者为什么你想要研究的问题是重要的。

推销一项研究或者使读者相信该研究问题的重要性，通常通过批判性的相关研究和分析来证明你所提出的研究计划要么修正了既往研究的某些不足，要么拓展了其他研究者的工作。例如，克里斯滕森和皮特约翰（Christensen & Pettijohn，2001）综述了关于嗜糖癖的文献资料，揭示出所有认为情绪和嗜糖癖有关的研究都仅局限于特定的病人，且主要是精神病人。他们的文献综述表明绝大部分普通人都有过嗜物癖，由此他们提出在嗜物癖与精神病人之间所发现的关系也存在于普通人群之中。因此，他们的研究打算将以往研究者的工作拓展到普通人群。可见，文献综述应当直接导向研究目的的陈述，因为这显示了你所开展的研究和既往的研究具有连续性。在陈述完研究目的之后，定性研究者通常还会提出一个或多个具体研究问题。定量研究者在提出一个或多个具体研究问题的同时，还提出了将在研究中进行检验的研究假设。混合研究者主要依据他们的研究目的和研究问题来确定是否包括研究假设。

方法

为你的研究完成文献综述并形成一个有说服力的依据之后，你必须决定将要采取什么样的具体行动来达成你的研究目的。这就意味着你必须形成某个计划或策略，为回答研究问题和检验所提出的假设提供必要信息。这个计划或策略详细应说明收集与研究问题相关的数据所要遵循的程序。详细说明程序需要采取行动，例如，确认研究所涉及的参与者、对参与者的说明、将从他们那里获得哪些信息以及如何获得这些信息。你必须彻底考虑清楚研究的每一个步骤，并确定如何实施这些步骤。

当考虑清楚并确定每个步骤之后，你必须以文字形式表述研究计划所涉及的这些步骤。在这个计划文本中，你应该表达得非常准确，以便其他研究者可以读懂方法部分并可以开展与你相同的研究。如果另一研究者可以读懂你的方法部分，并且能够重复你的研究，这说明你已经在此部分提供了足够充分的描述。尽管这部分内容因定性研究和定量研究而不同，但总体来说都会包含对于以下内容的描述：研究参与者、数据收集所用到的仪器或工具以及收集数据的程序。有时你会发现，在混合研究（尤其是序列设计）中，非常适合设置独立的副标题和单独的部分用以分别讨论研究中定性和定量的部分。

记住，引言的目的是要向读者推销你所开展研究的重要性和必要性。**方法**（method）部分不仅要集中告诉读者你将如何收集所需信息，而且要向他们推销你所构建的研究设计或研究计划。通常你需要向读者说明你计划去做什么，并表明这么做是为获得研究问题答案而收集所需信息的最佳方式。

研究参与者

研究参与者（research participants）是实际参与到研究中的个人。在研究计划中，你应该清晰地说明研究参与者是谁、有多少人将参与到研究中、他们的特征（如年龄、性别）以及他们如何入选你的研究之中。其他与研究参与者有关的信息也应该包含在此部分。例如，如果开展一项定性或混合研究，你应该提及是否将给研究参与者一个参与的诱因或参与者来自哪里。通常获得参与者的方式，即他们是自愿的还是有报酬的，或是他们来自富裕的地方还是贫穷的地方，都会影响到数据的收集。当描述参与者样本时，应该遵循的一般指导原则是提供足够充分的细节，让他人从你描述的样本明了总体，以便做出恰当的概括。对研究参与者的描述可以如下：

> 研究参与者将是从三个美国中西部学校（这些学校的学生主要来自中产阶级家庭）的二年级和六年级中随机抽取的 140 名学生，每个年级的男生和女生数量将是相同的。当他 / 她完成了调查研究时，每个孩子将获得当地某个剧院的一张门票。

设计

设计（design）是你用于调查研究问题的计划或策略。尽管在定量研究中单独的设计部分常常被省略，但是它应该包含在你的研究计划中，特别是当研究非常复杂时更要如此。例如，如果你要开展一项带有多个自变量的实验研究，其中每一个自变量都有多种水平，那么你将需要提供一个关于这些变量和层次的描述，说明这些变量是**被试间变量**或**被试内变量**（between-subjects and/or within-subjects）（参见术语表中这两个术语的定义，或在第 11 章中学习）。例如，你可以认为一项设计是**基于混合模型的析因设计**（Factorial design based on a mixed model）（这将在第 11 章解释），在这里被试间变量是教学的方法（有三种水平：合作学习、全组讨论和传统讲授），被试内变量是学期（第一、第二、第三和第四学期）。因变量可能会是在四个学期中每学期期末测量出的学生参与水平。除了用文字描述设计外，运用图表来形象化地描述设计也是一个不错的想法。（例子会在第 11 章和第 12 章中有所展示）

定性研究通常不需要独立设计部分，因为定性研究设计的结构较为简单，并且较易在程序部分进行描述。然而，强烈建议在混合研究中加入设计部分，因为：（1）定量部分可能有一个结构性设计（这应分别进行描述）；（2）混合研究确定了一套基本的混合设计，这可以作为构建设计的一个出发点，用以解决你的研究问题。

仪器和 / 或工具

在这个部分，你将描述数据收集中会用到的工具（如智力测验、成就测验、自我概念或态度的测量）、材料（如小册子或培训手册）、仪器（如计算机或生物反馈设备）、访谈程序或观察程序。如果你采用了具体的测量工具，那么还应该介绍它们的信度和效度信息，以及从哪里可以获得这些信息，同时也要详细论证为什么此工具适合研究中的特定参与者。使用任何仪器都应该有充分的细节描述，以便其他人也能够获得类似的仪器。在对仪器或工具描述后，接下来应该解释和证明每部分被采用的原因。如果你运用访谈的程序来收集数据，那么要确保你所提供的信息是关于访谈程序的类型（结构性的或半结构性的）和访谈的内容。如果你运用的是观察的程序，那么要确保你所提供的信息是关于具体的目标行为，谁将实施观察、什么时候实施以及在哪里实施。例如，这部分可以阅读下面的内容：

> 韦克斯勒学前儿童智力量表（修订版）（WPPSI-R；Wechsler，1989）的信息和积木设计分测验用于评估研究参与者智力功能的基本水平。信息分测验……［简要解释它是什么和需要儿童做出的反应类型是什么］。积木设计分测验……［简要解释它是什么和需要儿童做出的反应类型是什么］。信息分测验的再测信度范围是 0.74 到 0.84，而积木设计分测验的再测信度范围是 0.79 到 0.86。分测验应该是合适

的，因为这里的研究参与者与用来获得已公布的信度和效度数据的常模在社会学和人口统计学方面是相似的。

程序

程序（procedure）部分应描述研究设计。如果没有一个单独的部分来阐述研究设计，那么你将如何实施？你需要描述在被试参与研究的整个时间范围内，你将如何执行研究。你要逐步阐述你和研究参与者将要做什么，应该包括呈现给参与者的工具或条件、需要参与者做出的回答以及任何可用的控制手段，如小组随机分配。在图表呈现中有一个形象化的描述（如甘特图表）是非常有帮助的，它会展示出：（1）每一组是何时以及如何形成的；（2）将要收集哪些方面的数据；（3）何时收集这些数据；（4）谁收集这些数据。请记住：对计划程序解释和描述得越清晰，审阅你研究计划的人越高兴。

有一个标准可用来判断你是否对程序部分进行了恰当的描述，那就是让他人去阅读，然后让他向你解释研究将如何开展。如果读者可以读懂你的程序部分并能够开展你所设计的研究，那么你就充分地说明了将在收集数据中所采用的程序。例如，下面的内容可看作程序部分（来自一个关于饮食和情绪的研究）：

> 某项目通过广告征集志愿者，通过电话采访的方式，研究者了解参与研究的志愿者对食物的嗜好。只有那些表明自己嗜甜且爱好富含碳水化合物食品的消费者，才会被邀请到研究场所做进一步的评价。当他们到达研究场所时，将阅读一份“知情同意书”。当所有的问题回答完毕，并且签名同意后，他们将需要完成一份关于食物嗜好强度的问卷，这个问卷也包括了如年龄和锻炼习惯等人口统计学信息。
>
> 在完成问卷之后，为了评估研究参与者的饮食摄入量，将会要求他们在接下来的一周中完成一项为期三天的食物记录。返还食物记录后，他们将再次评估自己对食物的嗜好，并且完成几个情绪测试，包括情绪状态问卷（the Profile of Mood States）、症状自评量表-90（the Symptom Checklist-90）和贝克抑郁量表（the Beck Depression Scale）。参与者随后将被随机分配到两组中的一组。在接下来的两周内，一个随机分配组将按照指导去除所有从饮食中获得的多余糖分，另一组将根据指导从他们的饮食中去除所有的人工增甜剂。每组都得到一个饮食样本和要遵守的指导，用以帮助他们减少多余糖分或者人工增甜剂。在第一个周末和第二个周末，参与者将需要完成情绪量表，用以查看其情绪是否随他们去除了食品中的物质而改变。在两周的饮食替代期结束时，研究者将向研究参与者表示感谢，向他们解释研究和假设，并且回答他们的任何疑问。

在这个程序部分，研究者确定了招募被试所采取的方式和被试必须满足的入选标准。然后确定了要使用的问卷类型（由此确定所收集信息的类型）并详细说明了问卷使用的时间。该程序还描述了研究参与者是如何被分配到各组以及每组要做些什么。该程序详细说明了采取反应测量（例如，情绪测量）的时间和原因。最后，这个程序表明研究结束时，即将离开研究活动的所有研究参与者将听取研究者的汇报。这个例子还说明了一个研究计划的程序部分所必须包含的细节，这些细节能让阅读者明确地判断你计划的内容是什么。

数据分析

在描述了一项研究将如何进行数据收集之后，你需要详细说明将如何分析你的数据。大多数情况下，数据分析的性质直接取决于研究设计。当你的研究设计形成后，你应该问自己："我将如何分析所收集到的数据来检验已形成的假设？"问这个问题是必要的，它确保你可以对所收集的数据进行恰当的分析。它对你的研究设计也提供了一次检验，因为如果你没有确定分析所收集数据的方法，使它们提供关于研究假设的信息，那么你就必须重新设计你的研究。

恰当的数据分析方法取决于你是在做一个定性、定量还是混合研究以及每类研究的具体方法。例如，如果你进行一个定量研究，研究参与者被随机分成三组，并且每组参与者接受不同的教学方法，那么你可能会采用一元方差分析来进行统计检验。因此，为了明确说明数据分析的恰当检验方式，你必须具备一些统计学方面的知识。只有当你具备一些关于统计学和研究方法的知识之后，你才能设计出一个完整的定量研究。

定性数据分析则是五花八门的，并不存在唯一"正确"的数据分析方法，这是由定性数据特性决定的。定性研究所收集的数据来自观察、访谈、文档和视听材料，如照片、录像和电影等。数据分析需要对收集的大量信息进行简化和解释。对这么多的数据进行分析需要简化为一定的模式、类别或主题，而这些都需要使用一些架构来进行解释。一般而言，定性数据分析需要编码和寻找关系与模式，直到可以呈现出一个整体的画面。如果你打算做一个混合方法研究，那么你需要解释计划的定量和定性分析以及任何可能计划的综合分析（如，将定性和定量数据置于一个单一的数据集，并且分析合并后的数据集）。

摘要

摘要（abstract）是关于研究基本特征的一个简短描述。摘要需在最终的研究报告中呈现，但在研究计划当中有时候需要，有时候不需要。你需要与研究计划服务的个人、团体或组织进行核查，确定摘要是否是必需的。

尽管摘要在引言之前，但是通常在完成研究计划之后来撰写摘要更加容易，因为你已经决定并且确定了计划开展研究的每部分内容。在确定了每部分内容之后，撰写摘要更加方便，因为摘要是研究计划的一个简短总结。

研究计划的摘要应当是研究假设或研究问题以及如何解决问题的一个简洁而精确的陈述。它应该包含参与者的数量、他们的基本特征以及如何对待他们或要求他们做什么的一个陈述。同时，也应该解释你计划如何收集数据和如何分析结果。换言之，摘要应该为研究计划的每部分内容提供一个简要的总结。

复习问题

4.1　什么是研究计划？撰写这样的文件有哪些原因？

4.2　引言所述的目的和目标是什么？

4.3　为什么在引言部分要包括文献综述？

4.4　方法部分的目的是什么？在这部分应该包含哪些信息？

4.5　关于研究参与者应该包含哪些关键信息？

4.6　当准备仪器或工具部分时，应当包含哪些信息？

4.7　程序部分的目的有哪些？

小结

研究计划的形成是开展一项研究的前提。研究计划的准备是一个很好的练习，因为它迫使你对想要做的研究的每个步骤进行深入的思考。当撰写引言部分时，你必须通过呈现它与现实生活的相关性来确立研究的重要性以及潜在意义。此外，引言给你机会来建构自己的研究，即通过纠正一些既有研究的缺陷或拓展他人的工作。引言要说明你的研究如何适应现有研究，又是如何建立在现有研究的基础之上的。

在呈现了研究的重要性和意义之后，必须描述你将如何收集用以回答研究问题的数据。这个描述构成了方法部分。在方法部分中，将要描述研究参与者的基本特点以及他们是如何被选择参与到研究中来的。同时也要描述用于收集研究数据的各种工具，以及任何仪器或设备，例如电脑，它将用于数据收集。最后，你要描述研究过程中将采用的确切程序，包括从遇到第一个研究参与者开始到终止与他们的联系为止。

当完成了研究数据收集之后，你必须分析数据，从而为你的研究问题提供答案。数据分析部分呈现的是如何分析研究结果的描述。

问题讨论

1. 撰写研究计划的目的是什么？形成好的研究计划有哪些要素？
2. 研究计划的每部分要素应该包含哪类信息？

研究练习

1. 在上一章中，研究练习要求你确定研究主题、具体研究问题以及与这个具体研究问题相关的研究假设。现在假定你将要准备一个研究计划，这一计划说明了将如何开展这个研究来回答具体研究问题。回答下列的问题作为形成你研究计划的一个基础。

a. 你的研究中研究参与者有什么特征？以及你将如何招募他们？

b. 哪些工具和/或仪器可以用来收集你的数据？

c. 详述你使用数据收集的程序。

行动研究日志

提示：行动研究人员称他们的计划是“行动计划”。行动计划集中解决实践者需要关注的具体问题。之后，行动研究人员应该与他人分享他们的学习，并且将他们的知识融入更广泛的科学知识基础。

1. 你希望去改变你所在的教室、学校或工作单位的哪种情况或问题？
2. 在已发表的研究和专业文献中，关于你所确立的问题 1 中的问题已有哪些论述？
3. 你想要帮助的人是谁？
4. 你认为什么样的数据收集和研究设计的方法将帮助你解决你在问题 1 中所确立的问题？

Chapter 5

第5章

研究伦理

Research Ethics

学习目标

- 能够解释为什么在设计和开展研究时需要考虑到伦理问题;
- 能够陈述在进行与人相关的研究时所必须遵守的准则;
- 能够解释批准进行一项研究时所必须要遵守的程序;
- 能够列举出在进行与未成年人相关的研究时所涉及的问题。

现实生活中的研究——伦理问题

2002年4月26日，一名19岁的男子罗伯特·施泰因豪泽（Robert Steinhaeuser）身穿黑衣，手持猎枪和手枪进入他之前所上的高中，并开始朝教室和走廊内的教师开枪。在大批警力包围和控制这座十四层高的建筑之前，14名教师和行政人员，2名女学生和1名警察被杀害。施泰因豪泽退到一间教室，把自己紧锁在内，随后在警察封闭教学楼时举枪自杀。

据学生们描述，施泰因豪泽是一个具有天赋的学生，他并没有攻击性，只是经常上课迟到并与教师相处不和。但施泰因豪泽因为糟糕的成绩已被学校开除，这导致其不能参加大学入学考试。对此，他非常生气，看起来这正是此次枪击案的原因。

正如施泰因豪泽案中所呈现的，青少年暴力和大屠杀并不是独立的事件。我们不禁回想起1999年4月发生在科罗拉多州利特尔顿的科隆比纳高中的暴力事件。这样用暴力表达愤怒的方式常常会引出“为什么”和“这样的事情怎么会发生在我们校园里”等诸如此类的问题，这些问题是研究人员常常问起并试图去解答的。但是，进行这样的研究会产生一系列的伦理问题，其中最严重的问题之一是此类研究可能会给被试带来不良影响。

在进行研究的过程中，研究者可能需要甄别那些会有暴怒情绪以及通过激进的方式表达愤怒倾向的青少年。研究者有责任通过告知校方有关被试的愤怒情绪以及可能出现的暴力行为，来保护研究被试和潜在的受害者。虽然对于研究者而言这些都是恰当的行为，但青少年的隐私可能受到了侵犯。

如你所见，研究调查中存在一系列的道德问题，因此需要为教育研究人员的研究设立伦理准则。

考虑到教育研究所带来的潜在好处，对学生及教师进行访谈和调查，或是邀请他们参与实验就很有意义了。然而，在当今社会，我们有隐私权以及未经同意行为不受监视的权利；我们也有权知道自己的行为是否受到操纵，如果受到了操纵，原因是什么。

不幸的是，这些基本权利在研究中很容易就遭到侵犯。这给研究者带来了一个问题，因为公众总是希望看到教育系统的改革和进步，因此无论何时出现SAT成绩的下降，或是“约翰尼不会阅读”的结果，教育系统都会受到大众的苛责，同时会被要求提高教学质量。但是，教育质量的提高正是精心设计及开展研究活动的结果，而开展这些研究活动有时需要侵犯一些人的隐私权，询问私人问题或是观察其行为，因为这是研究者收集改进整个教育系统所需信息的唯一途径。另外，对于受过研究技术训练的教育者而言，做出**不**进行研究的决定是要考虑伦理问题的。

考虑到研究伦理对于任何研究的发展和实施都是必要的，理解伦理原则和程序可以协助研究者预防可能会出现的滥用，帮助其明确作为调查人员的责任。例如，你会理解保持被试匿名，以及在开始研究之前获得他们的知情同意书是非常重要的。在本章，我们将要讨论教育研究中的伦理问题。

什么是研究伦理?

伦理（ethics）规范是帮助我们捍卫所珍视事物的原理和准则。大多数人一想到伦理，第一个印入脑海的便是道德说教和无穷无尽的哲学辩论。无论何时探讨伦理问题，人们通常都会对道德行为是什么和不是什么存有异议。大部分争论似乎是源于人们在尝试解决伦理问题时采取了不同的立场。

有三种基本的立场，即道义论（Deontology）、伦理怀疑主义（Ethical skepticism）和功利主义（Utilitarianism），是人们在考虑研究中的伦理问题时所易于接受的。这些立场在确定何为正确、何为错误时所遵循的准则各不相同（Schlenker& Forsyth，1977）。**道义论的方法**（deon to logical approach）主张伦理问题必须基于一些普遍准则来评判（词根即为古希腊词*deon*，指“责任”或“义务”），有些行为本质上便是不道德的，无论在何种情况下都不应当出现。例如，波姆林（Baumrind，1985）坚持道义论，坚决主张在研究中采取欺骗行为是有违道义的，在任何情况下都应当杜绝，因为这涉及对研究被试撒谎，妨碍获得他们的知情同意。

采用**伦理怀疑主义**（ethical skepticism）立场的人则认为，无法确定道义论者所使用的这些具体且不可侵犯的道德准则。这样一个怀疑论者不会否认道德原则的重要性，但是会宣称道德准则与人们的文化和时代有关。根据这一方法，伦理决策必须是关乎个人良心的问题，研究者应该去做他 / 她认为是正确的事情，避免去做他 / 她认为是错误的事情。因此，研究伦理只是关乎个人良心的问题。

第三种评估伦理问题的方法是**功利主义**（utilitarianism）。这种立场认为对于一项研究的伦理评判要同时考虑研究对个别被试所产生的后果与研究结果可能带来的更大收益。在这种立场看来，伦理决策是在权衡研究所可能产生的潜在利益与潜在成本的基础上做出的（参见图 5.1 的说明）。这是美国联邦政府、大多数专业组织和机构审查委员会所采取的基本立场，在艰难地做出关于研究的伦理决定时，不仅要考虑研究被试所面临的风险，而且也会考虑到研究所带来的产生重要知识和对人类的重大利益。

研究伦理上的功利主义立场有助于研究者调和价值冲突，决定应该采取的行动。看来这个基本立场为思考研究中发生的伦理问题提供了一个合情合理且合乎逻辑的基础。它也是唯一的立场，权衡潜在成本与潜在收益可决定是否继续或终止研究。无论采取何种立场，研究伦理都不应该是一套强加于研究团体之上的道德命令，而应该是帮助研究者决定如何开展合乎道德的研究的一系列原则。

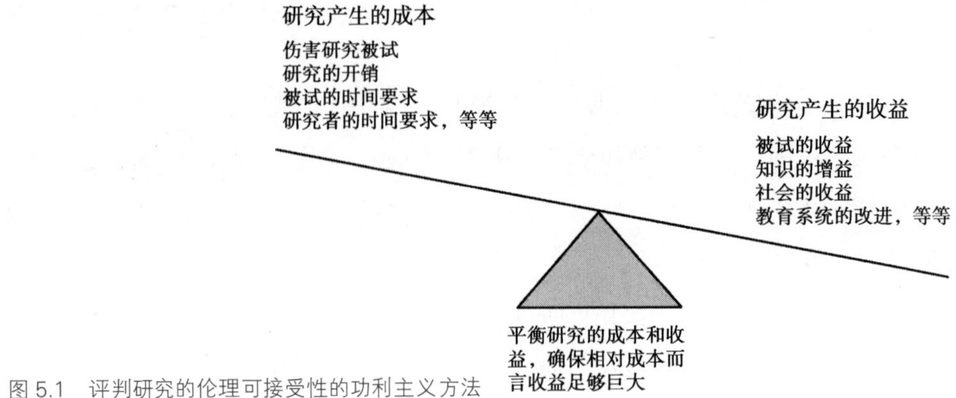

图 5.1 评判研究的伦理可接受性的功利主义方法

伦理关切

如果说**研究伦理**（research ethics）是一套原则，可以指导和帮助研究者开展合乎伦理的研究，那么确定对研究者来说具有重要意义的伦理议题就是十分重要的。戴尼尔和克兰多尔（Diener and Crandall，1978）确认了社会和行为科学家所关切的三个伦理领域：1）社会与科学的关系；2）专业问题；3）对待研究被试的方式。

社会和科学的关系

关于社会和科学之间关系的伦理问题主要讨论社会关注的问题和文化价值应该在何种程度上指导研究过程。很大程度上，我们生活的社会往往决定了那些我们认为是重要且应该调查的问题和研究领域。例如，普通感冒是在某一时期折磨每个人的疾病，然而人们却很少花时间去调查消除这种痛苦的方法，这大概是由于感冒通常只是一种暂时的不适，不至于危及生命。很多其他的问题具有更加深远的影响，譬如儿童的教育问题。社会认为这样的问题更加重要，并支持研究这些被视为重要的领域。

通过社会中众多的资助机构，研究的优先性被传递给了研究者。联邦政府就是最大的资助机构，每年用于基础研究和应用研究的费用就不计其数。然而，政府同样为如何使用这些资金确立了优先性原则。为了增加获得研究基金的机会，研究者需要根据这些优先性原则来调整研究方向，这意味着联邦政府至少在某种程度上规定了研究的类型。每年这些资助机构都会公布特定领域的"征求计划书"（Requests for Proposals）。

专业问题

专业问题包括不断发生的研究行为不端问题。2000 年 12 月，美国科学技术政策办公室将**研究行为不端**（research misconduct）定义为"申请、实施、评审或报告研究结果时出现的伪造、篡改或剽窃行为（FFP）”。既然科学家被训练为在寻求真理和社会改良中进行提问、质疑和研究，那么关注伪造、篡改和剽窃行为就是可以理解的。

寻求真理完全与从事任何形式的欺诈相对立。研究者在专业上可能犯下的最严重的罪行便是欺骗，或是不诚实地向学术团体呈现研究成果，如展示栏 5.1 中所示。尽管有不成文的规定要求科学家如实地报告研究结果，但研究行为不端似乎出现了一种令人不安的上升趋势，有些科学家伪造或篡改数据，为支持理论而操控研究结果，或是有选择性地报告数据（Woolf，1988）。例如，1987 年乔治梅森大学的一项研究发现，1/3 受访的科学家怀疑同事存在剽窃行为，然而其中 54% 的科学家并没有向校方报告他们的怀疑（Brainard，2000）。

展示栏 5.1　欺诈性研究的案例

1977 年，斯蒂芬·E. 波诺尔（Steven E. Breuning）从伊利诺伊理工学院获得博士学位。几年后，他获得了密歇根州冷水地区中心的一个职位。在冷水，波诺尔应邀参与由美国国家精神健康研究所（National Institute of Mental Health，NIMH）资助的一个项目，对收容在医院的智障病人使用精神安定剂情况进行研究。1981 年 1 月，他被任命为匹兹堡西部精神病学研究所和诊所的约翰默克项目主任，在此，他继续发表冷水项目研究结果的报告，甚至还获得了 NIMH 的经费资助，研究兴奋剂对智力残障患者的影响。在此期间内，波诺尔声誉鹊起，被视为该领域领军人物之一。然而到了 1983 年，关于波诺尔研究效度的疑问不断出现，最初相信波诺尔是研究者的人也开始质疑其论文所报告的结果不可能具有如此高的信度。这引发了人们对波诺尔已发表成果的进一步审查，并且还与冷水地区（该研究理应开展的地方）的一些工作人员取得了联系。冷水中心的心理学主任表示从未听说过此项研究，也不知道波诺尔在冷水工作期间进行过什么研究。NIMH 于 1983 年 12 月收到了对波诺尔的指控。经过三年的调查，NIMH 调查小组做出结论，认定波诺尔“故意地、自愿地且再三地在汇报其研究成果时存在误导和欺骗行为”。报道说波诺尔并未按照其所描述的那样进行过研究，而只是研究过少量的被试。最后的结论是波诺尔存在严重的科学不端行为。（Holden，1987）

个人的和非个人的因素似乎都可能引发科学不端行为的产生（Knight，1984）。个人因素集中在个体的心理特征方面（如个性、价值取向等）。非个人因素包括诸如发表的压力、研究资金的竞争等。大部分的研究是在研究机构（其中大多数是大学）中进行的，这些机构对教授的评价是以他们获得的资金和发表的文章为依据的。职务晋升甚至保住当前的职位也许正取决于文章发表的数量及其获得的资助，涉嫌学术不端的研究者常常会提到这种压力。其他非个人因素包括对实习生监管不够，保管记录或保存数据程序不当，以及联合署名的研究所造成的责任分散。

尽管个人的或非个人的因素都可能引发个人参与欺诈活动的倾向，但这绝不能成为参与这种行为的辩护理由。对专业和研究者而言，欺诈行为的代价都是巨大的，不但会使整个研究事业的名誉受损，而且也会毁掉个人的职业生涯。

欺诈显然是一种最严重的科学不端行为，但其他一些没那么严重的问题也需要引起注意，包括无视他人所使用的有偏差的数据、未出示与自己研究相矛盾的数据，或是规避人类被试的详细规定。虽然这些行为不像伪造、欺诈或是剽窃那样严重，但也需要受到专业人员的重视。特别如马丁森、安德森和德弗里斯（Martinson，Anderson，and de Vries，2005）所发现的那样，接受调查的美国科学家中有超过三分之一的人承认，在过去的三年中曾有过一种或多种这类轻微的学术不端行为。这些问题同样值得关注，因为这也代表了研究不端行为的一种形式。

科学不端行为的增加以及对此问题的关注，推动了关于科学不端行为产生的原因和减少科学不端行为所需采取的措施的探讨（Hilgartner，1990; Knight，1984）。最好的一种遏制办法可能是创建一种制度文化，在这种文化中，核心人员示范合乎伦理的行为，强调研究诚信的重要性，并将这些信念转化为行动（Gunsalus，1993）。美国心理卫生研究所（National Institute of Mental Health）对外活动和研究诚信办公室主任简·斯滕伯格（Jane Steinberg）建议采取一些专门的策略来防止伪造数据。她提倡制定预防策略（Steinberg，2002）（如表 5.1 所示），这些策略会使科学不端行为的发生变得困难。

表 5.1　预防科学不端行为的策略

- 让研究者表明他 / 她检查和核实过所收集的数据，然后确保其中一些数据将被核实。
- 询问每个数据收集者应当见过的一些被试，如果能够重新联系上被试就再次与其联系，确保他们参与了研究。
- 确保不偏离已批准的实验设计。在其他研究中应讨论所发生的任何改变。
- 监督数据收集者在规定时间内完成数据收集，务必核对所有收集研究数据的人员。
- 在课堂中教授研究的伦理准则，包括评述不端行为的案例，讨论学术不端对研究者、研究领域和公众信任所造成的后果。
- 为处理疑似行为不端的案例提供指导原则。

另外，美国卫生研究所（National Institutes of Health，NIH）要求所有从该处获得资助的研究人员，以及合作研究人员和研究协调人员等其他主要人员，都要学习关于保护人类被试的教育模块。多数大学将此要求扩展至所有的研究人员，包括其他的主要人员，如对人进行研究的研究生和本科生（即使他们的研究没有获得研究所资助）。

对待研究被试

如何对待研究被试是研究者所面临的最重要和最基本的问题。对人进行研究可能会对人造成生理和心理上的潜在伤害。让人马上想到的一个极端案例便是第二次世界大战时期纳粹科学家进行的极不人道的医学实验，譬如将人浸入冰水中来测试多长时间可以将其冷冻致死，反复地折断骨头来观察究竟折断多少次骨头才会无法治愈。我们似乎认为这样的实验不可能存在于我们的文化中。然而，20 世纪 60 年代之前，几乎没有关于研究伦理的正式讨论。到 20 世纪 60 代中期，伦理问题成了主要关注点，因为这些现象日益突显——一些研究的开展并不总是使被试受益，一些实验也并非总在确保被试安全的情况下进行。最引人注目的不道德研究案例曾发生在医学领域。如展示栏 5.2 所描述的塔斯基吉实验（Tuskegee experiment）（Jones，1981），展现了美国历史上公然侵犯人权的最为极端的一幕。

展示栏 5.2　塔斯基吉实验

1972 年 7 月，美联社发表了一篇新闻报道，揭露了美国公共卫生署（U.S. Public Health Service，PHS）在阿拉巴马州梅肯县进行的一项长达 40 年（1932 年至 1972 年）的实验，研究非裔美国人身上未经处理的梅毒的影响。这项研究包括对 399 名梅毒晚期的非裔美国人和 200 名控制组人员进行的多项医学测试（包括一项检查）。由 PHS 雇佣的医生实施了多项的血液检查和常规尸检，以了解梅毒晚期所引起的严重并发症。

这项研究的目的完全在于收集疾病影响的数据而非治愈梅毒，没有测试或使用过任何药物或替代治疗。实验被试也从未被告知研究的目的以及他们将会受到什么治疗或不会受到什么治疗。负责监管的 PHS 护士将参加研究的被试告知了当地医生，并告诉医生不要治疗被试的梅毒。对于那些有其他医生愿意提供治疗的被试来说，如果他们接受治疗，就会被要求退出研究。

被试从来不知道研究的目的以及研究对他们造成的危害，也没有人尝试去将情况解释给他们听。事实上，被试被一系列条件所诱惑，如医学测试、往返诊所的免费班车、热饭、对其他小病的免费治疗和 50 美元的丧葬补贴，相应地他们要保证不会去找其他医生治疗。这项研究几乎违背了所有对人类进行研究时所应遵循的伦理准则，从知情同意到免受生理和心理的伤害。

1996 年 12 月，《克利夫兰城市商人报》（*the Cleveland Plain Dealer*）报道了对食品和药物管理局内部记录的调查结果。这项分析报告显示有一些研究仍然在被试不知情的情况下进行，而在另一些研究案例中，被试则没有完全获知参与研究的危害。

塔斯基吉实验无疑是不道德的，并对被试造成了巨大的身体伤害和心理创伤。教育研究似乎没有对研究被试造成同等程度的生理和心理伤害的潜质，因此，教育研究者很容易自负，并认为在教育研究中担心伦理问题是多余的，这是其他领域需要应对的问题。得出这样的结论是错误的，因为伦理问题也是教育研究不可或缺的组成部分。只是教育研究者面临的伦理问题通常不如医学研究存在的问题那样引人注目或明显。所以，教育研究者也必须协调好研究的伦理问题。

教育研究中的伦理问题是微妙的，但也是重要的。想想菲利普（Phillips，1994）进行的一项调查研究。菲利普关注青少年预防 HIV/AIDS 的态度和行为。她通过收集数据来深入了解青少年性生活中使用避孕套的想法，并对他们决定使用或不使用避孕套的影响因素感兴趣。研究被试完成了一份用来测试与性相关态度和行为的问卷。这项研究并没有使用注射、暴露、用药、触摸、欺骗，或是将被试分配在实验组和控制组，也没有要求被试表明自己的身份。尽管这项研究调查的是“敏感”行为，但看起来并没有侵犯被试的权利。

幸运的是，菲利普在开展研究之前与不同的群体碰面，这些会面揭示出几个伦理关切点，使她改变了问卷及研究程序。例如，她与一个学生小组以及一个父母和教师的联合团体会面，讨论研究目标和问卷内容。除了询问性态度和行为之外，问卷还探询了青少年毒品使用情况。教师和父母在讨论中开玩笑说他们很乐意找出使用毒品的学生，因为他们怀疑有些孩子吸毒。尽管菲利普告诉学校她只会为每所学校提供综合数据，但仍有这样的可能，例如一名教师从菲利普提供的数据得知她的学校中有 10 名吸毒的学生，教师可能会认为自己的猜测是正确的，然后对受怀疑的学生区别对待。为避免发生这种可能性，除了饮酒和吸烟问题，菲利普决定删除非法药物使用的问题。性行为没有受到同样的关注，因为大多数教师看起来都认为这已经是普遍的行为了。

菲利普（Phillips，1994）需要处理的另一个敏感的伦理问题就是隐私问题。因为调查手段集中于性行为，没有经历过性行为的学生会发现很多问题不适用于自己，这些学生将会跳过大部分的问题，比有过性行为的同学完成问卷的速度更快，这种完成速度会将他们没有性经验的消息告诉同学。为避免这种可能性，菲利普为缺乏性经验的学生编制了另一套问题，问题完成的时间会与发生过性行为的学生完成时间相同。

看起来这个问题解决了，但是，倾听这些学生对完成问卷的谈论会发现，学生们会去听或去看他们的朋友是否翻页到分叉式问题，以此识别他们是怎样回答问题的。这是一种去刺探其他同学答案的狡猾尝试，为了回避这个隐私问题，菲利普重新组织了问卷，确保所有的分叉式问题都在页面底部，所有的学生都会大约在同一时间翻页。

尽管菲利普（Phillips，1994）的调查研究并没有对研究被试造成任何生理危害，但仍然可能造成情绪伤害。有些学生主动提到他们曾被强奸或是乱伦的受害者。调查中并没有问到这样的信息，但忽视这些信息也是不合伦理的，因为问卷可能制造出回忆不愉快经历的环境。问卷同样会让青少年去分辨他们的性取向，这可能会导致学生不得不面对同性恋或同性恋取向，引起学生的情绪困扰或不适感受。为了处理这样的问题，菲利普将她办公室的电话号码给了所有的学生，告诉他们可以就任何问题和担心给她打电话。在问卷调查过程中，学生可以私下询问问题；完成问卷之后则可以咨询任何其他问题。另外，每个学生都会获得一本由美国红十字会出版的小册子，上面有电话号码可供咨询服务。

这些就是菲利普在研究中要解决的比较敏感的伦理问题。伦理关切并不局限于研究性取向或吸毒之类的敏感问题，类似问题也会出现在其他形式的研究中。例如，进行定性研究的教育研究者有时也会充分利用深度访谈。在这些访谈中，研究被试可能（甚至经常）会泄露出不是研究目的所需要的敏感信息。研究被试往往会将研究者视为“专家”，常常会放心地说出隐私和敏感信息。例如，学生可能会透露他们受过虐待，他们与教师相处不好，或是他们滥用药物。当这些信息被揭露时，研究者必须准备好去处理这样的问题，而不是视为研究目的之外的问题不予理会。正是这类伦理问题会不知不觉地出现在一项研究当中，所以研究者必须预见到问题，并制订完全合乎伦理要求的研究计划。

复习问题

5.1 伦理的定义是什么？这些定义是怎么与研究相联系的？

5.2 处理研究中的伦理问题有三种立场，它们有何不同？

5.3 社会关注的问题是怎样与研究伦理相联系的？

5.4 研究伦理中所涉及的专业问题是什么？与这些问题有关的适当的伦理行为是什么？

5.5 教育研究对被试造成的生理和心理伤害是极小的，为什么仍然要考虑对待研究被试这一伦理问题？

研究人类的伦理准则

我们希望你已经认识到在实际收集数据之前有必要考虑研究中的伦理问题。虽然如此，即使一名研究新手积极地尽力使研究合乎伦理，但仍可能会因为经验不足而不知道应该考虑哪些伦理问题。为帮助研究者开展合乎伦理的研究，有几个组织，如美国教育研究协会（American Educational Research Association，AERA）、美国心理学会（American Psychological Association）、儿童发展研究协会（Society for Research in Child Development）和美国咨询协会（American Counseling Association）都准备了一套伦理指南，用以帮助进行合乎伦理的、可接受的研究。

美国教育研究协会（AERA）开发出一套特别设计的准则，用以指导教育研究者的工作（AERA，1992）。在制定这套准则的过程中，AERA 认识到教育研究者来自许多学科，每个学科可能都会有一套指导其成员的伦理准则。然而，AERA 还认识到教育研究通常面向儿童或其他自愿人群，因此 AERA 准则的一个主要目标是提醒研究者要一直致力于保护这些人。AERA 准则同样强调教育研究其他方面的诚信。可以访问 www.aera.net/aboutaera/?id=222 来查看准则。该网站还讨论了以下六个具体的指导性准则。

1. 对专业领域的责任
2. 研究人群，教育机构和公众
3. 知识产权
4. 编辑、评论和评价研究
5. 资助人、政策制定者和研究的其他使用者
6. 学生和学生研究员

AERA 指导性准则涵盖了与教育研究活动有关的众多问题。在本章的前面我们已经讨论了一些问题，如研究行为不端等。许多诸如学术论文写作的其他问题也同样重要，如果你要参与研究，你也需要了解这些问题。因此，我们推荐阅读与每个指导性准则有关的材料。许多指导性准则还包括一些其他问题，这些问题对于开展实际研究活动是十分重要的，在此要引起更多的关注。这些问题集中于知情同意、欺骗、退出自由、保护生理和心理不受伤害、保密性、匿名和隐私，以及通过网络进行研究的伦理。我们在此详细说明这些问题，是因为它们对于开展合乎伦理的研究十分重要。如果一个人打算接受机构的批准去开展研究工作的话，那么这些问题也必须得到处理。

知情同意

联邦法规与 AERA 准则都规定，研究被试必须给出**知情同意书**（informed consent）才能参加研究。研究者出于研究目的而使用个体的现存记录之前也必须取得知情同意书。《巴克利修正案》（The Buckley Amendment）和 1974 年《家庭教育权利和隐私法》（Family Education Rights and Privacy Act）都保护诸如学校这样的机构所保存记录的隐私。该隐私法规定，机构为了某种目的而保存的记录未经本人同意不得因其他目的而泄露。为了记录学生的表现而收集和保存的诸如学生成绩的记录，不能未经学生或未成年人家长同意而披露给研究者。

在参与研究之前，研究者必须向潜在被试描述研究的所有特征，这些特征可能会对他 / 她的参与意愿产生相当大的影响。如果你打算调查性态度，那么必须向潜在被试说明调查的特征以及他们所必须回答的问题，因为有些被试可能不愿意回答与性有关的直白问题。同样地，如果你计划进行一项关于学业成绩的研究，要询问其他班级学生的成绩分数，你就必须把事实告诉学生。你必须审视你希望研究被试所要完成的问题，问自己这样的任务是否会造成伤害、难堪，或在某种程度上会让被试产生不愿意参加研究的反应。表 5.2 具体说明了应该包含在同意书中的一些信息。

展示栏 5.3 提供了一个知情同意书的例子。只有在你向被试提供了这些信息后，他 / 她仍然自愿参与研究，你才获得了知情同意。

表 5.2　知情同意书包含的信息

研究目的，遵循的程序，被试完成研究所需花费的时间
描述被试可能会遇到的任何生理或心理的危险或不适
描述被试或其他人期待从研究中获得的好处
描述可能会对被试有益的备选程序或处理方式
说明结果保密的程度
给出被试可以联系的名单，以便被试问询与研究相关的问题，或是询问自己的权利
给出声明，表示参与研究是自愿的，被试可以在任何时候不受惩罚地退出或拒绝参与研究
如果被试是有偿参与研究，要说明关于报酬的数目和安排
填写信息需要八年级的阅读水平；在面向特定群体的情况下，六年级的阅读水平也是可以的

更多同意书的信息，请前往 www.hhs.gov/ohrp/humansubjects/guidance/ictips.htm.

展示栏 5.3　同意书格式

知情同意书

题目：影响普通人语速的因素

主持人：萨利・史密斯（Sally Smith）

院系：教育

电话号码：（111）123-4567

诚邀您参加一项研究，调查影响不同年龄普通人语速快慢的因素。如果您自愿参加这项研究，我们将会测试您听力、语言和说话的清晰度。

本研究会请您谈论不同的事物，例如讲出您在图画卡片中看到了什么，尽可能快地说出单词和发音，复述单词和句子。请您尽可能快地回答动物的名字、颜色、书信、数字并读出段落。如果在完成测试前感到疲惫，您可以稍事休息再完成调查。您的演讲将会被记录以便于我们日后的研究。

研究大约用时 1 至 1.5 小时。

您可能不会从研究中得到多少好处，但我们对您的测试可以帮助我们理解不同的事物是怎样影响人们语速的。

请您谨记，如果您是自愿参加研究的，只要您愿意，在任何时候您都可以中止或退出研究，您将不会为此受到任何形式的惩罚。

除了对测试感到疲倦，研究不会给您带来任何危害。

我们将会严密保管您提供的所有信息。我们绝不会将信息透露给研究人员以外的人。研究结束时我们会销毁您的演讲记录。研究结果可能会在专业会议上呈现或在专业期刊上发表，但不会泄露您的姓名和其他身份信息。

如果您对本研究有疑问，或是作为研究被试，您对自己的权利还有任何疑问，您可以致电大学机构审查委员会（111）123-5678，您还可以联系萨利・史密斯博士（111）123-4567。

同意参加研究

我已经阅读，或已有人读给我听了上述研究的内容，并有机会提出疑问，且已得到满意的答复。我自愿参加上述研究。

__________　____________________

日期　　　　被试的名字

__________　____________________

日期　　　　同意方签名

__________　____________________

日期　　　　调查方签名

__________　____________________

日期　　　　见证人签名

尽管通常规定知情同意书必须在被试参加研究之前签署，但也要注意到有些研究在被试完全了解有关信息后无法进行，因为这些信息可能造成研究无效。雷斯尼克和施瓦兹（Resnick and Schwartz，1973）为此提供了一个绝佳的案例。他们进行了一个言语调节研究，只要被试用代词“I”或是“we”作开头来造句，实验人员就只说“好”或“可以”，以此作为强化来鼓励被试增加使用这两个代词的可能性。在这项研究中，雷斯尼克和施瓦兹将提供给被试的信息作为变量。他们向“不知情”组说明研究的基本原理及其所要完成的工作，而向“知情”组和盘托出研究的全部特征。知情组知道这是一项言语调节研究，只要他们选择代词“I”或“we”，实验人员就说“好”或“可以”，目的是为了增加他们使用这些代词的频率。图 5.2 显示不知情组表现出了言语调节的变化情况，而知情组则没有。不知情组表现得热情并在预定时间内完成了任务，而知情组的被试并不配合，“常常傲慢，坚持说他们没有多少时间让我们使用。”

从这项研究中可以看出，有时候告诉被试确切的研究设想会完全改变研究结果。知情同意书通常包括研究目的的简要介绍，不会提供研究者的具体设想。最为重要的是要描述可能影响潜在被试参与意愿的信息。

联邦以及美国教育研究协会的指导性准则都承认有时候有必要放弃知情同意的要求。只要断定知情同意会改变研究的结果，或是履行知情同意则无法开展研究，调查者就要承受额外的伦理责任，确保研究的益处远大于风险。然而，只在一些特定的情形下才可以不执行知情同意的规定。这些情形如下：

- 研究被试的身份完全匿名，且研究危险极低；
- 因研究对象的文化程度而不可能获得知情同意书，且研究危险极低；
- 签署知情同意书可能会使被试遭受法律、社会或经济危险（如揭露一名缉毒卧底的身份）。

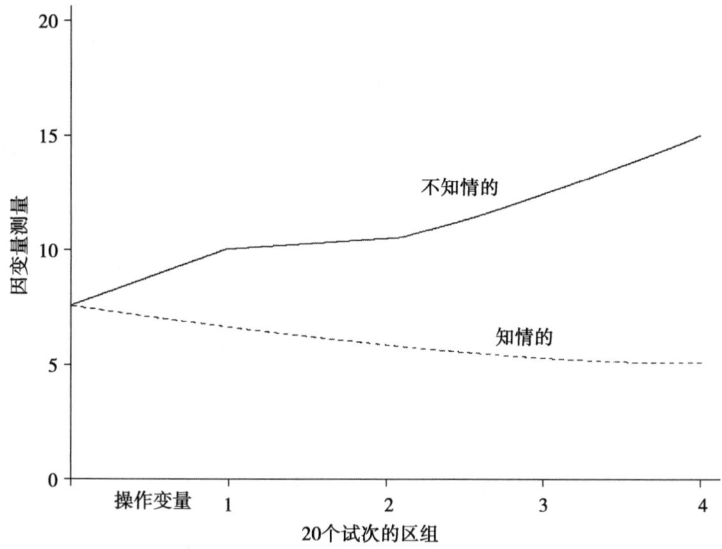

图 5.2　雷斯尼克和施瓦兹获得的言语调节数据

来源：Adapted from "Verbal Conditioning Data Obtained by Resnick and Schwartz" in *Experimental Methodology*（7th ed.，p.162），by L.Christensen，1997，Boston：Allyn & Bacon.Copyright © 1997.

需要记住的是，机构审查委员会才能最终决定是否免除知情同意。如果你认为免除研究的知情同意是正当的，那么你必须向所在的机构审查委员会提出这样的免责申请。

知情同意书与未成年的研究被试

知情同意原则适用于这样一种情形，即一个人一旦被告知了相关信息，那么此人便能合法地不受制于他人的意愿而决定是否参与一项指定的研究。然而，未成年人却不能决定是否同意参加研究。知情同意书必须由未成年人父母（或法定监护人）签署，为此要告知他们有可能会影响其决定儿童是否参加的全部研究特征（见展示栏 5.4）。一旦获得未成年人父母或监护人的同意，还必须得到未成年人的**准许**。这意味着未成年人必须在获知可能会影响他们参与意愿的所有事项之后决定是否参加研究。

展示栏 5.4　父母同意未成年人参与研究的示例

尊敬的家长或法定监护人：

我正在研究儿童对努力的看法。我希望了解儿童对于努力的看法是否与其在学习和测试环境下的学习及记忆方式有关。我请您同意让孩子参与此项研究。

研究有两部分，各需 30 分钟，研究将与您的孩子单独进行或在小组中进行。研究将于上课期间在您孩子学校的教室中进行，时间由您孩子的老师来选择。第一部分包括两份问卷。学生知觉控制问卷将由小组完成。该问卷有 60 个问题，内容涉及学校为什么会发生一些事情，测试学生是否相信如果他们努力就能获得好成绩。第二份问卷测量自尊，测试学生在不同环境下（如在学校或与朋友们在一起时）怎么看待他/她自己。

在第二部分，您的孩子要完成一个复杂的拼图。拼图的方法演示给每个孩子之后，还会要求他们学习和记住一些图形。有些孩子被告知这项记忆任务是一个测试，用来衡量他们记忆力的好坏。其他孩子则被告知这是一个学习怎样记得更好的机会。最后，要求孩子们评价他们做得怎么样，对刚刚做过的事有什么感受，是否愿意再做一次类似的事情。

我还希望查看您孩子的智力测试和成绩分数，我请您允许使用您孩子的记录。任何有关您或您孩子的个人信息都将保密。研究结果也许会在专业会议上发表或在专业杂志上发表，但不会泄露您孩子的姓名和其他身份信息。

让您的孩子参加本项研究纯属自愿。即使您签署了知情同意书，您也可以在任何时候不受限制地改变想法，让您的孩子退出研究，且无需承担任何后果。同样，您的孩子也可以在任何时候不受限制地拒绝参加研究，且无需承担任何后果。

如果您愿意您的孩子参加，且您的孩子也希望参加，请在下方签名，并由您的孩子将此表带回学校。如果您有任何疑问，请打我的电话 765-4321。

您诚挚的，

简·多纳　博士

助理教授

我允许我的孩子参加此信中描述的记忆测试，并完成有关努力的信念和自尊的问卷。我授权县公立学校系统将我孩子的考试成绩或相关文件透露给 Jane Doe 博士或她的助手。

________________________　　________________________

儿童姓名　　生日

________________________　　________________________

父母或法定监护人签名　　日期

联邦法规规定，当未成年人有能力表达意见时，必须获得他/她的同意。然而，多大的孩子能够表达同意则因人而异。儿童要表达同意，必须能够理解被问到的问题，能够认识到正在征求他们的许可，能够不受外界干扰地做出选择。这取决于儿童的认知能力。因为儿童认知能力的发展水平不同，很难规定什么年龄的儿童可以表达同意。通常，超过 9 岁的孩子有足够的认知能力去做出是否参加研究的决定，超过 14 岁的孩子似乎可以像成人一样地做出决定（Leikin，1993）。大多数人（如 Leikin）和儿童发展研究协会制定的伦理准则都主张需要获得所有儿童的准许，这也是我们推荐的伦理准则。不仅因为从未成年人处获得准许更合乎伦理，更是因为这样做可以提高研究的效度。我们坚持认为，明确表示不想参加研究的未成年人被迫参与研究会改变其行为反应，会对数据的收集造成干扰。

被动同意与主动同意

到目前为止，我们一直在探讨主动同意。**主动同意**（active consent）是指通过签署同意书来表示愿意参与研究。然而，教育研究者进行的很多研究都需要未成年人作为研究被试，这意味着必须获得未成年人的父母或法定监护人的同意。获得同意的典型做法是采用邮寄表格或由未成年人将表格带回家的方式为其父母或法定监护人提供同意书。理想的状态是，家长阅读同意书后，表示同意或拒绝，并将同意书返还给研究者。然而，有研究（Ellickson，1989）显示，即使做了后续的努力，也只有 50% 到 60% 的父母返还了同意书。对于未能返还同意书的一种解释是认为家长拒绝同意，但是还有其他的解释，如家长可能没有收到同意书，或是忘了签字和返还，又或是没有用足够的时间去阅读和考虑申请书。现存的任何可能性都会降低样本规模，并对结果造成偏差。

为增加研究的参与度，埃里克森（Ellickson，1989）建议使用被动同意。**被动同意**（passive consent）是指不返还同意书意味着同意的程序。只有当父母或法定监护人不同意孩子参加研究时才被要求返还同意书。有些研究者倡议将被动同意作为获得父母同意的合法方式。然而采用被动同意程序会产生伦理问题，因为参加研究的儿童中，有些家长可能虽没有返还同意书但其实反对孩子参加研究，一些家长则可能没有收到同意书。研究（Ellickson & Hawes，1989；Sevenson & Ary，1983）表明，主动同意程序采用大量的后续技术后，才能获得与被动同意相当的参与率。这意味着不回应被动同意的要求等同于潜在的同意，因此被动同意可能是获得同意的一种适当方式。展示栏 5.5 提供了被动同意书的样例。

尽管被动同意有一定的意义，我们仍建议你尽可能地使用主动同意，这是同意的最好形式。只有当主动同意会严重损害研究的完整性时，才应该考虑使用被动同意。

展示栏 5.5　被动同意书示例

尊敬的家长或监护人：

我是 Excel 大学教育系的一名教师。我致力于寻求最佳的数学概念的教学方法。为了发现这个最佳方法，我准备进行一项比较两种不同的数学概念教学方法的研究。这两种方法都是大多数所认可的教授这些概念的标准方法，但我们不知道哪一种方法更有效。我的研究就是要识别出那个更有效的方法。

为了找出更有效的方法，在接下来的 6 周时间内，我将在两个班级中用两种不同的方法进行教学。为了测试每种方法的有效性，我将使用标准数学测验来测评学生的表现。

您孩子的回答将会保密，只会由我和研究助手查看。

您孩子的姓名将不会出现在任何一份报告上。未经您的允许，我将不会披露您孩子的任何信息。

参与这项研究是完全自愿的。同一个班级中的孩子都将接受测试。如果您不希望自己的孩子参加研究，请填写信尾的表格并返回给我。同样，在班里进行数学测试时，请告诉您孩子提交空白答卷，这样您的孩子将不会包含在研究内。

我还会询问参加研究的儿童，告诉他们如果不愿意参加研究可以提交白卷。您孩子在任何时间都可以选择停止和不参加研究。

如果您对本研究还有任何问题，请联系XX大学教育系简·多纳教授，XX地址，邮编12345，电话（251）246-8102。您还可以联系我（地址和电话号码）。

谢谢！

汤姆

只有当您不愿意孩子参加上述研究时才返还本表格。

我不愿意我的孩子＿＿＿＿＿＿＿＿＿＿＿＿＿＿＿＿＿＿＿＿在他/她的班级中参加数学概念教学的研究。

＿＿＿＿＿＿＿＿＿＿＿＿　　　　＿＿＿＿＿＿＿＿＿＿＿＿

父母签名　　　　　　　　　　　日期

附加同意

很多教育研究都是在学校系统的范围内进行的，这些研究要求诸如教师、校长和督学的支持和合作。没有学校系统内特定部门或领导的支持，研究常常无法合法地开展。研究者绝不能低估这种支持的重要性。你必须识别出你置身其中的学校或组织的“看门人”，处理好他们可能引起的所有问题。

复习问题

5.6　研究者必须采取什么措施来确保他/她的研究是合乎伦理的？

5.7　一份同意书必须包含哪些信息？

5.8　什么情况下研究者才可以不执行知情同意的规定？

5.9　从未成年人的法定监护人处获得同意和从未成年人处获得的允许有什么不同？为什么这两种同意都很重要？

5.10　主动同意和被动同意有什么不同？各有什么优缺点？

欺骗

根据知情同意原则，研究被试理应知道要求他们参加的研究的目的和特征，以便于他们评价所要遵循的程序，对是否参加研究做出明智的判断。然而，正如前文所阐明的那样，有时候完全公开研究的特征和目的会改变研究的结果，使研究失效。在这种情况下，就有必要欺骗研究被试或隐瞒信息。为了进行有效研究，常常需要采取某种程度的**欺骗**（deception）。

尽管 AERA 指导性准则阻止使用欺骗手段，但这些准则也承认有些研究不使用欺骗手段就无法进行。例如，巴特勒和纽曼（Butler & Neuman，1995）研究了影响儿童求助行为的变量。在开展这项研究活动中，研究人员并没有告诉儿童正在研究影响儿童是否求助的变量，相反，他们邀请儿童试用一些材料去完成拼图。儿童没有收到任何信息暗示研究所感兴趣的变量是求助，但是，如果他们愿意，实验人员会指导他们如何去寻求帮助。在这项研究中，采用隐瞒信息的欺骗方式是必要的，因为如果披露研究的真实目的，研究的结果可能会被改变且变得无效。

巴特勒和纽曼所使用的欺骗方式是隐瞒信息。隐瞒信息代表了一种比较温和的欺骗形式。然而，即使采用这种温和形式的欺骗也可能会违背知情同意的原则，并由此带来有关的伦理问题。这就是 AERA 指导性准则明确规定不允许欺骗的原因，除非为了研究的完整性而必须欺骗。

如果发生了欺骗，在研究完成后的事后告知阶段要向研究被试解释原因。**事后告知**（debriefing）是指在完成研究之后与每个研究被试所进行的会谈。在会谈中，实验者和研究被试讨论研究，这对每位研究被试而言都是一次机会，他们可以对研究的任何部分自由地发表评论并表达关心的问题。例如，菲利普（Phillips，1994）认识到，与 HIV/AIDS 预防有关的青少年态度和行为研究不仅会带来有关研究本身的问题，而且还会产生其他相关问题。与菲利普的预期一致，那些参与研究的学生对 HIV/AIDS，特别是性，提出了众多问题。

事后告知对研究者而言也是一次机会，可以揭示在研究开始阶段被掩藏的部分。霍姆斯（Holmes，1976a，1976b）指出，事后告知应该达到消除欺骗和脱敏两个目标。**消除欺骗**（dehoaxing）是指把研究中所使用的欺骗都告诉被试，并解释欺骗的原因。这一目的在于恢复被试对研究的信任。**脱敏**（desensitizing）指的是在事后告知会谈中帮助被试处理和消除研究可能会带给他们的任何紧张或其他不适感，这种紧张或不适正如研究作弊行为或考试失败时所发生的那样。要达到脱敏的效果，可以向被试暗示所有不良行为或感觉只是情景变换的结果，并不是他们的人格特征造成的。实验人员使用的另一个方法是指出被试的行为或感觉都是正常的，都在意料之中。

自由退出

美国教育研究协会伦理准则明确规定，研究“被试有权随时退出，除非受限于他们的官方身份或地位”。这一原则看起来简单易行：只需要告知被试，他/她随时可以自由地退出。在研究者看来，这样的声明似乎已经充分遵守了“自由退出”原则。然而，在研究被试看来，这样的声明不够充分，他/她可能会因为感到强制性的压力而参加，这样的压力可能来自教师要求学生参与研究，或是校长、督导要求教师参与研究。学生想到如果不参加研究可能会影响自己的成绩，他们就会感到强制性压力；或是教师相信如果他们拒绝参加实验，那么自己的工作就会不保。在这种情况下研究被试不能完全自由地退出，研究者必须做出特别的努力来确保研究被试相信，拒绝研究或退出研究不会对他们产生任何不利影响。

保护研究被试不受生理和心理伤害

研究者所面临的最重要和最基本的伦理问题就是如何对待研究的被试。此前，我们提供了不道德的医学研究案例，该研究导致被试的生理和心理都受到了伤害。幸运的是，教育研究者所开展的研究，即使有，也很少会对被试造成如此严重的生理和心理伤害。从历史上看，教育研究对被试所造成的危害很小甚至没有，在正式的伦理监督中享有特殊地位。很多教育研究在《保护被试的联邦法典》（OPRR Reports，1991）中获得了豁免。该法典的 46.101（b）（1）段规定“在包括正常教育实践活动的确定的或普遍接受的教育环境中所进行的研究，例如（i）对常规教育和特殊教育的教学方法的研究；或（ii）对教学技术、课程或课堂管理方法的有效性或之间比较的研究”，被排除在监管之外。

这条规定的问题在于它的模棱两可，用词太过含糊以至于为互相矛盾的解释留下了相当大的空间，产生了什么是“包括正常教育实践活动的普遍接受的教育环境”的问题。另外，教育研究不是一个静态的事物，而是不断变化着的，其中最值得注意的一个变化就是定性研究方法的使用不断增加。

正如豪和多尔蒂（Howe & Dougherty，1993）指出的那样，定性研究有两个特征——隐私性和开放性，正是这两个特征搅浑了研究之水，并可能会导致很多教育研究失去豁免地位。定性研究是一个不断向前和进化的过程，伴随着数据收集的进展，研究者和被试之间更像是朋友关系。例如访谈要求一对一的接触，使被试的表现与日常行为不同。录像和录音制造了永久的记录，对隐私和匿名造成了威胁。正是这些行为和模棱两可的“豁免”一词意味着需要对有些教育研究进行伦理监管。实际上，对所有进行研究的机构进行伦理监管的正是**机构审查委员会**（Institutional Review Board，IRB）。不幸的是，很多 IRB 成员对定性研究知之甚少，IRB 和定性研究之间的关系也有些紧张。

保密、匿名和隐私的概念

美国教育研究协会伦理准则规定，研究者在伦理上必须保护被试和数据的机密性。伦理准则的这一规定与隐私的概念有关。**隐私**（privacy）是指限制其他人查阅某人的信息。这个概念包括两个方面（Folkman，2000）。第一个方面是一个人可以自由决定在什么时间和什么环境下分享或是隐瞒信息。例如，人们也许不想让别人知道他们的性行为，或是只在与其他人的信息混杂在一起而不好区分时，他们才会同意分享这种信息。第二个方面是一个人有权拒绝接受他/她不想要的信息。例如，一个人可能不想知道他/她在某项任务上的表现比一般人差。

尊重研究被试的隐私是开展合乎伦理的研究的核心。保护隐私有时是很困难的，因为宪法和联邦法律并没有相应的条款保护社会和行为研究所收集信息的隐私。研究人员或是收集匿名信息，或是采取严格的保密措施，试图以此保护研究被试的隐私。匿名是保护隐私的最佳方式，因为**匿名**（anonymity）意味着研究人员不知道被试的身份。例如，在考试作弊的调查中，如果不要求学生提供可以识别他们身份的信息（如姓名、学号等），或者以研究者不能把被试名字与已完成的研究工具对应起来的某种方式（如小组）来实施，该调查就做到了匿名。皮寇（Picou，1996）发现，从所有的数据文件上消除身份信息并不足以保持研究被试的匿名性，因为对被试回答的细心审查可能会让第三方推测出被试的身份。这是皮寇某年从联邦法庭上学到的沉痛教训。

保密是研究人员用来保护被试隐私的另一种方法。在研究的背景下，**保密**（confidentiality）是指研究人员如何处理所获得的研究被试信息的协议。通常，这意味着不得将被试的身份透露给研究人员及其助手之外的任何人。例如，如果你在进行儿童学习障碍的研究，那么就要做到保密。尽管研究人员知道参加研究的儿童是谁，因此也就知道哪个儿童有学习障碍，但这样的信息不能透露给研究人员以外的任何人。

虽然保密是保护研究被试隐私的重要部分，但研究者还必须对他们所做的承诺小心翼翼。各州都强制举报儿童虐待或忽视行为，都有许多关于举报虐待或忽视的规定。这意味着研究者必须熟悉州和联邦的法律，这样才能决定什么是要保密的或什么是不能保密的，并且这些信息都应该包含在知情同意书之中。

复习问题

5.11 什么是欺骗，什么时候可以在研究中使用欺骗?

5.12 研究者使用欺骗需要承担什么道德责任?

5.13 即使在研究者声明被试可以退出或拒绝参与研究之后，为什么被试对参加研究还是倍感压力?

5.14 什么问题与未成年人自由退出研究有关?

5.15 为什么教育研究者必须注意保护被试在其研究中不受生理和心理伤害?

5.16 保密和匿名有什么区别? 这两个概念又怎样与隐私的概念联系在一起?

机构审查委员会

法律规定所有对人类的研究都必须接受机构审查委员会的审查，其历史可追溯至1966年。当时，设计和开展医学研究的方式引起密切关注。美国卫生局长要求在卫生、教育和福利部（Department of Health，Education，and Welfare，DHEW）开展机构审查，这项政策扩展到所有公共卫生局（Public Health Service）资助的涉及人类被试的研究项目，包括社会和行为科学领域。到了1973年，DHEW管理人类研究的规章规定，所有公共卫生局资助的研究组织必须接受一个机构审查委员会的评估。这意味着几乎所有的大学都必须建立一个机构审查委员会，并与研究风险保障办公室（Office for Protection from Research Risks）一起制定保证政策。这个保证政策要明确表述机构审查委员会在组织中的责任和权限。尽管公共卫生局只是规定联邦资金资助的项目必须接受机构审查委员会的审查，但大多数组织都将机构审查委员会的权限范围扩展到包括所有涉及人类被试的研究，甚至包括那些被豁免的项目。一个组织的保证政策一经通过，它就成为该组织和研究者都必须遵守的法律文件。如果你的大学有这样的保证政策，你作为一名教育研究者就必须向机构审查委员会提交研究计划，以决定你的研究是否免除伦理责任。在研究计划中，你应该声明是否认为这项研究应该属于免责项目。机构审查委员会的一位委员将会做出决定，判断研究是否免责并按计划进行，是否必须由全体委员来评审。**豁免研究**（exempt studies）这一术语指的是免除某些规定和全体委员的评审，而不是免除机构审查委员会的监管。

在审查研究计划时，机构审查委员会委员要判断拟议研究的伦理适切性，确保向研究被试解释研究协议，而且研究中的伤害风险相对于预期的好处是合理的。为做出这样的判断，机构审查委员会成员必须充分了解研究协议细节。这意味着研究者必须提交可供评审的**研究协议**（research protocol）。表5.3确认了必须包含在协议中的信息。展示栏5.6是一个不包括同意书的协议模板。

一旦提交了研究协议，管理人员就要决定是否由全体委员会来评审。机构审查委员会对研究计划的评审有三种类型，这些类型的评审与研究被试参加研究的潜在风险有关。研究可能接受**免除审查**、**快速审查或全体委员会审查**。豁免研究是那些显然不会对研究被试造成任何伤害且不要求全体委员审查的研究。涉及胎儿和囚犯的研究决不能获得豁免，除非研究只是在没有任何介入的情况下对被试进行观察。同样，如果对儿童进行的研究涉及到调查、访谈程序或由研究者观察社会行为的，也必须包括在审查之中，除非研究是在没有任何介入的情况下对被试进行观察。

表 5.3　包含在研究协议中的信息

- 研究目的
- 相关的研究背景和理论基础
- 被试人数
- 实验设计和方法论
- 提供的激励（如果有的话）
- 被试的风险与收益，采取的预防措施
- 隐私和保密

展示栏 5.6　提交给机构审查委员会的研究协议示例

协议题目：智力障碍学生的认知水平与归因信念、自尊和自我投入的关系

主要调查人：简·A. 唐纳（Jane A. Donner），东南大学心理系，460-6321

合作调查人：卡洛琳·L. 皮克林（Carolyn L. Pickering），东南大学心理系研究生

相关背景和目的：近期的研究表明认知任务的呈现方式会影响认知的表现。尼科尔斯（Nicholls，1984）认为，自我投入常常会造成认知水平的下降。他将自我投入说成是一种任务取向，其目标要么是为了与别人相比来证明个人能力，要么是为了避免表现出无能。与任务卷入相反，自我取向的目标只不过是学习或提高技能。为了支持尼科尔斯的观点，格雷厄姆和戈兰（Graham & Golan，1991）发现，相比任务卷入指令，自我投入指令导致记忆任务中的回忆表现更差。很明显，关注表现会影响必要的信息处理。

本调查旨在确定自我投入作用上的潜在个体差异。相比其他人，可能有些人遭受自我投入指令破坏性影响的风险更大。据估计，具有低自尊和消极归因信念的智力障碍学生会受到自我投入指令的消极影响。

被试人数：从莫比尔县公立学校系统中约 3 所小学的特殊教育班级中招募 40 名智力障碍学生。学生会从中间年级（4 至 6 年级）的班级中寻找。学生的参与是自愿的，并会征求父母的同意。

材料和程序

概述。本研究会在学生所在的学校中进行，包括两个部分，每个部分大约持续半小时。在第一部分，学生首先要完成归因和自尊问卷，学生被分成 3 人左右的小组，问卷在小组中大声地朗读给他们听。学生还会接受准备性练习，在回答问题时会获得指导，确保他们了解如何回答实际的问卷。

在第二部分，学生接受单独测试。首先他们要完成一个几何拼图，并且没有足够的时间让他们去完成。然后负责考试的人员会向他们展示如何完成拼图。接下来，半数研究对象需要运用自我取向指令去进行分类记忆，另一半人要用任务取向指令去完成任务。

问卷。归因问卷（见附件）是用来评估学生对影响学业成绩不同成因（如努力、能力、运气和有影响力的人）重要性的看法。自尊问卷（见附件）是在四个维度上测试总体自我价

值感和自尊。

实验任务。几何拼图任务将使用儿童智力测验中较难的区组设计任务。卡片上有一个图案展示给儿童，让他们用自己的图片拼出来，并给他们60秒钟去完成设计，图案并不包括在智力测试中。实验并不期望儿童能够完成拼图，因为测试人员随后会向儿童展示如何完成拼图。

分类记忆任务用来评估学生们的表现。向每个学生出示16幅根据类别（如衣服、交通工具、动物）进行区分的图片，每类有4幅。比较典型的图片（如汽车、卡车、船、摩托车）用作刺激物。首先，儿童有60秒的时间以有助于记忆的方式去排列图片。如果儿童没有触碰这些图片，就提醒他们以自己喜欢的方式去排列。60秒后，学生会再有60秒时间去研究他们排列的图片，此后，学生可以不按顺序地回忆这些图片。学生将就分类记忆任务接受3种测试。这项任务包括三个措施：（1）组织上的聚类（ARC）（Roenker, Thompson, & Brown, 1971），（2）记忆力ARC，（3）回忆的准确性。ARC得分意味着与机会有关的聚类状况。ARC得分为1反映了完美的聚类，而ARC得分为0则反映了偶然的聚类。

指导语格式。分类记忆任务可表述为两种指导语格式（adapted from Graham & Golan, 1991）。将学生随机分配到任务卷入格式或自我卷入格式。任务卷入格式的指导语如下：

起初你可能会在记忆任务中出错，但是坚持下去你就可能会做得更好。如果你对这个任务进行思考，并试图把它看作自己可从中学会些什么的事情，你就更有兴趣去完成它。

自我卷入格式的指导语如下：

与其他人相比，你可能擅长记忆，也可能不擅长。你完成任务的好坏将会让我了解你在这类活动方面的记忆力。

在读完这些指导语后，学生开始执行任务。在每一阶段的末尾，要求学生以1到5的等级评估他们自己的完成情况，他们认为任务的趣味如何，他们以后是否还愿意完成这样的记忆任务，在完成任务的过程中他们是否体验到某种情绪（如快乐、悲伤、骄傲和惭愧等）。完成问卷后，告知学生因为他们任务完成得好，所以他们会获得如贴纸或一块糖之类的奖品。

设计和方法论：在获得学校相关人员的支持之后，由学校教师发放附加的知情同意书。返回父母或监护人签名的同意书的学生将应邀参加研究。还需要父母同意研究人员从学校文件中获得学生智商分数。这些分数用来确定学生的智商是不是在美国智力障碍协会（American Association of Mental Retardation）划定的范围之内，也可用来获得一组学生的智力平均值。这些数据可对作为预测表现的归因、自尊和指导语格式进行多元回归分析。

潜在好处：现有自我卷入和任务卷入的文献显示自我指导会对表现产生消极作用。确定这类现象中的个体差异十分重要。可能的情形是智力障碍儿童、低自尊儿童、消极归因观念儿童尤其容易遭受自我卷入指导的消极影响。果真如此的话，人们可以减少成绩上的这些个体差异，支持最佳的学习方式，即主要以任务卷入模式来呈现任务。

风险：研究的风险极小。可能学生会因没有足够的时间去完成拼图和没有记住全部的图片而失望。然而，在研究结束时，我们会告诉每个学生这些任务对所有人来说都很难。另外，在研究的最后会告诉所有的学生他们做得非常好。

保密：所有的个人信息都是保密的。所有的数据都将安全地存放在校园里一个上锁的实验室内。只有主要调查人及其助手可以获得这些数据。

签名

____________________________ ________________

主要调查人 日期

____________________________ ________________

系主任 日期

作者授权使用

如果机构审查委员会成员评审了一份研究协议并将之列入豁免类别中，那么研究协议通常会在几天内返还到调查者手中，调查者便可以自由地开始他 / 她的研究项目了。记住，是机构审查委员会成员做出研究协议是否得到豁免的决定，不是研究者。为做出决定，机构审查委员会成员会使用 OPRR 报告（1991）最先提出的豁免类别，如表 5.4 所示。这些豁免类别显示很多教育研究都获得了豁免。

然而，即使一项研究列入豁免类别且获得了机构审查委员会的支持，仍然有一些伦理问题需要考虑。菲利普（Phillips，1994）向机构审查委员会提交了她对青少年有关 HIV/AIDS 预防的态度和行为的调查，稍微改变知情同意书中的用词就得到了批准。尽管研究对青少年的态度进行的是匿名调查，但她仍要求对研究进行全体委员的审查。即使获得了机构审查委员会的批准，菲利普仍然区分出从隐私问题到对被试的潜在危害的多种伦理问题。此外，调查者必须不断适应他 / 她研究中的伦理，不能因为得到了 IRB 的批准就满不在乎。

即使你提交的研究是免除审查的，你不应该认为这也就免除了获得知情同意书的必要性。IRB 可能会在两种情况下放弃知情同意的要求。其一，如果同意书只是将被试和研究联系起来的记录且研究所带来的主要伤害是违反保密规定，那么就可以放弃知情同意。其二，如果研究对被试几乎不会产生伤害，而且通常对这样的研究也不要求同意程序，那么知情同意也可以放弃。此外，其他所有的研究都必须包含知情同意。记住，必须是机构审查委员会提供放弃知情同意的声明。

表 5.4　豁免类别

1. 研究发生在既定的或公认的教育环境中，包括正规的教育实践，如：
   （1）关于常规或特殊的教育教学策略研究；
   （2）关于教学技术、课程或课堂管理方式的有效性或比较的研究。
2. 研究涉及使用教育测试（认知、诊断、能力、成就）、调查程序、访谈程序或社会行为的观察，除非：
   （1）所获信息的记录方式能够识别被试，可以直接或通过检验人联系到被试。
   （2）有理由相信研究之外披露被试的任何信息可能会将被试置于犯罪、民事责任、或损害经济支持、受雇或声誉的危险境地。
3. 研究涉及使用教育测试（认知、诊断、能力、成就）、调查程序、访谈程序或社会行为的观察，在上述两种情形下，如果发生下面的一种情况就不能获得豁免：
   （1）被试当选或被任命为公务人员或公职候选人；
   （2）联邦法规要求研究过程及之后一律要对个人可识别信息进行保密。
4. 研究涉及收集或研究现有数据、文件、记录、病理标本、诊断用标本，如果这些来源是可以公开获取的，或者调查者记录这些信息的方式并不能辨认出被试，也无法直接或通过检查人联系上被试。
5. 研究和演示程序的实施得到了系或部门领导的批准，旨在研究、评价或审查：
   （1）公共利益或服务项目；
   （2）这些项目获得利益或服务的程序；
   （3）这些项目或程序的可能的变化或替代方案；
   （4）这些项目的利益或服务支付的方法或标准方面的可能变化。

来源：OPRR Reports.（1991）.Code of Federal Regulations 45（Part 46，p.5）.Washington，DC：U.S.Government Printing office.

有些研究适用快速审查。**快速审查**（expedited review）是指部分委员对研究进行快速评审的方法。接受快速审查的研究通常是所涉风险极低的研究，例如：

- 研究涉及的数据、文件、记录或标本只是出于非研究目的而已经收集或将要收集的；
- 研究涉及从为了研究目的而做的语音、视频、数字或图像记录中收集数据；
- 研究个体或群体的特点或行为，或是研究采用调查、访谈、口述史、专题小组讨论、项目评估、人类因素评估或质量保障方法，从而对被试几乎没有伤害。

其他研究则接受**全体委员会审查**（full board review），或全体机构审查委员会成员的审查。

复习问题　5.17　机构审查委员会的目的是什么？
5.18　提交给机构审查委员会的研究协议应当包含哪些信息？
5.19　什么是豁免研究？什么样的研究符合豁免条款？
5.20　什么是快速审查？什么样的研究可以获得快速审查？

电子研究中的伦理问题

在过去的十年间，研究者越来越多地将网络作为开展研究的手段。例如斯马克等

（Smucker，Earleywine & Gordis，2005）就利用网络研究了酒精消费与大麻使用之间的关系。鉴于网络所提供的优势，利用网络进行的研究日益增多也是合乎逻辑的。网络研究可以在短时间内获得大量的背景不同的被试。通过网络进行研究同样也会产生伦理问题，这些问题集中在知情同意、隐私和事后告知等方面。像美国科学促进协会（American Association for the Advancement of Science）（www.aaas.org/spp/sfrl/projects/intres/report.pdf）和网络研究协会（Association of Internet Research）（www.aoir.org/reports/ethics.pdf）这样的组织认识到了这些问题，并且展开了讨论，但一直没有制定出一套明确的规则。尽管没有建立起一套明确的规则，但我们确实希望详细阐述一些网络研究的伦理问题。

知情同意与网络研究

获取被试的知情同意是进行合乎伦理的研究的关键，因为这是对研究被试自主权的承认。什么时候应该获得知情同意的问题是错综复杂的，因为这涉及决定什么是社会行为和什么是私人行为。从公共领域收集资料可能不需要知情同意，例如，从电视、广播节目，或是从书籍、会议等处获取的资料。然而，从新闻组、邮递名录服务和聊天室中获得的资料属于公共领域还是私人领域？有些人将这些网络空间的组成部分视作公共领域，因为在那儿的交流可供任何人阅读。有些人却不同意，因为虽然交流是公共的，但网络空间的被试也会意识到并期望在一定程度上保持交流中的隐私。这是一个至今没有得到解决的问题。

如果确定一项研究需要知情同意，那么就会出现如何获得的问题，因为知情同意包括三个方面：向被试提供信息，确保他们能够理解这些信息，并得到被试自愿参加研究的同意书。很明显，一份知情同意书可以放在网络上，要求被试阅读相关材料，并在一份声明旁边提供一项选择，例如“我接受上述同意书的内容”。然而，你如何确保研究者理解了同意书中的信息？你又如何回答他/她可能存在的疑问？如果一项研究是在线的，那么一天24个小时都可以获取同意书，但研究者不可能全天工作。为了尽量解决这个问题，诺塞克和巴纳吉（Nosek & Banaji，2002）建议同意书应该附带FAQs（常见问题），预先设想可能存在的问题和担忧。

隐私和网络研究

为了开展合乎伦理的研究，保护从研究被试那里所获数据的秘密是绝对必要的，因为被试的隐私受到侵犯或违反信息的保密协议，他们就可能会受到伤害。在借助网络进行研究时这点尤为重要，因为网络限制了一个人对所收集信息进行隐私保护和保密的能力。传播和储存信息的过程中，隐私和机密性可能受到从黑客到某人向错误地址发送电子邮件等多种形式的损害。然而，诺塞克和巴纳吉（Nosek & Banaji，2002）指出，相比常规研究，通过网络收集的数据也许能够得到更高程度的隐私保护。这是因为通过网络传输的数据可以加密，即使没有收集到认证信息，那么唯一可能联系上被试的就是互联网协议（Internet Protocol，IP）地址。但是，IP 地址可以识别的是机器而不是个人，将 IP 地址与被试联系起来的唯一方式是被试是不是机器或电脑的唯一使用人。即使获得认证数据，如果信息存储在互联网服务器的一个文件里，那么并不能有效确保隐私和保密性。黑客通常对大部分教育研究所收集的信息不感兴趣，所以我们认为普通数据遭遇黑客攻击的风险很小。虽然如此，但是个人进行网络研究时必须考虑受到攻击的可能性，尽可能地采取预防措施来防止这种可能性的发生。

事后告知与网络研究

为进行合乎伦理的研究，有时候在完成研究后需要向被试进行事后告知。为确保有效性，事后告知应该互动，研究者要描述所进行的研究，包括开展研究的目的和方式。研究者还要能够回答被试会提出的任何问题，更为重要的是，如果研究中使用了欺骗就要充分消除，如果被试感觉不舒服就要充分脱敏。然而，由于种种原因，网络对有效地向被试进行事后告知造成了困难。网络连接中断或停电会造成计算机或服务器崩溃，因此研究可能会提前结束。被试可能会对研究感到恼火，或者自愿中止参加研究，因为他 / 她感到厌烦、沮丧、约会迟到或是不愿意错过一档电视节目。诺塞克和巴纳吉（Nosek & Banaji，2002）确定了一些选项，可用来提高在研究提前中止时进行事后告知的可能性。这些选项如下：

- 要求被试提供电子邮箱地址，以便将事后告知发送给他 / 她。
- 在每一页都提供“离开研究”的单选按钮，指导被试前往事后告知页面。
- 将事后告知页面并入研究项目中，如果研究在完成前中止，就指导被试前往该页面。

如你所见，研究者在网络上进行研究会遇到很多伦理问题，这些问题迄今都没有得到很好的解决。如果你打算利用互联网进行研究，你必须考虑到前面讨论过的隐私、知情同意和事后告知的问题，找出解决这些问题的最佳方式。在做这些事情时，你必须谨记伦理准则和这样一个事实，即如果信息不加密，通过网络搜集的数据可能会被任何人所获取。

准备研究报告中的伦理问题

在本章中，我们集中讨论了在设计和开展合乎伦理的研究时必须考虑的各种伦理问题。在你完成研究之后，研究进程的最后阶段就是将研究结果与其他人交流。交流大部分会出现在本领域内的专业期刊上，这意味着你必须撰写研究报告来陈述研究是怎样进行的，发现了什么。撰写研究报告时仍需要考虑一些伦理问题。

署名

署名可以确认对研究负责的某个人或某几个人。署名很重要，因为它代表了对一个人学术工作的记录；对于专业人员来说，它直接与薪酬、雇佣、晋升和终身教职的决定相关。对于学生而言，这会影响他们能否被研究生项目录取，或在完成博士学习之后能否获得一份稳定的工作。因此，署名对于相关人员来说都有非常重要的意义。然而，这并不是说每个对研究工作有所贡献的人都可以署名。署名仅限于那些对研究报告的概念化、设计、执行、分析或解释做出实质性贡献的人。这些人的署名规则通常是这样的，即做出最大贡献的人就排名为第一。那些对研究做出技术性贡献的人，如收集、编码、将数据录入电脑或在其他人指导下对数据进行标准统计分析的人，通常并不能保证可以署名，但一般会在脚注中对他们的贡献致谢。

撰写研究报告

撰写研究报告时必须遵守的主要伦理规则是诚信和完整。你绝不可以伪造或篡改任何发表的信息，你必须尽可能精确地报告收集和分析数据的方法，以便其他人可以重复研究，对研究的有效性得出有根据的结论。在撰写研究报告的过程中，特别是对量化研究来说，需要在导言部分和讨论部分使用其他人的成果。在导言部分，你将为研究提供理论基础；在讨论部分，你将你的研究结果与其他人的研究结果联系起来进行讨论。

利用他人的成果，就很有必要加引注。没有加引注而使用他人成果将构成剽窃。**剽窃**（plagiarism）指你使用他人的观点或重复他人的研究时没有加引注。当你对他人的成果不加引注时，你就将他的工作成果占为己有了，这是一种学术偷窃，完全是不道德的。

如果你连续使用了四个或更多的单词，却没有加引号来表示引自原作者，那么就发生了盗用他人用词的剽窃行为。如果你做了**短引述**（short quotation），就要使用引号。如果使用了 40 个或更多的单词，就要用缩进块来标记引用，可以省略引号，而在缩进块末尾加注引用的页码，同时必须在句子的开头或是引用的末尾提供引用的出处。这种类型的引用叫作**长引述**（block quotation）。

例如，如果你想使用诺塞克和巴纳吉（Nosek & Banaji，2002）文章中的一些材料，你就要将使用的简短材料放进引号中，然后加引注如下：诺塞克和巴纳吉（Nosek & Banaji，2002）曾提到"信息高速公路对于心理科学发展的影响是巨大的"（p.161）。如果你使用长引述（40 个或更多的单词），就需要缩进所引用的材料，如下所示：诺塞克和巴纳吉（Nosek & Banaji，2002）曾说过：

> 信息高速公路对心理科学发展的影响是巨大的，很可能互联网将彻底改变心理学研究的本质。但是，正如使用互联网来获取数据的研究者所发现的那样，仍有许多方法论问题需要考虑，因为标准实验室研究和基于网络的研究之间在研究方法论上存在着差异。（pp.161–162）

如果你不使用作者的原话，而是使用他/她的观点，或是转述作者的一些材料，那你需要注明来源。例如，你可能像这样转述上面这段话：互联网对心理学研究可能产生巨大的影响，但也会带来很多新的方法论问题（Nosek & Banaji，2002）。另一种形式的剽窃被称作**自我剽窃**（self-plagiarism）。这种情况发生在研究者大段使用了他/她本人在其他刊物上发表的成果却没有告知读者。在特定的情况下才允许这样做，参见“美国心理协会出版手册”（*Publication Manual of the American Psychological Association*）（APA，2010）。

虽然我们只讨论了书面成果方面的剽窃问题，但同样重要的是，如果你使用他人作品中的图表，包括你从网络上发现的任何东西，仍然需要恰当地加引注。你必须遵守的基本原则是，如果你使用了一些他人已经成型的作品，你必须对他/她的成果加引注。

复习问题
5.21　在互联网上进行的研究涉及哪些伦理问题？
5.22　在准备研究报告时涉及哪些伦理问题？
5.23　什么构成剽窃？当你使用他人的成果时，如何加引注？

小结

道德规范是帮助我们区分正确和错误的原则与规则，引导我们去做正确的事。关于研究的伦理规范有助于研究者进行合乎道德的研究。

教育研究者需要关注的伦理问题主要有三个领域：

1. 社会和科学的关系。在何种程度上，社会可以影响我们判断什么问题是重要的、是值得进行研究的？最有影响力的机构是联邦政府，因为这个机构不仅提供了大部分的研究资金，而且确定了优先领域。

2. 专业问题。主要的专业问题是研究行为不当。近年来，发表欺诈性结果的趋势日增。另外，不太严重的专业问题还包括忽视他人所使用的错误数据。

3. 对待研究被试。对待被试的方式是最基本的研究伦理问题。尽管大部分的教育研究不会对被试造成生理伤害，但是必须处理好许多敏感的伦理问题，这些问题可涉及情感伤害、欺骗和被试的隐私保护。

AERA 发展出一套具体指导教育研究者的伦理规范，是进行研究时必须遵从的。这些规范的重点如下：

1. **获取知情同意的必要性**。只有在获知了可能会影响他/她参与意愿的全部信息之后表示同意，一个人才可以参加研究。完全告知研究的本质和目的会改变某些研究的结果，使研究无效。因此，研究者通常不会披露研究的确切假设，而只是提供一般性研究目的的简介。

2. **未成年人的准许和不准许**。未成年人不能够提供知情同意，但他们可以提供准许，这是必须要获取的。

3. **主动同意和被动同意**。尽管主动同意更可取，并确保被试理解研究的要求和风险，但有时候教育研究中使用被动同意会增加研究参与度，并降低偏差。然而，被动同意假设没有回应就表示知情同意，情况可能是这样，也可能不是这样。

4. **欺骗**。有时候需要误导被试并向被试隐瞒信息。如果需要这么做，研究者必须在研究总结阶段进行事后告知，解释所使用的欺骗和原因，确保欺骗没有造成任何过度的紧张或其他不适感。如果产生了这样的感觉，研究者必须合并程序来消除紧张感和不适感。

5. **自由退出**。必须告知研究被试在任何时候都可以不受惩罚地自由退出研究。作为一个普遍原则，即使法定监护人和父母提供了知情同意，也要尊重未成年人的不准许。小于能够提供知情同意年龄的儿童或婴儿，如果他们在研究过程中看起来烦心或是不适，就应该退出研究。

6. **保密、匿名和隐私的概念**。理想的情况是，我们可以控制谁可以获取我们的信息。确保信息隐私的最好办法是保证被试的身份信息不为任何人所知，包括研究者（匿名）。万一做不到保密，被试的身份以及他/她的反应都不能向研究人员以外的人透露（保密）。

在任何情况下，即使遵守了 AERA 的规范，并且研究计划看起来也属于豁免类别，也必须提交研究协议以获取 IRB 的批准。大多数的组织保障政策规定"所有的"涉及人类的研究都需要接受 IRB 的审查，这意味着是 IRB 要做出有关研究是否列入豁免类别的决定。

近年来，互联网研究中的伦理问题引起了研究者的注意。虽然互联网提供了诸多优势，如短期内就能够获得大量个体，但也产生了很多伦理问题：如何获取知情同意，如何保持所收集研究数据的隐私，一旦被试完成了研究如何向他们进行事后告知。目前对于这些问题尚无完美的解决方案，所以当你进行互联网研究时，必须找出完成研究的最好方法，谨记 AERA 指导性规范的一般原则。

完成研究之后，你需要与其他人交流研究成果，通常是在专业期刊上发表成果。当你准备研究报告时，必须做出署名的决定；撰写报告的时候，你要保证真实而完整地撰写。这意味着你必须尽可能精确地报告一切，始终避免剽窃。

问题讨论

1. 前往 http://poynter.indiana.edu/mr/mr-banks.pdf. 阅读样例，讨论 Jessica Banks 是否应该影印与论文有关的笔记。
2. 大多数教育研究者进行的研究都可以列入豁免类别。这意味着要求 IRB 审查教育研究是毫无意义的干扰和阻碍。因此，IRB 应该免除对教育研究的审查。试论证或反驳这种观点。
3. 应该允许被动同意吗？被动同意违反了伦理规则吗？这是不是意味着在参与研究之前始终都需要获得主动同意？

研究练习

在你感兴趣的主题领域内找出一篇已发表的期刊论文，获取该文，然后完成如下练习。

1. 使用你所选择的已发表的论文，根据以下要求完成一份可能提交给 IRB 的研究协议：

协议的标题　　主要调查人的名字

合作调查人　　相关背景与目的

被试人数　　材料和程序

设计和方法论　　　　潜在好处

风险　　　　保密措施

2. 使用你选择的已发表的论文，编写一份可能会使用的知情同意书，包含如下内容：

（1）邀请被试的声明

（2）研究需要被试做什么或是被试已经做过什么的声明

（3）参与研究可以带来的好处的声明

（4）参与研究可能会遭遇的风险的声明

（5）如何保持隐私的声明

（6）可联系的人员身份信息，如果产生了有关研究的问题的话

行动研究日志

提示：行动研究者要将伦理规范置于实践的中心位置。他们努力去创造一个更好的世界（他们所珍视的目的），并尽力合乎伦理地去做这件事（他们实现价值的方式）。

1. 思考一个你想去改变的状况或问题。什么是负面价值（比如你希望消除什么）？什么是正面价值（比如你希望帮助产生什么）？

2. 继续思考你希望改变的状况或问题，在进行行动研究时你会遵守什么样的价值立场？

3. 试区分接近你的“自我”核心的五种价值（如平等、宽容、正义）。这些价值是怎样与你的目标和工作实践相联系的？

4. 试写出指导你从事专业活动的道德原则。

PART Ⅲ

Foundations of Research

第三部分

研究基础

Chapter 6

第6章

标准化测量与评价

Standardized Measurement and Assessment

学习目标

- 能够解释测量的含义；
- 能够解释不同类型的量表及其所传达的信息类型的差异；
- 能够指出测验与评价的七项基本假设；
- 能够解释信度的含义；
- 能够解释每一种信度计算方法的特点；
- 能够解释效度及效度证据的含义；
- 能够指出收集效度证据的不同方法；
- 能够指出标准化测验的不同类型及其信息来源的种类。

现实生活中的研究——关于如何测量变量

在 20 世纪 90 年代，美国国家教育统计中心发布了一份题为《美国成人的读写能力》的报告（Kaestle，Campbell，Finn，Johnson，& Milkulecky，2001）。报告显示，在 1992 年的全美成人读写能力调查中，有 47% 的美国成年人处于五级读写水平中的最低两级，而 21% 处于最低一级。这表明，许多美国人连像看懂一篇简单的新闻、计算几张电影票的价格一样的简单任务都不能完成。当时，全美大街小巷的报纸头条写到，50% 的美国人都是功能性文盲。美国政界开始警觉，许多人提出了关于增加测试与迅速发动学校改革的倡议。

2002 年 2 月，美国《高等教育纪事报》（the Chronicle of Higher Education）（Baron，2002）报道了对 1992 年调查数据的新分析结果——低于 5% 的美国成人是功能性文盲。对同样的数据再分析，如何能得到从 50% 下降到不到 5% 如此大反差的结果？难道是全国人民瞬间变得更有文化了？在此情况下，原报告（1992）的撰写者承认他们错误地解读了调查数据。他们之前运用单一标准来评估测试结果，但是后来意识到应该运用多重视角来解读数据。此外，在后来的 5% 数据中，还包括了具有语言及生理障碍的人，他们的语言及生理障碍会影响到测试的表现。处于读写水平最低层级的人群中，有 25% 是移民，其余的主要是辍学者、大于 65 岁的老年人、有重大生理或心理缺陷的人或是有视力障碍的人。被试者的这些状况，都将对调查的结果产生显著的影响。

正如你看到的，“读写能力”很复杂，并且很难评估。要对美国人的读写能力作出论断，我们必须收集到有力的证据来证明我们的推论是站得住脚的。评估读写能力不是一个将人们归类为“能够读写”与“不能读写”的简单事情。

作为教育者与教育研究者，我们常常面临如何测量重要变量的问题。我们需要测量各种与教育相关的能力及成就水平，比如数学水平。我们需要测量构念（constructs），如抑郁、压力和自尊，并且诊断各类问题，如学习障碍。在这些测量中，我们将以类似于（上文的）“读写能力调查”的方式来收集数据，并基于数据作出推断或评估。本章我们将讨论一些为确保我们由测量得出的结论准确、有效、站得住脚而必须考虑的问题。

请你回想一下你学到了哪些关于开展教育研究的知识。一开始，形成研究问题。然后，你必须想出如何通过收集信息和数据来回答每一个研究问题，并且这些信息和数据要能够为你提供一个合乎情理的、得到充分证明的结论。

当你在收集数据时，你都是在测量或是评估某些事物。如果你的测量做得很差劲，那么你的研究必定会很糟糕。我们来看看下面一段对话：一位学习研究方法的新生问到：“我们为什么要学习测量呢？”教授回答：“嗯……你听说过 GIGO 吗？你如果没听过，那么我可以告诉你，GIGO 是指无用输入和无用输出的原理*。在研究中有一条基本原则，即不好的测量均源于 GIGO。”所以，请你记住一个重点：没有好的测量作为基础，你就什么都没有！

* GIGO 是 garbage in，garbage out 的首字母缩写，指输入不可靠的或无用的数据，则所得的结果也是不可靠的或无用的——译者注

测量的定义

在这里，测量指的是一种行动。当我们测量的时候，要区分事物的维度、数量、性能或程度。测量（measurement）是根据一组特定的法则，对物体、事件、人以及性格等分派符号或数字的行为。事实上，测量是你们经常做的事情。例如，当你在判断一个人有多高或有多重时，你就在测量了，因为你正在依据给定的规则分派数字。如果你以英寸为单位来测量身高，那么你就是在使用一个法则，即将标准尺上准确的一英寸长度赋值为 1。此时，身高就由你所测量的那个人所包含的一英寸长度的数量决定。如果你在测量人们的性别，你会使用这样一个法则，将**女性**的标签指配给有女性特征的个体，而将**男性**的标签指配给有男性特征的个体。当我们说一个人有 68 英寸，我们传达了关于这个人身高的确切信息，同样的，女性这一标签传达了这个人的性别特征。

教育研究者或许会对诸如攻击性、羞怯、抑郁、阅读障碍、性别、策略使用以及智力等变量感兴趣。要对这些变量展开研究，需要一定的技术手段或程序步骤来说明数量变量（如收入、IQ）的大小以及分类变量（如性别、大学专业）的维度。智力测验提供的数值为衡量智商提供了指标。一个小孩攻击他人的次数可以作为衡量其攻击性大小的指标。小孩的生理构造则常作为判断其性别的指标。

复习问题　6.1　什么是测量？

测量量表

根据符号或数字传达的信息类型，我们可以对测量进行分类。现在，我们要向你介绍一种常用的四级分类法。这个四级分类法比上文中的二级体系（分类变量与数字变量）提供了更多的信息。二级分类法没有问题，不过有时研究者偏好用四级分类法所提供的更加完善的层次类别。

四级分类法最早由斯蒂文斯所提出（Stevens，1946，1951），它包括了四个测量水平或“量表”：定类、定序（等级）、定距、定比。如表 6.1 所示，这里的每一种水平都表达着不同种类的信息。为了帮助你记住这四个水平的顺序，请注意，这四个量表的首字母合起来正好是法语“黑色的”（noir）的拼写（你此前不知道能够在研究方法的课上学到法语，对吧？）。了解研究所运用的测量量表是十分重要的，因为它暗示了某种对数据的统计处理方式是合适的，并且指出了所传达的信息类型。*

* 尽管史蒂文森的系统在收集统计数据的过程中广泛运用，但仍有一些局限。这些局限曾由勒曼和威尔金森（Velleman and Wilkinson，1993）提出。

表 6.1　测量量表

量表	特征
命名量表	对不能量化的各种事物进行归类、标记、分类、命名或区分。
顺序量表	为个体或事物提供从第一到最后，从最优到最次的等级次序。
等距量表	包含等级次序，还具有相邻数字间隔相等的附加特点。
等比量表	包含等级次序，相同间隔，还具有绝对零点的附加特点（绝对零点能够确保形成关于比率的结论）。

命名量表

命名量表是测量的第一水平，也是最简单的测量形式。一个运用**命名量表**（nominal scale）的测量一般是用诸如文字或数字等符号来对人或物进行标记、分类或区分。在第 2 章中，我们曾将这一水平所测量的变量称为**类别变量**。因此，你已经很熟悉这种测量的类型了。性别、学校类型、种族、政党、国家、大学专业、教学方法、咨询方法，以及人格类型等都是命名量表或定类变量。那些被你“贴在”定类变量各个种类上的符号，起到的仅仅是标签的作用。如，对于**学校类型**这一变量，你也许会用“1”来表示公立学校，“2”来表示私立学校，或者你会用完整的词作为你的标签（如公立和私立）。对于**政党身份**这一变量，你也许会用标签 1 来指代共和党人士，2 指代民主党人士，3 指代其他。这些用于标记定类变量的种类的符号不能够相加、相减、排序或者被平均。不过，你可以统计每一个类别出现的频次，还可以做一个定类变量与其他变量的相关分析。

顺序量表

顺序量表（ordinal scale）是一种按等级排列的测量量表。这种测量量表经常用于决定哪些学生将被研究生项目所接收。大部分研究生项目收到的申请数量会多于他们能够接收的，因此，他们会将申请者按照等级排序，从拥有最突出的证书（或凭据）的那一位排到最不突出的那一位，然后录取其中排序靠前的一定数量的学生。另外一种情形是，依据学生对矫正教学的需求程度将他们排序。在以上两个例子中，最为关键的特征是依据某些能力或表现来比较所测量的个体并对他们进行排序，如可以将数值 1 赋予具有最突出的能力或表现最好的那个人，将数值 2 赋予次优的人，依此类推。

你可以看到，一个顺序量表的测量能够让你做出关于顺序的判断，即它能够让你明确在你感兴趣的变量中，一个人比另一个人高还是低。然而，至于一个人比另一个人高出多少，顺序量表则不能提供。如表 6.2 所示，假设你根据对矫正教学的需求程度排列了 10 名学生，那么你将知道那个排序为 1 的人最需要矫正教学（即根据你的测量，他 / 她的需求最强、最大）。但是，你不会知道那个排名第一的人比排名第二的人对于矫正教学的需求多了多少。那是因为一个顺序量表的测量无法回答关于排序之中一个比另一个大多少的问题。运用顺序数据时，你所能做的就是根据个体对应到某一特征的位置来对个体进行排序。

表 6.2　根据学生对矫正教学的需求进行排序

学生	排序	学生	排序
汤姆	1	威廉	6
杰瑞	2	乔伊斯	7
萨利	3	鲍勃	8
苏西	4	帕姆	9
南希	5	本	10

等距量表

第三级测量是**等距量表**（interval scale），它包含了顺序量表按等级排序的特点，还具有量表内相邻数字间距离或间隔相等的附加特点。换言之，量表内的任意两个相邻数值间的差是相同的。

摄氏温度量表（如图 6.1 所示）与华氏温度量表是两个等距量表的例子，因为在这两种量表上所有点彼此间的距离相同。如，华氏零度与 20 度之间的温度差与华氏 40 度与 60 度之间的温度差是相同的。然而，你必须记住的是，在等距尺度中零点是人为设定的（没有绝对零点）。如，摄氏量表中的零点表示在海平面上水的结冰点，不是完全没有热量了，而绝对零度才意味着完全没有热量。事实上，大约摄氏 −273 度是完全没有热量的点，而不是摄氏和华氏温度表中的零点。

没有绝对零点限制了定距测量所传达的信息种类，特别是你不能用它来做“比率陈述”。例如，似乎我们说摄氏 20 度比摄氏 10 度温暖两倍是合乎逻辑的，因为零度与 20 度的温度差是零度与 10 度的温度差的两倍（或者这么看：20/10=2）。然而，你不能做出这样比率判断，因为等距量表没有绝对零点。为了进一步说明，我们来看一下华氏 40 度和华氏 80 度两个温度。如果能够进行比率判断，那么华氏 80 度应该比华氏 40 度温暖两倍。如果这种比率关系是正确的，那么不管我们是在讨论华氏量表还是摄氏量表中的温度时，这种比率关系都应该成立。然而，华氏 40 度转换为摄氏度大约为 5.4 度，而华氏 80 度转换为摄氏度大约为 26.7 度。这就是等距量表由于没有绝对零点而产生的悖论。

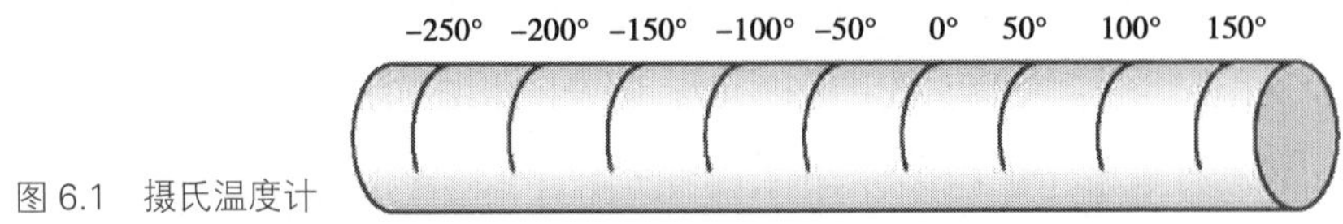

图 6.1　摄氏温度计

一旦我们完成了一项定距测量，对结果进行计算操作是可行的，如计算均值并得到一个有意义的结果。我们在教育研究中用到的许多数据是通过定距测量获得的，如 IQ、人格、态度、能力、教育水平、阅读成绩。然而，请记住，对于大部分我们测量的特征（如人格、态度、能力等），零点并不意味着那种特征的完全缺失。例如，科学成绩得到零分并不一定意味着这个人完全没有科学知识，正如 IQ 得分为零也不一定代表完全没有智能。

等比量表

等比量表是测量的第四级，也是定量测量中的最高水平。**等比量表**（ratio scale）包含顺序量表（等级排序）及等距量表（相邻点的间隔相等）的特点，还有**绝对零点**。绝对零点代表所测量的特征不存在。在开氏温度量表中，零点代表完全没有热量。（而你之前会认为华氏零度是很冷的！）大部分身体的测量是定比的，如身高、体重、年龄、距离、面积（地区范围）。某事物重零磅表明它没有重量。（如果你称重结果是零，那你就碰上大麻烦了！）同样地，假如你去年的年收入为零美元，那你去年什么钱都没赚。由于等比量表具有等级排序、相等间距以及绝对零点这三个特征，任何计算操作（加、减、乘、除等）都可以有意义地实现。

在教育领域中，等比水平的测量只是偶尔用到。例如，如果你对学生回答正确的测验项数量或是完成一项任务所花费的时间感兴趣，那么你需要定比测量。然而，我们在教育领域中测量的大部分特征都不是等比水平的，因为教育研究者更频繁地涉及到的是诸如教育成就、学习障碍、人格、态度、观点以及学习策略等属性。这些属性或特征不必具备等比测量所拥有的所有特点。因此，尽管等比水平的测量很好，但并不是教育研究中最常用的。

复习问题　6.2　四种不同的测量水平或量表是什么？每种量表的基本特点是什么？

测验与评估的基本假设

教育研究者在开展研究时试图测量一些被认为具有主观性且难以评估的特征，如人格、教师的品德。测量这些特征需要结合测验与评价。测验与评价之间的差别通常有点模糊、变化缓慢，并且在日常用语中逐渐融为一体。不过，暂不论这种语义重叠，二者之间存在着一个需要解释清楚的差别。为此，我们效仿科恩、菲利普斯等人将**测验**（testing）定义为“一种测量……变量的过程，借由设计好的设备或程序来获得一个行为的样本”，而**评估**（assessment）是“为了形成……教育评价而收集并整合……数据，是通过诸如测验、访谈、案例研究、行为观察以及特别设计的设备与测量程序等工具来实现的”（Cohen，Swerdlik and Phillips，1996，p.6）。

当教育研究者评估他所关注的特征时，他们会运用各种各样的工具，从教育与心理测验到访谈和行为观察等。教育研究者与心理测量专家（即开发测验的专家）或许会通过设计一个新的评估工具，使用一个已有的工具，或是修订已有的工具来测量某种特征。值得注意的是，事实上所有的测量过程中都包含一定的误差。**误差**（error）是真分数与观测（即测量）分数之间的差。设计误差少的工具运用于研究或评估中，是心理测量专家或任何一位测验开发者的任务。

在表 6.3 中，我们列出了 7 项假设。这些假设通常是由心理测量专家及开发和使用标准化测验的教育研究者设定的（Cohen et al.，1996）。看表格之前，你需要先了解一下**特质**（traits）与**状态**（states）的差别。特质是指“人与人间任何相互区别的、较为稳定的方面”（Guilford，1959，p.6）；状态是个体间相互区别的方式，但与特质不同的地方在于它更不稳定（Chaplin，John，&Goldberg，1988），或者说是更加短暂的。例如，焦虑的特质指一种随着时间与场合的变化都保持一贯或恒定的焦虑水平；焦虑的状态指一种更加暂时性的焦虑感，如当你在森林中走的时候，看到你的道路前方出现一头熊，就会产生焦虑的状态。现在，请你仔细阅读表 6.3。

表 6.3 专业的测验开发者与使用者提出的假设

1. 心理特质与心理状态是存在的。
2. 心理特质与心理状态可被量化并测量。
3. 关于个体的重要决定不应基于一个单一的测验分数，而应该有各种各样不同的数据来源。
4. 各种各样的误差常常出现在测验与评估中。
5. 测验中的态度与行为可用来预测测验外的态度与行为。
6. 通过辛勤努力以及持续的升级更新，能够开发出公平又公正的测验。
7. 标准化测验与评估要有益于社会，测验就要由心理测量专家开发，并且由训练有素的专家妥当实施与诠释结果。

复习问题 6.3 支持测验与测量的七项基本假设是什么？

鉴别好的测验或评估程序

当你计划开展一项研究时，挑选一个适合的测量工具非常重要。这个工具要尽可能准确地测量出你所想调查了解的变量。假设你要调查一项阅读项目对于教导阅读障碍儿童学习阅读的有效性，你就需要一个好的测量阅读障碍的评估工具，以确保参与研究项目的儿童确实患有阅读障碍。你还需要一个好的阅读测验工具，以记录阅读障碍的孩子们在参加阅读项目之后阅读成绩所有变化。当你挑选并使用一项测量工具（如，一套测试题）时，你必须考虑信度和效度问题。

信度和效度概览

在一个测验或评估的使用程序中，研究者需要考虑的两个最重要的心理测量要素是信度和效度。**信度**指测验分数的一致性或稳定性，而**效度**指由测验分数得出的推论或解释的准确性。例如，你从当地的商店买来一个新的体重秤带回家。这个体重秤有一个液晶屏显示体重的数值。假设你的体重是 125 磅。你踏上这个体重秤，液晶屏显示 130 磅。此时你觉得数值有点高了，于是你又称了一遍，发现这次显示 161 磅。你会想：哇！这是怎么回事？你再称了一遍，而这次显示的是 113 磅。这个体重秤出了什么问题？问题在于它得到的数值是前后不一致的：因此这几个数值都是不可信的。由于它们不可信，无效度可言，因而你需要把这个新的体重秤退还给商店。

现在，假设你的新液晶体重秤出现了另一种问题。同样地，假设你的体重是 125 磅。你第一次踏上体重秤，液晶屏显示 135 磅。你知道这个数值高了点，因此你又称了一遍，这次显示的是 136 磅。你又多称了 5 次，显示的数值分别是 134，135，134，135 和 135。这回你的体重秤是可信的，因为你每次称得的数值非常相近。在这种情况下，你的秤存在什么问题呢？问题在于其中有一个**系统误差**（systematic error）会出现于你每次使用的时候。这个体重秤的测量结果整体偏高 10 磅，因此如果用它来推测你的体重，你将出现系统性的错误！在这个例子中，你所得的数据是可信的，但是你关于自身体重的推断是无效的，因为体重秤显示的是错误的重量。与第一种情况一样，你应该将这个体重秤退还给商店。

在第三种情况中，你的新体重秤将如我们所愿。再次假设你的体重是 125 磅。你踏上体重秤，液晶屏显示 125 磅。你又称了 5 次，显示的数值分别是 124，125，125，126 和 125。在这个案例中，测量结果是可信的（因为显示屏上的数值是一致的），因此你可以据此得到一个关于你的体重的有效结论。这里，结论是可信且有效的。你可以留下你的新体重秤了，因为它的功能没问题。仔细思考可以发现，**信度是效度的必要非充分条件**。这表明，如果你要效度，必须拥有信度（Nunnally & Bernstein，1994）。另一方面，信度不能保证效度。当你通过一个测验来判断个人表现，或是基于一个测验形成推断，记住信度和效度都是非常重要的属性。二者缺一不可。请你牢记这一点，并继续阅读关于如何获得测验与其他测量工具的信度和效度证据。

复习问题　6.4　信度和效度间的区别是什么？二者哪一个更重要？

信度

在心理测验和教育测验中，**信度**（reliability）指一组测验分数的一致性或稳定性。如果一个测验或评估程序提供了可信的分数，这意味着在不同情况下得到的分数都是相似的。例如，假设一个智力测验的得分是可信的，这意味着这个测验从一组特定的被试中每次获得的IQ分数都是相同的，或是十分相近的。

测验分数的信度必须通过实证检验。表6.4中总结了评估信度的不同方法。每一种方法提供了不同的信度指数。研究者应选择一种能够提供他们所需数据的方法。当然，他们也常常用多种计算信度的方式以证明测验分数是可信的，从而为测验的信度提供更加坚实可靠的证据。例如，再测信度和内部一致性信度是高水平期刊文章中常常要报告的。

表6.4 计算信度的方法一览

信度类型	测验的轮次	测验的版本数量	统计程序
再测信度	2	1	相关系数
复本信度	1或2	2	相关系数
内部一致性信度	1	1	库德—理查逊法，α系数或相关系数
评分者信度	1	1	相关系数

信度通常是由某种类型的相关系数计算而来。如果你对于相关的概念生疏，请此刻花一点时间，重读第2章与相关系数有关的内容。我们称那些在测量信度时计算的相关系数为**信度系数**（reliability coefficient）。信度系数为零代表没有信度。（如果你得到一个负相关，可以视作没有信度并且你的测验是错误的意思。）信度系数为+1.00代表可信度最佳。研究者希望信度系数显著且正向（即尽可能接近+1.00），因为这表明测验工具的高信度。现在，让我们一起看看不同种类的信度。

复习问题　6.5　信度及信度系数的定义是什么？

再测信度

再测信度（test-retest reliability）指测验分数在一定时间内的一致性与稳定性。例如，假设你用重测技术来评估一项智力测验所得分数的信度，那么你将对一个群体（比如，100人）实施一次测验，然后等一段时间，将这项测验对同样的100人再实施一次。下面，你就可以将两次施测所得的分数进行相关分析。如果在第一次施测中获得高IQ分数的人在第二次实施中也获得了高IQ分数，在第一次实施中获得低IQ分数的人在第二次实施中也获得了低IQ分数，两次测验所得的分数高度相关，那么说明测验分数是可信的。如果在两次实施中，相同的被试得到的分数差异很大，两组分数则低相关，那么说明测验分数不可信。

表 6.5 展示了两组分数，一组可信，另一组不可信。在可信的那一组中，第一轮和第二轮的测验分数是近乎一致的，这表明该测验提供了两轮同样的智力测量。实际相关（即信度系数）是 0.96，表明再测信度相当高。而在不可信的那一组，两次测验所得的分数与分数排序均有很大不同。这组的相关值（即信度系数）为 0.23，是非常低的信度系数。这两次智力评估是非常不同的。对于第一组而言，分数具有时间一致性；而对于第二组，分数是不一致的。

评估再测信度的一个重要问题是如何决定两次测验的时长间隔。如果时间间隔太短，第二次测验所得的分数会与第一次的特别相似，因为被试还记得第一次测验是如何回答的。在这种情况下，测验的信度被人为地夸大了。另一方面，如果时间间隔太长，被试对第二次测验的回应可能会受到个人变化的影响。随着时间的推移，人会发生改变。比如，人们会学到新东西，忘记一些事情，或学到新技能。很遗憾，不存在一个理想的时间间隔适用于所有的施测情况。可以这样说，在大部分测验中，少于一周的时间间隔往往是不够的。最佳的时间间隔取决于测验的种类、测验的参与者，以及会影响参与者表现的具体环境。一般而言，随着间隔时长的增加，测验得分的相关性相应降低。因为时间间隔会影响再测信度，所以在说明信度系数时，应补充说明时间间隔的信息。

表 6.5　运用再测信度技术区分可信的与不可信的智力测验

可信的测量		不可信的测量	
第一次测量	第二次测量	第一次测量	第二次测量
110	112	110	95
123	120	123	103
115	116	115	147
109	113	109	100
99	95	99	120
103	102	103	110
131	128	131	125
128	130	128	142
119	114	119	111
121	124	105	135

复本信度

你是否曾经参加过这样的考试，其中一部分人拿到一种形式的测试卷，而其他人拿到另一种形式的测试卷？如果是的话，你就曾使用过复本（alternative forms）。在建构复本时，研究者会努力让它们在各方面都相同。如果你曾怀疑这些复本是否真正相同，那么你怀疑的是复本信度。**复本信度**（equivalent-forms reliability）指一组被试被分派测量同一特征的不同复本而取得的测验分数间的一致性。复本是一个测验的两个版本，因此它们几乎在每个方面都是相同的，除了个别问题和选项。复本一般拥有相同数量的问题，问题的难度相当，问题要测验的方面相同，并且会以同样的方式施测、打分以及诠释。

一旦设计了两个复本测试，它们将在一组被试中同时实施，或者是在间隔很短的时间内实施第二套。在以上两种方法中，被试两个测试都参与了，并且会获得两个测试的分数。接着，研究者将对两组分数（被试在每一个测验中的得分）进行相关分析。此时得到的相关系数表明了由测验的两个版本得到的分数之间的一致性。我们希望这个信度系数是正向且高度相关的，即在第一个版本的测验中取得好成绩的个体应在第二个版本中也同样取得好成绩，而在第一个版本中表现差的个体也应在第二个版本中表现差。

尽管复本信度是检验信度的一个好方法，但是它的成功取决于研究者为同一测验设计两个等值版本的能力。而设计复本是困难的，因为它们既要相等，但又不能包含相同的题项。如果复本之间不相等（如难度、题目数量等），则会产生测量问题，从而降低测验的信度。此外，参与者要在很短的时间内做几乎同样的试卷两次，有时这也是个困难。你可以假设一下当你被告知将要在同一天参加两次 GRE 考试时的反应。由于以上问题，研究者很少使用复本技术来检测信度。

内部一致性信度

内部一致性（internal consistency）是指测验的题项在测量单个心理结构或概念上的一致性。重测技术和复本技术是评估信度的一般方法，可以用于任何测验。然而，有很多测验被看作是同质的。当一个测验的题项测量单一概念或单一维度，如阅读能力或拼音能力，那么它就是一个**同质的**（homogeneous）或单维的测验。这与异质的或多维的测验相反，它们考察多个概念或维度。例如，对比两个测验：一个是为测量六年级学生的学术表现而设计的测验，另一个是为测量六年级学生的阅读理解而设计的测验。学术表现测验相比阅读理解测验在内容上更加异质化，因为它考察了多种技能，其中包含了阅读理解技能。

同质的测验比异质的测验更具有题项间的一致性（即内部一致性），因为这种测验的题项聚焦于一个概念，问题领域就变得更加狭窄和趋同。检测同质性通常很可取，因为它能够使测验结果的解释和判断更加简单明确。如果你的测验是多维度的，那么你应该检验各维度的内部一致性。例如，假设你的 IQ 测验中包含了阅读、推理、数学以及创造力几个组成部分，那么你需要分别检验以上每一个组成部分的内部一致性。

内部一致性检验很方便，也是研究者常用的方法。因为这种方法仅需要一组被试做一次测验即可。你不需要等一段时间再测一遍（如再测信度），你也不需要做两份相似的测试卷（如复本信度）。下面，我们将讨论两个内部一致性的指标：分半信度与 α 系数。

相比之下，研究者更加熟悉 α 系数，你在期刊文章中常常能见到它。你也能在测验手册与标准化测验的评论中看到分半信度与 α 系数。

分半信度（split-half reliability）是将一个测验平均分为两部分，然后评估两部分分数的一致性。它的特殊之处在于，你将一份测验分成了两半，并且将这两半的得分进行相关分析。将一份测验分成两半的方法有若干种。第一种方法是从中间划分出两部分（即按卷面题目顺序，以总题数的一半为界，分为上下两部分）。不推荐这种方法，因为被试在前半部分与后半部分做题的疲劳程度不同，焦虑程度不同，受试卷布局影响的题目难易程度不均，以上这些问题会造成信度系数虚高或虚低。另一种更为大家所接受的方式是按照题目的奇数项和偶数项将测验分成两半。采用随机分配的方法划分出两部分也是可以的。第四种方法是根据测验的内容进行划分，以保证两部分的题目数量相等、题目内容与难度也对等。总之，两部分在格式、风格、内容及其他方面都要对等。一旦你划分出了两部分，信度的结果就取决于以下几个步骤了：

1. 计算每一位被试在两部分的得分。
2. 计算两部分得分相关。
3. 运用**斯皮尔曼—布朗公式**（Spearman-Brown formula）校正计算出来的相关系数。

通过斯皮尔曼—布朗公式校正的相关系数即为分半信度。低相关表明测验是不可信的，并且其中包含一定的测量误差；高相关表明测验是可信的。娜娜莉与伯恩斯坦（Nunnally and Bernstein，1994）指出，在计算机普及以前，分半法是评估信度最常用的方法。使用分半法产生的一个问题是不同的分半方式会产生不同的信度结果。下面要介绍的技术（α 系数）则能更好地测量内部一致性。

测量内部一致性的第二种方法称为 α 系数。G. 弗雷德里克・库德和 M.W. 理查德森（Kuder & Richardson，1937）研发了早期的内部一致性计算公式。李・克龙巴赫（Cronbach，1951）在此基础上发展出了 α 系数。**α 系数**（Coefficient alpha），也称作**克龙巴赫 α 系数**（Cronbach’s alpha），它提供的信度估计可以视为所有分半信度的平均值，并由斯皮尔曼—布朗公式修正。换句话说，**α 系数能告诉你测验中题项之间的相关程度**。

通常的准则是，对于研究目的而言，最低限度是 α 系数大于或等于 0.70，而对于临床测验（即评估单个人）而言，α 值应该更高（如，≥ 0.90）。然而，实际所需的 α 系数的大小将取决于测验环境及其他因素（Nunnally & Bernstein，1994）。

α 系数的优点在于它的多功能性。它适用于各种的测验题型。例如，在五点式同意量表（非常不同意、不同意、中立、同意、非常同意）中，被试将在这五项中选择答案。α 系数还适用于二元计分作答题（dichotomous items）。在二元计分作答题中，一般只提供两个选择（如，正确或错误），也可能只按照两种答案的方式计分（如，多选题，但是仅以正确或错误两种形式给分）。

下面我们来学习一下 α 系数公式的一个版本。它将帮助我们认识到 α 系数的两个重要特点。[1]

$$r_{\alpha}=\frac{k\bar{r}}{1+k\bar{r}-\bar{r}}$$

其中，

r_{α} 表示 α 系数；

k 表示题目的数量；

$\bar{r}$ 表示题目之间相关值的平均数。

在这个公式中，k 代表你的测验或分量表的题目数量，$\bar{r}$ 表示题目之间相关值的平均数（即计算每一个题目与另一个题目的相关值，然后将这些值取平均数）。你不需用这个公式手动计算 α 系数，因为这会非常麻烦。假设你的测验里有 10 道题，那么你将要算出 45 个相关系数，并且对它们取平均值，从而获得 $\bar{r}$[2]。如果你的测验里有 20 道题，那么你将要算出 190 个相关系数！幸好大部分研究者都是用电脑软件来计算 α 系数的。

下面我们一起来观察公式并着重说明两点。第一，公式表明 α 系数的值取决于题目之间的相关系数。题目（在公式中由 r 表示）之间相关值越高，α 系数越大。因为 α 系数测量的是内部一致性，人们正是期待题目之间彼此相关。第二点时常被忽视，即 α 系数的值还取决于测验题目的数量（在公式中由 k 表示）。这代表**当测验的题目数量多到一定程度时，即使题目间并不是那么同质或具有内部一致性，仍可能得到一个大的 α 值**（John & Benet Martinez，2000）。于是，研究报告的读者可能会被误导，由于 α 系数高就得出测验内部一致性强的结论。因此，用 α 系数来检验内部一致性时，应明确测验题目的数量。不要简单通过 α 系数的大小来衡量内部一致性，因为测验题目的数量也与之密切相关。请小心诠释 α 系数的意义。

评分者信度

有时，评价一个人的测验表现是由一个委员会或一群人做出的，例如由教师、研究者或其他专业人员组成的团队。让单个教师或研究者评分时始终如一是困难的，而让一个评分团队在评判每个人的测验表现时互相保持一致则更加困难。然而，一旦达成这种一致的认识，评分结果就更加可信与客观。这种两个或两个以上的评分者之间的一致性，我们称为**评分者信度**（interscorer reliability），也称 judge reliability、interrater reliability 或 observer reliability。

一个最简单的方法可以检验两个评分者在评判某个测验或其他表现时的一致性，即让两个评分者对整个测验独立评分，然后计算两个判分之间的相关性。假设你让班级里的每位学生阅读一篇文章，并让两位专家给每位学生的阅读能力评分。对这两位专家给

[1] 这个版本的 α 系数计算公式假设所有的题目都是标准化的，存在一定的差异。

[2] 先要计算一致性系数的个数，然后得到内部一致性系数的平均数（即，r）。一致性系数个数的计算公式是［p（p–1）］/2，其中 p 代表测验及分测验的题目个数。例如，你的测验或分测验有 10 道题，那么一致性系数的个数是［10（10–1）］/2=45。因此，你需要求得 45 个一致性系数的平均值才能得到 r。

的分数进行相关分析，最终得出的相关系数即代表评分者信度。

通常两位或两位以上的评分者之间的一致性不会很高，除非在评分前他们接受过训练或练习。幸运的是，通过训练，评分者间的一致性能提高。值得重视的是，这种训练常常是需要的，而对于评分者的信度检验也是有必要的。

复习问题　6.6　评估信度有哪几种不同的方式?
6.7　每种评估信度的方式在哪种条件下适用?

效度

当选择一种测验或是测量工具时，我们自然而然会选择能够提供所需信息的工具。如果想要测量儿童的 IQ，我们显然会选择那些能够提供分数让我们能判定孩子智力水平的测验。这就涉及**效度**（validity）的问题。效度被定义为我们基于测验分数而做出的解释、推断及行动的适切性（AERA，APA，& NCME，1999；Messick，1989）[1]。如果评估程序是对智力进行测量，那么从测验中得到的分数将被用来推断个人的智力水平。基于对个体智力水平的理解，我们或许还会采取特别行动，如让这个小孩参加天才儿童的特殊项目。严格地讲，说一个测验是有效或无效是不准确的，因为这种说法意味着效度仅仅是测验的属性。克龙巴赫（Cronbach ，1991）对此的解释是：“尽管一项测验在其他方面都很完美，但是如果解释是错误的，那么它在当时和当地仍然是没有意义的”（p.150）。有一点很重要，即确保测验是在测量你所想要测量的那些特定的人在特定情境中的表现，并且确保基于测验分数所作出的解释是正确的。

当我们依据测验分数做出推论或采取行动时，我们希望推论是准确的，我们也希望采取的行动是合适的。推论是否准确与行动是否合适，这二者都是实证性的问题。为了证实推论，我们需要收集效度的证据。**效度证据**（validity evidence）是指一些实证证据或理论依据，它们能支撑我们根据评估所得到的分数而作出的解释和行动。例如，假设我们让一名学生做一份智力测验，他得了 130 分，于是我们从这个分数可以推断这个学生是聪明的，并且有能力掌握任何他想要掌握的技能。为了证实这个推论，我们需要收集证据，这些证据能够表明在这项智力测验中得到 130 分的学生是一个聪明人，能掌握从化学到哲学的各门学科。

因此，**效度分析**（validation）是收集效度证据以支撑我们对分数的解释或推论的审查过程。这个过程包括评价解释与推论的可靠性与相关性。我们可以收集各类效度证据，

[1] 根据教育与心理测验的标准（AERA，APA，& NVME，1999）的定义，“效度指理论和证据对测验所提供的结果解释的支持程度。”根据塞缪尔·塞克（Samuel Messick，1989）的说法，效度取决于，“一种评估性的判断，即判断实证或理论证据在多大程度上支持测验中基于分数的解释的充分性与合理性”。

一般而言，**最好的规则就是通过多种渠道搜集证据**。当我们讨论如何收集效度证据时，请记住我们的讨论适用于任何测量与评估，而不仅仅限于测验。实际上，它适用于测量任何事物的实证研究。

近几年，我们关于效度的讨论已经从效度的类型（即内容效度、效标效度和构想效度）转移到关注获得整体效度的证据[1]。下面的一段话引自权威的《教育与心理学测验标准》（*Standards for Educational and Psychological Testing*）（AERA，APA，& NCME，1999），表示了关于效度的最新思想：[2][3]

> 这些证据的来源［内容效度，效标效度以及构想效度］或许能阐明效度的不同方面，但是它们并不能代表截然不同的效度类型。效度是一个整体的概念。效度是所有累加起来的证据支撑为了研究目的而对测验分数所做解释的程度。（p. 11）

表 6.6 总结了效度证据的基本来源。你要记住的是，效度分析永远没有完满的时候。效度分析与理论开发非常相似（你陈述自己的预期或假设，收集数据，检验结果，接着你完善理论，此后随着时间推移而不断循环重复这些步骤）。因此，效度分析应被视为一个永无止境的进程（Messick，1995）。与此同时，你获得的效度证据越多，你对自己的解释和推论就越自信。那么，我们一起来看看教育研究者是如何收集效度证据的。

表 6.6 获取效度证据的方法汇总表

证据的类型	程序
基于内容的证据	研究测验结构，审查测验内容，判断测验的内容是否能充分反映其结构。这通常由专家来实施。
基于内部结构的证据	第一，运用**因素分析法**来确定测验所包含的维度与构造；第二，检验题项的**同质性**（对整个测验或对测量多个维度测验的每个分量表实施）。你可以计算**题项与测验**总体的相关（对于只测量一个维度的测验），也可以计算 α 系数（对一个测验或对包含多个维度的测验分量表实施）。
基于与其他变量关系的证据	将测验分数与另一个已知的校标进行比较。这个已知的校标可以通过收集**同时效度证据**（concurrent evidence）或**预测效度证据**（predictive evidence）而得到。将测验分数与相同结构的测验比较将得到**聚合效度证据**（convergent evidence），与不同结构的测验比较将得到**区分效度证据**（discriminant evidence）。这种效度证据可以用来判断测验是否能够按照其预想区分出不同群体的差异（如在自由主义的量表中，能否区分出共和党成员与民主党成员）。

［1］当前的观点是，对于效度证据而言，构想效度是一个统一的概念。我们不再说“构想效度”了，因为构想一词是多余的。构想是你希望呈现或测量的理论变量。当前我们对构想的认识与使用更宽泛了，它常常指代抽象的变量，如自我效能、智力或自尊，也可以指代非常具体的变量，如年龄、身高、体重和性别。

［2］这本书是由以下全国协会批准组成的专家委员会撰写的：美国教育研究协会、美国心理学协会以及国家教育测量委员会。

［3］想要进一步了解有关效度的思想的演变过程，你可以按照时间先后顺序学习以下文献：American Psychological Association（1954）；Cronbach and Meehl（1955）；Campbell and Fiske（1959）；AERA，APA，& NCME（1985）；Messick，1989；and AERA，APA，& NCME（1999）.

复习问题 6.8 效度及效度分析的定义分别是什么？
6.9 效度的整体化视角是什么意思？

基于内容的证据

当使用**内容相关证据**（content-related evidence）时，你可以判断测验的题项、任务或问题在多大程度上代表了测验所针对的领域（如，教师倦怠、学生自尊或其他领域）。这种代表性主要是基于测验题项的内容判断的，但也会参考测验的格式、措辞、实施以及得分等信息。对内容效度的判断必须由该领域的专家来进行。

验证内容效度应遵循以下步骤：（1）你必须理解测验的构想（即，确保你明白构想是如何定义的以及题项所应覆盖的内容范围）；（2）用一个具体的测验来检验内容；（3）判断测验的内容是否充分反映了构想的内容范围。如果第三步的判断结果为“是”，那么你就有证据证明测验与设想相符。在下结论之前，请回答以下三个问题：

1. 测验题项是否反映了你试图测量的构想？
2. 整组测验题项是否有缺失或不充分的地方？（即，你是否遗漏了任何重要的内容范围或主题？）
3. 是否有题项所表征的范畴不同于你试图测量的构想？（即，你是否列入了任何不相关的题项？）

如你所见，验证内容效度的过程基本上是一个判断测验内容的理性过程。首先，你定义要表征的内容，然后你再判断题项是否能充分表征内容。

例如，假设你正在开发一个测验，目的是检测学生是否掌握了统计学导论的一项内容。通常我们用统计学学业测验来测量统计学知识，并根据测验分数来推断学生对知识的掌握情况。如果你的导论部分包含了理论、基本原理、皮尔森积差相关分析的计算、t 检验及方差分析，那么测验的题项、问题和任务也应该包括这些内容。测验题的比重分配应该与教学过程中的内容比重相匹配。如果 20% 的教学时间用于介绍相关分析，30% 用于 t 检验，50% 用于方差分析，那么 20% 的测验问题与任务应分配给相关分析，30% 分配给 t 检验，50% 分配给方差分析。假如你参加了一个测验，其中所有的题项都是考察方差分析的，那么这个测验不会是有效的，因为它没有充分反映所要考察的内容的完整范围。同样，假如测验中列有属于回归分析等学习范围以外的题项，这个测验的效度也不会非常高，因为它包含了对无关内容的考察。如果测验问题、题项及任务设计得当、实施恰当，并且充分反映了统计学导论教学过程中的内容和信息，那么这个测验就拥有很好的内容相关效度证据。

基于内部结构的证据

一些测验是为测量单个概念而设计的，还有一些测验是为测量一个概念的若干组成部分或维度而设计的。罗森伯格自尊量表（the Rosenberg Self-Esteem Scale）是一个由10道题组成的量表，用于测量全球各地人的自尊（见图7.1）。这项测验的10道题所测量的概念是同一的（即自尊）。你可以通过不同方式来检验这个自尊量表的内部结构。在获取这个自尊量表的内部结构证据时，你的目标是明确所有的题项是否在测量一个单一的潜在概念（即，确定题项是单维的）。反之，哈特儿童自我认知量表（Harter Self-Perception Profile for Children）不仅测量自尊，还测量自尊的五个维度（即，学术能力、社会认同感、体能、外貌、行为品德）。因此，当你检验哈特量表的内部结构时，你会发现不同组的题项分别测量不同的维度。

一种检验测验内部结构的有效技术叫作因素分析。**因素分析**（factor analysis）是一种通过分析测验题之间的关系来判断测验是**单维**（unidimensional）（即，所有的题项都测量同一个概念）或**多维**（multidimensional）（即，不同组的题项针对不同的概念或一个宽泛概念的不同组成要素）的统计方法。你可以使用统计软件（如SPSS）运行其中的因素分析程序，观察结果之后就能分辨测验中的题项是单维还是多维的。

用一个例子来进一步阐明因素分析这个概念。假设你对构成罗森伯格自尊量表中的10个题项做了因素分析。以往的研究证明罗森伯格自尊量表是单维的，因此你的因素分析应证实题项所测量的都是同一个维度或“因素”。现在，让我们添加10个新题项到原先的10个题项中，并且这10个新题项来自于测量“内向（性格）”的测验。设想对这20个题项进行因素分析，你认为将得到什么结果？结果应该是你的20个题项测量了两个维度（一个是自尊维度，另一个是内向维度）。

再举一个例子，假设你刚刚对上文提到的哈特量表做了因素分析。这次因素分析的结果将是多少个维度？我猜你会说5个（即，学术能力、社会认同感、体能、外貌和行为品德）。这就是你在这里所要学会的。关于因素分析技术的具体细节超出了本书的介绍范围，但是你要了解的一个基本理念就是，因素分析告诉你**测验中的题项反映了多少个维度或因素**。如果你还是很好奇，在本书配套的学生学习网站中有一个补充材料，其中提供了一个因素分析的输出结果是多维的案例。

你也可以通过测试**同质性**（homogeneity）（即，不同题目在测量同一个概念或特质的一致程度）的方法来检验一个测验的内部结构。同质性的一个指标是通过计算测验中每一道题的得分与总分的相关系数（即，**题项与总体的相关系数**）。例如，假设你要检验一个学生道德测验的同质性，你应该让一组学生参与测验，然后分析所有学生的测试卷中的每道题得分与总分的相关性。如果所有题项的得分与总分相关，你将获得判断这项测验具有内部一致性的证据，并且证明了这项测验能有效测量学生道德这一概念。如果有个别题目得分与总分的相关性很低，则应当对其进行删除或修订，因为低相关表示该题目与整个测验的测量目标不一致。

同质性的另一个指标在本书中已被讨论过了：α 系数。你可以让电脑计算测验的 α 系数（如果测验像哈特量表那样是多维的，则计算其中每个维度的 α 系数）。如果 α 值很低（如，<0.70），那么或许测验中有一些题目测量了其他概念，或者一些题目是设计不完善的。当得到的 α 系数低时，你应该检查这些导致 α 系数低的具体题项，删除或修订他们。[1]

基于与其他变量关系的证据

我们也可以通过把你的测验成绩与其他变量的测验成绩进行对比，获得效度证据。在该类型中，第一种证据形式称为**校标关联证据**（criterion-related evidence），它关注一项测验预测被试在某些校标测量上表现的有效性。**校标**（criterion）是一种标准或基准，你希望新测验得分能准确预测它。当你的焦点测验（即，你正在研究的测验）得分与成熟稳定的校标之间有强相关时，你就得到了校标关联的效度证据。假设你设计了一项针对初中生的测验，预测他们是否会在高中辍学。那么，一个完美的校标就是这些参与测验的初中生最终是否在高中辍学的结果。当你的受众都认可该校标的重要性，并且你也已经检验过这个校标的相关性、完整性，确保不存在偏差之时，你可以确定自己挑选了一个好的校标。

当你为研究效度而计算相关系数时，你应该称之为**效度系数**（validity coefficients）。例如，假设你正在开发一项测验，预测学生的中学高等数学成绩，你希望学生在这个测验上的成绩与他们的数学成绩之间的关系是正向的强相关（即，效度系数）。具体而言，那些在你设计的能力测验中得分低的学生应该在中学高等数学中也得分低，而在能力测验中得分高的学生应该在数学中得分高。

根据测验实施的**时间**，我们区分了两种校标关联证据的类型。如果你基本在同一时间点（即，同时）实施焦点测验与校标测量，并对两组得分进行相关分析，得出两组得分高度相关的结果，那么你得到的是**同时证据**（concurrent evidence）。如果你在某一时间点对被试实施焦点测验，在此后的一个时间点对同一群被试实施校标测量，并得出两组测量得分高度相关的结果，那么你得到的是**预测证据**（predictive evidence）。显然，收集预测证据比同时证据需要花费更多的时间与精力，因为你必须等待，直到获得所有的数据。然而，当你的研究目标是预测未来事件或状况时，预测证据的优越性就体现出来了。

下面我们用一个例子来说明这两种证据的区别。假设你最近开发了一个更简短的新版本 SAT。你的假设是这项测验与 SAT 一样，能够预测学生在大学的平均成绩。不想等

[1] 这个规则的一个例外，即当你开展的是形成性测量（Bollen & Lennox，1991；Pedhazur & Schmelkin，1991）。形成性测量用于确定一个构念的不同方面（而不是反映这个构念），因此它的各组题目之间不需要互相相关。因此，在这种情况下使用 α 系数和分项对总项相关系数是不合适的。

待4年后才获得所有数据，你会对高中生实施这项新版SAT测验，并观察测验成绩是否与他们的高中GPA（平均学分绩点）相关。尽管你的最终目标是预测大学GPA，你仍然可以将高中GPA作为替代或代理变量，因为它更容易及时获得。这就是同时证据，尽管在该案例中，获得预测证据更佳。为了获取预测证据，你需要让高年级的高中生参与新版测验，然后等待4年，收集他们在大学的GPA成绩。之后，你将两组成绩进行相关分析。如果呈高相关，那么你就能很好地证明新版测验能够实现你的预设：它能够准确预测学生在大学期间的成绩表现。同时研究运用得更为广泛，因为操作便捷。然而，当研究目标是预测某些未来事件或状况时，预测研究就更具有优势。

除同时证据与预测证据以外，还有两种基于与其他变量关系的效度证据，我们称为会聚证据与区分证据。关于会聚证据与区分证据的理念来源于坎贝尔和菲斯克（Campbell and Fiske）在1959年所做的具有里程碑意义的研究。这两种效度证据用于说明测验测量了什么以及没有测量什么。**会聚证据**（convergent evidence）是基于焦点测验与对同一构念的其他测量（使用的工具或方法不同）的相关关系。如果两个测量是基于不同的数据收集方式（如，一个是纸笔测验，另一个是基于观察或表现）也没关系，因为使用不同的方法测量同一事物理应得到高度相关的结果。例如，你想收集支持罗森伯格自尊量表（它是基于被试的自陈报告的方法）的证据，你或许会证明其他基于同伴评分方法以及教师观察法的自尊测验结果与罗森伯格量表的结果高度相关。这类证据很重要，因为它能表明你的测量工具与测量同一构想的其他工具或方法相关，并且焦点测验的测量工具（例子中，罗森伯格量表是基于自陈报告问卷）不再仅仅是一个你曾经运用过的自编工具了（如果你运用了像同伴评分和观察等其他工具和方法，且所得结果与焦点测验相似）。

区分证据（discriminant evidence）出现于当焦点测验的分数与测量**不同**构想的测验的分数**非**高度相关时。这种证据信息很重要，因为它说明了你的测验**不**测量的东西。正如李·克龙巴赫（Cronbach，1991）所言，“指标的区分原则防止了科学发展因为同一事物出现多个名称而负荷过重”（p.182）。让我们再回到罗森伯格自尊量表的例子中。首先，测量自尊与专制的两组不同测验之间的相关系数值应该很低或者为零，因为这两个构想在理论上就是不相关的。如果你得到了很低或者为零的相关系数值，那么你就得到了区分证据，证明罗森伯格量表测量的是与专制不同的构想。其次，区分效度的相关系数值应当比会聚效度的相关系数值更低。打个比方，你会期待罗森伯格自尊量表与其他自尊测验之间的相关程度高于罗森伯格量表与测量不同构想的测验（如，针对专制、对避孕的态度、认同需求的测验）之间的相关程度。总之，这种效度检验的目标就是证明你的量表与它应该相关的相关（会聚证据），并且与不同或理论上不相关的构想不相关。

我们要讨论的最后一种效度证据叫作**已知组证据**（known groups evidence）。获得这类证据的基本思路是分析不同被试组参与的测试之间的相关性，这些被试组变量的差异是已知的。你会检验这些已知的不同组在焦点构想上的表现，并且观察他们在当前测试中结果的不同是否与设想的方向一致。举个例子，假设你正在开发一个测量抑郁的测验，你将分别对一组被诊断为临床性抑郁症的被试和一组被诊断为没有临床性抑郁症的被试实施这个测验。被诊断为抑郁症的被试应在测验中得分比那些“正常的”被试高。再比如，你会期待民主党成员在一个关于自由主义的量表中得分比共和党成员高。

信度与效度信息的使用

为了合理地使用信度与效度信息（来自于测验手册或研究文章），你要确保这些信度与效度信息的来源与你正在开展的研究被试是相似的群体。例如，你在开展一项研究，调查五年级和六年级的特殊学生（IQ 低于平均水平）的学业成就，那么你要为这项学业成就测验挑选的信度和效度信息应该是基于五年级和六年级低智商学生的标准值。如果信度和效度系数是从五年级和六年级正常智商学生或高智商学生群体中得来，那么这些系数则不能为五年级和六年级低智商学生成绩的信度和效度提供任何信息。因此，在开始任何测量程序之前，你必须了解**常模群体**（norming group）的特点。常模群体即一群人，信度和效度系数是从对他们的测验结果中计算而来的。这些系数会在随标准测验一起提供的测验指南中出现。如果你的研究被试的特征与信度和效度研究中的常模群体特征一致，那么你就可以用这些系数来评价测量的质量。如果他们不一致，那么你就没有直接的信息来评估测量的质量。你仍然可以使用这些测量而得到分数，但是，你不会知道这些分数的意义。因此，你实际上是在收集你无法解释的数据。

有一点很重要，即你要明白单纯依靠先前研究报告的信度和效度信息是**不**明智的，特别是当你的被试与常模群体的特点不那么相似的时候。因此，你应该尝试收集其他实证的信度数据及效度证据，用来证明你挑选的测验适用于你的研究对象。例如，关于信度信息，α 系数、再测信度等经常出现于高质量的期刊中（如 Journal of Educational Psychology）。关于效度信息，像会聚证据、区分证据等经常在研究者需要证明其测量手段的合理性时出现。关键点是，当你在阅读实证性研究报告时，一定要记得查找研究者所提供的任何关于信度和效度的**直接**证据，然后将你对该项研究的评价提高到作者已提供信度和效度证据的级别。你会发现这些信息不是在文章的方法部分，就是在结果部分。你还能在已发表的测验综述中找到相关的信度和效度信息。

复习问题　6.10　获得效度证据的不同方法各有什么特点？

教育与心理测验

教育研究者每开展一项研究都必须测量多个变量。例如，假设你正在进行一个实验研究，调查参加开端计划对处境不利学生学业成绩的影响，那么你必须有测量学术成绩以及判别学生是否属于处境不利群体的方法。一种办法就是测验（为判别学生处境不利程度和评价学生学术水平而专门设计的测验）。幸运的是，研究者所开发的教育和心理测验能测量大部分情境、特质和表现类型，并且这些测验已经获得了广泛的运用。尽管值得一提的测验有很多，但是我们将仅介绍几个基本领域及其中应用最为普遍的测验。

智力测验

智力测验或许是受到最多关注或最为人们所熟知的测验，因为大多数人都曾经做过一份智力测验。然而，智力是一个有趣的概念，因为对它很难形成一致的定义。例如，智力对你而言意味着什么？如果你觉得很难回答这个问题，这种情况不止出现在你身上。斯滕伯格、康韦、基顿和伯恩斯坦（Sternberg，Conway，Ketron，and Bernstein，1981）访问了 476 人（其中包括学生、上班族、超市售货员），让他们鉴别聪明的行为与不聪明的行为。结果表明，最常提及的与聪明相关的行为有“推理得当且有逻辑性”“阅读广泛”“具有常识”“思维开放”以及“阅读理解能力强”。最常提及的不聪明的行为有“无法容忍多元视角或观点”“缺乏好奇心”以及“行为举止缺乏对他人的顾及与考虑”。这些例子与你对聪明的行为与不聪明的行为的定义相符吗？如果不相符，不用紧张，因为就连专家们也没讨论出统一的意见。

还有一个常见的定义，即**智力**（intelligence）包含抽象思维能力以及从实践经验中迅速习得的能力（Flynn，1987）。然而，这也只是一种常见的定义，并不是放之四海而皆准的。奈塞尔（Neisser，1979）曾总结道，智力不可能被准确定义，因为其本质属性不存在单个标准或结构。对于智力这个概念而言，这句话总结得很真切。然而，仅仅因为不存在普遍认同的定义，不能就认为智力这个概念就不存在了，或是认为这个概念没有用途、不能被测量。实际上，智力是一个多维的概念，研究者开发了许多测验来测量智力。在这本书的配套网站中汇总了在教育研究领域及其他领域中使用过的一些智力测验。

人格测验

与智力一样，人格这一概念也有多种定义。一个普遍接受的版本是米歇尔（Mischel，1999）的定义，**人格**（personality）即“一种与众不同的模式（包含思想、感受、情绪以及行动），这个模式反映了每个人稳定的特质。”菲斯特（Feist，1990）对人格的定义是“个人所拥有的长久性格特质、秉性及特点，并且表现在个人行为上具有一定的一致性与稳定性，是一个全球性的概念。”很明显，人格是一个多维的概念。因此，研究者开发了许多测验来测量人格的不同方面（如个人的情绪、动机、人际及态度特征）。在这本书的配套网站中汇总了几种人格测验。

许多人格测验属于**自陈**（self-report）量表（有时也称为**自陈问卷**），被试被要求通过纸笔形式或计算机，回答一系列有关个人动机和情感的问题。这些自陈语句打开了了解受测者行为倾向、情感与动机的窗口，研究者可以据此归纳为一个特殊的标签。一些标签是临床性的，如神经质；还有一些标签是特质类型，如支配性或社交性。还有一些标签指代个人的兴趣或持有的价值观。研究者总结了无数的标签来塑造个人的“人格”形象，也开发了无数的自陈问卷来测量这些标签。这进一步说明人格是一个多维的概念。

尽管自陈量表是测量人格的有价值的信息来源，但它们的真实性常受到污染。在某些情况下，被试为了达成个人目的会“装好”；在另一些情况下，则可能“装坏”。例如，假设你希望孩子能进入精英私立学校，而这种学校不会接收可能有暴力行为倾向的孩子。此时，有人让你完成关于孩子的行为倾向与态度的自陈量表，你为了增加孩子被学校录取的机会，或许不会说出实情（这就是装好的例子）。此外，不同人回答问题的风格和习惯不同，这也会影响人格测试的结果反馈。例如，有人更习惯于回答“是”或“真的”，而非“不是”或“错误的”。一些人对于自己的行为与思维的认识不能准确地反映自己。当我们应用自陈量表收集信息时，应始终考虑到以上局限。

除了自陈量表，有时还可以用**操作测验**（performance measures）来测量人格。在操作测验中，研究者提供一个测验，测验中有一些操作的任务。研究者根据被试完成任务的情况作出相应的人格特征推断。这种测验情境是为了模仿日常生活或工作情境而设计的。研究者通常会将操作测验的目的与性质掩盖起来，以减少造假与其他形式的行为反应。操作测验的一个优点就是，让研究者可以直接观察到受测者的行为，而不是依靠他们的自陈来判断。

最后一个挖掘人格特质的技术是**投射技术**（projective measures）。投射技术的主要特征是，受测者要对一个相对非结构化的测验作出反应，这种非结构化的测验通常使用模糊的刺激。例如，一个受测者可能被问道，从一张有墨印的白纸上看到了什么？或者被要求根据一张卡片编造一个故事，卡片上呈现的是关于几个人在一个特定的情境中（例如，在一间外科手术室）的模糊图案。其中的潜在假设是，受测者对刺激材料的组织与解释将反映他/她人格或心理功能的基本方面，从而透露他/她的内心需求、焦虑与矛盾。然而，对于施测和评分方面，许多投射技术还不够标准化。也就是说，该技术的信度和效度信息或许较难获得。

教育评估测验

许多人会将教育与测验联系起来，因为测验似乎就是教育过程中固有的一个环节。提起测验类型，许多人想到的是一些知识测验或操作测验，因为判断一个人是否掌握了一组材料的常用方法是看他是否能回答与材料有关的问题，或是通过能反映材料掌握程度的行为表现来判断。然而，许多测验是在学校实施的：智力测验、人格测验、肢体与感官能力测验、诊断测验、学习风格测验等。这一部分，我们将介绍教育评估测验的基本分类，并介绍几个属于以下基本分类之中的测验。

学前评估测验

许多用于学前儿童的测验被称为**筛查性测验**（screening tests）而不是智力测验或学业成就测验。这主要是因为大多数学前测验的预测效度较弱。在学前教育阶段，影响学生未来发展与能力发展的因素不是认知能力，而是许多其他因素。学生的身体健康、家庭环境、气质差异等均会影响学生的发展。因此，在孩子年幼时的测验难以为后期课堂学习表现提供充分的预测信息。当这些测验作为筛选性测验时，它们将用来识别“处于危机之中”与需要进一步评估的孩子。然而，“处于危机之中”这个术语定义得不清晰。例如，它可以代表尚未为升入一年级准备充分的孩子，或者它描述了不在正常范围内的功能表现。它还可以代表若不是通过常规的审查无法发现的存在学习困难的学生。学前评估测验有一定的作用。然而，在使用时应注意并且避免过度解释。

学前评估测验包括早期筛查测评表（Lasee & Smith，1991）以及米勒学前儿童评价表（Schouten & Kirkpatrick，1993）。早期筛查测评表关注 2 至 7 岁孩子的发展性功能状况，其中包括认知和语言、运动以及自我帮助和社会性等分测验。米勒学前儿童评价主要用于诊查 2.9 至 5.8 岁儿童的发展性问题，其中包括词语运用、协调以及非语言基础等分测验。以上只是众多幼儿行为与认知测验中的两个具体例子。

成就测验

成就测验（achievement tests）是用来考察一个人对曾发生的具体学习经验的掌握情况。学习经验的范围很广。在教育情境中，课堂学习经验是最常被测试的。比如，在讲授美国历史的课堂上，教师讲完了一组学习材料，他 / 她需要了解学生们学会了其中的多少内容。最常见的做法是，教师会让学生做一个考察以上学习材料内容的小测验。这样的测验就是成就测验，因为使用它的目的是评价学生对授课内容的掌握情况。

如上文提到的历史测验，这些教师自编测验是正规的成就测验，但是它们并不是成就测验的唯一类型。还有一些成就测验是更标准化的测验，如都市成就测验，这类测验一般有一个发行人（如，心理学公司）并且收集了常模资料（说明参与测验的人群特征的数据，如六年级的白人女学生参与了测验）。这些测验可以在一学期的末尾实施，这样参与成就测验的学生的成绩可以与常模数据进行比较。这种与常模进行对比的方法经常用于诸如生物、英语、数学、阅读理解等学术领域的成就测量。这种**标准化成就测验**的目标与功能有很多，从评定单个教师或整个学区的教学质量到筛查整个州的学习困难学生，从而确定哪些地区需要整治。

教师自编的成就测验与标准化成就测验的主要区别在于理论的健全性。教师自编测验中，很少有进行过信度和效度研究的。因为教师们没有充裕的时间来收集信度和效度数据。他们会根据讲授的内容编撰试题，力图让试题充分代表所要考察的范围并且显得合理。标准化成就测验一般都有信度和效度数据，因为它们是由供职于测验公司的心理学家们开发的。在标准化成就测验出售使用之前，心理学家们会对它们进行检测和验证。成就测验可以测量从一般成就到特殊领域的成就。测量一般成就包括若干学术领域，我们称之为**成就测验指标群**，因为其中包含了若干分测验。每个分测验侧重考查不同的学术领域或技能。测量特殊领域的测验是用来评定被试在特殊领域的成就水平的，如阅读、数学和科学。

能力倾向测验

能力倾向测验（aptitude tests）关注个体从日常生活的非正式学习中所获得的知识，而不是从教育系统的正式学习中获得的知识。每个个体不同的脑力与体力组合，能够让他 / 她从日常生活经验中以及正式的学校课程学习中，获得或多或少的知识。能力倾向测验试图考察人们在生活中不知不觉习得的知识。相反，成就测验试图测量在正式且相对结构化的环境下（如，法语课或计算机编程课）人们所习得的具体知识。因此，能力倾向测验的结果反映了我们所有生活经验的累积性影响。在成就测验与能力倾向测验之间，存在一定的重叠与模糊不清。关键点在于，成就测验的范围更局限，并且它所反映的学习经验是在一个可以明确定义的环境下发生的，如一堂具体的课。而能力倾向测验所反映的学习经验是在生活中无法人为控制的环境下发生的。

成就测验与能力倾向测验的另一个区别在于，能力倾向测验用于预测而成就测验用于测量学习结果。但这并不表示成就测验从来不用于预测，因为有时它们也可以这样使用。例如，学生外语课第一学期的测验成绩可以作为后续外语课测验成绩的预测基础。然而，能力倾向测验更常用于预测。

能力倾向测验可以用于预测诸多事物，如入学准备、大学学业能力以及具体行业（如法律或医学）的工作能力。例如，都市准备测验是若干分组实施的测验，它们测量了幼儿园及一年级学生的阅读及数学能力发展水平。学术能力倾向测验（SAT）也是一个分组实施的测验，分为语言及数学两部分。SAT 用于高校的入学选拔以及高中学生的推荐入学。还有其他的能力倾向测验，如研究生入学考试（GRE），它是众多研究生院的入学选拔标准；医学院入学考试（MCAT），所有要申请医学院的学生都需要参加这类考试；法学院入学考试（LSAT），所有要申请法学院的学生都要参加这类考试。

诊断性测验

诊断性测验（diagnostic tests）是用于识别学生在学术技能方面存在困难的领域。例如，一项诊断性数学测验一般由考察各类数学知识与技能的分测验组成。成绩较差的一个甚至多个分测验说明了学生在这一部分的学习存在困难，继而可以直接重点关注这些问题领域以改善学习。这些测验一般是对有学习困难可能的学生实施。这些学生往往因为在课堂上或成就测验中的不良表现，被教师怀疑在特殊学科领域存在学习困难。例如，伍德科克阅读掌握测验（the Woodcock Reading Mastery Test）是用于测量阅读技能的测验。它包含五个分测验，分别是字母识别、字词识别、字词辨析、字词理解以及篇章理解。基本数学诊断测验（The Key Math Revised Test）是一个个别实施的测验，用以诊断学生在数学概念，数学运算及应用方面存在的问题。

诊断性测验的用途仅仅在于识别学术困难的方面，认识到这一点很重要。诊断性测验无法给出这些困难为什么存在的解释。这些困难可能源于生理、心理或环境、条件的困难，或是源于以上因素的综合。要解释这些困难存在的原因，需要获得教育学者、心理学家及医生们的帮助。

测验的信息来源

我们已经集中讨论了测验的类型以及所有被认为是“好的”测验或评估方法所应具备的特征。多年来，教育学者、心理学家及社会学家一直致力于设计测验，用来测量任何你可能感兴趣的概念。这表明，如果你想开展一个研究是调查教师倦怠的，你不用担心测量工具，因为很可能就有现成的。然而，你必须知道去哪里找到这样一个测量工具。所幸，许多文献资源库提供了关于发表的和未发表的测验的信息。许多资源可以从网上获得（那么你坐在家中电脑前就可以找到适合的测验了）。表 6.7 列举了一些有用的参考书。配套网站中还提供了一些有用的测验。请记住，如果已有测验能够有效测量你感兴趣的概念，那么明智的作法是直接使用它而不是设计一个新的测验。

已出版测验的最重要来源或许要数**《心理测量工具年鉴》**（*mental measurements Yearbook*）（MMY）和**《已出版测验》**（*Tests in Print*）（TIP）两个刊物了。它们都是由内布拉斯加大学林肯分校教育心理学院的布洛斯心理测量研究机构发行的刊物。如果你已经选定一项测验并想认真学习它，你应该首先在 TIP 中查找资料。因为 TIP 是一个综合性的测验集合，它不仅介绍了当前已发表的所有测验，还提供了与这些测验相关的参考文献。你可以去图书馆直接查阅 MMY 与 TIP。表 6.7 收录了一些信息资源。

关于测验的信息还可以从测验开发商发布的目录以及已发表的文献中获得。别忘了开发商是兜售测验的商人，因此对测验具有批判性的评论会被他们删掉。还有一些专业期刊，研究者常常在上面发表有关测验效度的研究。以下列举若干重要的测量期刊：**《教育与心理测量》**（*Educational and Psychological Measurement*），**《应用心理学测量》**（*Applied Psychological Measurement*），**《教育实用测量》**（*Applied Measurement in Education*）以及**《教育测量》**（*Journal of Educational Measurement*）。我们强烈建议你检索以上期刊以及其他相关期刊，这样你就可以进一步了解测量研究是如何开展的了。

表 6.7　测验与测验综述的信息来源

信息来源	描述
心理测量年鉴（纸质版）	这里有关于教育及心理测量的测验描述与文献综述等重要信息资源。
行为评估技术大典（Hersen & Bellack，2002）	提供评估技术的描述、目的、发展过程、心理特征、临床应用及未来发展方向。
测验批评（Keyser & Sweetland，1984—1994）	10 卷本的系列丛书，提供了对大约 700 项测验的描述、实践应用、使用、心理特征及评论人批评。
ETS 测验集、普林斯顿、新泽西（可以通过以下网址查找：ETS:www.ets.org/test_link/find_tests/）	收集了发表、未发表的教育测验与测量工具。对其中各测验的使用范围、目标对象及效度有简要的说明。
个体差异、学习及教学手册（Jonassen & Grabowski，1993）	包含了七个领域的测验及其相关研究：教与学、心理能力映射、认知控制力、信息收集能力、学习风格、人格与学习以及先验知识。
研究设计与社会测量手册（Miller & Salkind，2002）	一本展现许多社会学、心理学测验的书，还讨论了开展一项社会科学研究所应包含的步骤。
测验：心理、教育及商业评估的综合参考（Maddox，2002）	包含对大约 2000 个评估工具的介绍（不是综述）。
人格测量与社会心理测量（Robinson，Shaver，& Wrightsman，1991）	对人格及能力的测量的综述，其中不仅包括对每个量表的简要介绍，还包括对其局限性的说明。

复习问题　6.11　本章所讨论的基本测验类型的目的与关键特征是什么？

6.12　能否找到好的例子说明本章讨论的基本测验类型？

小结

测量指根据一组特定的规则，对物体、事件、人以及性格等赋予符号或数字的活动。测量的量表类型有四种，分别传达了不同类型的信息。**命名量表**是一个“名字”量表，因为它运用符号来标记、划分、识别人和事物。**顺序量表**对研究的人、物、特征等要素进行等级排序。**等距量表**具有相邻数字间间隔相等的附加特点。**等比量表**具有绝对零点的附加属性。

在使用测验与其他测量手段时，研究者必须始终考虑两大属性——信度和效度。信度指测验分数的一致性或稳定性。一个测验或评价程序的信度可以由多种方式获得。**再测信度**表示随时间变化，测验分数的前后一致性。**复本信度**表示测验的两个相等的版本所得的分数之间的一致性。内部一致性指测验中各题项之间的同质性，其中的分半系数与 α 系数被用来预测内部一致性。评分者信度指由两个或以上的评分者对同一个表现所给的分数的一致性。

效度指我们以测验得分为依据而做出的解释与行动的恰当性，其中测验得分是我们按照测验或评价程序操作而获得的。效度证据可以基于测验的内容（内容是否能充分反映测验所要覆盖的范围？），基于测验的内部结构（测验所测量的维度数量与预想的一致吗？），基于测验与其他变量的关系（测验与其他测验对相同概念的测量结果相关吗？与其他测验对不同概念的测量结果无关吗？能够用来预测未来的表现吗？不同的被试群体在测试中能得到与预想一致的不同结果吗？）。

信度和效度证据可以用来挑选能得出有意义结果的测验或评价程序。教育研究者可以在众多资源书籍和网站上找到适合他们的研究的智力测验、人格测验以及其他教育评价测验。在选择测验与评价程序的过程中，应始终考虑信度和效度。此外，研究者还应收集关于研究参与者的信度和效度证据，以检验工具对于他们特定的研究对象是否有效。

问题讨论

1. 设想你刚开发了一个测量研究生教育水平的新测验（你称之为 GEA）。你将如何对这个新开发的工具进行效度分析？（你的最终目的是让学校用你开发的新测验取代当前的测验。）
2. 以下测量量表中都有哪些变量：命名量表、顺序量表、等距量表及等比量表？
3. 你的价格体重体秤在每次称重时显示的数值一样。问题在于，它每次显示的数值是错误的。请问在这种情况下，你的新体重秤存在什么问题？
4. 一个测量程序可能是可信的但无效吗？或者有效却不可信？请给出判断，并进一步解释。
5. 你对测量效度的定义是什么？你的定义与本章给出的定义是否相符？

研究练习

1. 为了说明在测量与测验领域开展的研究的类型，请在下面的文章中挑选一篇，边读边回答以下问题：

   ①文章测量什么？

   ②测验中有分量表吗？如果有，都是哪些分量表？

   ③测验中的量表是如何设置与计分的？

   ④如何确认其效度？

   ⑤如何检测其信度？

   ⑥研究者是否遵循了本章所提供的效度检验原则？请进一步解释说明你的答案。
2. 请在下列期刊中挑选一篇阅读或阅读与之相近的文章（即一篇为一项测试的属性提供了实证检验的文章）。

Burney, D. M., & Kromery, J. (2001). Initial development and score validation of the Adolescent Anger Rating Scale. Educational and Psychological Measurement, 61(3), 446-460.

Copenhaver, M. M., & Eisler, R. M. (2000). The development and validation of the Attitude Toward Father Scale. Behavior Modification, 24(5), 740-750.

Kember, D., & Leung, Y. P. (2000). Development of a questionnaire to measure the level of reflective thinking. Assessment and Evaluation in Higher Education, 25(4), 381-395.

Shore, T. H., Tashchian, A., & Adams, J. S. (2000). Development and validation of a scale measuring attitudes toward smoking. TheJournal of Social Psychology, 140(5), 615-623.

3. 在配套网站中选取量化或混合研究方法的文章，回答以下问题，并说明细节：

   ①文章研究了哪些变量？

   ②各变量是如何被测量的？

   ③研究者是否给出了信度证据？都有哪些信度证据？

   ④研究者是否给出了效度证据？都有哪些效度证据？

⑤你如何评价这篇文章的测量方法?

4. 假设你要提出一个研究计划，尝试填写如下练习清单。

练习题

（如果题项不适用于你的研究，填写 N/A）

1. 我主要研究以下变量：______________________

2. 变量的类型与功能如下（可填写自变量、因变量、中介变量、干涉变量、控制变量）：______

3. 我计划使用已有的工具，测量以下变量（请写出工具的名称以及其中每个变量维度的题项与例题）：______________________

4. 我计划设计新的题项，测量以下变量（写出为每个变量设计的例题与选项）：__________

5. 我为每个变量选择的测量量表（命名量表、顺序量表、等距量表、等比量表）：__________ ______________________

6. 写出当前能够找到的信度证据与效度证据，或者可以写出计划在研究过程中收集的证据：______________________

行动研究日志

提示：如果标准化测验能够帮助行动研究者诊断、测量并且解决具体现实问题，行动研究者会对之感兴趣。

1. 在你的课堂或是工作地点，你最想测量哪三样东西（态度，信念或是诸如自尊等构念）?

2. 重新审视本章中效度的定义。你将如何在你的行动研究中获取效度证明和推断?

Chapter 7

第7章

如何编制问卷

How to Construct a Questionnaire

学习目标

- 能够逐一解释问卷编制中须遵循的 15 条原则；
- 能够了解何时应该使用开放式问题或封闭式问题；
- 能够列举出完全定位等级量表答案分类的多个样例；
- 能够解释如何将问卷的不同部分组织成一个流畅的、可操作的整体；
- 能够列举并解释问卷编制的 5 个主要步骤；
- 能够总结并解释问卷编制清单中的主要内容。

现实生活中的研究——创建有效的问题

雷切尔是一位二年级的教师，她对于通过填写调查工具（即问卷）来提出自己意见的这种研究方式的前景感到很乐观。此份调查问卷是由一个研究团队设计的，旨在调查学校应该做哪些工作才能帮助该校学生改善其学业成绩。雷切尔为自己能够获邀填写这份问卷感到非常高兴。她感觉自己的意见很有价值，因而迫不及待地将它们写了下来。对于问卷中可能出现的主题，她已经与学校的其他教师探讨了自己的想法。

但是当雷切尔真正坐下来填写这份问卷的时候，她却感到很失望。首先，一些重要的问题甚至根本没有被问及。问卷中没有涉及有关资金或课外项目的相关问题。更糟糕的是，甚至没有问题是具体问及某个议题的。当雷切尔在回答这份问卷的时候，她越来越担心。此份问卷中问题的顺序和格式都很混乱，有时她甚至不清楚自己是否将答案填写在了恰当的位置上。其中一些问题是一题多问，可是她对每一个问题中包含的多个子问题又都有着不同的意见。还有一些问题本身就非常混乱，面对这样的问题，她不知道是应该持赞同还是反对意见，因为她根本不知道这样的问题究竟是在问什么。她坐了近 10 分钟，一直在思考该如何回答这一问题："你不同意学生不需要每天做作业吗？"她知道作业是非常重要的，但是这就意味着她对此该持有赞同或是反对的意见吗？更严重的问题是，假使她赞同学生应该做作业，但并不需要每天都做作业，那么她该如何回答呢？

进一步分析问卷后雷切尔不禁觉得，这些研究者已经有了一个成型的课时方案。她通过问卷中一些问题的表述方式可以判定，研究者们认为**时段式编课法**（block scheduling of courses）是最优的方案。虽然雷切尔根本不喜欢时段式编课的想法，但是她又担心如果提出了反对意见，自己又能给出什么样的其他建议呢？最后，雷切尔决定随便选择答案应付了事，因为问题中的很多术语着实太难以理解。当雷切尔提交自己的这份问卷时，她感到有些悲伤，因为她知道研究者们是无法通过这样的问卷了解到她深思熟虑而得出的意见的。所以，她决定再也不会为参与这样的研究项目而浪费时间了。

本章的目的是帮助你掌握编制问卷的方法。当你在研究中需要采用问卷法来收集数据，但又不能直接借鉴以往研究中所使用过的问卷的时候，你可以根据本章的学习内容来自行编制问卷。在研究中，问卷既可以作为唯一一个数据收集工具，也可以与其他数据收集方法共同配合使用。如果你在编制问卷时能够遵循本章中所提到的这些简单原则，那么你的研究参与者们将不太可能遇到前文中二年级教师雷切尔所遇到的状况，而且你所收集到的数据也将更加完整和有用。

什么是问卷？

问卷（questionnaire）是一种自陈式数据收集工具。作为一项研究的组成部分，每一个研究参与者都要填写。研究者通过问卷可以获得有关研究参与者的想法、感受、态度、信仰、价值观、认知、人格和行为意向方面的信息。换句话说，研究者通过问卷可以测量许多不同种类的特性。

我们从广义上来理解**问卷**这个术语。问卷可以用于收集定量数据、定性数据和混合型的数据。问卷的内容和结构取决于研究者的研究目标。关键的一点是，问卷还是一个多功能的调查工具，它既可以为你所用，也可以为其他的教育研究者所用。

问卷通常包括许多疑问句和陈述句。例如，研究者提出的疑问句可能是关于当前状态的（你支持在小学实施体罚吗？），或是关于过去已经发生过的（你曾经体罚过学生吗？），抑或是关于未来可能发生的（你认为你可能会使用体罚手段吗？）。请参看表7.1中所列举的更多例子。问卷还包括答题者要思考和回答的陈述句。例如，在填写如图7.1所示的罗森伯格自尊量表（Rosenberg Self-Esteem Scale）时，为了能够测量出研究参与者对其自身的态度，他们必须在所列出的10个陈述句中明确指出自己同意或不同意的程度。

问卷编制的原则

表7.2中列出了问卷编制的主要原则。请花一些时间来研究所列15条原则，这有助于你对问卷编制时所需要考虑的重要问题形成一个整体性的认识。我们还将对每条原则进行详细的解释。请记住，问卷调查的目标是要挖掘与获悉研究参与者对与研究目标相关变量的意见。当你编制一份问卷时，你必须不断地追问自己，你所设置的问题是否能够帮助你准确地收集到调查对象的想法或感受。

表7.1　矩阵型问题的例子

问题焦点	时间维度		
	过去（回顾的）	现在（当前的）	未来（预期的）
行为	你在青少年时期使用过非法药品吗？	你现在看教育类电视节目吗？	你打算在明年内搬迁到新的住所吗？
经历	你最喜欢的老师给你优等成绩是什么样的感受？	谈论你的童年是什么样的感受？	你认为10年之后购买的新车将会是什么样？
态度、意见、信仰和价值观	你小的时候是喜欢学校还是教堂？	你支持教育券吗？	你认为未来你会改变政党立场吗？
知识	刚上大学的时候你知道白板说的定义吗？	白板说的定义是什么？	你认为你将会学到白板说的定义吗？
背景和人口统计学信息	你几岁上小学一年级？	你现在的年龄是多少？	你计划退休之后去哪里生活？

为下列 10 个问题分别选择一个答案	非常不同意	不同意	同意	非常同意
1. 我觉得我是一个有价值的人，至少和其他人有同等的价值。	1	2	3	4
2. 我觉得我有很多优良品质。	1	2	3	4
*3. 总而言之，我觉得自己是一个失败者。	1	2	3	4
4. 我能够做得和大多数人一样好。	1	2	3	4
*5. 我觉得我没有太多可值得骄傲之处。	1	2	3	4
6. 我对自己持有一种积极的态度。	1	2	3	4
7. 总体来看，我对自己感到满意。	1	2	3	4
*8. 我希望我能够更加地尊重自己。	1	2	3	4
*9. 当然，有时我觉得自己很没用。	1	2	3	4
*10. 有时候我认为自己一点优点都没有。	1	2	3	4

标注 * 的问题为反向问题。在对这 10 个问题的得分进行合计之前，首先应该对其得分进行反转。例如，在题目 3 中，“非常同意”的得分为 1，“同意”的得分为 2，“不同意”的得分为 3，“非常不同意”的得分为 4。

来源：Rosenberg，M.（1989）.Society and the adolescent self-image. Revised edition. Middletown，CT：Wesleyan University Press.

图 7.1　罗森伯格自尊量表

表 7.2　问卷编制的原则

原则 1	确保问卷题项与研究目标相匹配。
原则 2	理解你的研究参与者。
原则 3	使用自然且熟悉的语言。
原则 4	撰写题项要清晰、准确并且相对简短。
原则 5	不要使用“诱导性问题”或是“暗示性问题”。
原则 6	避免双重目的问题。
原则 7	避免双重否定。
原则 8	确定采用开放式问题还是封闭式问题。
原则 9	封闭式问题的反应项要相互排斥且穷尽所有可能。
原则 10	考虑可用于封闭式问卷题项的不同类型反应项。
原则 11	使用多个题项来测量抽象概念。
原则 12	测量抽象概念时可考虑采用多种不同的方法。
原则 13	慎用反向措辞以防止多题项量表中的反应定势。
原则 14	编制一份组织结构合理且易为参与者所使用的问卷。
原则 15	毫无例外地进行问卷试测。

原则 1　确保问卷题项与研究目标相匹配

这条基本原则应该是显而易见的。在开始编制问卷之前，你必须明确为什么想要开展研究。如果你计划开展一项探索性研究（即，你想收集原始数据以了解某一群体或是调查某个问题），那么你的问卷通常不需要像验证性研究（即，你希望通过所收集的数据来验证某个研究假设）那样详细而具体。也就是说，如果你的主要目的是探讨某一主题，你设置的问题就会十分广泛，从而保证不会遗漏任何一个研究参与者可能认为与之相关的重要概念。不论是探索性研究还是验证性研究，在决定编制自己的问卷之前，你应该认真综述已有的研究文献以及那些曾经用于完成类似研究目标的相关研究工具。在基于问卷的研究中可能发生的最糟糕的事情就是，当数据收集已经完成的时候，你才意识到问卷中还应该再追加一个问题或是再增添一个变量。

回想一下二年级教师雷切尔的经历。问卷中没有一个问题是有关课外活动的，这令她感到不悦。缺失有关重要议题的问题表明，问卷设计者在设计问卷之前并没有认真地考虑该主题的研究。其结果是，一个可能重要的研究变量没有得到充分的测量，这不仅会影响研究结果，也会影响研究者对雷切尔关于该主题真实意见的理解。

原则 2　理解你的研究参与者

编制有效问卷的关键之处就在于要理解你的研究参与者。请记住，是他们来填写这份问卷，而非你自己。当你编制问卷时，一个非常重要的策略是发挥自己的移情理解能力或换位思考能力，即像潜在的研究参与者那样思考问题。如果这份问卷对于研究参与者来说“没有意义”，那么它在研究中也不会产生有效作用。

原则 3　使用自然且熟悉的语言

你应该使用那些问卷填答者所能理解的语言，尽量避免使用行话或技术术语。这项原则是建立在上一项“理解你的研究参与者”原则之上的。你必须充分了解他们，并且使用他们所熟悉的语言。当你决定问卷该使用某种类型的语言时，你需要考虑参与者的年龄，他们的受教育程度，以及任何与他们相关的文化特征。请记住，很有可能不是每个人都使用与你相同的日常用语。如果你正在阅读这本书，你可能是一名大学毕业生，或是在读研究生。使用自然且熟悉的语言可以使研究参与者的问卷填写变得更加容易，同时还可以帮助参与者在完成问卷填写的任务过程中感觉更加轻松且较少受到威胁。

有一个关键问题与“理解你的研究参与者”和“使用自然且熟悉的语言”两项原则都相关，那就是阅读水平。使用自然且适合你的研究参与者阅读水平的语言表述是非常重要的。拙劣的问卷是以高于或是低于目标参与者阅读水平的方式编制的。如果所编制的问卷大大高于参与者的实际阅读水平，那么就可能存在填写问卷的参与者会跳过某些问题的危险，仅仅因为他们无法理解这些问题究竟在问什么，甚至更糟糕的情况是，他们还可能“猜”答案，这样的答案不能反映他们的真实意见。同样，所编制的问卷明显低于目标参与者的实际阅读水平，也会出现上述类似的问题。当这样的情况出现时，研究参与者有时可能会觉得这样低水平的问题是对自己的一种侮辱，从而不再认真对待这份问卷，或者甚至以后不再参与其他的研究项目。此外，与要求较高阅读水平的问卷相比，要求过低阅读水平的问卷更可能导致有关研究主题的观点过于简单化，且不够丰富。如果你能够事先有效地考虑到研究参与者将会如何解读和回答问卷中的每个题项，那么你所编写的题项将能够获得非常有用的信息。

复习问题　7.1　为什么阅读水平是编写题项和编制问卷时需要考虑的重要因素？在问卷编制过程中还有哪些有关沟通方面的问题是重要的？

原则 4　撰写题项要清晰、准确并且相对简短

对于你（研究者）和参与者（填写问卷的人）来说，问卷中的每个题项都应该是可以理解的。因为每个题项要测量一些东西，所以清晰且准确的表述是非常重要的。GIGO 原则就与之相似：“垃圾进来，垃圾出去。”如果参与者不清楚问题是什么，那么他们的回答就会导致数据不能或是不应该用于研究。你的目的是希望每个参与者都能够以完全相同的方式来解读问卷中的每个题项。如果你必须使用某个技术术语，请记住，要向研究参与者解释该术语的定义。最后，尽量保持每个题目的表述相对简短，因为较长的题目可能会使研究参与者感到困惑或是产生压力感。

再一次想到了雷切尔，我们不幸的研究参与者，她虽然清楚此项研究的主题，但是却因为问卷中的具体问题而感到困惑。虽然她原本能够针对该研究主题向研究者提供自己有价值的观点，但是她却“迷失”了，迷失在问题的措辞中，迷失在所使用的行话术语中，甚至可能迷失在阅读水平上。结果是，研究者没有能够清晰地了解到她的想法，而雷切尔本人也感到灰心沮丧。如果研究者肯花时间去了解他们的研究参与者，并且清晰准确地表述问题，那么上述情况是可以避免的。

原则 5　不要使用“诱导性问题”或是“暗示性问题”

诱导性问题或是暗示性问题会影响参与者对问题做出的回答。**暗示性问题**（loaded question）是指一个所包含的词语（词语本身导致一种积极的或是消极的反应）可能引起强烈情绪反应的问题。例如，“自由主义的”（liberal）一词就是一个可能引起强烈情绪反应的词语，在 20 世纪 80 年代至 90 年代，左翼政治家们就经常避免使用它，因为不管如何表述这个词引发某些人的消极情绪反应。其他一些暗示性词语的例子还包括：政客、共产主义者、福利、缉毒官员、足球妈妈、反堕胎的、支持堕胎的、瘾君子。**诱导性问题**（leading question）是一个其措辞方式暗示了某个答案的问题。下面列举的是一个诱导性问题的例子：

难道你不同意教师应该比现在赚的钱更多吗？

☐ 不，他们应该赚得更多。

☐ 是的，他们不应该赚得更多。

☐ 不知道 / 没意见。

“难道你不同意”这样的措辞就会引导参与者。这个问题更加中立的表述如下所示：

你认为教师现在的工资低于他们应得的，或是高于他们的应得的，还是在适当的水平上？

☐ 教师的工资低于其应得的。

☐ 教师的工资高于其应得的。

☐ 教师的工资已在适当的水平上。

☐ 不知道 / 没意见。

下面的例子非常有趣，因为在这个问题中既包含了引导性措辞，也包括了暗示性措辞（引自 Bonevac，1999）：

你认为自己辛苦挣来的钱更多的是应该由自己支配还是应该被政府征缴以增加官僚政府的项目？

☐ 自己支配更多。

☐ 把钱用于增加官僚政府的项目。

☐ 不知道 / 没意见。

请始终记住，你的目的是要编写问卷题项，这些题项能让参与者自由地提供他们自然且真实的答案。你要获得的回答是未被问题中某个特别的词语所影响的。回想本章开始时列举的那个例子，雷切尔感觉到研究者们已经有了既定好的方案，她担心自己不能够合适地回答出其中的某些问题。当你在填写问卷时也曾经遇到过类似的情况吗？如果遇到过，那么就意味着你也经历过诱导性问题或是暗示性问题。

复习问题 7.2 列举一个诱导性问题或是意义含混问题的例子。

原则 6 避免双重目的问题

双重目的问题（Double-barreled question）是指在一个单独的问题中包含两个甚至两

个以上的子问题或是态度目标。例如，你认为教师应该与家长和学校管理者有更多的联系吗？正如你所看到的，这一个单独的问题实际上包含了两个不同的子问题。这个问题实际上是想问：你认为教师应该和家长有更多的联系吗？你认为教师应该和学校管理者有更多的联系吗？这两个子问题中的每一个问题都可能引起参与者不同的态度，把这样的两个问题合并成一个问题会使研究想要测量的参与者态度或是意见变得模糊不清。一旦有人回答了这样的问题，研究者是不可能知道其意见究竟是针对问题中的**哪一部分**而得出的。

因为研究者不可能知道参与者究竟是回答了问题中的哪一部分，还是他（她）针对两个问题整体而做出的回答，所以，避免双重目的问题就是一项好的规则。作为问卷编制的一般规则，当在具体的问题中或是陈述中使用某个词语时，研究者应该检查该词语是否具有两难性，或者该问题是否只适合参与者在某个特定的情境下才能作答。

原则 7　避免双重否定

当要求研究参与者同意某项陈述时，双重否定的句式就很容易出现。例如：

你同意 / 不同意下列陈述？
不应该要求教师在图书馆时间监督学生。

如果你不同意这一观点，那么你一定会用到**双重否定**（double negative）（句式结构中包含两次否定）。如果你不同意，你会说你不认为教师不应该在图书馆时间监督学生（Converse & Presser，1986）。换句话说，你可能认为教师应该在图书馆时间监督学生。

下面是另外一个双重否定的例子：

教师不应该做如下事情：

打孩子：
□ 不应该
□ 应该

开除学生：
□ 不应该
□ 应该

如果你必须要在问卷中使用否定式的题项，那么你应该在否定的词语下面做出标注加以强调，以引起参与者的注意。

原则 8　确定采用开放式问题还是封闭式问题

开放式问题（open-ended question）可以使参与者能够按照他们喜欢的任何方式来回答问题。开放式问题可以带你进入研究参与者自然的语言和思想世界，因此开放式问题主要提供定性研究数据。相反，**封闭式问题**（closed-ended question）要求参与者在研究者预先设定好的有限选项内做出选择。封闭式问题主要提供定量研究数据。虽然开放式问题主要用于定性分析，但有时通过计算同类回答出现频次的方式，开放式问题也可用于定量分析。而且，最低程度的开放式问题也可直接为研究提供定量信息。例如，“去年，你多少次因为纪律原因而让学生离开教室？”

为了确定某人的婚姻状况，你可以提出“你目前的婚姻状态是什么？”然后在问卷中留下足够的空间供参与者写下他们的答案。假如这样，该问题就是一个开放式的问题。因为参与者可以使用他们自己的语言进行回答。另一方面，你也可以使用封闭式问题来确定某人的婚姻状况。例如，

你目前的婚姻状况是什么？（请在方格中作出选择）

☐ 单身
☐ 已婚
☐ 离异
☐ 分居
☐ 丧偶

请注意，在调查婚姻状况时，开放式问题和封闭式问题中所使用的**题干**（item stem）（构成问题或陈述的词语）都是一样的，它们都会问到：“你目前的婚姻状况是什么？”简而言之，开放式问题和封闭式问题的区别只在于其要求参与者回答问题的方式有所不同。在开放式问题中，参与者必须自己想出问题的答案；而在封闭式问题中，参与者必须在研究者预先设定的备选答案中做出选择。

开放式问题通常用于探索性研究（即，当研究者对某一主题了解较少时），而封闭式问题主要用于验证性研究（即，当研究者想要检验某一假设时）。当研究者需要了解人们的想法或是某一研究变量的维度还未具体确定时，此时使用开放式问题就会非常有价值。因为参与者在回答开放式问题时需要使用自己的语言，如此一来，开放式问题将能够为研究者提供丰富的信息。例如，下面的这道开放式问题就会提供一些有趣的信息：你认为教师会采取哪些措施来防止学生使用非法药物？但是分析由开放式问题获得的数据会更加的困难和耗费时间。尽管如此，当研究目的是为了通过参与者的自然语言和分类来了解其内心世界时，开放式问题依然是此类质性研究的核心。

当研究变量的维度已经确定时，使用封闭式问题则比较适合。在封闭式问题中，所

有参与者都面对同样的答案分类，因此封闭式问题所收集到的信息可以采用标准化定量统计分析的方法进行处理。通常情况下，研究者都会借鉴开放式问题中收集到的答案来帮助设计问卷中的封闭式问题。例如，研究者可以首先将教师们防止学生使用非法药物的建议进行分类（如教育、课后项目、纪律），然后将这些类别作为未来封闭式问题的备选答案。

问卷可以按照所使用问题的类型进行分类。主要由开放式问题构成的问卷被称为**定性问卷**（qualitative questionnaires.）。此类问卷通常用于探索性的研究。例如，当研究者想要了解参与者是如何认为、感觉或经历某个现象，或者当研究者想要知道参与者相信某件事情会发生的原因时，就可以使用定性问卷。有关开放式问题的例子将在学生配套网站的补充材料中提供。

大部分由封闭式问题构成的问卷被称为**定量问卷**（quantitative questionnaires）。此类问卷主要通过让参与者回答一些标准化的问题来测量某项变量并验证某个研究假设，即完成某项验证性研究。在定量研究中，**标准化原则**（principle of standardization）是非常重要的；其目的是向研究中的每一个参与者提供相同的刺激（题干、答案分类以及任何其他附加信息）（Dillman，2007）。这样做是为了最大程度地确保所收集答案的可比性。实际上，大多数问卷是开放式问题和封闭式问题的混合体，此类问卷被称为**混合问卷**（mixed questionnaires）（Johnson & Turner，2003）。虽然我们将问卷划分为三种类型，但是请记住，问卷通常都是由定量、定性和混合问题构成的统一体，定性问题安排在最后用于收集观点，混合问题安排在中间位置。

请再一次思考本章开始时所介绍的教师遭遇问卷挫折的例子。这份问卷失败的主要原因在于，研究者没有抓住参与者所认为重要的议题。如果研究者意识到并且承认了他们没有能够完全了解参与者希望讨论的重要议题，那么这样的失败是能够避免的。解决这种潜在局限性的方法之一就是在问卷中增加开放式问题，例如：“你们认为什么主题对于提升学生的学业成绩是重要的？”开放式问题的使用可以使参与者更加充分地表达自己的意见，尤其是那些研究者事先没有预料到的一些想法。开放式问题可以为研究者提供许多有价值的研究信息。

复习问题　7.3　题干是什么？

7.4　如果你想开展一项探索性研究，那么你更倾向于选择使用封闭式问题还是开放式问题？

原则 9　封闭式问题的反应项要相互排斥且穷尽所有可能

封闭式问题的反应项要**相互排斥**（mutually exclusive），彼此之间不能重叠。例如，下列有关调查参与者年龄问题的答案分类就不是互斥的：

□ 10 岁或以下
□ 10 岁至 20 岁
□ 20 至 30 岁
□ 30 至 40 岁
□ 40 至 50 岁
□ 50 至 60 岁
□ 60 至 70 岁
□ 70 至 80 岁
□ 80 或更年长

你看出这些反应项中存在的问题了吗？问题就在于它们之间存在重叠。例如，一个 20 岁的人可以同时被归入答案中的两个分类中。事实上，年龄为 20 岁、30 岁、40 岁、50 岁、60 岁、70 岁和 80 岁的人都可以同时被归入不止一个答案分类中。简而言之，该问题的答案分类不是互斥的。接下来，我们就将告诉你如何修改这一问题。

当问题的答案分类适用于所有研究参与者时，那么这样的答案分类就是**穷尽的**（exhaustive）。例如，下列询问你现在年龄的反应项存在什么问题？

□ 1 岁至 4 岁
□ 5 岁至 9 岁
□ 10 岁至 14 岁

问题在于这三个答案分类并未穷尽所有可能性。因为该问题并没有为 14 岁以上的人或是 1 岁以下的人提供可选择的答案。除非有一项答案分类是可以适用于所有潜在的回答，否则该问题的答案分类就不是穷尽的。

将设置互斥答案和穷尽答案的观点综合在一起，你可以发现下列问题的答案分类既互斥又分类穷尽：

下列哪项分类包含了你现在的年龄？（请在方格中做出选择）

□ 18 岁以下
□ 18 至 29 岁
□ 30 至 39 岁
□ 40 至 49 岁
□ 50 至 59 岁
□ 60 至 69 岁

□ 70 至 79 岁
□ 80 岁或 80 岁以上

上述答案选项符合互斥的分类原则，因为答案之间不存在相互重叠的选项，又同时满足分类详尽的原则，其答案分类可适用于所有可能的回答。当你编写一个封闭式问题（问题由题干和一系列预先确定的答案分类构成）时，请记住要确保你所设置的备选答案的分类既要互斥又要穷尽所有可能。

原则 10　考虑可用于封闭式问卷题项的不同类型反应项

在这一部分，我们将通过解释等级量表、排序、语义差异和清单几个概念来介绍几种常用的封闭式问卷的答案分类法。

等级量表

研究者经常通过提供具体问题或是陈述（题干）和等级量表（答案选项）等研究工具从研究参与者那里收集数据，然后使用等级量表对每个题干做出判断。**等级量表**（rating scale）是答案选项的一个连续统一体，参与者通过等级量表来表明自己的回答。等级量表所产生的是数值型数据（定量数据），而非定性数据（定类测量水平的数据）。研究者们使用等级量表已经有很长一段时间了。回顾等级量表早期的历史，吉尔福德（Guilford，1936）早在 1805 年就提供了等级量表的例子，1900 年之后不久，许多其他等级量表的例子开始不断出现。一些重要的等级量表的早期开发者主要有高尔顿爵士（Sir Francis Galton，1822—1911），皮尔逊（Karl Pearson，1857—1936），以及李克特（Rensis Likert，1903—1981）等人。

数值型等级量表（numerical rating scale）由一组数字和固定端点组成。当你为等级量表设定（anchor）一个端点时，同时还需要为这个端点标注一个文字描述。下面的例子就是一个问题的题干以及一个包含了固定端点的数值型等级量表：

你认为你所在学校校长的总体工作表现如何？

1	2	3	4	5	6	7
非常低						非常高

正如你所看到的，第一个端点（1）被设定为“非常低”，另一个端点（7）被设定为“非常高”。这是一个 7 点量表，因为在这个量表中一共设有七个点。如果你所使用的数值型等级量表中只含有固定的端点（如上所示），我们认为你所使用的是一个奇数点，而非是一个偶数点。如果你使用的是一组偶数点，那么答题者就可能对其中最中心的两个数字之一产生误解，他们可能将其中一个数字作为中心点或是中性点（Dillman，

2007）。如果你选择使用一组偶数点，那么你需要对其中两个中心点进行文字描述，或是对这两个中心点间的区域意义进行文字描述。例如，如果你认为你要使用一个 10 点量表，那么你就应该使用 0 到 10 作为量表中的数值点（其间共包括 11 个数值点）；如果你坚持使用 1 到 10 作为量表数值点，那么你就应该对 5 和 6 两个数字都进行文字描述，以防止参与者误将 5 这一数字作为整个量表的中心点。

有一种简单类型的等级量表被称为**完全定位等级量表**（fully anchored rating scale）。完全定位等级量表中所有的数值点均加以文字描述。下面就是一个完全定位等级量表的例子：

我的校长是一位非常有效的领导者。

1	2	3	4	5
非常不同意	不同意	中立	同意	非常同意

这种量表被称为 **5 点量表**，因为在这一量表中共有 5 个点。（正如研究文献中有时提到的那样，我们也承认单独的一个题项不能够称为“李克特量表”，因为李克特量表这一术语包含多重含义。[1][2]）一些研究者更喜欢在完全等级量表中使用描述符号，而不喜欢使用数字表示。无论怎样，你应该尝试使每相邻的两个描述符号之间所表达的等级差异都是均衡的。在完全定位等级量表和部分定位等级量表中，你必须认真对待每个选项的定位描述。选项的定位描述将为参与者提供一个选择的**参照点**，参与者将根据这些参照点来指导他们自己的意见表达。如果这些参照点本身就是片面的，不清楚的，或者参照点间的等级差距不均衡，那么你将不能对参与者的意见进行准确的测量。思考下面所列举的等级不均衡的 5 点量表：

我喜欢我的工作环境：

1	2	3	4	5
不同意	有些同意	同意	强烈同意	非常强烈同意

在上述例子中，有 4 个定位或者说 4 个参照点是描述同意的，而仅有一个是描述不同意的。这看起来像是一个不道德的政治家所使用的量表，因为他 / 她希望通过这种方式让人们同意他 / 她的政治主张。这种错误的答案分类很容易使回答者选择同意的选项，

[1] 李克特因发明了总加等级量表步骤（本章后面所讨论的）而非常有名。而且他还使用 5 点等级量表来测量“认可度”。这里是他在 20 世纪 90 年代后期所使用的等级量表定位：1—非常认可；2—认可；3—不确定；4—不认可；5—非常不认可。

[2] 等级量表这一术语是非常灵活的。你可以变化等级的具体数量，如“5 点等级量表”和“7 点等级量表”。然后你可以指明量表的内容，如“5 点同意度量表”或“5 点满意度量表”。

而难以使其选择不同意。请记住：当你为等级量表的选项进行定位描述时，一方面要保障不同定位描述的词语比例均衡，另一方面还要保障每相邻的两个描述符号间所表达的等级差异都是均衡的。

你可能想知道在一个等级量表中设置多少个点是合适的。研究表明，一个等级量表中应该使用 4–11 个点（如，McKelvie，1978；Nunnally，1978）。相较于少于 4 个点的等级量表，4 个点以上的等级量表更具可靠性。而 11 个点以上的等级量表则会让人感到混乱，因为大部分参与者的能力都是有限的，当其面对大量的测量点时，他们很难将其很好地区别开。

当决定等级量表中包含多少个点之后，接下就要考虑这些定位点之间真正的区别应该是什么。也就是说，假设在一个 11 点等级量表中，选择 9 和选择 11，这两种选择间**真正的区别**在哪里呢？如果你设定的等级点多于这些点之间的真正差异，那么这就意味着你设定了过多的等级点。相反，你也必须确保设置了充足的等级点，以保证参与者能够从这些等级点中看到它们之间的真正差异。让我们来思考一个只有两个等级点的极端例子：同意或不同意。这样的等级量表或许可以用于比较简单的问题调查中，你能想出更多存在灰色领域的例子吗？即，既不完全同意，也不完全不同意。在那些例子中，你可能需要设置更多的等级点以保证收集到有关某一议题的更为准确的信息。要记住的一点是：如果需要，你可以在分析数据时随时打破原有的等级分类，但是在数据收集完成以后，你就不能够再增添其他的分类。因此，一些研究者宁愿选择在量表中稍微多设置几个等级点。另一方面，迪尔曼（Dillman，2007）报告称，为了使量表更加简洁，更方便答题者理解，多年以来他一直鼓励等级量表应该使用较少的等级点（比如 4–5 个点）。我们建议研究者刚开始的时候可以使用通用型的（比如，标准的）等级量表，如展示栏 7.1 所示。如果需要的话，再对其进行调整。

一些实证数据可以告诉你某些测量应该需要使用几个等级点。例如，在对一个准备测量研究者的方法论信仰问卷进行试测时，作者（Burke Johnson）发现传统的 4 点同意型量表（非常不同意、不同意、同意、非常同意）并不能达到理想的效果。有时我的研究参与者们抱怨称他们并不完全同意；另一些时候，他们也会抱怨称他们并不完全不同意。因此，本书作者将 4 点量表修改为 6 点量表（非常不同意、不同意、有些不同意、有些同意、同意、非常同意）以为参与者提供更多的选择。

或许你也想知道是否应该在等级量表中设置一个中心选项或是中间选项。研究表明，省略中间选项（例如，**中立、几乎相同、均等、没有差别**）不会对整体研究结果产生明显影响（Converse & Presser，1986；Schuman & Presser，1981/1996）。因此，有些研究者选择设置中间选项，而有些研究者则选择放弃中间选项，这两种做法均各有其道理。在图 7.1 中你可以看到，罗森伯格（Rosenberg）在其广为人知的自尊量表中采用了四点等级量表（即他省略了中间选项）。一些研究者像他一样，更愿意省略中间选项，因为这样做可以迫使研究参与者倾向于选择其中某一种答案。这样的答案设置不允许参与者持有中立意见，如此一来研究中收集到的模糊不清的意见也就减少了。但是另一方面，省略中间选择的做法有时也会过于咄咄逼人。这样做有时会令参与者感到不愉快，因为一些参与者在经过仔细思考后确实对该问题持有一种中立的态度。

展示栏 7.1 中列举了研究者和参与者们经常使用的一些等级量表。你可将这些量表运用到你的问卷中。虽然选项的排列顺序（积极——消极；消极——积极）不会对研究结果产生明显的影响，但是我们通常建议采用“消极——积极”的排列顺序，因为这样的排列顺序可能会显得不太具有引导性。请注意，通过调查研究专家发现，4 点量表和 5 点量表是最常用的两种等级量表。正如在展示栏 7.1 中所看到的，你可以从不同的维度来编制你的等级量表，例如同意、赞成、重要性和满意度等。当你编制自己的等级量表时，要明确你所感兴趣的维度，然后你要为这些维度编制相似的（即类似的）答案分类。

展示栏 7.1　等级量表的常用答案分类举例

请注意：当你在编写答案分类时，要确保每相邻的两个描述符号或答案分类的间距都是相同的。例如，“同意”和“非常同意”两个含义的间距应该与“不同意”和“非常不同意”两个含义的间距是相同的。

同意

（1）非常不同意　（2）不同意　（3）同意　（4）非常同意

（1）非常不同意　（2）不同意　（3）中立　（4）同意　（5）非常同意

数量

（1）太少　（2）　正好　（3）太多

赞成

（1）强烈反对　（2）反对　（3）赞成　（4）非常赞成

（1）强烈反对　（2）反对　（3）中立　（4）赞成　（5）非常赞成

信仰

（1）肯定是虚假的　（2）可能是虚假的　（3）可能是真的　（4）肯定是真的

比较

（1）差太多　（2）较差　（3）大约相同　（4）更好一些　（5）好很多

（1）少很多　（2）少一点　（3）大约相同　（4）多一点　（5）多很多

（1）非常不像我　（2）有点不像我　（3）有点像我　（4）非常像我

评价

（1）极好　（2）好　（3）一般　（4）差

（1）非常差　（2）差　（3）一般　（4）好　（5）非常好

（1）非常坏　（2）有点坏　（3）比较好　（4）非常好

重要性

（1）根本不重要　（2）不很重要　（3）一般重要　（4）非常重要

（1）根本不重要　（2）不太重要　（3）有点重要　（4）非常重要　（5）极其重要

了解程度

（1）根本不熟悉　（2）不很熟悉　（3）有点熟悉　（4）非常熟悉

表现

（1）不满意　（2）一般　（3）很好　（4）非常好

可能性

（1）可能性非常小　（2）可能性有些小　（3）无所谓　（4）有些可能性

（5）可能性非常大

满意度

（1）非常不满意　（2）有点不满意　（3）比较满意　（4）　非常满意

复习问题　7.5　一个等级量表中应该包含多少个等级点？

7.6　所有的等级量表中都应该包含中心点吗？

排序

有时，你也许希望你的研究参与者能够将他们的回答进行排序。**排序**（ranking）意味着参与者对态度目标重要性或是优先性的赋值。排序既可以用于开放式问题中，也可以用于封闭式问题中。例如，你可以首先提出一个开放式的问题，例如：“在你看来你们学校的前三名教师是谁？”然后你可在该问题后面追加一个排序的项目，例如：“请将你提到的这三名教师按顺序排列。”排列也可以用于封闭式问题中。例如，你可以使用下面的封闭式问题：

请按照重要性的大小将下列校长品质进行排序。（请将数字 1–5 填写到所提供的顺序列表处，其中 1 代表最重要，5 代表最不重要。）

____为人真诚

____能够为学校带来资源

____教师需求的倡导者

____严于律己

____非常好的激励者

正如你所看到的，这是一道封闭式问题，因为问题的答案分类都是预先确定好的。一般情况下，你不应该要求参与者对三个或五个以上的回答或是答案分类进行排序，因为这对于参与者来说可能是一项比较复杂的工作。此外，排序还会给后期数据的统计分析造成困难，它还涉及其他的一些相关变量。

要求参与者对单独某个问题的答案进行排序通常是不必要的。我们推荐的方法是通过使用等级量表方式使参与者对每个答案分类进行排序。在数据分析时，你可以掌握每个分类的平均率，然后据此对这些平均率再次进行排序。通过这种方式你不仅可以更加容易地分析其他变量之间的关系，还可以获得问题答案分类的整体排序。

语义差异量表

语义差异量表（semantic differential）是一项测量技术，它是用于测量参与者对于题干中提出的各种态度目标或概念所作出的意义定位（Osgood，Suci，& Tannenbaum，1957）。参与者被要求在一个 6 级或是 7 级量表中对题干中给出的每个态度目标或概念进行辨别。这些量表都是“双极式”的量表，因为其答案分类的两个端点形容词是完全相反的。你可以在展示栏 7.2 中看到一个语义差异的例子。

当你想要剖析或是描述与某项态度目标相关联的多重特征的时候，语义差异就会显得非常有用。在展示栏 7.2 中，你被要求在一个含有 20 个差异选项的校长品质双极等级量表中做出选择。如果一个学校的所有教师都使用此量表，那么你可以将教师们的回答首先做平均值处理，然后再对校长的品质进行剖析。你会发现不同的群体会得出不同的剖析结果。例如，男教师和女教师眼中校长应具备的品质就可能会有所不同。如果你想开发一个语义差异量表，那么你可以通过查找反义词词典来找到反义词词组。你也可以在艾萨克和迈克尔的（Isaac & Michael，1995）《教育与行为科学研究与评价手册》以及詹金斯·罗素和苏吉（Jenkins，Russell & Suci，1958）的有关论文中找到一些有用的语义差异的词组列表。

展示栏 7.2 语义差异量表举例

请在下列每个描述性量表中选择与你所在学校校长相符合的位置。请依据你自己最为明显的感受在每组词语间的空白处做出标注。

	你所在学校校长	
善于交际的	___ ___ ___ ___ ___ ___ ___	不善于交际的
和蔼的	___ ___ ___ ___ ___ ___ ___	残酷的
成功的	___ ___ ___ ___ ___ ___ ___	不成功的
聪明的	___ ___ ___ ___ ___ ___ ___	愚笨的
严厉的	___ ___ ___ ___ ___ ___ ___	仁慈的
阳刚的	___ ___ ___ ___ ___ ___ ___	娇柔的
积极的	___ ___ ___ ___ ___ ___ ___	消极的
易激动的	___ ___ ___ ___ ___ ___ ___	冷静的
迅速的	___ ___ ___ ___ ___ ___ ___	迟缓的

可预见性的	____	____	____	____	____	____	____	出乎意料的
清晰的	____	____	____	____	____	____	____	混乱的
独裁的	____	____	____	____	____	____	____	民主的
灵活的	____	____	____	____	____	____	____	刻板的
高兴的	____	____	____	____	____	____	____	沮丧的
工作型的	____	____	____	____	____	____	____	娱乐型的

清单

研究者有时会提供一个答案分类列表，即一份**清单**（checklist），要求研究参与者在其中找出适合他们的选项。参与者可以进行多项选择。例如：

你是从哪里获得有关教学改进的最新信息的？（请在下列答案中选择所有适合您的选项。）

☐ 其他教师
☐ 教授
☐ 校长
☐ 家长
☐ 主管领导
☐ 学术期刊
☐ 专业期刊
☐ 杂志
☐ 电视
☐ 其他。请列举____

对于描述性研究，清单有时也是有用的。但一般情况下，你应该避免**多项选择题**，例如清单等。因为这样的方法一方面会给后续的数据分析造成困难，另一方面也可能带来首因效应的消极影响（例如，参与者更容易选择排列在列表前面的选项。Dillman，2007）。为了避免这些消极影响，我们推荐的替代性方法是，要求参与者对每个备选答案进行排序。

原则 11　使用多个题项来测量抽象概念

使用多个题项来测量一个概念是为了提高测量的信度和效度。或许我们在测量抽象概念时最常用的手段就是**总加量表**（summated rating scale），也称作**李克特量表**（Likerts cale）。**总加量表是由测量同一个概念的多个题项所构成**，而不是由单一一个题干和等级量表组成的。在总加量表中，每个应答人使用等级量表（例如，4 点或 5 点量表）对每个题项进行评分，然后，研究者将这些评分进行加总，从而为每个参与者提供一个单一的得分。

图 7.1 所示的罗森伯格自尊量表就是一个比较常用的总加量表。该量表中包含的 10 个题项都是用来测量自尊的。在这个量表上，一个人的总分最低可能是 10 分，最高可能是 40 分。每个参加者所得总分介于这两个极值之间（也就是说，介于最高分数和最低分数之间）。

总加量表最初是由著名社会心理学家李克特（Rensis Likert，1903—1981）开发的。李克特于 1932 年发表了其成果，其中第一次提到了总加量表（Likert，1932）。从此以后，研究者们开始广泛地使用总加量表，而李克特量表的结构也成为三大传统量表建构模式之一。另外两种量表是格特曼量表（Guttman scaling）和瑟斯顿量表（Thurstone scaling）。[1]

相比于单一题项等级量表，包含多个题项的等级量表的主要优势在于它能够为研究提供更为可靠（即更为一致或是更为稳定）的分数，而且包含多个题项的量表能够产生更多的变异，可以帮助研究者更好地区分那些应答者。如果你想要测量一个复杂结构（例如自我效能感、内外控倾向、勇于冒险的程度、考试焦虑程度、独断程度以及气质特点等），那么使用包含多个题项的量表几乎是必须的。即使你要测量这样一些结构，你也不必选择自己开发量表。相反，你应该进行文献检索，去找到那些已经过验证的并且适合你的研究的测量工具。如果没有合适的测量工具，你就需要自己来开发。开发一份好的总加量表需要大量的时间和相关的专业知识，而且它还需要经过广泛的验证之后才可以应用于一项正式的研究当中。在开发一份总加量表时，也要遵循我们在第 6 章所讨论过的测验编制原则（信度和效度）。

原则 12　测量抽象概念时可考虑采用多种不同的方法

该原则是社会研究中长期遵循的，即测量在一定程度上是我们测量方法的产物。事实上，如果你在整个测量中只使用一种方法来测量所有的变量，那么你的变量很可能是彼此简单相关的，因为你使用的是相同的测量过程（Cronbach & Meehl，1955）。而你认为所阐释的这些变量间的相关性可能根本就不存在，只是一个假象而已。思考一下你自己生活中的这类问题。你发现自己更善于使用某种类型的测量方法吗？无论是什么主题，你总是能较好地完成问答形式的测验，但却在正误判断题中表现较差吗？如果你有过一些类似的经历，那么你就能够理解第 12 条原则的重要性了。

使用多种不同的测量方法在当今非常重要，越来越多的研究者所使用的“测量

[1] 你可以在《统计学和方法论词典》（Vogt and Johnson，2011）中学到有关问卷编制的更多内容。你也可以从网上找到有用的信息。

模型”都是建立在两种甚至是三种测量方法或过程（如问卷、访谈、观察、标准化测验）之上的。对结果数据的分析通常要使用高级统计软件，例如 LISREL，AMOS，或者 EQS。关键在于，研究者使用较多的方法来测量相关的概念或结构，你就会对他挖掘概念特点的能力而非方法本身越有信心。

原则 13　慎用反向措辞以防止量表中的反应定势

当参与者使用同一种或是相似的等级量表来评定多个题项时，就可能出现“反应定势”现象。所谓**反应定势**（response set）是指研究参与者在回答一组测量题项时，不顾其内容差异，都倾向于以某一特定取向作答。有一种反应定势被称为**默许心向反应**（acquiescence response set），是指答题者在回答所有题目时都选择“是的”或是“同意”，而不选择“不是”或是“不同意”的答案。反应定势的另一种类型称为**社会期望反应**（social desirability response set），是指研究参与者只倾向于选择社会所期望的选项。

防止出现反应定势（尤其是默许心向反应）的一种方法就是在题项中使用反向词语（和反向计分）。这种方法旨在鼓励参与者更加仔细地阅读问卷的每个题项。图 7.1 中展示了一个使用反向词语的例子。你可以看到，罗森伯格自尊量表中的第 3、5、8、9 和 10 题中的词语被“逆转”了。

是否要使用反向词语，这在问卷和测验结构的有关文献中仍有争论。其中一个学派并不建议使用反向词语，因为有证据表明反向词语的使用会降低多题项量表的信度和效度（Barnette，2000；Benson & Hocevar，1985；Deemer & Minke，1999；Weems & Onwuegbuzie，2001；Wright & Masters，1982）。反对派则认为信度下降的原因主要在于反应定势的减少，他们坚信反应定势减少而带来的“益处”要远大于信度降低而产生的损失。迪尔曼（Dillman，2007）认为，在一些题目中使用反向词语并不能减少反应定势，研究信度的降低是由于题项中的反向词语令研究参与者出现了困惑。我们的建议是，只有在反应定势是此次研究中主要考虑的因素时，研究者才适合使用**反向措辞题项**（reverse-worded items）。而且，重要的是研究者要审查数据以便尽量发现那些反应定势的回答，并及时剔除它们。最后，如果反向措辞题项会导致双重否定的语言表述，那么就不要使用这样的题项。

原则 14　编制一份组织结构合理且易为参与者所使用的问卷

表 7.3 是一份问卷编制清单，其中列举了研究者在设计问卷时所应考虑的基本内容。问卷中问题的排序就是其中需要考虑的一项。例如，罗伯逊和森德斯特伦（Roberson & Sundstrom，1990）发现，在一项雇员态度调查中，将回答者认为最重要的问题放在前面，将一些人口统计学的问题（年龄、性别等）放在后面，结果可以获得最高的问卷回收率。在编制一份问卷的时候，你应该将那些积极的或者是没有威胁性的题项放在前面，因为

这样做有助于获得参与者对填答问卷的支持。

表 7.3　问卷编制清单

1. 遵循本章所讨论的 15 条问卷编制原则。
2. 请记住：外观很重要。
    - 让你的问卷看起来很专业。总体上看，问卷应该美观、易读而整洁。下面介绍的几点可以解决具体的外观问题。
3. 使用标题
    - 每次都给你的问卷加上标题；标题可以让参与者了解问卷的主题，并给问卷一个身份。
    - 考虑在问卷中尤其是较长的问卷中使用小标题。这些小标题可以使参与者的精力集中于问卷中的适当主题或方向上。
    - 标题可以使整个问卷看起来更具专业性，可以显示出问卷的组成结构。
4. 尽量使用简短的问题。
    - 根据所要获得信息的情况而平衡问题的长度。虽然编写一些长而详细的问题很具吸引力，但是简短的问题更有效。问题越长，参与者越有可能误解问题，或是根本弄不懂问题的含义。
5. 仔细思考每个问题和相关问题的位置安排。
    - 一个问题出现在问卷的什么位置是很重要的。不要将一些敏感性问题（如人口统计学问题）安排在问卷的开头部分。通常要将这些敏感性问题安排在问卷的结尾。如果参与者花费大量时间首先填写这些问题，他们可能会感到很不舒服。
    - 在问卷的开头部分应该使用一些热身性的问题，尤其是那些可以令参与者感到有趣的问题。正如你不想把敏感性问题放在问卷的开头部分一样，另一个好的建议就是也不要将最难的问题或是最耗费时间的问题安排在问卷的开头。这样做会“吓跑”参与者，降低问卷的回收率。相反，可以在问卷的开头部分安排一些有趣的、容易的、简短的、不具威胁性的（即热身性的）问题。
    - 适当变换问题的类型。可以使用一个开放式的问题来分隔大段的等级量表题项，反之亦然。虽然你不想使问卷跳跃度太大，但是，通过分隔问题类型的方法，你可以降低参与者陷入反应定势的自然倾向，还可以减轻他们的疲劳。
6. 从头到尾给题项连续编号。
7. 留有足够的空白。
    - 这样做可以形成一份看起来不那么拥挤且更方便阅读的问卷。不要试图为了减少页数而压缩问卷的空隙。
8. 使用易读的字号。
    - 坚持使用像 Times New Roman 或者 Arial 等常用字体。草书体或者是艺术书法体会使问卷看起来不够整洁。请记住，你的目标是设计一份易读的、具有专业视觉效果的问卷，而不是一份仅仅漂亮的问卷。
    - 如果你的问卷是用于网络的，那么务必使用在互联网上看起来比较合适的 TrueType 字体。
    - 在考虑字体大小时，务必考虑你的研究参与者；但是，坚持使用不小于 12 磅的字体是一条不错的经验法则。
9. 考虑不同的字体样式，但要记住“少就是多”。
    - 使用下划线或是加粗等不同的字体样式来强调问卷中的部分，这样做还可以使问卷更具流畅性。另外，不同的字体样式可以用来强调一些特殊的词汇，例如“不”和“总是”。
    - 请记住“少就是多”。过多的样式反而会产生相反的作用，损害问卷的易读性。如果所有的题项都使用下划线或是加粗效果，那么原有的强调作用就会消失。
10. 为问卷中新的部分或是较长的部分设置引导语，以引导使用者，帮助其确定方向。
    - 不要想当然地认为参与者能够判断出你正在转换话题或是方向。在两部分间要使用清晰的过渡语。编写问卷和写故事一样要自然流畅。
11. 提供清晰的指导语。
    - 如有不确定之处，就要添加指导语以说明量表的本质或是明确应该使用单项选择还是多项选择。
12. 准确指导使用者完成问卷中的每一步。
    - 如果你使用过滤性问题或是相倚问题，那么你必须确保使用者知道接下来该去哪里，或是下一步该做什么。编写问卷就像是绘制地图，必须准确地告知使用者该去哪里，并且告诉他们该在什么时间、从什么地点退出去。

续表

13. 垂直而非水平地排列封闭式问题的反应项。（等级量表可能例外。）
14. 对使用同样等级量表的题项进行矩阵式排列。
    - 对上一条规则而言，这是一种例外情况。
    - 如果一组问题的答案选项都是一样的，那么就可以使用矩阵式的设计（见展示栏 7.3 中的 7-17 题），而不用每道题都重复一次答案选项。这种做法可以减少问卷的冗长，方便参与者更快捷、容易地完成问卷，还可以使研究者很快地发现问卷中的反应定势。
15. 避免多项选择题。
16. 包含一些开放式问题。
    - 即使你的工具主要是一份定量问卷，但是为参与者提供空间使其写下他们自己的一些想法还是有用的，这些想法很可能是封闭式问题中所遗漏的。
17. 不要在开放式问题中使用横线。
    - 如果使用开放式问题，不要在答题区域提供横线。只要留出空白即可。空白可以增强问卷的整洁感，而且还不会限制答题者的反馈信息量。但是如果使用横线，就会产生不利影响。
18. 不要“打断”问题。
    - 绝不要使一道问题或是其答案选项分布在两页纸上。这会迫使参与者在两页之间来回翻转，因而会增加错误。另外，如果其中一个答案选项分布在另一页纸上，许多参与者很可能会将其遗漏。
19. 包含页码。
    - 使用页码是增强问卷外观、提升问卷清晰度的一种简单方法。如果你的问卷中使用相倚问题，且需要参与者跳跃到问卷的不同页回答问题时，问卷页码就显得更为重要。
20. 使用结束语。
    - 使用结束语，例如“感谢您能抽出宝贵时间”，或是“感谢您的参与”。结束语一方面可以使参与者意识到他们已经完成了问卷，更重要的是结束语的使用还可以使参与者感到这是一次积极的整体体验。如果你还需要与参与者进行后续研究，那么结束语可能会使后续研究获得更好的回答率。

此外，正如作家和专业人员在调查研究中多年以来一直强调的那样，**人口统计学的问题通常应该安排在问卷的最后**，一般在此类问题的前面会加上一句指导语，例如“为了完成本份问卷，我们还设置了几个关于您自身情况的问题。”问卷对于研究的目标人群来说不能过长，否则他们可能不会认真填写问卷，或者会拒绝完成整份问卷。

限制问卷中相倚问题的数量是一个不错的方法，因为过多的相倚问题可能会使答题者感到困惑或是焦虑。**相倚问题**（contingency question）（也称作过滤性问题）是指那些指导参与者根据其自身的回答来选择不同后续问题的题项。相倚问题使研究者能够通过一些参与者不能够或是不应该试图回答的问题来“过滤”掉一些研究参与者。下面就是一个相倚问题的例子：

> 问题 1：你的性别是？
> 男性——（如果是男性，请转到问题 5）
> 女性——（如果是女性，请转到问题 2）

在**网络调查**（web surveys）（即参与者通过网站来完成问卷）中使用相倚问题通常没有什么困难，因为在网络调查中，可以通过程序设置来使与相倚问题相连接的跳转模式自动发生，参与者本身看不到跳转。在访谈中，使用相倚问题遇到的困难也比较少，因为经过训练的访谈者能够直接跳跃到相关问题，而不需要研究参与者选择。

你应该在问卷中使用明白易懂的指导语，而且不要在一页上安排太多的题项。如果一份问卷包含多个不同的主题部分，那么你应该使用过渡语或是“指导语”以使参与者适应每一个新主题。其他一些重要提示还包括：给问卷设置一个标题（例如，“学校文化问卷”）；从头至尾连续对问卷的题项进行编号；纵向而非横向排列问卷的反应项（等级量表既可以横向排列，也可以纵向排列）；在问卷的最后设置一道开放式问题以供参与者评论或是补充意见（如，“你还有什么想要补充的吗？”）；在问卷中使用明白易懂的指导语（如，“请在下列答案中选择一个”），并且要感谢参与者能够填写你的问卷（如，你可以在问卷最后一页末尾写上“感谢您完成此份问卷”）。最后，始终要使你的问卷看起来很专业，因为参与者更愿意填写专业的问卷，而且也会使参与者在离开的时候对你和你的机构留下一个更好的印象。你可以通过使用更加清晰且易认的字体和字号来增强问卷的清晰度。此外，你应该使问卷中的空白空间最大化。初学者编制的问卷有一个最明显的特征，就是问卷中的空白较少或是几乎没有。紧凑的问卷可能会不太清晰，所以一份易读的问卷中最好留有附加页。要记住，问卷的外观和质量同时也会影响人们对你和你的组织的印象。

复习问题　7.7　什么时候应该使用相倚问题？
　　　　　7.8　问卷编制清单中的主要观点是什么？

原则 15　毫无例外地进行问卷试测

一项基本的研究规则是，在问卷应用于研究**之前**，你必须对你的问卷进行“试用”或**试测**（pilot test），以确定其是否适合此项研究。试测时至少需要 5–10 个被试，你可以从身边的同事或是朋友开始试测，让他们填写问卷并记录下他们在填写过程中的困惑点。然后你需要找到几个与你的研究对象相似的个体来试测你的问卷。

试测中使用的一个比较有用的方法称作**出声思考法**（think-aloud technque），它要求参与者在进行一项活动时要说出他们的想法和观点。如果试测使用这种方法，你就要让参与者说出他们对问卷的一些想法和观点，包括在填写问卷的过程中，他们为什么选择其中某项答案。你必须对他们所说的进行录音，或是认真地将其准确记录下来。试测期间的录音或是录像有助于研究者后期的回顾。出声思考法对于确定参与者是不是按照研究者的预先设想去理解题项尤其有帮助。

你想在试测中对一些参与者使用出声思考法，不过，你还应该让参加试测的其他参与者在与实际研究尽可能相似的环境下填写问卷。当你进行试测时，你需要考虑几个问题。例如，务必检查参与者在与实际研究相似的环境下需要花费多长时间才能完成问卷。这样做能够帮助你了解问卷是否冗长。你总是会想起一些要补充的问题，但一定要避免编写过长的问卷。在其他条件都相同的情况下，相比于长问卷，简短点的问卷或是中等长度问卷的回答率和回答质量要更好一些。

使用出声思考法时，你应该聆听参与者是如何看待问卷中的指导语和题项的。尽量判明问卷中哪些题项会令人困惑不清或具有威胁性。要请参与者在遇到难以理解的问题时及时告知研究者，然后再让他们说出他们自己认为这个题项所要表达的或所要问的含义。检查参与者回答的真实性（即他们的回答是否是真实而准确的）。这些策略将帮助你确定问卷题项是否真的测量出想要测量的内容。如果你的问卷中包含相倚问题，那么当参与者完成问卷之后，你需要检查其是否跳到了正确的后续问题上。

参与者填完问卷之后，你可以通过个体或是小组的方式与他们一起讨论问卷。要对他们解释问卷的目的，询问他们是否认为有一些重要的内容遗漏了？指导语是否清晰？是否有些题项由于某些原因而更为重要？并且还要调查他们这样认为的理由。如果问卷包含实验操作，那么一定要核查，看看这个操作是否像计划的那样在发挥作用。例如，如果一个陈述或是一幅插图应该增强参与者对少数族群的 empathy，那么就要询问他们是否理解，之后是否产生了共鸣？要求参与者评论问卷的呈现形式和清晰度。例如，一个页面上的问题是否太多了？有足够的空白写答案吗？问卷是简单易懂的吗？最后，检查答案并判断是否包含了过多的“我不知道”或者“不适用”这类的答案。如果是这样，那就意味着你的问题可能不清晰或是不适用。完成试测后，要修订问卷，然后再次进行试测。要记住，在所有这些问题解决之后才能在研究中使用问卷。

复习问题　7.9　在编制问卷时，你应该遵循哪些原则？
7.10　如何对问卷和访谈提纲进行试测？

总　结

现在你已经了解了问卷编制须遵循的 15 条原则和我们的清单（表 7.3）。你应该准备好开始编制自己的问卷了！第一次编制问卷时可以采用的一个好方法就是模仿那些已有的结构合适的问卷。因此，我们在展示栏 7.3 中提供了一个示例问卷模型，被称为研究方法示范问卷。请注意问卷编制原则是如何应用于这份示范问卷之中的。例如，要注意问卷的外观和问题的排列顺序。这份问卷展示了一份基本的混合型问卷应有的样式。

好的，现在你已经掌握了所有的知识，那么下一步该做什么呢？图 7.2 是一幅流程图，它能够指导你完成第一份或是第一万份问卷的编制。问卷编制不是一个直线的过程，而是一个反复的过程，伴随着许多曲折。即使是最有经验的研究者，在编制问卷的过程中也得反反复复，不时地进行修改。请记住，你的目标是编制一份有效的问卷！问卷编制需要花费时间，但是只要你处理得当，你的研究参与者和研究报告的读者都会因此而感谢你。

展示栏 7.3 混合问卷样例

研究方法示范问卷

注意标题的使用：标题可以使参与者理解此份问卷的目的，这将有助于收集到准确的数据。

1. 你是一名正在学习研究方法课程的大学生吗？

□是的——请转到第 2 题

□不是——请不要完成此问卷，因为此问卷旨在调查学习研究方法的大学生。感谢您同意参加此次调查。

2. 在你的研究方法课上，是使用由约翰逊和克里斯滕森两人编写的名为《教育研究：定量、定性和混合研究方法》的教材吗？

问题 2 和问题 3 是过滤性问题的样例。

□是的——请转到第 3 题。

□不是——请不要完成此问卷，因为此问卷旨在对约翰逊和克里斯滕森编著教材的使用者进行调查。感谢您同意参加此次调查。

3. 你最近是在哪所学院或大学学习研究方法课程？

注意在开放式问题中使用空白。

4. 在过去 5 年中，约翰逊和克里斯滕森编写的教材是你学习研究方法时使用过的第一本书吗？

□是的

□不是

5. 你认为学习研究方法有多困难？

有关当前观点的问题。

□非常困难

□有些困难

□不太困难

□根本不困难

□不知道

6. 你认为哪门课程更难：教育心理学还是教育研究方法？

□教育心理学

□教育研究方法

□不知道

使用“不知道”这一观点选项。

接下来，我们想了解你认为下列每项研究方法主题的有趣程度。请选择 1 根本没有趣；2 不是很有趣；3 有点有趣；4 非常有趣；9 不知道。（给每个题项圈出一个答案。）

插入指导语。增强该部分问题的易读性和易理解性。

	根本没有趣；	不是很有趣；	有点有趣；	非常有趣；	不知道
7. 形成具体研究问题	1	2	3	4	9
8. 撰写研究计划	1	2	3	4	9
9. 研究伦理	1	2	3	4	9
10. 测量	1	2	3	4	9
11. 数据收集	1	2	3	4	9
12. 抽样	1	2	3	4	9
13. 研究结果的效度	1	2	3	4	9
14. 数据分析	1	2	3	4	9
15. 定量研究	1	2	3	4	9
16. 定性研究	1	2	3	4	9
17. 混合研究	1	2	3	4	9

对于都是用 4 点等级量表的一系列题目采用矩阵式排列。

18. 假如学习时间充足，如果你必须完成一项共 100 道多项选择题的研究方法考试，你会产生多大程度的焦虑感？

相倚问题

□非常焦虑——继续做第 19 题。

□有些焦虑——继续做第 19 题。

□一点焦虑——请跳到第 21 题。

□没有焦虑——请跳到第 21 题。

□不知道——请跳到第 21 题。

19. 你认为引起你考试焦虑的原因是什么？

开放式探索性问题

20. 为帮助你减轻考试焦虑，你的老师可能会采取哪些措施？

21-23 题旨在测量知识而非观点。

接下来的三个问题是有关研究方法课程内容方面的。

21. 下列哪个研究术语指的是“在研究中充分收集数据以供分析的

方法”？

□数据收集方法

□研究方法

□测量方法

□数据分析方法

□不知道

22. 等级量表通常应该包括多少个级点？

□4个

□5个

□10个

□4个到11个之间通常都是合适的

□不知道

23. “教师应该与家长和学校管理者广泛联系”——这个问卷题项存在什么问题？

□语句过长

□这是一个双重目的问题

□缺少题干

□不知道

24. 你认为研究方法知识在你未来的事业中将产生多大的作用？

□非常有用

□有点有用

□不太有用

□根本没有用

□不知道

关于未来事件的观点性问题。

接下来的三个题项涉及你对自己的感受。请在下列量表中指出你对每个题项同意或是不同意的程度：（1）完全不同意；（2）不同意；（3）同意；（4）完全同意。（给每个题项圈出一个答案。）

注意：指导语中字体的变化（即下划线），这样做方便问卷的使用。

	完全不同意	不同意	同意	完全同意	不知道
25. 我对自己持积极态度	1	2	3	4	9
26. 我能够将事情做得同大多数人一样好	1	2	3	4	9
27. 我觉得我有许多优点	1	2	3	4	9
28. 总体来看，我对自己感到满意	1	2	3	4	9

包含“不知道”观点选项在内的4点同意量表。

29. 实际上，你期望在研究方法课上最后获得什么样的成绩？

☐ A

☐ B

☐ C

☐ D

☐ E

☐不知道

最后是一些人口统计学问题，仅用于分类目的。

诸如人口统计学等敏感性或威胁性信息应该安排在问卷的末尾。

30. 你现在的大学身份是什么？

☐大学生

☐研究生

☐其他（请具体说明）＿＿＿＿＿＿

很好地使用了“笼统的”或其他选项。这样做可以允许参与者写出研究者事先未预想到的答案。

31. 你的性别是什么？

☐女性

☐男性

32. 下列哪项最好地说明了你所加入的政党？

☐民主党人士

☐共和党人士

☐无党派人士

☐其他（请具体说明）＿＿＿＿＿＿＿＿

33. 去年你的个人收入大约是多少？

＿＿＿＿＿＿＿＿美元

“填空”型问题。如果研究者愿意，他们可以在问卷回收后将这些答案进行分类。

34. 您还有什么其他的意见想要供我们思考吗？

在问卷末尾使用开放式的探索问题，给参与者留出发表评论或想法的空白。

感谢您完成我们的问卷！

注意：使用表示感谢参与者的结束语。

复习问题

7.11　你看在展示栏 7.3 所示的问卷中“实施”（即应用）了哪些原则、步骤或是具体的理念？

7.12　在展示栏 7.3 中，人口统计学问题被安排在了问卷的什么位置？为什么将其安排在那里？

7.13　问卷编制的步骤是什么？（提示：参见流程）

步骤 1. 综述相关文献，然后开始筹划问卷。
请记住，如果已经有适合你需要且直接可以使用的问卷，那么就没有必要编制新问卷。
思考：
你了解目标参与者吗？
你理解这些调查议题吗？
你想要测量的变量是什么？
你希望从参与者的自由回答中得到哪些信息？
问卷是要自我管理，还是通过邮件递送，或是网络填写？
决定：
选择你需要的问卷编制类型：定量、定性或是混合。
（继续步骤 1，直到你已经做好了开始第 2 步的准备。）
步骤 2. 写出问卷的题项。
思考：
你查看过其他相关的问卷吗？
你查看过其他高水平问卷中的题项吗？这些题项对你编写问卷是有用的范例。
你就问卷的清晰度询问过其他人（朋友、家人、学生）吗？
决定：
我的问题简单而清楚吗？
涵盖了相关的所有内容吗？
到目前为止，我的问卷草稿看起来还不错吗？
（如果这些问题的答案都是否定的，那么你就需要继续在第 2 步骤上改进，或者如有必要，也可以返回第 1 步；否则，可以进入第 3 步。）
步骤 3. 设计问卷的整体布局。
思考：
问卷是否有标题、明确的指导语、章节导入语、合理的结构顺序、卷末的人口统计学问题，以及包含“感谢您”的结束语？
你请其他人（同行）评论过你的问卷吗？
决定：
问卷中题项和不同主题部分的安排合乎逻辑且清晰吗？
问卷中的跳转模式能够清晰地引导使用者准确地到达其需要跳转到的位置吗？
（如果这些问题的答案都是否定的，那么你就需要继续在第 3 步上改进，或者如果有必要，也可以返回第 1 步或第 2 步；否则，可以进入第 4 步。）
步骤 4. 进行问卷试测。
思考：
哪些人是与你的研究对象相似的问卷试测对象？
我收集到了可靠而有效的数据了吗？
决定：
你的问卷试测良好且操作得当吗？
这些可靠而有效的数据证明这份问卷能够在研究的目标群体中有效发挥作用吗？
（如果这些问题的答案都是否定的，那么你就要返回到之前的步骤，对问卷进行修订，然后再对问卷进行试测。）
请记住：直到你的问卷经过了彻底的检测且操作得当，你才可以进入到步骤 5。
步骤 5. 在研究中管理你的问卷。
思考：
你的问卷能够在研究参与者中正常施测吗？
实际测试中所收集到的数据信效度如何？
哪些题项需要改进？
决定：我将如何改进问卷？
（如果需要，可以继续回到之前的步骤。）

图 7.2　问卷编制步骤流程

小结

本章解释了如何编写题项和如何编制问卷以便收集研究的数据。这项工作看起来似乎简单，并不特别困难，但是对于研究者来说，认真对待这一过程并且遵循我们所提供的适当步骤和程序是非常必要的。请记住，如果你的数据收集工具（即你的问卷）不能发挥有效的作用，那么你的研究结果将毫无意义。如果你想开发一份好的问卷，你就需要理解并使用本章中所讨论的问卷编制须遵循的 15 条原则（表 7.2）。我们提供了一份清单（表 7.3），你应该利用这份清单来确保自己不会忘记其中的任何要点。我们还提供了一份正确编写的问卷样例（展示栏 7.3），当你开始编制自己的问卷时，你可以将其作为参考模板。最后，我们建议你可以收集一系列的问卷模板。当你想在收藏中添加其他问卷时，一定要确保这些问卷是出自那些有着多年问卷编制经验的专家之手，或者是来自一流的调查研究组织（如，密歇根大学调查研究中心或是芝加哥全国舆论研究中心）。最后，我们提供了一个流程图。该流程图展示了开发和持续改进问卷所需的循环步骤（图 7.2）。

研究练习

1. 填写图 7.1 中的罗森伯格自尊量表。然后将你所回答的 10 道题得分进行合计，得到你的总分。你在合计所有题项得分以获得总分之前，要确保对 3、5、8、9 和 10 题进行反向计分（即 4 分变成 1 分，3 分变成 2 分，2 分变成 3 分，1 分变成 4 分）。完成这些工作之后，你就会知道如何对总加量表进行计分。要注意罗森伯格自尊量表的编码方式，得分越低越好（即得分低代表他们具有较高自尊），得分越高越差（即得分高表明他们自尊较低）。一些研究者使用电脑程序将最终数值进行反转，使高得分代表高自尊。这里，要确保认真地解释你的得分。
2. 选择一个主题，然后编制一个 15 道题的问卷。通过你的 5 个同学来收集数据。让你的同学根据他们在本章中所学习的知识来评价你的数据收集工具（即你的问卷）。修订你的问卷。
3. 使用**问卷**一词在 ERIC 或者 SocINDEX 中搜索期刊文章。列出你发现的 5 份有趣问卷。每份问卷的目的是什么?

行动研究日志

提示：行动研究者经常使用问卷，因为这是记录他们的顾客、学生和参与者想法的一种非常好的方式，而且行动研究者还可以要求其他人写下他们认为有帮助或是没有帮助的信息。

1. 写出 5 个你希望询问你所在班级或是工作中的参与者的开放式问题。现在，写出 5 个你想询问参与者的封闭式问题。这些问题遵循了我们提出的好的“科学”实践所应具有的原则了吗?
2. 有没有已经可以使用的比较成熟的问卷可以直接应用于你的研究?

Chapter 8

第8章

数据收集方法

Methods of Data collection

学习目标

- 能够列举出六种主要的数据收集方法；
- 能够解释数据收集方法与研究方法之间的不同；
- 能够定义和解释这六种数据收集方法各自的特征；
- 能够解释标准化的概念；
- 能够解释四种访谈的主要特征；
- 能够描述出定性访谈中研究者的四种角色定位；
- 能够列举出至少五种常用的访谈式样；
- 能够解释在使用这些数据收集方法的时候应如何遵循混合研究的基本原则并举例；
- 能够表述本章所介绍的教育研究的两大“基本原则”。

现实生活中的研究——数据收集与研究问题

2001 年 9 月 11 日是我们永远难忘的一天。恐怖分子的袭击让我们意识到自身所处的环境并非那么安全与无坚不摧。在此之前，我们总感觉恐怖主义的袭击只发生在其他国家。正如前总统布什所说，恐怖分子的目的不仅仅是杀害、破坏、毁灭，更多的是恐吓我们。确实，从这个方面说恐怖分子比以前更令人感到恐惧了。

9 月 11 日之后，航空运输下降了 20%。但这并不意味着人们减少了出行，而是选择陆路交通工具出行。而由此多行的路程却导致了约 800 多人死于车祸，这是相当于四驾被劫飞机死亡人数的三倍。（Myers，2001）指出，来自国家安全委员会的数据表明，在 20 世纪 90 年代的后半期，死于机动车交通事故的可能性是死于空难事故的 37 倍之多。而在航空运输中出现的飞机失事与死亡的概率比投掷 22 次硬币获得头像在上的概率还要低。9 月 11 日发生的恐怖主义袭击是灾难性的，对其中的每一个人来讲，都造成了巨大的悲痛，尤其是对那些因此而失去亲人的人。由此而造成的恐惧，尤其是对于航空运输的恐惧，导致了更多而不是更少的死亡。一些报告，例如国家安全委员会给出的报告，就提供了大量的数字信息。还有一些报告则包含了其他类型的信息和数据。

为了获取一些能够解答重要问题的信息，收集数据是非常必要的。在上面的例子里，数据经过搜集并将其转化成百分比数据，进而证明了航空运输比陆路运输的危险性小。教育研究者同样也要收集数据来寻找研究问题的答案。在本章，我们综述了教育研究者最常用的六种数据收集形式。随着你对数据收集形式的理解，你将学到有关数据收集程序的知识，这将为你自己的研究问题提供答案。

在第 6 章，我们向你介绍了测量的概念，还讨论了教育研究中收集数据时所使用的不同类型的测验。假如一个已编制好的测验恰好适合你感兴趣的研究主题，那么，强烈建议你使用这个测验，因为通常它的信度和效度信息也是可以获知的。然而，一个已成熟的数据收集工具可能并不适用于你的具体研究需求。这种情况下，你必须自己去构建一个新的测验或其他类型的数据收集工具，如问卷或访谈提纲。如果你打算好好做的话，也就意味着你需要花大量的时间和精力。在上一章中，你已学到如何在你的研究中编制一份所需的问卷。

本章将在上两章的基础上来回答以下这四个问题：

1. 六种主要的数据收集方法是什么？

2. 通过什么样的数据收集方法，一种或者几种，可以获取解答我的研究问题所需要的信息？

3. 不同的数据收集方法各自的优缺点是什么？

4. 在我的研究中，我应如何使用这些数据收集方法？

以下就是教育研究者在数据收集过程中最常用的六种方法：

1. 测验

2. 问卷
3. 访谈
4. 焦点小组
5. 观察
6. 二手数据或现有数据

研究者使用这些收集数据的方法，通过让参与者填写某一工具或者做出事先设计的行为来测量他们的能力或者技能等级（测验）；研究者可让研究参与者填写自陈式工具（问卷）；研究者可现场或通过电话与参与者交谈（访谈）；研究者可在一个小组中，同时与多名研究参与者探讨问题（焦点小组）；研究者可在自然环境或创设的环境中观察参与者是如何表现的（观察）；研究者可使用先前的数据，但是该数据有着其他不同的研究目的，而不是为了当前的研究（二手数据或现有数据）。学生配套网站上提供了这些数据收集方法的一些优缺点。

通常研究之初，研究者要确定他们想要解决的重要研究问题和具体研究问题。然后，研究者选择最合适的一种或几种**研究方法**（research method）（如实验法、相关研究、民族志、扎根理论等）以帮助他们确定能够回答其具体研究问题的研究设计和研究策略。下一步，研究者要确定将如何收集实证研究数据。即研究者确定他们将使用何**种数据收集方法**（methods of data collection）（测验、问卷、访谈、焦点小组、观察、二手数据或现有数据）从研究参与者那里获取研究数据。

在阅读本章的时候，你要谨记在第 2 章中我们所阐述的**混合研究的基本原则**（fundamental principle of mixed research）。依据这一原则，在开展一项高质量的研究时，将方法、程序、其他范式特征进行巧妙的混合才不失为一种不错的方法。具体地讲，你在进行混合的时候应该是优势互补且劣势不重合。这一原则向你提供一种指导性的“混合逻辑”。在本章中，想一想如何将这一原则应用于不同数据收集方法的混合。例如，你可能先收集标准化测验数据，之后再收集定性访谈数据才能提供对一组教师的阅读教学能力的更加全面的了解。再比如，一个研究者有可能发现父母所处的社会阶层与其子女加入中学乐队的可能性之间存在统计关系（如，更高的社会阶层可能与成为乐队成员有关联）。为了探索产生这一定量关系的原因和想法，研究者可能会在这项研究中混合进对不同社会阶层的家长和孩子组成的焦点小组所收集的一些数据。

实际上六种主要数据收集方法的混合有两种方式（Johnson & Turner，2003）。第一种是**方法间混合**（intermethod mixing）即在一项研究中使用两种或两种以上的数据收集方法。可参见上一段中的两个例子。在第一个例子中，研究混合使用了标准化测验数据与定性访谈数据。在第二个例子中，研究者将结构化（定量）问卷和探索性（定性）焦点小组进行混合。

第二种混合方式为**方法内混合**（intramethod mixing），即通过对单一方法（指仅使用这六种数据收集方法中的一种）的创造性应用来获得定性和定量两种数据。例如以前我们曾描述过**混合问卷**。混合问卷包含开放式（探索性）问题和标准化封闭式问题两部分；开放式部分提供定性数据，封闭式部分提供定量数据。记住这两个术语的一个方法是注意它们的词根，inter- 是指“两者之间”，而 intra- 是指“在内部”。相应地，方法间混合使用通过两种（或更多种）数据收集方法得来的信息，方法内混合使用通过一种方法所收集的数据。

数据收集的混合方法就像将几张破损的渔网拼凑在一起来制造出一张“新的”更结实的可以使用的渔网一样，尽管这几张破渔网要么有破洞，要么有被撕坏的部分。我们强烈建议你到本书的配套网站上将罗列了这六种数据收集方法优缺点的六张表格打印出来。你将在第 8 章的讲义中找到这些表格。使用这些表格以及你在本章学到的知识，你将能够决定在自己的研究中如何以一种符合混合研究基本原则的方式来混合搭配。

尽管本章关注的焦点是数据收集方法，但是混合研究的基本原则也同样适用于其他研究组成部分的混合，例如研究方法（实验法、民族志）、抽样方法和数据分析方法。教育研究要为你的结论提供确凿的证据，而当你使用合乎逻辑的混合策略时，证据将更加具有说服力。事实上，教育研究中的一个基本原则是**提供多种来源的证据**。多种来源的证据有时会为某一点提供多种证据支撑，而有时则是指为你正在研究的东西提供一个更加广阔而发散的全景。不管哪种情况，你都应为自己使用了多种方法而高兴。教育研究中的另一个基本原则是**排除替代性解释**。如果你想要提出一个具体的主张，那么遵循这一原则是非常必要的，只有这样你才能捍卫自己的主张。小心地遵循这两个原则——提供多视角的证据，排除有关你主张的替代性解释——能够使你写出令人信服的、可辩护的并让人认真对待的研究报告。

记住，在本章中我们关注的焦点是如何从研究参与者那里获得研究数据，而非不同的研究方法。在第 11~16 章你将学到更多的有关不同研究方法的知识。现在，我们来解释一下数据收集的不同方法。

复习问题

8.1　什么是数据收集方法？

8.2　六种主要的数据收集方法是什么？（提示：这六种方法的首字母缩写是 TQIFOS）

8.3　本章中所提到的教育研究的两大“基本原则”是什么？

测　验

测验（同第 6 章）普遍应用于定量研究中，测量研究参与者的态度、个性、自我认知、能力与表现。最常见的测验类型可能就是由心理测量学家开发出来的标准化测验，通常包含了信度、效度和参照组标准等心理测量方面的信息。事实上，第 6 章就是关于标准化测验的，所以你已经对这种形式的测验有了基本了解（例如，它们的特征、不同的类型以及去哪里寻找已经开发完善的测验）。我们在此再强调一遍，假如已经有一个相关的测验可以测量你所关注的变量，那你应该认真地考虑使用这个测验。

尽管很多测验可供使用（如，智力、人格、成就、学前、能力的标准化测验以及诊断性测验），但实验研究者通常为了测量某些具体的构想而需自己开发一些测验，这些测验需要用独特的方法来实施。一名实验研究者有可能设计一套测验程序来测量认知或记忆过程，或者测量参与者对一项脑力活动的反应时间。例如，研究特定类型的数学故事问题的研究者可能会开发一个专门针对那些问题类型的测验。关键在于，当一名研究者要研究教学内容或环境时，就需要依据内容或任务来量身定制测验。请注意，尽管这样的“实验者建构的”测验并不针对特定人群，研究者也应尽自己最大的努力去寻找验证该评估的信度和效度的方法。

因为你已经读过有关测验这一章的内容了，所以在此我们就不再详细介绍了。但是请记住，与所有的数据收集方法一样，当你开展一项研究时，你可能要把测验与其他方法混合使用。举一个混合的例子，你可以看一下由曼茨科普洛斯和克努森（Mantzicopoulos & Knutson，2000）所做的一项研究或者其他你感兴趣的已发表的研究。这些研究者使用了学习成绩、家长访谈、教师问卷、学业成就标准化测验来确定学校、家庭的流动性与儿童学业成就之间的关系。

问　卷

在第 7 章我们已经讨论过，问卷（questionnaire）是一种需要每个研究参与者填写的自陈式数据收集工具，是研究的一部分。研究者使用问卷来获得研究参与者思想、感觉、态度、信念、价值观、感知、人格以及行为意图方面的信息。换句话说，研究者试图使用问卷来测量众多不同类型的特征。

因为你已经读过有关问卷编制这一章（第 7 章）的内容了，在此我们就不再详细地介绍了。请记住，与所有的数据收集方法一样，当你开展一项研究时，通常会将问卷法与其他数据收集的方法进行混合。在配套网站上第 8 章的讲义部分我们提供了一张有关问卷优缺点的表格。当你考虑单独使用问卷或者将其与其他数据收集方法结合使用时，务必要考虑这些优缺点。

访　谈

上一部分，你了解到可以通过让研究参与者填写问卷来收集数据。另外一种收集数据的方法是对研究参与者进行访谈。**访谈**（interview）是**访谈者**（interviewer）（研究者或者为研究者工作的人）向**被访者**（interviewee）（研究参与者）提问从而收集数据的方法。即访谈者从被访者那里收集数据，而被访者提供数据。面对面进行的访谈称为**现场访谈**（in-person interviews）；通过电话进行的访谈称为**电话访谈**（telephone interviews）。访谈的优势在于研究者可以自由使用**探究性问题**（probes）（用于获得清晰反馈或额外信息的提示）。在表 8.1 中，我们给出了一些常用的探究性问题。

访谈是一种人际交往。你（访谈者）与正在访谈的人（被访者）之间建立一种和谐关系是非常重要的。访谈应该是友好的。同时，不管被访者对你说什么，你都必须保持中立。如果你对被访者所陈述的内容做出积极或消极的回应，那你就有可能影响被访者的回答。获得被访者的信任很重要，因为假如被访者不信任你，那你很有可能从其身上获得带有偏见的研究数据。

一些用于建立信任和融洽关系的技巧包括，解释主办单位是谁，解释你为什么要开展这项研究，向被访者说明其回答是匿名的（被访者的名字或身份不会出现在其提供的数据中）或者是保密的（被访者的姓名与身份证明出现在其提供的数据中，但是研究者不会向任何人泄露其姓名）。你要让每个潜在参与者明白你的研究的重要性，而他 / 她的参与对于你的研究来说也是非常重要的。我们在表 8.2 中列出了小贴士清单，如果需要进行访谈，你会发现这些小贴士非常有用。

表 8.1　常用探究性问题与缩略词

标准访谈者的探究性问题	访谈提纲中使用的缩略词
重复问题（Repeat questions）	（RQ）
还有其他的吗？（Anything else？）	（AE or Else？）
其他理由呢？（Any other reason？）	（AO？）
还有其他的吗？（Any others？）	（Other？）
您是什么意思？（How do you mean？）	（How mean？）
有关这一方面您还能再谈谈吗？ （Could you tell me more about your thinking on that？）	（Tell more.）
能告诉我您的想法是什么吗？ （Would you tell me what you have in mind？）	（What in mind？）
您的意思是什么？（What do you mean？）	（What mean？）
您为什么会有那样的感觉？（Why do you feel that way？）	（Why？）
您认为哪一种更接近您的感受？（Which would be closer to the way you feel？）	（Which closer？）

来源：From University of Michigan Survey Research Center.（1976）Interviewer's manual（Rev.Ed.）.Ann Arbor：University of Michigan Survey Research Center.

表 8.2　开展有效访谈的小贴士

1. 确保所有的访谈者都接受了良好的培训。
2. 查找被访者的背景信息，以便你对即将访谈的人有所了解。
3. 与你的被访者建立和谐、信任的关系。
4. 对被访者所说的内容感同身受且保持中立。
5. 用轻轻地点头和“啊、嗯”等词表示你对被访者所说的话感兴趣。
6. 反思（即监督自己）。
7. 确保大部分时候都是被访者在说，而不是你在说。
8. 对性别、年龄以及你与被访者之间的文化差异保持敏感。
9. 确保被访者清楚地知道你正在问什么。
10. 对于每一个问题，都要给予被访者充分的时间来回答。
11. 保持对访谈的控制，确保访谈聚焦于研究的主题。
12. 利用试样 / 深度调查工具和后续问题来获得清晰而深刻的回答。
13. 保持对被访者宝贵时间的尊重。
14. 通常你应该对访谈录音。
15. 访谈结束之后，检查你的笔记以及录音的质量与完整性。

在表 8.3 中，你会看到四种类型的访谈（Patton，1987，1990）：封闭式定量访谈、标准化开放式访谈、访谈指引法、非正式会话访谈。这四种访谈可分为定量访谈（包括封闭式定量访谈）与定性访谈（包括标准化开放式访谈、引导式访谈、非正式会话访谈）两类。我们首先来讨论定量访谈。

定量访谈

当开展定量访谈时，你必须仔细阅读访谈提纲中的文字。**访谈提纲**（interview protocol）是数据收集的工具，包括问题、反馈类别、说明等。在定量访谈中，访谈提纲基本上就是由研究者所写的一个脚本，而访谈者将这一脚本读给被访者听。访谈者同时在访谈提纲上记录被访者的回答。在现场访谈中，访谈提纲通常写在纸上，而在电话访谈中则在电脑屏幕上呈现。

定量访谈的目标是将呈现给被访者的东西标准化。当对所有被访者所说的话是一样的或者尽可能相同的时候，就达到了**标准化**（standardization）。这里一个重要思想是定量研究者想要把每一个参与者置于同样的刺激之下，以便结果具有可比性。毋庸置疑，定量访谈产生的数据大部分是定量的，随后研究者使用定量统计程序来分析这些定量数据。我们之所以说是“大部分”，是因为定量访谈提纲中通常还包含一些开放式题目。然而，如果在定量访谈中要提一个开放式问题，那么在研究中我们要以完全相同的方式向每一个研究参与者提问。

表 8.3　巴顿的访谈类型分类

访谈类型	特　征	优　点	缺　点
非正式会话访谈	问题从当前情境中产生，在自然情境中进行提问；没有提前设定提问的主题与措辞。	增加了问题的显著性与相关性；访谈基于观察并从观察开始；访谈能够与个人、环境相匹配。	用不同的问题向不同的人提问从而获得不同的信息；如果某一问题不能"自然地"引出，会导致访谈缺乏系统性和全面性；数据的组织与分析可能会相当困难。
访谈指引法	访谈的主题与问题以访谈提纲的形式提前确定；在访谈过程中，访谈者来确定问题的顺序与措辞。	访谈提纲增加了数据的完整性，使从每一位被访者身上所收集的数据更系统。可以预计数据上的逻辑缺陷并避免这些缺陷。访谈在一定程度上保持交谈式的风格，当然也要视条件与环境而定。	可能无意中会忽略一些重要而突出的主题。访谈者在提问顺序和措辞上的灵活性可能会导致被访者从不同的角度思考而给予非常不同的回答，这大大降低了回答的可比性。
标准化开放式访谈	提前确定问题的确切顺序与措辞。按照相同的顺序，向所有的被访者询问相同的基本问题。问题是以完全开放的形式进行措辞。	作答者回答相同的问题，因此增加了回答的可比性；每一名参与者就访谈中提及的主题给出的数据都是完整的。当使用多个访谈者时，就会减少访谈者效应与偏见。允许评价使用者看到与评论用于评价的工具。有利于数据的组织与分析。	访谈在与特定个体、环境相联系方面缺乏灵活性。问题的标准化措辞可能会使回答不够自然以及限制问题与答案间的相关性。
封闭式定量访谈	提前确定问题以及回答的类型。回答是固定的，被访者从这些固定的答案中进行选择。	数据分析简单；回答不仅可直接进行比较，而且易于合并；在短时间内就能询问很多问题。	作答者自身的经历与感觉必须符合研究者事先设定的类型；可能得到的答案是非个人化的、不相关的、机械的。由于完全限制了被访者的回答选择，所以可能会曲解作答者的真正意思或者经验。

来源：How to Use Qualitative Methods in Evaluation，pp. 116 – 117，copyright . 1987 by SAGE Publications，Inc. Used by permission of SAGE Publications，Inc.

在展示栏 8.1 中，你可以看到从访谈提纲中摘出的一段内容。它包括 1998 年菲德尔卡帕 / 盖洛普教育民意调查（Phi Delta Kappa/Gallup Education Poll）中的 5 个封闭式问题（25 — 30 题）。27 题要求参与者用四点量表做出自己的评级。在 27 题末提供的指导说明告诉访谈者，如果应答者有一个孩子或多个孩子在公立学校、教会学校或私立学校就读，就回答第 28 题。否则，访谈者可以直接进入第 30 题（跳过 28 题和 29 题）。（在访谈初期，要询问应答者是否有一个或多个孩子在公立学校、教会学校或私立学校就读。）如你所见，这个指导语操作起来就像一个过滤问题。

展示栏 8.1 电话访谈提纲（部分）样例（25—30 题摘自 1998 年菲德尔卡帕 / 盖洛普教育民意调查）

25. 人们经常讨论为公立学校提供财政支持的最佳途径。您认为最佳途径是地方财产税、州税收，还是华盛顿联邦政府的税收？

1. 地方财产税收
2. 州税收
3. 联邦税收
4. （不知道）
5. （拒绝回答）

26. 在您看来，公立学校的质量与这些学校的生均教育经费是否相关？

1. 是的
2. 不是
3. （不知道）
4. （拒绝回答）

27. 你认为下列问题在您所在社区的公立学校中有多严重？你会说（从 A—G 依次查看）是非常严重、比较严重、不太严重，还是根本不严重？

1. 非常严重	A. 纪律
2. 比较严重	B. 吸毒
3. 不太严重	C. 酗酒
4. 根本不严重	D. 吸烟
5. （不知道）	E. 打架
6. （拒绝回答）	F. 帮派
	G. 少女早孕

（如果在 S4 或 S5 上选择“1”，那么请继续；否则，请跳到 30 题）

28. 您是否担心您最大的孩子在校期间的人身安全？

1. 担心
2. 不担心
3. （不知道）
4. （拒绝回答）

29. 您是否担心您最大的孩子在家附近玩耍时的人身安全？

1. 担心
2. 不担心
3. （不知道）
4. （拒绝回答）

30. 在您看来，应该把学习有困难的学生和其他学生编入相同班级，还是应该将他们编入特殊班级？

1. 相同班级
2. 特殊班级
3.（不知道）
4.（拒绝回答）

来源：©Phi Delta Kappa International

定量访谈中使用的访谈提纲看起来与问卷非常相似。事实上，很多研究者将他们的访谈提纲称为问卷（例如，Babbie，1998；Converse & Presser，1986；Frankfort-Nachmias & Nachmias，1992）。尽管问卷与访谈中的数据收集工具非常相似，但是二者在如何使用方面存在一个关键的不同。进行访谈时，访谈者准确地读出写在访谈提纲中的问题与陈述，他 / 她在访谈提纲的空白处记录被访者的回答。使用问卷时，研究参与者自己读问卷上的问题，并在问卷空白处来填写他 / 她自己的回答。

上一章中我们讨论的 15 条问卷编制原则同样适用于访谈提纲的建构。你可能想再次查看一下表 7.2 中罗列的那些原则，才相信那些原则确实也适用于访谈提纲。编写访谈提纲时，关键一点是访谈者要读出你所写的东西，而研究参与者则要听到访谈者所读的。因此，你需要确保你的访谈提纲准确地达成这一目的。你还必须要确保你的访谈者进行过访谈技巧方面的良好培训，能够恰当地使用访谈提纲。

定性访谈

定性访谈（Qualitative Interviews）由开放式问题组成并提供定性数据。定性访谈又称为深度访谈，因为使用定性访谈可以获得有关参与者的思想、信仰、知识、理智、动机、对某一主题的感觉等方面的深层次信息。定性访谈可以让研究者深入另一个人的内心世界并理解其观点（Patton，1987）。访谈者必须要与被访者建立信任与和谐的关系，如此被访者很容易向你提供他 / 她内心世界的信息。

访谈者应该仔细地倾听，记录详细的信息。当需要从被访者身上获得更加清晰而深入的信息时，访谈者也应该使用试样 / 深度调查工具或提示。例如，访谈者应该能自由运用表 8.1 中所列举的试样 / 深度调查工具。访谈者也可以提出定性访谈中可能会自然出现的后续问题。无论在哪，一次定性访谈通常持续 30 分钟至 1 个多小时。

定性访谈很受定性研究者欢迎，这毫不奇怪。然而，定量研究者也会进行一些定性访谈，并作为其整体研究的一部分，这也并不少见。在表 8.3 中展示了定性访谈的三种类型：非正式会话访谈、访谈指引法以及标准化开放式访谈，也给出了这三种访谈各自的主要特征。

非正式会话访谈（informal conversational interview）是这三种访谈中最自然、结构最松散的一种访谈。访谈者讨论感兴趣的主题，随后的问题都是在访谈过程中自然产生的。因为在非正式会话访谈中没有访谈提纲，所以对访谈进行录音不失为一种好办法，这样一来重要信息就不会遗漏。但是，如果访谈不是在我们规划或预期的时间内发生，那么很多时候录音也不大可能。因此，在访谈中或即时进行非正式会话访谈后，你应该做一些田野笔记。

定性访谈的另一种方法是**访谈指引法**（interview guide approach），即访谈者要带着提纲进入访谈，以探索特定主题并向被访者提出具体的开放性问题。在访谈开始之前，研究者会将这些主题和访谈的具体问题写在访谈提纲中。而访谈者不必按照某一特定的顺序来提出这些主题和问题。访谈者同样也可以修改访谈提纲中列出的所有问题的措辞。总之，访谈过程是访谈者与被访者之间的一种非结构化的互动。同时，由于这份访谈提纲，访谈者将向所有被访者询问相同的主题和具体问题。访谈者必须尽力保持访谈正常进行，当被访者脱离研究主题跳跃到与研究目的无关的主题上时，要将其拉回来。

克罗斯和斯图尔特（Cross & Stewart，1995）使用访谈指引法研究了一名天才学生在乡村中学就读的情形。他们对天才学生就读乡村中学的经历感兴趣；以前的研究对天才学生就读城市中学的情形做过调查。这里有克罗斯和斯图尔特关于其研究中定性访谈过程的讨论，在定性访谈中，他们使用开放式问题来获取学生经历方面的信息：

> 为了获得详细的描述，研究者要求参与者将其经历置于具体情境之中。这一过程试图使被试回到实际经历之中，从而获得纯粹的描述。访谈包括一个开场问题，是这样问被试的：
>
> - 当你想起作为一名高中生的经历时，你的大脑中会闪现出什么？
>
> 后续问题包括：
>
> - 你能想起某一具体情境并向我描述一下吗？
>
> 被试描述了这一情境后，研究者可以参照以下提示追问：
>
> - 告诉我更多关于那方面的内容；
> - 那时你意识到了什么？
>
> 被试说完后，研究者问：
>
> - 你能想起来这件事还在其他时间发生过吗？
>
> 就此重复上述过程。研究者要注意被试所表达的观点，一定不要向任何方向引导访谈。访谈时长为 40 至 90 分钟。所有的访谈都用磁带录音，之后进行转录。（P.275）

定性访谈的第三种方法是**标准化开放式访谈**（standardized open-ended interview）即访谈者使用标准化访谈提纲进行访谈，这种提纲与定量访谈中使用的访谈提纲类似。二者关键不同之处在于定量访谈中的访谈提纲主要是封闭式问题，而标准化开放式访谈中的访谈提纲主要是开放式问题。标准化开放式访谈比定性访谈中的访谈指引法更加结构化，因为在标准化开放式访谈中，访谈者不会改变访谈提纲，而在访谈指引法中，访谈者可以修改访谈提纲。在标准化开放式访谈中，所有的具体问题都写出来了，访谈者按照问题原先的顺序将问题准确地读给所有被访者听即可。

复习问题　8.4　定性访谈与定量访谈之间的不同是什么？

焦点小组

焦点小组访谈（focus group）是一种团体访谈法，在访谈中有一个主持人（为研究者工作）引导一小群人（如学生、老师、青少年）进行讨论从而详细了解小组成员关于某一主题的所思所感。之所以称其为“焦点”小组是因为主持人要保持小组中的成员集中围绕某一主题进行讨论。主持人通过使用开放式问题来引发小组讨论，他／她扮演着讨论促进者的角色。焦点小组用于收集小组成员言论中的定性数据。一般认为焦点小组的创始者是社会学家罗伯特·K. 默顿（Robert K.Merton）。他与在其在哥伦比亚大学的学生们最早发表了有关焦点小组的著作（Merton，Fiske，& Kendall，1956；Merton & Kendall，1946）。

焦点小组访谈可用于多种目的。下面是斯图尔特等人（Stewart，Shamdasani & Rook，2009）所确认的焦点小组访谈众多用途中的七个方面：

1. 获得感兴趣主题的一般性背景信息；
2. 产生可用定量方法进行深入研究与测量的研究假设；
3. 激发新的想法与创造性的概念；
4. 诊断新的项目、服务或产品的潜在问题；
5. 激发对成果、项目、服务、机构或其他感兴趣对象的感想；
6. 了解应答者是如何谈论感兴趣的现象的（这反过来会促进问卷、调查工具以及在更多定量研究中可能会使用到的其他研究工具的设计）；
7. 解释之前获得的定量研究结果。（P.591）

一个焦点小组由 6 至 12 名参与者构成，这些参与者是有目的地被挑选出来的，因为他们能给研究者提供其感兴趣的信息。焦点小组一般是同质的（由相似类型的人构成），因为同质小组的使用会促进讨论的进行。相对于异质小组，同质小组不太可能形成小圈子和联盟。在单一研究中用两到四个焦点小组是必要的，因为过分依赖单一焦点小组提供的信息是不明智的。尽管每一个焦点小组通常来说是同质的，但是依据研究目的不同，研究者使用的某一焦点小组可能会包含一些异质性。

小组主持人（group moderator）（引导焦点小组讨论的人）必须具备良好的人际交往技能，他/她必须要了解如何促进小组讨论。他/她要使每个人都参与研究者的问题讨论，避免一或两个人主导讨论。如果发生冲突或权力争夺，主持人必须巧妙地将小组拉回讨论的主题上来。主持人必须知道何时要探索或询问以获得更多的信息，知道关于某一特定主题的讨论何时已经穷尽。一般来讲，主持人都会有一个助手。助手负责观察小组讨论过程，必要时为主持人提供信息，在整个过程中做好记录。有用的主持人角色（或隐喻）是智慧的追求者、开明的新手、专家顾问、挑战者、裁判员、作家、团队成员、治疗师、连续的访谈者（Krueger，1988）。

焦点小组的主持人需要提问焦点小组访谈提纲中包含的所有开放式问题。访谈提纲基本上相当于一个访谈指引。访谈提纲通常是一张写着 10 个左右的开放式问题的纸。在访谈提纲上，一般性问题通常放在前面，而更加具体的问题则放在访谈提纲后面。主持人可以在 1 至 3 个小时内，在任何地方完成小组访谈。在访谈过程中，主持人不必做太多的记录，因为通常会将焦点小组访谈录制下来（使用录音带或录像带），以便稍后进行数据分析。

作为其他数据收集方法的补充，焦点小组特别有用。它们可以在相对较短的时间内提供深层次的信息。另外，其结果通常也易于理解。然而，研究者在作总结时要非常小心，因为通常样本量太小，而且参与者也不是从已知的总体中随机选择的。如果你需要更多有关焦点小组访谈法的信息，可查看焦点小组工具包（Murgan & Krueger）。

复习问题　8.5　一名研究者为什么会想要开展焦点小组访谈？

观　察

另一种数据收集的方法，是你醒着的时候最常做的事情，即观察。研究者同样也是大千世界的观察者。在研究中，**观察**（observation）被定义为：在一定的情境中观察人们的行为模式以获得所感兴趣现象的相关信息。观察者应尽量使自己不引人注目，如此才不会影响被观察对象。观察是一种收集有关人的信息的重要方法，因为人们并不总是按照他们所说的来做。在社会行为科学中有一个准则即态度和行为并不总是一致的。

一名叫理查德·拉皮尔（Richard LaPiere，1934）的社会科学家很多年前曾做过一个非常经典的研究，表明态度和行为并不总是一致。拉皮尔花了两年（1930—1931）的时间与一对中国夫妇在美国进行了长达一万英里的旅行。拉皮尔通常让这名中国男子去搞定他们的食宿问题，这样他就可以观察其行为。拉皮尔说他和他的朋友们在食宿方面仅仅被拒绝了一次。之后拉皮尔又向之前去过的餐馆与旅店发放问卷，以询问其是否接待中国顾客。92% 的人说，他们不接待中国顾客。这表明他们的态度与拉皮尔所观察到行为存在显著的不一致性。

因为态度与行为之间可能存在不一致，所以除了自陈式数据（如，测验、问卷、访谈和焦点小组）以外，收集观察性数据也是非常有帮助的。与自陈式方法相比，观察的一个优势在于观察者可以记录真实的行为而不是获得有关人们偏好或预期行为的报告。然而，观察也有缺点。与自陈式方法相比，观察一般会消耗更多的时间，通常会花费更多的财力，使用观察法也无法确定人们为什么要这样做（即确定他们的内心世界），而且当人们知道自己正在被观察的时候，他们的行为也会不同。

可以在两种不同的环境下收集观察性数据。**实验室观察**（laboratory observation）是在研究者所创建的环境中进行的，并被局限在研究实验室内。例如，研究者在实验室内通过一扇单向玻璃窗来观察儿童的行为。单向玻璃窗的一面是镜子，研究者可以在另一面通过窗户进行观察。**自然观察**（naturalistic observation）是在现实世界中进行的。开展自然观察必须自然地融入到行为发生的情境中。例如，拉皮尔（1934）所做的自然观察即在自然情境中观察餐馆与旅店老板的行为。再比如，在儿童上课的教室观察其行为。现在，我们来对比一下定量和定性研究者是如何收集观察性数据的。

定量观察

定量（或结构化）观察（quantitative observation）是指为获得可靠的数据而将所有观察程序标准化。它通常是指将下列事项进行标准化：观察谁（研究哪一类人，比如是教师还是学生），观察什么（研究者要观察哪些变量，如完成任务的时间、离座行为），什么时候观察（早上、休息时间），在哪里观察（实验室、教室、餐厅、图书馆、操场），如何观察（这涉及观察者进行大量训练，如此他们才能使用相同的程序进行观察并且评分者信度才会较高）。定量观察通常会产生定量数据，例如频数或频率和百分数。

定量观察方法所偏好的事件可能是不同的（Weick，1968）。第一，研究者可能观察非语言行为（肢体动作、面部表情、姿势、眼神交流等）。第二，研究者可能观察空间行为（不同人之间的距离以及人与物之间的距离）。第三，研究者可能观察语言外的行为（说话的特征，如说话的速度、语气和音量）。第四，观察者可能观察语言行为（人们说什么和他们写什么）。

定量观察可能也会涉及观察的抽样技术。一种技术是**时间间隔抽样**（time-interval sampling），是指在实际收集数据之前就规定好的时间间隔内观察事件。例如，一名观察者在每小时的前 10 分钟观察学生的行为。另一种技术是**事件抽样**（event sampling）即仅在某一特定事件发生之后进行观察。例如，当一名教师把一名学生送去校长办公室之后，观察教室里学生的行为。如果你想要获得更多有关定量观察抽样的知识，可以参见 Bakeman（2000），Dane（1990），Suen Ary（1989）。

观察者在进行定量观察时通常会使用清单或者其他数据收集工具，例如用手提电脑或者录像机来记录观察数据，然后再进行编码。数据收集工具的内容依据研究问题和研究者所偏好的研究目的来确定。定量观察中的数据收集工具通常比应用于定性观察的工具更加具体、详细。定量观察中的数据收集工具通常是封闭式的，而在定性观察中则是开放式的。因为定量观察往往应用于验证性的目的（即检验假设），而定性观察往往应用于探索性目的（即产生新信息）。

定性观察

定性观察（qualitative observation）即未提前确定具体要观察什么，所以要观察所有潜在相关的现象并做大量的田野笔记。换句话说，定性观察通常应用于探索性目的，并且一般是在自然环境中进行。事实上，在研究文献中，通常将**定性观察**与**自然观察**这两个术语视为同义词。一般来讲，定性观察通常是由定性研究者使用的。

无论何时开展定性观察，你一定要牢记你所观察的是什么。其实，研究者相当于数据收集工具，因为是研究者来判断什么是重要的，应该记录哪些数据。当开展定性观察时，如果想知道要观察什么，可以参考展示栏 8.2 中所给出的“定性观察的指导原则”。最重要的是你需要观察与你的研究问题相关的所有东西。

展示栏 8.2　定性观察的指导原则

1. **谁**在这一团体与情境中？这里有多少人？他们的类型、身份以及相关特征是什么？在这一团体或情境中成员身份是如何获得的？

2. 这里正在发生**什么**？这一团体或情境中的人正在做什么或者彼此之间正在说什么？

  a. 什么行为是重复的？哪些行为的发生是无规律可言的？参与者会加入什么样的项目、活动或日常工作？在这些活动中使用了哪些资源，如何分配这些资源？如何组织、标记、解释、评判这些活动？可以识别什么样的不同社会背景？

  b. 在这一团体中人们之间的举止行为如何？参与和互动的本质是什么？人与人之间是如何联系起来的？在互动过程中，凸显了什么样的地位和角色？谁向谁作出了什么样的决定？为了互动，人们是如何自我组织的？

c. 参与者的对话内容是什么？什么样的主题是常见的，哪一些是罕见的？他们交流什么样的故事、轶事、教训？他们用什么样的口头语言与非口头语言进行交流？他们谈话的内容体现了什么样的信仰？谈话遵从什么样的形式？他们体现了什么样的流程？谁在说，谁在听？

3. 这一团体或情境位于**哪里**？什么样的物理情境与环境形成了他们的环境？什么样的自然资源是显而易见的？创造和应用了什么样的技术？该团体是如何分配、使用空间资源与物体的？消耗了什么，生产了什么？在该团体所在环境中，可以看到什么景象，听到什么声音，闻到什么气味，尝到什么味道，发现什么质地？

4. 这一团体**什么时候**碰面并互动交流？他们多久会面一次，一般一次持续多长时间？这一团体如何概念化时间、如何使用与分配时间？参与者如何看待过去、现在、未来？

5. 从参与者的角度或从观察者的角度，确定的要素是**如何**联系的？如何保持稳定性？变化是如何发生的，如何管理它？如何组织那些确定的要素？哪些规则、准则、习俗统治了这个社会组织？如何概念化权力与分配权力？这一团体是如何与其他的团体、组织、机构相联系的？

6. **为什么**这一团体要这样运作？参与者认为其所作所为有何意义？这一团体的历史是什么？在这一团体中，明确表达了什么样的目标？该团体的标志、传统、价值观、世界观是什么？

来源：From M. D. LeCompte，J. Preissle，and R. Tesch，*Ethnography and Qualitative Design in Educational Research*，p.294，copyright . 1993 by Academic Press. Reprinted by permission of Academic Press and the authors.

研究者将他们认为重要的东西记录在**田野笔记**（field notes）（观察者在观察过程中或观察后所做的记录）中。在你做完田野笔记之后，尽可能快地纠正和编辑你在观察中所做的记录，因为那时的记忆最清晰。如果等得太久，你可能忘记一些重要的细节，甚至有可能看不懂你所写的那些潦草的笔记。在观察中，除了做田野笔记之外，还可以考虑将重要的场景进行录像和录音。

互动的形式或研究者在定性观察（又称“田野调查”）中所扮演的角色类型是不同的，其变化如下面的连续统（Gold，1958）：

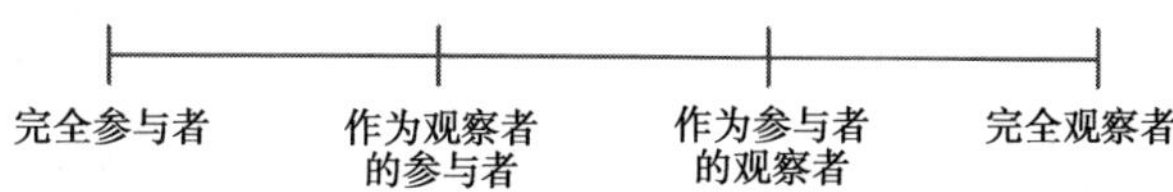

尽管有一种角色是主要的，但在进行单纯的定性研究时，研究者在不同时间、不同情境下可能会扮演以上四种角色。当研究者要进行长期的实地研究时，这种情况更会发生。

完全参与者（complete participant）扮演的是内部人员的角色，本质上是成为被研究团体中的一员，需花大量时间与该团体成员相处。例如，你可能要到你想要了解的“典型学校”中教学一年。在这一年中，你将做大量的田野笔记，记录你所观察到的以及你所经历的。因为完全参与者是不会告知该团体内的成员他／她正在被研究，所以，很多研究者会从研究伦理方面来质问这一方法。研究伦理方面的一个基本原则是研究参与者应该知道他们参与到了一项研究中，他们有权不参与，如果他们决定不参与可以在研究过程中的任何时间退出。因此，你在进行这类“秘密”研究时，一定要非常谨慎，除非是在那些合法的开放并可进入的地方，如购物商场、操场、体育赛事场所。

作为观察者的参与者（participant-as-observer）试图扮演内部人员（一名参与者）的角色，与完全参与者类似。作为观察者的参与者也要在现场花大量时间参与和观察。然而，作为观察者的参与者会向被研究团体的成员解释，他／她是研究者而非真正的成员。还举前面的例子，即有人在一所典型校中花一年的时间进行研究。如果研究者告知这所学校的人，他／她正在该校开展研究，之后又参与整个学校的运作，那么他／她就成为作为观察者的参与者。这种方法的一个优点就是考虑到了研究伦理，研究者在获得了许可后才来收集、记录所需数据。另外，研究者可以从研究参与者身上获得有关他／她的观察和暂时性结论的反馈。其缺点是因为参与者意识到他们正在被观察，所以他们的行为可能会不自然。但幸运的是，当人们开始信任研究者，并适应了他／她的存在后，通常这个问题就会消失。

作为参与者的观察者（observer-as-participant）其作为观察者的角色要远远大于作为作为参与者的角色。参与者充分意识到他们是研究中的一部分。作为参与者的观察者不会在现场花大量的时间，他们和参与者的互动是有限而简短的。例如，研究者会协商进入作为研究一部分的全体教职工大会、家长教师协会*会议、一两节课。与完全参与者和作为观察者的参与者相比，作为参与者的观察者其角色的一个缺点是很难获得内部成员的观点与看法。但是，这一角色的优点在于易于保持客观、中立。

完全观察者（complete observer）即扮演一个外围的观察者角色。他／她不会告知被研究团体成员他们正在被观察，这些人通常也不知道他们正在被观察。例如，完全观察者可能通过一扇单向窗户或坐在开放式会议室的后面进行观察。这种方法的优点是被观察者的**反应**（reactivity）（人们因知道自己正在被观察从而产生的行为上的变化）最小。然而，考虑到道德伦理问题，你所扮演的完全观察者的角色只能在开放的情境下进行。

可能最常用的观察方式是作为观察者的参与者和作为参与者的观察者。之所以优先选择这两种是因为他们可以获得参与者的自愿同意。另外，这两种方式允许研究者在旁观者角色与内部人员角色之间交换。完全参与者具有丧失他／她自身客观性的可能，而

* Parent Teacher Association 简称 PTA，准确地说是美国家长教师协会，该协会是美国最早最大的只为儿童与青少年利益服务的非盈利性组织。——译者注

完全观察者则具有总是无法理解内部人员观点的可能。因此，毫不奇怪地，作为观察者的参与者和作为参与者的观察者是研究者最常用的观察方式。

如果你要进入现场并开展定性观察，你应该带着一般性研究问题、对于学习的渴望和开放的心态来进行。良好的社交技能是必须的（Shaffir & Stebbins，1991）。如果你想获得有效的数据，那么与被研究团体建立和谐信任的关系是非常必要的。然而，请牢记，欧文·戈夫曼（Erving Goffman，1959）警告说，很多观察到的社会行为都是**前台行为**（frontage behavior）（人们想要或允许我们所看到的）而不是**后台行为**（backstage behavior）（人们与最亲密的朋友所说的与所做的，这时"表演"的成分最少）。在进入现场之后，研究者一定要谨记这一诀窍，与被研究群体之间维持关系，在研究结束后，离开并与其保持联络（Shaffir & Stebbins）。我们在表 8.4 为你提供了一些开展田野调查的实用小贴士。

复习问题　8.6　定量观察与定性观察之间的主要区别是什么？
　　　　　8.7　在定性观察中，研究者扮演了哪四种主要角色？
　　　　　8.8　前台行为与后台行为的主要区别是什么？

表 8.4　开展田野调查与定性观察的小贴士

1. 确保所有的观察者都受过良好的培训，是优秀的记录员，并知道如何适应多样化的情境。
2. 提前对所要观察的人文环境做背景调查。
3. 对被观察者的性别、年龄以及你与被观察者之间的文化差异保持敏感性。
4. 建立和谐、信任的关系，从把关人和被调查者那里入手。
5. 在你无法确定的情况下，不要向任何人许诺任何事。
6. 反思（即自我监督）。
7. 不要引人注目（即尽量去适应，不要显得太突出）。
8. 总是保持警惕，关注可能重要的任何事。
9. 找一种有效的方式来记录所观察到的（即做田野笔记或用视听设备录下来）。
10. 试着去证实你所见到、听到、了解到的任何重要的事。
11. 当你在田野中，如果可能的话可以灵活开展访谈。
12. 对人们向你所说的内容，不仅要秉持中立态度还要尽量移情理解。
13. 在多元化、完全不同的环境下进行观察。
14. 在你的田野笔记中要包含描述性的细节，有可能的话直接引用。如果有你自己的观点和解释，记录下它们，并将其与描述、原文（即引用）区分开来。
15. 观察与记录环境与情境的特征、人际互动、显著性行为、语言与非语言的交流、正式与非正式互动、什么没有发生、该团体中的权力和地位等级以及任何其他对你来说重要的东西。
16. 在田野中花充分的时间来收集有用的数据，并证实你的发现。
17. 当你离开田野，要立即详细地写出你的田野笔记，这样你就不会忘记你的所见所闻和所经历的事情。

视觉数据

因为摄影在收集观察性数据时很重要，所以我们在此详细地介绍一下**视觉数据收集方法**（visual data collection）。数据收集最丰富的方法之一就是图像。老话说得好，“百闻不如一见”。有一种解释说，大脑中处理视觉信息的部分在进化上比处理语言或数字信息的部分要成熟得多。我们看视觉数据是具体而形象的，而语言和数字数据则更加抽象。视觉数据主要是定性的，如照片、漫画、素描、录像、雕塑。同样地，通过曲线图、饼形图或统计图表等视觉呈现能够揭示定量数据，而仅仅使用数字是无法进行信息交流的（见图 8.1）。

视觉数据收集与视觉重建的方法有很多，但奇怪的是很多研究并没有从视觉角度进行考虑。很多包含视觉数据的研究将摄影作为一种工具。一些研究者作为参与者的观察者，用照片记录该团体的部分经历。其他作为“旁观者”的观察者将社会仪式或那些可能有一定文化象征意义的手工艺品用相机拍下来（Collier & Collier，1986）。

玛格丽特·米德与她的助手们（Bateson & Mead，1942；Mead，Bateson & McGregor，1951）在使用民族志来开展有关儿童发展的经典研究中，就使用了摄影技术。在经典著作《隐藏的维度》（*The Hidden Dimension*）一书中，爱德华·霍尔（Edward Hall）对空间使用或“空间关系”的各个方面进行了研究。在定量研究中也可使用照片数据。例如，埃德沃德·迈布里奇（Eadweard Muybridege）的早期研究中，研究者多年以来一直使用摄影来研究运动。在 1872 年初，迈布里奇历时 12 年拍摄的马奔驰过程的照片证实，马在一次飞奔中，在某些点上马蹄是完全腾空的。他的证据即为其对照片所做的经典编辑，也就是下面所附的图片。

图 8.1

有时，可以将照片作为访谈过程中的一部分来使用。**照片引谈法**（photo interviewing/photo elicitation）（Dempsey & Tucker，1994；Harper，2002）是指在访谈过程中，利用一些视觉材料来获得额外的数据。视觉数据（照片、视频）可用来获得有关被调查现象的替代性解释。一些研究给参与者相机，让他们自己去收集最初的照片数据（Ziller，1990）。以上这些研究技术可以很大程度地拓宽视觉数据的范围。

二手或现有数据

最后一种主要的数据收集方法是在研究中收集二手或现有可用数据。**二手或现有数据**（secondary or existing data）是以前搜集、记录或者遗留下来的数据，是由不同的人所做的，而且其研究目的与当前的研究完全不一样。换句话说，研究者使用的是现成的数据。然而，研究者必须先找到这些数据或成果才能应用于自己的研究。为了证实某项研究，可以同时将二手数据与其他数据一起使用。或者也可以在研究中主要使用二手数据。研究者可以去寻找这几类常见的二手数据，如私人文件、公文、物理数据和档案研究数据。

文件是二手数据的一种主要类型，**私人文件**（personal documents）包括以私人目的所写下的、拍摄下的或其他被记录下的任何东西。可以包括如信件、日记、通信、家庭录像或照片等。**公文**（official documents）是由一些公立或私立组织写下、拍下或记录下的任何东西。如报纸、教育期刊与杂志、课程指南、年度报告，校董事会议的备忘录、学生档案、学生作品、书籍、年刊、发表的文章、演讲、人事档案以及像新闻节目和广告一类的视频等。定性研究者和历史研究者常常使用各种文件。

物理数据（physical data）包括人们参加各种活动所留下的任何物理踪迹。例如社会科学家们一直使用的一些物理数据，包括博物馆地板瓷砖上的磨损、图书馆内书籍的磨损、沾在鞋和衣服上的泥土、无线拨号设置、指纹、成套的盔甲、人类的垃圾（Webb，Campbell，Schwartz，& Sechrest，2000）等。物理数据也包括一些物质文化的实例（如，衣服、建筑、书籍、布告板、艺术）。

归档研究数据（archived research data）起初应用于某些研究目的，用完将其保存起来便于以后使用。档案研究数据可以是打印的形式，但是常常是以计算机可利用的形式（软盘或只读光盘）进行储存。归档研究数据可以是人口普查的数据，也可以是社会科学研究数据。这些数据一般是由研究者或者像美国人口普查局（www.census.gov）、密歇根大学调查研究机构（www.isr.umich.edu）、芝加哥大学全国民意研究中心（www.norc.uchicago.edu）、盖洛普咨询公司（www.gallup.com）等相关研究组织来保存与维护。归档研究数据通常是定量数据。我们期望将来越来越多的定性数据也能够被存档便于以后的获取与再分析。

社会科学数据最大的档案储存库由美国校际政治及社会研究联盟（the Interuniversity Consortium for Political and Social Research 简称 ICPSR；www.icpsr.umich.edu）所保存。美国校际政治及社会研究联盟以密歇根州安阿伯市为基地，包括世界上的 500 多所院校。目前，该联盟存储了 2 万多份计算机可读数据文件，所有成员都能以合理的价钱从中获得数据集。通常，数据是一名学术研究者研究的一部分。很多研究都获得了资助。一名研究者整理完数据之后，他/她会将研究的副本发给大学政治和社会研究联盟，这样联盟内的成员组织或有正当理由使用这些数据的人或机构就能够获得这一资料。如果想看众多可获得的数据文件中的一部分，可以去联盟网站或图书馆查找，并浏览《ICPSR 资源与服务向导》（*ICPSR Guide to Resources and Services*）一书，其中包含了大量有关研究数据文件的描述。

复习问题　8.9　二手或现有数据有哪些?

小结

数据收集的方法是指研究者从参与者身上获取研究数据时所使用的程序。研究中所使用的数据收集方法会在研究报告的方法部分进行讨论。共有六种主要的数据收集方法。通过让参与者答卷或者做出事先设计的行为来测量他们的能力或者技能等级（测验）；研究者可让研究参与者填写自陈式工具（问卷）；研究者可现场或通过电话与参与者交谈（访谈）；研究者可在一个小组中，同时与多名研究参与者探讨问题（焦点小组）；研究者可在自然环境或构造的情境中观察参与者是如何表现的（观察）；研究者可使用前人的数据，该数据有着其他研究目的，而不是为了当前的研究（二手数据）。测验、问卷、访谈、观察以及二手数据可用来收集定量和定性数据，焦点小组可用来收集定性数据。研究者必须特别关注用于数据收集工具的结构。最后，依据混合研究的基本原则，将本章所讨论的数据收集方法进行混合从而为研究提供更加有力的证据。

问题讨论

1. 在本章中，我们讨论了六种主要的数据收集方法。除了本章所提到的这些数据收集方法以外，你还能想到其他的数据收集方法吗? 是什么? 可以将这些未提到的方法归为这六种方法中一类，还是说它是一种新类型?
2. 你认为，这六种数据收集方法，哪一种是教育研究者最常用的? 为什么?
3. 你感觉这六种数据收集的方法中哪一种用起来最顺手? 为什么？
4. 混合研究基本原则的重点是什么? 举例说明其用处以便与你的同学分享。
5. 研究者应该使用单一方法来测量一个抽象的概念，如自尊、智力、教学的自我功效吗? 如果不应该，那研究者应如何测量这些概念呢?

研究练习

1. 以你感兴趣的主题来设计一个简短的访谈提纲。去当地的购物商场，找五个从人口统计的角度来讲完全不同的人进行访谈。在访谈这些人之后，写下有关这一主题的发现。将你有关观察方法方面的发现也写下来，如建立信任与和谐的关系是否会影响访谈，你是如何改进你的访谈程序的。
2. 去一个公共场所观察伴侣之间的互动。使用你的观察材料来确认两个研究问题，以便你之后进行更深入的研究。

行动研究日志

提示：行动研究者可以创造性地使用所有这六种主要的数据收集方法，他们一般很少仅仅依赖一种数据收集方法。

1. 你如何观察自己的工作实践（谨记：自我发展是行动研究中一个很重要的部分）?
2. 作为一名行动研究者（例如，在你的学校或工作场所设法改进你的工作），你喜欢收集你所感兴趣事物的哪一类数据?
3. 挑选三种数据收集方法（第 7 章中的问卷也算一种方法）。想想每一种方法有可能帮助你去观察、理解或了解你的研究参与者的哪方面?

Chapter 9

第9章

定量、定性与混合研究中的抽样

Sampling in Quantitative, Qualitative and Mixed Research

学习目标

- 能够解释样本与普查的区别;
- 能够定义抽样中使用的关键术语（代表性样本、推广、元素、统计值、参数等）;
- 能够比较和对比不同的随机抽样技术;
- 能够知道哪些抽样技术是等概率抽选法;
- 能够进行简单随机抽样;
- 能够进行系统抽样;
- 能够解释分层比例抽样与不等分层抽样的差异;
- 能够解释单组整群抽样与两段整群抽样的特征;
- 能够列出并解释非随机抽样技术的特点;
- 能够列出并解释随机选择与随机分配的差异;
- 能够列出在使用随机抽样过程中选择合适的样本规模时所要考虑的因素;
- 能够讨论质性研究中的抽样并比较和对比质性研究中所使用的不同抽样方法;
- 能够解释作者是如何提出混合研究中的八种抽样方法的。

现实生活中的研究——代表性样本

抽样的概念在日常生活中具有重要的作用。例如，美国出产的大多数农产品会受到联邦检验局的检测。因为不可能将每个苹果、每只火腿，或每个花生分别检查，因此检验局选择每个农场商品的样本来检查。对这些样本的分析被用来推断多种多样农产品的特征。政府官员对农产品的检测确保了公众消费杂货店的产品是安全的，从而有助于保护公众。

让我们仔细地分析花生的案例。美国每年种植大量的花生。与其他农产品一样，在投入市场以前，花生须受到检验局的分析。检查员需要知道每车花生中规定成分，例如整个花生仁、半内核、干花生仁、外壳和异物（例如，干草、沙子和鹅卵石）的百分比，以及花生中的含水率。

一个美国农民带到市场上的一卡车花生的重量通常在 2 000 磅到 6 000 磅。检验局的检查员使用一种叫作花生螺旋钻的工具从每车中抽取一个花生样本，花生螺旋钻是一个直径约 4 英寸长为 7 英尺的空心、不锈钢圆柱。检查员将螺旋钻从车的顶端推到最底部。这一程序保证螺旋钻从该车的每个水平高度取样。检查员在若干个位置上执行这一程序，这些位置是由一台电脑随机选择的，这台电脑绘制了一车花生的表面位置图。理论上，每粒花生（和其他车载物）被抽进样本的机会是一样的。这个程序产生代表整车花生的样本。

在本章中，我们分析抽样的概念。**抽样**（sampling）是从一个总体中抽取样本的过程。当我们抽样时，我们要研究从一个大群体中（称为总体）选择出来的一个子集（称为样本）的特征，以了解这个大群体的特征。在研究人员确定样本的特征之后，他们就从样本**推广**（generalize）到总体；也就是说研究人员以他们对样本的研究而做出关于总体的阐述。样本规模通常比总体小；因此，抽样可以节省时间与金钱。

如果研究总体中的每个个体，你实际上进行的是一次普查而不是一个调查。在**普查**（census）中，要研究的是整个总体，而不仅仅是总体的样本或子集。一个著名的普查例子是美国人口普查局十年一次的人口普查。这次普查的目的是确定所有美国公民的人口特征（年龄、性别、种族、收入水平），教育特征（受教育程度、学校入学率），家庭特征（子女数、结婚年龄、家庭结构），以及工作特征（如工作类型、工作的职业声望、每周工作小时数）。那可是 3 亿多人！可想而知，一次人口普查是非常昂贵的，而且难以实施。

研究人员很少研究感兴趣的总体中的每一个体，而是研究总体中的样本。与普查相比，使用随机抽样可节省时间和金钱。使用本章中讨论的随机抽样技术，仅用 1 000 到 1 500 人，就可以在较小的误差范围内（正负几个百分比）估计美国人口的特征。一方面，对规模庞大的总体进行一次普查通常太困难并且太昂贵。另一方面，如果总体非常小（例如，一所小学里所有的 25 位教师），你的研究中最好包括所有人。在研究大的总体时，随机抽样的力量才能真正显现。

在本章中，我们将讨论随机（也称概率）抽样技术和非随机（也称非概率）抽样技术。随机抽样技术是以概率理论为基础的，通常产生“好”的样本。一个好的样本能代表其所来自的总体。也就是说，**代表性样本**（representative sample）在**除了规模之外**的所有特征上（男性和女性、教师和非教师、年轻人和老年人、民主党人和共和党人的比例等）都与其所来自的总体类似。**除了更小之外，一个代表性的样本与总体是相似的。**尽管一个随机样本很难有完全的代表性，但是随机样本通常比非随机样本更具代表性。非随机样本被称为**有偏样本**（biased samples），因为它们通常在某些特征上与总体完全不同。相反地，随机样本被称为无偏样本，因为它们倾向于代表其所来自的总体。

随机抽样常常被用于**调查研究**（survey research）。所谓调查研究是一种非实验性研究方法，使用问卷或者访谈来收集信息，旨在以样本数据为基础来理解总体的特征。调查研究的著名例子包括用来确定选民对于政治候选人和相关利益问题（如，教育、家庭、犯罪、外交事务）态度的研究。尽管本章讨论的随机抽样技术最常用于调查研究，但是他们有时也被用于很多其他类型的定量研究之中。

当你阅读本章余下部分时，要记住，定量研究中抽样的主要目的是使得研究者能够使用样本数据对总体做出准确的概括。简言之，获得样本是达到目的的方法。在你学习了定量研究中的抽样（抽样是什么以及抽样是怎么进行的）之后，我们再讨论定性研究中的抽样，其目的是选择特别的群体并且理解它们。我们以对混合研究中的抽样的讨论来结束本章，它结合了定量和定性抽样方法的研究中得出的见解。

复习问题 9.1 哪种抽样能够产生代表性样本？
9.2 什么是代表性样本，在何种情况下获得代表性样本是重要的？

抽样中使用的术语

要更好地理解抽样，知道一些专用术语是有用的。**样本**（sample）是按照一定的规则从一个总体中获得的一组元素。**元素**（element）是从总体中选择的一个基本单位。“个体”是最常见的被抽取的元素；然而，其他类型的元素也是可能的，比如“群组”（如学校、教室、诊所）或“物体”（如教科书、学校记录、电视广告）。样本总是小于总体，并且往往是小得多。在抽样中，字母 N 代表总体规模（总体中人或元素的总数），n 代表样本大小（样本中人或元素的总数）。例如，如果我们从一个大小为 150 000 人的总体中选择了一个 500 人的样本，那么 n 是 500，N 是 150 000。抽样规则告诉你如何选择一个样本。本章讨论的这些抽样方法遵循不同的选择规则。

总体（population）（有时候被称作目标总体）是所有元素的集合，是一个研究者想要将他/她的样本结果推广其上的大群组。换句话说，总体正是你有兴趣了解更多的。例如，美国的公民、在俄勒冈州波特兰公立学校和私立学校就读的所有学生、在德州奥斯汀精神健康中心工作的所有咨询师可以是某些研究的总体。

统计值（statistic）是样本的数字特征。例如，根据样本中所包含的人，研究者可计算出平均阅读成绩或者两个变量间的相关性（例如，测试成绩和学习时间）。**参数**（carameter）是总体的数字特征。例如，它可能是基于总体而非样本的平均数、相关或者是百分比。我们几乎不知道总体参数的值。因此，我们收集样本数据以便能估计总体参数的可能值。样本统计值几乎不可能与总体参数完全相同，但是大多数时候不会差很远（假设该样本是规模足够大的随机样本）。样本统计值（比如说你计算了样本的平均数）和总体参数（总体的实际平均值）两者之间的实际差异被称为**抽样误差**（sampling error）。当使用随机抽样方法时，抽样误差将随着重复抽样而随机波动。也就是说，样本统计值（如，平均值或百分比）有时会稍大于总体参数，有时会稍小于总体参数。然而，它不会一直大或小。也就是说，如果你使用随机抽样就不会是有偏的。

当我们抽取样本时，我们通常首先找到或者构建**抽样框**（sampling frame），即总体中所有元素的清单。例如，如果我们想抽取在俄亥俄州立大学的大学生的样本，那么样本框就应该是所有在俄亥俄州立大学上学的学生名单。研究人员使用（稍后我们将讨论的）抽样方法中的一种从抽样框中抽取样本。在选择了样本之后，联系样本成员并询问他们是否愿意参加研究。

通常，样本中的一些人会拒绝参与研究。你可以通过计算回答率来决定实际参与的百分比。**回答率**（response rate）是样本中参与研究的人的百分比。回答率通常小于100%。例如，如果你选择一个大小为 200 人的样本，200 人中仅有 183 人参与，那么回答率是 91.5%（183/200×100%）。回答率的公式是：

$$\text{回答率}=\frac{\text{样本中参与研究的人数}}{\text{样本总人数}}\times 100\%$$

如果你想要一个能代表总体的样本，那么回答率尽可能高是至关重要的。回答率在70% 及以上通常是可接受的。然而，尽管回答率高，样本仍然可能是有偏的（不代表总体的），因为退出样本的人可能与留在样本中的人不一样。研究者在写报告时应该讨论样本选择程序、回答率和样本完整性问题。通常，你不应该信任一篇找不到这种信息的研究报告。

复习问题　9.3　统计值和参数之间的区别是什么？
　　　　　9.4　什么是抽样框？

随机抽样技术

简单随机抽样

简单随机样本是研究人员通常所指的随机样本或概率样本。简单随机抽样是随机抽样的最基本形式，它是抽样理论的基石。事实上，所有其他的随机抽样方法都是在抽样过程的某一时刻使用简单随机抽样。简单随机样本的正式定义是按照一定程序抽取的样本，在这个程序中每一个给定规模（例如，100）的可能样本从总体中被选择的机会是相等的。更简单地说，**简单随机样本**（simple random sample）是按照一定的程序抽取的样本，其中总体的每个成员被选择到研究中的机会是相等的。当每个成员被选择的机会相等时，这种抽样方法被称作等概率抽选法（equal probability of selection method）（EPSEM）。

想象抽取简单随机样本的一种方法是“帽子模型”。其工作原理如下。首先，到一个帽子店去买一顶大礼帽。接着，为总体中的每个人做一张纸片，把所有纸片放入帽中。确保你使用标准大小的纸片以便它们形状、大小和重量都相同。现在，比方说你想要得到一个100人的简单随机样本。为了确保所有纸片在帽中彻底混合，请盖住帽顶，用力摇晃帽子。接着，从帽子中选择一张纸片。在选择纸片之后，再次摇晃帽子来确保余下的纸片充分混合，然后选择另外一张纸片。在你选择了100张纸片之后，你将从一个大小为1 000的总体中（N=1 000）得到一个大小为100（n=100）的简单随机样本。在结束样本选择之后，你可以看样本中包括哪些名字，这些就是你将研究的100个人。[1]

抽取一个简单随机样本

现在我们来看一些更具有实际意义的例子，看看研究人员如何实际抽取随机样本。虽然帽子模型是对简单随机抽样的一种方便的比喻，但是它在实践中很少得以使用。一般的方法是使用**随机数字表**（table of random numbers），如表9.1所示，随机数字表是随机排列的一组数列。这意味着每个数字不会比其他数字出现的频次更多。所有数字都有均等出现的机会。此外，表中没有系统模式。如果你认为你看到了某些模式，或一些数字比其应该出现的频次多了，你就看表中更多的内容，该模式就会消失。

[1] 有取代抽样或无取代抽样都是等概率抽样（EPSEM：Cochran，1977；Kish，1965）。但是，实际上无取代抽样更有效率一些。

表 9.1　随机数字表

行列	1	2	3	4	5	6	7	8	9	10
1	10 480	15 011	1 536	2 011	81 647	91 646	69 179	14 194	62 590	36 207
2	22 368	46 573	25 595	85 393	30 995	89 198	27 982	53 402	93 965	34 095
3	24 130	48 360	22 527	97 265	76 393	64 809	15 179	24 830	49 340	32 081
4	42 167	93 093	6 243	61 680	7 856	16 376	39 440	53 537	71 341	57 004
5	37 570	39 975	81 837	16 656	6 121	91 782	60 468	81 305	49 684	60 672
6	77 921	6 907	11 008	42 751	27 756	53 498	18 602	70 659	90 655	15 053
7	99 562	72 905	56 420	69 994	98 872	31 016	71 194	18 738	44 013	48 840
8	96 301	91 977	5 463	7 972	18 876	20 922	94 595	56 869	69 014	60 045
9	89 579	14 342	63 661	10 281	17 453	18 103	57 740	84 378	25 331	12 565
10	85 475	36 857	53 342	53 988	53 060	59 533	38 867	62 300	8 158	17 983

现在，业内常用**随机数字生成器**（random number generator）来选择他们的随机样本。这里有网络上免费的三种随机数字生成器的链接：

www.random.org
www.randomizer.org
www.psychicscience.org/random.aspx

如果你使用随机数字生成器，比如刚才所列，实际上会随机选择一组数字。那意味着抽样框中的所有元素都必须对应一个数字。记住，抽样框仅仅是总体中所有人（元素）的一个清单。如果你正从学生或者客户列表中抽样，那么你需要给每个人对应一个特定的数字，这些数字起索引的作用。如表 9.2 所示的抽样框例子，这是一个小总体中的具有对应识别数字的人员名单。性别信息（一个属性变量）和年龄（定量变量）出现在抽样框中，因为我们希望能够后续计算平均年龄和男性、女性分别所占的比例。经过计算，我们可以看出如何更好地比较所抽取样本和实际总体，如表 9.2 所示。通常，在辨别样本如何之前，你必须搜集这种信息（数据）。也就是说，抽样框常常仅包含有名字和对应的识别数。

现在，让我们从表 9.2 的规模为 60 的总体中抽取一个大小为 10 的样本。你可以使用随机数字表，从任何位置开始，然后只要保持这个方向，那么你可以从任何方向（上、下、交叉、前或后）取数。然而，我们宁愿使用更新的方法而不用随机数字表。我们会使用在 www.randomizer.org 的免费随机数字生成器。

表 9.2 具有性别和年龄信息的抽样框[a]

数字	姓名	年龄	数字	姓名	年龄	数字	姓名	年龄
01	Johnny Adams (M)	64	21**	Scott House (M)	21	41	Beth Sanders (F)	63
02*	Fred Alexander(M)	18	22	Jan Hoffman (F)	60	42*	Lena Schmitt (F)	33
03**	Kathy Anderson(F)	57	23	Robert Johnson(M)	43	43	Cindy Scott (F)	31
04	Larry Barnes (M)	30	24	John Jones (M)	18	44	Sam Shepherd (M)	20
05	Hasem Basaleh (M)	38	25	John Locke (M)	52	45**	Max Smart (M)	47
06*	Tom Baxter (M)	31	26	Carlton Lawless(M)	35	46	Rhonda Smith (F)	23
07*	Barry Biddlecomb(M)	52	27*,**	Pam Mackey (F)	35	47	Kin Sullivan (F)	29
08	Don Campbell (M)	42	28	Ronald May (M)	20	48	Jimmy Thompson(M)	42
09**	Martha Carr (F)	21	29	Mike McNuty (M)	64	49	Susan Tyler (F)	23
10*	Eugene Davis (M)	21	30*	John Mills (M)	19	50	Lisa Turner (F)	57
11	Marion Dunn (F)	55	31	Doug Morgan (M)	33	51**	Velma Vandenberg(F)	43
12	James East (M)	44	32	Jean Neal (F)	33	52	Richard Viatle(M)	20
13	Greg Ellis (M)	50	33**	Anh Nguyan (M)	40	53*	Larry Watson (M)	26
14	Alex Evans (M)	65	34	David Payne (M)	57	54	Melvin White (M)	29
15**	Donna Faircloth(F)	27	35	Susan Poole (F)	28	55	Mark Wiggens (M)	46
16*	Barbara Flowers(F)	37	36	Brenda Prine (F)	38	56	Leon Wilson (M)	31
17	Kirk Garner (M)	37	37	Andrea Quinn (F)	30	57**	Andrew Young (M)	39
18*	Marie Gaylord (F)	46	38	Mohamed Rashid(M)	64	58	Hun Yu (F)	51
19	William Gilder(M)	30	39**	Anneke Reeves (F)	32	59	Alex Zellars (F)	42
20	Mark Harris (M)	63	40	Charlie Rogers(M)	46	60	Ellen Zimmer (F)	46

a 如年龄和性别变量上的数据通常不含在抽样框中。这些数据会在样本对应值获取之后取得。做几组计算处理，年龄和性别上的数据会显示在表中的行和括号中。

* 文章中讨论简单随机抽样案例时所选取的样本。

** 文章中讨论系统抽样案例时所选取的样本。

我们需要从 1 到 60 中随机选取 10 个数字。为了完成这个任务，我们登录 randomizer.org 的网页，点击“Use the Randomizer form to instantly generate random numbers，”，然后回答下面的每一个问题：

1. 你想生成多少组数字？
   - 我们输入一个 1 来说明我们想要一组数字。
2. 每组多少数字？
   - 我们输入 10 来说明我们想要一组 10 个数字。
3. 数字范围？
   - 我们输入 1 到 60 来说明我们抽样框的数字范围。

4. 你想要一组数中每个数字都不一样吗？
   - 我们点击“yes”来说明我们想要**无取代**抽样（因为这个比取代抽样更有效率）。
5. 你想要给生成的数字分类吗？
   - 为了方便我们点击“yes”。
6. 你想怎么样查看随机数字？
   - 我们保持程序的默认值（“place markers off”），因为我们并不想知道数字选取的顺序。
7. 下一步，为了获取一组随机数字，我们点击“Randomize Now！”

使用随机数字生成器的结果为 2、16、42、7、10、53、30、6、27、18。下一步是去看看这些人是谁，这样就可以发现他们是否会参与你的研究项目。正如表 9.2 中所示，样本包含了 Fred Alexander（元素 2），Barbara Flowers（元素 16），Lena Schmitt（元素 42），Barry Biddlecomb（元素 7），Eugene Davis（元素 10），Larry Watson（元素 53），John Mills（元素 30），Tom Baxter（元素 6），Pam Mackey（元素 27）和 Marie Gaylord（元素 18）。这就是规模为 10 的样本。表 9.2 中，单星号标记了这些样本名字。

在经过接触样本中的个体且获取数据（比如年龄）之后，你会进行一个统计分析。让我们做个非常简单的计算。每一个人的年龄都是已知的（一般来讲，除了年龄之外，搜集数据时还会有其他很多变量或者特征）。现在计算样本中个体的平均年龄，就将 10 个人的年龄相加，然后除以 10 即可；也就是（18+31+52+21+37+46+35+19+33+26）/10=31.8。样本中个体的平均年龄是 31.8 岁，这也是抽样框所示总体中所有个体的平均年龄估计值。

在这个案例中，我们知道总体的平均年龄是 38.95 岁或者大约 39 岁。只要将总体中所有 60 个人的年龄累加再除以 60 即可得到 38.95 岁，与样本值 31.8 岁差了大约 7 年。如果这个看起来像一个很大的抽样误差，也请不要惊慌，因为一个规模为 10 的样本实际上非常小。样本均值与总体均值之差是由于偶然因素而产生的，也就是说，随机取样就是这样一个过程，如果你准备选择另外一个大小为 10 的样本，样本的平均年龄可能也会不同于总体均值。去试试看，从抽样框中抽取一个规模为 10 的样本，确保你自己抽取了一个简单随机样本。基本而言，抽样误差会呈现为标准的钟形曲线。大多数时候，样本均值会相对接近总体均值，但是仍有可能和总体均值差得很多。

我们通过引用一个样本随机抽样的期刊文章中的一段来总结本段内容（Lance，1996）：

参与者选自1992年高等教育和残疾协会（the Association on Higher Education and Disability，AHEAD，一个为高等教育院校残障学生提供服务的专业组织）会员名录。名录中的条目随机分配数字，以下人员可以被排除在外：那些作为学生的成员，那些只针对一种残障类型服务的专家，那些不居住在美国的成员，或那些不属于高等教育院校的成员。一个计算机统计程序用来从合乎本研究条件的参与者中选择规模为250的随机样本……最后的样本包括了从47个州和哥伦比亚地区选取的190名成员。（p.280）

正如你从上述引文中所看到的那样，AHEAD的会员名录是研究者的样本框。同时，研究者使用计算机程序产生随机数字。

系统抽样

系统抽样使用不同的策略来选择要包含在样本中的元素[1]。**系统样本**（systematic sample）的获取需要确定**抽样间距**（sampling interval）（比如，总体规模除以想要的样本规模，*N*/*n*，用符号*k*来表示），随机选择一个**起始点**（starting point）（1到*k*之间的一个数字，包括1和*k*），然后在抽样框中依次选择第*k*倍数点上的元素。当从列表中选择样本的时候（比如名单列表、学校列表），系统抽样一般会比简单随机抽样简单。

让我们假设你的中学有50名教师，我们有这些教师的名单，将这些教师从1到50编号。你已经决定选取五个教师作为家长教师协会（PTA）的成员。我们根据系统抽样定义中给定的三个步骤来从50个教师的名单中选取系统样本。首先，确定抽样间距（字母*k*表示）。为了获得*k*，你需要总体规模和所要的样本规模，然后把总体规模除以样本规模。本例中，总体规模为50，我们想要的样本规模为5，如果将50除以5，那么可以得出*k*等于10（例如50/5=10）。[2]

第二步，随机选择1到*k*之间的数字（包括1和*k*）。你应该在这步中用随机数字表或者随机数字生成器，因为你想要的是随机的样本。在我们的案例中随机选择1到10之间的一个数字，因为*k*等于10。用随机数字生成器，我们插入一个1来调取问题“How many numbers per set？”并选择范围为1到10。然后我们点击“Randomize now!”，随机选择的数字是6。因此号码6的教师是第一个被选进样本的人。数字6在系统抽样中有一个特殊名字，叫作起始点。

第三步，在确定了*k*值（抽样间距）和起始点之后，你可以选择其余的系统样本。本例中，我们随机选择了数字6作为起始点，这也是包含在样本中的第一个人。现在我

[1] 系统抽样被作为随机抽样类型有三个原因：①起始点是随机选择的；②是一种等概率抽样（Kalton，1983）；③一般来说，它与同样规模的简单随机样本一样好用，甚至更好一些（Scheaffer，Mendenhall，& Ott，1996）。

[2] 样本间距在实际中可能不是个整数。一般的办法是四舍五入，如果这个不是很好用的话，请参见卡尔顿（Kalton，1983）论文第17页。

们再需要 4 个人。为了获取我们样本中的其他元素，从起始点开始，我们选择每个第 *k* 倍数点的元素。本例中，起始点是 6，*k*=10；因此，包含在样本中的第二个人是 16 号。因为我们从 6 开始，加上 10 即 16。获取第三个人的号码，我们从第二人的数字开始（16），然后加 *k*（10），得到第三个人是 26 号（16+10=26）。我们依此类推，得到样本中的另外两个人是 36 号（26+10=36）和 46 号（36+10=46）。总结一下，我们从 6 开始，持续加 10 直到我们获取了规模为 5 的样本。这个系统随机样本由 6、16、26、36 和 46 号组成，一共 5 个人。

现在让我们从表 9.2 的抽样框中选取一个系统样本。早些时候，我们从这个抽样框中选择了一个简单随机样本。具体地说，我们从表 9.2 规模为 60 的总体中选择了一个样本规模为 10 的简单随机样本。所选择的 10 个人用单星号做了标记。现在我们从这个相同的总体中选择一个样本规模为 10 的系统样本，并计算其年龄均值，这样我们可以和简单随机样本年龄均值（31.9）以及总体年龄均值（38.95）进行比较。

我们首先要做什么？记住有三步，第一步是我们必须找到 *k*。本案例中，*k* 是 60/10=6。现在我们在 1 到 6 之间随机选择一个数字（1 和 6 也是可能的选择）。用随机数字表或者随机数字生成器来选择。我们使用随机数字生成器选择出来的数字是 3。数字 3 作为我们的起始点，那么样本中剩下九个数字是什么？只要连续加 6 就可以得到 9、15、21、27、33、39、45、51 和 57。因此这个样本由 3、9、15、21、27、33、39、45、51 和 57 号组成。具体地说他们是 Kathy Anderson，Martha Carr，Donna Faircloth，Scott House，Pam Mackey，Anh Nguyan，Anneke Reeves，Max Smart，Velma Vandenberg 和 Andrew Young。这 10 个人在表 9.2 中用双星号标记。现在计算该系统样本中 10 个人的平均年龄，（57+21+27+21+35+40+32+47+43+39）/10，即 362 除以 10，结果为 36.2。因为总体均值为 38.95，36.2 是个很好的估计值，特别是对于这种样本规模比较小的情况（*n*=10）而言。

本案例中，系统样本的平均年龄（36.2）比简单随机样本的平均年龄（31.8）更好地估算了总体平均年龄（36.2 更接近 38.95），但是并不是永远都是这个样子。有时候，简单随机抽样会更好，有时候系统抽样会更好。总的来说，如果一个列表（抽样框）是随机排列的，那么简单随机抽样和系统抽样会趋向于相似（Tryfos，1996）。如果一个列表是有序的（比如分层的），根据属性变量的层次（比如女性单独列出，男性单独列出）或者根据定量变量的值（比如列表是随着年龄升序或降序）排布，那么系统抽样倾向于得到一个比简单随机抽样要更好的样本（Kalton，1983；Scheaffer，Mendenhall，& Ott，1996）[1]。说“更好”的意思是，基于特定样本规模，系统样本更能代表该总体。一般

[1] 当列表按照这样的顺序排列时，可以分层。通常研究者将列表分层以改善抽样结果。有时候列表已经是分层的，研究者无需再做分层。这常常可改善样本质量，因为这个过程被称为隐性分层（Jaeger，1984；Sudman，1976）。

系统抽样产生代表性样本，因为它是一种等概率抽样方法；也就是说，总体中的每一个个体都有被抽进样本中的均等机会（Kalton）。

然而，如果列表按照一定数据周期循环进行排序，巧合的是该数据周期和抽样间隔 k 相同，那么系统抽样明显会失去作用。你必须要注意这个可能存在的严重问题。看一下表 9.3 中的抽样框。一个假想的地方学区由 10 所学校组成，校长和副校长列入表中。每一所学校假设有 1 名校长和 1 名副校长（共有 10 名校长和 10 名副校长）。假设我们想从这 20 名学校管理者中选择样本规模为 5 的系统样本。因为总体规模为 20（N=20），我们想要的样本规模为 5（n=5），抽样间隔 k 是 20/5，即 4。因此我们随机在 1 到 4 之间选择一个起始点之后，每隔 4 人选取一个人（即元素）。随机选择起始点为 2，也就是假设你使用随机数字生成器获得了数字 2。结果元素 2 被包含进了样本中。现在在 2 之后每隔四个元素选择一个，直到选够 5 个元素，得到 6、10、14 和 18。那么这个样本会是 2、6、10、14 和 18。

但是看一下表 9.3，我们仅仅将副校长包含进了样本中，所有的校长都被排除在外了！这显然是个大问题，因为我们选择的样本根本不能代表总体；这是一个只含副校长的有偏样本。本案例中的抽样框有一个循环模式，也叫作“周期性”。该抽样框中的循环模式是很明显的，每个校长后面就跟一个副校长。本案例中，**周期性**（periodicity）（抽样框中循环模式的呈现状态）引起了主要的问题。我们应该从这个糟糕的案例中学习到什么？总的说来，就是要细心检查你的抽样框。如果你认为列表中有循环模式，那么就不要使用系统抽样方法。

表 9.3 一个周期或循环的抽样框

元素 1	校长 1
元素 2*	副校长 1
元素 3	校长 2
元素 4	副校长 2
元素 5	校长 3
元素 6*	副校长 3
元素 7	校长 4
元素 8	副校长 4
元素 9	校长 5
元素 10*	副校长 5
元素 11	校长 6
元素 12	副校长 6
元素 13	校长 7
元素 14*	副校长 7
元素 15	校长 8

续表

元素 16	副校长 8
元素 17	校长 9
元素 18*	副校长 9
元素 19	校长 10
元素 20	副校长 10

* 标记星号的元素为本文讨论中例子

分层随机抽样

分层抽样（stratified sampling）是这样一种方法，总体被分为相互排斥的组（称之为层），然后从每组（每层）中抽取简单随机样本或系统样本。例如，我们把一个总体分为男性和女性，然后选取一个男性随机样本和一个女性随机样本。我们给总体分组所用的变量称为**分层变量**（stratification variable）。在这个男性和女性分组案例中，分层变量是性别。也许你想知道为什么这种方法叫作分层抽样，可能是因为层次可以被形象地比喻为和地壳下界限分明的层。这个词汇可能是从地理学中借用的。

分层比例抽样

分层抽样最常用的形式称为**分层比例抽样**（proportional stratified sampling）。如果分层变量是性别，那么样本中男性和女性的比例要和总体中的男女比例设置成一样。比如，总体由 70% 的女性和 30% 的男性组成，那么样本中 70% 的人就要从女性的子群（即总体中所有的女性）中随机选取，剩下 30% 的人就要从男性的子群（即总体中的所有男性）中随机选取。这就是称之为分层比例抽样的原因。在某些特征上，样本中的比例要与总体中的比例设置成一样的（稍后我们将告诉你如何简单地做到这些）。

与简单随机抽样相比，分层比例抽样显得效率更高（需要较少的人参与）（Kalton，1983）。那是因为当你抽取分层比例样本时，分层变量的样本比例会完全或几乎完全代表该分层变量在总体中的比例。例如，如果分层变量是性别，那么样本中男性和女性的比例会和总体中的（男女）比例相同。其他可能的分层变量也可能会被使用（比如年级、智力、教育），并且如果你愿意，可以同时使用多于一种的分层变量（如性别和教育）。对于没有被包含进分层变量的所有其他变量，一个分层随机样本也可以代表，因为随机样本都是从每一个总体层中抽取的。分层比例抽样是一种等概率选取方法，意思是总体中的每一个个体都有均等被抽取的机会。这就是分层比例抽样会产生具有代表性样本的原因。

举个例子来说，假设你对从小学一年级到三年级中抽取一个学生样本有兴趣。我们用年级作为我们的分层变量。分层变量的水平为一年级、二年级和三年级。由于我们使用分层比例抽样方法，所以确保样本在任何其他方面都是随机的同时，我们要确保样本中 1 ~ 3 年级的学生比例和学校中 1 ~ 3 年级的学生比例相同。正如你所看到的，在**选取样本之前**你不得不去了解 1 ~ 3 年级学生的比例，这样你就可以从每一个年级选取合适数量的学生进入你的样本中。因此，分层比例抽样需要你在抽取样本之前了解一些具体的信息。如果你已经知道所需的信息，就可以对抽样框分层处理，并随机选择合适数字的人，这样的话，在这个分层变量上，你最终的样本是与总体成比例的，而且在任何其他方面都是随机的。

在我们当前的例子中，假设你提前知道 1 ~ 3 年级的学生中 30% 在一年级，35% 在二年级，35% 在三年级。如果你想要抽取一个规模为 100 的样本，你要将样本框分成一年级层、二年级层和三年级层，然后你要随机选取 30 个一年级学生，35 个二年级学生和 35 个三年级学生。正如你所看到的，最后的 100 人样本会包含每一年级的合适比例，而且在任何其他方面都是随机的。现在来检查一下你的理解：如果你想要一个样本大小为 500 而不是 100 的分层比例样本，在该总体样本框中，你会从各子集中随机抽取多少学生？答案是你会随机选取 150 名一年级学生（500 的 30%），175 名二年级学生（500 的 35%），175 名三年级学生（500 的 35%）。150 加 175 再加 175 为 500，正是你样本所要求的。

我们已经解释了一旦确定每层（组）所要选取的人数，那么你就可以从每一组中抽取一个适当大小的简单随机样本。但是有一种抽取分层比例样本的方法，你无需担心每一组（层）选取的人数。方法是这样的：首先，确保你的名单（样本框）是按组（层）排序的。比如，如果性别是你的分层变量，那么就按照性别来给名单排序；也就是说先列所有的女性名单，后列所有的男性名单。第二，从整个名单中简单选取一个系统样本。卡尔顿（Kalton，1983）解释过从有序名单中系统抽样常常是首选的，而不是确定样本大小之后抽取简单随机样本。我们也推荐这种处理步骤，因为当一个名单是按照分层变量排序时，不可能出现周期性问题（名单中的循环模式）。[1]

不等分层抽样

到目前为止，我们已经集中关注了分层比例抽样。然而，有时你可能会需要抽取一个**不等分层样本**（disproportional stratified sample）。也就是说，如果用了不等分层抽样方法，你可能想要在某组总体上抽取一个比使用分层比例抽样获得的样本百分比更大的样本。例如，你可能想要样本中的 50% 为非裔美国人，50% 为欧裔美国人。因为美国总人口只有 12% 是非裔美国人，欧裔美国人的比例要远大于 50%，所以你肯定不会用分层比例抽样方法来抽取一个 50% 对 50% 的样本。因此如果你决定获得一个 50% 对 50% 的样本，

[1] 在我们的例子中，分层变量已经被分类了（比如，年级、性别）。但是，你仍然可以选择带有定量分层变量的比例分层样本（比如年龄、智商）。只要把列表按照定量分层变量重新排序并抽取系统样本即可。比如以年龄为例，在原始列表中，按年龄从小到大重新给名字排序，然后从新列表中抽取一个系统样本。

你会对非裔美国人进行过抽样，而对欧裔美国人进行欠抽样。注意你会抽取个体，而其样本大小不和他们在总体中的数量成比例，那就是为什么称之为不等分层比例抽样的原因了。当研究者的研究兴趣更多的是在于群组比较，而不是在总体中进行结论推广，此时常常用不等分层抽样。如果用了不等分层抽样，同时又想将结论推广到总体中，子集加权过程是必须用到的。当总体中的某些组非常小时，不等分层抽样有时候也会用得到；因此你要对这些组进行过抽样以确保有足够的样本大小。

举个可能需要不等分层样本的例子。设想你工作在一个最近才开始接收男学生的 5 000 人规模的传统女子大学里，女学生的数量仍然远远大于男学生的数量。假设 90% 的学生（4 500）是女学生，只有 10%（500）是男学生。如果你主要兴趣在于比较男女学生或者是获取大的男女学生样本，那么你可能希望抽取和女学生一样数量的男学生样本。也就是说你可能选择不等分层样本。假设你有资金支持一个规模为 300 人样本，那么在这种情况下，你可能决定选择等数量的男女学生（150 名男生和 150 名女生）。这样，对于每组学生来说，男女学生之间的比较才会基于一个相似的样本规模。此外，考虑到你的资金，充分地获取 150 名男生和 150 名女生，也可以认为是足够大的样本了。

当使用不等比例抽样时，不经过加权过程是不能给总体下研究结论的，因为样本层的相对大小并不代表总体中各组的相对大小，理解这个是重要的。加权是统计学家用于给小数量的层赋予小权重的过程，这样该层样本可以更精确地代表他们在总体中的大小。没有加权，你只能对单独的各组下研究结论，并开始进行组间比较。有时这也就是一个研究者全部想做的。

整群随机抽样

整群抽样（cluster sampling）是一种抽样方式，随机抽取的是**群**（clusters）（一种集合单位，包括多个元素，比如学校、教堂、大学、家庭和城市街道），而不是随机抽取单个单位元素（比如学生个体、教师个体、辅导员个体和管理员个体）。例如，学校是一个整群，因为它由许多学生个体组成。在一些方面，整群抽样总是涉及随机选取群（多单位元素），而不是抽取单个单位元素。例如，整群抽样中，可能会随机选取班级。一个班级是一个群，因为班级是由很多单个单位（比如学生）构成的集合单位。在本章讨论过的其他抽样方法上，单个单位（个体）总是被选取的对象。除了不是抽取一个随机的个体样本，基本的整群抽样就像简单随机抽样一样，你可以随机抽取一个整群的样本。

与简单随机抽样、系统抽样或分层抽样相比，整群抽样需要一个更大的样本规模。对于给定的样本大小，尽管整群抽样的精确度比不上其他抽样方式，但是在很多情况下还是首选的方法。例如，当总体中的元素具有地理分布特点时，整群抽样常会被使用。当你需要实施面对面访谈时，整群抽样会减少差旅成本，减少访谈者的成本，同时也减少样本中所有人访谈的时间周期。例如一个总体是地理分布的（如美国），在一个简单随机样本中，驾车到每一个人家里去访谈的实际行动会更加难以实施。但是，如果进行电话访谈，你无须使用整群抽样，因为在你家或办公室，你可以很容易地给美国任何一个地方的人打电话。

另外一个使用整群抽样的原因是，有时候总体中没有一个对所有人都可行的抽样框。当遇到这种情况时，你也许能够找到自然形成的抽样元素群组，比如教室、精神健康机构、人口普查街道办、街道地图和投票地区等。这些整群的名单常常是可得到的，或可以不太费劲地挖掘出来。从一个总体的所有群名单中随机选出一个整群样本后，你只需要列举整群样本中个体元素的详细名单。没有必要识别总体中的每一个人。

单段整群抽样

我们现在看一下整群抽样的例子。整群抽样最简单的例子是**单段整群抽样**（one-stage cluster sampling），是从总体中的所有群中随机抽取一组群。例如，你可能会从一个城市的所有学校中抽取一个由 10 个学校组成的随机样本。一般来说，简单随机抽样、系统抽样或分层随机抽样都可用来抽取群。抽取群之后，该群所有元素（比如人）都被包含在了样本中。因此该抽样方法仅仅一步就完成了。

举一个单段整群抽样的例子。比方说你要从一个有 80 个教室的公立学校取得一个含 250 名五年级学生的样本。假设每个教室大约有 25 名学生。为了减少访谈和差旅时间，你可以选择随机抽取 10 个群（10 个五年级教室），并对这些班的所有学生进行访谈。这样，你仅需访问这 10 个教室，产生大约 250 名五年级学生的样本（取决于回答率）。另外一方面，如果你选取了学生（而不是教室）的简单随机样本，那么你为了访问这些学生而去的教室会超过 10 个。

两段整群抽样

在**两段整群抽样**（two-stage cluster sampling）中，抽样分两阶段进行，而不是一步就完成。第一阶段，随机地从所有群中抽取一组群。第二阶段，从第一阶段抽取的每一个群中抽取随机的元素样本。例如，随机从一个群列表中抽取 25 个教室（群）。如果这 25 个教室中的所有学生都像单段整群抽样一样抽取的话，样本大小会是 625（25 个教室 × 每个教室 25 名学生 =625）。然而，正如以前一样我们想选取一个大小为 250 的样本。因此，第二阶段会从这 25 个教室中每个教室随机选取 10 名学生。这个结果就是含有 250 名学生的两段整群抽样的样本。

在此，需要注意我们假设了所有教室都有大约 25 名学生。然而，这些群并不常是大小近似的。因此，一种叫作**概率比例抽样**（probability proportional to size）的方法常用来抽取整群。基本上，这种更高级的抽样方法是用来让大群有较大的抽样机会，小群有较小的抽样机会。然后再从每一个选出的群中随机抽取固定数量的个体（比如 10 个）。尽管这种方法更高级，但是这是当群的大小不同时不得不采用的方法，以确保总体中所有的人都有均等被抽取到的机会。

概率比例抽样是一种等概率抽样方法，而且需要记住的是，等概率抽样方法会产生具有代表性的样本。想用这种高级方法，你需要参考抽样方面更专业的书籍，或向学院或大学的统计学专家寻求帮助。要记住的重要一点是，如果你想要一个具有代表性的样本，当群的大小不相等的时候，那么概率比例抽样是必须用的。为了你的方便，我们总结了一个表格，包括了将随机抽样方法作为常规方法使用的组织机构网站链接（表 9.4）。

表 9.4　提供有用的抽样信息和链接的调查研究网站

网址	名称
www.isr.umich.edu/src/	密歇根大学社会研究所调查研究中心（Survey Research Center at University of Michigan's Institute for Social Research）
www.norc.uchicago.edu/homepage.htm	芝加哥大学全国民意调查中心（The National Opinion Research Center at the University of Chicago）
www.princeton.edu/~psrc/	普林斯顿大学调查研究中心（Survey Research Center at Princeton University）
http://statlab.stat.yale.edu	耶鲁社会科学统计实验室（Social Science Statistical Lab at Yale）
www.indiana.edu/~csr/	印第安纳大学调查研究中心（Indiana University Center for Survey Research）
www.irss.unc.edu/odum/jsp/home.jsp	北卡罗来纳大学奥德姆社会科学研究所（Odum Institute for Research in Social Science at the University of North Carolina）
http://filebox.vt.edu/centers/survey/index.html	弗吉尼亚理工学院调查研究中心（Virginia Tech Center for Survey Research）
http://www.srl.uic.edu/srllink/srllink.htm# Survey-Related	这个网站提供一些有用的调查研究链接
http://www.ropercenter.uconn.edu	罗普中心 Roper Center
www.gallup.com	盖洛普公司（Gallup Inc.）
www.surveysampling.com	抽样调查公司（Survey Sampling Inc.）
www.aapor.org	美国民意研究协会（American Association for Public Opinion Research）
www.ncpp.org	全国民意调查委员会（National Council on Public Polls）

复习问题

9.5　如何抽取一个简单随机样本？

9.6　所有等概率抽样方法有什么共同点？

9.7　选择系统样本的三个步骤是什么？

9.8　如何选择分层样本？

9.9　分层比例抽样和不等分层抽样有什么区别？

9.10　什么时候研究者想使用整群抽样方法？

非随机抽样方法

方便抽样

如果研究者的样本包括方便找到的人或志愿者，或易于招募并愿意参与研究的人，那么研究者就使用了**方便抽样**（convenience sampling）。就是说，研究者所选择的个体是“便于选择”的。应该注意到，就技术而言，不能够将方便抽样的样本推广到一个总体中去。第一点，也是最重要的一点是，并不是总体中每一个人都有均等机会被包含在样本中。第二点，方便抽样的“样本”来自什么样的具体总体常常并不是十分清晰的。

当使用方便抽样时，研究者将参与研究者的特征描述出来是特别重要的。有时，研究者甚至描述他们认为和方便样本最接近的“假设总体”。当然，最后还是取决于研究论文的读者去检验方便样本的特征并判断该组的人代表谁。

你可能会吃惊，大部分实验研究者并不使用随机抽样，而是倾向于使用方便抽样。例如，一些已发表的研究是在学习心理学导论课程或者教育心理学课程的本科学生身上完成的。举个特纳、约翰逊和皮克林（Turner，Johnson，and Pickering，1996）的研究例子：

> 在心理学导论的课程上招募了 79 名大学生（47 名女学生和 32 名男学生）。参与研究作为学生获取学分的一种选择。样本平均年龄是 23.7 岁（范围在 17 岁到 52 岁）。73%（数量是 58）的参与者是白人，18%（数量是 14）是非裔美国人，剩下 9%（数量是 7）是其他种族的（p.1053）。

方便样本并不是最优的方式，特别当研究者想基于单个研究推广到一个总体中时。然而，由于实际限制，研究者常常被迫使用方便样本。

定额抽样

在**定额抽样**（quota sampling）中，研究者确定感兴趣的主群组或亚群组，决定这些群组中每一组的人数，然后用方便抽样方法选择每一组的样本。如此命名定额抽样是因为一旦研究者决定了样本中包含某类人的数量，该研究者就得设法“满足配额”；也就是说，研究者设法取得合适的样本数量。如果研究者决定让样本数量和总体在某些特征上（如性别）成比例，那么这种定额抽样的方法会和分层比例抽样有明显的相似性。例如，如果一个学院由 60% 的女学生和 40% 的男学生组成，那么研究者可能决定让其样本也是 60% 女学生和 40% 男学生的比例。然而，在定额抽样和分层比例抽样之间有个重要的区别，那就是一旦研究者决定了每个群组中的人数，就不会再用随机抽样了。尽管定额样本可能在某些特征上和总体看起来相似（比如，男女学生比例），但是这不是一个概率抽样的样本，因此，研究结果的推广范围受到严格限制。

目的抽样

在**目的抽样**（purposive sampling）中（有时叫作判断抽样），研究者明确目标总体的特征，然后设法找到具有这些特征的个体。例如，研究者可能对于参加继续教育项目的 65 岁以上成年女性有研究意向。一旦群组定位之后，研究者就要请满足参选标准的人来参与其研究。当参与者数量足够时，研究者不会再要求其他人参与进来。简而言之，目的抽样是一种非随机抽样方法，用这种方法招募具有特定特征的人来参与其研究。有一个目的抽样的例子，选自一个已发表的研究论文：

> 数据采集自 75 个评估用户和制作者，他们参与了美国东南部某州一个全州范围的教育创新项目。这个样本是有目的性的（Patton，1987，p.51），其目的在于找到一组专业人员，这些人能够对不同场景下的评估参与和利用进行合理的预测。样本包括内部和（或）外部项目评估者、项目董事、当地建筑管理员、涉及该项目的教师以及外部评估团队的人员。样本中，53% 的人有博士学位，33% 的人有专业学位，14% 的人有硕士学位。（Johnson，1995，p.318）

和任何非随机抽样方法相比，目的抽样也有同样的限制。具体来说，就是基于单一研究，从一个样本推广到总体的能力受到严重限制。最理想的情形会是这样的，研究者明确潜在参与者满足参与研究的条件，随后尝试在这些人中获得一个随机的样本。然而，这是很难做到的。

滚雪球抽样

在**滚雪球抽样**（snowball sampling）中，要求每一个自愿的参与者都识别一个或者更多的满足特定特征且可能乐意参与研究的人。托雷里克（Tallerico，1993）用滚雪球抽样方法找到 20 名曾是地方教育官的女性以及熟悉 1 名女性地方教育官的 4 个“线人”，这样他们就可以研究为什么女性会离开这个岗位。研究的开始阶段只有一些个体可被认为是适合的、乐意并能够参与研究。不过，经过一段时间，随着每一个新参与者推荐了其他可能参与研究的人员，样本会变得越来越大。这个样本可以被比喻为雪球，从山上滚下来会越来越大。当你需要找到很难寻找到的总体中的成员时，或者没有抽样框时，这种抽样方法就特别有用。

复习问题　9.11　实验研究者经常采用方便样本吗？

随机选择和随机分配

理解**随机选择**和**随机分配**之间的区别是十分重要的。**随机选择**（random selection）已是本章的中心，它是随机抽样的另外一个名称。正如你现在所知，随机抽样就像从帽子里面抽取名字一样，这些名字组成了随机样本。我们也讨论过随机抽样的 3 种具体方法：系统抽样、分层抽样和整群抽样，都是由简单随机抽样变化而来。**随机选择的目的在于允许你将研究结论从样本推广到总体**。由于随机选择方法产生了具有代表性的样本，因此你就能够从样本概化到总体。这种形式的概化有时叫作统计概化。

第 2 章我们描述实验研究的时候简要讨论过**随机分配**（random assignment）。随机分配包括选取特定的一组人（通常是方便抽样或者目的抽样而来的样本），随机地把他们分配到将要进行实验研究的不同群组中。随机分配仅仅用在实验研究中，关键因素是它允许依据实验做出因果关系的强有力的结论。**随机分配的目的在于产生对照组，在实验的开始阶段这些组在“所有可能因素”上都是相似的**。然后，如果这些相似组在接受不同的处理之后出现了不同，研究者可将不同归结于自变量，因为这是仅有的使这些组系统化地出现不同的因素（例如，一组可能收到药丸，另外一组可能收到安慰剂）。实验很少基于随机抽样的样本来展开。在一个随机分配但不含随机选择的实验中，尽管在自变量和因变量的因果关系上（比如实验药丸对于行为的影响），你可能会做出强有力的结论，但是你**并不**能够通过这样一个实验直接进行概化。所幸的是，实验研究中有一个解决这种问题的方法，那就是使用重复研究的逻辑。

如果在不同的地点、时间用不同的人重现了实验结果，那么有关自变量和因变量因果关系的实验结果在一定程度上是可以推广的，甚至当不使用随机选择的时候也是如此。那是因为如果我们重复地看到相同的因果关系结果（比如，实验药丸持续性地减少了行为紊乱），那么就证明了因果关系是真实的并可适用于很多人。理论上来说，最有说服力的实验设计应该是这样的：参与者是从总体中随机选择的，同时被随机分配到各组中去。这会让实验得出强有力的因果关系结论（因为随机分配），进而将实验结果推广到一个已知的总体中（因为随机选择）。

本章早些时候，我们展示了如何在随机选择上使用随机数字生成器。在配套学生网站上的附加资料中，我们展示了如何使用随机数字生成器来进行随机分配。

复习问题　9.12　如果你的目标是从样本概化到总体，随机选择还是随机分配更重要？

使用随机抽样时决定样本规模

当设计一个研究课题时，你不可避免地会问样本应该多大[1]。最简单的回答就是样本规模越大越好，因为越大的样本其误差就越小，也就意味着样本值（统计量）越接近真实总体值（参数值）。一个极端的情况是，如果将总体的所有人都纳入研究中，而不是抽取一个样本，这样的话样本误差将会是零。根据经验，如果总体数量是 100 人或者更少，则推荐使用整个总体作为抽取的样本。这种方法，不需花费太多，你完全可以自信地说了解到了整个总体。关于样本规模问题的第二个回答就是你可以检索与你希望做的研究最类似的研究文献，并看看那些研究中有多少参与者。

表 9.4 提供了一个推荐样本规模的表格。表格中提供的样本规模一般是足够的。所推荐的样本大小针对的总体数量范围从非常小（例如 10 个）到极其大（例如 5 亿个）。使用这个表格所时你要大概知道抽取样本的总体规模。如表 9.4 所示所示可以看出，如果总体由 500 人组成，你需要随机选择 217 人。同样地，如果总体由 1 500 人组成，你需要随机选择 306 人。

关于从总体中随机抽样，我们在下面做几点补充说明。

- 如果查看表 9.4 中的数字，会发现当总体数比较小时，研究者必须随机选择一个占总体大比例的样本。然而当总体越来越大时，所需要的样本占总体中的百分比则变得越来越小。
- 总体越同质，样本就会越小。同质总体是指包含相似人的总体。事实上，如果每一个人都几乎一样，样本中只需要一个人即可。相反地，总体越是异质（人与人之间越不相似），需要的样本就越大。
- 数据分析中想要的分类越多或者越细化，需要的样本就越大。比如，研究者的意图在于确定一个城市中有多少百分比的人打算为某个竞选地方教育官的候选人投票。如果研究者还想知道打算为这名候选人投票的男性和女性分别占多少百分比怎么办？这样原总体就要分成两个目标分总体，对于每一组，研究者都需要足够大的样本。

[1] 一些方法论学家错误地给出这样的建议，即研究者应该在一个总体中抽取 10% 的样本或从一个总体的每一组中都抽取 10% 的样本。你应该避免经验法则，抽样专家已经很明确地表示样本大小不应该是基于总体的百分占比。你可以很容易地发现把“10% 法则”应用于 50 人的小总体和 2.5 亿人这样大的总体中存在的问题。前者而言，法则建议选择规模为 5 人的样本，后者而言建议选取一个 2 500 万人的样本！

表 9.4　从 10 到 5 亿不同规模总体的样本大小

N 表示总体规模，n 表示推荐的样本规模。样本大小基于 95% 的置信水平。

N	n	N	n	N	n	N	n	N	n
10	10	110	86	300	169	950	274	4 500	354
15	14	120	92	320	175	1 000	278	5 000	357
20	19	130	97	340	181	1 100	285	6 000	361
25	24	140	103	360	186	1 200	291	7 000	364
30	28	150	108	380	191	1 300	297	8 000	367
35	32	160	113	400	196	1 400	302	9 000	368
40	36	170	118	420	201	1 500	306	10 000	370
45	40	180	123	440	205	1 600	310	15 000	375
50	44	190	127	460	210	1 700	313	20 000	377
55	48	200	132	480	214	1 800	317	30 000	379
60	52	210	136	500	217	1 900	320	40 000	380
65	56	220	140	550	226	2 000	322	50 000	381
70	59	230	144	600	234	2 200	327	75 000	382
75	63	240	148	650	242	2 400	331	100 000	384
80	66	250	152	700	248	2 600	335	250 000	384
85	70	260	155	750	254	2 800	338	500 000	384
90	73	270	159	800	260	3 000	341	1 000 000	384
95	76	280	162	850	265	3 500	346	10 000 000	384
100	80	290	165	900	269	4 000	351	500 000 000	384

来源：Adapted from R.V. Krejecie and D.W. Morgan，“Determining Sample Size for Research Activities，” Educational and Psychological Measurement，30（3），p. 608，copyright © 1970 by SAGE Publications，Inc. Reprinted by permission of SAGE Publications，Inc.

- 在后续章节的推断统计（第 18 章）中，将解释置信区间的概念。现在要指出的是，有时候研究者用一个统计方法来估算总体值，并附带一个可能包含总体值的置信区间。例如，你可能听过一个新闻记者说在某个城市支持这所学校校长关于采用校服决定的人是 55%，± 5% 且“置信水平”是 95%。这个结论是说总体值大概（95% 的几率）在 50% 到 60% 之间的某一个点上。这表明样本中包含的人越多，置信区间就越小（越窄）。例如，如果更多的人被包含在样本中，结果就可能说支持这个决定的人在 55%，± 3%，那就是说总体值可能在 52% 到 58% 之间。这个规则就是，**样本越大，基于样本的关于总体的结论越精确**。因此样本越大越好。
- 假设你计划测量一个自变量对于一个因变量的关系或者影响。如果你预测他们之间关系或者影响比较微弱，那么你就需要一个**比较大**的样本。那是因为更大的样本中，“杂音”或者“随机误差”就更少。

- 随机抽样方法越有效，所需要的样本规模就越小。相比于简单随机抽样，分层随机抽样倾向于更少的人数。另一方面，相比于简单随机抽样，整群随机抽样倾向于更多的人数。
- 此处提到的最后一个考虑点就是原始样本中的一些人会拒绝参与研究。换句话说，最后的样本规模可能会比计划中的要小。如果你能估计大约会有多少百分比的人参与研究（回答率），你就可以用下列公式来调整原始样本规模。分子是你的研究所要包含的人数，分母是你认为会同意参与研究的人数比例。

$$\frac{\text{期望的样本规模}}{\text{可能应答的比例}} = \text{原始样本所要包括的人数}$$

例如，你想要一个规模为 75 的样本，而且你预计原样本中仅有 80% 的人会实际参与研究。你就要用 75 除以 80%，然后得到你需要的样本人数，即 94 人。让我们检查一下你的理解是否正确，假设你想要一个人数为 50 的样本，预计有 70% 的人会参与研究，那么在原样本中你需要包含多少人？分子是 50，你期望的样本规模；分母是 0.70。50 除以 0.70 等于 71，你需要 71 人。用计算器计算很简单，不是吗？

复习问题	9.13	如果总体规模为 250 000，那么在你的研究中最少需要多少参与者？（提示，查看表 9.4）

定性研究中的抽样

定性研究者首先必须决定他们要研究的对象是谁或者何物。这是考虑哪些总体或者哪些现象与所提议的或者要发展的研究焦点息息相关。通常，研究者定义一组待研究总体所具有的标准或者属性，并用这些标准将潜在目标人群和排除在考虑之外的人区分开来。一旦设定选取的边界，研究者就知道他 / 她所希望研究的对象，然后努力去寻找并获得样本。

玛格利特·李康普蒂、朱迪思·普瑞塞尔和勒娜特·雷希（LeCompte，Preissle，and Tesch，1993）将定性研究中全部的抽样策略称之为**基于标准的选择**（criterion-based selection），因为研究者制定了选择人或单位（如学校）的标准。另外一个著名的定性研究者，迈克尔·巴顿（Patton，1987，1990）用有**目的抽样**（purposeful sampling）的概念来描述这个相同的过程，因为个体或案例提供解决研究目的所需的信息。**基于标准的选择**和**有目的抽样**是同义词，都描述了我们之前称之为目的抽样的概念。目的抽样均可用于定性和定量研究中。另一个之前讨论过的非概率抽样形式（滚雪球抽样、定额抽样和方便抽样）也同样适用于定性研究。

尽管目标都是要找到信息丰富的个体或者案例，但是关于研究对象的确定仍会受到现实条件的限制，比如潜在参与者是否易于接近、寻找与招募人员的成本。事实上，研究者总是面临很实际的限制，比如选择谁来参与研究的时候所发生的情形。关键点在于研究者选择的样本，应该既能满足研究目的，又能回答研究问题，同时满足成本和其他限制的需求。总是需要权衡的。

很多不同类型的抽样用于定性研究，这里主要依据李康普蒂和普瑞塞尔（LeComepte and Preissle，1993）以及巴顿（Patton，1987，1990）的讨论。第一种类型的抽样叫作**综合抽样**（comprehensive sampling），意思是所有相关的案例（个体、群组、背景设置或其他现象）都会在研究中得到调查。这种全面涵盖保证了其代表性，因为每一个人都包含在研究中。它的成本十分高昂，而且是很不切实际的，除非是比较容易找到的小规模总体。

另外一种定性研究者偶尔用到的抽样形式是**最大变异抽样**（maximum variation sampling）。在这种形式的抽样中，有目的地选择较大范围的案例（个体、组、背景或其他现象），这样在一维或多维方向上的所有类型案例都会包含在研究中。使用这种方法的一个原因没人会说你忽略了某些类型的案例。在数据分析中，定性研究者可寻找一个贯穿这些案例始终的核心主题或模式，这样所有案例的共同之处能够被识别出来。例如，当研究一所地方学校的组织文化时，人种志研究者可以识别某些核心价值和信仰，即使不是学校全体教师共有的，至少也是大部分教师所共有。有一个例子来自费希尔（Fisher，1993）写的一篇期刊文章。费希尔对描述年长者经历的发展变化兴趣十足。

> 开始阶段，选了五个地点进行访谈，分别是：城市中的两个老年活动中心、城乡结合部毗邻县城的两个老年活动中心和一个养老院。选择这些地点就是为了能够增加访谈对象所具有代表性的概率，这些可访谈的对象分布在一个宽泛的年龄段里，并具有多种不同的背景和经历。（p.78）

在**同质样本选择**（homogeneous sample selection）中，通常会选择一个相对较小且同质的案例或一组案例进行深入研究。焦点小组研究者一般会采用这种由六七个人构成的同质小组的方法。焦点小组主持人尝试深度理解小组中的人们如何思考一个主题。小组讨论一般持续两个小时。更普遍的是，当研究中包含有特定的亚小组或者该研究作为更大研究的一部分的时候，研究者会依赖于同质样本选择。

在**极端案例抽样**（extreme-case sampling）中，识别出某些特征的极端或者极点，然后选择仅代表这些极端情况的案例用于调研。这个策略是选择一些极端案例，因为它们可能是潜在的丰富信息来源，然后再进行比较。你可以用“明显失败”来找到这些“突出的案例”，对他们进行比较，并探究什么样的环境导致了这些结果（Patton，1990）。例如，你可以比较一个杰出教师和一个明显无效率的教师所创造的教学环境。

在**典型案例抽样**（typical-case sampling）中，研究者列出典型的或平均水平的案例标准，然后找到一个或几个案例进行研究。作为研究者，关于哪些案例是要研究的典型现象，应该和多位专家进行对话并尽量取得一致的看法。即使没有推荐具体案例，那么也应该识别出典型案例的特征，然后尽量找到这样的一个人。比如，可以从年龄、性别、教学风格以及教龄的特征来描述一个假想的要研究的老师。甚至在定量研究中，有时候在最后的报告中列举一个典型案例会有助于读者对研究结果的理解。

在**关键案例抽样**（critical-case sampling）中，案例用来做深度研究，这些案例要么可以特别好地支撑原先被证明过的论点；要么大家都知道这些案例是特别重要的。依照巴顿（Patton，1990）所说，“关键案例存在的线索是一种效应，这种效应就是‘如果案例在那里发生了，那么它会在任何一个地方发生’，或反之亦然‘如果案例不发生在那个地方，那么它将不会发生在任何地方’”。例如，也许一些地方教育官员想改变一些预想到会面临当地学校阻力的政策。这个教育官员可能决定选择他 / 她认为会有最大阻力的学校，用来确定其政策在现实中是否可行。

负面案例抽样（negative-case sampling）是指有目的地选择那些被认为可以证明研究者的预期不能成立的案例。例如，在叫作扎根理论的定性研究中，定性研究者一般会探究一种现象，并尝试通过归纳而构建一个理论。然而，由于研究者基于数据得出的是假设性的结论或推论，所以为了知道更多关于推论边界的信息，为了更多了解需要解决的问题或需要具备的限定性条件，寻找一些推论不能成立的案例是重要的。如果你是一个细心尽责的定性研究者，你决不能忽略负面的案例。

在**机会抽样**（opportunistic sampling）中，研究者利用数据搜集的机会来选择重要的案例。这些案例可能是关键案例、负面案例、极端案例甚至是典型案例。重要的是，定性研究是一个持续的、自然发生的过程，在研究中所有人和事都被包含进来之前，研究者可能不能进行说明。研究焦点可能会发生改变，一些不可预见的机会可能会出现。有效率的研究者是这样一些人，他们可以一边搜集现场的数据，一边很快弄清楚该找谁交谈并知道什么是重点。创造**机会抽样**这个术语就是为了说明这个过程的。

这里最后一种抽样方法是**混合目的抽样**（mixed purposeful sampling）。巴顿（Patton，1987）创造这个术语用以指代超过一种抽样策略的混合方法。例如，研究者可能进行一个定性研究，开始用最大变异抽样，发现数据中的普遍模式或结果，然后用负面案例抽样来确定模式的界限和普遍性。当研究者使用三角互证法检验多组数据源时，而且这些数据源是根据不同的抽样方法选择的，混合目的抽样也可能会被使用到。

复习问题　9.14　定性研究中的抽样方法和定量研究中的哪些抽样方法相似?

混合研究中的抽样

这部分由安东尼·奥韦格布兹和伯克·约翰逊撰写。

选择一个**混合抽样设计**包括选择研究中定量部分与定性部分的抽样方案和样本规模。这里我们使用奥韦格布兹和柯林斯（Onwuegbuzie and Collins，2007）设计的混合抽样框架。按照这个抽样框架，混合抽样设计的分类可依据两个主要的标准：（1）各个部分的时间取向，（2）定量样本和定性样本之间的关系（即样本关系）。**时间取向标准**（time orientation criterion）是指定量阶段和定性阶段是同时发生的还是依次顺序发生的。当使用同时发生时间取向的时候，在同一时期或者大约同一时期收集定量阶段的数据和定性阶段的数据。两种样本（即定量样本和定性样本）的数据组合在一起，并在研究数据的解读阶段进行诠释。当研究者使用顺序时间取向时，在研究的第一阶段从样本中获取的数据用于影响或限制下一阶段研究的样本选择（定性阶段跟随在定量阶段的后面，或者相反）。

定量样本和定性样本的**样本关系标准**（sample relationship criterion）形成了四种主要形式：相同的、平行的、嵌套的和多重的。**相同**样本关系的意思是同样一群人都参与研究中的定性部分和定量部分。例如，相同的参与者可能完成了一个问卷，这个问卷既包含带有等级量表的封闭式题项（即定量部分）又包含开放式题项/问题（即定性部分）。**平行**关系指的是研究中定量和定性部分的样本是不一样的，但是选自同一个总体。例如，你可能在定量阶段选择了四年级的学生，在定性阶段选择了在相同学校的其他四年级学生，甚至是选择了其他学校的四年级学生。**嵌套**关系的意思是为研究的一个阶段选择的参与者代表了该研究另外一个阶段所选参与者的子集。例如，你对阅读成绩和阅读态度的关系很有兴趣，你可能会在定量阶段选择大量的学生，然后在定性阶段对阅读态度最积极的和最不积极的各三个学生进行访谈。最后，**多重**关系涉及在研究中使用来自总体不同水平的定量样本和定性样本。比如，同样是研究阅读和态度，你可能在定量阶段使用学生，在定性阶段使用老师或家长。

有两个标准刚刚已经讨论过了时间取向（有两种类型）和样本关系（有四种类型），产生了八种**混合抽样设计**（mixed sampling design）：（1）相同且同时发生，（2）相同且顺序发生，（3）平行且同时发生，（4）平行且顺序发生，（5）嵌套且同时发生，（6）嵌套且顺序发生，（7）多重且同时发生，（8）多重且顺序发生。比如，在相同且同时发生的混合抽样设计中，定量和定性数据大约在同一个时间（即同时选择），收集自参与研究的定量阶段和定性阶段的同一组个体（即相同关系）。在平行且顺序的混合抽样设计中，在代表相同调研总体（即平行关系）的不同参与者身上，定量数据和定性数据是一个阶段接着一个阶段地搜集的（即有序的）。现在测验一下是否你能够描述基于其他类型时间顺序和相互关系的**混合抽样设计**。嵌套且同时发生的混合抽样设计是什么？答案是：这种混合抽样设计涉及在大约同一时间（即同时发生的）选取的定量和定性数据，但是定性样本是作为定量样本的子集出现的，反之亦然（即嵌套关系）。完成得非常好！

一旦选择了这八种混合抽样设计中的一种，你必须为定量阶段和定性阶段都选择抽样方法以及对应的样本规模。对于定量样本，你会用到本章前面讨论过的随机抽样或非随机抽样方法中的一种。在理想情况下，对于定量样本，你会选择足够大的随机样本来代表你所研究的总体，而且如果要去验证假设的话，你的样本规模应该大到能够察觉群组差异或群组关系（研究者称为有足够的**统计功效**）。对于定性样本，你会用到前面讨论过的定性抽样方法中的一种。定性抽样的基本原则是所使用的样本应该大到足以达到饱和状态（即不会有新的或相关的信息出现，即使搜集更多的数据），但是又要小到能够实施一个案例取向的深度分析（Sandelowski，1995）。对于混合研究中抽样方法的其他讨论，我们推荐柯林斯、奥韦格布兹和焦（Collins，Onwuegbuzie，and Jiao，2007）以及特德利和于（Teddlie and Yu，2007）著作。

复习问题　9.15　如果你做一个矩阵或表格，将时间取向标准（2 种）和样本关系标准（4 种）组合起来，有多少种混合抽样设计的结果？（提示：画矩阵，以 2 个时间取向标准为行，4 种样本关系标准为列，你会得到多少单元格？）

小结

抽样是从总体中抽取样本的过程。当抽样时，为了理解较大群组（称之为总体）的特征，我们研究其子集（称之为样本）的特征，这个子集从这个更大群组（总体）选取。如果用随机抽样的方法从总体中选取一个样本，那么这个样本具有整个总体的代表性——这个样本和这个总体是相似的。因此，在研究中确定了随机抽取的样本特征之后，他 / 她可以（将该特征）从样本推论到总体。通常来说，一个样本要比总体的规模小，因此抽样可以节省时间和费用。

主要的随机抽样方法是简单随机抽样、系统抽样、分层随机抽样、整群抽样。每一种随机抽样方式都是等概率选取方法（EPSEM），意思是总体中的每一个个体都有均等被包含在样本中的机会。等概率选择的抽样方法产生具有代表性的样本。

然而，研究者并不总是用最有论证力的抽样方法，也时常抽取非随机样本。讨论过的四种非随机抽样方法是方便抽样、定额抽样、目的抽样和滚雪球抽样。

定性研究依靠一组不同的方法来抽样。定性研究抽样是有目的性的，依靠综合抽样、最大变异抽样、同质抽样、极端案例抽样、典型案例抽样、关键案例抽样、负面案例抽样、机会抽样或混合目的抽样。混合研究均依赖于定量和定性抽样方法，并综合成八种混合抽样设计。

问题讨论

1. 随机选择和随机分配之间有什么区别？请分别举例。
2. 你认为以下谁会对使用随机抽样方法更有兴趣：为政治竞选运动奔波的民意调查员或者研究两个变量之间因果关系的实验研究者？请解释。
3. 地方新闻广播电台有群众打进电话，并在一个地方热点节目上表达了他们的看法。你察觉到这种抽样方法导致的任何潜在的偏见来源吗？
4. 下面是一些抽样的例子，请识别每一种所使用的样本类型。
   ①一个教育心理学教师要求她所有的学生填写研究问卷。
   ②一个教育心理学教师获得一个学生通讯录（假设包含你们大学的全部学生）。她决定抽样间距，随机地从 1 到 k 之间选择一个数，将全部第 k 的倍数个学生选取到她的样本中。
   ③一个教育研究者获得了某个州的所有中学名单，然后他随机选择了 25 所学校作为样本。最后他从所选的每个学校中随机地选取了 30 个学生（样本大小为 25×30=750）。这种步骤的可能问题会是什么？
   ④一个研究者随机从一所高中抽取了 100 名男性和 100 名女性分别作为随机样本。如果这个研究者想从 200 人推论到这所高中的所有人，这个抽样步骤存在什么样的潜在问题？
   ⑤简单随机抽样是唯一的等概率抽样方法吗？如果不是，其他的等概率抽样方法是什么？

研究练习

1. 用一种随机数字生成器或表 9.1 中的随机数字表，从表 9.2 的样本框中抽取一个规模为 20 的随机样本。
   ①样本中 20 人的平均年龄是多少？
   ②从表 9.2 的样本框中抽取一个规模为 20 人的系统样本，并计算平均年龄。系统样本的平均年龄是多少？
   ③比较你刚刚获得的两个样本的均值。哪一个更接近总体平均数？
   ④将上面得到的两个样本均值与总体参数值（即表 9.2 中所有 60 人的平均年龄）比较。简单随机样本的抽样误差是多少？（提示：将总体均值减去样本均值就得到抽样误差）最后，系统样本的抽样误差是多少？
2. 去图书馆网站找到纽约时报或其他主要报纸。找一些关于抽样问题的文章并写一个简短的文章来总结你的发现。务必包括你自己对于新闻所讨论问题的立场。
3. 美国国会和社论作者常常讨论弃用逐一计算个体的方法而改用随机抽样方法的利弊。一边说“做一个人口普查”，或另一边说“做一个调查”，你是站在哪边？想要在这个问题上，获得有用的信息，请点击美国统计协会的链接 www.amstat.com，进入之后搜索“抽样”和“人口普查”的术语。

行动研究日志

提示：行动研究者决定他们想帮谁，然后创造性地用定量、定性和混合抽样方法去获得他们的研究参与者。

1. 你认为哪种抽样范式最适合行动研究者的抽样立场，定量、定性或混合方法？
2. 尽管你可能对于研究地方问题或者热点感兴趣（而不是从大的总体中抽样），本章有哪些可能对你有用的点子？

Chapter 10

第10章

定量、定性及混合研究结果的效度

Validity of Research Results in Quantitative, Qualitative and Mixed Research

学习目标

- 能够解释混淆变量的含义；
- 能够解释统计结论效度、内部效度与外部效度的含义以及它们在研究过程中的重要性；
- 能够确定和解释一项因果结论所需的各类证据；
- 能够解释威胁内部效度的因素，并确定它们在一项研究中可能何时存在；
- 能够解释威胁外部效度的因素以及它们在一项研究中可能何时存在；
- 能够解释操作化定义在研究中的作用；
- 能够确定和解释定性研究中所采用的效度类型；
- 能够确定和解释混合研究中所采用的效度类型。

现实生活中的研究——识别与控制无关变量

对于一代又一代人来说，成为一名教师必须具备教育学专业的大学文凭。这一职业的学术训练通常是在教室里进行为期 2~3 个月的实习。在完成实习并拿到所需学位后，胸怀抱负的教师可以向公立学校或私立学校申请职位，接下来在与学校签署合同后，这名教师便可以报到上班了。2001 年 11 月，《基督教科学箴言报》（Savoye，2001）报道了芝加哥公立学校试图对传统训练模式中的实习环节采用一种不同方法的消息。这一方法上的改变是受到当时普遍观念的影响，即认为传统的实习不够持久、不够集中、不够综合。

2001 年 9 月，芝加哥公立学校开设了芝加哥学院，其目标旨在通过开设一个完整学年的课程来培训未来教师。这一训练计划鼓励实习教师不仅向他们的学科主任教师学习，也可以向校内的许多其他教师学习。为了落实这一训练计划，芝加哥学院特地进行了改建，以保证所有教室都能配有一个带单面镜的小型毗邻接待室。这种单面镜允许学科主任教师走出教室，去观察实习教师与学生单独相处时的工作状况。这一观察阶段包含在训练过程中，它的目的在于促进实习教师建构一些所需要的却通常无法从授课中得到的技能，例如学会暂停以保证学生可以吸收某个概念，能够控制自己不要太频繁地叫同一个学生回答问题，以及学会如何在教室里走来走去，而不是站在某地保持不动。

芝加哥计划设定的目标得到了赞赏。但是，仅仅实施了这样一个首创性的且看似十分有用的改革，也并不意味着就能够完成规定的目标。一个研究者能够确定规定的目标是否达成的唯一途径就是开展一项实证研究，而这项研究的目的在于确定是否通过提供更多集中的、长达 10 个月的训练计划可以提升教学质量以及参与这个计划的实习教师是否会在这个行业待得更久。

让我们假设开展一项研究，它旨在检验给未来教师提供更多集中的、长达 10 个月的实习计划所能带来的益处。研究结果显示出这些学生不仅成为了更优秀的教师，而且他们在这个行业里也待得更久。这一研究结果表明其他教师教育计划应该吸收、借鉴这种计划。然而，在得出这一结论之前，你需要仔细检验研究的方方面面，以确保研究没有任何错误，研究结果不存在歧义性的解释。譬如，研究中所选取参与计划的都是一些更聪明、更有积极性的学生。这种有选择地确定参与者而不进行集中实习的方式也能培养出更多优秀的教师。同样地，如果参与实验计划的是一些更热衷于教师职业的学生，那么这个因素可以说明他们长期从事教师职业的原因。在研究中，我们把这些因素称之为“无关变量”，如果你要确定一个自变量的影响，那么这些无关变量就必须得到控制。在本章，我们将讨论一些可能混入研究中的无关变量，还要讨论那些损害我们从所收集数据中得出推论的效度的无关变量。

要进行一项可以给具体问题提供答案的研究，你需要制订一个计划，列出一个提纲，或确定收集数据所采用的策略。你会很自然地想要形成一个可以帮助你收集数据以得出有效结论的计划或策略。为了实现这个目标，你必须了解造成结论有效或无效的各种因素。而这些因素也会稍微有些不同，这取决于你是进行定量还是进行定性研究。

定量研究设计中的效度问题

在定量研究中，研究者通常想要明确某一自变量带来的影响，并能够将研究结果推广到研究范围之外。我们希望所进行研究的结果是可信的（不管它是实验研究还是非实验研究），也希望我们从研究结果中做出的推论是有效的。更正式一点来说，如果将研究再做一次（即重复研究）而仍能获得同样的结果，那么就存在**研究信度**（research reliability）；而**研究效度**（research validity）则指的是由研究结果所做推论的正确性或真实性。然而，在每一项研究中，都可能存在自变量以外的某些变量影响因变量或限制推广研究结果的可能。例如，如果你在调查父母在孩子教育上的参与度（自变量）对孩子成就测验分数（因变量）的影响，你可能希望得出结论，即父母的参与度越高孩子成就测验的分数越高。但是，如果高参与度父母的孩子同时也是很聪明的，那么更高的成就测验分数可能是由于孩子更高的智力。在这样一个例子中，智力就是一个**无关变量**（extraneous variable），这一变量不是你要具体研究的却很可能已经造成研究结果的混乱。

无关变量可能会也可能不会使你的研究产生混乱。如果无关变量系统地随自变量而发生变化，而且还影响因变量，那么它们就是难以确定的。这些不确定的无关变量有时也被称为**混淆变量**（confounding variables）。如果研究中出现了一个不受控制的混淆变量，那么就不可能从你所收集的数据中得出清晰而有效的结论。明确并控制所有可能会威胁研究结论的混淆变量是非常重要的。

为了说明无关变量是怎样造成研究结果的混乱并产生模糊不清的结论，我们可以假设一个“百事挑战”研究。假设百事想要进行一项旨在证明其产品比可口可乐更受人们喜爱的研究。在这个研究中，以随机顺序给研究参与者一杯标有“M”字母的百事可乐和一杯标有“Q”字母的可口可乐。研究参与者分别品尝两种杯中的饮料，之后表明更喜欢哪一杯。现在假设 80% 的参与者表明更喜欢标有“M”字母杯子中的饮料。百事公司会以此来证明它的产品比可口可乐更受人们喜爱。但是，如果同标有“Q”字母的东西相比，人们更喜欢选择标有“M”字母的东西，那么这可能也会影响研究参与者对饮料的选择。如果杯子上的字母的确影响了选择，那么研究结果就是模棱两可的，因为无法辨别出参与者的选择是由于饮料本身还是由于杯子上印着的字母。这是一种精细的无关变量，它能系统地造成研究结果的混乱并产生模糊不清的结论。

这里的一个关键点在于无关变量必须是随着自变量系统地变化并影响因变量而使研究结果产生混乱。许多无关变量也许存在于研究中，但并没有对研究结果产生混淆性的影响。譬如，可以将百事挑战研究中的两种饮料盛放在玻璃杯、纸杯或者塑料杯里。容器的类型会影响个体对饮料的评价；例如，把饮料放在玻璃杯里可能会比放在塑料杯里得到一个更高的评价。容器的类型可能成为了影响参与者做出选择的无关变量。但是，如果将两种饮料放在完全相同的容器里，那可能就不会产生混淆性的影响，因为容器的类型作为无关变量的影响对所有参与者来说都是保持不变的。

当无关变量对研究中的每个参与者都产生同样影响或它们在研究中的每个参与者之间保持不变时，无关变量就不是混淆变量。只有当它们系统地影响着一个组别，而不影响另一个组别或对一种研究条件产生一种影响，而对另一种研究条件产生另一种影响时，它们才是制造混乱的无关变量。这类混乱可以在我们假定的百事挑战研究中见到，因为百事饮料是装在带有字母“M”的杯子里，这会导致更多人选择这一杯，而不选择带有字母“Q”的装有可口可乐饮料的杯子。这一问题在于杯子上的字母在参与者之间并没有保持不变，并且它系统地影响着个体对所需饮料的选择。

我们必须把这类混乱从研究中消除掉。遗憾的是，我们进行研究的时候，并不知道那些无关变量可能就是混淆变量。因此，我们必须运用自己的直觉、过去的研究以及一般性的本能去识别潜在的混淆变量，然后设计一个能够控制或消除这些潜在混淆变量所产生影响的研究。要消除这些混淆变量并得出有效结论，你需要知道进行一个未被污染的研究所要满足的标准，还要了解一些经常以无关混淆变量面目表现出来的变量类型。

在定量研究中，通常使用四种主要效度——内部效度、外部效度、结构效度以及统计结论效度——来评估从研究结果中得出推论的效度。请阅读展示栏 10.1 来了解四种主要效度类型的创建者以及本章所要讨论的效度的诸多威胁。我们现在就探讨这四种效度类型，并分析对这些效度类型产生的威胁。在了解这些威胁时，你应该意识到并不是所有因素都会发生在每一项研究中。任何一个威胁发生的可能性都会随着研究情境的变化而变化。然而，考虑这些威胁很重要，能够提高你预判这些威胁存在的可能性，并能够为此而采取一些应对措施。如果在研究进行之前能够预判一个威胁，那么你就可以设计研究来排除它。即使不能实施设计控制，你也可以直接测量这个威胁，确定它是否在研究中产生了实际影响，然后进行统计分析，找出它是否可以合理地解释观测到的关系。

复习问题　10.1　什么是混淆变量？为什么混淆变量会在研究中造成问题？
　　　　　10.2　用于评估从定量研究结果中得出的推论的四种不同效度类型分别是什么？

展示栏 10.1　唐纳德·T. 坎贝尔（Donald T.Campbell，1916—1996）

在 20 世纪 50 年代末到 20 世纪 90 年代初期间，唐纳德·坎贝尔大概是行为与社会科学领域内最杰出的定量研究方法学家。我们在本章中向你展示了坎贝尔的照片，因为他创造了术语——**内部效度**和**外部效度**，并提出了本章中所探讨的影响内部效度的大多数因素（Campbell，1957；Campbell & Stanley，1963）。坎贝尔一直强调**排除**研究结果的**替代性解释**的重要性。坎贝尔的研究成果在本书的前些章节中已有所呈现，包括第 6 章（Campbell

& Fiske，1959，提出了会聚效度和判别效度的概念；Campbell，1969，提出了多操作测量的概念）。第 11 章和第 12 章也大量吸收了坎贝尔的研究成果，因为坎贝尔创造了术语——**准实验**，并且坎贝尔和斯坦利又对弱实验设计、准实验设计以及强实验设计或随机化实验设计进行了第一次的系统比较（Campbell & Stanley；Cook & Campbell，1979）。坎贝尔关于准实验的著作第三版是在他去世后出版的（Shadish，Cook & Campbell，2002），这本书目前是该领域的标准参考书。而坎贝尔提出的**进化认识论**概念体现了他对哲学社会科学也作出了贡献。

内部效度

内部效度（internal validity）是由坎贝尔和斯坦利在 1963 年创造的一个术语。之后，库克和坎贝尔（Cook & Campbell，1979）把这一概念提炼为“我们推断两个变量间存在因果关系的近似效度”（p.37）。这可能使你将内部效度也称作“因果效度”，因为那正是它的确切含义；它就是关于建立可靠的因果关系的证据。

尽管我们进行研究是出于描述、探究、解释、预测及改进等多重目的，但是大量的研究也将其目标定位为试图确定所研究的自变量和因变量之间是否存在因果关系。

两种主要的因果关系类型

沙迪什、库克及坎贝尔（Shadish，Cook & Campbell，2002）指出因果关系存在两种不同类型，即因果关系描述和因果关系解释。**因果关系描述**（causal description）指的是描述操纵自变量的结果。**因果关系解释**（causal explanation）指的是解释因果关系是通过何种机制在何种条件下发生。譬如，假设进行一项研究，旨在调查在对未来教师的教育中引入一个长达 10 个月的集中实习计划所能带来的益处。进一步假设这项研究证明了同接受传统的 2 ~ 3 个月实习期的教师相比，参加该项计划的教师得到了校长更高的评价，即认为他们在教学上更有效率。这项研究提供了因果关系描述的证据，因为它描述了存在于集中实习计划（与传统模式相比）和后期教学效果之间的全部因果关系。

但是，这项研究不能确切地解释出这种因果关系如何存在或为何存在。参与实验计划的教师在教学上更有效率的原因可能是出于以下原因中的任意一个，譬如，该计划使他们掌握了更好地与问题儿童相处的技能、更好的组织技能、更好地呈现文本材料的技能以及对教师职业需求有了更加现实的期望等。对因果关系为何存在的一个充分的因果关系解释是，“说明了因果关系中有效的实验处理是如何通过明确的中介过程影响因果关系中受到影响的结果”（Shadish et al.，2002，p.9）。换句话说，因果关系解释需要确定并证明参与集中实习计划的过程是如何引起参与者后期教学中效率上的改变。一般而言，一旦呈现了因果关系描述，那么大量的后续研究就是针对解释描述性的关系为何存在以及怎样存在（也就是说，因果关系解释研究通常在因果关系描述研究之后）。

如果一项后续研究并没有再现之前长达十个月的实习计划所证明的有利影响，那么我们就可以看到因果关系解释的现实意义。如果进行解释性研究，那么可以运用这一信息去展示怎样修改尚未产生效益的计划。但是，明确因果关系如何存在及为何存在要比描述整体关系困难得多。

推断因果关系的条件

得出因果关系的结论（即自变量的改变引起了因变量的改变）需要三类条件。

条件一。首先，你需要证据证明自变量和因变量是有关的。自变量的改变与因变量的改变一致吗？譬如，假设你想知道不去上学（自变量）是否会对学生的学习成绩（因变量）有影响。如果这两个变量之间没有关系，那么一个就不会影响另一个；但是，如果两个变量之间有关系，那么它们可能存在因果联系。请注意，我们使用**可能**这个词，是因为关联、共变或相关的证据并不能充分证明因果关系的存在。**对于推断因果关系来说，相关性的证据是必要的但不是充分的**。

条件二。推断因果关系所需的第二类证据是研究的变量要遵循正确的时间顺序，**因为原因一定先于结果**。这意味着你需要了解事件的时间顺序。如果你不能构建正确的时间顺序，那么就存在**模糊时间优先**（ambiguous temporal precedence）问题。在实验研究中通常不存在这一问题，因为研究者要先操纵自变量，然后研究结果。

在某些非实验研究中，特别是在一些只对两个变量间的相关度进行的研究中，变量 A 是否先于变量 B（或变量 B 是否先于变量 A）常常是不太明确的。譬如，假设你在一个时间点上就两个变量——犯罪行为和监禁，从一个 1 500 人的样本中收集自陈式数据（self-report data）。另假设你的分析显示出犯罪行为的频率和监禁的频率存在正相关。从表面上来看，你可能会认为因果关系的指向是从犯罪行为到监禁。然而，许多个体是在监禁期间，通过与其他个体交往而获得了从事犯罪行为所需的技术，因此监禁可能导致了更多的犯罪行为。在这个非实验研究中，很难确定哪个变量是原因，哪个变量是结果，因为我们难以确定哪个变量先发生。事实上，这种关系很有可能以两种方式发生，但是因为你是在单一的时间点上收集数据，因此无法解开这一更加复杂的关系。请记住这个关键点：如果你想明确表述某一因果关系，那么你必须要有这种关系在时间顺序上的证据，因为**原因一定先于结果**。

条件三。推断因果关系所需的第三类证据是研究的变量是有因果联系的，而不是由某一混淆无关变量引起的。换句话说，我们必须要寻找那些不同于自变量的，或许能够解释在因变量中观察到的变化的变量，并且排除这些相互矛盾的解释。在"百事挑战"实验中，杯子上的字母就代表了一种对参与者倾向选择的替代解释。在学生成绩与出勤情况的案例中，学生所得的分数和他们在学校的出勤情况很有可能都是由父母监控子女的情况所引起的。那些行为没有受到父母监控的孩子可能会有更糟糕的成绩以及更低的上课出勤率，而受到父母监控的孩子则可能会有更优异的成绩以及更低的缺勤率。在这种情况下，学习成绩与上课出勤之间仍存在一种关系，但是这一关系存在的原因是第三变量：即父母监控。简单来说，**第三变量**（third variable）是用于指代混淆无关变量的另一种术语。这一**第三变量问题**指的是**所关注的**两个变量相关可能不是因为它们彼此存在因果联系，而是因为它们都与某一第三变量相关。

正如你所看到的，研究者不能仅仅因为两个或多个变量相关而随意地假设因果关系的存在。在你得出因果关系结论之前，你还必须满足另外两个条件，即建立正确的时间顺序以及排除由第三变量引起的替代解释。在强实验设计中，创建以上这些条件是很容易实现的。因为：（1）实验者会主动操纵自变量（原因变量）的表现形式，并观察其对因变量的影响；（2）实验者会把参与者随机地分配到实验组和控制组，以保证就所有无关变量而言，两个组别都是相同的。非实验研究也经常试图推断因果关系。在非实验研究中，由于呈现事件的时间序列是困难的，因此条件二（呈现因果关系的方向）的创建更加困难。由于非实验研究是基于在单一时间点上的数据收集，并且只检验两个变量之间的关系，因此在非实验研究中排除混淆变量（即"第三变量问题"）的可能性影响是特别成问题的。

复习问题　10.3　什么是内部效度？

10.4　因果关系的两种类型分别是什么？如何区别这两种类型的因果关系？

10.5　推断因果关系需要几类证据？每一类证据是如何帮助得出因果关系推论的？

单组设计内部效度的威胁因素

要推断一个变量是观察到的另一个变量效应的原因，我们必须控制所有其他可能的原因。这些其他可能的原因就是影响内部效度的威胁因素，因为它们是对所得结果的竞争性解释或矛盾性解释或替代性解释。当存在这种替代性解释的时候，我们不可能得出一个带有任何确定性的因果关系解释，同时也会造成一个极不可信的、令我们无法认真对待的结果。这就是为何必须控制以及消除这些因素的系统性影响的原因。

现在，我们开始讨论那些在单组研究设计中较为突出的威胁因素，如图 10.1 所示的**单组前后测设计**（one-group pretest-posttest design）。正如表 10.1 所展示，在这个研究设计中，先就某一因变量对一组参与者进行前测，然后对他们实施一个处理条件，在实施了处理条件后，再就因变量对他们进行后测。

前测	处理	后测
O_1	X	O_2

图 10.1　单组前后测设计

历史

历史（history）指的是除任何计划安排的处理事件外的特殊事件，它发生在对因变量的第一次测量和第二次测量之间。依照其基本形式，它是如图 10.2 所示的影响单组设计的因素。除了处理效应外，这些事件也会影响对因变量的后测；因此，这些事件与处理效应相混淆，并成为关于前测与后测之间所发生变化的竞争性解释。

想一想一个关于同辈辅导程序对拼写能力影响的研究。在这个程序中，一个学生充当导师，另一个学生充当学习者。导师给学习者听写单词，并提供关于学习者拼写单词是否正确的反馈；如果单词拼写错误，还要给学习者提供正确的拼写。在完成了给定数量的单词后，学生们交换角色，并继续辅导程序。评估这一辅导程序效果的一种方式就是在实施辅导程序之前，对学生学会正确拼写列表单词的速度进行测试，然后实施这一辅导程序。在学生有机会去练习，并逐渐熟悉这一程序后，再次对他们学会正确拼写列表单词的速度进行测试，同时保证列出的单词要与之前要求他们所学习的难度一样。如果在实施了辅导程序之后，他们同之前相比能在更少的时间内学会正确地拼写列出的单词，这就表明同辈辅导程序是一种更有效的拼写教学方法。

这一假设的困难就在于前测和后测之间经过的时间间隔。很有可能在这段时间，除了导师制外的某一事件对参与者也产生了作用，而这一事件影响了学习者拼写测验的成绩。譬如，要实施同辈导师制，教师必须给学生提供指导，并不断地监督他们的表现以确保他们正确地进行着同辈辅导。教师的这一监督行为或许会增强学生学会拼写列表单词的动机，影响他们的拼写成绩。如果这一监督的确影响了学生的动机以及他们的拼写成绩，那么它就代表了一个历史变量，并作为学生拼写成绩获得提升的原因的一个竞争性解释而存在。当这类历史事件作为研究结果的似乎可信的竞争性解释存在的时候，它们就成为了影响研究内部效度的因素。（1）当处理以外的某一事件在因变量的前测和后测之间发生时，或（2）当前测和后测的时间间隔很长时，历史因素的影响都是特别令人烦恼的。

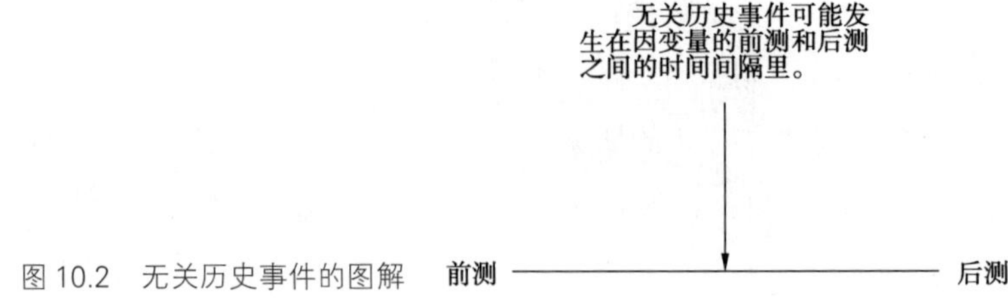

图 10.2　无关历史事件的图解

成熟

成熟（maturation）指的是随着时间流逝发生在个体内部的生理或心理的变化，譬如成长、学习、厌倦、饥饿以及疲劳等。这种变化可能会影响个体在因变量上的表现。因为这种变化或许会改变因变量的结果，因此它们代表了影响研究内部效度的因素。如果你采用了单组前后测设计，并在前测和后测之间实施了一个处理，那么你或许会推断所产生的变化是由于你所实施的处理。但不幸的是，从前测到后测所测量到的任何变化甚至所有变化都可能是由成熟带来的，而不是你所实施的处理造成的。

譬如，假设你想评估一个新项目对一年级儿童自我效能发展的影响。为了检验这个项目的效果，你决定在一组一年级儿童进入这一项目之前，对他们的自我效能进行前测，然后在他们参加这个项目一年之后，再对他们进行后测。最终，你或许会发现儿童们的自我效能获得了巨大的提升。尽管把儿童自我效能的提升归功于你的新项目是很有诱惑力的，但不可否认这种全部或部分的提升也许是由于成熟的影响，或者说即使没有这一项目，儿童自我效能的提升也会发生。因此，成熟因素的影响代表了一种对儿童自我效能提升的竞争性解释，它成为影响研究内部效度的因素。

测试

测试（testing）指的是被试在第二次测验上发生的得分变化可能是之前所参加测试的结果。换句话说，不受前测和后测之间的任何处理效应或实验操纵干预的影响，参加过一次前测的经历可能就会改变后测的结果。参加前测会产生许多事情，而这些事情会改变一个人后来参加同样测验的成绩。参加测验使你对测验的内容很熟悉。测试之后，你会思考你所犯的错误，如果你再次参加这个测验，这些错误则能够得到改正。当再次进行这个测验时，你对这个测验已经非常熟悉，也许还记得之前的一些答案。这会导致成绩的提升，而这一提升与一开始或之前进行的测验完全相关。由测验效应所带来的任何成绩变化都影响着单组研究的内部效度，因为它充当了对处理效应的一个竞争性假设。不管何时，在不同场合进行同样的测验，都需要采取一些控制措施来排除测验作为替代性或竞争性假设的影响。

譬如，斯诺林、古兰德里斯以及德夫蒂（Snowling，Goulandris and Defty，1996）进

行了一项研究，旨在提升失读症*儿童的读写能力。在研究的开始阶段，他们对失读症儿童进行了大量的阅读、拼写及词汇测验，两年后再次进行这些测验。这些测试有点与众不同，例如押韵敏感性测验，这个测验给儿童呈现一连串的四个单词（比如：cot，hot，fox，pot），儿童根据韵律段从中识别出特殊的单词（在这个例子中，fox 就是特殊的单词）。这个测验的独特性表明，它可能受到了测试效应的影响，因为在参加了一次这种测验后，儿童似乎就对它更加熟悉，并能够在后续的测验中表现得更好。如果这种熟悉效应的确存在，那么它将能部分解释失读症儿童所表现出来的成绩提升现象。因此，对两年间所观察到的成绩提升现象，它将成为一个竞争性解释，并且排除关于该项目导致成绩提升的结论。斯诺林等人（Snowling et al.，1996）的确想控制这样的前测影响，他们曾经引入两个练习环节来使儿童更加熟悉这个测验。

工具

工具（instrumentation）指的是测量工具所发生的任何变化。工具作为威胁因素，主要通过两种方式发生作用。第一种方式是，前测期间所使用的测量工具与后测期间所使用的测量工具不同就会发生工具威胁。如果前测和后测所使用的测验不一样，那么两种成绩之间也会有所不同，而这种不同完全是由评估成绩的方式不同所造成的。譬如，失读症儿童第一次接受一个韵律敏感性测验，两年后再接受一个不同的韵律敏感性测验。如果对第一次的韵律敏感性测验和两年后的第二次测验做一个比较，所观察到的任何不同都可能是由于儿童的韵律敏感性在不断发展。然而，它也可能是由两种测验测量韵律敏感性的方式不同所引起的，这是一种工具效应，它代表了对观察到的任何韵律敏感性变化的一种竞争性解释。

工具效应进入一项研究的第二种方式是，是否通过观察来收集数据。许多教育研究者都使用人类观察者来收集数据。不幸的是，像教师这样的人类观察者常遭受诸如疲劳、厌倦及学习过程的影响。在实施智力测验的过程中，随着时间的流逝，测试者通常会掌握技巧和技能，并从给定的附加测试中收集更可靠、更有效的数据。观察者和访谈人员也会被用来评估各种实验处理的影响。譬如，沙弗尔和史密斯（Schafer and Smith，1996）让教师和学生观看儿童嬉戏活动及真实打斗的录像带以判断他们是在真的打斗还是在嬉戏玩耍。随着观察者和访谈者评估的个体增加，他们逐渐掌握了技能。譬如，访谈者可以通过进行访谈或观察特定类型的行为，或在收集的数据上制造变化（这种变化既无法归因于参与者，又无法归因于研究中检测到的任何实验条件）来获得额外的技能。这就是为何使用人类观察者收集数据的研究通常会安排多个观察者，并且让每一个观察者都参加培训的原因。通过这种方式，可以使一些在观察中固有的偏见缩减到最低程度，

---

* 失读症，又称阅读障碍症，是一种大脑综合处理视觉和听觉信息不能协调而引起的一种阅读和拼写障碍症。患者智力和一般人无差别，但在阅读和写作等文字处理上会有困难，如看字会跳行和反向等。——译者注

同时，不同的观察者也可以充当彼此的核查员，以确保收集到精确的数据。

回归假象

回归假象（regression artifacts），又称趋中回归，是指极端（高或低）分数趋向于向第二次测试或评估的均值回归或移动的事实。许多教育研究都是以这种方式来设计的，即为了评估变化，参与者在实施实验处理条件的前后都要接受测试。此外，这类研究经常调查特殊群体，如有学习障碍的儿童，或者有特定缺陷的人，如较差的阅读能力或较差的数学能力。我们通常是以获得极端分数（比如，较低的阅读理解分数）来鉴别这些研究参与者中的特殊群体。在挑选了研究参与者之后，会对他们实施某些实验处理条件，以改善这一缺陷或改进特殊条件。从前测到后测的任何正向改变通常就是治疗项目有效的证据。但是，由于低分数参与者在后测中得到高分，可能不是因为实验处理效应而是因为回归假象，因此，这类研究的内部效度也会受到影响。

为了说明回归效应，假设你要检验一种旨在提高幼儿阅读理解能力的方法。为了检验这种方法，你对一组 6 到 10 岁儿童进行一个阅读理解测试，并为你的研究挑选出所有那些在这个测试中得分最低的 10% 的儿童。当然，一些儿童得分低是因为他们的阅读理解能力很糟糕。然而，其他儿童得到较低阅读理解分数可能是由于他们没有努力，因为之前熬夜而感到疲惫，或由于一些诸如转学、父母离异等状况而感到很有压力。这些儿童是因为一些额外因子而人为的得分低。如果再次进行测试，这些儿童的成绩可能会有所好转，因为这些额外因子不见得会再以同样的程度起作用以致降低他们的阅读理解分数。因此，他们的后测分数会高一些。也就是说，这些高分也可能是回归假象的结果，而不是旨在提升阅读理解能力的实验处理条件的作用。在这种情况下，回归会威胁研究的内部效度。

多组设计内部效度的威胁因素

在讨论多组设计中影响内部效度的威胁因素之前，我们首先要提出一个关键点：即如果包含一个控制组，那么就要排除所有之前讨论过的单组设计内部效度的基本威胁因素。然而，增加一个控制组就会导致一个**多组研究设计**（multigroup research design），如图 10.3 所示。

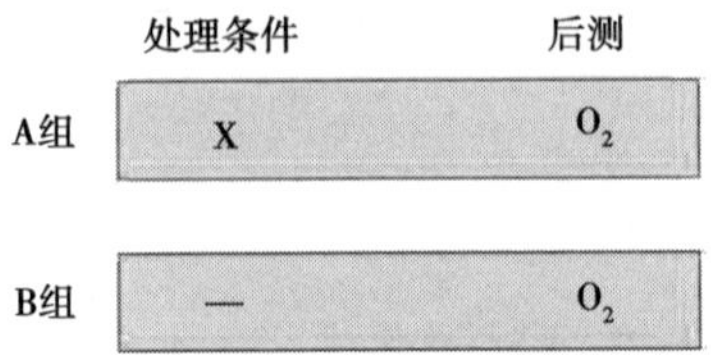

	处理条件	后测
A组	X	O_2
B组	—	O_2

图 10.3　比较接受处理条件的实验组和未接受处理条件的控制组的双组设计

你可能会好奇，为什么包含一个控制组就排除了这么多的威胁因素？我们将在下一段中给出答案。

添加一个控制组（即从单组设计变为多组设计）使你能够从自变量的影响中排除这些基本威胁因素的干扰。只要两组都受到基本威胁因素（如历史、成熟、测试、工具以及回归假象）的影响，那么就不会在多组研究设计出现问题，因为通过比较实验组和控制组将确定处理效应。只要基本威胁因素同等地影响着两个组，那么两组之间没有任何差别可归因于这一基本威胁因素。相反地，在单组设计中，你必须通过比较个体在单组中的前测分数和后测分数来确定处理效应，并且你无法把任一基本威胁因素的影响从处理效应中分离出来。

如果一组存在基本威胁的效应，而另一组不存在，那么你会立刻看到，在多组设计中，这些基本的威胁因素会以更加复杂的形式出现。同时，为了加以区别，这些威胁因素都有了不同的名字。那么，我们首先来讨论一个只影响多组设计的**非常严重的威胁因素**。

差别选择

在研究开始阶段，构成不同对照组（如实验组和控制组）的参与者的特性存在差异时，**差别选择**（differential selection）（有时称**选择**）就是多组研究内部效度的一个威胁因素。不同组别的参与者可能在许多方面都存在差异，如表 10.1 所示。这种差异存在的一个方面是作为研究者，你是否必须使用已经形成的多组参与者。

譬如，假设你想使用图 10.3 的双组设计去检验增强儿童学习动机的程序。你要对一组四年级儿童实施这一程序，并在实施之后，将他们的学习动机同一组未接受过这一程序的四年级儿童进行比较。在进行这项研究时，你从当地学区获得了许可。然而，你发现你必须对一个四年级的班级实施实验程序，并把这个班的成绩同另一个四年级的班级（你的控制组）进行比较。这似乎不是问题，因为他们都代表四年级学生。但是，在进行研究之前，并没有保证说这两个班的学生有着同样的学习动机。如果接受实验的班级在进行研究之前已经有了更高的学习动机，那么他们很自然地会在实验完成后显示出更高的学习动机。因此，两个四年级班级在学习动机上的差异可能完全是由于选择性偏差的存在。这就是为何随机分配如此重要的原因。

表 10.1　研究参与者可能存在差异的特征

在考试中取得优异成绩的能力	家庭环境	阅读能力
年龄	智力	宗教信仰
焦虑水平	语言能力	自尊
对研究的态度	学习方式	社会经济状况
协调性	成熟	拼写能力
好奇心	学习动机	抗压水平
种族	人格类型	在作业上花费的时间
性别	政治信仰	词汇
听力	视力	

附加交互作用

附加交互作用（additive and interactive effects）指的是这样一种情况，即在多组设计中，内部效度的威胁因素会相互结合从而产生复杂的偏差。我们将简短地讨论一些已确定的威胁因素。当我们讨论这些威胁因素时，请记住一个核心观点，即**在多组设计中，你的目标是要使相互比较的组（如实验组和控制组）在除自变量（自变量描述了要比较的不同条件）之外的所有变量方面相类似**。我们在第 2 章和第 9 章中已经提到，在实验开始时，就所有无关变量而言，"保证组间相等"的最好方式就是采用**随机分配**。无论如何，一旦实验开始，你必须继续以同样的方式对待实验组和控制组，唯一的例外是参与者要接受自变量规定的不同条件。

选择或两个相互比较的组由不同人群构成，会与任何基本的威胁因素相结合。譬如，当两个组接触同一历史事件，却对其有不同的反应时，一种**选择-历史效应**（selection-history effect）就出现了。当两个组接触不同的人时，这种交互作用也会出现。一个密切相关的效应就是**差异历史效应**，即两个组接触不同的历史事件，并在因变量测量上产生差异。为简单起见，我们把**选择-历史**和**差异历史**看作是同义词，因为它们的关键问题是相同的——两个组由于一个历史因素而变得不同。

如果两个组以不同的速率发展成熟，那么**选择-成熟效应**（selection-maturation effect）就出现了。当两个组接触不同的人，尤其是当一组（实验组）的参与者同另一组（控制组）的参与者相比，以不同的速率发展成熟，这种影响就会产生。譬如，你在比较 6 岁和 10 岁的儿童，在研究结束时，因变量存在的部分差异性或许就是因为两个组以不同的速率发展成熟。

缺失（attrition）指的是有些个体并没有完成结果测量的情况。这可能有各种各样的原因，譬如，没有在预定的时间和地点出现或没有全程参与研究。**差别缺失**（differential attrition）（又称**选择-缺失**）指的是在多组研究中，当未完成结果测量的人在不同的比较组中存在差异时而产生的偏差。当这种偏差以造成因变量发生差异的方式而使不同组之间有所不同时，它就成了一个问题。

类似地，其他三个基本的威胁因素也会与选择发生交互作用。如果两个组对参加前测的反应不同，并由此导致了因变量的差异，那么就会出现**选择-测试效应**（selection-testing effect）。如果两个组对一个测试工具影响的反应不同，那么就会出现**选择-工具效应**（selection-instrumentation effect）。最后，如果一个组的分数比另一组更多地回归到平均值，那么这时就会出现**选择-回归效应**（selection-regression effect）。

请根据一个你所理解的测验，思考下面的内部效度问题：研究者挑选了一个在结果变量（即因变量）上得高分的实验组和一个得低分的控制组，这个因变量可能是阅读测验的成绩，在对实验组实施处理后，结果竟然是控制组比实验组提高得更多。这是怎么发生的呢？答案是：人们预期得**低分**的参与者仅仅因为回归假象（向上回归到平均值）而获得了某种程度的提高，得**高分**的参与者也仅仅因为回归假象（向下回归到平均值）而在第二次测试中得了更低分数。我们有时称前者为**地板效应**（因为很低的分数只能上升），有时称后者为**天花板效应**（因为很高的分数只能下降）。在这个研究中，由于两个组的构成不同，所以出现了选择问题，而这一问题还与回归假象问题相结合。在这种情况下，就需要一个强有力的处理条件来克服选择—回归假象产生的困难。

复习问题

10.6　什么是模糊时态优先威胁？为什么它会威胁内部效度？
10.7　什么是历史威胁？它是如何影响内部效度的？
10.8　什么是成熟威胁？它是如何影响内部效度的？
10.9　什么是测试威胁？为什么会存在这种威胁？
10.10　什么是工具威胁？这种威胁何时存在？
10.11　什么是回归假象威胁？为什么存在这种威胁？
10.12　什么是差别选择威胁？这种威胁何时存在？
10.13　作为一种内部效度的威胁，附加交互作用意味着什么？
10.14　附加交互作用所产生的主要问题是什么？

外部效度

外部效度（external validity）是由坎贝尔和斯坦利于 1963 年创造的术语，后在 2002 年由沙迪什、库克和坎贝尔进一步扩展，是指研究结果可以推广到不同总体的人群、情境、时间、结果及实验处理变式的程度。这一概念或许会使你称外部效度为推广效度，因为那就是它的真正含义。在第 1 章中，我们说过对科学的基本假设之一就是人类行为是有规律的，而我们可以通过系统的研究来发现这些规律。不论我们何时进行研究，我们都试图发现这些规律。但是，我们所进行的每一项研究都是针对一个特殊的群体样本，在一个特定的环境下，有一个特定的自变量，得出特定的结果，并且是在一个特殊的时间点上。

要推广单个研究的结果，你必须首先确定关于群体、情境、时间、结果及实验处理变式的目标总体，然后从这些总体中随机选择，以便得到一个对这些总体有代表性的样本。考虑到研究的经费、时间及精力，以及事实上结果和处理变式的总体可能并不清楚以致无法恰当地取样，大多数研究都不能从有关人群、环境、时间、结果及处理变式的总体中随机取样。因此，所有研究都包含一些威胁外部效度的特征。我们将讨论每一个威胁因素，以便你能够了解一些限制研究概化的因素。

总体效度

总体效度（population validity）指的是从一项研究的样本推广到更大的目标总体以及目标总体中不同亚群体的能力。**目标总体**（target population）是指更大的总体，譬如有学习障碍的所有儿童（研究结果要推广的对象）。在更大的目标总体中，会有许多亚群体，譬如有学习障碍的男童和女童。因此，总体效度包含两部分，一部分是从样本推广到目标总体，另一部分是从样本推广到目标总体中不同类型的群体。

从样本推广到更大的目标总体要经历两个步骤，首先要界定相关的更大的目标总体，然后从这个目标总体中随机抽取一个样本，如图 10.4 所示。请记住，随机抽取能够使样本代表目标总体的可能性达到最大化。之后，从样本的特征推断总体的特征。当研究目标是要基于样本特征来确定总体特征时，这就是所需的样本类型。这种理想化的安排通常主要是在调查研究中才能实现。遗憾的是，从目标总体中随机抽取一个样本几乎是不可能的，一方面是因为一些实际问题，比如资金；另一方面是因为现实的局限性，比如我们随机抽取样本的目标总体全部成员的名单并不存在（例如，没有一个包含全部具有学习障碍儿童的名单）。因此，我们通常只是从一个可获得总体中抽取我们的样本。

可获得总体（accessible population）指的是研究者能够找来参加研究的一组研究参与者。他们可能是在研究者所在的院系上课的大学生，或是在允许进行研究的学区有学习障碍的儿童。

从研究样本结果推广到更大的目标总体需要经过两个步骤，如图 10.5 所示。首先，我们必须从参加研究的样本推广到可获得总体。如果参加研究的人群是从可获得总体中随机抽取的，那么这个步骤很容易完成。正如在第 9 章所解释的，如果被试样本是随机抽取的，那么它一定具有代表性，这意味着我们可以从这个样本的特征推断出可获得总体的特征。

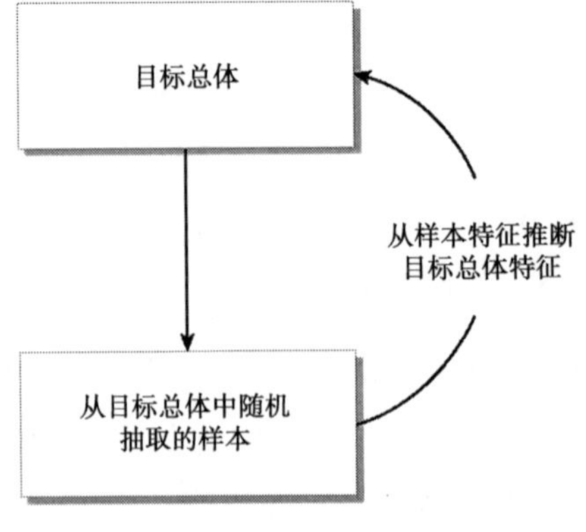

图 10.4 取得外部效度所包含的两个步骤

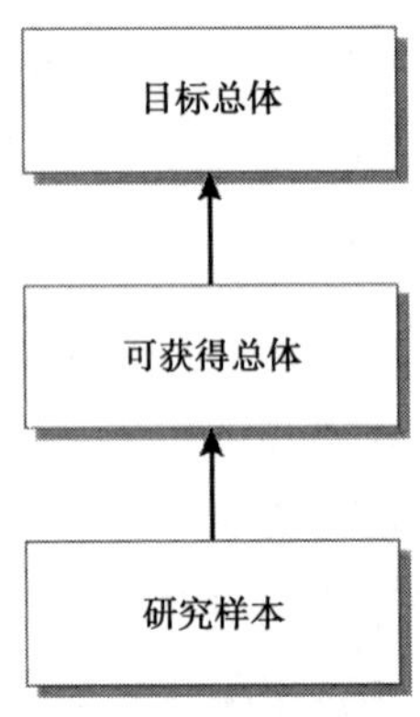

图 10.5 从研究样本推广到目标总体的推断步骤

如果从某学区的 200 个有学习障碍的儿童中随机抽取 50 个，那么研究所得结果就可以推广到那个学区所有的学习障碍的儿童身上。然而，如果所抽取的研究被试不仅是可接近的，而且是自愿的，那么这一研究将更有代表性。

推广过程的第二步是指从可获得总体推论到目标总体。这是你想要做出的推论，但不幸的是，由于可获得总体很少能代表目标总体，所以你几乎无法自信地去进行推广。譬如，你所进行的研究证明你已经开发出了一种方法，能够提高有阅读障碍儿童的阅读能力，那么你会理想化地想要将研究结果推广到所有有阅读障碍的儿童身上。为了能够做出这样一个结论，参与研究的儿童样本必须是从目标总体中随机抽取的，但这几乎是不可能的。因此，你可能只好从一个可获得总体（如某所学校或某个学区）中随机抽取样本。但是，一所学校甚至是一整个学区也不能代表目标总体。譬如，你所选取的学校可能主要是由某个城市的一个贫穷地区的儿童构成。尽管这所学校或许会有学习障碍的儿童，但是这些儿童未必能代表美国全部有学习障碍的儿童的目标总体。然而，你就是想将结果推广到更大的目标总体。正如你所看到的，将研究结果推广到目标总体通常是一个困难的过程，因为大多数研究的参与者样本都不是从目标总体中随机抽取的。

大多数关于外部效度的这类讨论都是集中于将结果**推广**到一个特定目标总体上。但是，我们也不能忘记外部效度还关注**跨总体推广**的目标。在任何目标总体中，都有许多亚群体。当我们讨论跨总体推广时，我们实际上是在问这样一个问题，即研究结果是否适用于目标总体中的每一个亚群体。假设我们进行一项研究，该研究旨在开发出一种能够提高失读症儿童阅读能力的特殊疗法。进一步假设我们从全美国失读症儿童的目标总体中随机挑选 500 名儿童，之后发现这个特殊疗法是有效的。由于我们已经随机抽取了样本（在这类研究中很少发生）所以可以推广**到**目标总体，并得出结论：一般说来，有失读症的儿童都能够从这一治疗项目中获益。

但是，这个结果并没有说明在目标总体中其他亚群体的治疗效果。那么，可以将这个结果推广到所有性别的失读症儿童身上吗？或者可以推广到来自不同社会经济阶层、年龄组或知识水平的失读症的儿童身上吗？这就是**跨**总体推广的问题。事实上，许多研究都用于检验一种特殊疗法在亚群体间的推广性，试图确定能否将一种疗法推广到特定的亚群体。在这类研究中，研究者要确定一个调节变量是否是有意义的（请查阅第 2 章表 2.2 **调节变量**的定义）。

理解推广到总体和跨总体推广二者的区别是非常重要的。调查研究通常是一种致力于将研究结果推广到目标总体的研究。实验研究和准实验研究则更多的致力于跨总体推广因果效应或者明确一个研究结果能否推广到的不同总体。

生态效度

生态效度（ecological validity）指的是将研究结果推广到不同环境的能力。譬如，一项研究可能是在学校中进行，使用了既慢又过时的旧电脑。如果可以将这项研究所得结果推广到其他环境（例如，一所配备了最先进技术的学校），那么这项研究就具有了生态效度。因此，在某种程度上来说，当研究结果独立于所进行研究的环境时，生态效度才会存在。

能够影响推广研究结果能力的微妙的环境因素之一是参与者对他 / 她参与研究的事实的认识，这是一种反应性效应。**反应性**（reactivity）指的是参与者由于意识到自己在参加一项研究而发生的行为改变。它类似于许多人第一次上电视所感觉到的效果：当你知道摄像机在对着你时，你的行为可能会转变成一种"电视"行为。在研究中，一种类似的现象也会发生。当你知道自己身处于一项研究之中，你可能会改变自己的行为。因此，这种反应性效应对研究的内部效度和外部效度都有所影响。

时间效度

时间效度（temporal validity）指的是研究结果推广到不同时间的程度。由于大多数教育研究都是在一段时间中进行，因此时间效度就存在问题。譬如，桑克森、诺伦以及傅尼叶（Thorkildsen，Nolen & Fournier，1994）评估了儿童对教师用来影响学习动机的几种练习的看法。这项研究是通过在一个时间点上对 7 到 12 岁儿童进行访谈的方式来收集数据。尽管在收集的那段时间，数据是有效的，但是我们无法保证 15 年后，同样的结果仍会有效。通常，我们假设研究结果跨越不同时间而不改变。虽然这可能存在于某些研究结果之中，但几乎可以肯定，它不会存在于其他研究结果之中。未经认真考虑的时间变量会威胁研究的外部效度。

处理变式效度

处理变式效度（treatment variation validity）指的是将研究结果推广到不同处理变式的能力。由于实验处理的实施会随着时间的改变而改变，因此处理变式效度就存在问题。譬如，许多研究都证明认知行为疗法*在治疗抑郁症上是有效的。然而，这些研究通常都是在这样的情况下进行，即最大限度地确保治疗专家是称职的，且他们能够按照规定的方式实施治疗。然而，向公众实施行为疗法的治疗专家在能力上以及在按规定方式实施治疗所达到的程度上都非常不同。这意味着在实施认知行为疗法的方式上存在很大的变化。如果认知行为疗法的不同实施方式对抑郁症的治疗都产生了有益效果，那么就存在

* 认知行为疗法是一组通过改变思维或信念和行为的方法来改变不良认知，达到消除不良情绪和行为的短程心理治疗方法。——译者注

实验处理效度。如果只有当一个受过训练的治疗专家按规定方式正确实施时治疗才有效，那么实验处理效度就很小。

结果效度

结果效度（outcome validity）指的是将研究结果推广到不同但有关的因变量的能力。许多研究旨在调查某个自变量对一个因变量或多个因变量的影响。结果效度是指自变量影响若干相关结果测量的程度。譬如，一个职业培训项目有望增加毕业后获得工作的可能性。这很可能是对兴趣的主要结果测量。然而，一个同样重要的问题是保住工作。这意味着这个人必须准时上班、不旷工、听从命令以及达到一个良好的绩效水平。这个职业培训项目的有效性或许会增加获得工作的可能性，但它对保住工作可能没有作用，因为它对一些其他基本的适应工作的技能几乎没有影响。有时，一个结果测量证明实验处理是有效的。但是，其他结果测量则显示出毫无效果，甚至可能会产生负面效果。采用多种结果测量方法总是可取的，因为它展示了一个实验处理整体效果的全貌。幸运的是，这是容易实现的设计特征之一。为了回答结果之间推论的问题，你只需确保你的研究包含几个有关的因变量。

复习问题
10.15　什么是外部效度？为什么它很重要？
10.16　什么是总体效度？为什么它难以得到？
10.17　什么是生态效度？
10.18　什么是时间效度？
10.19　什么是处理变式效度？为什么它会影响外部效度？
10.20　什么是结果效度？

结构效度

到目前为止，本章已经探讨了一些诸如内部效度之类的问题，这些问题与教育研究设计的效度有关。任何教育研究都包含对一组变量的研究，譬如在线教学，对不同文化背景学生的教育，或学业成就压力的作用，等等。此外，我们经常想要进行一项针对特定总体的研究，譬如注意缺陷障碍*儿童或失读症儿童。进行一项针对上述变量或特定总体的研究需要对它们进行评估或测量。这会产生某种困难，因为许多感兴趣的变量或特定总体的特征会呈现出抽象的结构。教育研究者的任务是识别或设计某种要研究的概念

* Attention-deficit hyperactivity disorder，简称 ADHD，是一种在儿童期很常见的精神失调，世界卫生组织将此症称为“过度活跃症”，一般又俗称为“多动症”。随着对这种病症的认识增加，人们逐渐发现这种病症同样会在成年人身上出现。——译者注

的呈现方式。这是一个结构效度的问题。**结构效度**（construct validity）指的是在特定研究中能够准确地呈现高阶结构（譬如求助、教师压力或失读症）的程度。

那么，我们如何获取结构效度呢？结构效度的形成有赖于对感兴趣的概念有一个清晰的定义和解释。但是，每一个概念（如暴力）都有多重特征，这对于识别一个概念的典型特征带来了困难。譬如，只是弄疼某人并不能称其为侵犯或暴力，而是必须要有故意的伤害。我们所使用的概念具有抽象性，这个问题在教育研究中就更加严重。教育研究多聚焦于这样一些问题，如智力、教师职业倦怠、高危学生、学校暴力、学校滥用测试、艾滋病教育缺失以及压力等，而这些都是难以精确定义的概念。由于我们所使用的许多概念都具有抽象性，且对它们的含义缺少明确的解释，因此，在研究所要呈现或测量概念的方式与我们想要呈现的高阶结构之间，通常存在着一种不完美的关系。

操作主义

当研究者试图在他们的研究中呈现感兴趣的概念时，任何概念的多重特征以及许多概念缺少清晰的典型特征都为研究者带来了困难。那么，研究者该怎么做呢？研究者需要利用他/她所研究概念的可用知识和测量措施，并识别出他/她所进行的研究中呈现一个概念的具体方式。在这里我们引入了操作化定义的概念，对于研究者来说，它是一个重要的沟通工具。**操作主义**（operationalism）指的是用一系列具体的步骤或操作来表征术语或概念。譬如，如果用教学压力问卷来测量压力，那么压力的概念就是由这份特定问卷上的分数来表征的（Manthei & Gilmore，1996）。

研究者应该为其目的或感兴趣的概念选择最佳的测量。在撰写研究报告时，要证明所使用的特定测量是合理的（即给出理由）。譬如，巴特勒和纽曼（Butler & Neuman，1995）对二年级和六年级儿童求助行为的描述就是看儿童是否请实验者帮忙解决疑惑。对于研究者来说，求助的操作化定义（即它们的结构表征）使得求助方式的定义及解释更加明确。然而，要注意到，这并不是一个人可以寻求帮助的唯一方式。人们也可以通过向同辈求助或去图书馆查阅参考资料来获得帮助。需要记住的关键点是，为了保证沟通的准确性，详述操作是必需的。这就是操作化定义的魅力所在。它们以一种具体和特定的方式详细说明了在一个给定的研究中如何表征或测量一个概念。这种程度的明晰性才能产生关于这个概念的准确交流，并且能够促使其他人重复这些步骤，以同样的方式表征这个概念。

尽管在一个给定的研究中概念的操作化定义是必需的，但几乎没有一个给定的操作化定义能够完全表征要研究的概念。譬如，想想曼泰和吉尔摩（Manthei & Gilmore，1996）所做过的研究，他们将教师压力操作化定义为教师就教学压力问卷所给出的回应。尽管这份问卷很可能的确测出了教师压力的某些组成部分，但是认为这种单一的测量能够完全准确地表征教师压力的概念，那就是非常愚蠢的想法了。当然，任何类型的压力都可能包含生理反应，比如心率、血压上的改变，以及行为上的改变，比如无法忍受学生，但这两者都可能无法通过一份问卷得到充分的评估。

此外，唐纳德·坎贝尔（Donald Campbell，1988）指出，每一次观察都会受到与所测概念没有任何关系的因素的影响。譬如，教学压力问卷在某种程度上确实测量了教师压力。然而，对这份问卷的反应也是某些事件的一个作用，这些事件与教学所带来的压力并不相关，例如所提问题的类型、完成问卷的教师对问题的理解、教师的抗压能力以及影响教师且与教学不相关的应激因子等。因此，测量总是会存在某种测量误差。

需要记住的重点是，对概念进行操作定义有许多不同的方式，每一种操作化定义只表征概念的一部分。此外，某些测量误差一直都会存在。对一个概念的最准确描述就是通过多种不同的方式测量它。例如，教师压力可以用问卷来测量，可以用教师对学生的反应来测量，也可以通过让其他人评定或识别影响教师压力的因素来测量。随着对同一个概念的测量越来越多，就越有可能更全面、更准确地描述这个概念。采用多种方式测量一个概念叫作**多重操作化**（multiple operationalism），它是值得推荐使用的研究方式（Campbell，1988）。

我们还需指出，具体规定一套操作作为概念的表征，然后**假设**这是对预定概念甚至是对感兴趣概念的某些组成部分的一种有效测量，这是**不够**充分的。仅仅操作化定义一个概念并不足以保证能够成功地表征这个概念。操作的全部意义在于用特定而具体的术语来说明一项特定研究表征概念的方式。举一个荒唐的例子来证明这一点，假设你想研究智力对学习的影响。在这项研究中，你把智力操作化定义为一个人的收入，假设越聪明的人赚越多的钱。显然，这是对智力概念的一种糟糕的表征。但是，它被特定而具体的术语操作化了，而且它确实清晰地显示出该研究是如何描述智力的。所以，关键在于研究者需要提供充足的证据，证明研究所采用的概念操作化定义能充分地表征这个概念。作为一个“批判性的”研究消费者，你所要做的是检查所阅读和使用的研究报告对概念的操作化定义是否恰当。你会在报告的方法部分找到这方面的信息。

在继续探讨之前，我们需要马上讨论一个概念构造问题，这个问题有时会发生在跨越一段时间的实地实验研究之中。由于研究者在实地研究中无法控制谁与谁之间的相互作用，因此，如果实验组的参与者与控制组的参与者相互作用或共享资源，那么就会出现**处理扩散**（treatment diffusion）。如果发生这种情况，描述控制条件时所想到的内容也将不再正确，因为它已经受到来自实验处理的污染。关键是在一个实地实验中很难真正保持自变量（如处理和控制）的水平彼此独立，而且这一点可能也难以被察觉到。

复习问题　10.21　什么是结构效度？怎样取得它？
10.22　什么是操作化定义？它的目的是什么？
10.23　什么是多重操作化？为什么要使用它？

统计结论效度

统计结论效度（statistical conclusion validity）指的是能够用来推断两个变量相关及其相关强度的效度。从这个定义中，你可以看出统计结论效度指的是统计推断。你所要做的第一个统计推断就是自变量和因变量之间是否存在关系。第二个统计推断就是对自变量和因变量之间关系强度的一个估计。这两个推断都依赖于统计检验。做出研究的变量是否相关的推断，通常会涉及零假设显著性检验。我们将在第 18 章中探讨这个问题。现在，你所需要知道的就是零假设统计检验涉及使用统计检验来决定自变量和因变量是否相关。做出变量之间关系强度的推断会涉及效应大小的估计。效应大小的估计是通过计算一个统计指数而获得的。人们称这个统计指数为**效应指标**（effect size indicator），它能帮助你估计自变量和因变量之间关系的强度。

从表面上来看，如果正确地进行了统计检验，似乎就能够合乎逻辑地得到有效的推断。但是，当对两个或多个变量之间所存在的关系以及这些变量间关系的幅度进行推断时，研究者可能会出错，而出错的原因是多种多样的。我们不去探讨这些威胁因素，因为它们主要是一些统计问题，而这些问题超出了这本书的范围。然而，我们的确想让你意识到，你根据统计检验结果所进行的推断，可能是有效的也可能是无效的，而它们是否有效取决于各种威胁因素是否存在。感兴趣的读者可以在本书的配套网站上找到这些统计结论效度的威胁因素。

复习问题　10.24　统计结论效度的基本观点是什么？

定性研究[1]中的研究效度（或“可信性”）

对术语**效度**的讨论一般都隶属于定量研究传统。一点也不奇怪的是，定性研究者对是否应将这一概念应用到定性研究中的反应是复杂的。极端一点来说，一些定性研究者认为传统的信度和效度的定量标准与定性研究是完全不相关的（如，Smith，1984）。史

[1] 题为“研究效度”的部分最初出现在约翰逊的文章（Johnson，1997）里，后经过允许在这里使用。

密斯主张定量研究和定性研究的基本假设是互不相容的，因此也应该抛弃信度和效度的概念。然而，大多数的定性研究者并不持有这种观点，我们对此也不同意。

大多数定性研究者认为一些定性研究要比其他研究更好，而且他们使用术语**效度**或**可信性**来表达这种品质上的差异。当定性研究者谈到研究效度时，他们通常指的是那些似乎可信的、可靠的、值得信任的定性研究，因此他们所说的研究效度是能站得住脚的。我们相信在定性研究中思考效度问题，以及检验那些能使效度达到最大化的策略是很重要的。表 10.2 罗列了这些策略。记住，这里的大多数策略也可以用于定量研究中。

研究者需要密切注意的一个影响效度的潜在威胁叫作**研究者偏见**（researcher bias）。我们的一个同事曾经用一句话对这个问题作了总结。她说："定性研究的问题就在于研究者'找到'他们想要找到的东西，然后他们把结果整理成文。"研究者偏见问题是在定性研究中经常出现的一个问题，这的确是真的，因为定性研究更倾向于探究性，它是开放的，而且它的结构比定量研究更加松散。（然而，人们可能会忽视思考这样一个问题，即研究者偏见在定量研究中从来都不是一个问题。）研究者偏见一般是源于选择性观察和对信息的选择性记录，也可能源于允许某人的个人观点和看法去影响数据的解释以及研究的实施。

用于理解研究者偏见的核心策略叫作**自反性**（reflexivity），它意味着研究者对他 / 她的潜在偏见或倾向性（表 10.2）积极地进行批判性的自我反思。通过自反性，研究者会变得更有自知之明，他们监控并尝试去控制自己的偏见。许多定性研究者的研究计划都包含一个题为"研究者偏见"的独特部分。在这部分，他们讨论他们的个人背景，这个背景会如何影响他们的研究，以及他们将要采用何种策略去处理这个潜在的问题。研究者为降低研究者偏见的影响而采用的另一个策略叫作**反面案例抽样**（negative-case sampling）（表 10.2），这意味着研究者试图小心且有目的地寻找一些案例，这些案例可以驳斥他们对所研究内容的预期和解释。如果你采用了这种方法，你会发现它使你更难以忽视重要的信息，而且你会得出更可靠、更站得住脚的结论。

现在让我们来看一些定性研究中比较重要的效度类型。我们从与定量研究特别相关的三种效度类型入手（Maxwell，1992，1996）：描述性效度、解释性效度以及理论性效度。在探讨了这三种形式的效度后，我们再来讨论定量研究中采用的传统类型的效度、内部效度以及外部效度。

描述性效度

描述性效度（descriptive validity）指的是研究者报告中所描述事实的准确性。描述性效度所要解决的关键问题是，报告描述的研究对象所发生的情况，实际上发生了吗？此外，研究者如实地报告了他们的所见所闻吗？换句话说，描述性效度指的是报告描述性信息（描述事件、对象、行为、人、环境等）的准确性。因为几乎在所有的定性研究中描述都是一个主要目的，因此这种形式的效度很重要。

用于取得描述性效度的一个有效策略就是**研究者三角互证**（investigator triangulation）（表 10.2）。为了描述性效度，研究者三角互证涉及使用多个观察者去记录和描述研究参与者的行为以及他们置身其中的情境。使用多个观察者允许对观察进行反复核对，以确保研究者就所发生的事达成一致意见。当取得了多个研究者对观察的验证（一致意见）时，外部的研究评论者就更不会质疑一些事情是否发生了。其结果是，研究将会更可靠，更站得住脚。

解释性效度

解释性效度（interpretive validity）指的是准确地描述**参与者附加到**研究者所正在研究内容上的意义。更具体地说，它指的是研究参与者的观点、想法、感受、意图以及经历得到定性研究者准确理解以及在研究报告中准确描述的程度。进行定性研究所需的最重要技能大概就是理解研究参与者的“内心世界”（即他们的主观世界），而解释性效度指的就是呈现这些内心世界的准确程度。

表 10.2 提高定性研究效度的策略

策略	说明
作为侦探的研究者	这是一个隐喻，描述定性研究者寻找因果关系证据时的特征。研究者为了理解数据的意义，需要认真思考潜在的原因和结果，系统地消除竞争性解释或假设，直到最终找出排除合理怀疑的理由为止。侦探可以采用这里列出的任何策略。
排除替代性解释	确保你已经认真检查了矛盾性解释或竞争性解释的证据，还要确保你的解释就是最恰当的。
长期田野调查	为发现和验证做准备，研究者应该在实地待很长一段时间来收集数据。
较少推论描述	使用参与者的陈述和研究者的田野笔记的措辞来描述。一字不差的记录（即直接引用）是一种常用的较少推论的描述。
三角互证	使用多种方法或不同的提供信息的人，反复核对信息和结论。当不同的方法或提供信息的人达成一致时，你就得到了进一步的证实。
数据三角互证	使用多种来源的数据以帮助理解一种现象。
方法三角互证	使用多种研究方法来研究一种现象。
研究者三角互证	使用多个研究者（即多个研究人员）来收集、分析及解释数据。
理论三角互证	使用多种理论和观点来帮助解释和说明数据。
参与者反馈	对研究者所作解释和所得结论的反馈及讨论，主要是出于检验和理解的目的而由实际的参与者及参与共同体的其他成员所做出的。
同行评议	与其他人讨论研究者的解释和结论。这包括与一位公正的同行（如，另一个并不直接参与的研究者）进行讨论。这个同行应该具有怀疑精神，并充当“魔鬼”的代言人，要求研究者为任何解释或结论提供可靠的证据。与那些熟悉研究的同行进行讨论也有助于提供一些有益的挑战和思考。

续表

策略	说明
外部审计	使用外部专家来评估研究质量。
反面案例抽样	尝试挑选一些可能驳斥研究者的预期和结论的案例。
自反性	需要研究者的自我意识和批判性的自我反思，因为研究者自身的潜在偏见和倾向性可能会影响研究进程及结论。
模式匹配	预测一系列能够形成一个特有模式的结果，然后判定实际结果与预测模式或“图谱”的符合程度。

精确的解释性效度需要研究者深入了解参与者的思想，看穿参与者的眼神，看到并感受到他们所看到和感受到的东西。通过这种方式，定性研究者可以从参与者的视角去理解事情，从而能够有效地解释这些观点。

参与者反馈（participant feedback）（或成员核查）大概是最重要的策略（见表 10.2）。通过同参与者及组内其他成员分享你对参与者观点的解释，你可以整理一下理解错误的地方。你所研究的人同意你对他们的描述吗？尽管由于一些参与者可能试图扮演一个好好先生的角色，而使得这个策略并不完美，但是它仍然能经常帮助研究者获得有用的信息，并识别出一些误差。

当撰写研究报告时，使用许多**较少推论描述**（low-inference descriptrs）也是很有帮助的，它可以使读者体验到参与者的实际语言、方言以及个人意义（表 10.2）。通过这种方式，读者可以了解到参与者是如何思考与体会一些问题和经历的。一字不差的记录是一种最少推理的描述，因为它以直接引用的方式呈现了参与者的原话。这里有一个关于“一字不差的记录”的例子，这个例子来源于一位高中辍学者，而他本人是一个关于高中辍学民族志研究的参与者。

> 我不愿意做作业。我不喜欢老师，我也不喜欢我的妈妈和爸爸。所以，即使我做了作业，也不会交上去。我完成了作业，只是不想交上去。我对妈妈爸爸感到很生气，因为他们那时老在谈论着要搬出那个州。（Okey & Cusick，1995，p257）

这种“一字不差的记录”提供了一些描述（即参与者做了什么），但它也提供了一些关于参与者的解释和个人意义的信息（这是解释性效度的主题）。参与者表达了他对父母及老师的失望和愤怒，并同我们分享了作业对于那时的他意味着什么以及为何他要那么做。通过阅读像这样的一个“一字不差”的描述，读者可以亲身体验到参与者的态度。此外，深入研究参与者的大脑是定性研究中的一个共同目标，麦斯威尔（Maxwell，1992，1996）把描述这种“内在内容”的准确度叫作解释性效度。

理论性效度

理论性效度（theorethcal validity）指的是从研究中得出的一个理论性解释对数据的适用程度，以及该解释的可靠度与经得起推敲的程度。正如我们在第1章所探讨的，理论通常指的是关于一种现象**如何**发生以及**为何**如此发生的讨论。理论通常比描述和解释更抽象，更不具体。理论发展超越了“事实的表象”，而进一步提供了关于现象的解释。正如约瑟夫·麦斯威尔（Maxwell，1992）所说：

> 人们可以把学生扔橡皮的动作标记为一种反抗行为，并把这种行为同教师的压制行为或价值观、学校的社会结构、美国社会的阶级关系等联系在一起。将“扔”这个动作视为“反抗”构成了一种理论性构念的应用……而将它同参与者、学校或社区的其他方面联系在一起构成了对存在于这些构念中的各种理论关系的假设。（p291）

在这个例子中，我们用称作“反抗”的理论性构念来解释学生的行为。麦斯威尔指出反抗构念或许也与其他理论构念或变量有关。事实上，理论通常是借助于相关的理论构念而得到发展。

提高理论性效度的一个策略是**长期田野调查**（extended fieldwork）（表10.2）。这意味着你要花费足够多的时间来研究参与者及其生活环境，以便使你有信心相信正在发生的关系模式呈稳定状态，同时也便于你理解为何这些关系会发生。随着你在实地花费更多的时间收集数据，形成并检验你的解释，你的理论性解释或许会变得更加详细而复杂化。你可能会决定采用一个叫作**理论三角互证**（theory triangulation）的策略（表10.2；Denzin，1989）。这意味着你将要检验如何通过不同的理论及观点来解释所研究的这个现象。不同的理论或许能给你提供不同的思考，并帮助你形成一个更有说服力的解释。通过一种相关的方式，你也可以采用研究者三角互证，并思考由其他人研究参与者后所生成的一些想法和解释。

在理论性解释逐渐形成的过程中，你应该基于理论做一些预测，并检验这些预测的准确性。当你这样做的时候，可以采用**模式匹配**（pattern matching）策略（表10.2）。模式匹配策略就是立刻做出几种预测，然后，如果所有预测都如预期那样发生了（即，如果找到了模式或图谱），那么你就有证据来支持你的解释了。在逐渐形成理论性解释的过程中，你也可以采用之前提到的反面案例抽样策略（表10.2）。也就是说，你需要一直寻找一些与你的解释不相符的案例，以免你仅仅找到那些支持你所要提出理论的数据。一般说来，你最终的解释应该能够准确反映你所研究的大多数人。提高理论性效度的另一个有效策略叫作**同行评议**（peer review）（表10.2），它意味着你应该与你的同行们探讨你的解释，以便于他们识别出其中存在的问题。之后，每一个问题都应该得到解决。

在某些情况下，你会发现需要回到实地，收集一些额外的数据。当最终形成了一个理论性解释之后，你还需要思考一些内部效度和外部效度的问题。下面，我们就要开始讨论这些问题。

内部效度

你已经熟悉了内部效度，它是我们要做的定性研究中的第四种类型的效度。如你所知，内部效度指的是研究者能够在何种程度合理地推断出所观察到的关系是因果关系。通常，定性研究者对因果关系并不感兴趣。但是，有时定性研究者对识别潜在的原因和结果又很感兴趣。事实上，定性研究既有助于描述现象是如何发生的（即研究过程），也有助于形成和检验初始的因果假设和理论（Campbell，1979；Johnson，1994；LeCompte，Preissle & Tesch，1993；Strauss，1995；Yin，1994）。然而，在用定性研究对潜在的因果关系进行研究之后，应该在可行的情况下，运用实验法对它们进行检验和确认。这样，就可以获得更多关于原因和结果的确凿证据。

当定性研究者识别出潜在的因果关系后，他们需要思考一些本章前面在讨论内部效度时所探讨的同样的问题，还需要思考为获得理论性效度所采用的策略。定性研究者扮演的是“侦探”的角色，他们寻找现象的原因，检验每一个可能的“线索”，试图排除所产生的每一个竞争性解释（见表 10.2 中的**作为侦探的研究者**和**排除替代性解释**）。在试图识别出一个因果关系的时候，研究者在头脑中进行了比较。

这个比较也许是针对一个假设的控制组的。尽管在定性研究中很少采用控制组，但研究者可以思考如果原因没有出现会发生什么。研究者在判定什么会发生时，有时会依靠他/她的专业意见和已公开发表的研究。如果这是一个会再次出现的事件，那么研究者就可以确定原因是否先于结果。也就是说，当原因再次出现时，结果也会紧接着出现吗?

如果研究者相信他所观察到的是因果关系，那么他/她也一定会试图确定观察到的因变量变化是由自变量引起的，而不是其他变量（如混淆无关变量）造成的。成功的研究者总是会在最初受怀疑的原因之外列出一些竞争性解释或竞争性假设，这些竞争性解释或假设就是这种关系的可能的或貌似合理的原因。识别竞争性解释的一种方式就是成为一个怀疑论者，并思考为何这种关系不是因果关系的原因。在列出各种竞争性解释之后，必须对每一种竞争性解释进行检验。有时，你可以使用收集到的数据进行更多的数据分析来检验一个竞争性解释。而在其他时候，你需要收集更多的数据。一种策略就是，在没有混淆变量的情况下观察你所相信的那个因果关系，并把这个结果同最初的结果进行比较。譬如，如果你发现一位教师在特定的一天有效地维持了班级的纪律，但是一个批评者认为这是那天家长参观教室的结果，那么你就应该在家长不在的时候再次观察这个教师。如果这位教师仍然是成功的，那么你就有证据证明最初的研究结果不是由家长出现在教室里所带来的。

表 10.2 展示的所有策略都是用于提高定性研究的内部效度的。现在我们来解释一下还未讨论的两个仅剩的策略：方法三角互证和数据三角互证。如果采用**方法三角互证**（methods triangulation）（表 10.2），研究者就会在单个的研究中使用不止一种研究方法。这里广泛使用的**方法**这个词指的是不同的研究方法（民族志研究、相关研究和实验研究等）以及不同的收集数据的方法（访谈法、问卷法、焦点小组和观察法）。你可以混合使用这些方法（如，民族志与调查研究法、访谈法与观察法或实验研究与访谈法）。其目的就在于把优势和劣势不重叠的不同方法结合在一起。一种方法的劣势（及优势）会不同于另一种方法的劣势（及优势），这意味着当你把两种或多种方法结合在一起时，你会有更好的证据。换句话说，整体要优于它的部分。

这里有一个关于方法三角互证的例子。你可能会对为什么在一个小学教室里，学生们要侮辱一个叫作布莱恩的学生感兴趣。一个受侮辱的学生通常不是一个很受人喜欢的个体，他地位很低，并被视为不同于“正常”的学生。大概布莱恩有一个不同于其他学生的发型，穿着不同，或者举止行为不同于其他学生。在这个例子中，你可能决定去观察在不同情境下，学生们怎样对待布莱恩。除了观察学生外，你可能会去访谈其他学生，以了解他们对布莱恩的想法和感受。观察数据的一个优势就在于可以真正目睹学生的行为。访谈法的一个劣势在于学生所说的和他们实际所做的可能有所不同。但是，采用访谈法，你可以深入挖掘学生的想法和理由，而你却无法通过观察数据得到这些。因此，整体或许会优于部分。

如果采用**数据三角互证**（data triangulation）（表 10.2），研究者就会在单个研究中使用多种数据来源。使用多种数据来源并不意味着使用不同的方法。数据三角互证指的是通过单一的方法来使用多种数据来源。譬如，多次访谈的使用会提供多种数据来源，但是只采用了单一的方法（即访谈法）。同样地，多次观察的使用是数据三角互证的另一个例子。虽然采用单一的方法（即观察法），却会提供多种数据来源。数据三角互证的另一个重要部分涉及在不同时间、不同地点以及从不同的人那里收集数据。

这里有一个关于数据三角互证的例子。研究者可能会对为什么某些学生很冷漠产生研究兴趣。从不同的几类人那里得到他们的观点是很有意义的。研究者也许会访谈教师、教师认定的一些冷漠学生以及同学认定的一些冷漠学生。然后，研究者可以检查一下，看看从这些不同的数据来源所获得的信息是否一致。每一种数据来源都可能提供更多的原因以及对学生冷漠问题的不同观点，这就使得研究者对现象会有一个更彻底的了解。研究者也会在白天不同的上课时间以及在不同类型的课堂上（如数学课和社会课）访谈那些冷漠的学生。通过所获取的丰富信息（从不同的人、在不同的时间、在不同的地点），与只采用一种数据来源相比，研究者会更好地理解学生为何冷漠。

外部效度

如你所知，如果你想将一系列研究发现推广到其他的人、环境、时间、处理条件和结果，外部效度就是很重要的。一般来说，推广结论并**不是**定性研究的目的，而且，一点也不奇怪的是，外部效度恰恰是定性研究的弱点。至少有两个原因能证明这一观点。首先，定性研究所调查的人和环境很难随机挑选，而如你所知，随机挑选是从样本向总体推广的一个最好的方法。结果是，定性研究在关注向不同总体推广的总体效度上几乎一直都是无力的。

其次，同寻找“普遍性的”结论相比，大多数定性研究者都对寻找“特殊性的”结论更感兴趣。换句话说，在大多数定性研究中，其目标都是在一个特定环境下，充分地描述一组特定人群或一个特定事件，而不是生成一些可以广泛应用的结论。从根本上说，许多定性研究者并不相信存在“一般规律”或“普遍规律”。一般规律是适用于许多人的事情，而普遍规律则是适用于每个人的事情。当定性研究者对因果关系感兴趣时，他们就更倾向于关注**具体因果关系**（idiographic causation）（即识别特定态度、行为及事件的直接而有意识的局部性原因），而很少关注在定量研究中较为重要的**普遍因果关系**（nomothetic causation）（即呈现普遍的科学规律）。其结果是，人们通常认为不仅定性研究的内部效度弱（内部效度的目标就是要获得普遍因果关系的证据），而且它的外部（即推广）效度也弱，包括“跨群体推广”的总体效度（即推广到不同类型的人身上）、生态效度（即跨环境推广）及时间效度（即跨时间推广）都弱。（暂且不谈混合研究者对具体因果关系和普遍因果关系都感兴趣，他们的旨趣在于将这二者结合起来以便得到“实践理论”。）

一些专家认为定性研究可以粗略地描述因果关系的一般性结论。也许对待推广结论问题的最明智态度就是我们可以在一定程度上将结论推广到其他的人、环境、时间及处理条件，这取决于他们与最初研究中的人、环境、时间及处理条件的相似程度。斯塔克（Stake，1997）使用**自然推广**（naturalistic generalization）[1]的术语来指代这种基于相似性的结论推广过程。最重要的一点是：在一个特定研究中的人和环境与想要推广结论的对象越相似，推广结论就越能站得住脚，也就越容易做出这样的推广结论。

[1] 唐纳德·坎贝尔（1988）提出了一个类似的观点，他使用术语**近相似**指代在原始研究中，人与环境之间的相似度以及你希望将研究结果应用到的人和环境。

要帮助一个研究报告的读者们了解他们何时可以推广结论，定性研究者应该提供如下几类信息：研究参与者的数量和类型、他们是如何被选进研究的、情景性信息、研究者与参与者关系的性质、关于提供消息的“告密者”的信息、所采用的数据收集方法以及所采用的数据分析技术，等等。研究者通常将这些信息呈现在最终研究报告的研究方法部分。通过使用包含在一个写得很好的研究方法部分的信息，读者就能够明智地决定将研究结果推广到谁的身上。如果他们决定选择一些新的参与者去重复这一研究，他们也将获得所需要的信息。

一些专家展示了推广定性研究结论的另一种方法（如，Yin，1994）。定性研究者有时会采用**重复法则**（replication logic），就像实验研究者那样，当实验研究者向研究对象以外的人推广结论 时，即使没有随机样本，他们也会采用这种重复法则。根据重复法则，研究结果在不同人群身上得到证实的次数越多，我们就可以对研究结果和研究结论抱有越大的自信，即研究结果可以更多地推广到研究参与者以外的人（Cook & Campbell，1979）。换句话说，如果针对不同类型的人以及在不同的地方重复了研究结果，那么就有证据证明这一研究结果可以得到广泛的应用。殷的主要观点是某些类型定量研究不能应用重复法则是没有任何理由的。[1]

这里有一个例子。多年以来，你可能在一个三年级的班级里观察了男孩和女孩之间某种互动模式。现在，你决定要进行一个定性研究，你发现这种互动模式在你的班级以及其他两个你所研究的三年级班级里都出现了。因为你的研究是很有意思的，所以你决定要发表它。之后，其他研究者针对其他学生重复了你的研究，他们发现在他们所研究的三年级班级里，这一关系同样存在。根据重复法则，将一个理论或研究结果在其他人身上重复的次数越多，那么对这一理论或研究结果推广的支持就越大。现在假设其他研究者发现，在其他几个年级的班级里，这一关系也存在。如果这种情况发生，那么就有证据证明研究结果可以推广到其他年级的学生身上，这就增加了研究结论的推广性。

现在我们提供一个应用之前在表 10.2 中呈现的定性研究效度策略的案例。确切地说，表 10.3 是一个学生计划研究包含什么内容的例子，这些内容会告知评论者你会如何收集一些可靠的定性数据。表 10.3 的例子集中讨论应用这些策略对一个大学区正在考虑使用一本新的数学教材及其相关材料所进行的项目评估。在你看着这个表的时候，假设你正打算使用定性方法去评估采用这本教材的试验，而你关注的重点是主要的利益相关者会如何理解这本新的教材。

［1］已故的唐纳德·坎贝尔，大概是过去 50 年里最重要的研究方法学家，他推崇殷的个案研究著作。可参见他对这本书的介绍。

表 10.3*　定性研究效度策略的应用：一个在研究计划中用以评估新数学教材和课程的样例清单

策略	应用示例
作为侦探的研究者	我希望几个利益相关者弄明白新的教材能否带来更好的学生成绩。尽管在没有对照组的情况下很难确定，但我会看一看在采用这本教材之前该地区的成绩以及类似地区的成绩，从而得出一些暂时性的结论。我也会看一看开发者对该教材教学效果的说明，还要看看是否可以找到证据能够证明这些特征存在于课堂中。
排除替代性解释	我会听听数学老师们的想法和意见，但在假设他们的结论正确之前，我会试图检查一下替代性原因，这些原因是关于他们所说的以及由新教材带来的可能出现的事情。我会尽力对他们所说的可能受到其他因素影响的可能性保持警醒。很可能这个学区改变课程的历史很长，而教师们可能只是为了促进稳定而倾向于说他们喜欢这本教材。或者很可能是教师在不经意之间被迫接受了行政决策。
长期田野调查	在刚刚采用新教材的那段时间，我计划去访谈学校的教职人员，并对他们记录一整个学年，以便去了解他们的观点随着时间的流逝是否会发生转变以及如何转变。
较少推论描述	“我想这本教材在竞争性选择上代表了一种真正的进步，我很高兴我们采用了它。真心地希望我们会在一段时间内坚持使用它。”这种引用可以确切地告诉我们至少一个人对这本教材是什么样的感觉。这或许也会体现出就改变课程而言，教职人员可能会感到有些疲劳。不管怎样，引用参与者自己的话语都会给描述研究结果提供一个巨大的帮助。
三角互证	我的数据收集程序包括访谈关键的利益相关者，在教师中形成焦点小组，进行课堂观察以及对相关学校记录的梳理。基于三角互证的原则，我希望能在这些资源中找到确凿的信息。然而，我也会记录不同方法下描述和结论存在的任何差异，因为期待所有人都能达成一致是不现实的。譬如，很可能行政管理人员会喜欢这本教材，但教师们却不会。我试图对相同点和不同点都加以理解和解释。
数据和方法三角互证	对教师的访谈结果和观察结果一致吗？譬如，如果教师报告说几乎每天都使用这本教材，那么我能看到教师在课堂上使用它吗？
研究者三角互证	我会请求同事帮我收集和解释来自研究的数据，以使它不是基于单个的研究者。当分析未经处理的、并非我的合作研究者收集的数据时，他 / 她能得到与我相似的结论吗？就我们如何观察及解释行为而言，我们是一致的吗？我们怎么知道是这样的？
理论三角互证	一个产品通常都会假设一种能够包含它如何奏效以及为何奏效的“变革理论”。也许开发者会声称他们使用了适当发展的先进学习理论。我会检查一下，去看看开发者所陈述的理论是否与先进的学习理论相匹配。我也会形成一种实践理论，去了解这本教材大概是如何运作的。我会让教师解释一下他们是怎样使用这本教材来明确这种实践理论。最后，我希望这些理论是相似的，但如果不是，我会判定差异性在哪，并记录这种差异性是否引起了关于教材或课程计划预期结果的问题。
参与者反馈	我会询问不同组别的被访者，以核对我的转录和 / 解释的准确性。我想要确保我理解了他们所说的，而他们能够告诉我这点。我也会把主要的研究结果展现给参与者，去看看他们是否把这些结果视为敏感的内容，如果不是，我会看看是否我可以找出其中的原因。
同行评议	我会和其他的研究者分享我所取得的进展（如一个论文委员会），并在一些关注数学教学的会议上寻求反馈意见（我将参考表 1.1 中的一些想法）。如果我的同事对我的解释有所怀疑，我不一定会认为我的解释就是错的，但是我会花时间去研究他们产生怀疑的原因。
外部审计	如有可能，我会找到一个优秀的学生或教授去阅读我的报告，并评判我的信息来源。他 / 她会检查我所做过的事情、我的结论以及我的数据和结论之间的联系。根据需要，我会使用这些信息去修改我的说法，并列出他们所识别的缺陷。我也会接受这些批评去完善我在这个领域的后续工作。

续表

策略	应用示例
反面案例抽样	我会寻找可以解释那些与我的结论相悖的案例或数据点。譬如，如果大多数利益相关者似乎都喜欢这本新教材，那么我会寻找一些受访者对其持有否定评价的案例，并看看我是否可以解释这些差异。
自反性	假设我对这本教材以及利益相关团体在采用这本教材时所应重点说到的问题有一个先验的偏见。当我观察和思考我所了解的内容时，我会试图把这种偏见记在脑海里。我也会坚持撰写反思日志，用它来记录我在整个研究过程中的想法。如果我坚持记录了对于这本教材喜欢和不喜欢的地方，那么这本日志或许可以帮我实施反面案例抽样。它或许还可以帮助我明智地选择需要接受外部审计的数据。
匹配模式	教材的开发者声称这本教材的使用不需要训练，它在大约几周的时间内就可以得到充分的实施，而且不管什么类型的学生，结果都将是积极的。我会询问教师进入这个学年以来这种情况是否已经存在好几个星期了。我会询问不同的利益相关者，他们喜欢这本教材的什么地方，如果给他们机会，他们是否会改善它以及如何改善它。我会把他们的回答同实际教材的特征（如，它的篇幅、已报告的可读性、目标受众，等等）以及用于改善它的任何销售材料进行比较。总之，我会多方面检验他们的预想或“模式”以了解这本教材是否受到支持。如果受到支持，那么我就拥有关于这本教材可行性的相对充分的证据。

* 该表格是由我的同事，来自俄亥俄大学的约翰·希契科克（John Hitchcock）教授友情贡献的。

复习问题

10.25 什么是定性研究中的研究效度？

10.26 为什么研究者偏见是影响效度的一个因素？可采用什么策略来降低这种影响？

10.27 描述性效度、解释性效度以及理论性效度之间的差别是什么？

10.28 用于提高描述性效度、解释性效度以及理论性效度的策略是什么？

10.29 在定性研究中，如何评估外部效度？为什么定性研究一般在这类效度上都很弱？

混合研究中的研究效度（或“合法化”）

如你所知，混合研究通常在单个研究或一组密切相关的研究中包含定量和定性两种研究方法的使用。这意味着当进行混合研究时本章探讨的所有类型的效度都很重要。因此，第一个要记住的关键点就是你要设计和进行的混合研究，要具有很强的定量及定性效度。

近年来，几个研究方法学家已经确定了在混合研究中尤其重要的几种类型效度（参阅 Onwuegbuzie & Johnson，2006；Tashakkori & Teddlie，2006）。我们这里重点关注奥韦格布兹及约翰逊提出的混合研究效度的九种类型（也称作合法化类型）。奥韦格布兹及约翰逊指出，我们可以将这些类型视为效度类型或将其视为混合研究合法化的类型。在这里，**效度**与**合法化**两个词语可互换使用。在混合研究中，推论或结论是基于研究的定性及定量两个部分得出的。然而，要实现真正地混合，还必须将这些推论结合或融合到更大的**元推论**（meta-inferences）。

混合研究中的第一种类型的效度叫作**内部 - 外部效度**（inside-outside validity）。内部 -

外部效度指的是研究者准确地理解、使用和呈现参与者主观的局内人观点或“朴素”观点（也叫作“主位”视角）以及研究者客观的局外人观点（也叫作“客位”视角）的程度。这个观念就是要完全地进入参与者的世界以及“客观的”研究者的世界，要在这两种视角之间来回反复，而后基于这些认真开发的主位视角与客位视角来形成一种观点。从这两种视角来理解现象，对于进行完全有根据的描述和解释是很重要的。

第二，**范式效度**（paradigmatic validity）指的是研究者反思、理解、展现其“综合性”混合研究哲学与方法学范式的程度，包括关于混合研究的认识论、本体论、价值论、方法论以及修辞学的观念。要获得范式效度，研究者的范式必须具有意义，而且能使研究者进行一个合情合理的混合研究。为了澄清一下刚刚用过的某些词语，请注意，你的**认识论**观念指的是你认为研究知识是什么，你认为这种知识是如何获得的，你何时思考这种要得到证明或辩解的知识。你的**本体论**观念指的是你相信自己作为研究者认为在所研究的内容中什么是真实的或正确的。你的**价值论**观念指的是你相信研究的价值所在。**方法论**观念，这里是从狭义的角度来讲的，指的是关于如何进行或实践研究的观念。你的**修辞学**观念指的是关于恰当的写作风格的观念，你用这种写作风格来描述研究结论及提出你的观点，这种修辞学观念还包括关于撰写研究报告时，你所喜欢的语言类型的观念。当研究者展现出对与定量和定性研究有关的哲学假设的理解，并以一种符合逻辑的、合情合理的以及切实可行的方式把这两者联系或“合并”在一起时，范式混合就出现了。

可公度性混合效度（commensurability mixed validity）指的是混合研究所做出的元推论反映混合世界观的程度。这种综合的世界观一定是以深刻理解和领悟一个受过全面训练的定性研究者和定量研究者在这个世界上的“所见”为基础，而且还要超越这两个基本的视角去了解一个受过全面训练的混合研究者所能够看到的。这种观念就是要成为一个定性研究者和一个定量研究者，而且通过来回的转换，还要成为一个混合研究者。达到某种程度的可公度性需要有能力在定性视角和定量视角之间转换，还需要有能力创造一种完整的或更广泛的或精心综合的或多元视角的观点，帮助理解和解释所研究的现象。解决这种难题的策略包括格式塔转换的认知和情感过程、角色互换以及移情作用。如果研究者**不**能避开一种主导的研究方法，那么可公度性也可以通过使用研究小组来获得，这个研究小组包括一个定性研究者、一个定量研究者以及一个混合研究者，该混合研究者帮助调解与整合定性研究者和定量研究者所看到的内容。为了使这一策略奏效，必须提供充足的时间来进行联合讨论，并且将各种研究解释与反映一种混合世界观的元推论整合到一起。

劣势最小化效度（weakness minimization validity）指的是一种研究方法的劣势被另一种研究方法的优势所弥补的程度。为了使劣势不重叠，混合方法研究者要把定性方法和定量方法结合在一起。这是第 2 章和第 8 章所探讨的混合研究基本原则的一个组成部分。譬如，一种对自我效能的高度结构化测量会提供准确的数值结果，但它可能会错失许多主观的细微差别。深度访谈或许可以用来判明定量测量在何时何地曲解了个体的思想。

如果是在一个临床环境下针对一个特定的学生或顾客进行测量，那么这一点就尤为重要。

顺序效度（sequential validity）指的是将一项研究的定性与定量部分分阶段实施中可能发生的潜在问题最小化的程度。这个观念就是试图理解如果以不同的顺序进行各个阶段的研究，那么结果是否会不同。譬如，如果首先完成定性部分，其次完成定量部分，那么有人会问如果首先完成定量部分，其次完成定性部分，结果又会是怎样的。如果认为这个问题是不确定的，那么你或许可以选择采用多轮次设计（即在定性阶段和定量阶段之间来回转换）。

转换效度（conversion validity）指的是一个混合研究者进行高质量数据转换（量化或质化）以及基于转换数据做出恰当的解释和元推论的程度。这些术语会在第 16 章得到进一步的探讨，但是简单来说，**量化**指的是将定性数据数字化（如点计单词），而**质化**指的是将定量数据转换成词语、主题或类别。只有你量化或质化数据时，这种效度才是有意义的。如果你转换数据，那么你就会面临转换效度问题，即你在多大程度上做了准确的转换，并且在多大程度上把这些转换的结果整合进了有意义的元推论之中。

样本整合效度（sample integration validity）指的是定量与定性抽样设计之间的关系产生高质量元推论的程度。譬如，你可能在一项调查研究的定量部分有一个相对大的、随机抽取的样本。你也可能用一个小的方便样本组建了一个焦点小组，去深入挖掘在调查研究中检查出的问题。关键问题在于你必须注意怎样将这些不同组的人结合在一起，又如何推广结论。你一定要注意，不要假设两个小组会有同样的观念。

政治效度（political validity）或合法化指的是混合研究者恰当地处理多元利益主体的利益、价值观及立场的程度。达成这种合法化的方法就是要充分理解你的研究主题所涉及的政治、利益及观点，并尊重和呈现这些观点。譬如，在一项评价研究中，你需要理解关键的利益相关团体，审查每个团体所关心的问题，提供带有充分解释的数据，对他们的需求做出辩护和反应。你应该对那些力量和声音最微弱的利益相关者的需求格外敏感，并试图“让他们发出声音”。

混合研究中的最后一个类型的效度是**多元效度**（multiple validities），它指的是混合法研究者成功地处理和解决所有相关效度类型（包括本章前面所探讨的定量及定性效度类型）的程度。换句话说，在面对一个特定的研究时，研究者必须识别和处理所有相关的效度问题。成功地处理有关的效度问题会帮助研究者提出各种应该在混合研究中得出的推论或元推论。

复习问题

10.30　什么是混合研究的研究效度或合法化？

10.31　在混合研究中，如何获得效度或合法化？

10.32　根据混合研究，“多元效度”的含义是什么？

小结

当我们进行一项研究时，我们会制订一个计划、大纲或策略，促使我们收集数据，得出有效的结论。在任何研究中，都存在许多无关变量，它们会随自变量系统地发生变化，并混淆研究结果，以致无法评估自变量的效应。为了消除潜在的混淆无关变量，我们必须进行研究设计，以使我们能得出关于自变量和因变量之间关系的有效推论。在定量研究中，我们想要我们的研究既是可靠的，又是有效的。如果一项研究是可靠的，那么其结果一定是可以重复的。如果一项研究是有效的，那么研究所得出的推论一定是正确的。

用于评估从定量研究结果中得出推论的准确性有四种类型的效度：统计结论效度、内部效度、外部效度以及结构效度。统计结论效度指的是我们可以用这种效度推断两个变量是相关的以及相关的强度。

内部效度指的是我们可以用这种效度推断两个变量之间的关系是因果关系。这种因果关系可以是一种因果描述关系或一种因果解释关系。要在自变量和因变量之间构建这种因果关系，我们需要证据证明它们是相关的，影响的方向是从自变量（原因）到因变量（结果），而且所观察到的对因变量的影响是由自变量带来的，而不是由一些无关变量造成的。内部效度与排除无关变量影响的能力有关。如果你要做一个站得住脚的说明，即一种变量的改变**引起**另一种变量的改变，那么一定要控制或消除无关变量的影响。威胁研究内部效度的一些经常被探讨的或标准的因素如下：

- 模糊时间优先——不能说明哪一个变量在前，哪一个变量在后。
- 历史——除自变量外，在对因变量的前测和后测之间出现的特殊事件。
- 成熟——随着时间流逝，个体可能会发生的生理或心理的变化，譬如成长、学问、厌倦、饥饿以及疲劳等。
- 测试—— 一个人参加第二次测试时分数上发生的变化，这种变化可能完全归于之前参加过测试的影响。
- 工具——在前测和后测之间，测试工具上发生的任何变化。
- 回归假象——极端分数趋向于回归或接近第二次测试成绩分布的平均值。
- 差异选择——在研究开始阶段，两个比较组之间存在差异性，且这种差异性不是由自变量带来的。
- 附加或交互作用——在两个比较组之间存在的差异性，是因为一种威胁因素，如成熟或历史，对两个组有不同的影响。
- 差异缺失——在两个比较组之间存在的差异性，是因为从各个比较组中退出的参与者有着不同的特征。

除了试图满足内部效度的条件外，研究者还必须要满足外部效度的条件。在大多数研究中，我们都希望能够推广研究结果，并声称它们适用于在其他环境下以及不同时间点的其他个体。如果我们能把研究结果推广到更大的目标群体，并在其他时间点、其他环境下、不同的处理变式、不同的结果之间进行推广，那么我们就取得了外部效度。威胁外部效度的因素包括缺少总体效度、生态效度、时间效度、处理变式效度以及结果效度等。总体效度指的是向目标群体中的亚群体及在亚群体之间推广结论的能力。生态效度指的是在不同环境下推广研究结果的能力。时间效度指的是研究结果能在不同时间进行推广的程度。处理变式效度指的是研究结果可以在不同的处理变式条件下推广的程度。结果效度指的是研究结果可以在受处理条件影响的不同结果之间推广的程度。

当我们进行一项研究时，我们也需要选择测量所研究变量的方式。这通常是一个很困难的过程，因为我们研究的变量经常会呈现出抽象的结构，所以我们需要想出一些测量这些结构的方式。大多数研究者使用的技术是操作化定义，选择一种特定的或一系列的操作方式作为他们所研究概念的表述。尽管操作化定义对交流如何呈现一种概念是必要的，但它很少能完整呈现这种概念。一个概念的每一种操作化定义都只能呈现概念的一部分。这是结构效度的一个问题，或者说是在研究中呈现一个高阶结构的程度。

本章的大多数内容都集中于传统的定量研究，尤其是实验研究的效度问题。然而，在定性研究及混合研究中，效度也是一个重要的问题。三种定性研究的效度是描述性效度、解释性效度及理论性效度。描述性效度指的是定性研究者所报告的解释的实际准确性。解释性效度指的是定性研究者对参与者的观点、想法、意图及经历理解及报告的准确程度。理论性效度指的是从研究中得出的一个理论或理论解释对数据的适用程度，并因此而使研究结论可靠且站得住脚。如果定性研究者有兴趣分别做出因果关系的陈述和概化，内部效度和外部效度对定性研究来说也是很重要的。提高所探讨的定性研究效度的策略有十二种。最后，在所探讨的混合研究中，有九种类型的效度或合法化得到使用。

问题讨论

1. 在本章中，我们列出并讨论了四种不同类型的效度。我们也指出，一个研究者不可能在单个的研究中获得所有四种类型效度。如果研究者只能获得三种不同类型的效度，那么他们应该努力争取获得哪三种类型呢？这是否意味着受忽视的那种类型不重要？
2. 在本章中，我们已经讨论了推断因果关系的几个条件。我们可以确定已经满足了这些条件吗？我们需要何种证据来确保已经满足了每一个条件？
3. 在何种研究设计中，威胁内部效度的每一个因素都会普遍存在？
4. 当提及研究效度时，为什么定性研究者和定量研究者指的是不同的概念？
5. 在一个定性研究中，获得解释性效度可能吗？

研究练习

利用科教资源信息中心（ERIC）或另一种电子数据库，在你感兴趣的领域里找到一篇定量或定性的研究论文，如教师职业倦怠。在选择一篇论文时，确保它是关于一个因果关系的问题。阅读这篇论文，然后回答问题 1 到问题 4。如果你选择了一篇定性研究的论文，还需回答问题 5 和问题 6。

1. 这是一个因果关系描述或因果关系解释的研究吗？解释一下为什么它是一个因果关系描述（或因果关系解释），而不是另一个。
2. 指出这个研究中可能存在的影响内部效度的因素。
3. 指出这个研究所使用的结构以及用于界定这些结构的操作。
4. 在试图推广研究结果方面可能存在什么问题？可以将研究结果推广给谁以及推广到什么条件？
5. 这个研究有描述性效度、解释性效度或理论性效度吗？如果它有其中的任意一种效度，那么作者是怎样呈现这类效度的？
6. 在这个研究中，内部效度或外部效度存在问题吗？如何控制这些问题？

行动研究日志

提示：行动研究者是反思性实践者。这种反思性的一个重要部分就是思考怎样得出不仅对他们自己而言，而且对想要检验他们实践的“客观的局外人”而言，都是合乎情理且可靠的研究结果。

1. 你认为哪种效度范式最密切符合一个行动研究者在研究效度上的立场——定量研究方法、定性研究方法还是混合研究方法？
2. 你发现哪些效度策略对你想要得出的各种结论最有用？
3. 在你的行动研究项目中，你应该关注什么样的效度类型或策略？

PART Ⅳ

Selecting a Research Method

第四部分

选择一种研究方法

Chapter 11

第11章

实验研究

Experimental Research

学习目标

- 能够解释实验如何产生因果关系的证据；
- 能够描述操纵自变量的不同方式；
- 能够解释实验研究中控制的重要性以及如何实现控制；
- 能够解释控制潜在混淆变量影响的不同方式；
- 能够解释为什么一些实验研究是弱设计，而其他的是强设计；
- 能够比较因素设计和重复测量设计差异；
- 能够解释交互作用概念。

现实生活中的研究——实验和因果关系

在神圣的学术殿堂，每隔 10 到 15 年，似乎都会进行一次课程改革。但是，本科生应该完成的课程目标却很少达成完全的共识，而这种缺乏共识的情况引发了改革现有课程的运动。例如，宾夕法尼亚大学文理学院院长理查德・比曼已经表示大学现行的课程“并不完美”，而其他大学的院长认为现在的课程“一片混乱”“是大杂烩”，亟需彻底改革（Bartlett，2002）。

当课程改革开始启动时，委员会总是花费很多时间来讨论相关问题，但是这种委员会审议法经常受制于管理不善，而且委员间很难达成共识。例如，1998 年，当宾夕法尼亚大学开始探讨本科生课程改革时，几乎每个人都有自己的想法，而且他们的观点各有不同。结果就是半心半意的妥协，理想主义屈从于政治交易，而这通常会导致 10 到 15 年后的另外一次改革。

课程改革是一项非常适合教育研究者的任务，因为教育研究者是研究教育问题的专家。从一个研究的视角来看，课程改革应该像其他教育问题一样，经得起研究的检验。这正是宾夕法尼亚大学采取的方法。宾夕法尼亚大学校长朱迪斯・罗丹称，这些重要的变化应该以其他学术活动同样的方式和同样的严谨程度进行研究（Bartlett，2002）。

因此，宾夕法尼亚大学决定开展一项实验研究，调查学生选择不同课程的结果。为了开展这项实验研究，研究者不得不设计出一个提供不同课程效果知识的研究。这意味着研究人员必须确定自变量和因变量，而且还要确定将要使用的控制技术。在这项研究中，自变量是学生选择的不同课程。对照组的学生要遵循标准课程的安排，实验组的学生在选择课程上可以获得更多的自由，但是他们被要求接受一系列的跨学科课程，其中很多跨学科课程都是团队教学。

在这个研究中，因变量包括焦点小组的结果、访谈、问卷调查、等级成绩、技能测试和实验组学生选择的课程。控制无关变量是通过随机分配学生志愿者到实验组或者控制组而实现的。这些都是开展一个研究设计所必须要做的决策类型，研究设计将会提供信息来帮助你回答研究问题。在这一章中，我们将要讨论形成一个好的研究设计所必须要做出的决定，并且呈现出在实验研究中所使用的最基本的研究设计。

实验是旨在找出因果关系的研究方法。因果关系可以被识别，因为实验允许我们在可控条件下，观察系统地改变一个或多个变量所产生的影响。这种功能体现了实验最主要的优势，因为它实现了对混淆无关变量的更多控制。控制的程度越高，研究的内部效度就会越高，对有关因果关系的假设也会更有信心。但是，对混淆无关变量控制越多，研究就会变得越来越不自然，进而威胁到研究的外部效度。因此，实验研究经常为了增强内部效度而牺牲外部效度。尽管存在这样的劣势，但是对于教育研究者而言，实验研究仍是一种有价值的研究方法。

实　验

实验（experiment）被定义为在一个发展的环境中，研究者（通常被称为实验者）客观地观察“发生在被严格控制的情境下的现象，其中一个或者多个变量发生变化，而其他变量保持不变”（Zimney，1961，p.18）。这似乎是比较好的定义之一，所以让我们进一步理解此定义的内涵。首先，它说的是我们必须努力做出公正的和没有偏见的观察。有时，这不太可能实现，因为实验者可能会无意中影响实验的结果。然而，我们必须意识到我们会造成一些无意的影响，并且努力做出没有偏见的观察。

开展实验时，我们观察“被发生的现象”。术语**现象**指一些可观察的事件。在教育研究中，这意味着我们要观察事件，比如在一个实验研究中被试对访谈、测试、问卷、行动或声明所做出的反应。这些现象是“被发生的”，因为我们给研究被试提供一组条件，并且记录下这些条件对他们行为产生的影响。我们提供一组刺激条件，即自变量，并观察所提供的自变量对因变量的影响。

观察是在“控制的情境下”完成的，这意味着我们必须消除混淆无关变量的影响。为了达到内部效度，控制对自变量造成干扰的变量是必需的。

实验定义的最后一部分是“一个或者多个变量发生变化，而其他变量保持不变”。这意味着我们要在一个明确的范围内，故意改变（即“操纵”）自变量，并试图确保其他的变量不会发生变化。例如，如果你想测试吃早饭对解决数学问题能力的影响，那么你可能会通过让一组人吃早饭，另外一组人不吃早饭来使早饭自变量不同。你可能也会想使被试所吃早饭的类型不同，会要求一些被试吃一份高糖、低蛋白的早餐，而让其他的被试吃一份高蛋白、低糖的早餐。关键是你必须要在某些方面使自变量不同，但是你创造的变化的性质要取决于你的研究问题和假设。不管产生什么样的变化类型，除自变量外，你必须保持所有的变量恒定。换句话说，你必须确保自变量以外的变量不能随着自变量发生改变。这就是说，当你进行一个实验时，你必须要创造一组条件，确保无关变量得到控制并且不能干扰自变量。

实验研究背景

实验研究可在多种背景下进行。这些背景包括田野、实验室和网络。每一个研究背景都有略微不同的特性，值得一提。

实地实验

实地实验（field experiment）是指在现实生活背景下进行的实验研究。本章简介部分描述的研究（Bartlett，2002）是有关田野研究的一个非常好的例子，因为该研究是以大学中的学生选修不同的大学课程为现实背景的。同时，它也是实验的一个很好的范例，因为它对不同学生选择的大学课程类型做了操纵，而且一些控制技术，如随机分配也用来消除混淆无关变量的影响。

实地实验的优点在于它们非常适合确定一个操纵是否能在现实生活中起作用。实地实验最大的缺点在于它们不能像实验室实验那样控制无关变量的影响。在巴特利特（Bartlett，2002）的研究中，虽然学生被随机分配到不同的课程中，不同的教师教授不同的课程，但因此对教学过程的有效性失去了控制。同时，不同的课程可能会包含不同兴趣和难度水平的课程设置。虽然在实地实验中，控制许多的无关变量是困难的，但是在不能最大程度控制无关变量的情况下，实地实验在确定一些影响能否在现实生活中起作用时，还是有必要的。

实验室实验

实验室实验（laboratory experiment）是在受到控制的实验室环境中进行的，研究者精确地操纵一个或多个变量，并控制全部的或几乎全部的无关变量的影响。实地实验比较强时，实验室实验就比较弱；实验室实验比较强时，实地实验就比较弱。就控制无关变量影响的能力来看，实验室实验比较强。当一个研究在实验室环境中进行时，诸如其他学生的参与、噪声或者其他干扰因素等外界影响可以被消除或者控制。然而，这种控制的增强是以创造一个人工环境为代价的。

例如，维哈伦、巴斯和德杨（Verhallen，Bus & de Jong，2006）在一个有一台电脑、一张桌子、两把椅子和一台数码摄像机的空房间里对幼儿园孩子进行测试，以确定动画故事书是否会对孩子们的理解能力和语言技能有积极的影响。通常孩子们听到或读到的故事显然不是在现实生活的背景下发生的，而这也是从实验室实验中获得的结果必须经过在现实生活背景下进行的实验证实的原因。

互联网实验

互联网实验（internet experiment）是通过互联网进行的实验研究。互联网实验与实地实验和实验室实验有相同的特征，因为研究者操纵一个或多个自变量并且要控制尽可能多的无关变量。大约从 2000 年开始，通过互联网开展的研究数量大幅度增长。考虑到互联网研究比一般在实验室开展的研究有优势，预计这种增长率还会继续（Birnbaum，2001；Reips，2000）。通过互联网开展实验的优点包括：（1）易于获得人口统计学和文化上具有多样性的被试；（2）将实验带给被试的能力，而不是将被试带给实验；（3）通过使用大样本确保较高的统计功效；（4）节省实验室空间、人力、设备和管理的费用。缺点包括如下问题：（1）一稿多投，（2）缺少实验控制，（3）自我选择，（4）中途退出（Reips，p.89）。

操纵自变量

在一个实验中，研究者操纵自变量。这个操纵预计会引起因变量的变化。在任何给定的研究中，很多可能的自变量可以被使用。所使用的自变量或者变量由研究问题来确定。例如，布雷尼兹（Breznitz，1997）提出的一个研究问题是“加速阅读会不会在一定程度上导致阅读障碍症儿童的短期记忆处理发生变化？”布雷尼兹想要确定提高阅读速度对短期记忆的影响，因此阅读速度成为自变量。这意味着阅读速度必须要以某种方式发生改变。与自定速度的阅读相比，布雷尼兹假设使用快速阅读的阅读障碍症读者将会显著改善短期记忆。这一假设规定变化必须由自变量创造。至少必须要有两个水平的阅读速度的自变量：快速阅读和自定速度阅读。尽管研究问题确定了自变量，但是创造所需要的变化并不总是那么容易。例如，布雷尼兹必须设计出一种能够允许操纵阅读速度的程序，实验者可以加快阅读速度，以这样一种方式与使用自定速度阅读的阅读障碍儿童对比。

通过这段简短的讨论，你会了解到，很多结论的得出必须基于对自变量的操纵。你必须定义自变量，然后决定怎样操纵自变量，以得到研究问题的答案。

操纵自变量的方法

研究问题确定了自变量。然而，它并没有明确操纵自变量的方式。如图 11.1 所示，你至少可以使用三种不同的方式来操纵一个自变量。第一种方式即**在场或不在场方法**（presence or absence technique）。这个方法正如它的名字所暗示的那样，一组研究被试接受处理条件（处理组），而另外一组不接受（控制组）。例如，假设你想要确定一次复习课是否会提高高中生的代数测试成绩。你可以使用该方式来操纵自变量，即一组学生在上完一次复习课后参加代数考试，而另外一组学生在没有上复习课的情况下参加同样的考试。

第二种方式，你可以通过**数量方法**（amount technique）来操纵自变量。该方法涉及在几组被试中实施不同数量的自变量。例如，你可能会认为如果一次复习课效果很好，那么多次复习课效果将会更好。该操纵将会从根本上影响到改变学生接受复习课的次数。你可以操纵复习课的数量，使第一组学生在没有复习课的帮助下参加代数考试，第二组学生上一次复习课，第三组学生上两次复习课，第四组学生上三次复习课。

第三种操纵自变量的方式是**类型方法**（type technique），就是将不同的条件类型提供给被试。例如，你可能会认为复习课的类型是重要的变量，而改变被试接受的复习课数量并不那么重要。比如，你可以设置一次由教师指导的复习课，一次由学生指导的复习课或者一次小组复习课。一旦你明确了想要研究的复习课类型，在被试参加考试之前，要使不同组的被试接受不同的复习课类型。

（1）有方法 VS 无方法

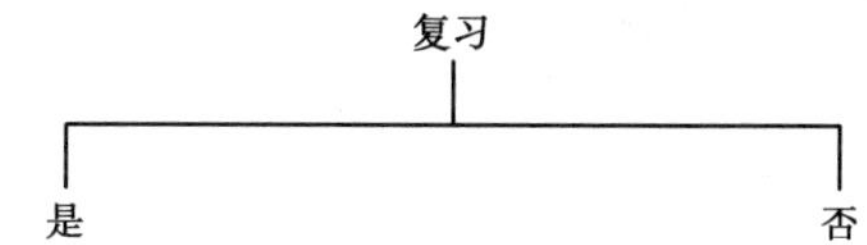

（2）数量方法

（3）类型方法

图 11.1　操纵自变量的三种不同方式

控制混淆变量

在第 10 章，我们讨论过许多更为明显的无关变量会威胁到实验的内部效度。在一个实验中，这些类型的无关变量必须加以控制，从而确保我们能够得到因果关系的结论。控制混淆无关变量的方法有很多。在讨论这些控制方法之前，我们想简要讨论**实验控制**（experimental control）的含义（即，通过设计和开展实验来控制混淆变量）。

当你第一次想要控制潜在的混淆无关变量时，你可能会考虑完全地消除这些变量的影响。例如，如果噪声是一个实验中的潜在混淆变量，你自然会试图构建一个没有噪声的环境来控制这种潜在的混淆变量，也许你会使被试在一间隔音室里完成实验。然而，大多数影响教育实验结果的变量不能被消除，例如智力、年龄、动机和压力。控制这些变量可以通过消除他们可能具有的任何**差别影响**（differential influence）来实现。当你的小组的混淆变量不相同时，差别影响就产生了。例如，如果一个对照组是由聪明的人组成，另一个对照组是由智力一般的人组成，那么智力将会产生差别影响。你需要在这样的变量上使你的**对照组同质化**（equate your comparison groups），这样的话因变量产生的任何显著差别都将归因于操纵自变量的结果。记住：如果这些小组构成自变量的不同水平，即使它们在一个无关变量上有所不同，那么你也将无法确定因变量结果的差异是由自变量造成的还是由无关变量造成的——你不想让你自己置身于这样模糊的情境中。

控制混淆无关变量以及它们所产生的差别影响一般会通过你设计的研究来实现，从而使对照组里的无关变量不会发生变化。也就是说，你的目标是让你的小组内的所有无关变量都相同。那么，因变量中可观察到的任何差异都将归因于自变量。无关变量的差别影响将会被“控制”。正如你所看到的，控制通常是指达到恒定，而必须要解答的问题是如何达到这种恒定性。为了实现潜在混淆变量影响的恒定性，现在我们将注意力转移到一些更为普遍的方法上。

复习问题　11.1　什么是实验？这个定义的重要组成部分是什么？

11.2　研究者开展实验的不同背景有哪些？

11.3　研究者可以使用的操纵自变量的方法有哪些？

11.4　术语“实验控制”的含义是什么？在实验中，实验控制是如何与差别影响相联系的？

随机分配

随机分配（random assignment）是在偶然性的基础上分配处理条件的一个程序。已知和未知的潜在混淆无关变量不会系统地使研究结果发生偏倚，而随机分配会使这种可能性最大化。换句话说，在实验的开始，随机分配是使对照组内所有变量相同的最好方法。实验的关键就是使所有对照组的所有变量相同，并且只是系统地改变自变量。这样做之后，研究者可以宣称因变量发生的变化是由研究者系统地操纵自变量所引起的。因为随机分配控制已知和未知的变量，所以应该尽可能使用这个程序。

当研究被试被随机分配到不同的对照组，那么每一个被试被分配到每个小组的概率是均等的。这意味着偶然性决定哪个人被分配到哪个对照组。记住，每个人都会将他或她的某些变量带入，比如智力。如果我们想控制诸如智力这样的变量，我们需要使每个对照组内被试的智力大约处于相同的水平。这正是随机分配的意义所在。当被试被随机分配，他们自身带有的变量也被随机分配。只要对照组内的这些变量是相似的，所存在的任何差别都将是由偶然性造成的。随机分配能够产生控制，因为在实验的开始，无关变量的等级几乎同样地分布在所有的对照组中。如果对照组内的无关变量相似，那么当自变量对被试没有施加影响时，对照组的因变量预计将会有几乎相同的变化。如果被试对因变量的反应不同，那么这种差别可以归因于自变量。

虽然随机分配是最重要的控制方法，但是随机分配并不总是有效。即使采用了随机分配，对照组也有可能不相似，因为偶然性决定了变量被分配的方式。例如，随机分配可能会把最聪明的人分配到某一个对照组中，而智力一般的人可能会被分配到另外一个对照组中。研究被试的数量越少，这种问题发生的风险性越高。然而，随机分配将这种情况发生的可能性降到最低。大多数情况下，随机分配效果显著（假设每组至少 15 名被试的样本容量），它只是偶尔不能使对照组同质。因为使用随机分配的小组同质概率比未使用随机分配的小组同质的概率要大得多，所以随机分配是产生相似对照组和消除混淆变量威胁的最有效方式。此外，随机分配是控制未知变量影响的唯一方式，因此，即使已经使用了其他控制方法，你都应该尽可能地使用随机分配。

不要将随机分配与随机选择混淆！随机选择或者随机抽样是随机地从总体中选择一些个体，从而使选取的样本与总体相似。随机选择产生一个样本，通过这个样本，你能推广到总体。随机分配始于一个样本，通常是便利样本，并在偶然性的基础上分配到对照组中，从而使形成的对照组的相似概率最大化。随机分配产生的对照组内的所有变量都相似。使用这些对照组，你能够操纵自变量并决定其因果关系。

理想情况下，在任何研究中，你都应该从总体中随机选择被试，因为这最大限度地保证了系统性偏差不会出现在选择过程中，而且所选择的被试都是总体的代表。如果总体的平均智商是 110，那么随机选择的样本的平均智商也应该大约为 110。只有当样本是总体的代表时，样本才能真正代表总体。

如图 11.2 所示，一旦被试从总体中被随机选出，它们也应该被随机分配到对照组中。不幸的是，从目标总体中随机选择研究被试通常是不可能的。只需想一想从美国所有患有多动症的儿童中随机选择一个儿童多动症样本的难度，你就会明白。因此，从总体中随机选择被试是一个几乎不能实现的理想。幸运的是，随机选择被试不是达到较高内部效度所需要的关键部分，达到较高的内部效度（允许因果关系的强有力的结论）是实验研究存在的理由。请记住这个关键：在实验研究中，随机分配是使对照组同质化的最有效方法，因此，它也增加了研究的内部效度。

第 9 章演示了如何使用一个随机数字发生器产生随机抽样。本书的配套网站使用了一个随机数字表和一个随机数字发生器来阐述如何将被试随机分配到对照组中。

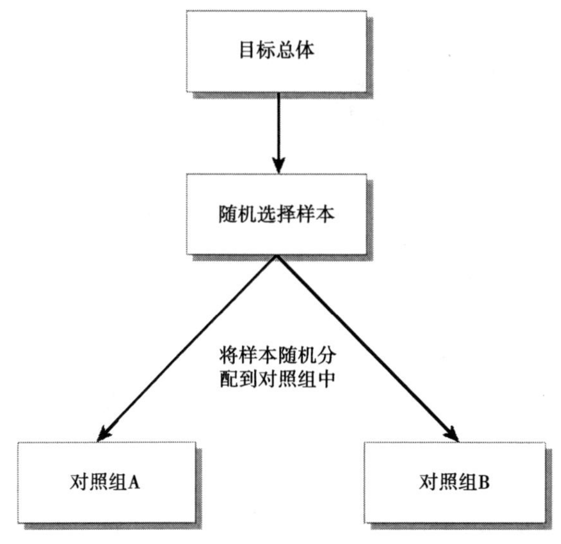

图 11.2　实验中获得被试的理想程序

配对

配对（matching）是一种使对照组内一个或多个与因变量相关的变量等同的控制方法。最常用的配对程序是将不同对照组内的被试逐个与每一个被选出的无关变量配对。例如，假设你想开展一项实验，测试三种不同的代数教学方法在代数测试中的效果。你知道，像智商和数学焦虑感等变量可能会影响测试成绩，因此你想控制这两个变量的影响。一种控制的方法是将三个对照组中的个体被试都配对，从而使每个组的被试都包含大致相同的智商和数学焦虑感。换句话说，如果第一个自愿参加研究的男性智商为118，那么我们必须要找到其他两个智商非常接近118的男性。发现两个智商几乎相同的人是很困难的，因此，所遵循的标准是被试所要配对的变量要非常相似。

一旦你已经确定了在匹配变量上相似的三个人，你应该将这三个人随机分配到三个对照组中。甚至在我们使用配对法时，也一定要注意随机分配的使用。这遵循了我们之前所述的随时随地做到随机化的规则，甚至在使用其他控制方法时，如配对法，也要做到随机化。一旦这三个人被配对和随机分配，你要找到另外三个与他们的智商和数学焦虑感相匹配的人，并将他们随机分配到对照组中。如图 11.3，这个过程将一直持续到你在每个对照组中找到所需的被试人数。最终结果是对照组中被试的匹配变量是相同的或者非常相似的。因此，对照组中这些变量对因变量的影响是恒定的，这就是一个实验中所需要的控制类型。

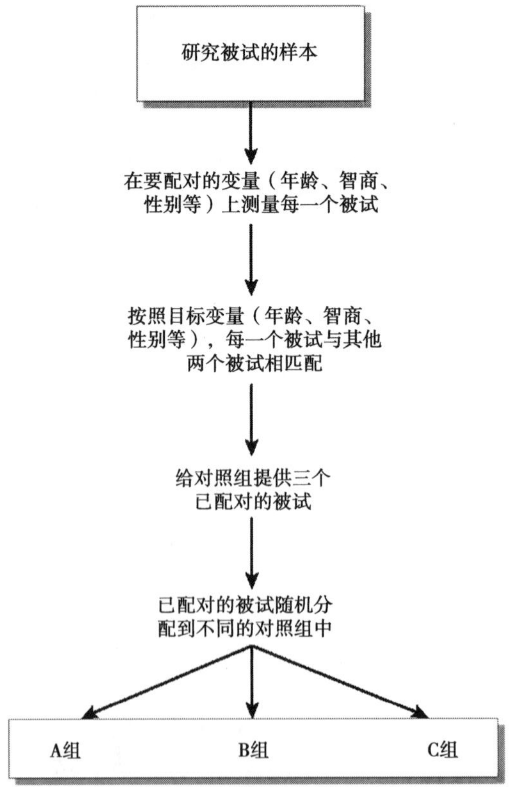

图 11.3　配对控制法

刚才描述的配对法是一种**个体**配对法，因为个体可以被配对，然而，**小组**配对也是可能的。小组配对包括选择有相似的平均分和相似分数分布的小组。换句话说，如果你正在对三个组的智力进行配对，其中一个组被试的平均智商为 118，智商分数的标准差为 6，那么你想要选择的其他两组被试也应该是平均智商约为 118，智商分数的标准差为 6。

保持无关变量恒定

另外一个常用的控制方法是保持对照组内的无关变量恒定。这意味着每个对照组的被试有着几乎相同类型或数量的无关变量。例如，假设你想要测试一项新的体育课程提高体力和耐力的效果。体力和耐力可能会受到性别的影响，因此你可能会首先决定只包含一个性别，比如女性。研究中仅有女性被试，因此不同对照组在性别上不会有任何区别。如图 11.4 所示，选择一个只有女学生的样本后，你也应该使用将这些学生随机分配到不同对照组的控制方法。这也又一次遵循了尽可能使用随机分配的原则。虽然保持无关变量恒定有效地保证了不同对照组之间无关变量相同，并提高了研究的内部效度，但是该方法同时降低了研究的外部效度。那是因为整个类别的被试（男性）都被排除在研究之外了。

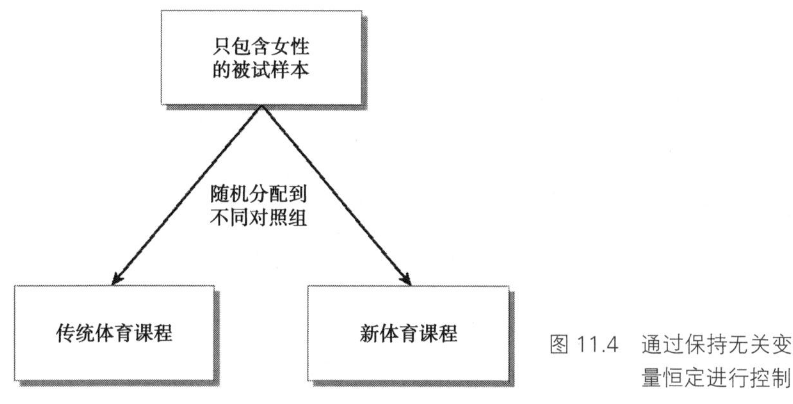

图 11.4　通过保持无关变量恒定进行控制

把无关变量融入研究设计中

把无关变量融入到研究设计中可以控制无关变量。当这样做之后，无关变量成为另一个自变量。例如，在调查使用新体育课程的假设性研究中，想要控制性别的影响。你可以将性别作为一个额外的变量，而不是保持性别恒定。如图 11.5 所示，通过把男性和女性都包含在研究中，你可以确定新课程是否对男性和女性都有效。当你也对额外变量有理论上的兴趣时，把无关变量融入研究设计中会特别有吸引力。该方法也克服了之前方法（保持无关变量恒定）的外部效度问题，因为当你将无关变量融入到设计中时，没有被试会被系统地从你的研究中排除。把无关变量融入到研究设计中消除了使你的实验产生偏倚的一个无关变量，并使它成为一个重要的自变量。

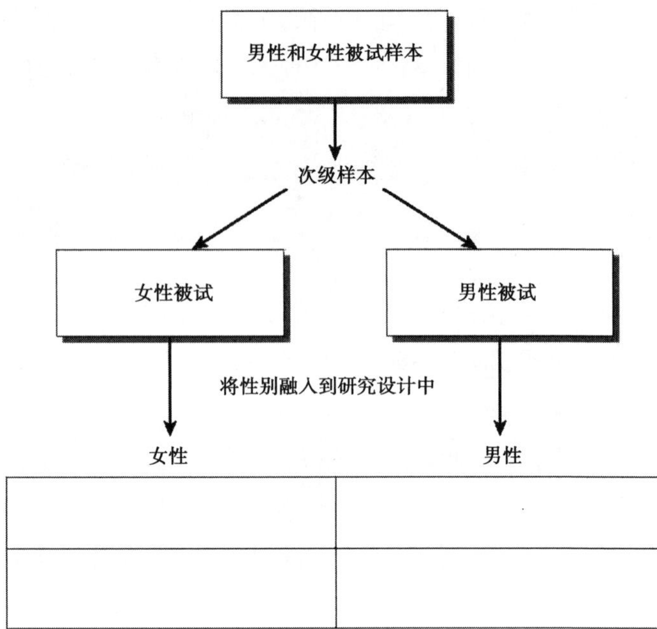

图 11.5　将无关变量融入到研究设计中来控制一个无关变量

协方差分析

协方差分析（analysis of covariance）是用来使前测或其他变量不同的对照组等同的控制方法。当不同对照组的被试在与因变量相关的前测变量上不同时，协方差分析是有用的。如果前测变量与因变量相关，那么后测中因变量可观察到的区别可能是由前测变量的不同而产生的。协方差分析可以根据前测变量的差别来调整后测分数，通过这种方式，它使不同对照组的被试**在统计意义上等同**。例如，如果你正在进行一个有关性别差异对解决数学问题影响的研究，你要确保男生和女生有同样的能力水平。如果你测验被试的智商，发现男生比女生聪明，那么学生的数学成绩可能是由于能力差别造成的，而与性别无关。你可以使用协方差分析法来调整因智力差别而产生的数学分数，用这种方式，可以分配两组至少在这个变量上等同的被试。

平衡

当由自变量界定的对照组是由不同的研究被试组成时，就会使用之前所述的控制方法。我们的最后一个方法是平衡，它只用于一种不同类型的研究设计中，即重复测量研究设计（稍后本章会有更多的详细讨论）。重复测量设计的显著特征是所有的被试要接受所有的处理。**平衡**（counterbalancing）控制法是指按照不同的顺序对所有的被试实施实验条件。

平衡用来控制**序列效应**（sequencing effects），如图 11.6 所示，当每个被试参与了多于一个对照组时，这种效应就会发生。当每个人参加每个对照组时，可能会发生两种类型的序列效应。

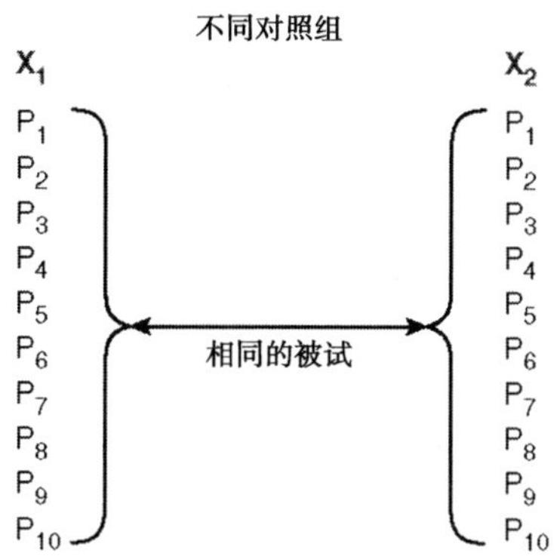

图 11.6　可能包含序列效应的设计类型

第一种类型的序列效应是**顺序效应**（order effect），来源于处理条件被实施的顺序。咖啡因被认为能够提高注意力和警觉性，假设你有兴趣研究咖啡因对学习拼写的作用。为了测试咖啡因的作用，你可能在某一天使用咖啡因，而在另外一天使用安慰剂。这意味着研究被试将会接受两种可能的处理条件顺序中的一种：第一天是咖啡因，第二天是安慰剂；或者第一天是安慰剂，第二天是咖啡因。

在这样的一个研究中，实验的第一天，研究被试可能不熟悉实验步骤、实验环境或者未曾参与过教育实验。如果他们在第一天被安排使用安慰剂，被试可能不会表现得很好，因为他们的注意力将不会完全集中在拼写任务上。第二天，当他们被安排使用咖啡因时，因为熟悉，从而增加了被试将注意力更多地集中在拼写任务上的可能性，这会增强被试的表现。因此，实验结果是在第二天实施咖啡因处理条件时，被试可能会表现得更好。这并不是因为咖啡因更加有效，而是被试更熟悉实验步骤和实验环境，并能将更多的注意力集中在学习拼写单词表上。这种类型的效应是顺序效应，因为它是完全由于实验处理条件的顺序不同而出现的。

第二种类型的序列效应是遗留效应。当在某一个处理条件下的表现部分取决于之前的处理条件时，**遗留效应**（carryover effect）就会发生。例如，如果第一天使用了咖啡因，那么被试在第二天使用安慰剂时，咖啡因可能并没有完全从被试体内代谢和清除完毕。因此，被试使用安慰剂的那一天的表现除了安慰剂效应，还将会受到前一天使用咖啡因而产生的遗留效应的影响。

控制遗留效应和顺序效应的主要方法是使被试接受处理条件的顺序得到平衡。平衡的一个方法是使被试的顺序随机化（即用一个随机数发生器随机分配给每个被试一个序列顺序）。另外一个流行的方法是按照不同的顺序对研究被试组实施每个实验条件。例如，在咖啡因实验中，假设与没有咖啡因或者安慰剂组相比，我们想测试三种不同剂量咖啡（100 毫克、200 毫克和 300 毫克咖啡因）的影响。平衡的一个方法是使被试的组数和自变量水平的数量相等。在这个咖啡因实验中，有四个水平的咖啡因，分别从没有咖啡因到 300 毫克，因此这里有四种实验条件。如果你有 40 名被试，你可以将他们分成 4 组，每组 10 个人，并对每组按不同的顺序实施四种实验条件，如下所示：

组 1（被试 1–10）条件的顺序：安慰剂、100 毫克、300 毫克、200 毫克

组 2（被试 11–20）条件的顺序：100 毫克、200 毫克、安慰剂、300 毫克

组 3（被试 21–30）条件的顺序：200 毫克、300 毫克、100 毫克、安慰剂

组 4（被试 31–40）条件的顺序：300 毫克、安慰剂、200 毫克、100 毫克

正如你所看到的，每组被试按照不同的顺序或序列接受所有的实验条件。实施条件后，接受不同条件顺序的四个 10 人小组被试可以被比较。最后，为了得到显著的区别，你比较这四种方式。平衡法通过使顺序和序列效应达到平衡而起作用。同时请注意，使用平衡时，一项研究要按照被试的组数进行多次重复。为了学习如何建立平衡顺序，请参见 Christensen，Johnson 和 Turner（2011，pp.215–220）或者参照本书的配套网站。

复习问题

11.5　什么是随机分配？随机分配和随机选择的区别是什么？

11.6　随机分配如何实现控制混淆变量影响的目标？

11.7　你将如何使用配对控制法，以及该方法是如何控制混淆变量的影响？

11.8　你将如何使用保持无关变量恒定的控制方法？

11.9　什么时候你想将无关变量融入研究设计中？

11.10　什么是协方差分析？什么时候你将会使用它？

11.11　什么是平衡？什么时候你将会使用它？

11.12　遗留效应和顺序效应的区别是什么？

实验研究设计

研究设计（research design）是指为了寻找研究问题的答案，你将使用的大纲、计划或策略。换句话说，当你开始进入设计实验阶段时，你必须确定收集数据时所使用的计划或策略，并且这些收集到的数据要能够充分地检验你的假设。计划一个研究设计意味着你必须明确被试将如何被分配到对照组中，你将如何控制潜在混淆无关变量的影响，

以及你将如何收集和分析数据。

你将如何设计一个可以检验你的假设并能为你的研究问题提供答案的实验？这绝不是一个简单的任务，也没有一套固定的方法来告诉你该怎么做。设计一项研究需要考虑包含在内的各个组成部分，避免陷阱。无论如何，拥有一些研究设计通用形式的知识是会很有帮助的。一些研究设计不能最大程度地控制潜在混淆无关变量，从这个意义上来说，它们是弱研究设计。反之，一些研究设计可以最大程度地控制潜在混淆无关变量，它们就是强研究设计。首先我们讨论弱实验设计，并指出它们的不足。接着我们讨论，当你设计研究时，应该效仿的有代表性的强实验设计。

弱实验研究设计

我们提出了三种被认定为弱设计的实验研究设计，因为它们不能控制很多潜在的混淆无关变量。请记住，在一个实验研究中，我们想要确定自变量对因变量作用所产生的因果效应。任何不加控制的混淆变量都会削弱我们这样做的能力，实验会变得没有用处，并危及我们得出一个有效结论的能力。这并不是说这些弱实验设计不能提供任何有价值的信息，它们可以提供一些有用的信息。然而，无论何时，当一名研究者使用这三种设计中的一个时，他 / 她必须注意可能会对研究的内部效度产生威胁的潜在混淆无关变量的影响。表 11.1 总结了在这三种设计中可能会对内部效度产生威胁的因素。

表 11.1　弱实验设计中内部效度威胁因素一览表

设　计	模糊时间优先	历史	成熟	测试	工具	回归	差异性选择	差异流失	累加效应和交互作用
单组后测设计 X_T　O_2	+	−	−	NA	NA	NA	NA	NA	NA
单组前后测设计 O_1　X_T　O_2	+	−	−	−	−	−	NA	NA	NA
不等组后测设计 X_T　O_2 - - - - - - X_C　O_2	+	+	+	+	+	+	−	−	−

负号（−）表示对内部效度的潜在威胁，正号（+）表示威胁已被控制，NA 表示此威胁不适用于那种设计。X_T 代表处理条件，X_C 代表控制或者标准处理条件，O_1 代表前测，O_2 代表后测，虚线表示组间没有随机分配。

单组后测设计

在**单组后测设计**（one-group posttest-only design）中[1]，只有一个单独的研究被试小组参与到实验处理中，然后通过对因变量的判断，评价处理条件的影响，正如图 11.7 所示。

[1] 在一些书中，这个设计被称作一次性案例研究，这是不对的。

处理	后测
X_T	O_2

图 11.7　单组后测设计中 X_T 是处理条件，O_2 是后测

如果一所学校想要确定实施一个新的阅读计划是否会增强学生们的阅读欲望，那么这个设计可能会被使用。在实施该计划的一学年后，所有参与该计划的学生要完成一份调查问卷，用以评估他们对阅读的态度。如果结果表明学生的态度是积极的，那么该计划就被认定会对学生阅读产生了积极的影响。

得出这样一个结论的问题在于你并不能将学生的阅读态度归因于新的阅读计划。在参加阅读计划之前，学生可能已经对阅读有了积极的态度，实际上该计划对学生的阅读态度并没有影响。重点是在没有一定比较的情况下，想要确定新的阅读计划是否会产生影响或者会产生什么样的影响是不可能的。因为学生没有接受前测，研究者对在实施阅读计划之前的学生情况一无所知。从科学的角度来看，这种设计几乎毫无价值。因为如果没有前测或者没有将参与阅读计划的学生和未参与阅读计划的学生进行比较，那么将无法确定处理条件是否会产生影响。在学生配套网站，一份讲义说明了如何改进单组后测设计。

单组前后测设计

因为缺少一定形式的比较，大部分的人很快就会发现单组后测设计是无效的。在很多情况下，人们的第一反应是要说明需要一个前测以便能够对处理前的反应和处理后的反应进行比较。如图 11.8 所示，这个设计是对单组后测设计的一次改进，被称为**单组前后测设计**（one-group pretest-posttest design）。在实施处理条件之前，对一组研究被试的因变量 O 进行测量，接着实施自变量 X，之后对因变量 O 再次进行测量。前测和后测分数的差异成为衡量处理条件有效性的一个指标。

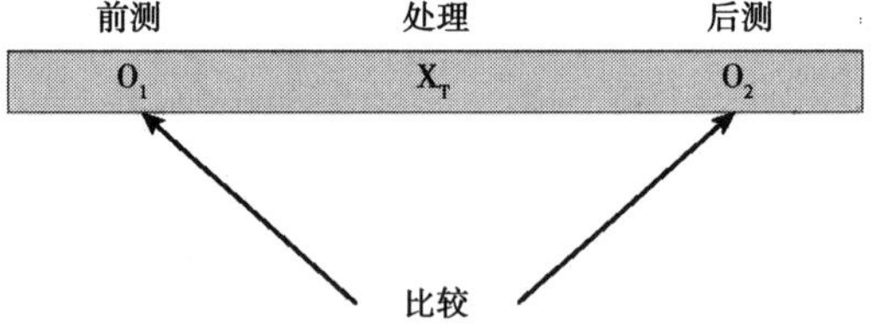

图 11.8　单组前后测设计中 X_T 是处理，O_1 和 O_2 代表前测、后测

尽管单组前后测设计确实代表了对单组后测设计的一次改进，但是与前测分数相比，后测分数的任何改变都不能自然而然地认为是由自变量产生的效果。很多潜在混淆无关变量可能会影响后测结果，例如历史、成熟、测验、工具和回归。就它们的影响程度而言，这些无关变量代表了竞争假设，解释了前测和后测分数之间的任何区别。

在一个假设性研究中，教育研究者想要测试一种新的阅读教学计划对五年级学习迟缓者的作用。在学年开始，对采用新方法的小学的全部五年级学生实施城市成就测试（Metropolitan Achievement Tests），从而确定出学习迟缓者。那些得分比五年级水平至

少低两年（前测 O）的五年级学生被认定为学习迟缓者，他们被安置在一间实验教室里，并接受新的阅读教学计划。在两年即将结束时，再次对他们进行城市成就测试。这次学生得到的阅读等级分数（后测 O）要与他们的前侧 O 分数相比较。现在让我们假设这种对比表明学习迟缓者的阅读水平平均提高了 2.2 年，说明这两年间学生在实验教室里取得了很大的进步。我们会倾向于将这种进步归因于实验阅读计划。然而，如果你考虑一下，可能会想到几个导致这种成绩改变的竞争性假设。

历史因素的影响是很可能的。学生被安置在一间实验教室里，这意味着他们被单独挑选出来并给予了特殊关注。由学校系统做出的特殊努力可能会促使这些孩子的父母鼓励孩子阅读和完成他们的家庭作业。实验计划和父母的鼓励可能会提高学生的阅读成绩。同样的，在前测和后测之间有两年的间隔，学生比之前大了两岁，成熟将解释一些进步的发生，只是因为学生们的年龄大了，在这两年里已经变得成熟了。测试效应也可能会存在，因为在前测和后测中学生都参加了城市成就测试，这意味着学生可能会对第二次测试场景更加熟悉。然而，如果前测和后测之间是一个较短的时间间隔，那么测试效应将会更有可能发生。最后，统计回归的影响有很大的可能性，因为那些被挑选进入实验教室的学生在最初的前测中得分最低。统计回归将解释这些学生中的一些人在后测中会提高成绩，因为他们在前测中的低分部分是由于机会因素导致的。

正如你所看到的，单组前后测设计是有问题的，因为除了自变量，很多潜在的混淆无关变量可能会在一定程度上导致行为的变化，使它成为一个弱设计。虽然单组前后测设计是弱设计，但是它确实提供了一些信息，因为它让你们知道前测和后测之间是否发生了一个改变。然而，它没有为这种改变的原因提供一个合理的解释，因为很多威胁因素也可能会导致行为上的变化。当使用这种设计时，你总是应该谨慎地解释由自变量造成的任何影响，并不断地寻求证据，排除影响这种设计内部效度的每个威胁因素。

不等组后测设计

不等组后测设计（posttest-only design with nonequivalent groups）是指一组研究被试接受了实验处理，然后在因变量上与另外一组未接受实验处理的被试进行比较，如图 11.9 所示。图 11.9 中的虚线表示的是完整的或未随机分配的小组，X_T 表示实验处理条件，X_C 表示控制比较条件。例如，如果你想要确定计算机辅助训练和练习实验室是否会提高参加教育统计课程学生的学习能力和成绩，你可能会使参加教育统计课程的一个班级不使用计算机实验室（X_C），而让另外一个参加统计课程的班级使用计算机实验室（X_T）。两个班级将由同一个老师授课，因此将不会存在不同老师的影响因素。在课程即将结束时，你对两个班级学生的教育统计成绩（O）进行比较。如果使用计算机实验室班级的成绩比未使用计算机实验室班级的成绩要好，那么这应该表明增加的计算机实验室提高了统计学的成绩。事实上，回顾表 11.1 就会发现，因为添加了一个控制组，很多影响内部效度的威胁因素已经被消除了！不幸的是，表 11.1 也显示这个设计存在影响内部效度的其他威胁因素。因此，计算机实验室提高了统计学的成绩可能不是真实的。一些潜在混淆无关变量能够很容易地影响这个设计并严重威胁它的内部效度。

不等组后测设计可能从表面上看起来是足够的，因为有一个对照组，为参加计算机实验室和未参加计算机实验室的被试成绩提供比较。此外，相同的老师教授两个班级的课程，因此在教学质量上应该几乎没有差别。那么，为什么这个设计也被包含在弱设计中呢？原因是除了自变量，两个研究被试班级在其他变量上并不等同。如图 11.9 的虚线所示，这两个班级的形成是基于学生的两次主动报名，而不是被随机分配到对照组中。这个问题被称作**差异选择**，该设计标题中的词语**不等**强调了这个严重的威胁因素。（注意：正如最后一章讨论的那样，选择也可以与影响内部效度的基本威胁因素相互融合或者相互作用。）成绩上的差异之所以会出现，因为除了出现的自变量外，两个班级的学生在很多变量上都是不同的。例如，在统计课上使用计算机实验室的学生可能比未使用计算机实验室的对照组学生更加聪明或年龄更大或更有学习动机。所有的这些差异都可能会影响到最终的结果，并作为竞争性假设来解释结果。

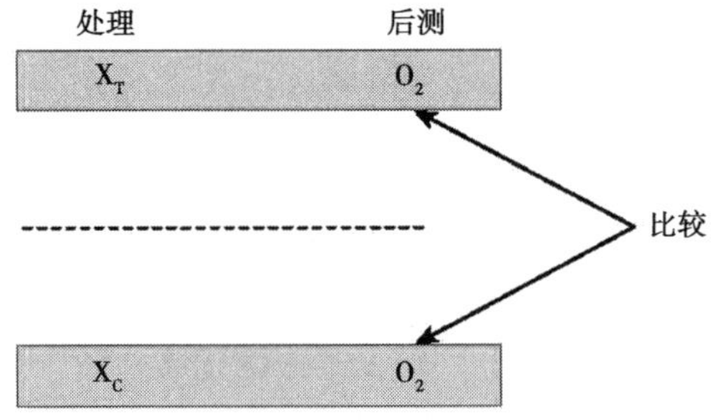

图 11.9　在不等组后测设计中，X_T 代表实验处理，X_C 代表控制或标准处理，O_2 代表后测

为了最大程度地保证两个或多个的对照组是相等的，被试必须被随机分配，这个条件在不等组后测设计中是不存在的。然而，有时候完整组是唯一可用的组。在这种情况下，如果前测是不可能的（前测会改善这个设计），不等组后测设计可能是唯一可以使用的设计类型，因此你必须意识到影响内部效度的威胁因素会严重地威胁从这种设计中得出的因果结论（参看表 11.1）。如果你要使用这种设计，我们给你两个建议。首先，使用之前讨论过的一种控制策略。例如，设法确定使小组不同的关键变量（例如：动机、智力、经验、学习风格），针对这些变量对被试进行测量（如果可能的话），接着使用协方差分析控制法，从统计学上来控制这些被测变量。对于这种设计，使用的另外一种策略是对组内的一个或多个无关变量进行配对。其次，你必须设法确定基本的威胁因素是否已经与选择结合在一起。你可能会确定一些威胁因素是不大可能出现的，但是其他威胁因素很可能会出现，那么你必须要相应地调整你的结论。

复习问题

11.13　什么是研究设计，形成一个研究设计的组成部分是什么？

11.14　什么时候使用单组后测设计，在使用这个设计时会遇到什么问题？

11.15　什么时候使用单组前后测设计，在这个设计中能够起作用的潜在竞争性假设是什么？

11.16　什么时候使用不等组后测设计，在这个设计中能够起作用的潜在竞争性假设是什么？

强实验研究设计

以上出现的设计被认定为弱设计，因为它们不能提供一种将自变量的影响与潜在混淆变量的影响进行分离的方法。一个强实验研究设计是指混淆无关变量的影响已被控制的实验设计。表 11.2 总结了被强实验设计控制的威胁内部效度的因素。所以一个强实验研究设计是有内部效度的设计。

在大多数的实验研究设计中，实现内部效度和消除竞争假设的最有效方法是将本章之前讨论过的一个或多个控制方法包含在内，并加入一个控制组。在研究者可用的众多控制方法中，随机分配是最重要的，它的重要性再怎么强调都不为过，因为它是控制未知变量的唯一方法。除此之外，统计推理依赖于随机化过程，因此我们再次强调：**无论何时何地都要做到随机化。**

控制威胁内部效度的因素可以通过加入一个控制组来实现。如果你现在花费一些时间比较（图 11.1）单组前后测设计和不等组后测设计的威胁因素，你将会清楚地明白这一点。（注意 5 个负号变成了正号。）现在，转到表 11.2，注意所有的强实验研究设计都至少包含两个对照组：一个实验组和一个控制组。

实验组（experimental group）是指接受实验处理条件的组。**控制组**（control group）是指未接受实验处理条件的组。这意味着对控制组未施加任何影响或者控制组接受的是一个被视为标准或典型的条件。如果你正在研究一种新阅读教学方法的有效性，那么实验组将会使用新的阅读方法，控制组将会使用典型的或者标准的阅读教学方法。如果你正在测试一种新药对患有注意缺陷多动障碍孩子的影响，并且基于这样一种假设，即该药可以缓解他们的注意缺陷多动障碍，并使他们更有效地学习，那么实验组将会得到药物，控制组将会得到安慰剂、标准药物或者通常用于治疗注意缺陷多动障碍症的一般药物。在这种类型的研究中，你甚至可能需要三个组：一个组获得安慰剂，一个组获得标准药物，一个组获得实验药物。

一个控制组是必要的。它起到比较的作用，并控制竞争性假设。想要确定某个处理条件或者自变量是否有影响，我们需要一个未接受处理条件的对照组或控制组。考虑这样一个情况，你班级内的某些学生相互间多次交谈。这不仅妨碍了这些孩子，而且也干扰了教室里的其他学生。为了控制这种行为，在课间休息时你让这些孩子留在教室里，并将他们安置到教室的不同位置。令你高兴的是，你的干预措施阻止了他们的交谈，允许你在没有干扰的情况下继续讲课。你将这种行为上的改变归因于在课间休息时让这些学生留在教室里。然而，你也改变了他们的座位位置，也许坐在一起促成了他们的谈话。当你改变了他们在教室的位置时，你可能将每个学生安置在了这样一个处境，他们认识周围的人，但彼此并不是朋友，因此一个竞争性假设是交谈由围绕在他们身边的朋友所引起。想要确定是让学生课间休息时留在教室，还是改变他们的座位位置引起了学生的行为变化，一个控制组是必需的，学生可以在教室里移动位置，但是在课间休息时不会留在教室。如果两个组都改变了他们的行为，停止和身边的人交谈，我们将会知道让学生课间休息时留在教室可能不是消除交谈行为的变量。然而，想要形成一个强实验设计，只包含一个控制组是不够的。例如，一种弱设计也会含有一个控制组，问题是它并没有进行随机分配。一定要注意表 11.1 中与三个负号相联系的设计（例如，不等组后测设计）。一旦加入了随机分配，那些威胁因素将会变成优势！随机分配只会在强实验设计中出现。如果在不同的对照组里有不同的被试（参看表 11.2 的前三个设计），你也必须将被试随机分配到对照组中，从而达到“强实验设计”的状态。为强调随机分配，有时候这些强设计被称为随机化设计。现在让我们仔细地查看表 11.2 总结的每个强设计。

表 11.2　强实验设计所控制的内部效度威胁因素一览表

设计	模糊时间优先	历史	成熟	测试	工具	统计回归	差异性选择	差异性流失	累加和交互作用	顺序
前后测控制组设计 R ⟨ O_1 X_C O_2 　 O_1 X_T O_2	+	+	+	+	+	+	+	?	+	NA
后测控制组设计 R ⟨ X_C O_2 　 X_T O_2	+	+	+	+	+	+	+	?	+	NA
因素设计 R ⟨ X_{T_1} Z_{T_1} O_2 　 X_{T_1} Z_{T_2} O_2 　 X_{T_2} Z_{T_1} O_2 　 X_{T_2} Z_{T_2} O_2	+	+	+	+	+	+	+	?	+	NA
重复测量设计 * $\vert X_{T_1}\ O_2 \vert X_{T_2}\ O_2 \vert X_{T_3}\ O_2 \vert$ 相同的被试接受每个水平的处理条件	+	?	?	?	?	?	NA	?	NA	?
基于混合模型的因素设计	+	+	+	+	+	+	+	?	+	?

续表

$$R \begin{matrix} \nearrow & |X_{T_1} & Z_{T_1} & O_2|X_{T_2} & Z_{T_1} & O_2|X_{T_3} & Z_{T_1} & O_2| \\ \searrow & |X_{T_1} & Z_{T_2} & O_2|X_{T_2} & Z_{T_2} & O_2|X_{T_3} & Z_{T_2} & O_2| \end{matrix}$$

所有的被试接受处理变量 X 所有水平的变化，但是不同的被试被随机分配到处理变量 Z 的两种水平。

* 有了平衡，除了可能的差异性流失和 / 或差别遗留效应（一个复杂的但是可能的遗留效应类型；查看术语表，获得完整的定义），这种设计可以控制所有适用的威胁因素。

正号（+）表示威胁因素已被控制，问号（?）表示威胁因素可能被控制或未被控制，这取决于研究中包含的特征以及控制方法，NA 表示威胁因素不适用于那种设计。X_T 代表一个处理条件，X_C 代表一个控制或标准处理条件，O_1 代表一个前测，O_2 代表一个后测，X_{T1}–X_{T3} 代表一个自变量的三种水平，Z_{T1}–Z_{T2} 代表第二个自变量的两种水平，R 代表随机分配到对照组。

前后测控制组设计

前后测控制组设计（pretest-posttest control-group design）如图 11.10 所示。在这种设计中，一组研究被试被随机分配到一个实验组或控制组中，并对因变量 O 进行前测。接下来，施加自变量 X。最后，对实验组和控制组的因变量 O 进行后测。图 11.10 表明前后测控制组设计是一个两组设计，包含一个控制组和一个实验组。然而，如图 11.11 所示，这种设计可能，而且常常会扩大到含有多于一个实验组。例如，如果你想要确定四种不同的阅读教学方法——标准法或三种最近刚推出的方法，哪一种最有效。你会将被试随机分配到四个不同的组中，在实施不同的阅读计划之前，对每个被试进行前测。在实施了阅读计划之后，被试接受后测，并使用一种恰当的统计方法进行数据分析，例如协方差分析，从而确定不同的阅读计划是否会产生不同的结果。

前后测控制组设计是一个很好的实验设计，因为它在控制威胁实验内部效度的竞争性假设方面表现很好。历史和成熟因素能够被控制，因为出现在实验组的任何历史事件

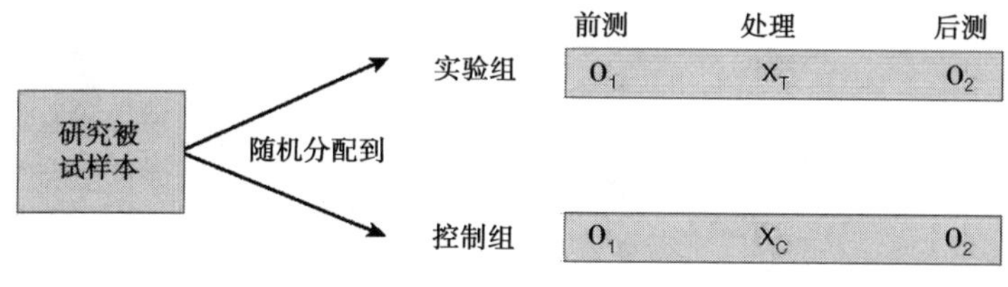

图 11.10 在前后测控制组设计中，X_T 代表处理条件，X_C 代表控制或标准处理条件，O_1 和 O_2 代表因变量的前测和后测。

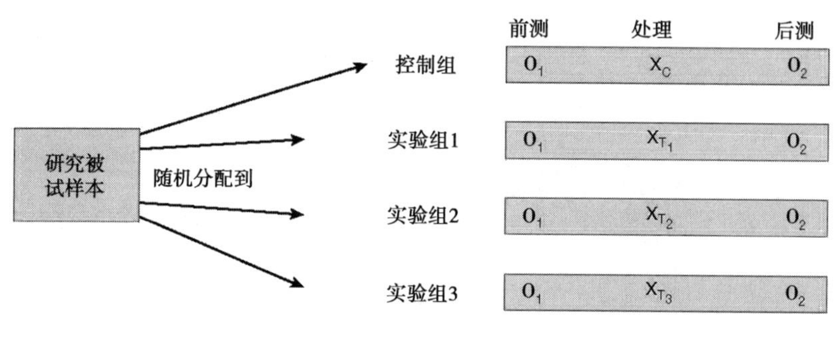

图 11.11 在多于一个实验组的前后测控制组设计中，O_1 和 O_2 代表前测和后测，X_C 是控制或标准条件，X_{T1}-X_{T3} 代表三个实验处理条件。

或者成熟效应也将会出现在控制组中，除非历史事件只影响两个组中的一组（在这种情况下，历史事件将不会被控制，因为它将不会影响两个组）。工具和测试能被控制，因为实验组和控制组都要接受前测，所以前测的任何影响都应该存在于两个组中。回归和差异性流失变量能被控制，因为被试被随机分配到实验组和控制组中。随机分配最大程度地保证了两个组在实验开始时是相等的。虽然随机分配不能对实验组和控制组的初始等值提供 100% 的保证，但它是提供保证的最好方法，因此随机分配对诸如回归和差异性流失等潜在偏差提供了最好的控制。

后测控制组设计

如图 11.12 所示，**后测控制组设计**（posttest-only control-group design）是指研究被试被随机分配到一个实验组和一个控制组中。施加自变量影响，然后测试实验组和控制组的因变量。将实验组和控制组的后测分数从统计学的角度进行比较，从而确定自变量是否产生了影响。

这是一个很好的实验设计，因为它控制了影响内部效度的威胁因素。由于后测控制组设计包含了一个控制组，而且在实验组和控制组中都是随机分配被试，所以与前后测控制组设计一样，它控制了所有影响内部效度的潜在威胁因素。虽然差异性流失可能性不大（因为对照组是由相似类型的人组成），但仍旧是有可能的。这将涉及两个对照组内被试的差别损失。如果一个组失去了一些被试，而且这些被试的特征与其他对照组内失去的被试特征不同，那么差别可能会在后测中被发现，因为除了自变量，差别损失会使两组被试在所有的变量上都不再相等。由于前后测控制组设计包含了一个前测，比较控制组和实验组中没有这个变量的被试是可能的。如果不存在差别，一些依据将会出现并辩称，消耗不会产生对照组内的不平等。然而，这种观点只是基于对前测的比较，而没有针对其他也可能混淆的未知无关变量。

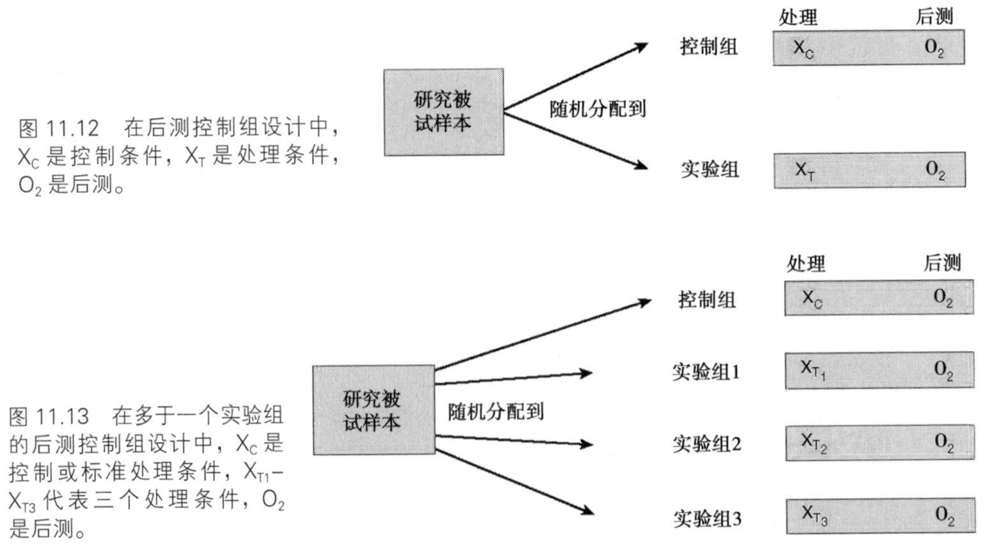

图 11.12　在后测控制组设计中，X_C 是控制条件，X_T 是处理条件，O_2 是后测。

图 11.13　在多于一个实验组的后测控制组设计中，X_C 是控制或标准处理条件，X_{T1}–X_{T3} 代表三个处理条件，O_2 是后测。

复习问题
11.17　什么使一个设计变成强实验设计?
11.18　实验组和控制组的区别是什么?
11.19　在一个研究设计中加入一个控制组的作用是什么?
11.20　在前后测控制组设计中，什么样的潜在混淆无关变量被控制? 以及这个设计如何控制它们?
11.21　在后测控制组设计中，什么样的潜在混淆无关变量被控制? 以及这个设计如何控制它们?

因素设计

因素设计（factorial design）是强实验设计，两个或者更多的自变量被同时研究，至少其中的一个被操纵，从而确定它们对因变量的独立和交互作用。到目前为止，我们已讨论过的实验设计一直被局限在只研究一个自变量上。例如，假设你想要找出学习数学的最有效方法，而且已经确定了三种不同的教学类型：计算机辅助、讲课和讨论。在设计这个研究时，你有一个自变量——教学方法，以及自变量的三个不同水平——三种教学类型。因为只有一个自变量，前后测控制组设计或后测控制组设计都可以使用。所选择的设计要取决于是否包含前测。

在教育研究中，我们经常对几个一起发挥作用的自变量的影响感兴趣。对教育者而言，多数变量的意义并不是单独起作用。例如，一种教学类型可能对大班比较有效，另外一种教学类型对小班更有效。相似的，当使用讨论的形式时，一个学生的焦虑水平可能会干扰成绩表现，但是计算机辅助形式可能会使学生放松和表现得更好。这就是因素设计存在的意义，因为**它们允许我们同时研究几个自变量和它们之间的交互作用**。

如果你想要研究焦虑水平和教学类型对数学成绩的影响，那么很显然你要研究两个自变量。让我们假设你想要研究两个水平的焦虑水平——高和低，三种教学类型——计算机辅助、讲课和讨论。这意味着你有两个自变量：焦虑水平和教学类型。焦虑变量有两个水平的变化——高和低，教学类型有三个水平的变化，与三种不同的教学类型相一致。图 11.14 描述了这种设计，表明两个自变量有六个组合：高焦虑和计算机辅助教学、低焦虑和计算机辅助教学、高焦虑和讲课、低焦虑和讲课、高焦虑和讨论、低焦虑和讨论。

每一个自变量组合被称为一个**单元格**。如图 11.14 所示的 2 ×3 设计布局，被试将会被随机分配到 6 个单元格中（我们假设教学类型和焦虑水平在实验中都会被操纵）。如果你有 90 个被试，在随机分配后，6 个单元格中的每个都会有 15 个被试。随机分配到一个给定单元格的被试会接受与那个单元格相一致的自变量组合。在研究被试已经接受了合适的自变量组合并对因变量做出反应后，他们的因变量反应将会被分析，从而验证两种反应类型：主效应和交互作用。

主效应（main effect）指单独一个自变量的影响。如图 11.14 所示，该设计有两个自变量，因此有两个主效应：焦虑水平和教学类型。焦虑主效应的出现意味着从统计学的角度来看，成绩有显著差异取决于一个人是经历了高焦虑还是低焦虑。教学主效应的出现意味着从统计学的角度来看，成绩有显著差异取决于研究被试接受的数学教学类型。

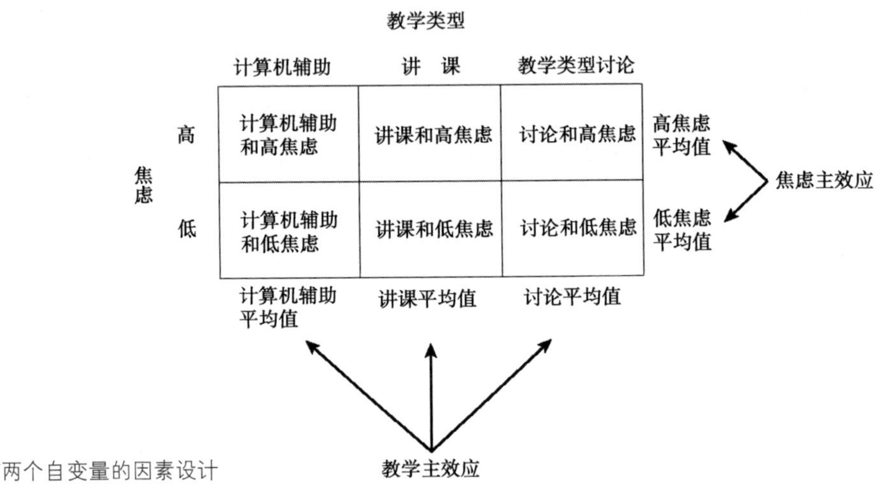

图 11.14　有两个自变量的因素设计

因素设计也允许我们研究交互作用。当一个自变量的影响取决于另一个自变量的水平时，**交互作用**（interaction effect）就会发生。大多数学生很难掌握交互概念，因此我们将在这个问题上花费一些时间。首先，我们在图 11.15a–b 中展示结果，焦虑水平主效应和教学类型主效应都在图中出现了，但是没有交互作用。

看图 11.15a。单元格内的分数代表每组被试的后测平均分（例如，接受计算机辅助教学并有高焦虑症水平被试的平均分为 10）。假设的后测分数代表了因变量平均分，例如很多的数学难题被正确地解答。**边际均值**（marginal mean）或一列或一行单元格的平均分出现在单元格外，这代表整个单元格的后测平均分（例如，高焦虑被试的平均分 15 是三个单元格内高焦虑被试的平均分）。在这个例子中，高焦虑被试的边际均值是 15，低焦虑被试的边际均值是 25，表明焦虑水平主效应对成绩有影响。相似的，教学类型的边际均值也有差别，说明教学类型主效应对成绩有影响。

现在看图 11.15b 的曲线图。注意这两条线是平行的。只要线是平行的，交互作用就不会存在，因为交互作用意味着一个变量的影响（如焦虑水平）取决于其他被考虑变量的水平（如三种不同的教学类型），这将会产生非平行线。在这个例子中，不管使用哪种教学类型，低焦虑被试总是比高焦虑被试表现得更好，这表明存在焦虑主效应。相似的，不管被试的焦虑水平如何，讨论教学会带来最好的成绩，这再次表明存在主效应，但是没有交互作用。在这个例子中，我们有两个主效应，没有交互作用。

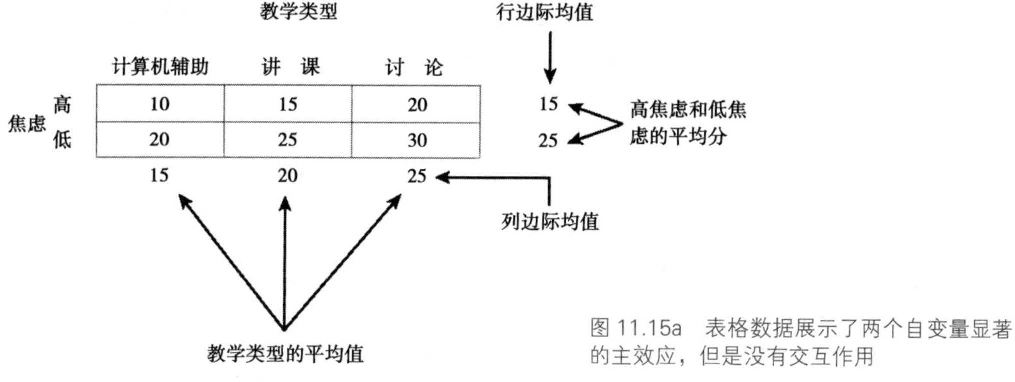

图 11.15a　表格数据展示了两个自变量显著的主效应，但是没有交互作用

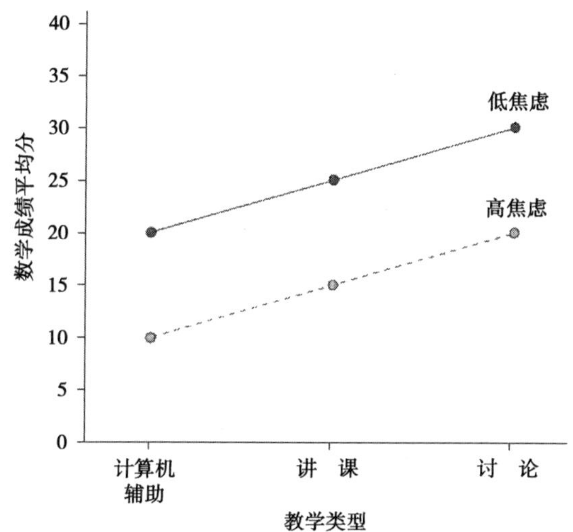

图 11.15b　图解说明了两个自变量显著的主效应

现在让我们看交互作用的一个例子。首先，看图 11.15c，你会看到两种焦虑水平的边际均值和不同教学类型的边际均值并没有差别，这表明没有主效应会影响数学成绩。如果你只对焦虑水平或只对教学类型做一个研究，你会得出两个变量都不重要的结论，但那是错误的。单元格平均值讲述了一个非常不同的故事：当高焦虑被试接受计算机辅助教学时，他们得到了最高分；当接受讨论教学时，他们得到了最低分。另一方面，当低焦虑被试接受计算机辅助教学时，他们得到了最低分；当接受讨论教学时，他们得到了最高分。换句话说，教学类型的影响是重要的，但它取决于被试的焦虑水平，即交互作用存在于教学类型和被试焦虑水平之间。

现在请查看图 11.15d，你会看到高焦虑被试线和低焦虑被试线相互交叉。每当线条像这样交叉时，就会出现**无次序性交互作用**（disordinal interaction effect）。随着把计算机辅助教学换成讨论，在低焦虑水平下，成绩提高；在高焦虑水平下，成绩下降。因此，教学类型的有效性取决于一个人是有高焦虑还是低焦虑，这就是交互作用。

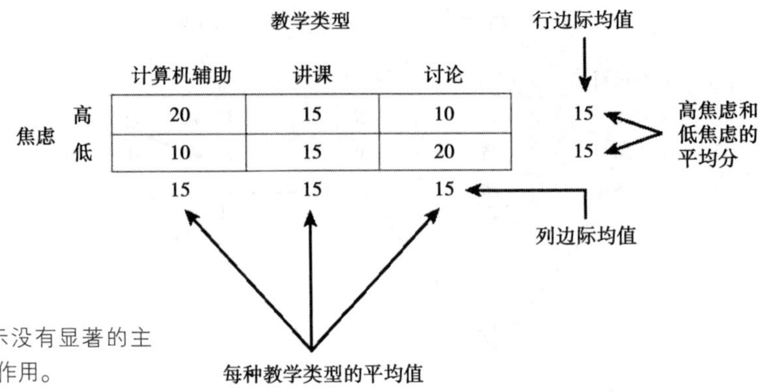

图 11.15c 表格数据显示没有显著的主效应，但是有显著的交互作用。

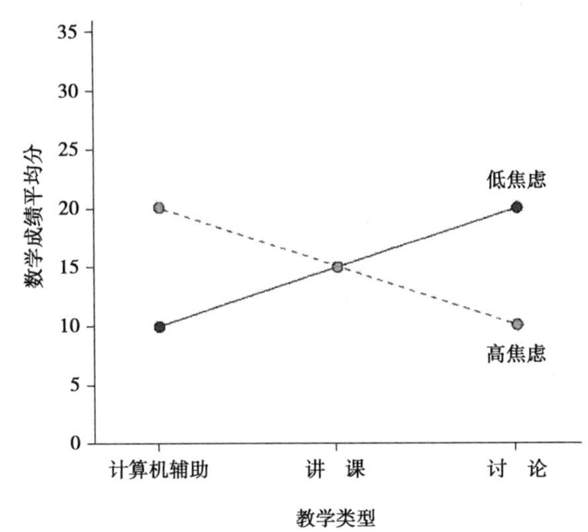

图 11.15d 图解说明了一个显著的无次序交互作用。

在结束交互作用这部分之前，我们需要指出，只要图表里的线条不是平行的，即使他们并没有交叉，交互作用还是可能出现。经典的交互作用是如图 11.15d 所示，线条相互交叉。现在看图 11.15e 的曲线图，线条并没有交叉，但也不平行。这就是**次序性交互作用**（ordinal interaction effect）。随着我们将计算机辅助教学变成讨论，在低焦虑水平下，成绩提高；在高焦虑水平下，成绩下降。再次，教学类型的有效性取决于一个人的焦虑水平，这就是交互作用。

迄今为止，有关因素设计的讨论一直局限在两个自变量的设计中。但是，在一个研究中，有时加入三个或者更多的自变量将会很有好处。因素设计使我们能够尽可能多地加入我们认为是重要的自变量。从数学的角度或者统计学的角度来看，对包含在一个研究中的自变量的数量几乎没有限制。然而，实际上，增加变量的数量是存在一些困难的。首先，要相应地增加所需研究被试的数量。在一个有 2 个自变量的实验中，每个自变量有两个水平的变化，就会出现一个 2×2 的表格，产生 4 个单元格。如果每个单元格需要 15 个被试，这个实验总共需要 60 个被试。在有 3 个变量的设计中，每个自变量有两个水平的变化，就会出现一个 2×2×2 的表格，产生 8 个单元格，为了使每个单元格有 15 个被试，总共需要 120 个被试。4 个变量意味着需要 16 个单元格和 240 个被试。正如你所看到的，随着自变量数量的增加，所需的被试数量迅速地增加。

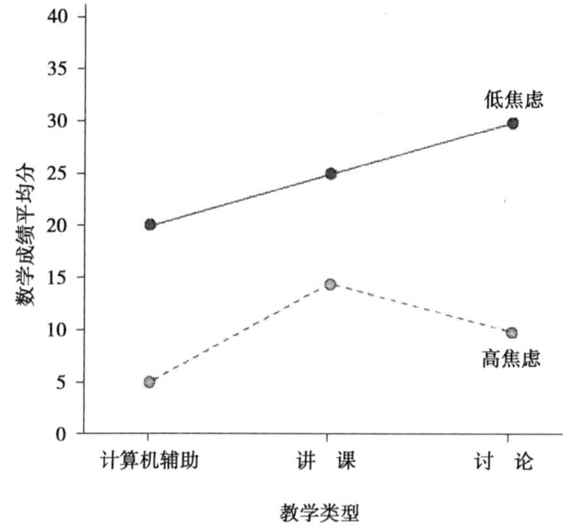

图 11.15e　图解说明了一个显著的次序性交互作用。

当多元关联交互作用在统计上很显著时，第二个困难就会出现。在一个有三个自变量的设计中，三个变量中存在交互作用是可能的。考虑研究教学类型、焦虑水平、被试性别三个自变量对数学成绩的影响。三个变量的交互作用意味着教学类型对数学成绩的影响取决于人们的焦虑水平和性别。换句话说，对于男性和女性来说，教学类型和焦虑水平相互间的交互作用是不同的。如果你要开展这个研究，你必须参看这三因素的交互作用，说明它的含义，解释什么样的组合产生了何种影响，并解释原因。三因素交互作用可能很难解释，而一个更加多元关联的交互作用往往更难以处理。因此，将一个研究设计控制在最多三个变量内是恰当的。尽管存在这些问题，因素设计还是很重要和受欢迎的，因为它允许研究多个自变量，并研究可能出现在这些变量中的交互作用。

重复测量设计

如图 11.16 所示，在**重复测量设计**（repeated-measures design）中，相同的研究被试参与了所有的实验条件。另外一种解释方式是所有的被试都被重复测量（即在每个实验条件下）。例如，如果自变量有两个水平，那么所有的被试都接受这两种水平或条件；如果自变量有三个水平，那么所有的被试都接受这三种水平或条件。之后的情况就以此类推。这种设计的特征与本章其他设计形成了鲜明的对比，在其他设计中不同的实验条件由不同的被试承担。这里有一些方便的术语可用来进行区分：如果所有的被试接受了所有水平的自变量，我们称之为**被试内变量**（within-subjects variable）（也称为重复测量变量）；如果被试是分开的，以便任何特定的被试只接受自变量的一个水平，我们称之为**被试间变量**（between-subjects variable）。

实验处理条件

A	B	C
P_1	P_1	P_1
P_2	P_2	P_2
P_3	P_3	P_3
P_4	P_4	P_4
.	.	.
.	.	.
.	.	.
P_n	P_n	P_n

图 11.16 重复测量设计

注意：反有的被试接受所有的处理条件；*n*= 研究中被试的数量。

例如，1997 年，卡尔和杰瑟普（Carr & Jessup）在他们研究中的一部分使用了重复测量设计，对一年级学生在数学策略使用方面产生性别差异的变量进行研究。在学年的十月、一月和五月，一年级学生在教室外单独接受采访，从而确定在解决加减法问题时他们所使用的策略。研究者对自变量“时间”很感兴趣；因此，被试（因变量）在学年三个不同的时间点（被试内自变量）中所使用的策略被重复研究，从而确定在过去的一学年中是否改变了所使用的策略。

与以被试间自变量为基础的因素设计相比，重复测量设计具有需要更少被试的优点，因为在重复测量设计中，所有的被试要参与所有的实验条件。请记住，在我们之前讨论的因素设计中，所需要的被试数量等于一个单元格或实验条件所需的被试数量 × 实验条件或单元格的数量。在重复测验设计中，所需要的被试数量等于实验条件所需要的被试数量，因为所有的被试参与所有的实验条件，正如同卡尔和杰瑟普在 1997 年的研究，所有的孩子在十月、一月和五月都接受了采访。

有了重复测量设计，研究者不必担心不同对照组内被试的等质问题，因为同样的被试参与所有的实验条件。因此，被试可以自己控制自己，这意味着不同实验条件下的被试可以完全匹配。

重复测量设计有这么多优点，你可能认为它的使用频率要高于因素设计。实际上，情况正相反，因为重复测量设计的顺序效应会产生混淆。请记住，当被试参与了多于一个实验条件时，这种效应就会发生。因为这是重复测量设计的主要特征，顺序竞争的假设是一个真实存在的可能性。在一些研究中，例如 1997 年卡尔和杰瑟普所做的研究，顺序效应并不是一个问题，而是代表了研究中不可缺少的组成部分。在这一年中，卡尔和杰瑟普寻找策略使用方面发生的变化。在其他的研究中，顺序效应代表了一种混淆；在这些情况下，研究者应该使用平衡控制法（之前讨论过，见图 11.17）来克服顺序效应。

重复测量设计存在的另外一个困难是你必须要求你的被试参与多个条件。但是，请记住重复测量设计是一个强实验设计。当顺序效应是研究中不可缺少的部分时，重复测量设计必须被使用。当顺序效应可能是一个问题时，作为研究发现的一个替代性解释，平衡可用来帮助消除顺序效应。

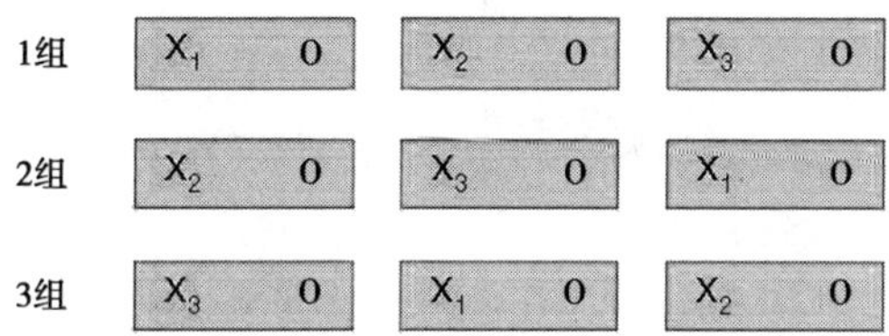

图 11.17　在使用平衡法的重复测量设计中，X_1-X_3 代表按照不同的平衡顺序对所有组实施的三个处理条件，O 代表实施每个处理条件后被测量的因变量。

基于混合模型的因素设计

有时候在教育研究中，当一个或多个感兴趣的变量适合重复测量设计，而其他的变量适合后测控制组设计时，通过使用基于混合模型的因素设计，这些变量可以被融合在一个研究中。这种设计最简单的形式包括使用两个自变量的实验。一个自变量需要几个对照组，每个组对应自变量每个水平的变化。另外一个自变量要像这样设计，即所有的被试必须接受自变量每个水平的变化。因此，第一个自变量（被试间自变量）需要后测控制组设计，第二个自变量（被试内自变量）需要重复测量设计。当这两个自变量被包含在同样的研究中时，它就变成了**基于混合模型的因素设计**（factorial design based on a mixed model），如图 11.18 所示[1]。

在这个设计中，通过被试间自变量，被试被随机分配到所需要的不同对照组中，接着所有的被试接受重复测量自变量的每个水平的变化。这给予了我们一个强实验设计，它有这样的优点，即它能够测试两个自变量分别产生的影响以及两个自变量之间的交互作用。除此之外，它有需要更少被试的优点，因为所有的被试要接受其中一个自变量所有水平的变化。

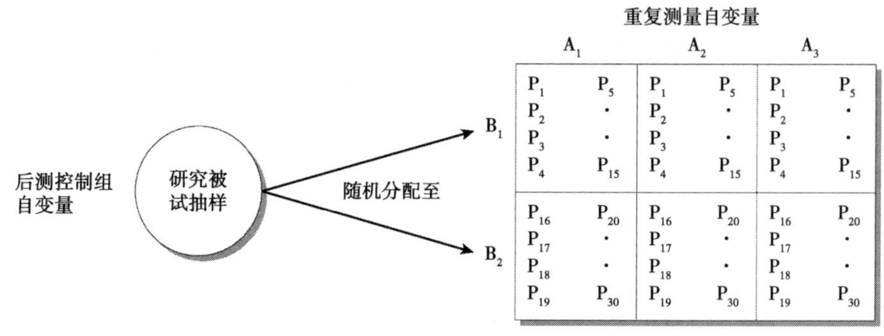

图 11.18　基于混合模型的因素设计

[1] 有时候这个设计被称为“裂区设计”。

我们已经将基于混合模型因素设计的讨论局限在了两个自变量上。这并不意味着这个设计不能被扩大到包含多于两个的自变量。与因素设计一样，我们可以尽可能多地加入我们认为需要的自变量。

复习问题

11.22 什么是因素设计？与两组后测设计相比，这种设计的优点是什么？

11.23 什么是主效应？

11.24 什么是交互作用？有序性交互作用和无序性交互作用的区别是什么？

11.25 因素设计和重复测量设计的区别是什么？

11.26 因素设计和重复测量设计的优点和缺点是什么？

11.27 什么是基于混合模型的因素设计？什么时候使用这个设计？

总结

实验研究的主要目的是要确定因果关系。这种研究是在实验的背景下进行的，实验者试图客观地观察发生在受到严格控制环境下的现象，在这种环境中一个或多个变量是不同的，而其他变量保持恒定。开展教育实验的环境或背景包括田野背景、实验室背景和互联网。

开展一个教育实验涉及操纵自变量，以便使这种操纵的影响可以在因变量上得到观察。通过呈现或撤消的方法，可以操纵自变量，包括改变实施的自变量的数量或者改变施加给被试的自变量条件类型。

开展一个教育实验需要控制潜在混淆无关变量的影响。在多数研究中，控制是通过消除对照组内无关变量的任何差别影响而实现的。控制无关变量差别影响的最有效方法是将研究被试随机分配到不同的对照组中。

除了随机分配，控制潜在混淆无关变量可以通过匹配个体被试、保持无关变量恒定、把无关变量融入研究设计中、平衡或者使用协方差分析来实现。然而，这些控制方法都不能代替随机分配。即使采用了一个或多个其他控制方法，无论何时何地你仍应该进行随机分配。

开展研究的下一步是设计研究。研究设计是指开展研究所使用的大纲、计划或策略。有很多的实验研究设计可以用。一些是弱设计，因为它们不能控制潜在混淆无关变量的影响。这些设计包括单组后测设计、单组前后测设计、不等组后测设计。其他设计，例如前后测控制组设计、后测控制组设计等都是强实验设计，因为它们可以控制潜在混淆无关变量的影响。这种控制主要通过加入一个控制组和将被试随机分配到不同的对照组中而实现。

在教育研究中经常使用因素设计，因为它们允许同时评定两个及以上的自变量。使用因素设计可以允许我们同时研究几个自变量的影响以及这些自变量之间的交互作用。研究交互作用使我们确定一个自变量对因变量的影响是否取决于另一个自变量的水平，这可以研究更加复杂的关系。

当相同的研究被试必须参与所有的实验处理条件时，需要使用重复测量设计。虽然重复测量设计具有需要更少被试的优点，并保证被试在处理条件上相等，但它仍有潜在的重大缺点，即存在顺序效应。在某些研究中，可以使用平衡法来控制顺序效应。

有时候，一个感兴趣的自变量会适合重复测量设计，而另一个自变量适合后测控制组设计。当这样的情况出现时，基于混合模型的因素设计是合适的选择。当使用这种设计时，根据一个自变量（被试间自变量）被试会被随机分配到所需的不同对照组中。接着所有的被试接受第二个自变量（被试内自变量）的每个水平变化。

问题讨论

1. 当你使用诸如配对和随机分配等控制方法时，你会努力做什么？这些控制技术是如何达成目标的？
2. 配对的优点和缺点是什么？
3. 难道不应该在不等组后测设计中使用控制组来控制多数无关变量，并使一个研究者能够用这个设计来有效地测试自变量的影响吗？
4. 为什么因素设计比后测控制组设计更有效？
5. 为什么后测控制组设计比重复测量设计的使用频率高？

研究练习

1. 在确定一个即将开展的实验研究的组成部分方面，给你一些经验。使用科教资源信息中心（ERIC）来确定任何领域的一个实验研究，例如教师压力、远程教育、校园暴力或者教师倦怠。

   阅读文章并回答以下问题。

   （1）什么使这个研究变成了一个实验研究？

   （2）这是一个实地实验、实验室实验或者互联网实验？

   （3）研究者提出了什么样的一般性研究问题和假设？

   （4）什么是自变量和因变量？

   （5）使用了什么样的控制方法？

   （6）研究者使用了什么样的研究设计？
2. 使用前面练习中的六个问题，在配套网站上复习实验研究。
3. 阅读下面的研究简介，并确定所使用的研究设计类型和。

为了检验问题行为和课堂氛围之间的关系，Kato 和 Okubo 在 2006 年首先确定出有高水平问题行为的高中教室和有低水平问题行为的高中教室。在每间教室里，他们确定出有问题行为的学生和没有问题行为的学生。接着他们评估有问题行为学生的个人形象。他们发现，与教室里的低水平问题行为学生相比，教室里的高水平问题行为学生会更加积极地看待问题行为学生，也更加消极地看待校园生活。

（1）在这个设计中，有多少自变量？它们是什么？

（2）在这个设计中，什么是因变量？

（3）在开展这个研究中，研究者使用了什么类型的设计？

行动研究日志

提示：与常规（如科学的、高度概括的、法律的）因果关系相比，行动研究者更倾向于对具体（如局部的、特殊的、有意的）的因果关系感兴趣。所有的行动研究者被广泛地认为是实验者，因为他们与他们的学生和被试都想使好的事情发生；他们不断地尝试新事物从而发现它们是否起作用。

1. 实施一个手段目的分析或者维修工程分析（MEA）（Johnson，2008）。那就是说，（1）确定一个你想要改变的问题，（2）头脑风暴并形成一系列的问题解决措施，（3）挑选出你认为最有可能解决问题的措施，（4）准确地决定你将如何进行这个操纵，（5）实行你的"措施"，（6）并确定它如何很好地发挥作用（使用复合源和消除替代性解释）。
2. 你能使用或者改变本章讨论过的一种实验设计，从而帮助解决你的行动研究问题吗？

Chapter 12

第12章

准实验设计与单个案设计

Quasi-Experimental and Single-Case Designs

学习目标

- 能够解释实验研究设计与准实验研究设计的区别；
- 能够解释准实验设计在因果推论方面的局限；
- 能够解释不等组准实验设计的特点以及如何寻求竞争性假设来解释所获得的结果；
- 能够解释间断时间序列设计的特点；
- 能够解释断点回归设计如何对某一处理效果进行评定；
- 能够解释时间序列研究设计和单个案研究设计如何尝试排除混淆变量的可能性；
- 能够解释如何在单个案研究设计中证明实验处理的效果；
- 能够解释每种单个案研究设计的局限性；
- 能够识别和理解单个案研究设计中的方法论问题。

现实生活中的研究——准实验设计

1995 年，西坡拉・雅各布（Zipora Jacob）体验了迪士尼乐园一日游，并参与了一种名为“印第安纳・琼斯”的过山车游戏。这种过山车比大部分过山车慢，但是高科技液压使得它看起来速度更快也更加刺激。当过山车停止的时候，雅各布说她感觉自己的头好像要爆炸了。“第二天早晨，她因严重的脑出血而陷入昏迷。她接受了外科手术，出现了记忆减退的现象，并且需要在脑中植入永久性的导流管。”（Rosenberg，2002，p.49）。

尽管雅各布将迪士尼告上法庭，但是过山车行业仍旧否认过山车是一项危险刺激活动的事实，反而宣称过山车是“你能享受的最安全的家庭活动之一”，每年有数百万人安全地体验了过山车游戏。然而，吸引科学家注意的是重力和头部的快速颤动可能会对人体造成严重的损伤。但是，它们之间没有被科学所证实的必然联系。尽管缺乏证据，但人们相信过山车上过多的重力体验颇具危险性，并开始调整过山车的重力限制。

与这种依据个案的方法（如西坡拉・雅各布事件）相比，法律法规更应该建立在可靠的科学依据之上。然而，重新进行一次随机的实验研究以检测重力和头部的快速颤动是否会引发脑损伤，就意味着部分被试必须在过山车上经受重力和头部快速颤动的刺激。而其余被试将体验较低一些的重力和头部颤动，这样做不仅是为了检测过山车带来的重力和头部颤动是否会引发脑损伤，也是为了调查重力和头部的颤动要达到什么级别才会引发脑损伤。

但是这种实验可能会将被试置于危险之中，因此会被视为有违职业道德并被禁止。回顾第 5 章我们所讲的伦理标准：一项研究具有可行性的前提是它给被试带来的利大于弊。显然，上述实验可能带来的严重的或者永久性的脑损伤已经远远超过该实验可能带来的益处。但是，在这种情况下，研究者不必束手就擒放弃研究计划。当然，他们必须转而运用准实验设计，这种设计可以帮助研究者回避随机试验所要求的一些程序。我们将在本章讨论这种设计和个案设计，后者是一种当你仅有一个或几个被试或者仅有一组被试时，可以运用的研究方法。

在前一章中，我们讨论了实验研究的特点并且呈现了一系列用于检测因果假设的实验研究设计。然而，正如本章篇首案例所揭示的那样，在很多情况下，并非研究者的所有研究需要都能够被满足。例如，有时无法将被试随机分配至不同组别，然而这却是实验研究的必要条件。在某些情况下，研究者会面临仅有一组被试的情况，如仅有一班患有学习障碍的学生；或者仅有一至两名被试，如一个患有学校恐惧症的学生。显然，我们在第 11 章所讨论的研究设计并不适用于以上情况，因为那些研究设计要求将被试随机分配成至少两组（或者被试可以参与到所有的实验情境）。在这种情况下，研究者应该运用准实验研究设计和单个案研究设计。

准实验研究设计

准实验研究设计（quasi-experimental research design）是一种不完全控制潜在混淆变量的实验研究设计。在大多数情况下，不能实现完全控制的首要原因是被试不能被随机分配至任何组。举例来说，假设你想要调查三年级学生的几种不同的阅读教学法的效率。为了控制混淆变量的影响，你会把三年级学生随机分配到不同的组或班级。这些组或班级分别采用不同的教学法教授阅读。但是有时候因为某些因素的限制，不能将学生进行随机分配。例如，本学期早已开始，校方可能不会同意你将学生重新分配到不同的班级。这就意味着你将回避随机分配，必须利用现有的学生班级来进行研究。

当随机分配不具有可行性时，你必须运用准实验研究设计。因为准实验设计不使用随机分配，因此会存在对该研究内部效度的威胁。表 12.1 罗列出了本章所讨论的运用准实验设计时会出现的可控制的以及不可控制的威胁因素。在进行准实验设计时，研究者必须要考虑的重要问题是所采用的研究方法是否能够得到有效的因果推论，因为这种方法并没有排除所有混淆变量的影响。为了从一个准实验研究设计中得出因果推论，与其他任何因果关系一样，必须满足以下基本要求：结果必须与原因共变，原因必须发生在结果之前，竞争性假设或替代性解释必须是不可信的。前两个基本要求容易达成，因为同强实验或者随机实验一样，准实验要操纵环境从而使原因必须发生在结果之前，原因同结果之间的共变关系也已经通过统计分析被检验过了。第三个基本要求，排除竞争性假设却很困难，因为准实验研究不使用随机分配。

表 12.1　准实验设计内部效度威胁因素一览表

设　计	历史	成熟	测验	工具	回归	差异选择	差异损耗	* 附加和交互作用
不等同对照组设计 O_1 X_1 O_2 ——　——　—— O_1 X_2 O_2	+	+	+	+	+	−	−	−
间断时间序列设计 * O_1 O_2 O_3 O_4 O_5 X O_6 O_7 O_8 O_9 O_{10}	−	+	+	?	+	NA	NA	NA
断点回归设计 O_p C X O_2 O_p C O_2	+	+	+	+	+	+	−	−

* 低于和高于临界值分数的被试，他们可能存在的历史差异、成熟差异和工具差异，导致了断点回归设计中的附加和交互作用这一项是负号。

（+）表示该威胁因素可控制；（−）表示该威胁因素不可控制；（？）表示该威胁因素可能在特定的有限制的环境下产生。

因果推论可通过准实验设计得出，但是只有收集到表明竞争性解释或内部效度的威胁因素不可信的数据后，推论才可得出。例如，假设你的儿子在历史课的多项选择测试中得到 100 分的高分。如果他在参加考试前刻苦数日，你或许能把好成绩归功于勤奋的学习。他本可以通过其他多种方式得到高分（例如，完全凭好运气选出每个问题的正确答案），但是由于那些解释并不可信以及发生的可能性较低，而你的儿子又花了许多时间学习，因此并不能被接受。同样地，只有当竞争性解释不可信时，才能从准实验研究中得出因果解释。而难题就在于识别貌似合理的竞争性解释。我们可以通过多种方式来处理竞争性解释并证明它们是不太可能产生影响的。在这一章中我们集中讨论发现和研究内部效度的威胁因素。

复习问题 12.1 什么是准实验设计，什么时候应用准实验设计？
12.2 在运用准实验设计时，需满足什么条件才能得出有效的因果推论？

不等同对照组设计

沙迪什、库克和坎贝尔（Shadish，Cook & Campell，2002）开发了多种准实验设计，其中应用最广泛的就是**不等同对照组设计**（nonequivalent comparison-group design），如图 12.1 所示。这个设计包含对实验组和控制组进行前测，并在对实验组施加实验处理条件后进行后测。接下来两组的结果会通过以下两种方式中的任一种方式进行分析：（1）对比两组前测和后测的分数差异，（2）在可能存在于实验组和控制组的前测分数差异得到调整后，通过协方差分析（ANCOVA）来比较它们的后测分数。协方差分析是一种被经常推荐的方法。

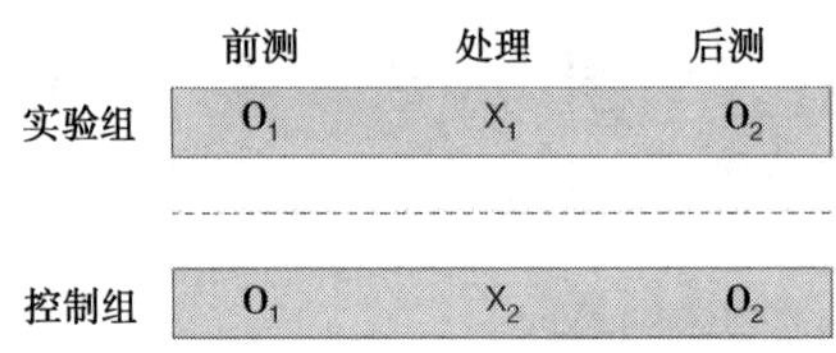

图 12.1 不等同对照组设计。虚线表示对照组为非随机分配。

下面以布朗、普雷斯利、范米特和舒德尔（Brown，Pressley，Van Meter & Schuder，1996）的研究为例来说明。该研究调查了沟通策略这一教学方式对提高学生文本理解能力的效果。在实施研究的过程中， 研究者将教师区分为两组：一组为熟练教师，在教室中使用沟通策略教学方法；另一组是同一学区富有优秀阅读教学声誉的教师，使用常规识字课程教授阅读。研究者没有随机分配教师的阅读教学方式。他们认为让教师在一年里变换教学策略是不恰当的。此外，参与研究的学生（在学期开始时的阅读成绩低于同年级水平）也没有被随机分配至采用沟通策略或常规识字课程的班级。但是在研究之初，研究者从不同班级挑选了一些阅读理解力匹配的学生，这样做的目的是确保学生在初始阅读理解力上同质。因为研究涉及多位教师和学生，他们没有被随机分配至不同组别，因此就需要采用准实验设计。

布朗等人（Brown et al，1996）采用不等同对照组设计，将被试分成两组，如图 12.2 所示。两个组均包含许多班级，都在学期初接受了访谈，以确定其学生所采用的阅读策略；并且都接受包括阅读理解力在内的多种结果的前测。确定学生（在阅读理解测试中获得相仿成绩的学生）的配对样本之后，一组采用沟通策略进行阅读教学，另一种采用常规识字课程进行教学。在学年结束时，每组学生都接受后测。对结果的分析显示，在阅读理解力方面，接受沟通策略教学法的学生比接受传统阅读教学法的学生提高显著。

布朗等人（Brown et al，1996）的研究结果表明，接受沟通策略教学法的学生比接受传统阅读教学法的学生表现得更好。由于采用了不等组准实验设计，除了阅读理解力这一匹配变量之外，两组在无关变量上可能不同质。因此，可能出现的偏误会威胁研究的效度。表 12.2 描述了这种设计中可能存在的偏误种类。

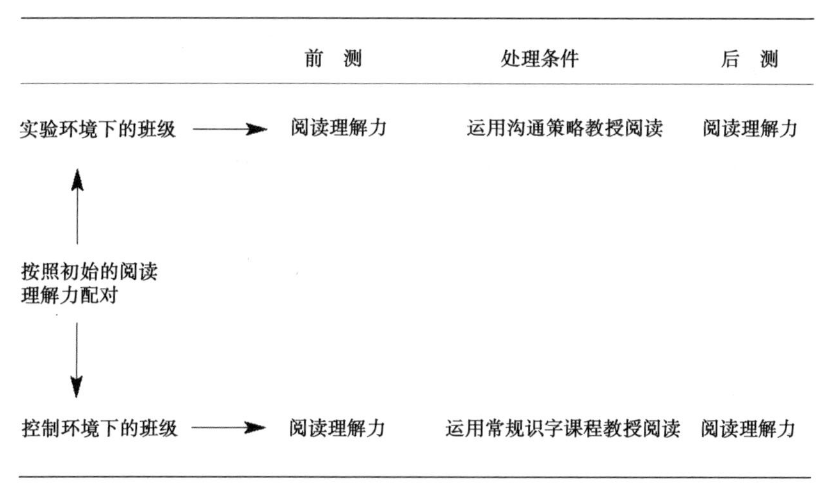

图 12.2　布朗、普雷斯利、范米特和舒德尔（Brown，Pressley，Van Meter & Schuder，1996）的研究

表 12.2　不等同对照组设计中的潜在偏误

- 选择偏误——由于没有随机分配，因此总会存在潜在的差异性选择偏误。但是前测允许探索任何前测变量发生偏误的可能范围和方向。
- 选择 - 成熟——当一组被试比另一组更富有经验、更疲倦或更厌烦的时候就会出现。
- 选择 - 工具——当因变量的特征或者它被测量的方式在不等组之间发生改变时就会出现。
- 选择 - 测验——当一组被试对参与前测的反应不同的时候就会出现。
- 选择 - 回归——当两组被试来自不同的总体（比如实验处理组来自阅读分数低的总体，对照组来自阅读分数高的总体）时就会出现。
- 选择 - 历史——当前测与后测之间发生的事件对一组的影响甚于另一组就会出现。
- 差异性流失——当任一组的被试中途退出而造成后测分数的组别差异时就会出现。

两组学生的初始阅读理解力是匹配的，因此认为结果差异与初始阅读能力无关这一判断是合理可信的。但是教师并没有被随机分配至两个组，也没有任何使教师教学效能同质的尝试。作者认为，采用沟通策略方法的教师是出色教师，他们给学生提供了丰富的语言艺术体验。因此，这些教师也是更有效的教师。研究者确实根据诸如促进学生的阅读参与度以及提供激励性学习活动等四条标准选择了校长和学区阅读专家所推荐的可对照的教师。然而没有采取任何措施来确保以两种方式教学的教师在阅读教学能力上同质。因此，这些教师激发学习积极性和提供阅读教学的能力可能不同。此外，对两组学生来说，在前测与后测之间发生的事件也可能不同，这就会产生选择 - 历史偏误。这样的差异可能会解释已经观察到的两组学生阅读能力的一些或全部差异。

沙迪什等人（Shadish et al，2002）指出，采用诸如不等同对照组设计的方式而出现的竞争性解释，“取决于该设计的连带特征，取决于对威胁因素的了解，取决于观测结果的模式”（p.139）。因此，仅仅因为威胁因素是可能存在的，并不能说明它就是合理的。由于一个威胁因素的可信度往往与获得的结果相关，因此判断一个威胁因素是否可信的首要方式就是检查结果产生的模式。

例如，图 12.3 说明了没有基于前测进行配对的不等同对照组设计可能得出的一些假设性结果。该图显示控制组在前测和后测期间没有发生变化，然而实验组起点高且有积极显著的变化。这个结果似乎能够说明实验处理是有效的，但这个结果也有可能是选择 - 成熟效应。

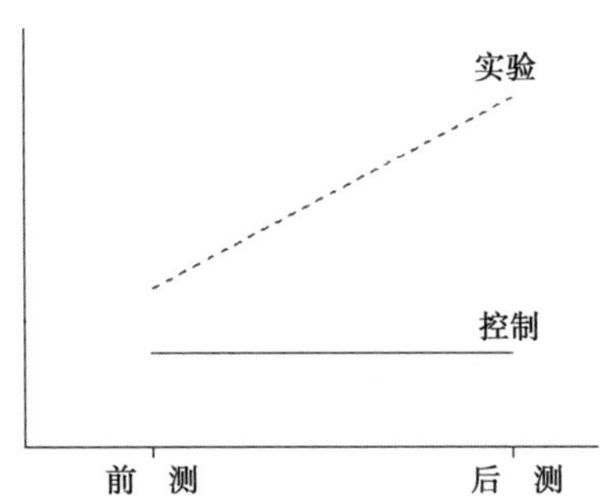

图 12.3　使用不等同对照组设计可能产生的假设性结果

在布朗等人（Brown et al，1996）的研究中，如果实验环境下的被试比控制组中被试的智力发展更迅速，动机更强烈，并受成熟因素而非他们所接受的不同方式教学的影响提高了阅读理解力，那么选择 - 成熟效应就发生了。如果是这样的话，那么实验组后测的阅读能力提高就是受成熟因素而非实验处理的影响。

许多研究者希望在一些重要变量上匹配实验组和控制组的被试，从而消除选择 - 成熟效应所产生的偏误威胁。布朗等人（Brown et al，1996）对被试的初始阅读理解力进行了配对，使两组在这个变量上保持同质。理论上，这种同质能够长久维持，那么在后测过程中出现的差异就可以归因于实验处理条件。然而，坎贝尔和鲍奇（Campbell & Brouch，1975）指出这一论断是错误的，因为统计回归现象可能在两组配对的被试中出现，它能够解释后测上两组的部分或全部差异。如果你要通过不等同对照组设计实施研究，并在前测时进行配对，那么你应当查阅坎贝尔和鲍奇（Campbell & Boruch）的文章，或查阅 2011 年克里斯滕森、约翰逊和特纳（Christensen，Johnson & Turner，2011）的研究论文中的表 10.7。

正如我们在前文的讨论，由于存在一些对内部效度的威胁因素，因此不等同对照组设计容易产生一些偏误性结果。这些潜在威胁因素的存在表明准实验设计得出的结果与实验设计得出的结果不同，容易出现偏误。海因斯曼和沙迪什（Heinsman & Shadish，1996）进行了一个元分析，对比了随机化设计或强实验设计同非随机化设计或不等同对照组设计的效应大小，以确定在何种程度上运用这两种设计的研究能得到相似结果。该分析显示，如果强实验设计与不等同对照组设计得到同样好的设计与实施，它们就能产生同样的效应。换句话说，不等同对照组设计能够得出同强实验设计一样的结果。然而，其他对实验设计和准实验设计结果的比较研究并不支持这一结论。格莱泽曼、利维和迈尔斯（Glazerman，Levy & Myers，2003）发现实验设计和准实验设计产生的不同结果支持真实验，罗森鲍姆（Rosenbaum，2002）则发现准实验设计产生的结果的准确性未知。

这些研究表明，从准实验设计所获得的结果不具备与实验设计的结果相同程度的可靠性，这也使得不等同对照组设计更需要被恰当地设计与实施。正如海因斯曼和沙迪什（Heinsman & Shadish，1996）所指出的，在许多研究中，像实验设计一样设计与实施不等同对照组设计或许是非常困难的。因此，在一些研究中，不等同对照组设计会得出偏误性结果。

为了最大限度地减少偏误结果的可能性，研究者在设计和实施准实验时必须关注两个设计要素。第一个要素是处理好分配被试至不同组别的方式。为了获得非偏误性结果，不能允许被试自行选择组别或环境。他们对处理条件的自我选择程度越高，结果的偏误性就越明显。第二个要素涉及前测差异。前测的巨大差异会导致后测的巨大差异。这就意味着研究者应当将对照组中与因变量相关联的变量进行配对来尽力减少前测差异。如果无法进行配对，就应当考虑从统计上调整前测差异（例如，运用协方差分析）也可以从统计上调整预期要测量（因为你已经预料到你的组别会在这些无关变量上存在差异）的无关变量上的差异。关注这两个设计要素，意味着从不等同对照组设计得出的结果能更接近强实验设计所得出的结果。

复习问题

12.3　什么是不等同对照组设计，它的本质特征是什么？

12.4　在运用不等同对照组设计时，如何得出竞争性解释？

12.5　在运用不等同对照组设计时会产生哪些种类的偏误？

12.6　在运用不等同对照组设计时，判断一个威胁因素是否可信的最好方式是什么？

间断时间序列设计

在教育研究中，许多时候很难找到一组同质的被试作为控制组。当只有一组被试可用时，就必须运用单组前 - 后测设计。但是正如我们在前一章所分析的那样，许多混淆变量可能会威胁这个弱设计的内部效度。当我们只有一组研究被试时，为了控制这些潜在的混淆变量，我们必须考虑机制问题而非应用一个控制组。对于其他控制机制的应用也是间断时间序列设计的一部分——具体而言，这种设计运用多重前测和多重后测。

如图 12.4 所示，在**间断时间序列设计**（interrupted time-series design）中，单组被试要在 A 或者在基线阶段接受多次前测，然后接受处理条件，在 B 或者在处理阶段接受多次后测。基线指的是在未呈现任何意在改变行为的处理之前对目标行为的观察。因此，基线阶段就是记录被试行为自由发生的状态。在记录基线阶段行为后实施处理，并记录处理实施期间及其后的行为。处理效应就在前测反应和后测反应的不连续性中显示出来。这种不连续性可通过前、后测反应水平的改变来呈现。例如，在一个特定课时中，前测结果可能显示一群孩子平均表现出 8 ～ 10 种不规范行为，后测结果可能显示他们平均表现出 3 ～ 5 种不规范行为，这就表明反应水平有改变。这种不连续性还可能通过前测和后测结果的斜率改变来呈现。假设在一个特定课时里，前测结果呈现出方向性的改变，比如学生的不规范行为的次数逐渐上升；后测结果呈现出相反的改变，比如学生不规范行为的次数逐渐减少。

多重前测	处理	多重后测
$O_1\ O_2\ O_3\ O_4\ O_5$	X_1	$O_6\ O_7\ O_8\ O_9\ O_{10}$

图 12.4　间断时间序列设计

为了说明这种设计，可以参考梅尔、米切尔、克莱门蒂、克莱门特 · 罗伯逊和米亚特（Mayer，Mitchell，Clementi，Robertson & Myatt，1993）的研究。他们研究了积极的教室环境是否会改变那些参加指定活动的不专心的学生的百分比。他们将这些学生定义为九年级的成绩较差且旷课的学生。每个上学日这些学生至少都要在实验教室中待一段时间，这就是一个单组的实验被试，意味着必须应用某种形式的单组序列设计。这个实验教室强调积极性，例如，班级规定是积极的（比如要谦恭有礼、尊重他人），学生遵守这些规定时会得到表扬。在实验教室中，实验者在一课时的 10 分钟和 40 分钟时对参加指定活动的、被定义为“专心的”学生比例进行一次测量。在教师关注使教室变得更积极的前后，专心学生的比例也被反复测量。

图 12.5 说明了在 10 分钟和 40 分钟时都很专心的学生的比例。从这个表可以看出，在营造积极的教室环境的前后，这个比例被多次测量，这就使得它可被称作间断时间序列设计。研究结果显示在前七个基线阶段，或者说在营造积极的教室环境之前的阶段，专心学生的比例保持稳定。在营造积极的教室环境后，专心学生的比例在接下来的六个阶段持续上升，这表明积极的教室环境对学生行为有益。

在间断时间序列设计中，对处理前行为和处理后行为模式的目测有助于规避一些潜在的混淆变量，以及判断实验处理是否有效。图 12.6 说明了在时间序列数据中可能得到的一些模式。观察前三个模式：A、B、C。A 模式表明在接受处理前的反应不断上升，这种上升趋势在后测阶段也一直持续。这些反应模式能够表明受到了工具或成熟因素而非处理的影响。同样地，B 模式和 C 模式表明，在前测阶段建立的反应模式一直持续到了后测阶段。由于处理前反应模式持续到了处理后反应模式，因此 A、B、C 三种反应模式无法显示处理效应。但是如果不实行多次的前测与后测，就可能认为发生了处理效应。观察 A 模式和 B 模式在接受处理前后的反应，可以发现处理前的反应比处理后的反应水平低，说明行为模式改善。C 模式处理后的反应比处理前的反应水平低，说明行为模式衰退。如果不在处理前后进行多次评价，就无法了解处理后的反应是否处理前反应的延续。如果应用了单组前 - 后测设计（只进行一个前测和一个后测），就有可能得出一个错误结论。

由于后测反应模式不同于前测反应模式，因此 D、E、F、G 反应模式就代表了行为的真实改变。此外，除了 D 模式，其他反应模式的改变持续至整个后测阶段。这种后测反应模式的改变，特别是持续的改变，证明发生了反应改变的这一事实。

即使目测了这些数据，也仍然需要通过显著性检验来测定反应模式的改变是否具有统计显著性。最合适的和得到最广泛应用的显著性检验就是自回归模式（Box & Jenkins，1970；Glass，Willson & Gottman，1975）。从根本上说，这个方法就是判断后反应行为模式是否有别于前反应行为模式。运用这一统计分析方法需要至少 50 个数据点（Glass et al），这一点常常无法达成。幸运的是，特赖恩（Tryon，1982）和科斯比（Cosbie，

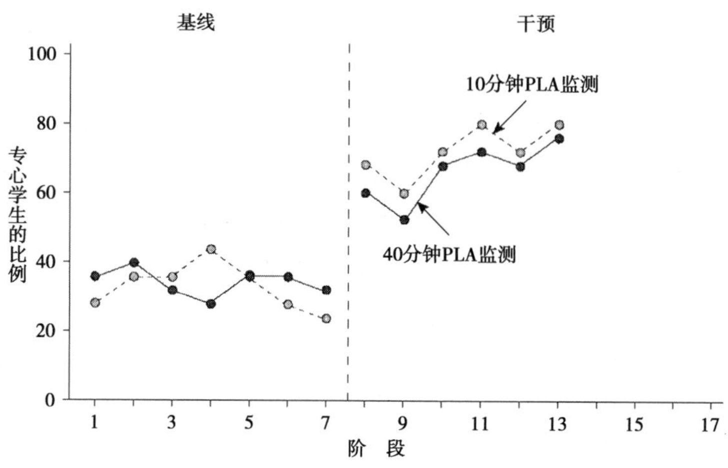

图 12.5　一课时里，在 10 分钟和 40 分钟时都保持专心的学生的百分比。此图展示了梅尔等人（Mayer et al，1993）研究的五个教室中一个的结果。尽管梅尔等人对五个教室运用了多重基线设计，但是在此只展示一个运用时间序列设计的教室。“PLA”表示计划活动。

来源：G.R.Mayer，L.K.Mitchell，T.Clementi，E.Clementi-Robertson，& R.Myatt.（1933）.A dropout prevention program for at-risk high school students：Emphasizing consulting to promote positive classroom climates. *Education and Treatment of Children*，16，135-146.

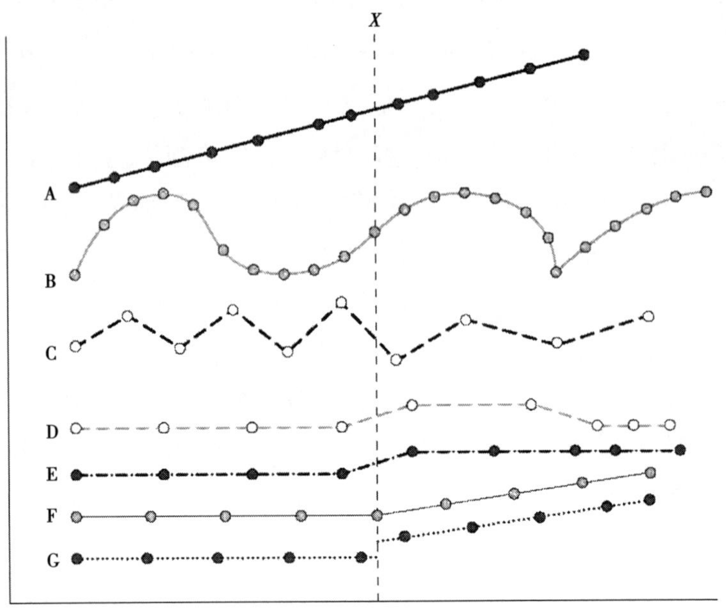

图 12.6　一个时间序列的可能行为模式。变量 X 代表采用实验干预。

来源：J.A. Caporaso and L.L. Roos Jr.（Eds），Quasi-Experimental Approaches：Testing Theory and Evaluation Policy. Copyright 1973 Northwestern University Press.

1993）发展出了一种只需 10 个数据点的统计步骤，因此对于大多数时间序列研究所收集到的数据也可进行有效的统计分析。

在分析数据和判断前反应模式是否有别于后反应模式之后，很重要的一点就是判断变化是受实验处理还是其他混淆变量的影响。例如，梅尔等人（Mayer et al，1993）应当判断专心行为的改善到底是受积极的教室环境还是其他外部变量的影响。这就意味着需要观察数据，找出可能会造成行为改变的混淆变量。

间断时间序列设计存在的首要竞争性假设就是历史影响。如果有的外部变量在提高了专心学生比例的同时，也营造了积极的教室环境，那么这个外部变量在学生行为的改变中就是一个竞争性解释。运用间断时间序列设计的研究者在实验处理过程中必须考虑到所有可能发生的事件以及判断他们是否可能为竞争性解释。

复习问题　12.7　间断时间序列设计的基本设计要素是什么？
12.8　在运用间断时间序列设计时如何体现处理效应？
12.9　在运用间断时间序列设计时如何规避混淆变量？

断点回归设计

断点回归设计（regression-discontinuity design）用于判断符合预设标准的一组

个体是否获益于所接受的处理条件。如图 12.7 所示，这一设计包含采用预赋值方法对所有被试进行测量，然后在这个测量中选择一个临界分数。这就把潜在的被试分成了分数高于临界值和低于临界值的两组，然后对其中的一组施加处理条件。例如，分数高于临界值的被试接受处理，分数低于临界值的被试不接受处理。在施加处理条件并进行后测之后，对比两组的后测分数以判断处理是否有效。但是，在断点回归设计中对两组进行比较的方式，不同于任何我们之前讨论过的设计。处理效应是通过回归线上的间断点来显示的，如果不存在处理效应，这条回归线就会是连续的。

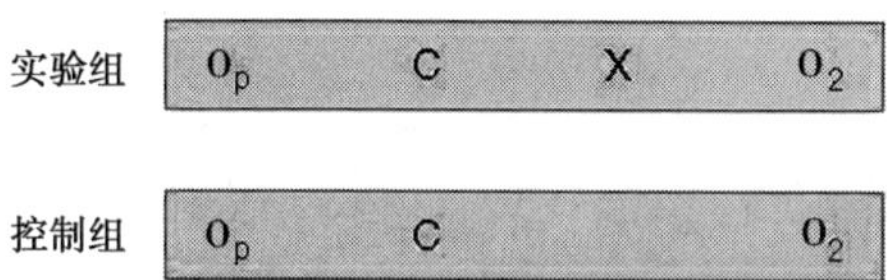

图 12.7　断点回归设计的结构
O_p 代表预赋值测量；C 表示分派被试到不同条件的预赋值的临界值，高于临界值的被分至处理组，低于临界值的被分至控制组；X 表示处理条件；O_2 表示后测或结果变量或因变量。

为了更好地解释我们所谈论的回归线间断点，请看图 12.8。该图以大约 41 为低起点，逐渐上升至大约为 58 的高点，以 50 为临界值划分了控制组和处理组，穿越这些分数的直线代表回归线。注意这条回归线是连续的，接受实验处理的个体在预赋值变量上的分数高于 50。由于高于临界值 50 且接受处理的人的分数是对那些低于临界值 50 且没有接受处理的人的分数模式的延续，因此这条连续的回归线表明没有处理效应。

现在请看图 12.9。该图表明，高于临界值 50 的人的回归线不是对低于临界值 50 的人的回归线的延续。换句话说，高于和低于临界值 50 的人之间的回归线存在一个间断点。这个间断点表明处理有效果，因为如果处理效应不存在，那么回归线中就不会有间断点（如图 12.8 所示）。

布雷登和布莱恩特（Braden & Bryant，1990）运用断点回归设计来测定一个英才计划是否比学校常规科目更能够帮助优秀学生提高成绩。参加英才计划的临界分数比斯坦福 - 比奈智力测验或者韦氏智力测验的平均分还要高两个或两个以上的标准差。达到临界分数的学生可以参加这个英才计划，而被推荐参加计划却没有达到临界分数的学生作为控制组还待在常规教室中。英才计划实施三年后，使用加利福尼亚水平测试收集了结果数据。对结果数据的统计分析显示，两组学生的回归线并不存在明显的间断点，这表明英才计划没能提高优秀学生的学习成绩。

断点回归设计是一个相当优秀的设计。当研究者想要研究一个计划或处理的效力，而又无法将被试随机分配至对照组时，就可以运用这种设计。但是在测定处理条件的有效性时，这种设计必须遵守表 12.3 所示的一系列准则。如果能够满足下述准则，那么断点回归设计就是测定处理条件效果的卓越设计，它比其他所有的准实验设计都强大。

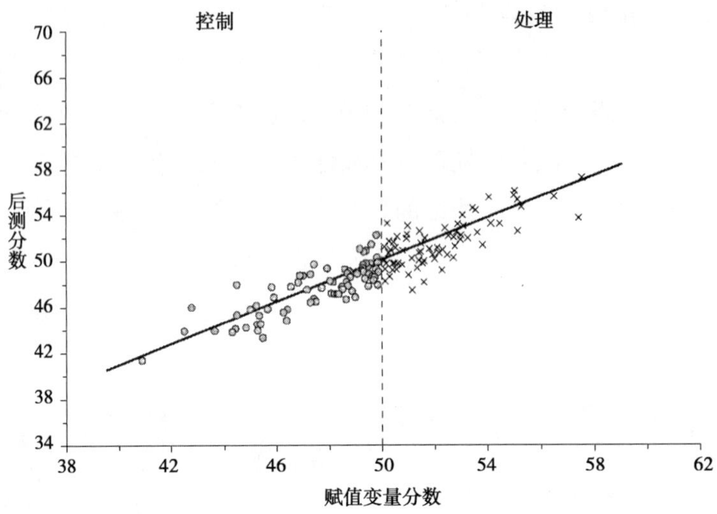

图 12.8 无处理效应的断点回归设计

来源：W.R.Shadish，T.D.Cook，and D.T.Campbell，Experimental and Quasi-Experimental Designs for Generalized Causal Inference.2E.© 2002 Wadsworth，a part of Cengage Learning，Inc.Reproduced by permission.www.cengage.com/permissions

一些威胁断点回归设计效度的因素可能使回归线发生骤变，与临界值重合。正如沙迪什等人（Shadish et al，2002）所指出的，这种现象尽管有可能出现，但可能性较低。因为导致这一现象的主要威胁因素是差异性历史效应，而历史效应只会影响临界值一侧的被试，因此就使得这一现象不太可能出现。第 10 章我们讨论的威胁内部效度的因素中，只有差异性流失会导致组别变得不同。然而，这是一个会影响所有设计，包括运用随机分配的实验设计的威胁因素。

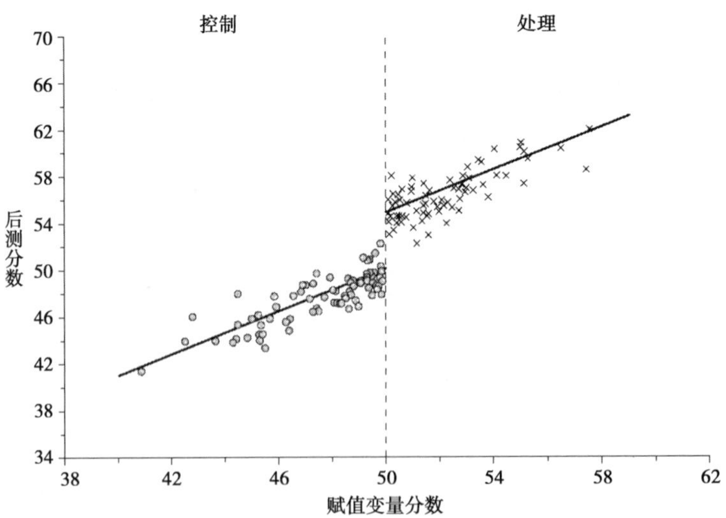

图 12.9 有处理效应的断点回归设计

来源：W.R.Shadish，T.D.Cook，and D.T.Campbell，Experimental and Quasi-Experimental Designs for Generalized Causal Inference.2E.© 2002 Wadsworth，a part of Cengage Learning，Inc.Reproduced by permission. www.cengage.com/permissions

表 12.3　断点回归设计的要求

- 对照组之间的分配必须只基于临界值。
- 赋值变量必须至少是顺序变量，最好是连续变量，但不能是性别、种族、宗教信仰、地位、吸毒者或非吸毒者等称名变量。
- 理想的临界值应为分数分布的平均值。临界值越接近极值，设计的统计效力就越低。
- 对照组之间的分配必须置于实验者的控制之下，从而规避选择性偏误。这一要求能排除大多数回顾性研究使用这种设计。
- 必须明确赋值变量和结果变量的关系（线性的或非线性的，等等）从而规避对处理效应的偏误分析。
- 所有被试必须来自同一总体。至于断点回归设计，这就意味着所有被试必须都能够接受处理条件。因此，如果实验组被试都从一个学校选出，而控制组被试都从另外一所学校选出，那么这个设计就是不合理的。

单个案实验设计

单个案实验设计（single-case experimental designs）在实验设计中仅使用单个被试来研究实验处理的效果。任何时候，当你想研究一些现象，却只能获得一两个表现出这种现象的被试时，进行一项调查单一被试的研究十分必要。例如，假设在你的班级里有一个非常有天赋的学生，你想研究他的学习策略。因为你的班级里达到这种能力水平的学生只有一位，因此你只得选择单个案设计。

所有的单个案实验设计都属于时间序列设计，因为这些设计要求在实验处理实施的前后对因变量进行多次测量。处理前的反应被用作评估自变量效果的对比反应。除此之外，多个处理前反应和处理后反应能够消除许多可能会使结果产生混淆的无关变量，譬如历史和成熟因素。单个案实验设计消除无关变量的方式与本章前面所讨论的间断时间序列设计所使用的方式完全相同。

当我们讨论单个案实验研究设计时，你应该意识到这些设计可以适用于、而且经常使用于一整组被试或者单个被试。因为在许多情况下，你不能把一组被试，譬如一个班级，拆散成控制组和实验组，但是你仍然想研究一个自变量的效果。在这种情况下，你就可以把这个班级看作单一个案，采用某种形式的单个案实验设计。

A-B-A 和 A-B-A-B 设计

A-B-A 设计（A-B-A design）是一种包含三个阶段的单个案实验设计，如图 12.10 所示。第一个阶段，也就是这个设计中的第一个 A，是基线阶段。在这个阶段中多次记录实验处理前的目标反应行为。第二个阶段，也就是这个设计的 B 部分，是实验处理阶段。在这个阶段中，为了改变被试的反应而对被试有意地施加一些实验处理。这个实验处理阶段的时间常常与基线阶段的时间一样长，或者一直延续到被试出现大量稳定的行为变化。在引入实验处理并且出现了期望的行为变化之后，就开始进入第二个 A 的阶段，也就是返回到基线阶段，换句话说，就是撤销实验处理，重新返回基线阶段的条件。第二个 A 阶段撤销实验处理是为了判定被试的反应是否**返回到**实验处理前的水平。被试反应返回到实验处理前的水平是十分重要的，有助于证明是实验处理而不是其他的无关变量导致了 B 阶段观察到的被试行为变化。当撤销实验处理后，如果被试反应返回到之前基线阶段的水平，那么诸如历史这样的竞争性假设就不再可信。

如果想进一步了解 A-B-A 设计，可以参考巩特尔、谢尔斯、杰克、丹尼和德帕普的研究（Gunter，Shores，Jack，Denny，and DePaepe，1994）。这些研究者研究了一种确保学生对指定任务做出正确反应的教学方法的效果。由于汤姆在教学过程中高频率的破坏性行为而被选中参与这项研究。破坏性行为（被定义为发出不合适的噪声、未获得允许擅自讲话、擅自离开教学区、说一些负面的话语等）的频率在基线阶段被记录了 10 个课时。每节课的基线频率记录开始于老师给汤姆一些数学任务，结束于他的数学任务完成之时，或者持续观察 30 分钟。

基线（A）	处理（B）	基线（A）
$O_1\ O_2\ O_3\ O_4\ O_5$	$O_6\ O_7\ O_8\ O_9\ O_{10}$	$O_{11}O_{12}O_{13}O_{14}O_{15}$

图 12.10　A-B-A 时间序列设计

实施的实验干预包括老师提供给汤姆一些能够确保他正确反应的信息。例如，在实验处理阶段，老师可以说，“汤姆，6 乘以 4 是 24，那 4 乘以 6 是多少呢？”当汤姆在实验干预下完成了 17 个课时的学习后，这位老师就返回她在基线阶段的行为，即不提供给汤姆一些能够确保正确反应的信息。

你可以在图 12.11 中看到汤姆在各个课时中每分钟的破坏性行为的频率。汤姆在第一个基线阶段（A）的每节课中表现出了大量的破坏性行为。当实验处理（B）——给予汤姆确保他正确反应的信息——实施时，汤姆几乎没有表现出任何破坏性行为。当基线条件（A）返回，汤姆不再接收到任何他需要的确保正确反应的信息时，他的破坏性行为又开始变得频繁。

反思这项研究的结果，A-B-A 设计看起来是为实验处理的效果提供了一个相当生动的解释。然而，A-B-A 设计也有一些问题（Hersen & Barlow，1976）。第一个问题就是这个实验设计以被试的基线反应结尾。从一个期望学生积极行为转变的教育者的立场来看，这个实验设计是不可接受的，因为实验处理的益处被否定了。幸运的是，我们可以通过再增加一个第四阶段，即实验处理再实施阶段，很容易地弥补 A-B-A 设计的局限。这时就形成了 **A-B-A-B 设计**（A-B-A-B design），如图 12.11 所示。

当使用 A-B-A-B 设计时，被试在实验结束后能从实验处理中获益。事实上，巩特尔（Gunter et al，1994）是使用过 A-B-A-B 设计的。从图 12.12 中，你可以看到巩特尔再一次进行了实验处理。当第二次实施处理实验后，汤姆的破坏性行为频率再一次下降。因此，被试汤姆能够在实验结束后，保留着实验处理的积极影响。

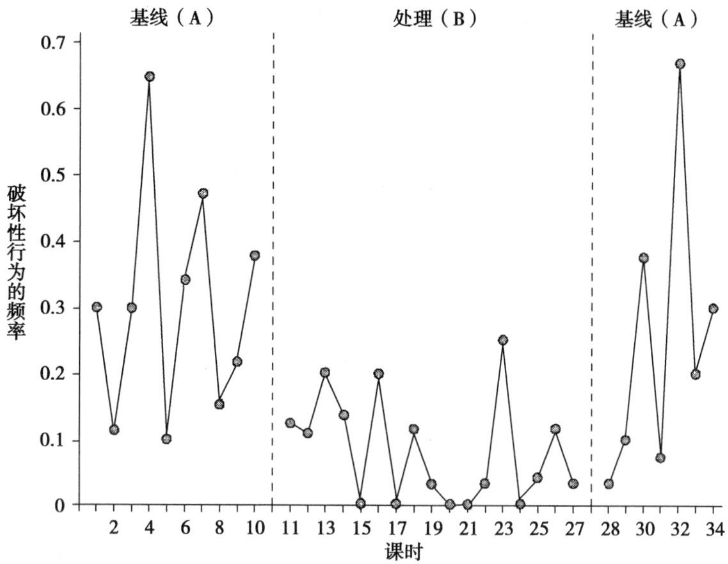

图 12.11　汤姆在基线阶段和干预阶段破坏性行为的频率。这个图描述了巩特尔（Gunter et al，1994）研究设计的前三个阶段以解释 A-B-A 设计。

来源：Adapted from P.L.Gunter，R，E.Shores，S.L.Jack，R.K.Denny and P.A.Depaepe，1994，"A case study of the effects of altering instructional interactions on the disruptive behavior of a child identified with severe behavior disorders，" *Eaucation and Treatment of Children*，17，435-444.

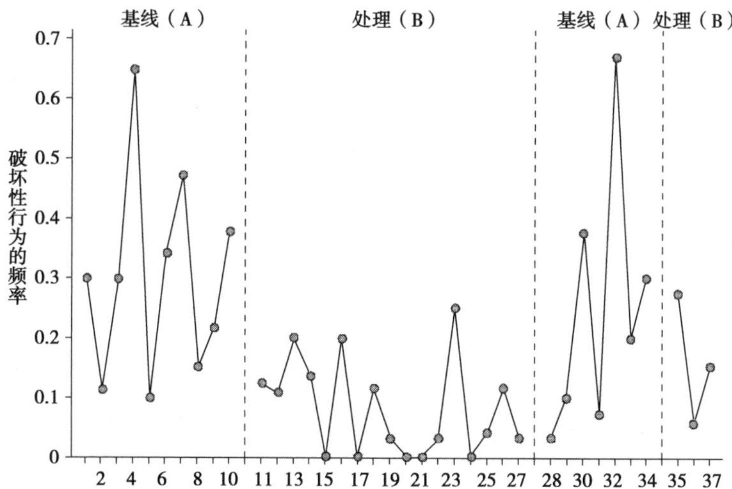

图 12.12　汤姆在基线阶段和干预阶段破坏性行为的频率

来源：From P.L.Gunter，R.E.Shores，S.L.Jack，R.K.Denny，and P.A.Depaepe，1994，"A case study of the effects of altering instructional in teractions on the disruptive behavior of a child identified with severe behavior disorders，" *Education and Treatment of Children*，17，435-444.

使用 A-B-A 设计的第二个问题是，当实验处理撤销后，因变量反应必须返回到基线阶段的水平，这样才能消除诸如历史那样的竞争性解释。如果实验处理撤销后，汤姆的破坏性行为没有返回到基线水平，我们就不可能定论汤姆行为的改变是由实验处理还是实验处理实施时同时存在的历史变量导致的。因此，需要记住的关键点是，**为了消除 A-B-A**

设计中的竞争性假设，返回是必不可少的。

A-B-A 设计和 A-B-A-B 设计共同存在的问题在于并不是所有的因变量反应都能返回到基线水平。如果没有返回，研究者就不能确定实验处理后被试反应的变化并不是由一些无关变量导致的。部分因变量的反应没有返回可能是由于跨阶段的遗留效应，即实验处理被实施得太久以至于被试产生一个相对长期的行为变化。例如，如果你正在研究对每次能正确完成数学家庭作业的学生进行强化的效果，主要是通过给予他们表扬、延长他们的休息时间，或者允许他们在课上与朋友聊天 10 分钟进行强化，你会发现这些强化物是如此有效以至于成功完成家庭作业和得到好的成绩正在变成强化学生完成家庭作业的另一种强化物。这会使学生完成家庭作业的行为在没有实验干预的情况下也会继续保持。在这个例子中，即使实验干预撤销，学生完成家庭作业的行为也会继续持续下去，这也就意味着学生的行为不会返回。由于这种跨阶段遗留效应存在的可能性，比茹、皮特森、哈里斯、艾伦和约翰斯顿（Bijou，Peterson，Harris，Allen，and Johnson，1969）建议采用较短的实验处理时段以促进返回效应。一旦这种实验处理的影响被证实，我们就可以把注意力放到它的持续性上。

复习问题

12.10 A-B-A 设计和 A-B-A-B 设计的基本特征是什么？

12.11 A-B-A 设计和 A-B-A-B 设计如何消除竞争性假设？如何证明实验处理的效应？

12.12 当使用 A-B-A 设计和 A-B-A-B 设计时，存在的主要问题是什么？应如何解决？

多基线设计

A-B-A 设计和 A-B-A-B 设计的主要局限性在于当实验处理撤销后，如果目标行为没有返回到基线状态，就不能消除历史的竞争性假设。如果你担心这种情况的存在，你应该选择一种能够控制威胁内部效度的历史因素的设计。这时，多基线设计就是一个合理的替代选择，因为它不用撤销实验处理。因此，其效果不用取决于行为是否返回到基线水平。

多基线设计（multiple-baseline design），正如图 12.13 所示，主要研究同一被试的两个或多个不同行为，或者两个或多个被试的同一行为，或者一个被试在不同情境中的同一行为。

让我们首先看一下第一种研究，即四个被试的同一行为。这个研究的第一阶段主要是收集四个被试的行为基线。第二阶段，对第一个被试进行实验处理，其他三个被试的行为基线继续被收集。在接下来的每个阶段中，连续地对剩下的每个被试进行实验处理。如果在实验处理阶段的被试表现出行为变化，而其余在基线阶段并没有发生行为变化，则证明了实验处理的效果。

吉尔伯特、威廉姆斯和麦克劳克林（Gilbert，Williams，and Mclaughlin，1996）

曾使用多基线设计研究辅助阅读项目对三个有学习障碍的小学生的正确口语阅读率的影响。这些研究者通过让三名小学生在默读指定文章 45 分钟后对着录音机独自阅读 4 分钟，收集了他们单词正确阅读率的基线。辅助阅读的实验处理主要包括让学生一边用耳机听被录音的文章，一边紧接着用手指指着文章所在段落，然后再一边听录音，一边大声朗读文章三遍。当阅读文章时，学生会因为他们的努力而得到老师的表扬与鼓励。

		阶段1	阶段2	阶段3	阶段4	阶段5
不同的被试、不同的行为或不同的情境	A	基线	处理	处理	处理	处理
	B	基线	基线	处理	处理	处理
	C	基线	基线	基线	处理	处理
	D	基线	基线	基线	基线	处理

图 12.13　多基线设计

每天早上完成辅助阅读后，三名学生各自对着录音机阅读 4 分钟。他们 4 分钟录音里每分钟的单词正确阅读数量是这个研究的因变量。

从图 12.14 中可以看出，第一个学生的基线阶段是 14 天，之后开始接受辅助阅读的实验处理。第二位和第三位接受辅助阅读的实验处理分别是在 16 天和 19 天的基线阶段后。图 12.14 揭示在基线阶段，每位学生正确阅读单词的数量保持稳定或者略微下降。然而，接受辅助阅读的实验处理后，三位学生的单词正确阅读数量立即增加。三位学生单词正确阅读的数量直到辅助阅读实施后才增加，这为证明是由于辅助阅读项目而导致学生阅读水平的提高提供了重要的证据。

尽管多基线设计能够为论证实验处理的效果提供令人信服的证据，并避免了可逆性问题，但是它也存在另外一个难题。为了使这个设计能够有效评估实验处理的效果，被试或者被试的行为（例如，离开座位说话）不能高度关联。这就意味着被试或者被试的行为不能相互依赖，以免某一被试或被试行为的变化引起其他被试或被试行为的变化。例如，鲍敦、布鲁斯、米切尔、卡特和霍尔（Borden，Bruce，Mitchell，Carter，and Hall，1970）使用多基线设计，发现了强化不仅能够改变目标被试的不专心行为，而且也能够改变被试周围同龄人的不专心行为。当相互依赖存在时，多基线设计的优势就会受到影响，因为其优势就在于它能够证明对各个被试、行为或情境施加实验处理时变化会发生。这就意味着当考虑使用多基线设计时，你必须判断行为、被试或情境是否是独立的。同一被试的不同行为最有可能是相互依赖和不确定的。如果你有数据表明你想改变的被试行为是相互依赖的，那么你应该试图使每个被试产生不同的行为变化，或者使同一被试在不同的情境产生不同的行为变化。

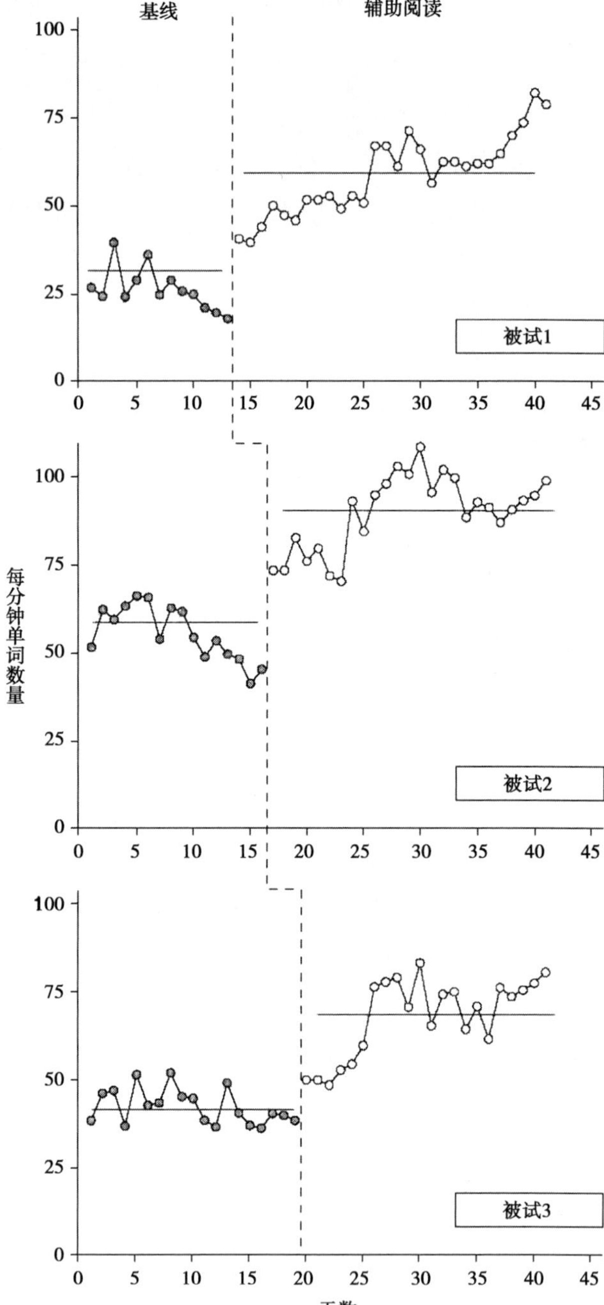

图 12.14 每个被试在基线阶段和辅助阅读阶段的正确阅读率。实心水平线代表每个阶段的水平。辅助阅读处理是交叉进行的。第一个图呈现的是被试 1，第二个是被试 2，第三个是被试 3。注意三个被试在实验处理阶段行为的变化

来源：From L.M.Gilbert，R.L.Williams，and T.F.McLaughlin，1996，"Use of assisted reading to increase reading rates and decrease error rates of students with learning disabilities，" *Journal of Applied Behavior Analysis*，29，255-257.

变动标准设计

在这里介绍变动标准设计，是因为它对研究那些诸如需要在一定时间内塑造被试行为或者研究目标在于逐步增加准确性、频次或者数量之类的教育问题尤为有用。**变动标准设计**（changing-criterion design），如图 12.15 所示，开始于对单一目标行为的基线测量。然后实验处理被连续地在一系列实验干预阶段中实施。在第一个干预或实验处理阶段，设定"成功表现"的最初标准。如果被试成功地达到了这一表现水平，那么实验

就会进入到下一阶段，新的更难的标准会在下一阶段中设定，并且继续实施实验处理。如果被试又成功地达到新的行为表现标准，那么实验就会进入到设有更难标准的下一阶段。按照这种方式，实验的每个连续阶段均要求被试的因变量或结果变量的表现水平一步步提高。目标行为随着标准的逐步提升而成功改变就能够证明实验控制和替代性解释的消除。

阶段A	阶段B	阶段C	阶段D
基线	处理和最初标准	处理和新（提高的）标准（与阶段B的标准相对比）	处理和新（提高的）标准（与阶段C的标准相对比）

图 12.15　变动标准设计。在基线阶段后，标准的水平在设计的后续阶段不断提高。

海马蒂、欧斯汀、凯泽和丹尼尔（Himadi，Osteen，Kaiser，and Daniel，1991）的研究就很好地阐释了变动标准设计。这些研究者试图减少一位精神分裂症病人的妄想言语。这位病人的妄想言语内容包括：他是耶稣和玛丽的儿子；他操控着美国政府；他拥有美国造币厂；他的大脑在婴儿期时被手术切除等。改变这些妄想言语的实验包括：第一阶段记录他在 5 个时间单元内回答的 10 个问题中妄想答案数量的基线频率。在获得这些基线数据之后，开始实施实验处理。实验处理包括首先诱发被试回答对某一问题的妄想答案，然后指导被试再次回答这个问题"这样别人才会同意你的答案"。如果病人再次给出一个妄想答案，那么实验者就会提供一个非妄想答案，并让被试重复和模仿这个答案直至被试自己给出一个非妄想答案。每当被试给出一个非妄想答案时，他就会得到一杯咖啡，作为对他的强化物。

变动标准设计中标准的变动可以从这里看出：第一次实验处理是 2 个问题，被试如果想获得强化物必须达到的标准是在 5 个时间单元内对这 2 个问题均做出非妄想答案。一旦这个标准达到后，就会要求被试在 5 个时间单元内回答出 4 个非妄想答案。而一旦这一标准达到后，被试在 5 个时间单元内的非妄想答案必须达到 6 个。这种不断递增的程序一直会延续到被试回答出 10 个非妄想答案为止。你可以从图 12.16 中看到这项研究的结果——每当标准改变时，被试的表现相应地就会有所变化。当这种被试相对应的变化发生时，实验处理的效果就会被有效地证明出来。图 12.16 展现的模式是一个成功变动标准设计的典型例子。

成功地使用变动标准设计要求人们注意三个问题。第一个问题是基线阶段和处理阶段的时间长度。每个实验处理阶段应该具有不同的时间长度，但是如果它们的时间长度相等，那么基线阶段的时间就应该长于处理阶段。这有助于确保被试行为的一步步变化是由实验处理引起的，而不是由伴随标准变化所产生的历史和成熟变量造成的。每个处理阶段都应该足够长，这样才能允许行为变化到新的标准并稳定下来。如果被试的行为在新旧标准之间来回波动，那么行为的稳定性就没有达到。第二个应注意的问题就是标准变动的幅度。你的标准变动幅度应该足够大，这样你才能观测到被试行为的变化，不应该小到你的被试很容易达到。第三个问题是实验标准变化的次数。标准至少要变化 2 ~ 4 次才是足够的。

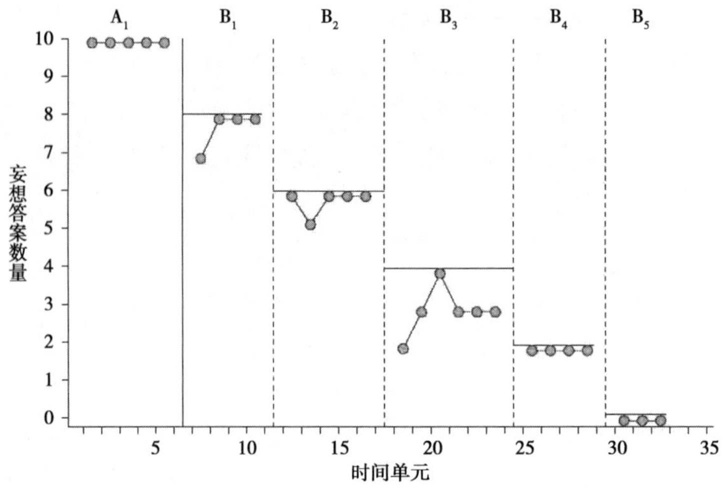

图 12.16　变动标准设计研究中妄想答案的数量

来源：From B.Himadi，F.Osteen，A.J.Kaiser，and K.Daniel.（1991）.A record of a behavioral training program of delusional beliefs during the modification of delusional verbalizations.*Behavioral Residential Treatment*，Vol 6，No.5，355-366.

复习问题　12.13　多基线设计是如何证明实验处理效应的?

12.14　在使用多基线设计时人们面临的主要问题是什么?

12.15　在什么时候你应该使用变动标准设计?

12.16　变动标准设计的基本特征是什么?

使用单个案设计的方法论问题

我们对单个案实验设计的讨论虽然并不详尽，但是也还是展现了一些我们最常使用的基本设计。如果你对其他的单个案设计感兴趣，你可以去查阅巴罗、诺克和贺森（Barlow，Nock and Hersen，2009）的著作。不管你使用的是何种设计，在进行单个案实验研究时都要注意方法论问题。这些问题在表 12.4 中有所总结。

表 12.4　单个案实验研究的方法论问题

1. **基线**——实施实验处理前的被试行为。基线是一种基准，它被用来评估由实验处理导致的被试的行为变化。为了使基线很好地实现用途，它必须稳定。一个稳定的基线的特征是：①随着时间的推移不表现出趋向（不会增加也不会减少），②几乎没有变化性（5% 的变化甚至更少）。
2. **每次仅改变一个变量**——从实验的一个阶段到另一个阶段应该只改变其中的一个变量。这对离析该变量产生的效应十分必要。
3. **各阶段的时间长度**——关于实验各阶段的时间长度问题，意见并不统一。有些研究者认为不同阶段的时间长度应一致，但也有些研究者认为每个阶段应该延续到稳定性出现之时。
4. **处理效应的评估**——有两种评估实验处理效应的方式：
   （1）目测——如果基线和处理阶段的被试反应水平不一致或者基线阶段的数据趋势不同于处理阶段的数据趋势，那么各阶段的结果足以证明实验处理效应；
   （2）统计分析——如果数据有很大的变化性，那么像时间序列分析那样的统计分析就十分必要。总体来说，如果数据的变化性很小，或者基线也非常稳定，那么统计分析就不必要。当上述这两种情况不存在时，你就应该使用统计分析。

小结

准实验设计一般在所有的实验研究条件不能被满足时使用。例如，当你不能随机分配对照组的研究被试时，可以使用准实验设计。这意味着可能存在混淆变量，将导致研究结果解释的模糊性。因此，当你使用准实验设计时，你必须警惕那些可能混淆研究结果的无关变量。

许多设计，诸如不等对照组设计、间断时间序列设计，均属于准实验设计。准实验设计中最常使用的是**不等对照组设计**，它包含一个实验组和一个控制组，首先对实验组进行实验处理，然后对实验组和控制组进行后测。**间断时间序列设计**首先是进行多次前测，然后实施实验处理，最后再进行多次后测。**断点回归设计**主要是对那些得分高于预设临界值的被试进行实验处理。如果那些高于和低于临界值的被试的回归线不连续，则证明了实验处理的效果。

所有单个案设计均属于时间序列设计。两种最常使用的单个案设计是 A-B-A 和 A-B-A-B 设计与多基线设计。A-B-A 和 A-B-A-B 设计主要是通过判定实验处理实施后因变量反应是否与基线反应相同、当自变量撤销时因变量的反应是否**返回到**基线水平来评估自变量的效果。A-B-A 和 A-B-A-B 设计通过证明当实验处理撤销后，因变量反应能返回到基线水平来消除历史变量的影响。**多基线设计**主要通过证明只有当实验处理连续地实施于不同的被试、不同的行为或者不同情境的相同行为时，被试才会发生行为变化，来评估自变量的效果。

当你的研究目标是增加行为的数量、准确性或者频次时，可以使用**变动标准设计**。在基线建立后，可以对被试实施实验处理，以达到成功行为表现的最初标准。当最初的行为表现标准达到后，表现标准会逐步提高直到达到理想的行为标准。实验处理仅在每个阶段的行为表现标准达到后才实施。

在设计个案研究时也要注意一些方法论问题，包括注意基线、每次仅一个变量、注意各个阶段的时间长度、评估实验处理的效应等。

问题讨论

1. 重新阅读第 10 章各种选择效应的定义。在不等控制组设计中选择是一个问题吗？如果是，那么研究者可以做些什么以使选择问题最小化？
2. 你会选择本章中的哪种实验设计去研究下面的假设？简单列举出你选择的那种实验设计的优点与缺点。
   a. 你想比较研究大学代数教学的两种不同方式，一组使用计算器，一组实行手算。
   b. 你想研究一种新的训练项目的效果，而且你能够基于一种名叫“前测成绩”的定量变量的临界值把被试分成两组。
   c. 你想研究几年前一门课程的实施效果。现在你已经收集到这门新课程实施前的基线数据（关于因变量），正在收集实验干预的记录数据。
   d. 你想判定一种能够保持学生学习状态的行为强化技术的有效性。
   e. 你仅有三四个研究被试，你想判定一种教授学生计算乘法的新方法的效果。
3. 列出你识别出的如下每个假设性研究中存在的问题：
   a. 一个研究者使用不等控制组设计。她将特纳女士使用讨论法教授的一个中学三年级英语课程班级的学生成绩分数与纽曼先生使用讲授法在一个不同班级教授中学三年级英语课程的学生成绩分数进行对比。
   b. 一个研究者使用不等控制组设计。研究者将一个使用计算机教学程序教授中学三年级英语课程班级的学生成绩分数与一个使用讲授法的班级的学生成绩分数进行对比。每种方法的教学时长一致。

c. 一个经济学家使用间断时间序列设计研究一个致力于增加家庭教师协会（PTA）捐助的新项目的效果。这个新项目从 2002 年 1 月开始实施。这个经济学家有 5 年的前测数据，将会收集接下来 5 年的每年捐助数据。（提示：注意在 2002 年股票市场出现了巨大的衰退。）

d. 一个教师使用 A-B-A 设计去研究她的乘法教学新策略的效果。

e. 贝克小学使用断点回归设计去研究一个新阅读项目的效果，旨在提高低于同年级阅读水平学生的阅读技能。这个阅读项目让被试阅读低于他们当前阅读水平两个年级的材料。为了使足够多的学生参与到这个阅读项目的实验处理中，提高实验处理测量的效果，两个邻近学校有阅读障碍的、满足设定标准的学生也被允许参加这个阅读项目。

研究练习

1. 使用 ERIC 数据库找到如下文章，练习阅读和识别准实验设计和单个案设计：

Copland，M.A.（2000）.Problem-based learning and prospective principals' problem-framing ability. *Educational Administration Quarterly*，36（4），585-607.

Hitendra，P.（1998）.An investigation of the effect of individual cognitive preferences on learning through computer-based instruction. *Educational Psychology*，18（2），171-182.

Moore，D.W.，Prebble，S.，Robertson，J.，Waetford，R.，& Anderson，A.（2001）.Self-recording with goal setting：A self-management programme for the classroom. *Educational Psychology*，21（3），255-265.

选择一篇文章认真阅读，并回答下列问题：

a. 这个研究解决的主要问题是什么？

b. 这个研究设计的自变量和因变量是什么？

c. 这个研究使用了哪种实验设计去回答所要研究的问题？

d. 你认为研究者为何选择这种研究设计？

e. 这个研究所使用的研究设计有何局限？

f. 研究者本能够做些什么以改进研究设计？

2. 使用所提供的标准，评论并批评专业网站上的准实验研究文章。

3. 识别调查如下研究问题将会使用的实验研究设计类型：

a. 一所大学想识别制作院长年代列表（the dean's list）对学生在以后学期中的学业表现的影响。

b. 一个老师想研究表扬对学生积极地关注学习任务而不是厌倦地趴在桌子的效果。

c. 一所大学跟踪调查它的运动员毕业率已有 10 年，发现只有 53% 的运动员能完成他们的学士学位。这所大学想提高它的运动员毕业率，因此实施了一个项目以限制运动员参加任何体育活动，如果他们的平均成绩达不到 C 的话。同时，这个项目也向那些成绩达不到 C 的运动员提供辅导课程。

行动研究日志

提示：行动研究者可以使用弱实验设计、准实验设计和真实验设计，或者单个案设计，但是他们必须时刻像个优秀的侦探，竭尽所能去为他们的研究排除所有看似合理的替代性解释。

1. 回顾第 11 章的手段—目的分析，你如何在本章中使用这种设计？

2. 思考你的行动研究目标：是小组设计还是单个案设计最能帮助你实现研究目标？

Chapter 13

第 13 章

非实验定量研究

Nonexperimental Quantitative Research

学习目标

- 能够阐述非实验定量研究的定义；
- 能够列举出哪些是研究者不可控制的类别自变量和定量自变量；
- 能够描述因果比较研究及相关研究中简单案例的局限性及其改进方法；
- 能够用因果关系的三个必要条件评估因果证据；
- 能够解释“第三变量问题”；
- 能够列出并简要描述在非实验研究中主要的三个控制方法；
- 能够明确横向研究、纵向研究、回顾性研究的异同；
- 能够明确两类纵向研究的异同；
- 能够在审阅已发表研究文献时明确其是描述性研究、前瞻性研究还是解释性研究；
- 能够阐释因果过程模型（动因模型）中直接影响和间接影响的区别；
- 能够绘制通过跨越时间维度与目标维度而形成的非实验定量研究的分类法。

现实生活中的研究——非实验研究设计及其缘起

1962 年，美国公共卫生局局长卢瑟·特里（Luther Terry）博士聚集了美国公共卫生局局长顾问委员会的专家，进行吸烟与癌症关系的现有研究分析。这项工作的目的很明确，即揭示吸烟是否会导致肺癌这个问题的谜底。由于不可能用人来做这项实验，因此多数研究都属于非实验研究，而这又导致了人们对因果关系结论的可靠性提出质疑。在后续两年中，该委员会复审了大量的研究文献，审阅了关于这个问题所有貌似合理的其他解释。

在 1964 年，该委员会划时代的结论公诸于众："在男性群体中，吸烟与肺癌存在因果关系，且其影响程度远远高于其他因素。对于女性，虽然不够广泛，但也指向同样的结论。"（US. Office of the Surgeon General，1964，p.37）

尽管如此，为烟草生产工作的科学家们并没有妥协。他们反复声称吸烟导致肺癌这个结论只能通过实验研究结果来证明，并认为吸烟与肺癌的关系是由于某些隐秘因素而人为设定的。他们认为吸烟者很可能在某些基因因素上与非吸烟者存在不同才导致他们患肺癌，这群科学家还利用非实验研究的局限性，指出非实验研究并不能如实验研究那样有效地排除无关变量的影响。然而，后来的非实验研究将所有的无关变量考虑进去后，依然表明吸烟与肺癌存在因果关系。这些强有力的证据驳斥了之前的非议。吸烟的确会导致肺癌。

1997 年 3 月，第一家香烟公司利格特公司（Liggett Group）承认大量证据（包括其数十年自己的研究在内）支持吸烟导致肺癌这一结论。三年后，五强香烟公司中有两家以上都赞同了利格特公司的说法。而截止到 2000 年 5 月 24 日，龙头烟草公司菲利普·莫里斯公司（Philip Morris）及另一家五强公司雷诺兹公司（R.J.Reynolds）均尚未承认吸烟导致肺癌这一结论。

在这一章中，我们将讨论一系列的非实验研究设计，并指出为何这些设计在呈现因果关系方面不如实验设计那样有效，同时说明如何运用非实验研究得出因果关系结论。

研究者对因果关系的问题具有极大的热忱，这是因为他们渴望了解世界是如何运转的，并期望能够获得使它更好运转的信息。在之前的章节中你学过实验研究，它是证明两个变量存在因果关系最有效的方法。然而，尽管研究者对因果关系感兴趣，但有时候由于实验设计困难、自变量不可操控或者涉及道德问题，研究者无法使用实验进行研究。例如，当你想要知道吸烟与肺癌之间是否存在因果关系，你会选择何种研究？你会进行如下实验吗？挑选 500 个新生儿，将他们随机分配到两个组，实验组（n=250）被强迫吸烟，而控制组（n=250）则禁止吸烟，若干年后测量这两组患肺癌的几率。显然，你不会进行这项实验，因为这样做是严重违背道德伦理的。因此，你应该怎么做？由于不能操纵自变量而放弃科学研究吗？当然不能。这个研究问题非常重要。在这种情况下，你所要做的就是采用非实验研究的方法并试图建立最好的证据。

本章采用克林杰（Kerlinger，1986）对**非实验研究**（nonexperimental research）的正式定义：

> 非实验研究是一种系统的实证调查，在这个过程中，由于变量之间的关系已十分明显或者变量本身不可控制，科学家并不直接控制自变量。不直接介入，而是从变化着的自变量和因变量中得出变量之间关系的推论。

按照这个定义，研究者在非实验研究中并不操纵自变量（即，“科学家不直接控制自变量”），而是追踪研究对象过去的自然变化过程或探求研究对象随时间流逝而发生的变化（即，由于变量之间的关系已十分明显或者变量本身不可操纵），并通过观察了解变量之间是如何建立关系的（即，从变化着的自变量和因变量中得出变量之间关系的推论）。在非实验研究中，自变量和因变量既可以是类别变量也可以是定量变量。在本章中，除特别说明，因变量均为定量变量。然而，本章中所解释的逻辑同样可以应用到类别因变量的研究中。[1]

在非实验研究中，一般不对自变量进行操纵，也不进行随机分组。这就意味着非实验研究者必须按照研究对象自然发生的过程进行研究。由于非实验研究者不能直接操纵自变量或将研究参与者随机分配到实验组和控制组。因此，你必须始终铭记，非实验研究不能像实验研究那样提供清晰有力的证据来证明因果关系的存在。相比之下，非实验研究中证明因果关系的证据往往更具试验性和探索性，而缺乏确定性。

尽管有其局限性，在教育研究中，非实验研究依然是一种非常重要的研究方法，因为许多重要的教育变量都难以操纵或在实验室中创设。即使有可能的话，使用实验创设许多现实环境也非常困难。一个颇有影响力的研究方法学家这样说到：

> 可以说非实验研究比实验研究更重要。当然，这并不是一个方法论的考察，而是大多数社会科学和教育研究问题不能进行实验，因此很多研究者屈从于非实验研究调查。比如皮亚杰（Piaget）对儿童思维的研究，阿多诺（Adorno）对权威主义的研究，极为重要的《教育机会均等》研究，以及麦克里兰（McClelland）对成就动机的研究。如果统计行为科学与教育领域中明智而重要的研究，那么非实验研究很可能比实验研究更多、更重要。（Kerlinger 1986，pp:359-360）

克林杰在这段话中强调非实验研究的重要性，尽管事实上他更偏爱实验研究。他谨慎地指出他的推论并不是基于方法论的考察，但当其他条件均等时，探索因果关系仍然应该首选实验研究。然而，**研究的问题决定你采取何种研究方法**，这是研究的基本准则。也就是说，应该首先确定你的研究问题，然后选择最可行的研究方法来解决这些研究问题。在教育领域中，这通常意味着我们要开展非实验研究来解决重要的问题。

[1] 唯一变化的是在数据收集后使用的数据分析类型。

非实验研究的步骤

非实验研究的规范步骤和实验研究有相似之处：（1）研究者确定研究问题及其要检验的假设；（2）研究者选择在研究中要涉及的变量；（3）研究者收集数据；（4）研究者分析数据；（5）研究者解释研究结果。研究者详细地说明研究假设是否能够得到支持，通常还要对数据进行探讨，以产生在后续研究中需要得到检验的其他假设。开展非实验研究时，研究者遵循以上步骤是非常重要的，这样可以避免事后归因谬误。

事后归因谬误（post hoc fallacy）读作“*Post hoc*，*ergo propter hoc*”，在英语中这样说“After this，therefore because of this.”（现在你懂一点拉丁语了！）如果我们在事实后论证“如果 A 发生在 B 之前，那么 A 一定导致 B”，那么我们所做的就是事后归因谬误。例如，你得了流感，并认为是昨天来你家不停擤鼻涕的朋友的孩子传染给你的。这种推论俗称为“事后诸葛亮”（twenty-twenty hindsight）。我们都很善于在事后解释事情发生的原因。尽管这种推论有助于形成一些想法，但它并非建立在确凿的科学证据基础之上。如果研究者分析某些数据并发现其中存在一些统计显著相关或组间差异，然后就表现得好像他 / 她已经预测了变量的关系，那么一个惊人的事后归因谬误就会发生。关键在于，进行一项解释性研究时，你必须用实证数据来验证假设是否成立。

非实验研究中的自变量

由于非实验研究中的自变量操纵起来有难度，还可能涉及道德问题，因此常常是不能操纵的。虽然在非实验研究中有时候也会采用可操纵的自变量，但这并不是因为研究者想要在进行实验之前探索自变量和其他变量的关系，也不是研究者想要检验关系来确定实验室实验中的发现能否够推广到真实的世界中。所有这些形式的非实验研究都对教育研究文献作出了贡献。

现在我们来看一些由于不可操纵而用于非实验研究的类别自变量和定量自变量的例子。不可操纵的类别自变量通常有：性别、父母教养方式、学习方式、种族、留级（即留级或不留级）、吸毒或吸烟，以及其他作为类别变量的稳定的人格特征（如，高外向性与低外向性）等。试一试，你能想到一些不能被研究者所操纵的其他类别自变量。不可操纵的**定量**自变量则通常有：智力、天赋、年龄、GPA（平均分数），以及其他稳定的人格特征（例如，性格外向性指数从低值 1 到高值 100 不等）等。同样地，如果你花点时间思考一下，你还可以想到一些不能被研究者所操纵的其他定量自变量。

研究者有时候会按研究的需求将定量自变量转化为类别自变量。例如，你可以将定量自变量**天赋**分成高中低三类；还比如上一段提到的“外向性”，既可以作为定量变量也可以作为类别变量。将自变量类别化是实验研究的常用做法，采取这种方式可以让非实验研究看上去像实验研究。然而，请不要被误导，如果自变量是不可操纵的，那么该研究就不是一项实验研究。很多研究者都表明将定量自变量类别化是不应继续使用的蹩脚做法（例如，Kerlinger，1986，p.558；Pedhazur & Schmelkin，1991，p.308）。问题在于将定量自变量类别化会遗漏一些关于自变量与因变量关系的信息。同时，如果仅仅使用两个类别（如高低），那么只有线性（直线）关系能被检测出来。针对后一个问题，仅靠使用三个类别而非两个类别就可以解决。然而，定量变量类别化所导致的信息遗漏是在所难免的。总之，建议研究者一般要避免将定量变量转化为类别变量。

因果比较研究和相关研究的简单案例

在第 2 章中，已经学到过**因果比较研究**这个相当“不幸”的术语，它有时会被运用到主要的相关自变量呈现类别化的非实验研究中。而术语**相关研究**有时候则被运用到主要的相关自变量呈现定量化的非实验研究中（例如，Fraenkel & Wallen，2003；Gay，Mills，& Airasian，2008）。实际上，多数发表的非实验研究文献都是因果比较研究和相关研究的交叉产物，因为研究者在同一个研究中包括了单个或多个类别自变量和单个或多个定量自变量，这就使得**因果比较研究**和**相关研究**这两个术语没有必要被使用。同时，我们也应该意识到许多已发表的研究是介于**实验研究**和**非实验研究**之间。当研究者在其实验中操纵了一个变量（如教学方法），又包括了另一个未被操纵的自变量（如智力）的时候，这种情况就发生了。在这种情况下，应该仅依据操纵的变量（如教学方法）来得出更有力的因果关系结论。

在一些畅销的教育研究教科书中，因果比较研究和相关研究的区别是人为设定的，因为其实可以很简单地通过将自变量分类而把一个相关研究转换为一个因果比较研究（如之前提到的对天赋和性格外向性变量进行分类的例子）。在这里再一次建议研究者不要对定量自变量进行内在的分类。学生和研究者需要理解在解决因果关系时的**关键**问题，并不是自变量是类别的还是定量的，而是研究者处理**因果关系的三个必要条件**的有效程度（在本章的后半部分以及第 11 章的前半部分都有所讨论；另外也可以参见 Johnson，2001）。尽管**因果比较研究**和**相关研究**这两个术语在掌握双变量研究后并不十分有用，但在初学研究时学习因果比较研究和相关研究（即非实验研究设计仅有**一个**自变量和**一个**因变量）的**简单案例**（simple cases）却是大有裨益的，因为这样你便可以从非实验研究的最薄弱之处和最基本形式开始学起。

在**因果比较研究的简单案例**（simple case of causal-comparative research）中，有一个类别自变量和一个定量因变量。例如，假设一个研究者分析了学生性别和数学成绩之间的关系，并发现在平均水平上男性的确略微比女性表现得更好。这就是一个因果比较研究的简单案例，因为其中有一个类别自变量（性别）和一个定量因变量（数学成绩）。在因果比较研究中，研究者比较这两组的均值（男女）来看这两组在因变量上是否有差异（数学成绩）。同时，研究者使用统计检验来确定自变量和因变量之间的关系是否具有统计显著性。研究者会特别地使用 *t* 检验（*t* test）或方差分析（将在第 18 章解释）来确定这两组平均值的差异是否具有**统计显著性**（statistically significant）（即，两组差异是否显著大于误差可能带来的差异）。差异明显的组平均值通常是具有统计显著性的（即，我们不认为差异只是一个偶然事件），研究者据此得出结论：在自变量与因变量之间的关系是实际存在的。（本书将在第 18 章中详细论述 *t* 检验、方差分析和统计的显著性，所以目前不必担心只了解一些基本定义。在这里开始使用这些术语只是呈现出它们是在整个研究过程中的哪些地方适用。）

在**相关研究的简单案例**（simple case of correlational research）中，有一个定量自变量和一个定量因变量。例如，假设一个研究者分析了学生学习动机和数学成绩之间的关系，并发现低学习动机的学生往往数学成绩较低，高学习动机的学生往往数学成绩较高（也就是说存在正相关）。在相关研究的简单案例中，研究者首先绘制散点图来判断相关关系是线性相关还是曲线相关。如图 13.1 所示，线性相关是直线式的，曲线相关则是曲线型的。如果变量间的关系是线性的，那么研究者就需要用计算机计算皮尔逊积差相关系数，这是研究中通用的相关系数（第 2 章中有讨论），也是研究者通常使用的相关计算方法。如果变量间的关系呈曲线型，那么研究者就必须使用其他计算方法来计算相关，如 η（具体参见 Howell，1997，pp.331-333）或曲线回归（具体参见 Pedhazur & Schmelkin，1991，pp.451-458）。

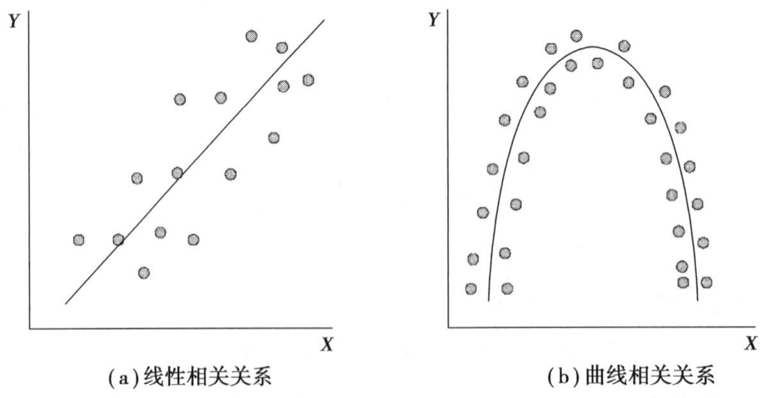

图 13.1　线性相关关系与曲线相关关系散点图

在相关研究的简单案例中确定了单一自变量与单一因变量的相关关系后，研究者通常要进行统计检验来判断这个相关关系是否具有统计显著性。当这个相关系数大于抽样误差估计值时，我们就认为它具有统计显著性（通常相关系数明显大于 0 时）。

假定研究者在因果比较研究和相关研究的简单案例中发现两个变量之间的相关是具有统计显著性的（也就是说实际相关）。**当在做出因果性归因**（即，想得出性别影响数学成绩或学习动机水平影响数学成绩的结论）**时，要注意这些非实验研究的简单案例都是具有严重不足的**。因为有太多不可控的无关变量可能会对结果产生影响。譬如，你能否找到别的影响因素，有可能干扰了观察到的性别和数学成绩相关性（例如，可能受到社会影响，男性比女性更重视数学）？或者能否找到别的原因来解释为什么动机水平可能与数学成绩并非因果相关（例如，可能数学成绩也受到学习时间和学习能力的影响）？

关键在于你不能仅从因果比较研究或相关研究的简单案例中得出因果关系结论，**因为观察到了变量之间的相关关系还不足以证明变量之间存在因果关系**。在下一部分中，我们将进一步阐释如何才能建立确凿的因果关系证据。比如，可以通过收集能够呈现对结果有影响的无关变量数据，然后在统计学上“控制”这些无关变量，从而设计更佳的非实验研究。

在实际操作中，倘若你对研究因果关系感兴趣，那么就应当避免因果比较研究和相关研究的简单案例。此外，**因果比较研究**和**相关研究这**两个术语在描述更复杂的非实验研究案例时，并不十分有用。我们推荐的是只使用**非实验研究**这个术语，并按照时间和目标的信息特征来阐述你的研究，如表 13.3 所示，这正是我们在本章中将要讨论的。本章的目的在于揭示如何设计并进行**高水平**的非实验研究，从而满足你研究问题的需要。

因果关系的三个必要条件

当要说明变量 A 的变化趋于导致变量 B 的变化时，应该检查是否满足了这**三个必要条件**（three required conditions）（Asher，1983；Cook & Campbell，1979；Shadish，Cook & Campbell，2002）。注意在这句话中我们使用的是“趋于”。我们用这个词主要是想提醒你教育研究者关注的是**概率性成因**（probabilistic causes）（例如，变量 A 的变化趋于产生变量 B 的变化），而并非完全的因果关系（例如，变量 A 的变化总是导致变量 B 同样的变化）。应该明确概率性成因的概念，譬如，一种教学方法可能对于许多学生有效，但是对一小部分学生却无效；咨询师知道某一种疗法可能对大多数来访者有用，但对另外一小部分人则无用；此外，同一个个体可能并不总是以同样的方式应对同样的刺激。鉴于这些原因，教育研究者在谈论因果关系时，他们实际上谈论的是概率性成因而非绝对性成因。

在第 11 章中，我们已经概述了如果想建立变量 A 趋于导致变量 B 变化的因果关系时要满足的三个必要条件。如图 13.1 所示，条件 1 是变量 A 和变量 B 必须有关系，即**关系**条件，如果两个变量之间什么关系都没有，那么就不可能存在因果关系。条件 2 是要有正确的**时间顺序**，很明显，如果变量 A 的变化要导致变量 B 的变化，那么变量 A 的变化应该发生在变量 B 之前。

条件 3 则是变量 A 和变量 B 的关系不是由混淆无关变量或第三变量导致的。这也就意味着必须排除替代性解释或**竞争性解释**。常见的竞争性解释是在做出因果结论时，相关关系其实是由没有"被控制"的无关变量（如第三变量）导致的。因为其表明 A 和 B 的关系其实是由 C 导致的，因此竞争性解释也被称为**第三变量问题**（third-variable problem）。关键的一点在于，如果想要进行一个有力的非实验研究，那么研究者必须识别所有可能带来竞争性解释的无关变量，并且在整个研究设计过程中都要留意这些变量，这样才能避免这个问题的产生。如果在研究完成后才发现，那就太晚了，对不可测的无关变量已经无能为力了。

表 13.1　因果关系的三个必要条件

如果要得出变量 A 导致变量 B 的结论，那么研究者就必须建立以下三个条件	
条件 1：	变量 A 和变量 B 必须有关系（关系条件）。
条件 2：	要建立恰当的时间顺序（时间先行条件）。
条件 3：	变量 A 和变量 B 的关系不可以归于一些混淆无关变量或第三变量（无替代性解释条件）。

非实验研究中的术语可能存在混淆。首先，**混淆变量**和**第三变量**这两个术语是同义词，是可互换的，它们都指的是在收集数据前研究者需要识别的无关变量，这样研究者就可以试图排除这些作为观察两个其他变量之间关系的竞争性解释。通过使用（将在非实验研究后续有控制技术的部分中详细讨论的）一种方法，可以排除或减少第三变量（即混淆变量）的影响。其次，**替代性解释**、**竞争性解释**和**对立假设**都是同义词。这些术语除了用来指研究者最初陈述的推论外，也指观察到的关系推论（例如，新的推论是替代的或对立的）。

一种有效识别对立假设的方法叫作**多重工作假说方法**（method of working multiple hypotheses）（Chamberlin，1890/1965），其提出者张伯伦的定义如下：

> 多重工作假说方法，也就是考虑新现象的每种合理的解释，然后遵照其产生历史来发展每个可行的假设。研究者成为了一族假设的创造者，但是由于与所有的假设都有关系，他并不能只关注其中任何一种。（P756）

如果要开展一项研究，那么你在准备研究设计时，就应当考虑使用这种研究方法，它会帮助你的研究得出有说服力的结论，而不是在做完研究并发现瑕疵后才想到。

前面讨论的因果关系的三个必要条件是非常普遍的，实验研究和非实验研究同样适用。实际上，无论使用何种研究方法（例如，如果你关注因果关系，那么这些条件可用于质性研究中），只要是想得出一个因果关系的结论，都应该考虑这三个条件。在前一章你已经了解了强实验研究设计（即有控制的和随机分配的设计）非常适用于因果关系的三个条件，接下来，我们将讨论非实验研究在因果关系的三个必要条件中的适用情况。

因果关系的三个必要条件在非实验研究中的应用

在非实验研究中，控制变量和随机分配都是不必呈现的。要探讨这个事实在证明因果关系存在方面的影响，我们先从之前探讨过的因果比较研究和相关研究的简单案例开始。回顾之前的内容，简单案例都只有一个自变量和一个因变量，比如之前我们所探讨的性别与数学成绩的因果关系研究和学习动机与数学成绩关系的相关研究。得出这两个变量相关，但是还需要更充足的证据才能得出因果关系，这就需要考虑因果关系的三个必要条件。

在性别与数学成绩的案例中，观察得知这两者有关系。这就意味着满足了条件 1（即，必须观察到两个变量间的关系）。我们还可以假定性别这个生理属性是在实验测定数学成绩之前就被决定的，在这种情况下，也满足了条件 2（即性别在数学成绩之前）。或许有人会争论性别的含义并不只局限于生理层面，但是如果要深究这个问题，就得分别测量性别的不同方面与因变量的关系，还得考虑每个新近研究的时间顺序问题。

基于以上三个条件，其中最大的问题就是条件 3 的满足。如我们之前指出的，观察到的性别与数学成绩的关系有很多替代性解释，比如可能受到社会影响，男性比女性更重视数学，也可能女性和男性的数学水平是一样的，只是女性更容易受到焦虑的影响而降低了数学成绩。社会性因素和对数学的焦虑呈现了不可控的第三变量，干扰了性别这个自变量与数学成绩这个因变量之间的关系。因此，我们不能确切地知道数学成绩的变化，是由性别、社会性因素还是对数学的焦虑（或者还有其他未知的第三变量）引起的。只要没有控制住变量，并由此带来混淆无关变量，**第三变量问题**就在非实验研究中无处不在。

再来看学习动机水平和数学成绩的案例。我们再次观察到一组关系（学习动机越高，数学成绩越高）。因此，也满足了条件 1。既然我们假定在同一时间测量学生的学习动机和数学成绩，我们就不能确切地知道这两者的先行后续关系（在本章的后半部分，我们将讨论一些非实验研究设计的参与者在多个时间点进行研究）。理论上，我们可以推测学习动机水平是在学生进行数学测试之前就有程度区别的。这个假定是合理的：学习动机更高的学生会有稳定的出勤率并且学习更刻苦，这是在实际测验之前就表现出来的。另一方面，我们仍然不能得出准确的时间顺序，因为数学成绩也有可能影响了学生的学习动机水平。简而言之，由于时间顺序只是假定的，条件 2（恰当的时间顺序）只得到了部分满足。

和性别研究的例子一样，条件 3 的满足也是一个主要问题。在学习动机和数学成绩的关系中，也存在着替代性解释。如之前的两个竞争性解释：学生的数学成绩可能不是受动机影响，而是受到学习时间或学习能力的影响。在一项非实验研究中，替代性解释无处不在，研究者难以确切地知道观察到的关系是否会被一些未识别的不可控的无关变量或第三变量影响。

有一个关键点需要记住：我们在非实验研究简单案例中遇到的最严重问题是所观察到的关系可能是由无关变量（因果关系条件 3）引起的，这个问题广泛存在于非实验研究中。我们将其称作第三变量问题。当两个变量的关系是由于另一个变量引起时，我们将这个关系称为**虚假关系**（spurious relationship），虚假关系完全不是因果关系。而当两个变量之间的关系只是部分地由于另一个变量引起的，我们将这个关系称为**部分虚假关系**（partially spurious relationship）。如果无关变量导致第三变量问题，那么它肯定与因变量和自变量都有关。

很显然，火灾毁坏房屋的数量与应对火灾的消防车的数量是正相关的，基于这个观察到的关系，我们能说有更多的消防车就会导致更多的火灾损失吗？当然不能，真正导致火灾损失与消防车数量的是**火灾的规模**，更多的消防车应对更大规模的火灾，更大规模的火灾导致更大规模的火灾损失。然而，如果忽略这一点，我们很容易就得出消防车数量与火灾损失之间清晰的正相关关系的错误结论。（参见图 13.2a）

通过控制第三变量，研究者不断检查得出的关系是否由第三变量所造成。当有充足的证据说明两个变量之间的关系不是由第三变量导致的，才说明第三变量得到了很好的控制。特别是**如果关系完全是虚假的，控制第三变量后，这两个变量之间最原初的关系就会消失**。正如火灾损失与消防车数量案例一样。[1] 如图 13.2b 所示，我们通过分别检查小型、中型和大型火灾中两个变量的关系来控制火灾的规模这个第三变量（即我们检查了这个无关变量不同水平中的关系）。正如你所看到的，分别只看小型规模、中型规模和大型规模火灾，火灾损失和消防车数量之间是没有关系的。

因此，在控制火灾规模这个第三变量后，火灾损失和相应的消防车数量这两个变量之间原初的关系消失了。按上述的做法，检查第三变量不同水平中的变量关系是一种控制无关变量的重要策略，这种策略是统计性控制的一种类型。

我们通过检查不同规模火灾的原初关系，控制了火灾规模。原初关系消失。

[1] 当变量是中介变量时，关系也可能消失。因此，在确定变量是混淆变量还是中介变量时，理论的使用显得尤为重要。

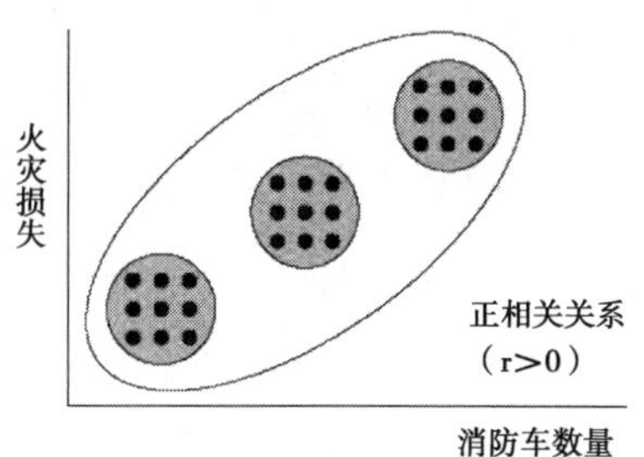

(a) 控制火灾规模前

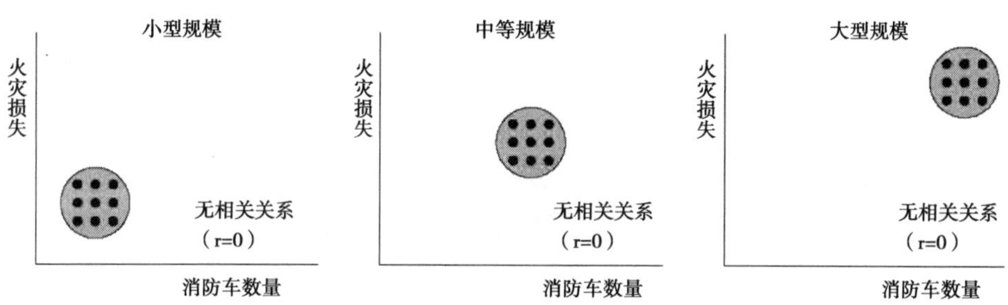

(b) 控制火灾规模后

图 13.2 控制火灾规模前后，火灾损失和相应消防车数量的相关图

表 13.2 虚假关系举例

观察到的虚假关系 *	关系原因（第三变量）
冰淇淋的销售量与溺水死亡人数（Moore，1993）	季节：冰淇淋热销期与溺水死亡高发期都处于夏季。
左手的大小与右手的大小	基因：两只手的大小都取决于基因组成。
儿子的身高与女儿的身高（Davis，1985）	基因：儿子与女儿的身高都在某种程度上取决于遗传。
部长的薪水与伏特加酒的价格	地区（如城市或农村）：在城区，价格与薪水都较高。
鞋子尺码与小学生阅读能力	年龄：越大的孩子，鞋码越大，阅读能力越高。
地区医生的数量与死于疾病的人数	人口密度：在人口密度高的地区，有更多的医生，并且有更多的人死亡。
警察的数量与犯罪的数量（Glass & Hopkins，1996）	人口密度：在人口密度大的地区，有更多的警察，并且有更多的人犯罪。
杀人犯数量与教堂数量	人口密度：在人口密度大的地区，有更多的杀人犯与更多的教堂。
在六年间，看到的鹳鸟数量和德国奥尔登堡人口数（Box，Hunter & Huner，1978）	时间：两个变量都随时间增长。
公共图书馆数量与吸毒量	时间：在 19 世纪 70 年代都在增长。
教师工资与酒的价格（Moor & McCabe，1993）	时间：两个变量都随时间增长。
饮茶与肺癌	吸烟：饮茶者患肺癌的几率低仅仅是因为他们有更低的吸烟率。

* 除了饮茶与肺癌是负相关关系外，所有的伪关系都表明正相关关系，即随自变量增加因变量也增加。

在表 13.2 中列出了一些其他虚假关系类型。仔细观察这个表，你会得出有意思的结论。譬如，一个地区的警察数量和该地区的犯罪量存在正向关系（即正相关）。很显然，我们不能仅靠这个观察到的关系来得出有更多的警察就会导致更多的犯罪量这个结论，这个完全虚假关系是由该地区的人口密度这个第三变量导致的。这个地区有更多的人口，那么相应地就会有更多的犯罪和更多的警察，人口较少则相应也会有更少的犯罪和更少的警察。一旦控制了人口密度这个第三变量，那么这个关系就会消失，比如研究者在不同的人口密度水平（低中高）上分别研究这两个变量的关系，就不会得出这两个变量的关系。类似地，表 13.2 中的所有关系都会随着第三变量的控制而消失，其中没有因果关系存在。

复习问题

13.1 为什么在要得出因果关系结论时，实验研究比非实验研究要更强有力？
13.2 为什么有时候研究者必须要使用非实验研究而不使用实验研究？
13.3 为什么研究者要注意事后归因谬误？
13.4 说出一个不能被操纵的潜在自变量。
13.5 用因果比较研究和相关研究的简单案例来说明为什么根据这两个案例做出的因果关系结论是不合理的？
13.6 说明强实验研究是怎样满足因果关系的三个必要条件的。
13.7 因果关系的三个必要条件中，哪一个是非实验研究的弱项？哪一个又是非实验研究的强项？
13.8 说明在非实验研究中，为什么不能仅通过观察到的变量关系得出有说服力的因果关系结论？（如性别与数学成绩）

非实验研究中的控制方法——如何设计强非实验研究

在前面的部分中提到的第三变量问题在非实验研究中也经常出现，这就意味着混淆无关变量的威胁在非实验研究中是实际存在的。现在我们就将讨论在非实验研究中控制无关变量最主要的方法，其多数思想已经在前面的章节提到过（例如，第 8 章和第 9 章）。正确地使用这些控制方法能够提高非实验研究的精确性和可靠性。你应该提高对使用这些方法的非实验研究的评价。如果你想要进行一项非实验研究，那么你也应该在你的研究设计中涉及其中的一项或多项方法。

匹配法

如前面章节所讨论的，控制无关变量的一种方法就是匹配。要进行匹配，首先要选择一个或多个**匹配变量**（matching variables）。匹配变量即想要排除的无关变量，它是自变量与因变量假定因果关系的竞争性解释。第二步，以自变量和匹配变量无关的方式（即不相关的或有区别的）选择研究被试。如果自变量是类别变量，就只涉及构建对照组，这个对照组要与匹配变量类似但与自变量不同。和实验研究一样，你希望对照组或不同类别在所有无关变量上是一致的，但**仅**在自变量水平上不同，这样你才能将因果关系只归因于自变量。

例如，假定自变量是性别，因变量是数学成绩，并且要按照数学兴趣来匹配男生组与女生组。因为这个观察到的性别与数学成绩的关系，有时候是由男生受社会性因素影响而对数学更感兴趣导致的。也就是说由于性别的社会化，男生对数学更感兴趣，因此导致了男生更努力地学习数学，进而有更好的数学成绩。按照数学兴趣进行匹配，可以先对当地高中所有学生进行数学兴趣测试，按数学兴趣水平由低到高抽取 25 个男生，然后给其中的每个男生找一个在数学兴趣测试得分上水平相当的女生。这样，我们就得到了按照数学兴趣匹配的由 25 男和 25 女组成的匹配组（总共有 50 个研究参与者）。这两组在**数学兴趣变量**（你所担忧的无关变量）上是类似的，但在性别（自变量）上不同。要完成这项非实验研究，就得测量这 25 个男生和 25 个女生的**数学成绩**（因变量），看是否有不同。如果真的不同，就说明不是由于数学兴趣导致的（因为这两组在数学兴趣水平上是类似的）。

在自变量是定量变量的情况下，匹配也是可以使用的。假定自变量是数学学习动机水平（定量变量取值由低到高分别是 1 到 10），因变量是实际的数学成绩，作为竞争性解释而想要排除的无关变量是平均成绩（即 GPA，是总学业成绩的代表）。你的研究假设是高学习动机导致高数学成绩。在这个例子中，你可以通过在 10 个数学学习动机水平的每一个层次上找到高中低 GPA 的学生来匹配无关变量。也就是说，对于低学习动机学生，要划分出高中低 GPA 层次。对于下一个学习动机水平，也同样要划分出高中低 GPA 层次。你要在 10 个动机水平上都进行这样的工作。[1] 这样，我们就得到了实验匹 配组。自变量（学习动机）和匹配变量（GPA）会因此而不存在关系，也就不会混淆。如果你仍然观察到学习动机与数学成绩之间的关系，那就说明不是由 GPA 导致的（因为这两组在 GPA 水平上是类似的）。

匹配的核心思想是为应对因果关系的第三个条件（表 13.1）来加强非实验研究。也就是说，匹配是用来排除由于无关变量导致的替代性解释的。然而，不幸的是，匹配因其一系列的缺点而限制了其使用。我们列举了如下 7 个主要的限制性：

1. 因为必须寻找满足条件的被试，匹配会变得难以处理。这是一个严重的限制，除非你有较多的可供挑选且可研究的被试。
2. 研究者经常不能为被试找到匹配对象，许多潜在的匹配对象被排除在研究之外。
3. 通常对于相关关系的替代性解释不止一种，因此就要匹配不止一个变量。

[1] 如果定量自变量有超过 10 个层次，建议你将它缩减成更少的分类，以方便匹配。

4. 研究者必须清楚要匹配的无关变量是什么。

5. 研究者必须确保按照所有适宜的变量进行匹配。

6. 如果从不同的群体中进行匹配（例如，不利组和有利组的匹配依据可能是来自预测试中的极端分数），那么随着研究的进展，回归因素就会影响内部效度。

7. 由于被试的选择是出于匹配的目的而不是出于代表一个总体的目的，这样匹配会产生一个不具代表性的样本。因此，就难以具备推论的普遍性。

无关变量恒定法

当使用这个控制方法时，研究者通过将研究限制到特定的亚组，将无关变量转化为一个常量。例如，如果性别可能起到无关变量的作用，那么就可以通过在研究中只涉及女性来将性别变量转化为常量。如果研究对象都是女性，那么性别就不再是一个变量。最重要的是，如果所有的被试都是同一性别，那么性别就不可能影响自变量和因变量之间的关系。如果你担心年龄是一个混淆无关变量，那么可以将研究对象限定为年轻人、中年人或老年人，甚至只限定为 16 岁的青少年。但这种方法有一个严重的问题，即研究者不能将研究结果推广到研究之外的其他类人群。或者说，研究的普遍性（外在效度）是有限的。例如，如果研究只对 16 岁青少年进行，那么研究结论也只适用于 16 岁青少年。

统计控制法

统计控制法是最常用的控制非实验研究无关变量的方法。当在统计上控制一个或多个无关变量时，研究者使用统计学方法来排除无关变量的影响。多数统计控制技术都被称为**一般线性模型**（general linear model）或者 GLM（Knapp，1978；Tabachnick & Fidell，1996；Thompson，1998）。一般线性模型是许多教育研究中使用的统计方法的“亲本”（更多的 GLM 请参见学生配套网站）。更正式地，通常用于控制无关变量的许多统计过程被称为一般线性模型的特例。

其中一种**一般线性模型的特例**（special case of the general linear model）被称为**偏相关**（partial correlation），它是用于检验两个定量变量的关系、控制一个或多个定量无关变量的方法（Cohen，1968；Cohen & Cohen，1983）。之所以被称为偏相关，是因为第三变量的作用是“部分被排除”或者在原初关系上被排除的。通常，在偏相关分析中的所有变量都必须是定量变量而不是类别变量。这里有一个相对简单的方法理解偏相关，如果你在无关变量的**每一个层次上**确定了自变量和因变量的常规的相关关系，你会得出多个相关关系（例如，无关变量有 10 个层次，就得出 10 个相关关系；无关变量有 100 个层次，就得出 100 个相关关系）。偏相关系数只是这些相关关系的加权平均值（Pedhazur，1997）。一个偏相关系数的范围和常规的相关系数是一样的（即，−1.00 ~ +1.00，0 表示不相关）。作为一项通用原则，如果研究者使用常规的相关系数（两个变量之间的相关关系）而不是偏相关系数（控制了一个或多个额外变量时两个变量的相关关系），那么你就可以断定他 / 她没有考虑无关变量。换句话说，如果研究者使用偏相关系数（或者其他控制方法），那么你可以断定他 / 她考虑了无关变量。一般说来，那些控制了无关变量的研究文献，你应当给予高度的评价。

另一种一般线性模型的特例是**协方差分析**（analysis of covariance，ANCOVA），这在前面的章节中也讨论过。ANCOVA 是用来控制定量无关变量以及确定一个类别自变量和一个定量因变量之间关系的方法（Pedhazur & Schmelkin，1991）。例如，在美国，性别（类别变量）和收入（定量变量）存在相关关系，男性通常比女性挣更多的钱。然而，你可能认为要控制受教育程度，也就是说想要确定这个差距不是由于受教育程度引起的。那么就可以将受教育程度作为一个竞争性解释（即你可以控制它），通过在受教育水平的各个层次上比较男性和女性平均收入水平数据来消除这一解释。你也可以通过电脑，用 ANCOVA 技术来分析数据，进而得出在控制受教育水平后性别和收入之间是否还存在关系。如果性别和收入依然相关，那么研究者可以得出这样的结论，即受教育水平作为对立假设被排除了。详细介绍 ANCOVA 和偏相关系数超越了本书的范围，但你可以记住 ANCOVA 表明了在控制定量无关变量（受教育水平）下，一个类别自变量（如性别）和定量因变量（如收入）之间的关系。

比起匹配法，统计控制法的优点在于，它允许研究者从总体中随机挑选被试样本进行研究（Pedhazur & Schmelkin，1991）（你不必像匹配法中那样因找不到匹配对象而排除数据中的样本）。为了在统计学上控制一个或多个无关变量，研究者除了收集自变量和因变量的数据外，还必须收集无关变量的数据（即收集所有重要变量的数据）。实际上，研究者是把无关变量融入到研究设计中。收集数据后，研究者会在数据分析期间控制无关变量（运用 ANCOVA、偏相关或其他方法）。但是统计控制法最大的限制在于研究者必须做出在实际中难以遇到的确切的统计假设（例如，随机抽取案例和常态人口数据）。

复习问题　13.9　非实验研究中使用控制方法的目的是什么？

插曲——在流行病学中的因果关系研究

到目前为止，在本章中我们已经概述了得出因果关系的三个必要条件和“控制”竞争性解释的方法。请记住：基于好的理论开展研究以及研究者对假设进行**检验**是非常重要的。因为要在非实验研究中得到因果关系的证据是非常重要的，但也是具有争议的，因此我们简要介绍了在流行病学领域里是如何获得因果关系的。请浏览展示栏 13.1，你可以用其中的思想来帮助你更好地理解因果关系的三个必要条件。在读完之后，你可以继续本章中的最后一部分，在其中我们沿着时间和研究目的这两个维度，确定了一个对非实验研究进行分类的有效方式。

展示栏 13.1　流行病学家如何确定因果关系？

流行病学是研究在总体中疾病的发生率、分布、病因和控制方法的医学分支。我们经常能在新闻中了解到一些流行病学研究的成果。尽管流行病学家喜欢进行强实验研究，但他们的研究问题和变量经常无法满足实验研究的要求。通过流行病学的例子来学习如何进行高质量的非实验研究是大有裨益的。

可能在流行病学的研究和分析方法发展上，最重要的人物要数奥斯汀·布拉福德·希尔（Austin Bradford Hill, 1897—1991）。他开发了一系列沿用至今的标准。但在使用这些标准时，不要忘记他的忠告：

这九个观点都不能明确地支持或否定一个因果假设，同样没有一个观点可以作为必要条件来使用。它们能做的是帮助回答这个基本问题，即“是否还有其他解释现象的方法”或者“事实上是否还有其他相同的或比因果关系更可能的答案”。（摘自 Doll, 1992, p.1523）

Bradford Hill 标准：

1. 关系强度：自变量和因变量之间的关系越强，这个关系就越不可能是由无关变量导致的。

2. 时间性：在逻辑上，原因应该发生在结果之前。

3. 一致性：通过在不同环境和不同测量条件下，由不同的人来对一个关系进行多次观测，能够提高一个发现的可信度。

4. 理论合理性：当结论是建立在合理的和理论化的基础之上时，更容易确定一个关系是因果关系。

5. 协调性：当没有和实验中的已知变量矛盾且没有合理的竞争理论与对立假设时，对一个关系的因果解释最为清楚。换句话说，这个关系必须和其他已知条件相协调。

6. 原因特异性：在理想条件下，结果只有一个原因，换句话说，如果预测一个结果是被一个主要的因素导致的，那么就增加了因果关系的可信性。

7. 剂量 - 反应关系：风险因素（即自变量）和人们在疾病变量中的状态（即因变量）之间应该有一个直接的关系。

8. 实验证据：任何基于实验的相关研究都能使因果推论更可信。

9. 类推：有时候在一个地区普遍认可的现象同样可以类推到其他地区。

以下是将这些标准运用到吸烟与肺癌的案例中的情况：

1. **关系强度**：吸烟者患肺癌的比率确实比非吸烟者患肺癌的比率要高（例如，一项研究估计吸烟者比非吸烟者患肺癌的可能性高 35%）。

2. **时间性**：在绝大多数案例中，吸烟发生于患肺癌之前。

3. **一致性**：不同的方法（例如，前瞻性研究和回顾性研究）都得出同样的结论，在不同人（如男性和女性）身上，这个结论也得到验证。

4. **理论合理性**：生物学理论表明，吸烟导致组织损伤，长时间则会导致细胞癌变。这个理论被高度认可。

5. **协调性**：吸烟导致肺癌这个结论让关于该疾病现有的生物学和历史学知识“讲得通”。

6. **原因特异性**：肺癌是吸烟发病率最好的预测。

7. **剂量 - 反应关系**：数据显示了吸烟和肺癌之间的正相关关系。

8. **实验数据**：在兔子耳朵上涂焦油的实验表明长期这么做会导致耳朵组织发生癌变。这样，就发现了烟草中的致癌物质。

9. **类推**：对实验室小白鼠的诱发吸烟实验显示了一种因果关系。因此将该结论类推到人类身上并不突兀。

参考文献：

Doll，R.（1992）.Sir Austin Bradford Hill and the progress of medical science. *British Medical Journal*，305，1521-1526.

Hill，B.A.（1965）.The environment and disease：Association or causation? *Proceedings of the Royal Society of Medicine*，58，295-300.

Susser，M.（1977）.Judgement and causal inference：Criteria in epidemiologic studies. *American Journal of Epidemiology*，105，1-15.

按照时间和研究目标维度对非实验研究进行分类

时间和**研究目标**是对非实验研究进行分类的两个重要维度。我们现在将详细地讨论它们，但如果你在一个矩阵中将这两个维度交叉（表 13.3），那么非实验研究的九种分类就明确了（Johnson，2001）。

要使用这个分类，你需要回答以下两个问题：

1. 收集到的数据是如何与时间相联系的（例如，数据是回顾性的、横断性的还是纵向性的）？

2. 主要的研究目标是什么（描述性、预测性还是解释性）？

你对这两个问题的答案会对应表 13.3 中的某一单元格。不必记住这九个单元格的名字（如，回顾性描述还是横向解释）。因为根据你对以上两个问题的回答就能得出名称。在写非实验研究设计时，你需要按这两个维度来告知读者该研究的特点，以便读者来评价你的观点。

现在，我们来更深入地探讨这两个维度。

表 13.3　按交叉研究目标和时间维度来划分的非实验研究类型

研究目标	时间维度		
	回顾性	横向性	纵向性
描述性	类型 1：描述性回顾研究	类型 2：描述性横向研究	类型 3：描述性纵向研究
预测性	类型 4：预测性回顾研究	类型 5：预测性横向研究	类型 6：预测性纵向研究
解释性	类型 7：解释性回顾研究	类型 8：解释性横向研究	类型 9：解释性纵向研究

来源：R.B. Johnson. Toward a new classification of nonexperimental quantitative research. *Educational Researcher*, 30，3–13. Copyright ©（2001） by the American Educational Research Association；reproduced with permission of the publisher.

非实验研究中的时间维度

在非实验研究分类学中的第一种维度就是时间维度（表 13.3）。理解时间维度非常重要的原因有两点。首先，研究者想要了解变量是如何随时间变化的（如孩子们长大后会发生什么变化？）。其次，在研究因果时，研究者必须建立正确的时间顺序，这就意味着每当我们谈及因果关系时，就得确定时间维度。根据处理时间维度问题的不同方式来说，非实验研究可以分为以下三类：回顾性研究、横向研究和纵向研究（见表 13.4）。

表 13.4　横向研究、纵向研究、回顾性研究总结

设计类型	描　述
横向研究	数据是针对多个变量（如性别、收入和受教育水平）在同一时间点上收集的。
纵向研究	针对一个或多个变量(如性别、智力水平、中学纪律问题、高中学业水平和辍学状况）按时间发展顺序收集数据。
回顾性研究*	收集到的数据用以呈现现在和过去状况（如辍学、吸毒和 GPA）。

* 如果收集到的过去的数据是和现在数据相结合的，那么你就建立了一个有时间结构的回顾性纵向研究。如果调查数据是在一个时间收集的，并且被试只被问及他们过去在变量上的状态，那么你就得到了一个有时间结构的回顾性横向研究。

横向研究

在**横向研究**（cross-sectional research）中，数据是由研究人员在单独的时间点或相对

较短而单独的时间段内收集的（如在一个充足的时间内，从研究挑选的所有参与者那里收集数据）。在横向研究中，数据通常来自多样的群体或不同类型的人（研究对象），例如，横向研究中的数据可能来源于男性或女性、不同社会经济阶层的人群、不同的年龄群体以及具有不同能力和成就的人群。

横向研究主要的优点在于可以在较短的时间内向许多不同类型的人采集数据。但横向研究也有一些缺陷。第一，很难建立时间顺序（因果关系的第二个必备条件）。如果仅在单独的时间点上收集研究参与者的数据，那么你不能直接测量参与者随时间的变化情况。通过理论，既有研究发现以及对自变量的理解（例如，你可以放心地推论成人的生理性别在教育之前就完成了，因为生理性别是在出生时就确定的），时间顺序在横向研究中也可以部分建立。这些建立时间顺序的技巧在实际观察面前相形见绌。一个相关的缺陷就是使用横截面数据对发展趋势（人们衰老时的变化）进行预测时会具有误导性。

假设你从 1 000 个成人（年龄在 18 岁或以上）中收集数据，当分析数据时，你发现年龄和政治保守主义是正相关的（参与者的年纪越大，政治保守主义就越明显）。但你不能据此放心地得出年龄导致政治保守主义，因为你并没有建立正确的时间顺序（因果关系的条件 2），你并没有排除竞争性解释（因果关系的条件 3）。牢记这一点：在横向研究中，具有不同年龄的人并不是同一群体，因此，你不能观察被试随时间的变化而正确地建立时间顺序。此外，老年人和年轻人可能在重要的无关变量上不同（例如，他们可能在受教育程度和历史事件经验上有所不同）。对这个关系的一个替代性解释就是你数据中较早一代的人（老人）一直都比新一代人（年轻人）要保守，这可能是由于一些历史原因。年轻人成长在不同的历史时期，他们年老后可能会有所不同。这样，你就不能得出一个强有力的结论来说明年龄导致人们更保守。

纵向研究

纵向研究这个术语是指随时间发生的研究。在**纵向研究**（longitudinal research）中，数据是在多个时间点或时间段收集的，研究者关注于经过时间跨度进行比较。尽管纵向研究需要至少两个不同的时间段，但为了解决具体的研究问题也可以在许多时间段里收集数据。趋势研究和专门小组研究是纵向研究的两个主要变式。拿纵向研究的例子来说，有一些仍是在不断进行的，参见扬、萨沃拉、菲尔普斯（Young，Savola，& Phelps，1991）的《社会科学中纵向研究详表》（*Inventory of Longitudinal Studies in the Social Sciences*）。尽管没有在本章讨论，但纵向研究还可以在定性研究中进行（例如，参见 Huber & Van de Ven，1995）。

趋势研究（trend study）是这样一种纵向研究形式，即独立样本（由不同人群构成的样本）是从跨时间段的总体中抽取的，并且在不同的时间点上询问被试同一个问题。

举例来说，在趋势研究中，你可能会在连续的 5 年里，每年都补充美国成年公民的新样本。趋势研究最常用、最典型的例子就是综合社会调查（General Social Survey，GSS）。自 1972 年以来，综合社会调查每年都会由位于芝加哥的全国民意研究中心的工作人员（National Opinion Research Center）进行。采访者会根据每年各种变量来记录大约 1 500 名随机抽取的成年（18 岁以上）被试的状态（Davis & Smith，1992）。

另一个纵向研究的主要类型是**专门小组研究**（panel study）[1]，是指在连续的时间点上对**同样的研究对象**进行研究。研究者的目标是理解为什么专门小组成员会随时间流逝而发生变化。由于研究者是开始于当下，并向前进行研究，前瞻性研究（prospective study）这个术语也同样适用。例如，选择 200 名新教师，并在接下来的 10 年内对他们进行跟踪研究（也就是说每隔一年对他们进行访谈），你就得到了一个专门小组或前瞻性研究，你要始终研究同一群人。在专门小组研究中为强化研究设计，被试通常是从多个年龄同期组群中选取的。一个**同期组群**（cohort）就是属于相同类型或具有同样特征的人群。例如，一个研究者可能持续 3 年跟踪来自 3 个年龄组群的被试。如果在这个研究中的儿童第一年为 5 岁、7 岁和 9 岁，在研究的第二年他们就为 6 岁、8 岁和 10 岁（假设研究在每年的同一时间进行），在研究的第三年或研究的第三波则为 7 岁、9 岁和 11 岁。很明显，专门研究小组中的被试年龄会随时间增长，这就意味着被试的平均年龄也会随时间增长，到了某一时刻继续进行专门小组研究就是不可能的了，因为所有的被试都会年老而死!

我们假设你在 2010 年对 1 500 名随机挑选的能代表美国公民的被试进行访谈，但这些被试会在日后逐渐失去代表性（例如，2020、2030 和 2040 年），这是因为美国人口在持续发生变化（例如，美国出生人口、移入、移出人口不断变化），而专门小组研究却没有随时间的发展补充新的被试。关键在于，即使没有被试退出研究，专门小组和目前的人口也会逐渐产生差距。这就对外部效度构成威胁，因为它限制了专门小组研究结果推广到现有总体中的能力。

一个更大的问题是**差异性流失**（differential attrition），这个问题会在被试不随机退出研究时发生（也就是，当退出的人与留下的人并不相似时）。换言之，当某些被试退出研究时这个问题就会发生。因为在某些被试退出研究后，专门小组就不再代表总体，因此差异性流失会降低外部效度。此外，差异性流失也会降低内部效度（建立因果关系证据的能力）。例如，假定你在研究儿童随年龄增长使用有效学习策略的情况，你的假设是年龄对使用有效学习策略有因果影响（也就是，年龄大的儿童会比年龄小的儿童使用更有效的学习策略）。然而存在一个问题就是，如果学习动机较低且策略不太有效的被试（例如，儿童使用不成熟或低效的策略）退出专门小组，你就可能错误地简单推断

[1] 专门小组研究也在实验研究中使用。在研究因果关系时，对专门小组研究进行变量控制会使研究更为有力。

出有效策略的使用会随年龄而增加这个结论。而实际上这是由于低效策略的使用者随时间发展退出了研究，而高效策略的使用者则一直留在研究中。因为差异性流失会导致一些问题，所以研究者应该提供关于退出研究的被试信息以及可能对其结论造成的潜在影响。

专门小组研究有一个主要的优势在于，能够更好地满足因果关系的第二个条件（恰当的时间顺序），因为你是在时间变化过程中对被试进行研究的。**因此，就研究因果关系来说，专门小组研究要比横向研究更有力**。此外，因为可在发生水平上测量变化（被试变化范围内），因此**专门小组研究也优于趋势研究**。在趋势研究中，必须在不同的时间对不同的被试进行研究，但在专门小组研究中，则可以在时间变化过程中对同一被试进行研究。专门小组研究中的一个策略就是根据自变量将原样本拆分为几个组，并对其进行跟踪并记录他们发生了什么。另一个策略是识别在一个变量上发生变化的被试和在这个变量上没发生变化的被试，然后调查有助于解释这个变化或不变化的因素。

譬如，假设"在 10 年级开始吸毒的学生比不吸毒的学生更可能辍学"。要检验这个假设，你需要选择一个 9 年级学生的样本，并在接下来的 5 年对他们进行持续采访。你需要识别在 10 年级开始吸毒的学生并在后续的时间内将他们和其他学生进行比较，以寻找这两组的差异。或者想要检验在高中前期（9 年级或 10 年级）就吸毒的学生比在高中后期吸毒或不吸毒的学生更容易辍学。你需要像之前那样，在数据分析时将你的样本分类，来看看是否较早吸毒的学生比较晚吸毒或不吸毒的学生更容易辍学，以确定假设是否成立。你也可以通过分析数据来检验附加假设或者指出其他和吸毒有关的行为或态度（譬如，同龄人吸毒、成绩不佳、自尊心低、家庭问题等）。

医学研究者已经有效地使用前瞻性专门小组研究来帮助证明吸烟导致肺癌这个命题（Gail，1996）。在一项典型的研究中，就多个无关变量对两组被试（吸烟者与非吸烟者）进行匹配，然后跟踪他们一段时间。由于最终目标（但是可能无法达到）是两组之间唯一的重要差异在于被试的自变量状况，因此研究者使用配对法来使这两组尽可能相似。然后研究者对其进行追踪研究，记录他们患肺癌的相对比率。研究者同样检查了**剂量 - 效应关系**（dose-response relationship），也就是检验吸烟数量和患肺癌可能性之间是否存在正相关关系。

像这样的前瞻性研究在满足因果关系的前两个条件上效力很强。因为两组显现出不同的肺癌发病率并且发现了剂量 - 效应关系，所以吸烟和肺癌的关系可以很清楚地建立。由于被试是在患肺癌前后被调查的，所以时间顺序也很好地得到建立。研究者使用各种控制方法来帮助建立条件 3（即，排除替代性解释）。如前面提及的，匹配法是用来创建相似的组。在数据分析过程中，统计控制用来进一步控制无关变量。尽管前瞻性研究可以用来排除许多替代性解释，但是仍然不能排除所有。关键在于吸烟与肺癌之间的关系中没有找到**合理的**替代性解释。

吸烟导致肺癌的科学观点（Gail，1996）是基于大量相关研究的证据。在建立这个因果关系时，最重要的人类研究就是前瞻性专门小组研究。**记住：专门小组研究是建立因果关系的一个相对有效的非实验研究方法**。但是，前瞻性研究通常耗资耗时，因此，纵向研究不如横向研究普遍也就不足为奇了。前瞻性研究通常在规模较大的大学开展，在联邦基金和众多职员的保证下才能进行。

回顾性研究

在**回顾性研究**（retrospective research）中，研究者通常从因变量出发（观察到的结果），然后“适时往前追溯”，找出有助于解释被试目前在因变量上状况的变量信息。回顾性研究是最早用于推论吸烟导致肺癌的方法之一（Gail，1996）。医学研究者比较肺癌患者和非肺癌患者的吸烟习惯后发现，吸烟者比非吸烟者肺癌发生率更高（Wynder & Graham，1950）。回顾性研究可以基于对过去事实数据的收集，或者研究者通常使用回顾性问题来了解被试的过去。**回顾性问题**（retrospective questions）使得被试回忆之前发生的事情。在吸烟这个研究中，会问及吸烟者这样的回顾性问题，即“他们第一次吸烟是多大年纪？”“第一次吸烟吸的哪种烟？”等。

在研究高中生吸毒情况时，可能涉及以下的回顾性问题：你在高中的时候吸毒吗？你最常使用何种毒品？吸毒的频率是多少？是谁介绍你吸毒的？吸毒后你的成绩是否下降？当你成绩下降时，你是几年级？由于被试对于过去的回忆可能不尽精确，在问回顾性问题时，你要格外留心。如若可能，你要试着通过收集其他确定的信息来证实这些回顾性的答案。例如，如果某个被试说他 / 她在 10 年级时成绩下降，那么你就应该去查询学校记录以验证他 / 她的说法。显然，研究者不能总是证实每一个发现，但对于那些证实了一定成果的研究，你要提升对它们的评价。

非实验研究中的研究目标维度

在非实验研究分类中的第二个维度（表 13.3）是研究目标维度。在确定使用非实验研究时（因为没有操纵变量和随机分配），你就要确定你的主要研究目标。[1] 在第 1 章中我们讨论了五个主要的研究目标，即探索、描述、预测、解释和影响。非实验定量研究经常选取其中的三个目标，即形成描述性研究、前瞻性研究或解释性研究。研究目标的确定也会影响你对其他问题的思考。例如，如果想要进行一个解释性研究并获得因果关系的证据，你就应该提出要检验的理论假设、使用控制方法（如统计控制和匹配法），并在可能的情况下收集纵向数据，因为这些能够强化非实验研究设计。现在，我们将分

[1] 在阅读出版的研究文献时，记住有的研究可能具有多个研究目标。

别解释与目的相关的三种非实验研究，并举例说明。

描述性非实验研究

描述性研究（descriptive research）最主要的目的是对一个情境或现象的状况、特征提供一个准确的描述或图景。它的关注点并不是找出因果关系，而是描述在给定情境下的变量，有些时候则描述存在于一些变量之间的关系。查阅研究文献中的研究问题或研究目的，你就会了解哪些研究属于**描述性研究**。进行描述性研究通常遵循以下三个步骤：（1）随机从一个确定的总体中选择样本；（2）确定样本特征；（3）基于样本特征推断总体特征。

教育工作者有时进行描述性研究是要了解人们的态度、观点、信念、行为和人口统计资料（如年龄、性别、民族、受教育水平）。尽管描述性研究通常会使用数据收集的方法，但这种方法（即第 6 章所讨论过的问卷或访谈提纲）在预测性和解释性研究中也同样可以使用（参见 Babbie，1990；Finkel，1995；Kerlinger，1986；Kiecolt & Nathan，1985；Rosenberg，1968；Stolzenberg & Land，1983）。另一个主要进行描述性工作的研究领域是测评领域。测验开发者持续开发并改善测评手段，他们基于信效度系数做出判断，并在这个描述性信息基础上检验在多种环境下的不同人群测验的有效性。

另一个著名的描述性研究是西尔斯、肯尼迪和凯（Sears，Kennedy，& Kaye，1997）的“迈尔斯 - 布里格斯准教师的性格特征”。研究者对 4 483 名即将毕业且正考虑进行教育专业深造的大学生进行迈尔斯 - 布里格斯性格测试（Myers-Briggs personality test）。他们的目标是基于这个性格测试来提供关于准教师的描述性信息。他们还在几年后查阅这些学生的记录来看哪些学生顺利毕业以及他们选择了何种教育专业。

研究发现这些准小学教育工作者的主要个性特征是 SFJ（感觉、情感和判断），他们把 SFJ 描述为“热情、友善、有责任心和爱心的”（Sears et al.，1997，p.201）。相比之下，准中学教育工作者的主要个性特征是 NTJ（直觉、思维和判断），他们把 NTJ 描述为“关注理论、倾向于调查可能性和联系的、投入于复杂、创新与改变”（Sears et al.，p.201）。由于这些个性特征，研究者预测一旦他们工作后，主修中学教育的可能会比主修小学教育的老师更能带来教育革新。如果研究者在未来的研究中检验这个预测，那么现在就得到了一个前瞻性研究，这是我们下面要讨论的内容。请记住：描述性研究的关键在于研究者收集的是用于描述的数据。

前瞻性非实验研究

前瞻性研究（predictive research）是指我们可以基于一个或多个自变量（预测变量）来预测一个或多个因变量（标准变量）的未来状况（Pedhazur，1997）。举个例子，大学招生办往往会根据学生的高中 GPA、入学成绩、性别和学校类型（公立 / 私立）来预测学生成绩。保险公司往往会预测谁可能会遇到交通事故、谁会生病、谁会受伤、谁会自然老死（这就是为何男性和青少年的汽车保险费率更高）。雇主往往会预测谁会是快乐而多产的雇员。经济学家则可能想要使用领先指标来预测美国经济表现。教育工作者则对谁有较差学业表现、吸毒、辍学、翘课的倾向感兴趣。关键点在于，如果研究者是想看看他 / 她可以在多大程度上基于一个或多个自变量（预测变量）来预测一些结果，那么这类研究就是前瞻性研究。

戴克曼、戴林、多伊尔和弗拉麦（Dykeman、Daehlin、Doyle & Flamer，1996）提供了一个前瞻性研究的例子，名为《学校暴力的心理学预测变量：对学校辅导员的影响》。他们想要找出三个心理学概念是否能够用于预测学生在 5 ~ 10 年级的暴力行为。使用的第一个心理学预测变量是测试冲动性。研究者的假设是越容易冲动的儿童越容易发展暴力倾向。第二个则是测量同情。研究假设是暴力和同情之间有负相关关系（即越具有同情心的儿童越不可能发展暴力倾向）。第三个预测变量是内外控倾向。内控型的人往往会根据他们自己的行动或决定来看待经验。研究假设是内控型的人比外控型的人更不容易发展暴力倾向。

研究者使用了一种叫作多元回归的一般线性模型来确定这三个变量在何种程度上预测了暴力性。结果表明，这三个预测性假设都得到了支持。冲动性是这三个预测变量中最重要的。作者指出暴力预防计划的目的可能在于：

> （1）改变群体暴力规范；（2）改善家庭关系特征；（3）改善同龄关系技能；（4）减少药物滥用；（5）减少冲动；（6）提高同情；（7）产生内控性心理（Dykeman et al.，1996，P.44）。

其中最后三点是直接以前述研究的数据为基础的。

解释性非实验研究

在**解释性研究**（explanatory research）中，研究者关注的是检验用于解释一个现象为什么以及如何运作的假设或理论（Pedhazur，1997），其目标是理解研究的现象。当然研究者也关注因果关系证据的建立。虽然实验研究是最有力的因果关系解释性研究形式，但是你已经在本章中了解到许多重要的自变量难以操纵，这就意味着只能使用非实验的解释性研究。

一个解释性非实验研究的例子就是金默森、卡尔森、罗泰特、埃格兰德和斯罗夫（Jimerson，Carlson，Rotert，Egeland & Sroufe，1997）的《关于早期留级的相关性和结果的前瞻性、纵向性研究》。了解早期留级（不能促进孩子的发展）的影响很重要，但操纵这个自变量仍然是不道德的（即，你不能随机分配学生留级或升级）。因此，留级影响的研究只适用于非实验的解释性研究。

在金默森等人（Jimerson et al，1997）的研究中，留级组来源于一个被试为处于危险中的儿童及其家长的长期大型研究。对照组也相应地从被试中选取相似的低成就升级的学生（非留级组）。为了比较出留级或升级的影响，留级组和非留级组在学习能力和学业表现上是匹配的（因为研究者想将低成就的留级学生与低成就的升级学生进行比较）。同时，在进行比较时为了使其他变量一致，研究者使用了统计控制方法（之前的章节中有所讨论）。推动研究的实际问题在于成绩差的学生应该留级还是升级。

该研究的重要结论如下：留级的学生在数学成绩上表现出短期的进步，然而当学习新知识时，这种进步就消失了。留级学生和没有留级的学生在大多数社会人格适应能力测试和行为问题测试上都没有差异。唯一发现的差异是升级的学生在升级后的几年内情绪更能得到调整。研究者得出结论，“从本质上来讲，尽管多一年，留级的学生和低成就升级的学生没有什么不同……而且（他们）在升级或留级之后继续保持着类似的年级水平”（Jimerson et al.，1997：p.18）。简而言之，这项研究证实了许多相关研究的结果，即认为小学留级几乎没有达到预期的效果。总之，留级似乎并不是一个提高儿童成就水平、心理适应能力或减少问题行为的有效策略。

另一种日趋流行的解释性研究形式是因果建模（Asher，1983；Maruyama，1998；Pedhazur，1997；Schumacker & Lomax，2004）。尽管因果建模的许多细节是超出本书范围的，我们仍会涉及一些基本的概念性观点。**因果建模**（causal modeling）是这样一种程序：研究者假定一个因果模型，然后以实证的方式检验这个模型，从而确定模型在多大程度上适用于这些数据。研究者基于已有的研究发现和理论思考来开发和改良因果模型。因果模型描述了多个变量之间的相互关系，用于解释一些理论过程是如何运作的。它的同义词有**路径模型**、**结构模型**和**理论模型**，它们是可以互换的。

在图 13.3 中呈现了一个假定的四变量因果模型。这四个变量分别是家长参与、学生动机、教学质量（学校教师）以及学生成绩。每一个箭头代表一个假定的因果关系，任意两个变量之间的因果关系都是**直接效应**（direct effect），也就是说箭头出发方的变量影响了箭头接收方的变量。例如，在家长参与和学生动机之间有一个箭头（家长参与→学生动机），这表示假定家长参与和学生动机有直接效应。但是需要意识到这一点，这只是理论上的，假设家长参与影响学生动机（而不是学生动机影响家长参与）。没有实验研究数据佐证，这样的推断也只是试验性的。

箭头上的数字被称为**路径系数**（path coefficients），它提供了研究中基于数据收集的直接效应的定量信息。如果路径系数是正的，那么这两个变量就是正相关关系（一个变量增加，另一个变量也增加）。如果路径系数是负的，那么这两个变量就是负相关关系（一个变量增加，另一个变量则减少）。如相关系数一样，你可以通过看路径系数的大小来解释关系的强度。在图 13.3 中，学生动机与学生成绩之间的数字为 0.76，这就表明学生动机与学生成绩之间是正相关关系。

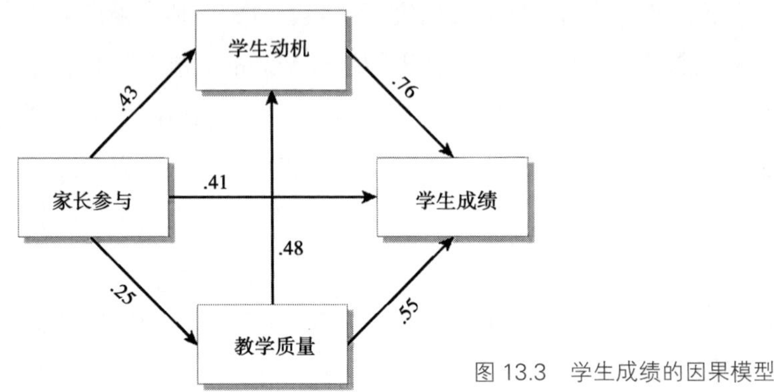

图 13.3　学生成绩的因果模型

再看看这个因果模型中的其他箭头，并试着回答这些问题：第一，假定哪两个变量对学生动机有直接效应？第二，假定哪个变量对教学质量有直接效应？第三，假定哪三个变量对学生成绩有直接效应？［答案是：（1）模型显示学生动机受到了家长参与和教学质量的影响；（2）教学质量受到了家长参与的影响；（3）学生成绩受到了家长参与、教学质量、学生动机的影响。］

除了表明假定的直接效应，因果模型也显示了假定的间接效应。当一个变量间接地影响另一个变量时，**间接效应**（indirect effect）就发生了。也就是说，间接效应发生于一个变量通过**中介变量**（intervening variable）影响另一个变量时。在第 2 章中我们定义过中介变量，如果 A → B → C，那么 B 就是一个中介变量（在 A 和 C 之间发生）。进一步说，变量 A 通过中介变量 B 对变量 C 产生间接影响。只要在因果关系链中一个变量位于其他两个变量之间，它都被称为中介变量。（参考学生配套网站上关于此主题的更多补充材料。）

既然已经了解了什么是间接效应，那么接下来可以看看在图 13.3 的因果模型中你是否能找到一些间接效应？正如你所看到的，教学质量通过学生动机对学生成绩有间接效应，学生动机是一个中介变量。教学质量也对学生成绩有直接效应，因为箭头从教学质量直接指向了学生成绩。也就是说，一个变量既可以对其他变量有直接效应也可以有间接效应。同样地，家长参与通过教学质量和学生动机对学生成绩有间接效应。即使是在一个相对较小的因果模型中也有一定数量的间接或直接关系。

图 13.4 显示了另一个因果模型的例子。这个模型是由卡拉白尼克和夏尔马（Karabenick & Sharma，1994）开发并测试的，发表于《教育心理学报》（*Journal of Educational Psychology*）。它表明影响学生课堂发言的几个可能变量。研究者从 1 327 个大学本科生中收集数据以检验这个模型。在收集数据后，运用一个叫作 LISREL 的统计程序来计算路径系数（箭头上的数字）。观察这个模型并看看研究者是否很好地解释了导

致学生问或不问问题的因素。

研究者原初开发的理论模型看上去与图 13.4 的模型很相似，只是它包括了一个从“感知到的教师对提问的支持”到“提问”之间的箭头。因为基于研究数据，这条路径最终被证明是不重要的（不具备统计显著性），从图 13.4 中的最终模型可以看到，研究者排除了这一条。在因果模型领域中，去除被统计学证明不重要的路径是一种常见的做法，它有时被称为**理论修正**。图 13.4 中的路径被证明是重要的。

通过观察箭头上的路径系数，你可以确定直接效应的强度和方向。例如，抑制和提问之间的路径系数为 −0.35，这就意味着抑制对提问影响是较小的，并且是负相关。回顾相关系数的学习，当两个变量在相反的方向运动时，一个负相关关系就出现了。在这个例子中，学生越感到被抑制，就越不可能提问。不足为奇的是，困惑对提问的影响是较小的（+0.31），且是正相关（例如，学生困惑越多，他们提问的可能性越大）。类似地，你可以观察其他路径。

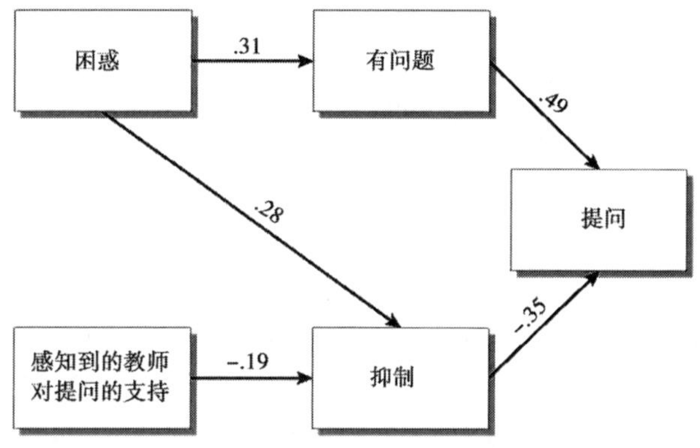

图 13.4　提问的因果模型

来源：From S.A. Karabenick and R. Sharma.（1994）. Perceived teacher support of student questioning in the college classroom：Its relation to student characteristics and role in the classroom questioning process. *Journal of Educational Psychology*，86（1）, 90-103. Copyright © by the American Psychological Association. Adapted with permission of the author.

注意何时变量通过中介变量影响其他变量，你就能发现图 13.4 中的间接效应。例如，感知到的教师对提问的支持并不直接影响提问（如没有直接箭头），然而它却通过抑制这个中介变量对提问有间接效应。同样地，困惑通过有问题和抑制间接影响提问。换句话说，困惑对提问有两个间接效应。虽然很复杂，但这种复杂却是有优势的，因为它更接近于现实世界的一小部分的运转情况。研究者也能在一张图中来交流他们理论中所提出的各种关系。这些复杂的因果模型经常在非实验研究中使用（虽然有时候也在实验研究中使用）。需要注意的还有，尽管常见的因果模型是基于横向数据（在单一时间收集到的数据），但因果模型正越来越多地基于纵向数据（在多个时间点上收集到的数据）。一条普遍规则是：基于实验的因果模型提供了最坚实的因果关系证据，基于纵向数据的因果模型次之，而基于横向数据的因果模型最次。然而，即使是基于横向数据，因果模型的建立也代表着因果比较研究和相关研究中简单案例的极大改进。

复习问题　13.10　非实验研究的何种类型是得出因果关系的最佳选择？横向研究、趋势研究、同期组群研究、专门小组研究（即前瞻性研究）还是回顾性研究？为什么？

13.11　解释直接效应与间接效应的区别。

13.12　列举出因果建模的一个优点与缺陷。

小结

在非实验研究中并不控制自变量，但会比较组间差异并研究变量之间的关系。如果研究问题是有关无法操纵的自变量，那么非实验研究就是一个合理的选择。一小部分不能被操纵的自变量为性别、教养方式、留级、种族和智力。在使用非实验研究方法时，如果想要得到因果关系的证据，研究者需非常谨慎。因果关系有三个必要条件：（1）在变量 A 和变量 B 之间必须有关系；（2）变量 A 必须发生在变量 B 之前；（3）排除替代性解释。在非实验研究中，第三条往往是最实际的问题。要得出因果关系结论，研究者必须要控制任一可能解释变量之间关系的无关变量或第三变量。非实验研究中的三个关键的控制技巧是：（1）匹配；（2）无关变量恒定化；（3）统计控制法。

非实验研究有时候按时间维度分类。如果数据是在单一的时间点或时间段收集的，那么就是一个横向研究；如果数据是在时间序列中的多个时间点收集的，那么就是一个纵向研究；如果数据是回溯过去收集的，那么就是一个回顾性研究。非实验研究也按主要的研究目标进行分类。以对一个情境或现象的状况、特征提供一个准确的描述或图景为目标的则为描述性研究；以预测变量或结果受自变量影响的未来状态为目标的则为前瞻性研究；以检验揭示现象如何运作的假设或理论为目标的则为解释性研究。因果建模是这样一种解释性研究程序，即研究者假定一个因果模型，然后以实证方式检验这个模型，并确定模型在多大程度上适用于这些数据。

问题讨论

1. 你觉得哪种非实验定量研究最有趣：描述性研究、预测性研究还是解释性研究？为什么？
2. 为什么方法学家和研究者强调相关而不直接推出因果？
3. 在非实验研究中，研究者该怎样解决因果关系问题？研究者是怎样去满足因果关系的三个必要条件的？他们是如何增强研究设计来超越相关研究和因果比较研究的简单案例？既然一旦超越了简单案例，你就不再需要使用相关和因果比较这两个术语，但你需要根据数据的时间维度和研究目标维度告知读者研究的属性。
4. 你能想到两个相关但并不具备因果关系的变量吗？（表 13.2）
5. 你认为何种数据提供了最坚实的因果条件 2（恰当的时间顺序）的证据，回顾性研究、横向研究还是纵向研究？
6. 仔细观察展示栏 13.1 流行病学家是如何确定因果关系的？回答下列问题：你认为这个列表如何？你认为哪个标准最为重要？你认为它是怎样融入因果关系的三个必要条件的？

研究练习

1. 在以下每一个研究目标上思考一个有趣的非实验教育研究案例，并解释为什么它是非实验研究而不是实验研究。

a. 解释性
b. 预测性
c. 描述性

2. 搜索学校图书馆的数据库，找到并列出几个基于如下研究目标的非实验研究文献的题目。
   a. 预测性
   b. 解释性
   c. 描述性

   同时提供这三篇文献附说明的资料目录，并解释你这样划分的理由。

3. 学习如何进行非实验研究时，检阅出版的非实验研究文献是大有裨益的。对一篇文献进行阅读并做 2 页述评，述评分为以下四部分：
   （1）目标
   （2）方法
   （3）结果
   （4）优缺点

行动研究日志

提示：当行动研究者不进行实验研究时，他们非正式地开展非实验研究——持续地观察他们领域中的前因后果，并思考他们之后是如何在其实践地点试图构建这些关系。

1. 你能否想到收集一些有助于理解你的学生或被试的非实验定量研究数据?
2. 当你声称一个变量导致另一个变量时，为什么因果关系的第三个必要条件（排除替代性解释）如此重要?

Chapter 14

第 14 章

定性研究

Qualitative Research

学习目标

- 能够列出并定义巴顿的定性研究的 12 个主要特征；
- 能够比较本章讨论的四种主要定性研究方法（现象学、民族志、个案研究和扎根理论）之间的差异；
- 能够定义和解释后结构主义和后现代主义；
- 能够定义和解释现象学方法；
- 能够定义和解释民族志方法；
- 能够定义和解释个案研究法；
- 能够定义和解释扎根理论方法。

现实生活中的研究——定性研究方法

1999 年 4 月 20 日，丹佛警察局的警官约翰·利兹上午 11 点后接到一通短促的电话，这通电话在其余生中一直萦绕不散。他接起电话听到一名警察同事的儿子马修·迪皮尤说，为了躲避持枪的学生，马修和其他 17 名科隆比纳高中的学生一同被困于学校外餐馆的仓库里。利兹告诉孩子们用椅子和食品袋顶住库门时，还可以听见阵阵枪声在操场上响起。在利兹和迪皮尤通话过程中，利兹还能够听得见枪手们好几次试图闯入仓库。有一次，枪手们猛击仓库大门，迪皮尤平静地告诉利兹他确定自己必死无疑。

埃里克·哈里斯和迪兰·科利鲍两名枪手像往常一样开始了他们的一天。上午 6:15 开始保龄球课，当他们都打出了全倒或补中时会高呼“胜利万岁”以示庆祝，他们常常这么做。到了上午 11 点，哈里斯和科利鲍穿着带有自己标志的军用短上衣和弧形墨镜走入科隆比纳餐馆。丹尼·罗当时坐在离餐馆不远处的山坡上，他看见其中一个枪手脱掉上衣，露出一些看起来像手榴弹的东西。另一个枪手点着一些鞭炮并扔进了学校的入口。其中一个枪手挥舞着半自动步枪指向一名 17 岁的高一男生，并打中了他的大腿，当他试图跑开时又打中了背。杀手们随后转向丹尼·罗和他的朋友们，并打中了其中一个人的膝盖和另一个人的胸，当时罗和朋友们正走向餐馆，而餐馆里大约有 500 名学生。到凶手自杀、恐怖活动结束时，已有 12 名学生和教师死亡，23 名学生严重受伤。

这起悲剧事件之后，许多美国人一直在思考的最重要的问题就是“为什么会这样”！埃里克和迪兰都是来自和睦富裕家庭的聪明孩子。案发后立即涌现了各种解释。电视、动画片、漫画书、音乐、游戏和电影上的暴力也许是原因之一，网络上可获得怎样制造炸弹的信息也可能是原因，美国社会中青少年可以接触到枪支同样可能是潜在的原因（Dority，1999）。

在这些可能性中，人们怎样才能找出埃里克和迪兰杀戮狂欢最可能的原因？尽管我们不能获知所有的理由，但心理学家可以对凶手进行大量定性访谈，研究他们的生活史，访谈凶手的朋友、同学、老师和家庭去获得一些资料。总有一天，通过对多个案例的研究，心理学家和教育者可以提出一个可行的理论，以便解释为什么这样的暴力事件会发生，父母、教师和学生可以做些什么来防止未来暴力事件的出现。定性研究方法在研究此类问题及提出可供未来发展的解释时十分有用，本章将帮你熟悉定性研究的四种主要模式。

在第 2 章中，我们将**定性研究**（qualitative research）定义为主要收集定性资料（非数值的资料，如文字和图片）的研究。定性研究者倾向于依赖科学方法中的归纳法。此研究方法的主要研究目的就是探索和发现。这意味着定性研究通常是以开放的方式研究某一现象，没有预设，研究者提出的假设和理论解释是建立在对其所观察事物的解释之上的。定性研究者喜欢按照自然运行的方式去研究世界，而不去操控它（像在实验研究中一样）。在观察中，定性研究者尽量不去关注他们自己。也就是说，他们不引人注目，这样就不会影响被研究的自然发生的行为。定性研究者将人类的行为视作极富生气而不断变化的，因此他们主张在一段时间内深入研究现象。定性研究的成果通常是一份细致描述（生动和细节的描写）的叙述式报告，而不是一份资料式报告（有大量的数字和统计检验结果的报告）。

在图 14.1 中，我们列出了定性研究中的八个常用步骤。在一项简单的定性研究中，研究者也许会按照这些步骤而一步步去完成。然而，重要的是你需要明白，定性研究者并不总是以线性的方式去遵循这八个步骤（即步骤 1，然后步骤 2，步骤 3，等等）。通常，定性研究者在研究之初会选择一个研究主题，提出一些初步的问题。然而，在资料收集和分析过程中，如果发现这些问题比较幼稚或者没有那么重要时，可以变更或修改。这也是为什么定性研究常常被称为**偶发的**或易变的研究类型的原因之一。在进行定性研究时，研究者要表现得像一个侦探或小说家，探寻所有可能感兴趣的和受启发的信息。

因为定性研究通常要经历比较长的时间，所以定性研究中的资料收集和分析（步骤 4 和 5）具有纵向特征。在研究的初期或后期，研究者特意挑选出一些人进行访谈和 / 或观察。定性研究中的资料收集和资料分析（图 14.1 中步骤 4 和 5）通常是同时进行或循环进行的（例如研究者收集一些资料，分析这些资料，收集更多的资料，再分析这些资料，等等）。在整个研究过程中，研究者还要去验证资料及其解释（步骤 6 和 7）。例如，研究者要确定定性研究的效度，如你从第 10 章中所学到的（描述性效度、解释性效度、理论效度、内部效度和外部效度）。在研究结束时，研究者要完成研究报告（步骤 8）。

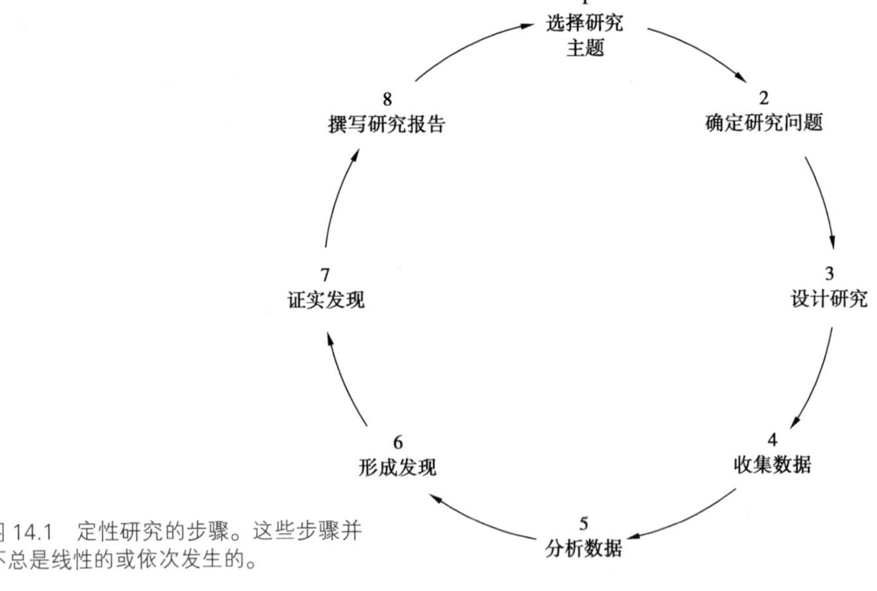

图 14.1　定性研究的步骤。这些步骤并不总是线性的或依次发生的。

为了进一步拓展你对定性研究的认识，我们在表 14.1 中列出了巴顿（Patton，1990）定性研究的 12 个主要特征。巴顿做了很好的工作，他简要地总结了定性研究的关键特征。在你学习定性研究时，他的列表将会很有帮助。尽管不是所有的定性研究都具有我们和巴顿所提到的所有特征，但这些都是定性研究非常典型的特征。此外，现今许多定性研究者深受所谓的后结构主义和后现代主义的影响，他们依赖于这些相当复杂的概念。我们在展示栏 14.1 中会解释这些概念。现在花一些时间，审视表 14.1 中列出的巴顿所描述的定性研究的关键概念，然后阅读展示栏 14.1 中对一些定性研究者喜欢引用的后结构主义和后现代主义的概念的介绍。

表 14.1　定性研究的 12 个主要特征

设计策略
1. **自然主义的探究**——研究真实世界自然呈现出来的情境；没有操纵，没有控制；以开放的心态对待所出现的任何结果（不对研究结果进行预设限制）*。
2. **偶发设计的灵活性**——以开放的心态对待随着理解的加深和 / 或情况的改变而进行的调整；研究者要避免陷入会消除反应能力的僵硬设计之中，要不断探索新的发现路径。
3. **目的抽样**——研究案例（如人、组织、社区、文化、重大事件、关键事件等）被选中是因为它们“信息丰富”且具有启发性，也就是说，这些案例为研究者感兴趣的现象提供了有用的说明；至于抽样，其目的在于深入了解现象，而不是要形成可以从样本推广到总体的经验性结论。
资料收集和实地工作策略
4. **定性资料**——能够产生详尽而有深度描述的观察；深入的调查；通过访谈获得关于人们个人视角和经验的直接引语；个案研究；细致的文献评论。
5. **个人经验和参与**——研究者直接联系并接近所要研究的人、环境和现象；研究者个人的经验和洞察力是调查的重要部分，对理解现象至关重要。
6. **情感中立与觉知**——访谈中的移情立场是寻求不带评价（中立）而间接感受到的理解，展现开放性、感受性、尊重、觉悟和响应性；在观察中，这意味着充分的呈现（觉知）。
7. **动态系统**——注重过程；不论焦点是否是个人、组织、社区或一个文化整体，假设都可以不断改变；因此，要注意系统和环境的动态性。
分析策略
8. **独特个案取向**——假定每个案例都是特例且独一无二。第一层次的分析就是如实地尊重事实并获取所研究案例的细节；跨案例分析源自于并依赖于每个个案研究的质量。
9. **归纳分析和创造性综合**——认真研究资料的细节和特性，以便发现重要的模式、主题和相互关系；在分析原理而不是分析规则的指导下，由探索开始，然后是证实，最后以创造性综合来结束。
10. **整体性视角**——将研究现象的整体当作大于部分之和的复杂系统去理解；关注复杂的相互依赖性和系统的动态性，这些特性不会有意地简化为一些离散变量和线性因果关系。
11. **背景的敏感性**——把发现置于一定的社会、历史背景之下；对于跨越时空进行推论的可能性或意义保持谨慎甚至是怀疑的态度；要仔细地比较案例分析并且推断在新情境中应用和修改模式的可能性。
12. **声音、视角和反思**——定性分析者表明并且反映自己的声音和视角；可靠的声音传递着真实性和确定性；完全客观是不可能的，纯粹主观会损害可靠性，研究者要注意平衡——真正地理解和描述世界所有的复杂性，同时做到自我分析、具有政治意识和反思意识。

来源：From M.Q.Patton，*Qualitative Research and Evaluation Methods*（3rd ed.），pp.40-41.Copyright 2002 by Sage Publications，Inc.，Thousand Oaks，CA.Reproduced with permission of the publisher.

展示栏 14.1　后结构主义和后现代主义的历史

后结构主义和后现代主义的观点提供了对通常所谓的“科学”的批判，这些观点是定性研究范式的一个重要部分。因此，清晰地理解这些名词的内涵是重要的，但你首先需要知道一些背景概念。第一个背景概念就是结构主义。

回首 20 世纪，在人类学、社会学和心理学中，结构（和结构主义）的观念是一个用

* 可参考大卫·欧兰德森《做自然主义的研究：方法指南》一书，该书中文版已由重庆大学出版社出版。

来解释人类行为的常见理论概念。结构主义的基本观念是存在一个超越个体的深层现实或“结构”。这个结构就是社会中社会现实的“科学”基础，是人们行为的动因。我们称之为社会、文化甚至心理的现实大部分都归因于深层结构。在所有社会中都可以发现的结构是家庭结构、成年礼、宗教、权力和语言。结构的内容会变化，但在所有的社会中相同的结构都以相似的方式存在并运行。我们不能“触碰到”这些结构，但说到底它们是存在的。

根据结构主义，个人生于社会/文化结构之中，这些结构会强烈影响到他们成为怎样的人，影响到他们将什么看作是真实的、重要的和善的。一个有意思的结构主义的概念是萨皮尔—沃尔夫假说（Sapir-Whorf hypothesis），宣称人类的思想与他们的语言相联系。如果一个词不代表任何事物，你就不能真正理解它，这个概念将不会存在于你的精神世界中。另一个有趣的结构概念是二元对立的概念，这个概念似乎存在于所有的社会中。例如，男人/女人，自然/文化，理性/感性，正常/疯癫，公立/私立，我们/他们，以及合法/非法。结构主义是一种决定论，因为它认为巨大的社会、文化和语言结构能提供什么，个人才能成为什么。人们遵从公认的规则，在社会化过程中按照定义的方式行动，或者基于他们日常生活中所见到的那样去活动。结构主义声称结构引起行为，不强调自由意志的地位，在这个意义上来说，结构主义是科学的。这个思想领域的代表人物是社会学家爱米尔·迪尔凯姆（Emile Durkheim），语言学家弗迪南·德·索绪尔（Ferdinand de Saussure）以及人类学家列维·斯特劳斯（Claude Levi-Strauss），这些人你还可以从网络上查阅并了解得更多（我们在这里列出他们的名字，是因为有时候你可能希望对这些重要的历史人物了解得更多）。结构主义依然是许多社会和教育理论的重要原理。

在介绍后结构主义和后现代主义之前，我们还需要思考第二个背景概念，就是现代主义。现代主义的观念可追溯至文艺复兴时期的人文主义，这一时期的人文主义坚信人类的优良品质、能力、学习和成就，与此前无所不在的至高无上的宗教形成对比。在16、17世纪的科学革命（例如哥白尼、笛卡尔、伽利略、牛顿）以及17、18世纪的启蒙运动（例如狄德罗、休谟 、洛克、伏尔泰）中现代主义进一步发展。科学革命的主题是自然世界可以在自然条件中被理解，自然世界遵从确定的法则；随着时间的推移，自然哲学家将可以充分勾勒出自然法则[直到1840年，现代意义上的“科学”一词才由威廉·惠威尔（William Whewell）创造出来]。

启蒙运动建立在对科学革命的期望和承诺之上，这意味着人类行为的法则也会唾手可得。随着理性思维的应用、心理和社会科学的发展，个人问题、群体问题和社会问题的解决只是时间问题。启蒙运动理性观念的一个重要特征就在于它是普遍的，这意味着理性的人民最终会在什么是真、要和善方面达成一致。

科学革命和启蒙运动理性主义的一个重要的反向运动，就是19世纪的浪漫主义[如让-雅克·卢梭（Jean-Jasques Rousseau）、谢林（F.W.Schelling）]。浪漫主义强调个人主义和人类的感觉、激情、创造力、精神和变革。另一个重要的运动就是德国的唯心主义[如黑格尔（G.W.F.Hegel），约翰·赫尔德（Johann Herder）和约翰·戈特利布·费希特（Johann

Gottlieb Fichte）]。唯心主义将焦点从科学的或物质的世界转向强调语言和文化所规定的实在和意义。唯心主义的作者们强调理念的提供知识并塑造历史的主导地位。

在 19 世纪，还有一个著名的运动，即实证主义，是由奥古斯特·孔德（Auguste Comte）开创的。实证主义是这样的理念，即只有我们能够以经验的方式观察到的东西才是重要的，科学是知识的唯一真实来源。20 世纪早期，实证主义得到了大力发展[如艾耶尔（A.J.Ayer），摩里兹·石里克（Moritz Schlick）]。直到 1950 年左右，在社会和心理科学领域中，实证主义的影响一直占据主导地位。这些都是后结构主义和后现代主义的重要历史渊源。现在我们跨越到后结构主义诞生的 20 世纪 60 年代。

20 世纪 60 年代，后结构主义在社会理论和文学理论中开始成为一种知识运动，这尤其反映在两名法国作家米歇尔·福柯（Michel Foucault）和雅克·德里达（Jacques Derrida）的著作之中。米歇尔·福柯（1926—1984）发展出一套对西方知识及其历史的批判，他认为如疯癫、疾病、犯罪和性别等社会概念都是由历史上的社会掌权者来定义的，这些观念也会随着时间的推移而改变。他进一步提出我们所认为的知识并不是恒定的，相反，知识仅仅是历史性地存在于社会的一系列观念，并随着社会中知识-权力关系的变革而变化。知识被用来显示（即连接）特殊的社会-文化语境。这也是为什么不同的作家常常对什么是真和善有不同看法的一个原因。他们以不同的方式建构社会现实，而他们解释事件的方式也不同。

你可以看到福柯观点中的结构部分强调文化和将观念置于历史之中，这正在影响着我们的思维。但福柯通常会被视作后结构主义者，因为他排斥结构主义者声称的普遍结构和普遍真理。在这种意义上后结构主义是反科学的，因为它专注于人们之间的不同，而不是普遍的或可预测的思想和行为模式。福柯承认结构的影响力，但他并不将结构看作是普遍的或真实的，这就是福柯是后结构主义运动一部分的原因。后结构主义是一种使用一些结构主义的概念但又超越传统结构主义的尝试。对于福柯而言，被称为"知识"的这一概念在动态的而充满权力的论域中不断变化着。

雅克·德里达（1930—2004）同样批判启蒙运动的理性主义、科学和实证主义。他关注语言的重要性，并以费迪南德·德·索绪尔的思想为基础，索绪尔认为意义来源于语言之间的关系而不是语言与外部世界的联系。话语及其意义被视作任意的，这可以从同一个词的多种含义、同一个词（或其他符号）在不同文化之中的意义变化以及单词拼写方式的不同（即一个单词的正确拼写之所以"正确"只是因为它在一门特定语言中被定义为是正确的或对的拼写法）中看出来。德里达（和福柯）认为不存在单一的、正确的文本意义。因此，"文本到底是什么意思"这样的问题没有唯一的答案，而在于你如何看待它。事实上，德里达认为我们在世界上所看见的大部分都可视作文本和叙事，以此拓展了"文本"概念。你邻居的房子是"文本"，你的教授讲课是"文本"，竞选图片和信息是"文本"。

简言之，德里达推广和拓宽了文本一词的意义，将之当作一种隐喻，是在我们的世界所要观察的或是赋予意义的一系列符号。知识被视为以故事或叙事的方式而不是科学真理的方式出现。德里达将意义的来源从普遍结构转移到本土的、多样的叙事。他同样抛弃了纯粹二元对立的观念，声称每一元自身都包含着另一元的元素（如每个女人本身都有一定的“男人”元素，反之亦然）。

德里达的研究和解释路径中一个重要的部分就是所谓的解构主义。这意味着你或其他人提供的任何真理都是可以解构或打破的，表明真理依赖于特定的历史，需要许多特定的假设，并且在很多方面是武断的。德里达相信并不存在真理的中心或基础，他希望持续证明这一观点。德里达和福柯两人都强调差异性超过相似性，这导致很多定性研究者关注其他可能被传统社会科学所忽略的现实的某些部分。

后现代主义是一场知识运动，与后结构主义紧密相联，特别是在文学、艺术、建筑和文化理论中与后结构主义思想同时或略晚变得流行起来。两位杰出的作家是让·鲍德里亚（Jean Baudrillard，1929—2007）和雅克·拉康（Jacques Lacan，1901—1981）。在1980年代和1990年代，许多定性取向的作者似乎受到了后现代思想的影响。**后现代**一词意味着它已经超越了现代主义；事实上，后现代作家在相当大的程度上以与他们所称呼的现代一词的**相反方面**来定义他们的运动。因此，当你读到下列成对的词语时，请注意前一个词是后现代主义者用来描述现代主义的，后一个词则是描述后现代主义：在场对不在场，中心对外围，层级对混乱，计划对偶然，稳定对变化，类型对混合，确定性对不确定性，相似对相异，普遍主义对相对主义，世界对本土，普遍对特殊，清晰对模糊，客观对主观，以及现实对超现实。让·鲍德里亚将美国文化视为后现代文化的一个案例，因为美国文化关注城市、消费主义、无名之辈、视觉形象和不断变化。在很大程度上，影像变成了现实。电视、迪士尼世界和网络世界（例如网络游戏世界和其他互动方式）也如其他事物一样真实，这被鲍德里亚称为超现实。雅克·拉康将无意识（来自弗洛伊德）的观念吸收进他的后现代主义解释之中，充满对欲望、非理性动机、性欲和身体的关注。不存在单一的自我，每个人都有多重自我，这些都在不断变化之中。你所是之是，时时在变。

在这篇简短介绍中我们已经区分了后结构主义和后现代主义，但这些术语常常交替着使用，这没关系。这些术语同样也与相对主义和建构主义概念相重叠。正如你所见，这些概念攻击传统科学，也攻击人文学科的传统观点，还攻击许多我们对这个世界的常识。这次攻击是一次全面的袭击，而攻击之后没有留下任何基础，没有留下任何中心，没有留下任何伟大的思想，没有为稳定性留下任何东西。其结果是，许多其他作家认为这些运动走得太远，他们反击后结构主义和后现代主义，声称这些运动没有任何肯定性的信息（只有“什么不是真实”的否定性信息），并且这些思想代表了心智混乱和科学绝望。

总的来说，后结构主义和后现代主义运动带来了对知性思维的健康而重要的重新审视，并且促进了知性思维的发展。许多定性研究方法论者似乎都受到了后结构主义和后现代主义的影响，特别是许多著名编辑，还有目前已是第三版的具有里程碑意义的书籍《Sage质性研究手册》（2005）（*Sage Handbook of Qualitative Research*）* 的撰稿人，该书由诺曼·邓

* 本书最新版中译本由重庆大学出版社引进出版。

金（Norman Denzin）和伊冯·林肯 （Yvonne Lincoln）编辑。这本手册进入了几乎所有定性研究者和大部分混合方法研究者的书架。这场运动的影响持续至今，因此我们将定性研究视为教育研究中三种主要研究或方法论范式之一。正如你所知道的，我们的立场是，当我们思考如何对这个世界进行研究时，可以从这三种范式中学到很多东西。

最后，这里有一些本次讨论的关键术语的定义，你会发现这些术语常常在教育研究特别是定性研究中被用到。

结构主义是一项宽泛的或宏大的理论，强调文化的、结构的、制度的和功能的关系的重要性，同时这些概念规定了人类生活其中的大部分社会世界，并且坚持认为这个结构是确定意义和影响人类行为的关键。

现代主义，正如此处所使用的，它是后现代主义者所使用的术语，是指称科学史上早期的已过时的时期，将世界视作静态（即不变的）的机器，每个人都遵循同样的行为法则。

实证主义是定性研究者所使用的术语，指称那些最好被贴上“科学主义”标签的东西，实证主义的信念是所有真正的知识都必须建立在科学的基础之上。

后结构主义，是指历史上的一场知识运动，拒绝普遍真理，强调差异、解构、解释和控制人类行为的理念的力量。

后现代主义，是指历史上的一场知识运动，以与现代主义相反的方式建构其自我形象；后现代主义强调的是个人主义、差异、分裂、流变、持续的改变、思想基础的匮乏和解释的优先地位。

本章剩余部分的目的是向你介绍定性研究的具体类型或方式。尽管你已经理解了定性研究是研究的通用类型，但是**定性研究**其实是一个非常普通的术语，因为有许多不同类型的定性研究。我们讨论了我们认为最重要的四种类型：现象学、民族志、个案研究和扎根理论。（下一章我们将讨论与定性研究有很多相似之处的一种研究类型——历史研究。）本章所要讨论的四种定性研究方法的主要特征展示在表 14.2。你现在就要预览该列表，然后在阅读完本章后再复习它。每种方法都有不同的历史，每种方法目前都在教育领域中得到了应用。

因为本章讨论的四种研究方法属于定性研究的范畴，前文所讨论的定性研究特征通常都适用。这意味着这些方法具有很多的共同点。与此同时，每一种方法又是不同的，在一些重要的方面能够相互区分（例如，表 14.2 比较了四种研究目的）。如果你在区分四种方法上有困难，就要意识到每一种方法都有不同的核心观念、**重点**和一系列的关键术语（即，这种方法所使用的“语言”）。同样要注意的是，四种定性方法中的每一种通常都带有后结构主义和后现代主义的观念与假设。我们现在详细描述四种主要的定性研究方法，以便于你理解基于这些方法的定性研究的文章和书籍；也便于你考虑使用哪种方法（或综合方法），如果你自己想进行一项定性研究的话。

表 14.2　四种定性研究方法的特征

	定性研究方法			
维度	现象学	民族志	个案研究	扎根理论
研究目的	描述一个或多个个体对于某个现象的体验（例如，对所爱的人去世的体验）。	描述一群人的文化特征，并描述文化景观。	深度描述一个或多个案例，解决研究问题。	以归纳的方式产生一个描述和解释一种现象的扎根理论。
学科来源	哲学	人类学	多学科基础，包括商务、法律、社会科学、医学和教育。	社会学
主要的资料收集方法	对 10 ~ 15 人进行深度访谈。	在一段长时期内（例如，一个月到一年）参与观察；访谈被调查者。	多种方法（例如，访谈、观察、记录）。	访谈 20 ~ 30 人。观察也同样经常使用。
资料分析方法	列出有意义的陈述，确定陈述的意义，识别现象的本质。	使用整体性描述，并提炼资料的文化主题。	使用整体描述，提炼能够解释案例的主题。也许同样包括跨案例分析。	由开放编码开始，然后是主轴编码，以选择性编码结束。
叙事报告的重点	详细描述基本的或不变的结构（即，体验的共同特征或本质）。	详细描述背景和文化主题。	详细描述一个或多个案例的背景和运作；讨论主题、问题和含义。	描述所研究的主题和人；以扎根理论的陈述结束。也许还要列出建议。

复习问题　14.1　定性研究的主要特征是什么？

14.2　为什么说定性研究并不以线性方式遵循一系列步骤？

14.3　为什么定性研究对教育研究很重要？

14.4　什么是后结构主义，什么是后现代主义？

现象学

基本问题：某个体或多个个体对这个现象体验的意义、结构和本质是什么？

现象学（phenomenology）指的是描述一个或多个个体对一个现象的意识和体验，例如所爱之人的死亡、将自己视作教师、实施教学活动、成为少数群体成员的体验，或是赢得足球比赛的体验。现象学研究的目的就是要了解研究对象的生活世界，理解他们从“经历过的体验”中建构起来的个人意义（即，这些事情对他们来说意味着什么）。英语的**生活世界**（life-world）是从现象学奠基人、哲学家埃德蒙·胡塞尔（Edmund Husserl,

1859—1938）所使用的德语“Lebenswelt”翻译过来的，指个体“直接体验的世界”。这是个体意识和体验的内部世界。当你阅读本章时，无论身处何处，你正在你的生活世界中。换句话说，你的生活世界在你的脑海中，它是由任何时刻中你的感觉、思维和自我意识的结合。现象学的目的就在于进入个体的生活世界，描述他们对某一现象的体验。

为了亲身体验现象学，请试着去描述你自己对某一现象的个人体验。为了更好地做到这一点，你必须对此集中注意力——下面莫菲特[1]（Moffitt）的诗十分生动地说明了这个观点。（转引自 Moustakas，1990）：

> 注视万物
> 若要知晓一物，
> 目光必会久久凝聚：
> 眼望绿色，说道
> “在这片林中我看见了春天，”
> 这样还不够——你须成为你眼见之物；
> 你须是叶茎上的暗蛇斑，
> 你须是叶子上的绒毛，
> 你须身临叶片之间聆听幽幽的静默，
> 你须花时间，
> 触摸那精微之处，
> 它们正是问题的源头。

当你想完整地体验某个事物时，你必须停止你正在做的事情；关注于那个有意义时刻你正在体验着什么；然后体验与之相联的思想、感觉和情感。现象学家指出，为了以最纯粹的形式体验事物，你需要**摒除**（bracket）或延迟对有关现象的任何先入之见或习得的情感。这是因为他们希望你“照原样”去体验现象。当你将先入之见抛开，搁置了你对现象理所当然的取向，你对现象的体验也会成为你感觉的一部分。

现象学案例

这里是一些现象学调查研究的简要描述，如果你想更多地了解对现象学研究，这些研究你都可以去查阅。这些文章中只有一篇是以单一个体的体验为基础的（Green，1995）。首先，克罗斯和斯图尔特（Cross & Stewart，1995）在一篇题为《乡村中学英才学生生活世界的现象学调查》的文章中研究过英才学生在乡村中学是什么样的。基于先前的研究，克罗斯和斯图尔特还将乡村学生的体验与城市学校学生的体验进行了比较。

[1] 经由约翰·莫菲特（John Moffitt）同意重印其论文，特别收藏，弗吉尼亚大学图书馆。

如果你只是想读一篇现象学研究的文章，这篇就是范文。在题为《经验学习和教学》的文章中，格林研究了一名教师对其学生使用经验学习方法的意义和体验。在名为《数学课堂的现象学》一文中，布朗（Brown，1996）调查了儿童在数学课堂上的体验。最后，在题为《理解授权：六名女性领导人研究》的文章中，穆勒（Muller，1994）以六名被定义为领导人的女性为案例，从授权人的视角来研究授权他人的意义和体验。此外，我们提醒你，学习定性研究最好的一种方法是阅读定性研究杂志的文章。

现象学的类型

现象学可以用来关注个体体验的特征。我们都知道，对于不同的人而言，事件、对象和体验可能意味着不同的事情。例如，不同的个体可能对同一件事情的看法很不相同。一所学校雇佣新校长，对某位教师来说，这也许意味着学校将走向正确的方向，因而提供了慰藉；对另一位教师而言，这种改变可能会带来不确定性，因此引起愤怒，导致焦虑不安。在咨询领域，现象学方法通常被用来理解每个客户对一些生活事件或个人情况的独特观点。咨询师假设每个客户的观点对于个人而言都是独一无二的，并试图以移情的方式去理解那些观点。在教育领域，建构主义教学的信条就是教师需要理解每个学生独一无二的视角，以便于接触和更好地了解每个学生个体及其需要。因此，建构主义教学理论中也有现象学成分。

然而，现象学研究者并不认为个体都是完全独一无二的。更严格地说，现象学家并非只研究一种体验的不同结构（个体体验的独特部分因人而异）。现象学家一般认为人类体验存在一些共性，因此他们试图去理解这种共性。这些体验的共性被称作体验的**要素**（essence），或不变结构（研究对象共同的或一致的部分体验）。要素是一项体验的基本特征。它普遍存在于一个现象的个别案例中（van Manen，1990）。仔细体会失去所爱之人的体验。当然，我们每个人对这样事件的反应和体验都会有所不同（即，特殊的或变化的结构）。然而，对每个人来说，对于这样的体验可能会有一些共同点（即，共同的或不变的结构）。例如，在所爱之人去世的案例中，忧伤和悲痛可能是共同体验中的元素。你可以研究某一现象的多个案例，找出不同的人共有的体验，从而找到该现象的基本结构。要素通常比特定体验的文字描述更加抽象（如，一般性悲伤比“鲍勃叔叔再也不能”给予爱和友谊所感到的悲伤要更加抽象）。

寻求现象的要素可能是现象学作为研究方法的最典型特征。展示栏 14.2 给出了一个案例，细致描述了内疚体验的要素。你是否也像示例中描述的那些人一样体验过内疚？该描述来自尤达（Yoder，1990）的博士学位论文。

展示栏 14.2　内疚的本质

内疚感是明显不安的标志，在人的心中突然爆发。它们像伴随着闪电和寒风而来的暴风雨。“它感觉像迷雾，像寒风，像黑暗的街道，像不舒适的事物。天空中的乌云；偶尔的闪电；寒冷日子里空荡的海滩；来自水面的寒风。”

内疚感迫近。它们是监牢，无处可逃。“当你真正感到内疚时，你会感到被包围了。你感到痉挛、幽闭恐惧、受限、受压迫、被围困。”

内疚感是锋利而扭曲的。它是“陷入圈套”，是一把“刀”，是像手术切口一般锋利的疼痛。内疚感是迅疾的，“我想到闪电，因为它是一记猛击”。

内疚感“很沉重”。它们被体验为一次“毁灭性打击”。内疚感逼迫、移动、撤回，是一种沮丧的巨大沉重感。它像波浪一样涌来。“强烈的逼迫让我来回颠簸。”“我要沉下去了。这些重量都压在了我的身上。”

内疚感像“在一个壳中”，像“陌生人世界”中看不见的特工。内疚感让人漂泊到一个空间，那里时间永无止境，与人隔绝且封闭。那里没有修复、更新、归属，甚至没有机会认识真正的自己。

内疚感就是被用力推出日常生活，推出与平常人分享温暖世界的体验。当我们感到内疚时，我们就被抛进了一个痛苦、冰冷、自我关注的世界，这个世界占据了我们，并创造出一个它自己的现实。内疚感割断我们同日常事物、他人以及自己的联系感。在内疚感体验中，时间静止不动。所有的存在都结束了。我们被隔离，被自己诱骗。

在内疚感中，自尊在退化，一种身体丑陋感会苏醒。真实感受被隐藏。为了取悦他人而采取假面的方式去展现自己。每天直至最终时刻，“真实的我是不够好的，从来都不够好”。

时间好像慢下来了，停滞了。时钟上的时间乱七八糟。所有事情被搅动然后冻结，只有内疚结晶的时刻在持续。过去被一次又一次地体验，一次永无止境地循环。一部重复的电影，没有任何真正的改变或完成。

在内疚感中，与自己身体的关系同样受到影响。身体变得疏远，像机器人一样运动。身体在痛苦中，焦虑以某种方式移动。与此同时，也在害怕任何行动都可能唤醒内疚感。

尽管有痛苦的感觉和无助、无尽的内疚感，但个人仍然有可能恢复，重新获得灵动生活的和谐感。内疚有可能结束，接受它并与他人分享，并在接受的基础上找个平和的方法。所需要的是有勇气跨出第一步，冒着被轻蔑的风险，接纳承认自己局限所带来的痛苦。没有保证说如果一个人自由且诚实地表达出内疚、认识到自身弱点和局限，内疚感就会永远消失。但对于一些我的合作研究者而言，这种接受和分析能够使他们改造自己，重建内心的平静。

来源：Reprinted with permission from Yoder（1990）.

资料收集、分析和报告撰写

在一个典型的现象学研究中，研究者从许多个体中收集资料，描述他们对某事物的体验。资料通常通过深度访谈来收集。研究者使用访谈资料，将研究被试描述的体验简化成共同的核心或要素。研究被试要探究他们的体验，就必须在脑海中再体验这些经历，他们要能够专注于体验而不是其他杂念。如果你要进行现象学研究，这就是你必须让研究被试去做的事。

从被试处引出资料的一个有效策略是告诉每个被试回忆其经历过的特殊体验，仔细思考那次特殊的体验，然后向你描述那次体验。你可能会使用以下的一般性问题来让被试谈论他们的体验："请详细描述你对____的体验。"你可能还会说，"当你开始思考你的____体验时，印入你脑海的是什么？"为了获得更多的细节，你会发现你需要提示应答者，你也应该这么做。记住你的目的是让被试回想起他们的特殊体验，并详尽地描述它；而不是在一个私人访谈中让研究被试向你描述他们体验的意义和结构。你还可以让被试写出他们的体验，然后将写出的故事递交给你。两种方法都可行，但访谈通常会更好。

在资料分析中，研究者寻找重要的语句。这些语句（一些词或短语、一个句子或一些句子）与所研究的现象有特殊的关系。例如，也许你会请一个幼儿园学生描述学校是什么样的，她说出的一个语句是"在我们学校我们大家就像一家人"。如果这个语句看起来符合她的其他陈述，那么这个语句可能是重要的。总之，要决定一个语句是否重要，你应该问问自己，"这个语句看起来对描述其体验的被试是有意义的吗？这个语句描述了体验吗？这个语句接近被试的体验吗？"许多研究者喜欢逐字逐句地记录重要的语句（即被试的原话）。有些研究者还喜欢通过列出**意义**列表的方式来解释和描述重要语句的意义。例如，在幼儿园学生给出的语句中，你可能总结说孩子将学校看作一个家庭是因为那儿有一个教师（家长）和其他学生（家庭成员），这个家庭一起活动（玩耍、吃、午睡）。这是一个由研究者完成的解释过程，应该由被试来证实（即，使用第8章所讨论的成员核实方法）。

列出了重要的语句和意义之后，研究者要在资料中寻找**主题**。换句话说，即找出被试倾向于认为什么样的事情对他们是重要的？研究者可能发现某些个体或群体（例如男人和女人）对体验的描述会有些不同。这样的信息对理解个人或群体的不同很有用。然而，现象学研究者通常最感兴趣的是描述整个群体的体验结构（要素）。研究者所描述的体验的基本特征几乎是所有被试的共同体验。最后，在这个过程中研究者要尽可能地使用成员核实法来验证效度。这意味着研究者应该让最初的被试评论关于体验的解释和描述，特别是关于体验基本结构的描述。

在题为《关怀互动的基本结构：实践现象学》（The Essential Structure of a Caring

Interaction：Doing Phenomenology）的研究章节中，里曼（Rieman，1986/1998）报告了医院病人对“关怀的”护士和“不关怀的”护士的体验。在展示栏 14.3 和 14.4 中，我们总结了里曼所描述的关于医院病人对关怀的护士和不关怀的护士体验的“基本结构”。里曼还对重要语句和意义进行了男女比较。这是现象学研究的杰出案例，一个可以遵循的优秀样板。

在典型的现象学研究中，最后的报告是一个叙事，包括对研究被试和从被试处获得信息所使用的方法（通常是访谈）的描述、关于体验基本结构的详细描述，以及对研究结果的讨论。研究者可能还会描述令人关注的个人或群体的差异。一份好的报告是对被试现象体验的描述，它会引发读者，使他们理解如果是他们自己经历这样的现象会是怎样的体验。这种感觉被称作替代性体验。

展示栏 14.3　对关怀的护士的描述

在关怀互动中，护士的存在性在场比仅仅只是身体的在场更易为客户所感知。对客户来说，存在着护士的自我奉献。这种自我奉献可能是对客户需求的回应，但更多的是自愿的，是主动提供给客户的。护士自我奉献的意愿首先被客户感知为一种态度和行为，即坐下来，真正倾听和回应作为有价值观的个体所独有的担忧。护士倾听和回应客户明说的和未明说的需求，马上就直接产生的效应是客户在身体和心理上所体验到的放松、舒适和安全。

来源：From Riemen（1986/1998），p.289.

展示栏 14.4　对不关怀的护士的描述

护士与客户的在场被客户感知为一种最少的在场，仅仅是护士身体的在场。护士被看作在那里仅仅是因为这是一份工作，而不是为了帮助客户或回应答客户的需求。护士的任何回应都是以最少能量消耗的方式完成的，并且局限于规章的规定范围。客户认为不回应他们提出的帮助需要的护士是不关怀的。因此，从来没有发生过的互动被称作不关怀的互动。护士总是很忙，并急着打发掉客户，因此不能坐下来真正倾听客户个人的担忧。客户作为一个独特的人的价值被贬低了，因为他/她被斥责，被当作儿童或是非人类或是物体一样对待。因为被贬低和缺乏关心，客户的需求无法得到满足，客户就有了负面感受，即他/她感到沮丧、恐惧、压抑、愤怒、恐惧和烦躁。

来源：From Riemen（1986/1998），p.289.

复习问题　14.5　现象学的关键特征是什么？
　　　　　14.6　现象学中研究者如何分析所收集的资料？

民族志

基本问题：这群人或这个文化景观的文化特征是什么？

民族志是一种定性研究方法，源自 20 世纪之初的人类学。**民族志**字面的意思是指“关于民族的书写”（ethnos 指“民族、种族或文化体”，graphia 指“书写或表达”；LeCompte，Preissle，Tesch，1993）。因为文化概念对人类学的重要性，**民族志**（ethnography）传统上或典型地被定义为发现和综合描述一个族群的文化。教育民族志学者像经典民族志所做的那样也关注文化描述。主要的差异是人类学者通常描述世界上的小文化（特别是不发达的国家），而教育民族志学者通常研究与教育问题有关的小群体文化特征或其他文化景观。

文化观念

文化（culture）是一套共享的信念、价值观、实践、思考方法、习俗知识、语言、规范、仪式和实物，群体中的成员以之来理解他们的世界，并与他人相互联系。为了让你更好地理解这个定义，这里有一些与这个定义有关的重要词语的定义。**共享信念**（shared beliefs）是共享一个文化的人们藉以判断对错的特殊文化习俗或信条。**共享价值观**（shared values）是从文化上定义什么是好、什么是坏，或什么是合意的、什么是不合意的标准。**规范**（norms）是成文的或不成文的规则，具体规定了恰当的群体行为（例如，“当你有问题时要举手”是课堂中的普遍规范）。

如果你看过**文化**的定义，你会注意到它包括非物质的成分（群体成员共享的信念、价值观、规范等），以及物质的成分（由群体成员生产出的物质性事物，如建筑、书籍、教室黑板报和艺术）。民族志学者有时候会将这两种成分称作**物质文化**和**非物质文化**。尽管民族志学者并不总是详细说明他们所指的是否是文化中的物质成分或非物质成分，或两者都是，但陈述的语境通常会清晰地表明。当一个人试图去理解和解释人类行为时，非物质成分通常是关注的焦点。

个体通过社会化过程而成为文化的一员，他们学习和接受文化特征的训练。在社会化过程中，他们通常会将文化内化，即他们将价值观和信念吸收为自己的一部分。随着时间的推移，人们对文化的认同如此强烈，以致他们的行事方式在他们自己的文化看来很正常，而这样的行事方式在其他文化看来也许很奇怪。你也许听说过**文化冲击**这个术语，指的就是人们在观察不同文化行为时的一种体验。文化通过社会化和社会认可过程而得到保存，文化中的成员谴责破坏群体规范的人，表扬遵守文化规范的人并与之交往。总之，当人们成为任何新群体的成员时，他们要学习这个群体的文化，以便于他们充分行使职责，被群体成员所接纳。遵守群体或社会规范的人通常会被称作正常的人，而那些背离文化规范的人则被称作反常的人。

尽管我们经常想到要将文化同诸如社会（如美国文化）这样非常大的群体联系起来，但文化的概念可以用于更小的规模。事实上，文化可以被视作连续的变化，一端是宏观文化，另一端是微观文化。在宏观层面，我们可能会研究美国公民、日本青少年或是俄亥俄门诺教徒的文化特征（共享的价值观、信念和规范）。在更微观的层面，我们可能会研究进入美国高中的锡克教移民群体（来自印度一个省的第一代美国人）的文化特征。其他微观层面的群体我们可能会研究的包括芝加哥橄榄球熊队，一所本地高中的乐队成员，一所本地初中说西班牙语的学生，或是史密斯小姐一年级教室里的学生。教育民族志学者更愿意研究小群体，而不是像美国或日本这样整个民族的文化或文化特征。也就是说，他们通常（并不总是）研究相对较小或更微观的文化。

在微观层面进行教育民族志研究时，可能会选择去研究课堂文化。例如，研究者可能想研究一所小学的教师指导学生的文化，找出这个教师是如何和为什么能成功地帮助这些学生学习阅读。民族志的概念（共享的价值观、信念、群体规范等）和程序（观察和访谈）对理解这个教室会非常有用。你可能会提出这样的问题，如：学生在教室中要遵守哪些规范？学生在教室中会接受什么价值观？教师是怎样与学生互动的？学生之间是怎么互动的？所有的学生都做同样的事，还是在同一时间有几组互动的学生？是什么调动了学生努力学习的动机？学生内化了什么样的课堂价值观？教师教学时通常会使用什么惯例和策略？这一系列问题是无穷无尽的，因为民族志是对群体文化和重要文化景观相对综合的描述。

有时候**亚文化**（subculture）这一术语被用来指称包含在一个大文化之内的文化。例如，一所高中可以被视为包含了多个亚文化（如教师文化和各种学生群体文化）。然而，即使是对于这些比较小的群体（如，他们说学校是由多个文化所组成的），研究者通常也会使用一般的术语**文化**，而不使用更明确的术语**亚文化**。如果你想证明一群人是由两个及以上更小且不同的群体所组成，那么你可能要使用**亚文化**这个术语。否则使用更一般的术语**文化**也很好。通常，人类同时是多种文化或亚文化的成员，并且受到这些文化的影响。例如，一所郊区高中的学校乐队成员可能会受整个美国文化的影响，受到整个美国青少年文化的影响，受到郊区文化的影响，受到他们自己学校文化的影响，受到他们所共享的乐队成员身份的任何文化特征的影响。

民族志研究案例

既然你知道什么是民族志和文化，那么我们简单介绍几篇使用民族志方法的已发表的研究文章。就本章中所讨论的所有定性研究方法而言，学习它们的最好办法是阅读一些已发表的文章或书籍。在“多种族中学中全纳和合作规范的民族志研究”中，迪宁（Deering，1996）研究了一所以支持包容著称的中学的文化。迪宁将**全纳**定义为“所有人及其愿望和兴趣被吸收进既定的社会情境的程度”（p.22）。通过观察，与教师、行政人员、学生、家长和其他社会成员的谈话，迪宁研究这所学校超过了2年。他描述学校文化、同辈文化以及父母和社区的参与。来自不同群体的学生在这所特定的学校相处得如此融洽是很不寻常的。原因包括校长提供的领导、适用于全校所有人的尊重规范，以及全校所有群体积极参与的愿望。

在《小学参观动物园期间有关动物身体部分和行为的对话内容，以及教师组织实地旅行的含义》（*The Content of Conversations About the Body Parts and Behaviors of Animals During Elementary School Visits to a Zoo and the Implications for Teachers Organizing Field Trips*）一文中，托尼克里夫（Tunnicliffe，1995）在儿童参观动物园时对他们进行观察和聆听。她描述了儿童所说的内容，按照主题对这些语句进行了分类，引用了儿童的一些话（例如，“它在展示自己的牙齿。”“威克斯小姐，看！它们的手跟我们的手好像！”“那里有个动物宝宝”）。这项研究将读者带入儿童文化，并将它描述给读者。这是一个文化景观的案例。

在《特殊教育系统中波多黎各 - 美国家庭跨文化交流的民族志研究》（*An Ethnographic Study of Cross-Cultural Communication With Puerto Rican-American Families in the Special Education System*）一文中，哈利（Harry，1992）观察并访谈了来自 12 个西班牙语波多黎各裔美国家庭的父母，他们都有孩子在特殊教育系统。她同样访谈了一些教育者。她发现，文化差异看起来导致了教育者和波多黎各裔美国家长之间的交流障碍。例如，父母希望教育专家像朋友一样对待他们（即，像“mi amiga”或“我的朋友”），如同波多黎各的做法，但他们并没有体会到这样的待遇。他们觉得美国学校是没有人情味的，他们不相信它。大多数有关他们孩子的交流以及个别教育计划（Individual Education Plan，IEP），都是以书面的形式呈现，这就进一步疏远了家长。有的时候家长不能够理解教育者所使用的语言和术语（例如，IEP 这一术语有的时候会被误解）。因为感觉到能力缺乏，父母通常会退出或推迟与教育专家的交流，结果教育者又觉得父母是冷漠的。总之，教育者和父母都来自不同的文化，他们常常会误解对方。

民族志研究的类型

与经典民族志最相近的还有两种民族志研究，它们被称作民族学和民族学史。**民族学**（ethnology）是对文化群体的比较研究，它需要比较关于同一个或不同文化群体的一系列民族志研究，以揭示社会行为的一般模式和规则。例如，民族学会涉及一些不同文化中家庭活动或教育活动的比较。民族学者会寻找这些群体的相似和不同之处。作为一个例子，社会学家和民族志学者发现所有的社会都有一定形式的家庭制度。然而，扩展的家庭模式在传统的农耕社会（例如萨尔瓦多和孟加拉国）更常见，那里的父母、儿童和其他亲戚如祖父母、阿姨和叔叔相互交往频繁。核心家庭模式则多见于现代工业社会（如美国和瑞典），在这种模式中一两个家长与子女互动最多。因为民族学对一般模式（大部分人共有的）的兴趣要大于特殊模式（每个群体独一无二的特征），所以这种类型的研究比单个的民族志更有外部效度。

勒孔特和普赖斯勒（LeCompet & Preissle，1992）撰写的题为《学校和教室中学生生活的民族学：定性研究传统的综合》的一章可作为教育民族学案例。勒孔特和普赖斯勒进行了一项长达 20 多年的教育民族志研究。在这项民族学研究中，他们比较了那段时间内大量的民族志研究结果，其目的是要发现贯穿于这些教育民族志的共同主题。我们只提及他们的三个发现。首先，他们发现随着时间的推移儿童的关注点会发生改变（例如，从幼儿园到高中）：“年纪小的儿童将学校经历概念化为各种活动（如工作和游戏）以及学校帮助他们的结构。年纪大的学生将他们的注意力从结构、任务和时间表中转移到与人之间的关系”（p.823）。毫不奇怪的是，学生和教师关于什么是重要的观点往往是不同的。第二，他们还发现教师对不同类型学生的期望往往会影响到学生的行为。第三，他们发现“较好地融入家庭文化的学生在学校会获得更好的成绩，即使他们是受蔑视的少数族裔成员”（p.846）。

另一种形式的民族志研究是**民族学史**（ethnohistory），它从文化上研究一个群体的历史。一项民族学史研究通常会在民族志研究的前期完成，以揭示群体成员的文化根源，研究这个群体是如何随着时间而发生改变的（或没有改变）。这些信息使研究者能够更深刻地认识所要研究的民族。研究者依靠诸如官方文件、口述史、杂志和报纸这样的资料以及与群体中年长者的谈话所收集的信息，来了解过去的事物是怎样的以及现在的事物是如何不同的。民族学史可以是一项研究的最终目的，但它通常是一项大规模的民族志研究的一部分。

资料收集、分析和报告撰写

民族志依赖于大量的田野调查，这意味着研究者要在实地花费大量的时间与被研究人群在一起。研究者通常会成为一名参与观察者或非参与观察者。事实上，大量的田野调查和参与式观察是经典的或理想的民族志研究的突出特征。在实地花费 6 个月到 1 年的时间并不罕见。正如你所了解到的，这种类型的研究要求非常高。

民族志中的资料收集和资料分析既可以同时进行也可以交替进行。这意味着民族志学者通常收集一些资料，分析这些资料，然后返回实地收集更多的资料，并分析这些资料，就这样持续进行下去。实地中大部分时间都会循环这个过程。研究者刚离开实地的时候需要查看资料并分析资料，接下来，还需要知道去哪里收集什么样的资料。

对于定性研究而言，民族志是一种自然发生的、流变的和回应的方法，因为最初的研究问题有时候会改变。例如，霍兰德和艾森哈特（Holland & Eisenhart，1990）花费数年去研究就读大学的女性。他们最初的兴趣是同辈群体对女性身份认同的影响以及同辈群体如何影响女性对大学专业的选择。经过一段时间，他们意识到女性同龄人很少了解其朋友是如何和为什么选择大学专业的。这些研究者发现他们研究中出现的更重要问题是女性如何回应她们的大学文化，确切地说是她们如何回应所面临的父权制环境，这些女性之间存在哪些重要的亚文化差异。尽管一个民族志学者可能会觉得自己很清楚需要在实地中研究什么，但是始终存在一种可能，即大量的田野调查显示最初的研究问题是幼稚的、不重要的或不可研究的，或者是其他的论题和问题更加重要。

研究者在田野工作时收集资料有助于理解这个群体。民族志学者与人们交谈，在他们的日常环境中观察其行为，检验群体成员所保存的文件。他们还要以不间断的方式对所见所闻做大量的田野笔记。他们给自己写备忘录，记录他们关于逐步形成的民族志描述的想法和解释。视听影像设备常常是有用的，既因为这些设备的准确性，也因为便于稍后翻看审阅。

进行民族志研究最重要的规则之一是在面对所研究的民族时不要带着种族优越感。**种族优越感**（ethnocentrism）意味着根据你自己的文化或群体来评价其他不同文化或群体的人。种族优越感的一个例子是你去另一个国家，对他们所吃的食物评头论足（例如，“怎么会有人吃蜗牛？！”）。当我们具有种族优越感时，我们就不会尝试去理解与我们不同的人。因此，在做民族志研究时，为了获取有用的信息，你必须对所要研究的人采取客观的立场。

在资料收集和分析过程中，民族志学者还需要具有主客位视角。**主位视角**（emic perspective）是局内人的视角。它包括被研究群体的意义和观点。采用主位视角还意味着要研究的问题和论题对局内人是很重要的。记录主位视角的研究者一定要进入群体成员的思想之中。因此，民族志的这一方面非常像现象学研究方法。为了理解主位视角，学习当地的语言和表达方式很重要。他们使用的特殊词语和术语被称作**主位术语**（emic terms）。在南部中等规模城市，高中学生使用一些主位术语来指称偏重学术的学生，如**小诸葛、高级学生、知识分子、书呆子、怪人、笨蛋以及聪明豆**（brains，advanced，intellectuals，nerds，geeks，dorks，and smarties）（smith，1997）。斯密斯为高中不同群体选编的一大串主位术语展示在表 14.3。

民族志学者使用**客位视角**（etic perspective）指称关于现实的外部的、社会科学的观点（Fetterman，2009）。这是客观的研究者研究一个群体的视角，旨在超越被研究人的视角，并且使用社会科学概念、术语［即**客位术语**（etic terms）］和程序去描述对象，解释他们的行为。研究者使用客位视角也会从外部带来研究问题（例如，基于研究文献综述而认定一些重要的问题）。他们倾向于工具主义观点，研究被试是为了回答一个特定的问题，或制造出一个特定的产品。

表 14.3　高中学生使用的主位术语选编

失败者	反叛者	粗人	运动健儿	备胎	圣灵降临派成员
智障	乡巴佬	好老弟	技工	签证官	古蒂糖果
嬉皮士	和平使者	古惑仔	瘾君子	职业倦怠	小丑
蛆虫	不合群的人	蟑螂	模仿者	木头	杜鹃花道上的少女
冲浪者	钢锥锤	废物	没脑子	雷鬼	小诸葛
奇葩	笨蛋	旧衣服	书呆子	蹩脚货	摇滚乐队

来源：From Smith，H. J.，1997，*The Role of Symbolism in the Structure，Maintenance，and Interaction of High School Social Groupings.* Master' s thesis, University of South Alabama Department of Sociology and Anthropology, Mobile.

有效的民族志学者能使用这两种视角。如果研究者只采用主位视角，他 / 她就会面临所谓**入乡随俗**（going native）的风险，这意味着研究者如此彻底地认同群体以至于他 / 她不能再保持客观。入乡随俗的人基本上会成为一个局内人。这样的人过于认同研究的群体，只能从局内人的视角看待事物。如果研究者只采用客位观点，他们的风险是不能从本土视角理解人。他们的另一个风险是将自己的先决信念和分类强加到他们对被试的解释上。我们相信，有效的研究者会在主位视角和客位视角之间游刃有余，会定期地用每一种视角（随着时间有策略地改变）来深入研究世界，以便获取更有用的洞察力和创造出一份好的民族志研究。

由于依赖观察和访谈资料，为了支持他们的研究结果，民族志学者应该不断地对他们的观察和资料来源进行三角互证。例如，如果一名被试或被调查者说发生了一些事情，民族志学者并不会对单个被试的解释信以为真，而是寻找其他经历过（或观察到或听说过）同样事件的被试，听取他们的描述和解释。通过这种方式，证据的描述性效度就得到了提高。在田野调查的最后几个月，民族志学者开始构思或撰写他们的最终报告。这样，这份文字描述和解释可以展示给被试，获得他们的审阅和确认。让我们回想一下，这个过程被称作**被试审阅**或**成员核查**。

撰写最终报告时，民族志学者要为他们的研究提供情境脉络。也就是说，他们要仔细地审查被研究群体置身其中的情境，他们会将此详细地写入报告之中。例如，民族志学者描述物质和社会景观的细节，包括进行研究的时间、地点和情境。提供情境脉络有助于民族志学者更深入地认识到情境与被观察行为之间的关系，也会帮助研究报告的读者知道在哪里、对谁可以应用研究结果。

描述一个群体时，民族志学者也会尝试整体研究。**整体论**（holism）在第 2 章和表 14.1（特征 10）中都有简要讨论。尽管整体论的概念是对“总体大于部分”的总结，但是整体性描述并不忽视整体中的各个部分，因为对各个部分的分析是理解全部的基础。民族志学者有意识地在部分和整体之间循环往复，最终创造出文化群体或景观的图景。例如，一个高中乐队是由若干人组成的，他们在一起组成一个单位，并创造出整体性的产品（音乐）。在一个典型的民族志研究中，整体性描述包括调查群体中个体的特征（例如，个人是什么样的）；调查个体在群体中是如何与他人互动的（例如，他们什么时候互动，他们做了什么）；调查个体是如何组成一个群体的（例如，他们有什么共同点，他们的群体规则和习俗是什么，他们的群体身份是什么）。简而言之，当完成整体性描述时，除了描述整体之外，你必须研究整体中的部分。最终的民族志报告通常包括关于群体的丰富且整体的描述。它常常还包括很多原文引述（直接引述自群体成员）。

复习问题 14.7 民族志的关键特征是什么？
14.8 宏观文化和微观文化的区别是什么？
14.9 人们怎样成为文化的成员？
14.10 主位视角和客位视角的区别是什么？

个案研究法

基本问题：个案的特征是什么，那些比较性案例的特征是什么？

梅里安姆（Merriam，1988）告诉我们“个案研究不是什么新事物”（p.xi），他指出研究案例的想法由来已久，存在于多种不同的学科（例如医学、法学、企业管理和社会科学）。然而，1970 年代后期和 1980 年代期间，罗伯特·斯塔克（Robert Stake，1978），罗伯特·殷（Robert Yin，1981）和莎朗·梅里安姆（Sharan Merriam，1988）等人将个案研究描述成一种特殊形式的研究。尽管斯塔克和梅里安姆对于个案研究有定性研究的倾向（偏爱归纳或总结的方法），而殷更倾向于定量（偏爱演绎或测量的方法），但是这些个案研究者的共同点在于他们都选择将研究对象称为研究案例，他们主要收集定性资料，围绕这些案例来控制研究工作（如 Merriam；Stake，1995；Yin，1998）。我们将**个案研究法**（case study research）简单定义为提供一个或多个案例的详细解释和分析的研究。[1]

什么是案例？

案例被定义为一个有界系统。正如杰出的个案研究者罗伯特·斯塔克（Robert Stake，1997）所说，“卢·史密斯（Lou Smith）使用了一个奇特的名称——‘有界系

[1] 当你看到论文中作者宣称同时出现了个案研究和其他研究方法时不要感到惊讶。个案研究的术语并不总是被使用。例如，民族志研究者将他们的被研究群体称为“案例”并不常见（LeCompte，Preissle & Tesch，1993）。同样，其他的定性研究者也许在他们的研究中将个人和群体称为“案例”。

统’，意味着我们要理解这个系统之内所发生的复杂事物。个案研究告诉我们一个有界系统的故事”（p.406）。要注意的是，**系统**是构成一个有机整体的一系列相互关联的元素。使用系统隐喻，意味着应将案例视作包含若干部分并在其环境中活动或运转的整体。**有界**则是用以强调识别这个系统的轮廓或边界——你必须决定这个案例是什么和不是什么。

典型的案例是一个有学习障碍的儿童、一个有特殊需求的小学生、一节语言艺术课、一所特许学校以及一个全国性计划（例如，开端计划）。有些个案研究者所说的案例包罗万象（例如，Creswell，1998；Merriam，1988；Yin，2009）。对于他们而言，一个案例不仅是一个有明确身份的对象或实体(例如，一个群体、一个人、一间教室或一个组织)，而且还会包括一个事件（如一次校园抗议）、一次活动（如学习打垒球）或一个过程（例如某人在教学生涯第一年期间的专业成长）。当阅读个案研究文章时，你应该尽早查看作者调查的是什么样的案例。

例如，加洛和霍顿（Gallo & Horton，1994）对佛罗里达中东部的一所高中进行了个案研究，这所高中就是个案。研究关注这所高中使用网络的过程和结果。作者总结道，网络使用可能会对教师产生积极作用（例如将技术整合进课堂，增加自尊，形成对电脑的积极态度）；如果教师在如何使用电脑和怎样将电脑整合进课堂上获得正确训练的话，就更是如此。瓦伦丁和麦金托什（Valentine & McIntosh，1990）调查了一个妇女占据权势地位的组织（案例）的特征。他们发现这个组织具有**礼俗社会**（gemeinschaft，本地社区）的特征，而不是**法理社会**（gesellschaft，像城市一样，不近人情）的特征。研究者（Van Haneghan 和 Stofflett，1995）对四个五年级教师（四个案例）进行了个案研究。他们查明了每位教师是如何实施一门创新性的关注问题解决的视频课程的。这些研究者基于他们的观察发展出一套启发式模型，用来帮助训练教师在课堂教学中实施这个新课程。

由于个案研究者将案例定义为有界系统，所以毫不奇怪的是他们要研究这个系统是如何运作的。因此研究者对整体性描述感兴趣。几乎所有的系统都是由要素或部分构成的，因此，为了理解这个系统（即案例），关键是要理解部分如何共同运作。例如，一所高中是由教师、建筑、学生、课堂和书籍（在许多其他事物之间）所组成。你同样可以将个体看作是由许多不同的要素或部分（如认知、情绪和心理）所构成的。部分是怎样组合起来的（即它们的协同）是个案研究者最感兴趣的问题。

个案研究者还会将每个案例看作是具有内部脉络和外部脉络的。以学校为例，从内部看，研究者可能会调查学校的组织氛围、校长的领导风格以及物质与设备设施的条件。从外部看，学校坐落在拥有特殊社会、经济和人口特征的地理区域。如果这所学校是公立学校，则具备位于公立学校系统中这个特征。重要的是，为了更好地描述和解释案例的运作，个案研究者要仔细地探究案例的情境。

个案研究设计的类型

根据斯塔克的研究，一共有三种不同类型的个案研究（Stake，1995）：本质性个案研究、工具性个案研究以及集合性个案研究。在**本质性个案研究**（intrinsic case study）中，研究者的首要兴趣在于理解一个特定的案例。这种设计是经典的单个案设计。研究者深度描述案例，案例的特殊之处就会清楚地显现出来。例如，研究者想理解在课堂学习上有困难的学生，或者想理解当地的家庭 - 教师协会是如何运作的。研究的目的是将案例当作整体来理解，也要理解案例的内在运作。第二个目的是基于对单个案例的分析来理解更具普遍性的程序。

本质性个案研究不仅在教育学非常流行，在项目评估人员中也十分流行，他们的目标就是要描述一个项目，并评估项目运行的效果（例如，一个评估员可能会评估学区为处境危险的中学生所提供的毒品教育）。最后，本质性个案研究通常会用于探索性研究中，研究者尝试通过深入研究单个案例来了解不为人知的现象。本质性个案研究的优点是研究者可以将他所有的时间和资源投入单个案例的研究中，因此能够发展出对案例的深度理解。缺点在于从单个案例进行推论是有风险的。

在**工具性个案研究**（instnumental case study）中，研究者的首要兴趣是理解一般情形而不是特定的案例，案例只在作为达成目的的手段时才是重要的。换句话说，研究者研究案例是为了了解一些更具普遍性的事情（例如，青少年吸食毒品的一般情况而不是某一所特定高中青少年吸食毒品的情况，或是纪律的一般情况而不是某一名教师课堂上的纪律情况）。这类研究的目的倾向于较少的特殊性和更多的普遍性。也就是说，研究者进行工具性个案研究的兴趣不在于得出适合于案例及其特定情境的结论，而是要得出超越特定个案的结论。

在工具性个案研究设计中，研究者的兴趣通常在于理解一个现象如何和为什么会如此运行。也就是说，研究者选择案例是为了发展和 / 或检验一个理论，或是为了更好地理解一些重要的问题。解释是主要目的。特定的案例之所以被选中，是因为该案例在某些方面的极端性或独特性（而且可用来检验理论假设），或是因为它的典型性（而且可用来理解一般性的案例）。许多从事学术性研究的人员喜爱工具性个案研究，他们的兴趣是要在涉及各种主题的研究文献上推广和拓展研究结论。

在**集合性个案研究**（collective case study）中，研究者相信在一个综合性研究中同时研究多个案例可以使他 / 她对研究主题有更好的理解。集合性个案研究也被称作多个案设计（例如 Yin，1994）。集合性个案研究通常会进行几个案例的研究。例如，如果需要对每个案例进行相对深入的分析，而资源又有限，那么可以研究两个或三个案例。如果不需要深度研究，而且资源充足，那么对十个左右的案例进行集合性个案研究也是常见的。对于集合性个案研究中的案例通常会采用工具性个案研究，而不是本质性个案研究。例如，一个研究者可能会选取几个案例去研究，因为他 / 她的目的是要研究普通教育班级中纳入轻度智力落后儿童的效果。研究者不是要研究某个班级的效果，而是要通过几个不同的班级来研究影响。

研究一个以上的案例有几个优点。第一，可以进行比较研究，得出几个案例的相同点和不同点。例如，将一所公立学校与一所私立学校进行比较研究。第二，一个研究者可以通过观察多个案例的结果来更有效地检验一个理论。第三，一个研究者更可能从多个案例而不是一个案例中总结出结果。殷（Yin，1994）指出当一个研究者有多个案例时，可以运用重复研究规则。在实验研究中，如果一个结果被重复了多次，我们会对这个结果更有信心。下面是殷有关这个想法的片段，与个案研究有关：

> 因此，如果一个研究者只是选取了心理学或医学中罕见的临床症状的三个案例，恰当的研究设计是同样的结果在三个案例中都是可预见的，因此可以得到三个案例确实会出现同一种症状的证据。如果从全部三个案例中获得了相似的结果，那么可以说重复性发生了。（p.45）*

在这个引文所提到的殷的案例中，预测每一个案例都会有同样结果的理论得到了支持。因此，相比于单个案研究，研究者更有把握相信相似的结果会出现在一个新案例中。

研究多个案例的一个缺点是从不止一个的案例研究中所获得分析的广度通常会牺牲研究的深度。这是典型的深度对广度的妥协，也是个案研究中常见的妥协。换句话说，因为大多数研究中可获得的资源（如资金与时间）是有限的，你必须在“深度与详情”和“广度与比较性信息”中做出选择。深入研究一个案例需要付出相当多的时间，但你最终会收获对案例的深度理解。另一方面，如果进行多个案研究，你就要减少花费在每个案例上的时间，但你会获得重要的比较性信息。正如你所见，妥协的两方面都有优点和缺点。如果要进行研究，你必须对如何处理这样的妥协做出最终的判断。

资料收集、分析和报告撰写

个案研究方法论学者（撰写个案研究著作的研究者）倾向于实用主义，提倡使用多元方法和多种资料来源（即方法和资料的三角互证法）。这些方法论学者建议采用折衷的路径，依靠可以帮助你理解案例和回答研究问题的任何资料。第 8 章中讨论过的任何收集资料的方法（观察、访谈、问卷、焦点小组、测量以及如文件之类的二手资料等），

---

* 罗伯特 · 殷的经典著作《案例研究：设计与方法》《案例研究方法的应用》最新版中译本已由重庆大学出版社引进出版。

当它们有助于回答研究问题时都可以使用。然而，这些方法中的定性方法（如参与式观察、深度访谈、开放式问卷）在教育个案研究中最受欢迎。

每个问题都有研究问题（或研究“论题”，按照斯塔克的说法，1995）和相关结果。在分析和撰写报告的过程中，研究者常常会仔细研究和报告案例（如一所学校），因为案例通常是个案研究中的基本分析单位。包含在案例中的其他分析单位也要接受审查（例如，在一所学校中，涉及的分析单位可能是教室、教师和学生）。如果使用了多个案例，那么通常首先要对每个案例进行整体审查，然后以**跨个案分析**（cross-case analysis）来比较不同案例的相同点（涉及这些案例的模式）和不同点。如果研究民族或族群，研究者通常会尽力重构参与者们的现实，描述案例中存在的多种观点（例如，你可能会描述学校中教师们的不同观点）。

撰写的最终报告常常要以丰富（生动且详细）而整体（即描述整体及其部分）的方式描述案例及其背景。展示栏 14.5 提供了一个详细描述的例子。研究问题（或研究“论题”，据斯塔克所说，1995）和相关结果都会呈现出来。研究结果应该尽可能与研究文献中类似的结论联系起来。如果研究民族或族群，研究者通常会尽力重构参与者们的现实情况，描述案例中存在的多种观点（例如，你可能会描述学校中教师们的不同观点）。如果进行集合性个案研究（即研究多个案例），报告可以逐个地将案例组织起来，通过不同的部分将所有案例的结果整合到一起。通过资料收集、分析和报告撰写，研究者应该使用第 10 章中讨论过的有效策略，如不同类型的三角互证法，以提高个案研究结果的效度或可信性。

展示栏 14.5 个案研究中详细描述的例子

第一天上午，刚过 8 点，我就到了哈珀学校，看见很多学生正在进校。这是马丁·路德·金生日的第二天，这个早晨有点冷。许多年轻人身着芝加哥公牛队服，他们都在踱着步，几乎全部来自附近的那栋高层住宅。当地人称它为“那地方。”

一名初中生戴着一件交通指挥肩带，有礼貌地陪我走到了一个没有任何标记的门口。这个白砖面的建筑同样也是没有标记——没有涂鸦或风雨侵蚀的痕迹，只是简单地用印刷字体写着弗朗西斯·哈珀学校。刚进大门，保安队长卡特先生就告诉我去办公室的路。一个门卫和几个孩子注意到了我的到来。

办公室职员带着灿烂的笑容将我介绍给了“老板”，校长利达·霍金斯（Lyda Hawkins）的欢迎同样很温暖。我们走进了她的办公室，进行了长时间的交谈——尽管困难重重。首先我们谈论了昨天丹佛国王游行者与三 K 党徒的冲突。我说：“怎么会这样？”她说：“有些事情没有改变过。”

自 1950 年代以来，利达·霍金斯就已经在芝加哥的这个地区教书，担任这所学校的校长也超过了 16 年。她了解她的社区。我们谈论变化，讨论芝加哥学校改革计划，讨论这个改革计划更多地倾向于治理而不是教学。“对于很多人来说，它是当校长的执照，”她深有感触地说。她谈到了地方学校理事会，提到她有一个很好的委员会。她谈到了改革团体关于父母志愿承担学校管理责任的不切实际的期望，他们在选举前缺乏经验，选举后定位又不准。她的委员会的一位成员说过：“你能期望我们怎么管理一份 200 万美元的预算？我连每个月 460 美元都不能管理好！”

哈珀学校的社区参与度不高，只有少数的家长自愿与教师一起工作。甚至让当地学校委员会的成员参加会议都很困难。据教师和学校社区代表玛蒂·米切尔（Mattie Mitchell）所说，“谁想做决定？谁准备好做决定？没有几个人。”

来源：Reprinted from R.E.Stake，*The Art of Case Study Research*，pp.138-139，copyright © 1995 by Sage Publications，Inc. Reprinted by permission of Sage Publications，Inc.

复习问题

14.11　个案研究的主要特征是什么？

14.12　什么是案例？

14.13　定义本质性个案研究、工具性个案研究和集合性个案研究。

扎根理论

基本问题：针对这个现象所收集资料的分析中显现出什么理论或解释？

邦尼·格拉泽（Barney Glaser）和安塞姆·斯特劳斯（Anselm Strauss）于 1967 年写了一本书，论述他们所称的**扎根理论**（grounded theory）。这两位社会学家主张理论应该从经验资料中归纳而来。他们声称我们需要“从资料中发现理论”（p.1）。尽管在研究领域中这并不是一个全新的概念，但是格拉泽和斯特劳斯希望能反驳其领域内的一种趋势，即关注**理论证明**（检验从先前理论中发展而来的理论）而不是**理论生成**和建构（基于新资料而发展出新理论）。他们认为社会学停滞不前是因为依靠陈旧过时的理论。他们还认为当前的研究太注重定量研究方式，已经远离其所要寻求解释的经验现实。他们相信那时流行的很多理论并没有扎根于真实的资料，相反是以少数几个著名理论家的思想为基础的。自从 1967 年格拉泽和斯特劳斯的重要著作出版以来，扎根理论已经成为许多不同学科（包括教育、咨询和护理）中定性研究的流行路径。

“扎根理论是基于系统收集和分析的资料发展理论的**一般方法论**”（Strauss & Corbin，1994，p.273）。扎根理论方法论的成果通常被称作扎根理论。因此，当你做扎根理论研究时，你的目标就是要建构扎根理论。重要的是要理解**扎根理论并不是先验地产生的**（即只基于推理）。扎根理论基于直接来自一个或多个研究所收集的资料而产生的概念之上。

这是归纳得出理论的另一种说法。形象地说，你可以将归纳分析看作是“进入你的资料”（在资料收集和分析过程中），“在那儿生活”或“在那儿闲逛一会儿”，然后基于资料发展出对现象的理解。例如，如果教育之外的人想要了解教学，那么这个人可以去一个真正的课堂，连续几周观察一个教师，然后基于资料得出有关教学的探索性结论。归纳法是基于原始资料自下而上的一种路径（即，由资料开始，然后在审视资料之后做出自己的结论）。斯特劳斯和科尔宾（Strauss & Corbin，1990）指出了扎根理论研究的归纳本质，他们写道“一个人不是由一个理论开始，然后证明它。相反，一个人是从一个领域开始研究，与这个领域相关的东西才会出现”（p.23）。在一项具体的扎根理论研究中，先收集和分析资料，随着理论的发展，为了明确、发展和使理论有效，再补充收集和分析资料。

扎根理论的特征

格拉泽和斯特劳斯（Glaser & Strauss，1967）列出了扎根理论的四个重要特征：符合、理解、普遍性和控制。第一，如果理论是有用的，那么它就必须符合资料。格拉泽和斯特劳斯提出了一个重要的观点，他们说到，一个研究者：

> 通常会将自己的想法及其职业和社会阶层的价值观，以及流行的观点和神话，还有他从一些正式理论——对此他表现得像一个忠诚的研究生——中审慎地做出的逻辑演绎包含到所发展的理论中，但自己并没有意识到。

问题的关键在于理论必须紧密地符合现实世界的资料，而不是我们个人的意愿、偏见或预设的分类。

第二，理论必须得到清晰的表述，以便于实际工作领域的人们、即使是不做研究的人去了解。其原因之一在于实际工作者有一天可能会使用这些理论或雇佣使用这些理论的人。如果理论不能被他们所理解，就绝不可能被使用。格拉泽和斯特劳斯（Glaser & Strauss，1967）指出，“对理论的理解往往导致人们乐意去使用它，因为理论塑造了他们面对问题时的敏感度，给予了他们能够将事情做得更好的指向”（p.240）。

第三，理论应该具有普遍性。这意味着理论的范围及其概念水平不应该太具体，以免理论仅适用于很少的一群人，或特殊的场景。这样的理论很少被使用，而且，也不可能为每一个人和每一种情况发展出一个新的理论。避免这种特殊性的策略是以能够超越原始研究特殊性的抽象水平来构思理论中的概念。

格拉泽和斯特劳斯讨论的一项好的扎根理论所具备的第四个特征是控制。如果有人使用这个理论，他/她应该在一定程度上能够控制理论所解释的现象。用他们（Glaser & Strauss，1967）的话说，“实体理论必须确保使用它的人能够很好地控制日常情境，从而使人们觉得理论应用值得尝试”（p.245）。因此，识别可控变量并将它们建构到扎根理论是一个好方法。

正如你所见，满足符合、理解、普遍性和控制的标准是扎根理论希望做到的，当理论是从单项研究中发展而来时就更是如此。这就是为什么扎根理论的发展是一个永无止境的过程。在单项研究中，研究者要尽可能收集大量的资料。在研究期间，研究者将与资料互相影响，当问题产生并需要解答时再收集补充资料。一项扎根理论应该进行详细说明并在未来的研究中进一步修正；此外，关键策略是理论的发展应该扎根于资料。尝试使用理论的实践者同样应该对理论的修正提出建议。正如格拉泽和斯特劳斯（Glaser & Strauss，1967）所说，“理论的使用者实际上成为了理论的创造者”（p.242）。

扎根理论的案例

为了让你更好地理解真实的扎根理论研究，我们现在就描述由克瑞斯维尔和布朗（Creswell & Brown，1992）进行的一项研究，名为《系主任如何提高教师研究水平：一项扎根理论的研究》。这篇文章较为易读，也是基于单项研究进行扎根理论研究的优秀案例。

克瑞斯维尔和布朗（Creswell & Brown，1992）研究了高校院系主任与教师的互动。他们“对 33 名系主任进行了半结构电话访谈”（p.42），发现系主任表现出很多不同的角色。在资料中识别出七种角色：提供者、促成者、提倡者、导师、鼓励者、合作者、挑战者。克瑞斯维尔和布朗还发现系主任在不同时间扮演不同的角色，这取决于与之交往的教师的层级。该研究区分的主要层级是初任教师（已在院系中 1 ~ 3 年的教师）、前终身职教师（已在院系中 3 ~ 5 年的教师）、后终身职教师（还没有被提升为正教授的教师）以及高级教师（已是正教授的教师）。例如，他们发现，初任教师需要额外的时间来写作和发表作品，系主任将会提供额外的资源，提供有利的日程安排和减少责任来帮助这些教师。如果这个策略成功了，结果将是这些教师会发表更多的作品，这会提高教师获得终身教职的机会。在图 14.2 可以中看到克瑞斯维尔和布朗所描述的扎根理论。如表中所示，系主任所考虑的问题类型取决于教师所处的职业阶段以及其他如缺乏效率等迹象表现。考虑到处于特定阶段的教师以及某些迹象的出现，系主任会扮演某些角色（策略）来帮助教师发展。这些行动会产生特定的结果（如，提高效率、改善对院系的态度）。最后，这些通用程序在一定的背景中运作，会影响系主任与教师进行交往的方式。

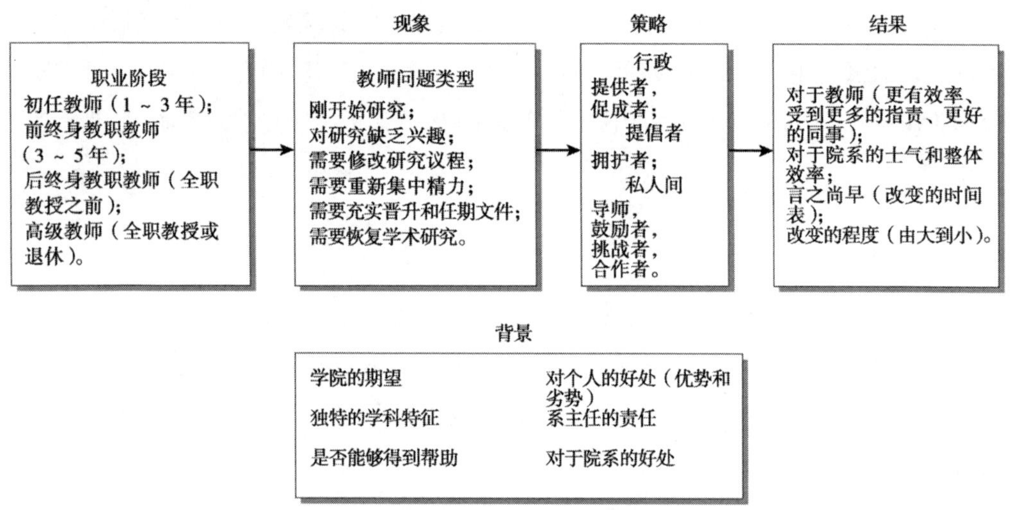

图 14.2 克瑞斯维尔和布朗的提高教师研究表现的系主任角色模型

来源：From Creswell, J. W., andM. L. Brown. "How Chairpersons Enhance Faculty Research: A Grounded Theory Study," 1992, *The Review of Higher Education*，16（1）.

资料收集、分析和报告撰写

扎根理论的资料分析开始于与被研究现象的初次接触，并持续贯穿于扎根理论的形成过程之中。换句话说，扎根理论的资料收集和分析是同时发生且持续的活动。尽管其他方法，特别是直接观察，通常也在收集原始资料中使用，但扎根理论中最流行的资料收集方法是开放式访谈。从技术上来说，在形成扎根理论过程中任何资料收集方法都是允许的。要记住的是，扎根理论总是要求理论必须扎根于资料。

扎根理论的资料分析被称作**连续比较法**（constant comparative method），涉及研究者、资料和理论发展之间持续的相互影响。因为在此过程中研究者的活跃角色、拥有**理论敏感性**（theoretical sensitivity）是很重要的，即当研究者有效地思考需要收集什么资料和已收集资料的哪些方面对扎根理论最重要时所表现出的特征。它是善于分析的思考能力、好奇心和创造力的混合物。拥有理论敏感性的研究者可以持续对资料提出问题，以便于发展出对现象越来越深的理解。随着时间的推移，具有理论敏感性的研究者将可以发展出符合此前讨论过的特征的扎根理论（即，符合、理解、普遍性和控制）。你获得的研究经验越多，你就越能成为拥有理论敏感性的研究者。如果你喜欢提问，那么很有可能你就会知道答案！

具有理论敏感性的研究者试图通过观察和倾听研究被试以及审视和思考资料来持续地进行学习。正如刚刚提到的，研究者必须持续地对资料提出问题，洞悉资料的意蕴。在分析过程中，思想和假设得以生成，然后通过已经收集的补充资料或通过收集更多的资料来暂时地进行检验。当一项扎根理论研究涉及拓展式田野调查时（在实地耗时数月），将会有大量的时间收集额外资料来填补正在发展的扎根理论的空白，也会有时间去证实和检验基于该理论的命题。正如你所见，扩展式田野调查是一个最理想的情况，因为你可以持续收集重要资料。如果所有的资料都需要在很短的时间内收集，那么发展一项令人信服的扎根理论的条件就不是很合适。尽管如此，你还是可以发展一项试验性的扎根理论，它可以在以后的研究中进一步得到发展。

扎根理论研究的一个独特之处是其资料分析方法。资料分析的三种类型或阶段被称作开放编码、主轴编码和选择编码（Strauss & Corbin，1990）。**开放编码**（open coding）是扎根理论资料分析的第一阶段。在一些原始资料收集之后开始进行开放编码，包括审核资料（通常是逐行的阅读副本），给资料中不相关联的元素命名和分类。换句话说，它需要对转录资料中重要的单词和句子进行标记。例如，假设你从 20 个被试处获得了访谈资料。你在阅读一份访谈副本，这个副本说，“我相信一名好教师的两个重要特质是关爱学生和激励他们学习。”从这段话中，你可能会得出**教学技巧、关爱学生和激励学生**的概念。开放编码是指在你的资料中找出这样的概念。由于你连续进行开放编码，你就会不断发现在同一个人的评论中或另一访谈的其他人的评论中是否又表达了教学技巧。

主轴编码在开放编码之后。在**主轴编码**（axial coding）中，研究者将概念发展为分类（即，稍微抽象的概念）并组织这些分类。然后，研究者看起来好像发现了被试多次提及的某类事情（即，什么主题看起来贯穿于访谈过程之中）。研究者也寻找资料分类之间可能的关系。目的是要展示现象是如何发生的（即，展示其过程）。研究者还会提出这样的问题：现象是如何显示出来的？其关键特征是什么？什么条件引发了这个现象？被试用什么策略来处理这个现象？这些策略的结果是什么？克罗斯维尔和布朗（Creswell & Brown，1992）在他们的扎根理论中就处理了许多这样的问题。例如，查看图 14.2，你会看见现象的特征是在“现象”标题之下，引发现象的条件被列在“因果关系”之下，策略被列在“策略”标题之下，策略的结果被列在“结果”标题之下。

选择编码（selective coding）是研究者对当前研究的扎根理论进行最后润色的资料分析阶段。这尤其是扎根理论研究者通过认真思考开放编码和主轴编码所产生的资料和结果，来寻找理论的故事情节（即主要观念）的地方。研究者通常需要连续分析资料，但更加关注这个正在形成的理论的中心观念。最后，正是在选择编码过程中，研究者撰写故事，并解释其扎根理论。在这里，研究者充实理论的细节。选择编码还需要用资料再次检查理论，确保没有出现错误。在进行选择编码时，研究者也会去查阅已发表的文献，目的是为建构扎根理论并理解其更广泛的意义。当**理论饱和**（theoretical saturation）发生时，扎根理论研究者就结束了资料的分析。当没有任何新信息或概念能从资料中得出，扎根理论被所收集的资料完全证实时，理论饱和就发生了。

一份扎根理论研究报告要反映扎根理论产生的过程。首先是讨论主要研究问题或主题。在报告的开始部分要讨论研究所选择的被试以及选择他们的理由。然后讨论资料收集的方法。如你所知，访谈和观察是扎根理论研究中最流行的资料收集方法。结果部分是报告中最长的部分，因为扎根理论通常是基于研究中所获知的大量信息。最后，讨论最终的扎根理论。扎根理论的奠基人格拉泽和斯特劳斯通常会以一本书的篇幅来阐释他们的扎根理论。今天，扎根理论研究者常常以杂志论文的形式来报告。通过总结，我们在展示栏 14.6 中提供了一个扎根理论的案例。

展示栏 14.6　关于教学领导的扎根理论

哈查尔和海尔（Harchar & Hyle，1996）对小学管理人员的教学领导过程感兴趣。他们研究了知名的领导者（大部分是因为其领导能力而被任命为校长的人），查明了这些领导者在担任领导时的活动。这篇论文有很多内容，我们首先提供的是他们讨论其研究程序的一段引文，然后呈现他们总结其扎根理论的引文：

> 扎根理论既可以用作理论结构，也可以充当研究设计。资料收集、分析和理论发展遵从斯特劳斯和科尔宾的扎根理论。结构松散的开放式访谈是主要的资料收集方法。转录之后，我们将资料进行了三种编码：开放编码、主轴编码和选择编码。在开放编码中，对信息进行标记、分类和命名，同时按照特质和维度来发展分类，而有时则是随机地进行。凭借主轴编码，通过探究背景元素、干预条件、行动/互动策略以及这些策略的结果，研究者以新的方式整理这些资料。选择编码是最后的分析过程，导致故事情节的发展以及现象的要点得到研究。基于这些相关概念，发展出描述小学教学领导的理论。（p.16）

下面是哈查尔和海尔有关他们扎根理论的最终描述。

> 借助合作性权力，教学领导者平衡学校和社区中的权力不平等……学校中充斥权力不平等，既有基于经验的权力不平等，也有基于知识的权力不平等，涉及从教育经验和区域/教学楼内的经验到知识及其准备的专业知识。在这种环境中，小学教学领导者致力于让全体教师和整个社区发展一个共同愿景。通过愿景的达成，每一个组织和社区支持者都能够了解方向和目的。校长接受并支持积极的行为，正视并消除消极的行为。信任、尊重和共治形成学校环境的基础，影响一所优质学校发展的全部工作，这里的教师、学生和社区共享并努力达成有

活力的共同目标。所有组织成员的重要性都得到承认，并形成了一个所有人都能够并且必须有所贡献的公平角逐场。一致性、诚实和关注度是不变的关键所在。校长必须要求所有的教师说出自己的意见和想法，从而在平等的学校环境中促进问题解决、建设性谈话和主人翁情感。尽管并不是所有的校长都使用同样的策略，但是仍有一些普遍的方法被用来平衡权力。这些策略不是线性的；它们可能会同时出现，也可能在不同的时间出现，它们建立在彼此基础之上。(pp.26-27)

复习问题 14.14 扎根理论的主要特征是什么？

14.15 根据格拉泽和斯特劳斯的说法，扎根理论的四个重要特征是什么？

14.16 扎根理论研究者什么时候停止收集资料？

小结

我们是从总结定性研究的主要特征开始的。随后我们讨论了定性研究的四种最重要方法。这些方法是现象学、民族志、个案研究和扎根理论。尽管每种方法都遵从定性研究的范式，但每种方法的关注点各不相同。在现象学研究中，研究者的兴趣在于获得个体对于某些现象体验的生动描述。在民族志研究中，研究者的兴趣也在于理解被研究者的思想，然而，民族志研究者对研究文化群体特别感兴趣，他们关注文化描述，关注将文化特征与人类行为联系起来。个案研究是定性研究中很常见的、具有包容性的方法。个案研究者的共同点是他们将研究对象称作“案例”，并围绕这些案例组织研究工作。他们的关注点通常在于描述一个或多个案例的特征，描述一个或多个案例的发生过程，回答有关案例的特殊研究问题。在定性研究的扎根理论方法中，研究者着力于生成扎根理论来解释一些现象。扎根理论的重要特征是符合、理解、普遍性和控制。

问题讨论

1. 你认为什么样的定性方法最合适研究一个总是胜过学校所有人的教师？
2. 宏观文化有哪些案例？微观文化有哪些案例？
3. 你觉得自己有种族优越感的倾向吗？你能举一个例子吗？
4. 如果你是一名教师，你们学校的学生使用了哪些主位术语？
5. 如果你对进行一项解释性的定性研究感兴趣，你希望调查一些问题的原因和作用，你会选择哪种定性方法？为什么？

研究练习

1. 复习并点评配套网站中的定性研究文章。
2. 为下面每一种定性研究方法想出一个你可能会感兴趣的假设案例。给每个案例写一个或两个片段。
   A. 现象学 B. 民族志 C. 扎根理论 D. 个案研究
3. 在图书馆检索一个数据库。找出来，然后列出现象学、民族志、扎根理论和个案研究的名称。也要提供对每篇文章的简短的（一段）总结。

4. 这个练习将会帮助你体验现象学。想想你过去感到害怕的某个时刻。例如，当你还是个孩子时你可能会怕黑；你可能会被陌生人搭讪；你可能会发生过事故。尽力回想你的感受，并详细地写下来。将你的描述与其他人的对比，寻找害怕这一现象的本质特征。

5. 我们再三提出学习研究的最好方法之一是阅读发表的期刊论文。这里有一些定性研究论文的好例子，去图书馆查看这些论文，然后选择一篇论文进行点评。

民族志的例子

Deering，P.D.（1996）.An ethnographic study of norms of inclusion and cooperation in a multiethnic middle school.*The Urban Review*，28（1），21-39.

个案研究的例子

Abell，S.K.，& Roth，M.（1994）.Constructing science teaching in the elementary school：The socialization of a science enthusiast student teacher. *Journal of Research in Science Teaching*，31（1），77-90.

现象学的例子

Cross，T.L.，& Stewart，R.A.（1995）.A phenomenological investigation of the Lebenswelt of gifted students in rural high schools. *Journal of Secondary Gifted Education*，6(4)，273-280.

扎根理论的例子

Neufeldt，S.A.，Karno，M.P.，& Nelson，M.L.（1996）.A qualitative study of experts' conceptualization of supervisee reflectivity. *Journal of Counseling Psychology*，43(1)，3-9.

练习题

如果你提议或进行一项定性研究，回答下面的问题：

1. 你研究的暂定题目是什么？
2. 你希望从研究中学习到什么？
3. 你的研究问题是什么？
4. 你要研究谁？你将在哪儿研究他们？你将研究多少人？你要研究他们多长时间？
5. 你将会使用什么资料收集方法？
6. 你将使用哪种效度策略去确保资料和结论的可信度？（提示：参见第 10 章中讨论的策略。）

行动研究日志

提示：行动研究者特别喜欢定性研究方法，因为这些方法有助于他们从学生或被试的视角理解世界。

1. 你希望运用本章讨论的哪定性研究方法来了解你的学生或被试？
2. 四种主要方法会为你提供与你的行动研究项目有关的什么信息？
3. 思考我们早些时候提到的常规因果关系和具体因果关系之间的区别（例如，参见第 11 章中行动研究日志的视点）。扎根理论的广阔视角和使用是如何有助于将系普遍因果关系与局部因果关系联系起来并产生了一种“实践理论”的？（提示：一个混合研究者可能会怎样使用扎根理论？）

Chapter 15

第15章

历史研究

Historical Research

学习目标：

- 能够解释历史研究的含义；
- 能够解释采用历史研究方法的原因；
- 能够解释历史研究的操作过程；
- 能够区分一手资料与二手资料；
- 能够解释外在鉴定与内在鉴定的含义以及它们在历史研究中的重要性；
- 能够区分肯定性鉴定与否定性鉴定；
- 能够识别并解释在整合质性材料、准备质性报告时必须规避的方法性问题。

现实生活中的研究——从历史的视角增进理解

在美国，我们经常把青春期视作青少年及其家庭要面对的一个刺激却又富于挑战的阶段。青春期一般持续十年左右，包含了青少年从家庭获得独立、质疑并形成个性、为成年后的发展道路做决定三个阶段。通常，这也是一些诸如吸毒、不安全性行为等危险行为发生的阶段。

历史上对“青春期”的定义是如何发展的？回想一下你自己的家庭。你的曾祖父母17岁时在做什么？他们的青春期与你自己的青春期有什么相同或不同之处？

在美国，20世纪的一些文化变化对青春期阶段产生了不可估量的影响。首先，接受中学教育变得普遍而不再是个别行为（法律强制）。在19世纪后期，只有约6%的14～17岁的孩子接受中等教育。显然，这方面的变化十分明显，现在所有州都在法律中强制要求人们接受中等教育（通常到16岁）。其次，形成了青少年司法制度。司法系统确立了青少年作为区别于成年人的身份，并且需要在法律中区别对待。最后，1938年通过的《公平劳动标准法》禁止了各类雇佣童工行为。事实上，对于某些类型的工作（危险工作），工人必须至少在18岁以上。

这些法律和文化上的变化扩大了青春期的时间范围，它开始得更早也结束得更晚。因此，童年时期结束得更早了，成年期又开始得更晚了。因此，我们所认识的青春期实际是一个相对较新的现象。

了解这方面的知识是很重要的，因为从历史的视角来看青春期，能更好地理解这个发展阶段，也展现了它是如何随着时间变化和发展的，正如上述例子。它也展现了社会和文化因素在建构一些重要的概念和观念（如青春期）时的重要性。

像这样的历史视角一般是由从事历史研究的人提供。这些研究者致力于研究过去的事，从而为我们了解从前以及那些被我们视作理所当然的事物提供视角。通过本章，你将学习如何进行历史研究以及历史研究的重要性。

看到本章标题时，你可能会好奇为什么历史研究会出现在教育研究方法的书上。历史研究显然是专注于过去发生的事件，而我们教育研究的基本着眼点是当前和未来的教育改进。在这本书中，我们讨论的研究方法都能够帮助我们回答关于当前教育议题的研究问题。这似乎进一步表明，研究过去的事件对解决当前教育问题作用甚微。然而，正如本章后面的讨论，历史确实有现实和未来意义，历史研究提供了一种积累历史财富的方法。在本章中，我们讨论了历史研究的方法，它对专业研究者的作用，以及它对当前教育问题的回应。

什么是历史研究？

历史研究（historical research）是为了解释过去所发生的事情而系统地审视过去的

事件或事件组合的过程（Berg，1998）。在解释的过程中，重要的是要认识到历史研究不仅是事实、日期、数字的累加或对过去发生的事、人物、发展状况的描述，历史研究还是解释性的。它的陈述远不止复述过去发生的事实，而是流动的、动态的叙述，以此来抓住研究中那些影响了事件的复杂细节，人物的性格和思想（Berg）。这并不意味着历史研究者不使用事件、事实、日期和数字。相反，历史研究者不仅使用这种类型的信息，更试图通过历史事件不同参与者的视角来传达对事件的理解，从而重构、表现这些史实与数据。在呈现这些多元视角的同时，历史研究者本身的理解与解释也成为历史的一部分。事实上，这是历史解释的核心。历史学家能够开诚布公自身的偏见，这一点，其他的学者很少能够做到。历史学家的身份，是信奉自由主义或保守主义，肤色是黑或白，性别是男或女，都会对研究中历史事件或事件周遭细节的解释产生较大的影响。

为了表明如何使用史实和数据，我们来看富尔茨（Fultz，1995）对 1890—1940 年南方非裔美籍学校的描述：

> 1925 至 1926 年，在南方 14 个州的 24 079 所非裔美籍学校中 93.4% 位于农村。其中，超过四分之三（82.6%）的学校只有一名教师（63.8%）或两名教师（18.8%）。此外，在这 14 个州中，近四分之三（73.9%）非裔美籍教师在农村学校任教。

现在，我们来看看富尔茨（Fultz，1995）是如何将关于非裔美籍学校的讨论转入解释层面，从而动态地呈现了学校的条件以及这些条件对学校提供教学服务的影响。

> 此外，文献中充斥着关于非裔美籍学校条件恶劣的证据，学校普遍年久失修的状况也很可能降低教学服务的质量。这些学校不受重视的迹象很多，如摇摇晃晃的没有靠背的座椅、教室地板和屋顶的破洞、供暖不足、光线昏暗、未粉刷的墙壁、破旧的楼梯、脏乱的环境，以及课桌和其他教学物资材料的缺乏。（p. 403）

这些对事件夹叙夹议的评述为我们呈现了一个故事，这个故事为读者提供的信息远多于复述史实。它为历史事件的发展提供了丰富的记叙，并且让读者了解到环境因素对历史事件的塑造作用。

历史研究的意义

我们为什么要学习教育的历史？如果你是一个历史爱好者，你就知道发生在过去的事往往很有趣。例如，阅读一个关于 19 世纪美国农村教育系统的详细报告并了解到当时的儿童与家庭为了接受最初级的教育而要经受的困难，这是一件十分有趣的事。伯格（Berg，1998）曾指出 5 个开展历史研究的理由：

1. 揭示未知
2. 回答问题
3. 发现过去与现在的联系
4. 记录并评价个人、组织和机构的成就
5. 增进我们对生活中的文化的理解

有些理由看起来很明显也合乎逻辑，而有些则不是。例如，“揭示未知”这一条看起来就有点奇怪，因为历史研究关注的是过去的事件，而过去的事情理应是大家都知道的。然而，出于各种各样的原因，重要的事件常常没有被记录下来。例如，富尔茨（Fultz，1995）发现，在 20 世纪早期研究非裔美籍人的期刊文献内容几乎未涉及关于黑人教师以及他们的社会角色、社会贡献的讨论。如果没有对这些黑人教师的角色及相关事件的系统报道与记载，我们就无法了解进而赞扬黑人教师在 20 世纪早期所做出的贡献。

“回答问题”可能是其中最合乎逻辑和明显的原因之一。作为一名教师或学生，你或许想知道 19 世纪的学校教育是什么样的？在 20 世纪早期的教师管理学生究竟有多严格？这些问题显然都需要历史研究来回答。我们还可以列举许多其他关于过去的教育实践、政策、事件的问题。

进行历史研究还是为了发现过去与现在的联系。乍一听可能很奇怪，开展历史研究是为了发现一些关于当下的事物。然而，历史能为我们当下的决策提供观点和参考并帮助我们避免重蹈覆辙。历史还能提供一些策略信息，哪些策略在历史中起过作用，哪些则无。换言之，历史研究让我们了解到哪些策略曾经被尝试过并被证实是不完善的，哪些策略曾被不合理地使用并可能还有效。例如，本书作者之一克里斯滕森（Christensen）的邻居是一位史学家，正在对德克萨斯州休斯敦地区一间银行的历史进行梳理和编制。克里斯滕森问为什么银行需要有人来记录它的历史。邻居回答道，许多银行的历史文献分析表明银行职员有重复犯错的趋势，因此掌握一份银行的历史记录与错误记录可以帮助他们在未来避免犯同样的错误。

凯索（Kaestle，1997）在关于美国教育史的讨论中指出，学校权力下放（指让学区董事会拥有更多关于初等教育实施的决策权，而不是将这些决策权放在中央教育行政部门的手中）曾在 20 世纪 60 年代经历过激烈的辩论。主张权力下放的人根据史实指出，教育集权化是 20 世纪早期的社会精英用来控制城市教育、维护社会结构、对当时的学生施加价值影响的手段。集权化受到争议，被认为是非民主的社会控制手段。这就是一个研究者在关于当前政策的辩论中运用历史经验的例子，并且是基于类似政策可能会引发历史经验重现的假设。历史研究常常用来记载一个著名人物的成就或一个组织或机构的历史。例如，一个教育研究者可能会对记录私立、教堂资助的学校发展与壮大的过程感兴趣。历史上天主教教堂开办学校，主要为拥有天主教信仰的儿童提供教育。然而，现在其他教派也陆续涉入教育领域，并积极参与到美国青年的教育中去。还有的研究者对记录教育领域著名人物的成就感兴趣。例如，乔纳森・梅斯里（Jonathan Messerli，1972）记录了公立教育之父贺拉斯・曼的一生。

历史研究还能增进我们对于自身所处文化的理解。教育一直是历史的一部分，它更是我们文化的一部分。在讨论美国教育的历史时，凯索（Kaestle，1997）指出在 20 世纪 50 年代以前，研究者对美国教育史的撰写几乎只关注公立学校系统。然而，教育的历史应该更广泛地包括学校以外的教育机构，如家庭、工作单位以及教堂。广义的教育包括了社会化的各个方面，这意味着它是一个文化事件。

复习问题　15.1　什么是历史研究？
15.2　为什么有人要进行历史研究？
15.3　历史研究如何能告诉我们有关现在的事？

历史研究的方法

历史研究是如何开展的呢？行外人会认为历史研究分为两个阶段（Carr，1963）：收集并阅读与研究主题相关的材料；根据收集而来的材料以及阅读笔记撰写手稿或书籍。卡尔（Carr）指出，这是外界对于历史研究方法的非常不现实的印象。对于卡尔而言，研究的过程即反复阅读、写作的过程。在阅读过一些原始资料之后卡尔开始写作，不一定是一开始就着手写。写到一定程度，他会返回去阅读一些与他挑选的主题相关的附加材料。卡尔发现写作指导阅读，因为他写得越多，他就越知道自己在寻找什么以及自己需要读些什么资料。

以上仅仅是对卡尔个人研究方法的概述，卡尔也承认别人或许会用不同的方法（进行历史研究）。一些研究者会用穷举的方法先广泛收集历史信息，然后阅读、理解这些信息，最后才组织并撰写研究报告。凯索（Kaestle，1992,1997）甚至表示没有关于历史研究的统一方法，而且历史研究者常常从其他学科中借取方法或理论。这并不意味着进行历史研究的方法之间没有一致性。历史研究的一般方法论与本书中我们已讨论的其他研究方法十分类似。一般而言，历史研究遵照以下步骤进行，虽然这些步骤之间存在一定的重叠以及实施时的反复。

1. 确定研究主题并形成研究问题
2. 收集数据 / 文献综述
3. 对收集到的素材进行评价
4. 整合数据
5. 准备报告或叙述性的阐释

我们将在下面详述每一个步骤。

确定研究主题并形成研究问题

与任何其他的教育研究一样，第一步是确定你希望调查的主题并构建你希望回答的研究问题。研究者可以受任何资料启发而选择研究主题。当前的教育时事常常成为一项研究的触发点。例如，自 20 世纪 90 年代以来，有一股改革潮流是在大学录取中去除平权法的政策。你或许就会想了解最初肯定性行动形成的原因，以及为什么这个执行了几十年的政策目前正在转向。

一个研究主题也可以从一个研究者感兴趣的个人、机构或有关教育政策的社会运动、改革等方面而来。例如，你或许认识一个人，他 / 她将自己的职业生涯都投入到改进内城儿童的教育事业中。如果这个人在持续的困境中对这个领域做出了卓越的贡献，那么关于他 / 她的成就以及获取成就过程的记录就可能十分有价值并值得研究。

你或许对探索不同事件之间的关系感兴趣。例如，美国在 20 世纪 60 年代发起了校车运动（将儿童从邻近学校运送到其他社区的学校，试图在每一所公立学校创建一个特殊的种族融合的学生群体）。针对实施这项政策的影响，我们可以提出许多具体的研究问题。校车政策对于学生所接受的教育质量产生了哪些影响？校车政策是否对家长的入学选择产生影响？例如，家长可能赞同校车政策，也可能送自己的孩子去私立学校。为什么校车政策现在难以为继？

你甚至可以将教育历史学家所阐述的历史事件以不同的或更合理的方式重新解读。例如，凯索（Kaestle，1997）发现在过去的 25 ~ 30 年间，美国历史学家的传统研究方法和假设受到越来越多的抨击。直至 20 世纪 50 年代，大多数美国教育史学家认为，教育的历史几乎只与公立学校系统的历史相关，并且普通公立教育是纯粹的好。自此以后，这种观点开始受到质疑，因为更多的当代美国教育史学家开始关注由公立学校以外的私立单位（如教会、家庭）提供的教育。此外，一些美国教育史学家开始质疑“公立教育普遍是好的”这一提法。

研究主题可以来源于各种资料，可以聚焦于诸多主题和事件。表 15.1 列举了若干教育史研究者开展的研究范例。如下可见，这些主题覆盖了教育的各种领域。

表 15.1　教育历史研究者选题举例

- Cleverly, J. (1991). 中国的教育：传统与现代. 北悉尼，澳大利亚：Allen and Unwin. [Cleverly, J. (1991). *The schooling of China: Tradition and modernity in Chinese education.* North Sydney, Australia: Allen and Unwin.]
- Fultz, M. (1995). 南方的美籍非裔教师. 1890-1940：希望与抗争的软弱与讽刺. 教育史季刊. 37, 401-422. [Fultz, M. (1995). African American teachers in the south, 1890-1940: Powerlessness and the ironies of expectations and protest. *History of Education Quarterly*, 37, 401-422.]
- Galenson, D. W. (1995). 芝加哥地区男孩上学的决定因素. 教育史季刊. 37, 371-400. [Galenson, D. W. (1995). Determinants of the school attendance of boys in early Chicago. *History of Education Quarterly, 37*, 371-400.]
- Mitch, D.F. (1992). 英国维多利亚时期识字的普及化：私人教育选择与公共政策的影响. 费城：宾州大学出版社. [Mitch, D.F. (1992). *The rise of popular literacy in Victorian England: The influence of private choice and public policy.* Philadelphia: University of Pennsylvania Press.]
- Osgood, R.L. (1997). 公立学校理想的破灭：波士顿的中间学校与不计分的课堂，1838-1900. 教育史季刊，37, 375-398. [Osgood, R.L. (1997). Undermining the common school ideal: Intermediate schools and ungraded classes in Boston, 1838-1900. *History of Education Quarterly, 37*, 375-398.]
- Reuben, J.A. (1997). 超越政治：进步时代的社区公民和公民身份的重新界定. 教育史季刊. 37, 399-420. [Reuben, J.A. (1997). Beyond politics: Community civics and the redefinition of citizenship in the progressive era. *History of Education Quarterly, 37*, 399-420.]
- Rosner, L. (1991). 改进时代的医疗教育：爱丁堡学生和学徒，1760-1826. 爱丁堡，英国：爱丁堡大学出版社. [Rosner, L. (1991). *Medical education in the age of improvement: Edinburgh students and apprentices, 1760-1826.* Edinburgh, UK: Edinburgh University Press.]
- Tomiak, J. (Ed.). (1991). 学校教育、教育政策和民族认同：欧洲各国政府和非主体民族的比较研究，1850—1940（第 1 卷）. 纽约：纽约大学出版社. [Tomiak, J. (Ed.). (1991). *Schooling, educational policy, and ethnic identity: Comparative studies on governments and non-dominant ethnic groups in Europe, 1850-1940* (Vol.1). New York: New York University Press.]

数据收集或文献综述

一旦你确定了研究主题，下一步就是确定与你研究主题相关的资料来源并且锁定这些资料和信息。识别、定位、收集相关信息组成了历史研究的数据收集和文献综述阶段。这一阶段与你在其他类型的教育研究中的文献综述阶段是类似的。在定性和定量的研究中，你会对已做过的相关主题的研究进行文献综述，从而了解什么是已研究过的和已知的。在历史研究中，也有类似的过程。然而，包含您所需要信息的来源是那些完全不同于其他类型的教育研究的。在历史研究中，您所需要的信息可能会包含在档案、录音、照片、文物以及采访中，而不是专业期刊和书籍里。

文件与其他的文字记录

教育史学家感兴趣的文件或记录主要包括证件、卡通画、动画片、日记、回忆录、报纸、年鉴、备忘录、期刊、报告、档案、考勤记录、人口普查报告、预算、地图以及试卷等文字和印刷材料。事实上，任何与研究主题相关的印刷或手写的材料都将成为你想要的文件或记录，并且可能运用到你最终的叙述性报告中。

照片

在照相机发明并普遍使用（19 世纪后半期）之前，绘画是过去唯一的视觉记录方式。例如，刘易斯和克拉克（Lewis & Clark）通过画画描绘了他们在 1804—1806 年穿梭于太平洋间的史诗般旅程中的所见所闻（动物、地貌、美国原住民、物理结构）。查尔斯·达尔文画下了 1831—1836 年他乘小猎犬号环游南美的旅程中所见到的新物种图片。然而，自有了相机以后，照片成为提供历史信息的完美来源。这些快照能够带你回去看那些在特定历史时期才有的事物。然而你要小心，不能仅从现代的视角去解读这些照片。

文物

文物也是一种历史信息资源。文物是其实体或视觉特征能够提供历史信息的物件。文物可以是文章、服装、建筑、书籍、雕像、建筑规划、书桌、考古遗迹或任何可以提供有关过去信息的事物。

口述史

口述史或口述记录是教育史学家会运用的另外一种信息资源。**口述史**（oral histories）或口述记录由教育史学家对拥有与研究主题直接或间接经验的人的访谈组成。兰德·埃文斯是一个心理历史学家，他正在研究对心理学发展有巨大影响的人物——E.B. 铁钦纳，他从一些录音和文件中收集了丰富的信息。然而，他也希望能访谈一些与铁钦纳有私交的人。因此，他联系了一位铁钦纳的亲属，并进一步安排了与这位亲属访谈的时间与地点，获得了关于铁钦纳的口述信息。然而，口述记录不仅仅局限于访谈，它还可以包括讲故事、唱歌以及其他口头表达形式。

口述史或口述记录不局限于遥远历史的内容，也可以包括刚发生不久的事物。实际上，据估计，大部分历史博士学位的获得者均关注近 100 年内的美国历史的某些方面（Howard，2006）。这种对近期历史的关注趋势是在诸如伊拉克战争、卡特里娜飓风、2001 年 9 月 11 日的双子塔与五角大楼袭击等事件的刺激与影响下形成的。研究者不仅记录事件，还试图去理解历史。关注近期历史的研究趋势导致了对伦理审查委员会（IRB）监督需求的增加，尽管一些做口述史研究的个人并不需要这样的监督（Howard，2006）。虽然有反对意见，大部分高校还是需要此类监督，因为当前许多历史研究针对的是一些敏感的话题，这些话题可能会引发研究参与者强烈的情绪反应以及心理伤害。一个对参加过伊拉克战争的退伍军人的口述史研究就属于此类。

口述史能够为理解事件的原因和动机提供视角，因为此类信息难以通过其他形式记录下来。然而，口述史的功能和作用也有一定的局限。比如，它或许很难帮你做出因果解释。口述史往往侧重于个人经验，但这些经验发生在一个特定的社会政治文化大背景下。重要的是，要考虑到所研究事件发生之时的本土环境、国内国际趋势、事件之间的关系以及口述史或个人报告中提供的个人经验。

口述史的对象一般是活着的人，并且倾向于老人。因此，口述史限于一组特定对象的经历与记忆，他们必须依赖记忆来传达过去的事情。个人对事件的回忆会随着时间流逝而变化，并且每个人对过去的记忆是选择性的。为了避免这些缺陷，佑（Yow，1994）建议访谈的对象应选取自信且善于口语表达的人。当你进行采访时，佑建议你的提问包括如下几条：

- 如果你来写这项研究，你会写哪些内容？
- 你建议我采访哪些人？
- 如果你来写这段历史，你认为哪些内容重要？
- 事件发生时谁在现场？
- 谁对事件的发生起了作用？
- 谁受到了事件的影响？

显然，这不是你要问的所有问题，但它们帮助你聚焦事件核心的线索，并且将你引向可以提供更多重要观点和信息的人。

如何查找历史信息

图书馆，尤其是大型的大学图书馆拥有大量的信息资源。因为大型的大学图书馆收集了大量罕见、珍藏的书籍、信件原稿、期刊、个人文件和旧地图。一旦能进入这样的图书馆，你可以使用诸如《历史文献资源：入门指南》（*Reference Sources in History: An Introductory Guide*）（Fritze，Coutts，and Vyhnanek，1990）、《历史文献指南》（*Guide to Historical Literature*）（Norton，1995）以及《美国教育传记辞典》（*Biographical Dictionary of American Educators*）（Ohles，1978）等工具书来查找相关信息。

如果你距大图书馆很远，你或许首先要去寻找一个包含你所需要信息的数据库。美国国家历史出版物和档案委员会出版了《美国国家历史档案名录和手稿库》（*Directory of Archives and Manuscript Repositories in the United States*）（1988），其中包含了一系列数据库。此外，《美国档案资源清单》（*National Inventory of Documentary Sources in the*

United States）提供了联邦档案及图书馆的名录。

国家档案馆拥有丰富的历史信息，它拥有美国政府的所有信息记录。其中包含自美国建国以来由政府机构创建的各类文件、图片、视频与声音记录、相片、电影胶片等。这些档案和其他历史信息存在各类记录中心、总统图书馆及地区档案馆中。

在查找特定主题的历史信息时，你还应该考虑到当地的法院、校董会办公室以及私人学校等处寻找信息资源。此外，别忘了口述史，因为他们可以提供一般任何其他方式不能获得的信息（Yow，1994）。在本章末尾以及学习网站中我们将提供一些口述史资源的链接。

一手资料与二手资料

当找到并获得了文件、记录、口述史及其他对叙述研究主题或事件有用的资源，你需要进一步将这些资源划分为原始的或二手的。**一手资料**（primary source）指那些由事件的亲历者或以某种方式直接参与的或相关的人创建的资料。诸如日记、手绘地图、歌曲或歌谣、与事件亲历者的口头访谈记录、董事会议记录、法院判决及现场辩论、战场的现场照片等均是一手资料。**二手资料**（secondary source）是那些根据一手资料创建的资源，一些一手资料与二手文献组合在一起的资源也属于二手文献。因此，二手文献创建的过程中至少有一个步骤是与研究事件不直接相关的。最有用、最准确的二手文献应该是由历史学家基于原始资料而创作的文献。历史学家把几乎所有的历史事件都写了文章或书籍，从战争到关于违反道德的庭审记录。如我们在第 5 章中讨论的塔斯基吉实验（Tuskegee experiments）。还有其他的二手资料来源于历史教科书或百科全书。然而，历史教科书和百科全书实际与事件真实状况的描述相去甚远，经常被视作最无效的信息资源。

复习问题
15.4　开展历史研究包括哪些步骤？
15.5　历史研究主题的资源有哪些？
15.6　开展历史研究时一般使用哪些类型的信息？
15.7　你将在哪里找到历史研究所需的资料？
15.8　一手资料与二手资料之间有何区别？

评估历史资料

进行历史研究的教育研究者必须对每项获取的资料从真实性和准确性等角度进行评估，无论该资料是一份文件、地图、照片还是口述史。每份材料都需要检测其真实性，因为任何资料都可能受创建者的偏见、社会经济背景、政治大环境及宗教背景等因素影响。这些类型的偏见造成了每位史学家论述的基调。这意味着，一份文件可能是有倾向的，并反映着作者的个人偏见。一张旧照片或一份文件看上去展示了一个客观事件，然而实际上它们经过了修饰、故意涂改甚至造假。即使一份没有被故意修改或造假的文件，也可能受创建者所处的时代政治经济背景所影响而存在某些偏见。例如，一位教育历史学家在写大萧条时期的教育事件，他对教育事件的观察视角与阐释可能会受经济低迷的时代背景影响。因此，教育史学家必须用批判的眼光审视每份资料，并且每份资料在用来构建正在研究的事件的叙述之前，必须通过两类评估：内在鉴定和外在鉴定。

外在鉴定

外在鉴定（external criticism）指对史料有效性、可信度及真实性的考评。换言之，即检查这些文件、日记或备忘录是否真的由其署名者所写？照片或地图真的是在那些特定的时间产生的吗？以及它们描绘的是当时发生的吗？换言之，历史学家必须确定文件、记录或其他资料来源是真的或以某些方式被篡改了（即证实或证伪）。不幸的是，历史上有许多著名的恶作剧事件。例如，在 20 世纪 80 年代早期，两名男子以整整 300 万美元的高价将所谓的阿道夫・希特勒的日记贩卖给德国杂志（Stern）。几年后，杂志社发现这些日记是假的，并起诉了卖家，最终他们收回了买金并将卖家送进了监狱（Markham，1985）。显然，如果杂志社事先检验这些资料的真实性，就不会买下这些伪造的日记。诸如此类的恶作剧还是相当罕见的，并且如上述案例的造假行为通常出于经济原因。

有时，文件及其他资料来源的可信度很容易根据手写笔迹、文件纸张的使用年限以及签名辨识，特别是当这些材料都是根据作者的姓名收录并存档的（Christy，1975）。在其他情况下，验证史料的难度更大，比如文件可以是找人代笔的。虽然你永远不可能百分之百确定史料的有效性和可信度，但你可以尽量获取经证实的、有效性最大的来源。例如，你可以认真回答以下几个问题：这份文件是由谁写的？什么时间写的？当前是否存在这个文件的不同版本？有时，外在鉴定需要借助专家的帮助，如笔迹专家、熟悉方言与某时期写作风格的语言学家。你甚至可能希望用碳素测定方法来确保文献来源于某个特殊时期。在大多数情况下，没有必要如此精确，因为与其他领域的研究相比，史学研究领域的作者一般都会尽力保证写作的准确性与真实性。在大多数情况下，教育史学家使用的文件及其他信息资源都是真实可信的。这意味着历史学家通常不需要在外在鉴定方面花太多的时间。

内在鉴定

教育历史学家在努力确保他 / 她的文件及其他资料有效且可信之后，如果使用了二手资料，并且二手资料也忠实于原始资料，那么研究者可以进入内在鉴定的阶段。**内在鉴定**（internal criticism）指收集到的史料中所包含信息的可靠性和准确性。在做可靠性或准确性评估时，教育史学家必须先进行肯定性鉴定（Christy，1975）。**肯定性鉴定**（positive criticism）指的是教育史学家必须确定他/她理解各种来源资料所做的陈述或所传达的意义。例如，最高法院的判决经常转换为地方的政策。这意味着政府机构与相关人员必须解释判决的文本与含义。判决中的字词、术语、词组、措辞等必须被准确地解释，这样才有合理的贯彻与执行。这种解释对于史学家而言更加困难，因为词汇和口语会随着时间产生意义的变化，并且有些词汇和口语对于研究者而言是陌生的。凯索（Kaestle，1997）表示，解释的困难在于词句的模糊性和现代性。

模糊性（vagueness）是指词汇或短语含义的不确定性。下面是一个关于模糊性的例子：凯索（Kaestle，1997）指出教育史中有一个普遍的提法，即产业化导致教育改革。然而，这个提法对于不同的人可能会意味着不同的东西，除非定义了"产业化"和"教育改革"这两个术语。此外，在没有严格定义"产业化"和"教育改革"的前提下，研究者难以评估并记录二者之间的关系。

当前主义（presentism）是假设一个术语当前的含义也存在于过去。术语的意义随着时间而变化是一件寻常的事。一些术语在当今有特殊的含义或指称，但过去不存在或意义完全不同。例如，在 20 世纪早期，形容一个人"方正"，意味着他是诚实的、正直的以及值得信赖的。50 年后，一个"方正的"人则包含不成熟或保守的意味（Christy，1975）。同样地，18 世纪的公立教育机构是孩子们集体学习的地方，并且当时教育的努力方向是为了公众利益而非私利。当时的由学费资助的教育机构被视为并称为"公立"机构，而现今的术语则将这些机构贴上"私立"的标签（Kaestle，1997），因为它们的财政是由学生学费支撑而非州政府支持。

一旦研究者已经完成了肯定性鉴定，他/她将进入否定性鉴定的层面（Christy，1975）。**否定性鉴定**（negative criticism）是指证明教育史学家所使用文件或其他资料内容的可靠性、真实性与准确性。否定性鉴定是更难的，因为它需要教育史学家判断资料所包含信息的真实性与准确性。虽然大多数作者试图尽可能准确地创建文件、照片、地图及其他证据资料，但是仍有陈述不准确的时候。例如，在 1974 年的 6 月（"Holy Horatio！"1974），《时代》杂志上刊登了一篇短文，揭露了赫伯特·梅斯（Herbert Mayes）所写的霍雷肖·阿尔杰（Horatio Alger）充满了矛盾、荒谬的捏造以及个人想象。这篇传记曾在长达 40 年里作为关于阿尔杰研究的标准参考文献，并且被当时的史学家和学者广泛引用。幸运的是，这种不准确的陈述现象还是罕见的，因为历史学家通常会尽最大努力来避免不准确的陈述。

证人的第一手陈述资料常作为最可靠与准确的资料。然而，目击者的陈述也可能有偏见，并且其记忆会随着时间的推移而淡化，记忆间的空隙会填入看似合理却不准确的细节。想要了解对同一件事情的记忆可能存在的差异，你只需要让两个或更多的人回忆同一事件的细节，如一次车祸或校董会的会议。这并不意味着有人蓄意扭曲所看到的事件，而是每个人有不同的动机，并且顾及的是事件不同的部分。

试想一名医生、一名执法人员以及一名保险代理目睹了一场车祸，然后都对所见做了报告。医生或许会关注乘客受伤的严重性。执法人员最有可能关注当时肇事车辆行驶的速度、路况及车况。保险代理人或许会关注肇事车辆受损的情况。受职业训练、个人偏见及先前经验的影响，每个人会关注一个事件的不同方面，最终各自做出非常不同的报告。历史学家在确定文献内容的准确性时，试图将影响报告的背景因素与先验因素考虑进来。

如果目击者的描述是偏颇的或基于某个特定视角的，那么教育史学家如何确定其史料的准确性呢？温伯格（Wineburg，1991）在分析史学家如何处理证据时，总结了运用于评价文献的 3 个步骤或探索法——确认、溯源以及情境化。**确认**（corroboration）指对文件进行相互比较从而判断它们是否为同一结论提供了相同的信息。例如，温伯格（Wineburg，1991）的研究中有若干个文件聚焦马萨诸塞州列辛顿草原战场上集结的殖民地武装的数量。一份文件上列出 300 ~ 400 人的数据。研究者将这份文件与提供了殖民地武装力量间接信息的其他文件资料进行对比，而其他文献资料表明武装力量的规模小于 300 ~ 400 人。

温伯格（Wineburg，1991）所提出的第二个探索法是**溯源**（sourcing），即寻找那些能帮助识别“文件的来源与属性”的信息（p.79）。换言之，溯源指的是识别文件的作者、创建时间以及创建地点。这种信息让史学家能够知道由小说家提供的信息或二手资料提供的信息，信息的效用应该打多大的折扣，如一件很久以前发生的事情在教材中的叙述等。此外，它使得史学家可以确认文件创建的时间与事件真实发生的时间的间隔。例如，历史学家很可能会认为一个在战争正在进行时所做的记录比参与者在战争打完之后所做的记录更加准确。因此，溯源提供了判断文献内容的可信度与准确性的信息。

情境化（contextualization）是温伯格（Wineburg，1991）提出的第三个探索法，它指对事件发生于何时何地的确认。“何时”部分涉及将时间按顺序排序，并要求史学家专注于实践的顺序。“何地”部分涉及查明事件发生的地点以及当时的环境，如天气、景观及周围的地理环境。情境化的程序非常重要，因为它不仅确定了时间发生的顺序，同时还使研究者对事件的叙述进入了阐释的层面。例如，在温伯格的研究中，一位历史学家在研究中使用了一个文件中关于事件发生时间的信息以“重构民兵的情报网络，推断何时殖民地居民知道英国人从波士顿过来了”（p.82）。

温伯格提出的这 3 个方法对于史料的评价非常重要。虽然历史学家可能没有使用温伯格给定的方法与程序，但是他的研究确定了历史方法的 3 个重要特征。在评价文献时，历史学家会比较不同的信息来源，密切关注文件的来源，并且注意事件发生的具体时间顺序与地理环境。

整合资料与准备报告

教育史学家最后一项工作是完成资料整合，或将收集的资料放在一起，并叙述选定的主题与事件。**整合**（synthesis）是指对收集到的材料进行挑选、组织和分析。那些通过了研究者内在鉴定与外在鉴定的信息将排序或分类为不同的主题、中心思想或概念。这些主题和想法被拉到一起，从而使它们之间存在连续性。事件的时间顺序是最常起到作用的线索。

当研究者开始整合收集来的资料时，他 / 她通常已经开始叙述选题或事件了。这种叙述将包括通过整合文件及其他资料而发现的模式、关联以及新观点。在整合材料与准备报告的时候，研究者应该始终注意避免四个方法论问题（Kaestle，1997）。第一个问题是相关关系与因果关系的混淆。在统计课程及方法课程中，你经常会听到的一个告诫就是不要试图从相关性的证据中推断因果关系。仅因为两个现象同时发生或一个紧随另一个发生，并不能说明它们中的一个现象导致了另一个。例如，在 19 世纪，美国的城市爱尔兰家庭相比于其他族群的父母更少送孩子上学（Kaestle）。然而，这并不意味着民族身份（如爱尔兰人）导致了低出勤，尽管民族身份在这个特殊事例中是一个影响因素。显然，还有许多其他的因素可能对低出勤率有影响，如家庭的社会经济地位等。每当我们处理有限的相关性证据时，应抵制作出因果推断的诱惑，无论这看上去多么完美或合乎逻辑。然而，这对于许多历史研究者而言不是一个重要的限制，因为相比**通则知识**（nomothetic knowledge）（关于世界的一般规律与事实的知识）和**通则式因果关系**（nomothetic causation）（科学中所认定的普遍规律与因果律），史学家更加关注**具体知识**（idiographic knowledge）（针对特殊个人或个别事件的知识）和**具体因果关系**（nomothetic causation）（即特定地方行动或事件中的影响因素或原因）。历史研究更像是定性研究而不是定量研究，因为它的重点在理解个别的事件、人和群体。

应该关注的第二个问题是定义和解释关键词、术语与短语。正如我们在本章前面所讨论的，这可以归结为模糊性与当前主义的双重问题。研究者不仅要避免术语的模糊性，还要密切关注这些术语在事件发生之时的含义。

凯索（Kaestle，1997）提出的第三个问题是教育史学家应该确保对那些表明人们应该如何表现的证据与呈现人们实际行为的证据作出区分。例如，凯索指出，在 19 世纪 30 年代后期，美国东北部的教育工作者和医生鼓励家长将 5 ～ 6 岁的儿童留在家中。这些专业人士认为，让这个年龄阶段的孩子上学是不明智的，会危害他们的身体健康，并且会滋扰教师。这些证据很可能导致一个推断，即当时孩子们开始上学的年龄为 5 ～ 6 岁。然而，此类推断可能是错误的，因为普查数据与学校报告的统计数据表明，家长们在孩子 3 ～ 4 岁期间就将其送往学校，直至 19 世纪 50 年代和 60 年代的地方法规强制要求家长将这个年龄段的孩子留在家中。这个案例表明，专业人士的观点与大众行为之间存在差距，教育史学家必须警惕这种差异。

最后一个问题是，教育史学家在撰写论述时必须对意图与结果审慎地做出区分。由于史学家是在事件发生之后开展研究，他们的论述可能会存在一定的危险，即假设历史人物完全明白自身的想法与行为的后果。换言之，这里存在这样一个危险，即假设从一些政策与活动中观察到的结果被视为一开始就预设的结果。例如，20 世纪 60 年代发起的校车运动是为了种族平衡，最终导致了美国各地私立学校的发展。假设这个结果是校车运动最初发起的意图之一，这就是完全错误的。此类不合理的关联是教育历史学家必须避免的。

建构一个历史事件的论述是一个艰难的过程，需要对丰富的信息进行整合。在阅读和整合这些信息时，教育历史学家必须不仅对信息的准确性和真实性作出判断，还要避免作出上述讨论过的偏差。

在撰写一个历史事件时，你要遵守《芝加哥格式指南》（*The Chicago Manual of Style*，2003）中的要求。大多数定量和定性研究采用的是美国心理协会出版的指南中提供的写作格式（*Publication Manual of the American Psychological Association*，2010），当然也有一些期刊对这两种格式的报告都接受。然而，历史研究一般是按照芝加哥格式撰写的。

复习问题　15.9　内在鉴定与外在鉴定之间的区别是什么？

15.10　肯定性鉴定是什么意思？

15.11　模糊性与当前主义是什么意思？它们与肯定性鉴定有什么联系？

15.12　否定性鉴定是什么意思？如何使开展历史研究的人获得否定性鉴定？

15.13　在整合材料与准备叙述性报告时，研究者可能会遇到哪些方法论问题？

小结

历史研究试图通过系统地检验过去、整合事件来叙述过去发生的事情。这种叙述呈现了关于事实、时间、任务、数据的流动而变化的信息，并且通过对这些信息的解释来捕捉那些影响事件的细节、人物性格以及思想。进行历史研究的原因有很多，如揭示未知、回答问题、明确过去与现在的关系、记录并评价个人、机构的成就以及增进我们对生活中文化的理解。历史研究包含一系列活动，其中有研究主题的确定、研究问题的确立、相关文献的综述与相关信息的收集、评价收集来的信息、整合信息以及准备叙述性报告。

历史研究的主题可以从各类来源中获得，如当前的教育问题或教育领域中个人、机构、社会运动的影响。研究主题还可以源于对调查几个历史实践之间关系的兴趣或从不同的角度解读一个历史事件的想法。历史研究的主题可以从许多不同的来源获得。相关历史主题信息的收集过程包括查找文件、记录以及文物。这些信息通常可以在大学图书馆或国家档案馆等信息库中得到。口述史也是许多历史主题的重要信息来源。它们可以帮助研究者理解事件的原因或动机等信息，而这些信息或许难以从其他资料中获得。然而，口述史仅限于个人的经验、记忆与解释，而这些容易随着时间的推移而发生变化，并且受限于个人对事件的选择性记忆。

收集到的信息被分类为一手资料或二手资料。一手资料是由目击者或直接参与到事件中的个人所创建的信息。二手资料是基于一手资料而创建的信息。一手资料通常被视为更有价值的信息来源。

不管信息是一手的还是二手的，这些信息的准确性与真实性必须经过检验。这意味着每条信息来源都必须经过内在鉴定与外在鉴定的检验。外在鉴定指的是来源的有效性、可信度与真实性。对可靠性与准确性进行评价时，教育史学家必须进行肯定性鉴定或否定性鉴定。肯定性鉴定意味着教育史学家必须确保他/她理解材料中的论断与表达的含义。否定性鉴定是指评估材料的内容及论断的准确性或真实性。在确定源材料的准确性时，史学家使用3种方法：确认、溯源与情境化。

教育史学家的最终任务是整合收集来的数据并撰写所研究的事件或议题的叙述性报告。在准备报告时，教育史学家必须避免以下几个方法论问题：混淆相关性与因果关系；曲解关键术语、词汇及短语；不能区分人们理应的行为表现与实际行为表现；不能区分意图与后果。

问题讨论

1. 你认为历史研究应该如何分析或是否应该分析事件的起因与影响?
2. 你认为一手资料的优点和缺点是什么?
3. 你认为二手资料的优点和缺点是什么?
4. 你更相信外在鉴定还是内在鉴定？为什么?
5. 你认为历史研究在多大程度上受到研究者个人的影响？可以有哪些适当的检验方法或平衡方法？还可以补充哪些方法?

研究练习

1. 下面这篇文章是一篇有代表性的教育历史研究。从图书馆中获取这篇文章并通过阅读它增进对于教育领域的历史研究的认识。

“最佳系统”的毁灭与改造

Murphy, M. F. (1997). Unmaking and remaking the “One Best System”: London, Ontario, 1852-1860. *History of Education Quarterly*, 37, 291-309.

读完文章后，回答以下问题：

（1）作者开展这项历史研究的目的是什么?

（2）这篇历史研究的呈现方式与一般定性研究的呈现方式有何不同?

（3）指出至少一项作者使用的一手资料或二手资料。

2. 使用ERIC数据库，查找一篇教育历史期刊文章并回答以下问题：

（1）该文章的主题与研究目的是什么?

（2）收集了哪些数据?

（3）简要总结研究者的发现。

（4）找到一个例子，在这个例子中作者能够通过外在鉴定及内在鉴定论述资料的可信度。

（5）你对这篇文献的总体评价如何?

3. 综述并评价学习网站上的历史研究文献。

行动研究日志

提示：行动研究者经常进行个案史研究，因为他们如果要推动某一个人或某个课堂的改变，他们需要知道这个人或这个课堂的整个复杂的历史。

1. 在进行你的课堂或学校或学生的个案史研究时，你会试图寻找什么资料？即，你认为哪些历史的影响或特征对当前人们的思想与行为产生的影响最大?
2. 你会采取什么样的方式介入参与者的因果轨迹之中，从而帮助他们达到预期的目的?

Chapter 16

第 16 章

混合研究

Mixed Research

学习目标

- 能够列举出定性研究的主要优势与劣势;
- 能够列举出定量研究的主要优势与劣势;
- 能够定义混合研究(混合研究也被称作混合方法研究);
- 能够列举出混合研究 这一术语的几个同义词;
- 解释如何使用那些表征混合研究设计类型的符号系统;
- 比较 9 种混合方法研究设计;
- 能够列举并解释格林、凯瑞塞利和格雷汉姆开展混合研究的目的和基本原理;
- 能够描述混合研究过程中的 8 个主要步骤;
- 能够解释说明混合研究的优势和局限性。

现实生活中的研究——利用混合方法改进研究

2001 年 12 月的一个晚上，当伽木查本和他的两位朋友在马里兰州巴尔的摩市的一个商场的美食广场时，16 岁的克里斯朵夫·威廉姆斯和 18 岁的理查德·西德里格斯开始故意接近他们。威廉姆斯和西德里格斯告诉伽木查本，他们想买一些大麻。虽然伽木查本并不认识他们，但是他还是同意卖给威廉姆斯和西德里格斯一些大麻。威廉姆斯说他的车停在了商场的南边，而且用来买大麻的钱也放在了车上。所以伽木查本同意开车载威廉姆斯去停车地。当他们到达停车地时，威廉姆斯突然拿出一支枪，并要求伽木查本交出他所带的大麻。高中时曾是摔跤选手的伽木查本开始与威廉姆斯搏斗。但是，最后威廉姆斯用枪射中了伽木查本的胸口致其死亡（O' Brien，2002）。

据托马西娜·皮尔西所了解的第一手资料显示，像上述这样与毒品相关的死亡事件并不少见。托马西那·皮尔西也正是因为大儿子死于吸食毒品过量，才开始这项研究的。2001 年，她开始在她所在郡的所有学校中开展一项毒品意识项目——皮尔西毒品项目（Piercy Drug Program）（McMenamin，2002）。为学生设立了一个 24 小时的危机热线，还设立了一个向家长进行宣传的热心项目。她还积累了大量事实性的滥用药物的信息，并每月将这些信息整理发布在学校的实时通讯上。此外，皮尔西和她的社区领导团队也通过排演短剧的方式触动那些认为药物滥用不会困扰自己孩子的家长。正如你所看到的，皮尔西毒品项目由上述几个部分组成。

截至 2002 年，皮尔西毒品项目尚未对自身的有效性进行正式检验。能够证明该项目有效的证据来自于观看过短剧的参与者（这些短剧使一些家长流下了眼泪）、家长们寄来的信件和领取"不是我的孩子"宣传册的家长的数量（McMenamin，2002）。虽然这些资料提供了一些有用的信息，但是很有限。

如果你想通过证据证明这一项目是有效的，你可以采取以下几种方法。例如，如果幸运，你可能会找到一些二手数据，这些数据提供了这个郡的学校中之前服用过毒品的学生大致百分比和参加该项目后吸食毒品的学生大致百分比（即定量方法）。你可以让孩子们和家长通过填写等级量表来对该项目进行评价（即定量方法）。你可以通过采访家长来了解他们的生活发生了怎样的变化以及在参与该项目后，他们与孩子间的关系发生了怎样的改变（即定性方法）。你可以通过采访孩子们来了解他们的毒品意识，并询问他们有关该项目以及他们与家长间关系的信息（即定性方法）。虽然你可以采用任意一种定性或定量方法评估这个项目的有效性，但是通过收集定性和定量数据将两种方法相结合的方式（即混合）更为明智。通常，正如你将会在本章所学习到的那样，使用定量和定性相结合的方法是使我们了解所感兴趣的现象（例如皮尔西毒品项目）的一种更为完整的方法。

在第 2 章中，我们向你介绍了当前教育所使用的 3 种主要研究范式：定量研究、定性研究和混合研究。在之前的章节中，我们介绍了定量研究的两种主要方法（实验研究和非实验研究）和定性研究的 5 种主要方法（现象学、人种学、案例研究、扎根理论和历史研究）。现在我们要介绍混合研究范式，这一研究范式系统地结合或混合了定量研究和定性研究中的方法。为了使你能够更好地学习混合研究，请花费一些时间（是的，马上）来回顾一下表 2.1。在第 2 章中，我们第一次向你介绍了定量研究、定性研究和混合研究。你需要先复习一下定量研究和定性研究的主要特点以便你开始思考如何将这两种不同的研究方法混合起来。顺便说一下，为了使你在阅读已发表的研究文章时不至于困惑，请注意作者在提到混合研究时可能会使用的不同术语，如**混合方法研究**（mixed methods research）、**混合的方法研究**（mixed method research）、**混合方法论**（mixed methodology）、**多重方法研究**（multimethod research）、**多重主义**（multiplism）。告诉你一个好消息，你可以把这些术语视为同义词。当下最常用的术语是混合方法研究（mixed methods research）。在本章中，我们将混合方法研究和混合研究（mixed research）两个术语交换使用。

正如表 16.1 和表 16.2 所示，定量研究和定性研究都有其优势和劣势。例如定量研究，尤其是实验研究对于建立因果关系非常有用（优势）。当研究是基于随机样本（如在调查研究中）时，定量研究在对人口信息进行统计学意义上的概括方面是非常有用的。当解释某种新现象或是记录参与者的个人观点以及现实生活中关于某种现象的个人意义时，定量研究就不再那么有用了（劣势）。另一方面，定性研究中自然状态下的行为比特定情境下的行为更能对教育过程进行全面的阐述。定性研究能够提供有关参与者的世界观、他们的个人观点和主观意义方面的详细且丰富的信息（优势）。定性研究还可以提供关于某种现象为什么会出现的细节信息（优势）。但是定性研究主要是基于小规模的非随机型样本（即目的抽样），而且通常多用于探索或发现目的而非检验假设或验证目的，这也就意味着定性研究结果通常不能概括出除研究参与者之外人群的特征（劣势）。

表 16.1　定量研究的优势与劣势

优势
● 能够用于测试和验证关于某种现象是如何出现以及为何出现的已经形成的理论。
● 能够用于检验数据收集前所作的假设。
● 当数据是基于非常充足的随机样本时，定量研究能够对研究结果进行概括。
● 若一项研究已经在许多不同的人群和亚种群中反复进行，定量研究能够概括出一个研究结果。
● 能够用于获得可作出定量预测的数据。
● 能够用于确定通则式的因果关系（即一般的科学因果关系或科学定律）。
● 研究者可以创建一个消除许多变量混合影响的情境，这样才能更加可信地使用一个变量去建立因果关系。
● 采用定量方法收集数据会相对迅速（例如，电话访谈）。
● 能够获得精确的、定量的、数值型数据。
● 数据分析所花费的时间相对较少（使用统计软件）。
● 研究结果相对独立于研究者的主观意志（例如，显著性差异）。

续表

● 由于许多有权势人士（如管理者、政治家、为项目提供资金支持的人）的参与，研究可能更具可信性。
● 能够用于大规模群体研究。
劣势
● 研究者所选取的人群可能不能够反映所有人的想法。
● 研究者所使用的理论可能不能反映民众的理解。
● 由于研究者主要关注理论或假设的检测而非理论或假设的生成，所以可能会错过一些现象的产生（这种情况被称作确认性偏见）。
● 所形成的知识可能过于抽象、概括，不能直接应用于特定的情形、背景和个人中。

由于定量研究和定性研究都各有其优势与劣势，所以，越来越多的研究者建议在同一研究中应该混合使用多种研究方法。这些整合式的研究就是混合研究。**混合研究**是指研究者将定量研究和定性研究的方法与技术混合或结合在一起的一种研究。支持者相信混合研究有助于提升整体研究质量。支持者还提倡一种**兼容性主题**的说法，该说法认为只要你尊重定量和定性研究的相关假设（表 2.1），并且能够在这两种方法之间建立一种有想法的、能够帮助解决问题的联合，那么你就能够在同一调查中混合使用定性和定量研究方法（Brewer & Hunter，1989；Morgan，1998；Onwuegbuzie & Johnson，2006；Pring，2000；Reichardt & Cook,1979；Reichardt & Rallis，1994；Teddlie & Tashakkori，2009）。

表 16.2 定性研究的优势与劣势

优势
● 数据基于参与者自己的意义分类。
● 能够对一定数量限度内的案例进行深入研究。
● 能够描述复杂的现象。
● 提供个案信息。
● 能够进行交叉案例的比较和分析。
● 对人们经历的现象提供描述和解释（即本位的或内部的观点）。
● 由于研究对象真实的存在于当地的环境之中，因此定性研究能够对现象进行充分的细节描述。
● 研究者几乎总是在对研究现象相关的背景和环境因素进行识别。
● 研究者能够研究动态过程（即记录序列模式和变化）。
● 研究者可以使用扎根理论的定性方法来得出归纳性的假设，而不是得出对于某一现象的解释性理论。
● 可以明确参与者是如何解释某一概念的（如自尊、智商）。
● 定性研究数据通常是在自然情境下收集的。
● 定性研究尤其能够反映当地环境、条件和利益相关者的需要。
● 研究者尤其要注意适应研究过程中出现的变化（特别是在延展式的田野研究过程中），可以根据变化转变研究关注点。

续表

● 研究者通过从文字和参与者类别中所获得的定性数据来探究现象是如何发生的以及为何会发生。
● 定性研究可以通过在报告中引用一个重要案例来向读者生动地展示某一现象。
● 能够确定具体的因果关系(即我们所看到的、经历的和在生活中故意制造出的原因；特定事件发生的原因)。
劣势
● 所得出的结论可能不能推广至其他人群或是环境中（即结果可能对于研究中相对较少的参与者来说具有唯一性）。
● 很难做出定量预测。
● 很难通过对大规模的参与者进行重复试验的方式来检验假设或理论。
● 对于一些管理者和项目专员来说研究结果可能缺乏可信度。
● 与定量研究相比，定性研究的数据收集一般会更耗费时间。
● 数据分析耗费时间。
● 研究结果更容易受到研究者个人偏见和喜好的影响。

开展混合研究的研究人员通常能坚持实用主义的哲学理念。根据实用主义三位创始人——查尔斯·桑德斯·皮尔斯、威廉·詹姆斯和约翰·杜威（Charles Sanders Peirce，William James & John Dewey）的观点，我们在表 16.3 中对实用主义的原则进行了汇总。**实用主义哲学**（pragmatist philosophy）应用于研究时，常常会把研究的各个组成部分以你认为有利(于解决研究问题、研究过程中存在的问题以及改善研究环境)的方式进行混合。实用主义研究者会仔细思考定性和定量研究提供的观点，然后，建构一种联合或混合的方法来解决研究问题。本书作者（Johnson，2009；Johnson & Gray，2010）将这种尤为关注听取多种范式和跨学科观点的实用主义称为**辩证实用主义**（dialectical pragmatism）。这个形容词辩证地提醒你反复聆听和多重观点综合的重要性。根据实用主义哲学，你还需要明确你的价值立场和预期结果。例如，你可以声明你认为这项研究是好的，如果这项研究促成了研究问题的解释、预测、详细描述、社会公平或者更少的不公平(例如，性别、阶级、种族）。我们认为辩证实用主义（下文称为实用主义）所提供的哲学思想能够非常好地支持混合研究。

表 16.3　实用主义的一般特征

● 实用主义哲学是希望在教条主义哲学与怀疑论之间找到一种折中的方法，以找到解决长期存在的关于哲学二元论的一致意见问题的可行解决方案（有时包括彻底的抛弃）。
● 抛弃传统的二元论（例如：理性主义与经验主义，现实主义与虚幻主义，自由意志与决定论，柏拉图式的表象与实在，事实与价值，主观主义与客观主义），偏向能够有效解决问题的、适度的和节制的哲学二元论。
● 意识到自然或物理世界以及自发性社会与心理世界（包括语言、文化、人类制度、主观想法）的存在和重要性。
● 高度重视人类在实践中经历的内心世界的真实性及其影响。

续表

- 知识的建构被视为是基于我们所经历的和我们正生活的现实世界基础之上的。
- 取代了历史上流行的对内部和外部对象认识上的区分方式，这种区分是在自然和过程导向的有机环境运行机制下做出的。
- 赞同易缪主义（很少将当前的信仰和研究结论视为是完美的、可信的或绝对的）。
- 理由来自于杜威提出的“有根据的可断定性”。
- 如皮尔斯所言：“推理不应该形成一个链条，因为链条的牢固程度是由其最薄弱的环节决定的；而是要形成电缆，电缆的纤维虽然纤细，但是只要足够多且紧密联系就会变得十分牢固。”（Peirce，1868/1997，pp. 5-6）
- 理论被视为是有益的（理论是可以变正确的，而且它们正确的程度取决于它们有效的程度，这种有效性可以通过理论的可预测性和实践性的标准进行判定）。
- 可使用性尤其是其中的可预测性和适用性两项指标是评判的标准。
- 支持折中主义和多元主义（例如，不同的甚至是矛盾的观点都可能是可用的和正确的；观察、体验和实验都是可以获得对人和世界的理解的有用方法）。
- 人类调查（即我们在日常生活中是如何与周围环境产生相互作用的）被视为与实验和科学调查具有同等功效。我们尝试不同的事物以了解什么能够起作用，什么能够解决问题，什么能够帮助我们生存。我们获得的能够为我们提供答案的保证性证据最终也只是暂时的（即调查能够提供我们当下能够掌握的最好的答案），但是从长远来看，科学的或是发展的或是实践性的认识论能够使我们获得。
- 通过强大且具有实践性的经验主义来确定什么是有效的方法。
- 将现存的真理、意义和知识视为短暂的，是将随着时间而改变的。我们在日常生活中和研究中所获得的结论都应该被视为是暂时性的真理。
- 以大写字母 T 开头的真理——Truth（即绝对真理）也许在历史的尽头会成为“最终的观点”（即真理不是永恒的——译者注）。以小写字母 t 开头的真理——truths（即我们获得的工具性和暂时性的真理，它与我们的生活同步随行）可以在体验和实验中获得。
- 工具性真理存在一个程度的问题（即一些人的估计可能比其他人更正确一些）。工具性真理不是“停滞的”，因此詹姆斯（James，1907/1995）认为我们必须“准备好明天就称其为谎言”。
- 相比于哲学思考，实用主义更倾向于行动（在某种意义上，实用主义是反哲学的）。
- 采用具有明确价值导向的方法来进行研究，这种价值导向来自于文化价值观；尤其是赞同如民主、自由、平等和进步等的共同价值观。
- 支持实践理论（该理论能够指导实践、练习）。
- 有机体要不断地适应新的情况和环境。我们的思考是随着信仰、怀疑、调查、信仰的改变、新的疑问、新的调查等这一动态平衡过程而不断发生变化的。在这个无限循环的过程中，个人或研究者（和研究社群）不断地尝试用某种方式去改善人们过去已经形成的理解，使其能够更加适应他们所工作的世界。现在总是一个崭新的起点。
- 通常反对简化论（例如，把文化、思想和信仰简化为单纯的神经生物过程）。
- 为解决传统的二元论问题以及方法论决策问题提供实用的方法。

实用主义者重视但并不过分关心长期存在于定量研究者和定性研究者之间的哲学分歧。他们更关心“什么样的工作是有效的”（即开展那些能够为重要的研究问题提供有用的答案和“实践理论”的研究）。实证主义研究者试图提供能够满足杜威提出的**有根据的可断性**（warranted assertability）认识论标准的证据，而不是期待找到最终的证据（这样的证据我们在实证研究中是不可能获得的，正如第 1 章所讲的）。如果一个教育研究者能够为她/他有关“什么是有效的实践”的论断提供强有力的证据，那么这个研究者就已经达到了杜威的有根据的可断言性标准。

混合研究者将使用多样的的视角、理论和研究方法视为教育研究中的一个优势，事实上，这一优势非常符合所有研究类型的一项基本原则：**使用多样来源的证据保证或证明你的论断**。混合研究者相信，采用混合研究方法所完成的研究通常要优于单纯使用定量或定性方法所完成的研究。正如第 2 章中所提到的，当开展混合研究或是阅读和评价的研究包含混合的方法时，那么你应该注意**混合研究的基本原则**（fundamental principle of mixed research）。根据这一原则，研究者应该以某种方式将定性和定量研究方法、途径、过程、概念和其他范式特点进行周到且战略性地混合或结合，以得出一个具有互补优势（被广泛认为）和非重叠式弱点的整体设计（Brewer & Hunter，1989；Johnson & Turner，2003；Webb，Campbell,Schwartz，Sechrest，& Grove，1981）。该项基本原则为混合研究提供了一个逻辑：它将有助于你思考如何在一个个案研究中将定量和定性方法结合或混合以回答你的研究问题（Johnson，Onwuegbuzie，& Turner，2007）。研究开始前，当你考虑该如何在你的研究中结合使用定量和定性研究以满足基本原则的要求时，你可以使用表 16.1（定量研究的优势和劣势）和 16.2（定性研究的优势和劣势）中提供的信息。

例如，你已经知道实验可以提供关于因果关系存在的许多有利证据。但是实验通常要以方便样本为基础（即非随机样本）。这样的实验通常具有很高的内部效度（即因果有效性），但外部效度（即泛化有效性）较低。你可能会决定采用基于概率样本的调查方法来检验你的实验研究结果（如果你的研究问题能够使用该种方法进行研究的话）。如果研究结果已经被证实（即实验数据和调查数据得出了相同的研究结果），那么你的研究结果的普适性将进一步增加。有时你可以通过开展深度访谈和焦点小组访谈的方法（即收集一些定性数据）来进一步改善实验研究，以获得那些隐藏在实验研究结果和数据背后的有关参与者的观点和意义。我们在表 16.4 中提供了一份混合研究优势与劣势的清单。

复习问题 16.1 混合研究者对于兼容性主题和实用主义哲学持什么样的观点？

16.2 混合研究的基本原则为什么重要？

表 16.4　混合研究的优势与劣势

优势

- 词语、图片和叙述都可用于为数字信息增添意义。
- 数字信息可以用于为词语、图片和叙述信息增加精确度。
- 能够在一个单一的研究中战略性地将定量和定性研究的优势结合起来，以更好地实现研究中的单个目的或多重目的（这是优势互补的原则）。
- 研究者可以生成或检验一种混合方法的扎根理论。
- 因为研究者不局限于使用单一的方法或研究途径，所以混合研究能够在一个更广泛、更完整的范围内回答研究问题。
- 能够为单一的研究问题提供更完整、更深刻、更有意义的答案。
- 可以同时研究并建立理则式（一般的）和具体的（特殊的）因果联系；理论联系实践；形成实践理论。
- 本章所讨论的混合研究设计有其特有的优势与劣势，这一点应该仔细考虑（例如，在一个具有两个连续阶段的研究设计中，阶段 1 的结果将被用于开发和影响阶段 2 的研究目的和设计）。
- 通过在一项研究中同时使用两种研究方法，研究者可以利用其中一种方法的优势来克服另外一种方法的劣势（这就是不重叠弱点的原则）。
- 混合研究能够通过汇集和验证研究结果的方式为研究结论提供更有力的证据（三角互证的原则）。
- 能够增添对研究的洞察和理解，当使用单一的研究方法时，这些洞察和理解可能会被遗漏。
- 定性数据能够鉴别定量的测量问题，帮助研究者修正已经确定了的问题。
- 定性方法能够在其他的定量研究中嵌入一个探究和反馈的回路。
- 定量数据能够为其他的定性研究增加有关数量和频率方面的理解。
- 定量抽样方法可被用于增强定性结果的概括性。
- 定量与定性研究相结合后能够产生整合型知识，这种知识最适合应用于理论和实践之中。

劣势

- 对于单个的研究者来说，开展定量和定性混合研究是很困难的，尤其是需要同时采用两种或是更多的方法进行研究时（即这种情况下可能需要一个研究团队）。
- 研究者必须了解多种方法和途径，并理解如何适当地将他们混合起来。
- 方法论的纯粹主义者认为，一个研究者在研究中应该总是使用定量或是定性研究范式。
- 混合研究成本更高。
- 混合研究花费时间更多。
- 混合研究的一些细节问题仍需待研究方法专家解决（例如，范式混合的问题，定性分析定量数据的技术问题，如何整合数据和推论，以及如何解释互相矛盾的结果）。

研究序列

混合研究为一项研究的开展提供了一个框架，该框架中结合了定量和定性的研究方法。在每项混合研究中，研究者会在系统原则的指导下对相结合的定量和定性数据进行收集、分析、验证和解释。如图 16.1 所示，混合研究在研究序列方面占用了大量的空间，该序列是指从未混合（即**单一方法**）到完全混合的变化过程。在序列最左边的单一方法研究是指单独使用定量或定性的研究方法。只要在同一项调查研究中同时使用定量和定性的研究方法，即使其中一种研究方法使用得非常少，那么该项研究也从单一方法转变为混合方法，至少是部分的混合方法。当你到达研究序列的最右边时，定量和定性研究元素的混合和整合的程度已经变得越来越充分。

例如，下面的这项研究位于距研究序列左边相对较远的位置（即不是非常充分的混合）：研究者以问卷为工具进行了一项定量研究，在问卷中，参与者通过填写 5 分等级量表来表示自己对一些表述的同意程度以测试几种因素。但是研究者在问卷中还设计了一道开放式问题，以为研究提供有限的定性数据。例如，在以等级量表为基础的结构化问卷的末尾，调查研究者通常会使用一道开放式的问题——"请在这里列出您的任何其他想法。"相比之下，更充分的混合研究会包括更广泛的定量研究与定性研究途径的混合（例如，归纳和演绎）、研究方法的混合（例如，实验和扎根理论）、数据分析的混合（例如，将定量和定性数据整合成为一个整体的数据集）以及解释的混合（例如，要从定量研究者和定性研究者的双重视角来思考结果）。总而言之，混合可以以不同的方式、在不同的程度上展开。

在混合研究中，研究者最低限度应该在数据分析和解释的过程中整合结果，以对被研究的现象提供一个完整的描述。可能有无限种方法可以将定量与定性技术相混合，但是每项单一的研究在研究序列中所处的位置就代表了该项研究的混合程度。在接下来的部分中，我们将向你介绍一些具体的混合方法研究设计。

图 16.1　研究连续统

混合研究设计的类型

混合研究是一个新兴的领域。同样，许多混合研究设计也仍然在开发。混合研究有三种主要的类型。在接下来的部分中我们将介绍其中的一种类型。其他主要的设计类型可参见其他人的著作（Creswell and Plano Clark，2011；Greene，2007；Hesse-Biber，2010；Morse and Niehaus，2009； and Teddlie and ashakkori ，2009）。如果你想更深入地学习混合研究，那么这些也都是你需要了解的重要的混合研究设计类型。

在我们的混合研究设计类型中，我们将混合方法研究定义为一个二维函数：（1）由定量和定性组建构成的**时间方向**（并行与顺序）和（2）**范式强调**（平等地位与主导地位；cf.Morgan，1998）。时间方向指的是一项研究中的定量和定性研究的组件或阶段是否大约在同一时间点使用（即并行），或者他们是否被安排在不同的时间阶段相继使用（即顺序）。范式强调指的是在回答研究问题和解释研究结果方面，研究中的定量和定性部分是否大约同等重要（平等地位），或者一个研究范式中是否清晰地表明其更侧重其中哪种研究方法（主导地位）。如果你选择我们的这种设计类型，那么你需要做出两个主要决定：首先，决定你是否想在研究中使用一种主导型的研究范式；第二决定你是想并行使用还是顺序使用定量和定性研究的组件。

将我们刚刚提到的那两个维度（即范式强调和时间顺序）进行交叉。形成一个 2（平等地位与主导地位）乘 2（并行与顺序）矩阵，即得出 4 种组合单元。该矩阵如图 16.2 所示。为了能够理解这 4 种组合形式中的具体设计，你必须熟悉混合研究中常用的一些基本符号（Morse，1991）。这一符号系统是这样工作的：

- 字母 qual 或者 QUAL 代表定性研究。
- 字母 quan 或者 QUAN 代表定量研究。
- 大写字母代表优先级或强调。
- 小写字母代表次优先级或次强调。
- 加号（+）代表一个并行的数据集。
- 箭头（→）代表一个顺序的数据集。

范式强调	时间方向：并行	时间方向：顺序
平等地位	QUAL+QUAN	QUAL→QUAN QUAN→QUAL
主导地位	QUAL+quan QUAN+qual	QUAL→quan qual→QUAN QUAN→qual quan→QUAL

图 16.2　混合方法设计矩阵。混合方法研究设计表现在这 4 个单元之中。

例如，QUAL+QUAN 的符号组合表明，该混合研究设计中定性和定量范式被赋予了同等的比重或相同的地位（都是大写字母的形式）而且是以并行的方式开展（看到加号所代表的含义）。QUAL → quan 的符号组合表明，定性范式是该研究所使用的主导范式（定量研究是以大写字母表示，定量研究是以小写字母表示），后续定量组件在定性组件之后（QUAL 和 quan 之间用箭头连接）。现在你来试试。qual → QUAN 这一符号组合代表什么含义？（答案是它表明定量范式主导此项研究，而且此项研究是顺序研究，定量研究在定性研究之后进行。）现在你知道了一个新的符号系统。不要忘记和你的朋友一起分享！

现在你可以检查图 16.2 中所示的 9 种设计。正如你所看到的，一些单元所包含的设计种类要多于其他单元（例如，只有一种同等地位的并行设计，但是有四种主导地位的顺序设计）。在研究实践中，一些设计种类比其他种类更为常用。例如，一些研究者在接受训练时经常使用某一种研究范式，那么如果这样的研究者进行混合研究时，他们将倾向于使用这一种主导地位形式的研究设计。例如，明显的定性研究者通常会在他们的研究中使用一些定量的组件，但是并不会改变他们定性研究的整体范式或方法。明显的定量研究者经常会在他们的研究中使用一些定性的组件，但是并不会改变他们定性研究的整体范式或方法。随着混合研究逐渐发展为一种研究范式，我们期待能够见到越来越多的定性与定量研究同等地位的研究设计。

一篇已发表的题为《预防胜于治疗？“预防应用于实践”项目的评价》（*An Ounce of Prevention？ Evaluation of 'Put Prevention into Practice' Program*）文章就是一个**主导地位并行设计**的混合研究范例，该研究是由麦克维等人（McVea et al.，1996）主持的。研究者们通过在 8 个私立机构中检验其家庭医生、职员和病人情况如何来评估“预防应用于实践”项目的有效性。这个设计是一个 QUAL+quan 的设计类型（即定性主导的并行设计）。占据最小比重的定量组件包括收集办公环境和临床就医清单的数据。定量组件在此项并行研究中占主导地位，因为研究中需要收集的定性数据多于定量数据，而且收集定性数据所需要的时间要长于定量数据。定性研究阶段包括对临床治疗的参与式观察、与病人的接触、与医生和职工的深度访谈以及对已康复病人的回访。获得这些内部人士的观点是此项研究的一个关键。在混合研究结束前，定量和定性的数据要先进行分别分析，再进行比较分析。

一项由威、施陶贝尔、南库拉和伦敦（Way，Stauber，Nakkula，& London，1994）开展的题为《两种不同高中文化中的抑郁症与药物滥用的存在情况：一项定量和定性的分析》（*Depression and Substance Use in Two Divergent High School Cultures：A Quantitative and QUalitative Analysis*）的研究就是一个**主导地位顺序设计**的**混合研究案例。他们具体使用的是 QUAN** → qual 设计。首先，将一份结构化问卷分别发给城市和郊区高中的学生。这份问卷测量了学生的抑郁情况、药物滥用情况以及一些人口统计学变量。在数据分析的过程中，研究者发现了抑郁症与药物滥用之间呈正相关（即抑郁程度越高的人其滥用药物的数量越大），而且这种正相关性只在郊区高中学生中存在，城市高中学生则不存在这种情况。在第二阶段，研究者与那些来自城市和郊区高中的抑郁程度最高的学生进行后续性的定性访谈，以探究正相关为何只存在于郊区高中学生身上。他们发现，郊区学生将药物视为逃避问题的一种方式。相反，城市学生更多地将药物看作是导致他们问题产生的原因。第二阶段被用作为一种补充式的研究；特别是第二阶段的数据和结果进一步阐明了第一阶段有关抑郁症与药物滥用间关系的研究发现。

到目前为止，我们所提供的混合研究案例均是在单一的研究中实施的。尽管混合研究设计在技术上要求你的研究应该在一项单一的研究中实施，但是我们对“研究”一词可以有宽泛的理解。因为你可能会将定性和定量的研究结果分别发表，或者由于需要使用定性和定量的方法来帮助实现你的研究目的，所以你的研究项目可能会有目的性地从一种研究方法转变成另一种研究方法，因此，“研究”一词可以在这个例子中被宽泛理解。研究者们形成了一个团队，但是他们以两种不同的报告形式来发表他们的同等地位顺序的设计研究结果，即他们使用的是“QUAN → QUAL”设计。鲍斯等人（Bos et al.，1999）发表了研究的第一部分，标题为《对低收入人群的新希望：减少贫困和改革福利项目的两年研究结果》（*New Hope for People With Low Incomes：Two-Year Results of a Program to Reduce Poverty and Reform Welfare*）。这些研究者们在第一阶段对新希望项目进行了评估。

新希望项目是在威斯康星州密尔沃基市选定的市中心平民社区中开展的一项自愿扶贫倡议活动。在这个项目中，这些社区中每周工作 30 个小时的居民在适当的时候能够得到工资补贴、健康保险和儿童保健福利。鲍斯等人（Bos et al.，1999）使用定量研究技术对该项目的第一阶段进行了评估。他们通过使用随机试验的方法以关注对目标项目结果的因果解释。这些目标结果包括减少贫困、全日制工作以及儿童和家庭的福利情况。在两年项目研究的最后阶段，鲍斯等人在最基础的程度上收集了一些管理记录以及家庭和教师的访谈信息。研究者在定量数据方面对实验组和控制组进行了对比。

新希望项目开展到两年的这个时间点时，开始进入定性研究阶段（刚刚提到的定量研究阶段结束后）。这一研究阶段由一项人种志研究组成，该研究的目的是获得对参与者在项目前两年中的经历的深入且有意义的理解（Weisner，2000）。研究者对实验组和控制组中的大约一半成员进行了访谈，并对他们的回答进行了比较。在此项顺序研究中（即阶段 1 和阶段 2），定量和定性数据集被分别进行分析，在解释最后的研究结果的阶段才被进行混合。在此项研究中，定量数据和设计提供了有关新希望项目有效的证据。人种志定性研究数据提供了对不同群体的成员如何看待他们的参与和环境的深入理解。定性数据补充且证实了定量数据。

复习问题

16.3　什么是混合方法研究？

16.4　这个符号意味着什么研究：qual → QUAN+qual？你能够想出研究者为什么要使用这种设计吗？

16.5　顺序设计和并行设计特点有哪些不同？

混合研究过程的阶段

本章中讨论的混合研究过程遵循 8 个迭代步骤：

1. 确定混合设计是否合适；
2. 确定使用混合设计的基本原理；
3. 选择或者是建构一个混合研究设计和混合抽样设计；
4. 收集数据；
5. 分析数据；
6. 不断地验证数据；
7. 不断地解释分析数据和结果；
8. 撰写研究报告。

这些步骤如图 16.3。所有研究都是从一个或多个研究问题开始，其余的步骤顺序可酌情调整（即他们未必要遵循图示的线性排列顺序）。例如，解释和验证都是一个持续的过程。另外，虽然初步的写作或报告中的一些写作部分会在研究项目结束前就开始进行，但是图中仍将撰写研究报告列为最后一个研究步骤。步骤示意图中利用箭头将最后一步指向第一步，这表明在单独的一项研究或后续研究中，研究问题或研究目标可以被重新阐述。接下来我们将对每一步进行仔细讨论。

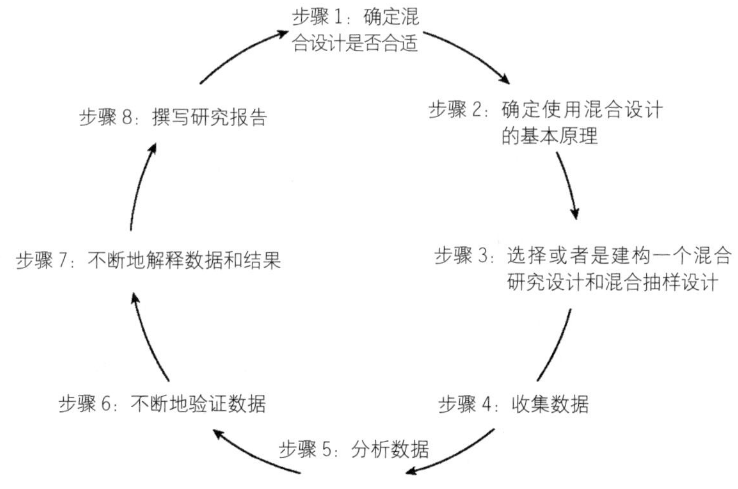

图 16.3　混合研究中的重要步骤

注意：虽然每个步骤都已被标上了序号，但是研究者可以在这个步骤圈中多向循环，尤其是从步骤 4 到步骤 7。

步骤 1：确定混合设计是否合适

在第 3 章中你曾经学过所有的实证研究都是从选择研究主题（即将要调查的宽泛的主题区域），明确研究问题（即宽泛主题区域中的教育议题或问题），确定研究目的（即研究目的或意图的陈述）和最终得出研究的具体问题（你确定需要研究的非常具体的问题）开始的。有时，尤其是在定量研究中还需要做出假设陈述（即研究者对研究结果做出预测）。

一旦你确定了研究问题，就将有助于你确定研究目标。正如我们在第 1 章中讨论过的，教育研究中共有五个主要的研究目标：探究、描述、解释、预测和影响。正如这五个目标在单一方法研究中是相互关联的，在混合研究中这些目标也是相互关联的。而且在混合研究中，你的研究通常会有多个研究目标。

混合研究的独特之处在于你的主要研究问题和具体研究问题或问题集会提示你使用混合研究设计。例如，你可能需要对一个群体的语言现象进行探究，那么就要为这个群体设计一份标准化的问卷。或者你可能想要建立一个扎根理论，但是在建立之后，你想要通过一个独立群体来实证性地检验该理论，以评估这个新兴理论的概括性和可推广性。这两个例子都适合采用混合研究设计。

如果你希望走混合研究的路线，这意味着你需要在研究中采用一种务实的态度，且不能教条地使用每一种研究方法。你要思想开放、灵活、深思熟虑且富有创造性。你需要坚持可兼容的论点。虽然你可能会认为一种研究范式会对你的研究问题有一个较好的整体性的研究，但是如果你采用混合设计的话，很显然，你既能收集到有助于解决研究问题的定量数据也能收集到定性数据。

在作出设计混合研究的最后决定之前，还要进行一项非常重要的考虑，那就是确保你所计划的研究是可行的。混合设计在你那个研究主题的领域内或许还是新的、不成熟的，或许在实践中还尚未完善。混合方法研究可能成本较高，所以如果费用是一个主要问题，那么你可能要决定目前只做其中一部分研究，之后再做另一部分（即你可以在整个研究项目中使用混合研究方法，而非在一个单一的研究部分中就使用混合方法）。

步骤 2：确定使用混合设计的基本原理

一旦你决定你的研究需要混合设计，那么下一步就是要为使用混合设计确定你的基本原理。你想通过混合定量和定性方法获得什么？怎样混合这些方法才能帮助你回答研究问题？在回答这些问题时，我们推荐你思考格林、凯瑞塞利和格雷汉姆（Greene，Caracelli and Graham，1989）提出的框架结构（见表 16.5）。他们的框架结构是基于混合研究五大原理而建立起来的：（1）三角互证，（2）互补，（3）发展，（4）启蒙，（5）扩展。

1. **三角互证**这一术语通常是在研究同一现象过程中，研究者通过不同的方法获得研究结果的汇集和证实时所使用。你希望能够自信地汇报研究结果，研究证据的每个点都能得出相同的结论或推断。三角互证可以大幅度地提升研究结果的可信度或真实性。
2. 当研究者使用通过另一种研究方法所获得的结果来细化、增强、阐释和证明其原来方法所获得的结果时，这样做的目的就被称为**互补**。这样做能够帮助你理解一个现象中重叠的和不同的方面。

3. **发展**一词是指研究者通过由一种研究方法而得出的研究结果帮助发展另外一种研究方法。

4. **启蒙**是指发现悖论和矛盾，以及那些可能引发研究问题或研究结果重构的不同观点。

5. 最后，当研究者试图通过为不同的调查部分使用不同的研究方法以拓宽调查的广度和范围时，这一目的被称为**扩展**。例如，你可能会使用定性的方法来研究教育项目的过程（即它是如何工作的），并使用定量方法来研究项目的结果。

使用格林等人（Greene et. Al.，1989）的框架来确定研究目的更有助于形成或选择一种混合研究设计。例如，如果研究的目的是三角互证，那么至少要在数据解释和报告的撰写中体现混合。如果研究的目的是发展，那么则需要连续系列设计（有关混合研究的其他基本原理的介绍，请参见 Collins，Onwuegbuzie，& Sutton，2006）。

表 16.5 格林、凯瑞塞利和格雷汉姆的混合研究目的清单

目的	解释
三角互证	从不同的研究方法中汇集、证实研究结果，并寻求结果的一致性。
互补	致力于使用通过另一种研究方法所获得的结果来细化、增强、阐释和证明其原来方法所获得的结果。
发展	致力于由一种研究方法而得出的结果来开发或激发出另一种研究方法。在这里发展被宽泛地解释为抽样、实施以及测量决定。
启蒙	致力于发现悖论和矛盾，框架新观点，通过由不同方法所获得的研究问题或结果来重构已有的研究问题或结果。
扩展	致力于通过为不同的调查部分使用不同的研究方法以拓宽调查的广度和范围。

来源：Based on Greene，Caracelli，and Graham （1989）

步骤 3： 选择或者是建构一个混合研究设计和混合抽样设计

当建构一个混合设计时，研究者可以使用本书中其他章节所讨论过的所有研究方法、研究设计和研究策略。这就是混合的部分魅力所在，你不受任何特殊的哲学、类型和方法的限制。只要你所创造的设计对于你的研究问题是有用的且合适的，那么你就可以自由地发挥。例如，为了获得参与者对于参加此项实验的观点和经验，在混合研究的定量实验研究阶段之后增加一个定性的访谈阶段（作为操作性检查或有效性检查）。在混合研究世界里，研究者甚至可以通过收集定性数据来开展实验研究（一种定量研究方法），虽然这样的研究在实践中可能会非常困难且花费时间较长。

一旦你决定混合研究是必要的，那么你就要进一步精细化你的混合设计。你需要回答以下两个问题：

1. 在你的研究中，是定性范式还是定量范式被赋予优先地位，还是两者会被赋予同等的地位？

2. 定性和定量组件应该同时进行还是顺序进行？

你对这两个问题的回答将带你进入图 16.2 所示的四个单元中之一。你可以查看一下图 16.2 中的混合设计是否适合你的研究。如果你的研究需要一个更复杂的设计，那么你仍然可以将图 16.2 中所示的设计作为你制定设计的一个起始点。例如，你可以首先收集一些探索性的定性数据，然后进入解释说明和证实的定量阶段，这一阶段完成后，可通过开展定性访谈的方法来探索和帮助解释之前的研究结果。在这个案例中，你将会用到 qual → QUAN → qual 设计。除了选择混合研究设计之外，你还需要确定哪种抽样方法适合你的研究需要。我们已经在第 9 章的最后一部分中介绍了如何在 8 种抽样设计中进行选择。你的研究的定性和定量部分的设计也需要遵循定性和定量设计原则（例如，定量组件可能要使用随机试验的方法）。在开展混合研究的过程中，如果需要的话，你也可以修改你的研究设计。例如，你早期的研究结果提供了一个偶然发现的观点，这就需要你改变数据收集的类型或活动的顺序。

步骤 4：收集数据

混合研究中的数据既可以在同一样本中收集，也可在不同的样本中收集。你可以使用定量和定性研究中多种样本选择方法中的任意一种方法，这些方法可以被分类为（参见第 9 章）：随机抽样方法（即简单抽样、分层抽样、系统抽样和整群抽样）和非随机抽样方法（方便抽样、配额抽样、目的抽样、网络抽样、滚雪球抽样、综合抽样、最大差异抽样和负面案例）。随机抽样和非随机抽样的任何一种组合方式都可被用于混合研究中。例如，随机抽样可被用于定量研究阶段，非随机抽样可被用于定性研究阶段。

混合研究人员有充分地整合数据收集方法的权利。特别是第 8 章中所展示的数据收集的 6 种主要方法（即测验、问卷、焦点小组、观察、访谈以及二手资料或现有数据）都应该考虑。你必须根据你的研究问题、研究目标和你使用混合研究的基本原则确定最合适的数据收集的方式。

步骤 5：分析数据

当分析定量数据时，混合研究者可以从所有可用的分析方法中进行选择。混合研究者可以使用第 17 和 18 章中将介绍的定量数据分析程序，也可以使用 19 章中将介绍的定性数据分析程序。方法的结合通常要符合其中一种混合数据分析的类型，这些类型将在 19 章中进行讨论。你所选择的数据分析方法要受到你的研究目标、研究目的、研究问题 / 假设和收集数据的类型的影响。

在混合研究中，研究者有时要对定性数据进行定量分析或者对定量数据进行定性分析。前者可以通过理解塔萨科利和特德利（Tashakkori and Teddlie，1998）提出的量化数据来完成。**量化**（quantitizing）数据包括将定性数据转换成为数字代码，然后再通过统计分析技术处理这些数据。这种方法主要包括计数和数值表示的一些形式。例如，一个正在通过访谈学生以期获得他们在教育研究中的体验的研究者可以建立一个样本频率分布。样本频率分布可以显示出访谈期间学生使用焦虑或是愉快等词语的频次。这样，定性数据中的语言和想法就被转化成了数字。你可能还需要确定你在数据中所看到的支持某个想法的参与者人数的百分比，这有利于为定性陈述或结果的数量与频次提供一些证据。

相反地，在对定量数据进行定性分析时，要将定量数据转化为能够被定性分析或**质化**（qualitizing）的叙述型数据（Tashakkori & Teddlie，1998）。例如，定量量表可以通过数字分数转化为质性数据。例如，你可以基于 4 点等级量表来获得分数——（1）非常不同意，（2）有点不同意，（3）有点同意，（4）非常同意——并决定将选项 1 和选项 2 合并，选项 3 和选项 4 合并。然后你就已经将参与者的回答分为“不同意”和“同意”两类。质化数据的另一种比较普遍的方法是建构叙述型简表资料（例如，模态简表、平均数简表、整体简表、比较简表、规范简表）。这个想法是将你所研究的数值型数据创造成一种叙述型的描述。例如，特德利和斯特林菲尔德（Teddlie and Stringfield，1993）研究有效学校，并将数字数据质化为以下对学校的描述：（1）稳定且更有效，（2）稳定但不那么有效，（3）正在改善中，（4）正在下降中。这些描述有利于分析对学校描述的演化。如果你想获得更多有关进行混合研究数据分析的信息，请参见翁韦格布兹和特德利的著作（Onwuegbuzie and Teddlie，2003）。

步骤 6：不断地验证数据

在第 10 章中我们向你介绍了定量、定性和混合研究中主要的有效性问题。正如在那一章中所讨论的，混合研究中合法性和有效性的主要类型包括样本整合、内部—外部、劣势最小化、连续、转换、范式混合、公度、政治和多重效度。对于混合研究来说，合法化和有效性的最后一种类型（即多重效度）告诉你，要在你的混合研究明确并使用一个相关定量和定性效度类型的结合方法。作为提醒，定量研究效度的主要类型有内部效度、外部效度、结构效度和统计结论效度；定性研究效度的主要类型有描述效度、解释效度和理论效度。在混合研究中，建立和评估研究效度是一个周期性且持续进行的过程。最初的数据评估和结论效度将引发后续更多的数据收集（例如，拓展式的田野调查和参与式的反馈）。

步骤 7：不断地解释数据和结果

重要的是要记住，只要一收集到资料，数据解释工作也就随之开始了，而且数据解释要持续贯穿整个研究过程中。一旦大部分或所有的数据已经被收集、分析和验证，那么研究者就要开始进入正式的数据解释阶段。在一项顺序研究中，研究者要在进入第二阶段之前完成对第一阶段所收集到数据的解释。例如，在第一阶段所作出的数据解释有利于进一步促进第二阶段的数据收集和解释工作的开展。顺序设计中第二阶段的数据收集和解释工作的进行可能也需要遵循之前讨论过的原则，例如三角互证、互补、启蒙和/或扩展。

在并行混合研究中，根据研究目的和研究原则，可以分别解释定性和定量数据，也可以同时对两者进行解释。但通常的情况是，在数据解释的过程中就进行一些整合和比较——这被称为元推理——因为这种混合类型能够帮助研究者明确数据中的汇合点、不一致以及矛盾之处。混合研究者以及单一方法研究者的最终目标是在排除了尽可能多的竞争性假设之后，形成可信的结论。因此，数据有效性和数据解释之间是一种紧密的互惠关系，且两者对于形成准确且稳固的结论来说也非常重要。

步骤 8：撰写研究报告

一旦研究结论已经得出并通过了有效性评估，那么研究者就要准备撰写最后的报告了。研究者可以为定量和定性研究阶段分别撰写报告。例如，在新希望研究中，定量数据（Bos et al.，1999）报告和定性数据报告（Weisner，2000）就是分别完成的。但是更多时候是将这两个阶段的研究结果整合在一份报告中。整合时可以采用两者形式，其一是在一份报告的不同部分中呈现两种范式所得出的结果及其解释；其二就是在同一部分中呈现充分整合后的研究结果和解释。无论采用哪种整合方式，混合研究报告具有与大多数单一方法研究报告相同的特点，包括相关文献综述、方法、结果与讨论。混合研究报告中代表性的一点是，结果部分是整个报告中最长的部分，因为它包括定量和定性两方面的研究结果。一份好的研究报告将对混合研究过程中的 8 个阶段阶段进行充分描述。即使研究是在以定量阶段为主导时，混合研究者通常也应该将这个报告内容与研究情境紧密结合。这就意味着研究者应该要认真了解混合研究的发生情境。情境化不仅能够帮助研究者明确定量与定性研究结果之间是如何彼此关联的，还能够帮助读者了解研究结果是在何种程度上进行概括的。同时，在可能的情况下，混合研究报告应该是一个整体，这个整体要包括所有部分的内容，而且要充分描述。

在撰写报告的过程中，混合研究者应该总是意识到有四个必须要解决的潜在问题。第一个问题源于定量研究和定性研究历来具有不同的写作形式这个事实。特别是，定量研究报告一直以来都是相对客观和正式的，而定性报告更倾向于个人化和非正式化。因此，混合研究者所面临的挑战就是在不影响报告中定量和定性部分整体性的前提下，在这两种写作形式之间达成一种平衡。

第二个必须要解决的问题是，报告的读者可能并不非常精通定量和定性研究技术。

因此，混合研究者不应该认为读者理所当然可以理解那些高度专业化的定量、定性或是混合研究术语，而是应该以读者能够理解的方式对每个研究术语进行定义。研究者应该为那些想要获得对相关概念进一步理解的读者提供有用的参考文献。尾注在这里将会起到非常有益的作用。

第三个问题属于混合研究报告的长度问题。由于混合研究包括两个或是更多的研究组成部分和阶段，所以研究报告的长度一般会长于单一方法研究报告。当混合研究者想要发表其研究报告时这一问题就出现了，因为大多数杂志都有严格的页数限制。幸运的是，越来越多的在线期刊开始出现，这些期刊通常在页数要求方面更为灵活。混合研究者还应该考虑将报告以专著、书的章节以及书籍的形式发表，这些发表形式可以为他们的报告提供更多的页数空间。此外，混合研究者还可以将研究的不同阶段分别发表，尤其是如果该项研究是一个历时较长的顺序型研究时，正如“新希望”评价研究项目那样。

混合研究者还可能面临最后一个问题，那就是混合研究仍然还是一个新兴领域。虽然混合研究现在似乎已被大多数人所接受，并被视为第三种主要研究范式或者方法论范式，而且混合研究文献的数量也在急剧增长。但是偶尔一些研究者尤其是纯粹的定性或定量研究者可能对混合研究报告并不持开放的态度，他们可能会带着负面偏见阅读这些报告。

混合研究报告被那些持怀疑态度的杂志编辑和审稿员看到后就会出现问题，这些人可能会不顾文章质量，单纯因其不同的哲学取向而拒绝刊发这些稿件。令人鼓舞的是，现已有许多期刊（例如，*Field Methods*，*Quality and Quantity*，*Evaluation*，*Evaluation Practice*，*Educational Evaluation & Policy Analysis*，*Research in Nursing & Health*，and *Research in the Schools*）会定期发表混合研究的文章，这样期刊的数量正在不断增长。而且一些有关混合研究的专门期刊也已经出版（*International Journal of Social Research Methodology: Theory & Practice*；*Evaluation and Research in Education*；*Journal of Research in Nursing*；*Research in the Schools*）或是正在计划出版（*Quality & Quantity: International Journal of Methodology*）。事实上，两个专注于混合研究的相对较新的期刊已经成立，他们分别是混合方法研究期刊（*the Journal of Mixed Methods*）和多重研究方法国际期刊（*the International Journal of Multiple Research Approaches*）。为了获得更高的声誉，混合研究者必须表现出高度的组织性和严谨性。我们相信，使用本章中概述的那些混合研究框架将对你在这方面的探索有所助益。

复习问题　16.6　混合研究过程中的 8 个阶段是什么？
16.7　逐一解释格林等人（Greene，Caracelli，& Graham）提出的开展混合研究的 5 个基本原则。
16.8　量化与质化之间有何不同？
16.9　哪些种有效性可能与混合设计相关？

混合研究的局限

虽然混合研究在增强人们对教育研究中所面临的问题的理解方面具有非常大的优势，但是它也有一些局限。第一，相比于单一方法研究，混合研究所使用的设计更为复杂，所以混合研究的开展需要利用更多的时间和资源。

第二，混合方法研究在定性和定量两个阶段的设计和实施过程中都需要专业的技术知识。由于这个原因，一些实用主义研究者（例如，Rossman & Wilson，1994）建议一项混合研究要由多名研究者共同参与，而且每名研究者要向团队贡献一门独特的专业方法论技术。

第三，一些混合研究会得出一些相互矛盾的研究结果，这样的研究结果尤其容易存在于定量和定性两个研究阶段之间。虽然有时我们将其视为混合研究的一个弱势，但是同时它也是个非常重要的优势。因为使用单一方法，研究者对某一现象的理解可能就没有使用多种方法全面。矛盾的研究发现会促使在原有研究中收集额外的数据，或者促使能够反映当前知识形态、研究目标或问题得到重构的新研究的产生。但是，这样的扩展需要额外投入大量的时间、专业技术、资源和精力。而且当利益相关者和政策制定者依据单一的一项混合研究来制定政策时，矛盾的结果不仅难以形成稳固的意见，还有可能引发利益团体间的分歧。因此，混合研究者必须慎重考虑该如何将矛盾的研究结论报告给结果的使用者。

第四，本章中以及其他地方关于混合研究不同类型设计的优缺点的知识介绍是比较少的。研究方法论学家需要进一步将这方面的知识系统化，使其能够更容易地被其他研究者所获得。这方面的信息仍需要进一步的补充，这样有利于研究者选择一个能够实现他研究目标的混合研究设计。不过随着混合研究数量的不断增加，这方面的信息也将不断丰富。

复习问题　16.10　撰写和发表混合研究报告过程中存在的四个潜在问题是什么？

小结

本章提供了开展混合研究的一个框架结构。我们简要总结了实用主义哲学，其主要是指可以对有助于回答研究问题的研究方法和技术进行任意形式的结合。而且我们还回顾了混合研究的基本原则，这些原则要求你所使用的混合或结合方式具有互补的优势和互不重叠的弱势。为了帮助你更好地使用基本原则，你可以使用表 16.1 和表 16.2，这些表中列出了定量和定性研究的优势和劣势。你还应该使用在第 8 章配套网站讲座中所提供的有关不同数据收集方法的优势和劣势的表格。

我们在混合研究中指出，要使用系统的技术对相结合的定量和定性数据进行收集、分析、验证和解释。我们注意到，在同一项调查中对定量和定性方法进行一些结合然后成为混合调查研究。接下来我们描述了我们的混合研究设计类型。这一类型（如图 16.2）是基于时间导向（即并行和顺序）和范式强调（即平等地位和主导地位）两个维度而形成的，在这一类型中共包括 9 种不同的混合研究设计。我们逐一向你展示了如何使用象征着这些研究设计的基本符号。我们从已发表的文献中提供了一些混合研究设计的例子。

接下来我们详细说明和描述了混合研究过程中的 8 个步骤：决定混合设计是否合适、决定使用混合设计的原则、选择混合研究设计和混合抽样设计、收集数据、分析数据、验证数据、解释数据和撰写研究报告。本章的最后部分提出了混合研究的主要局限。在这一部分中我们指出，混合研究者必须认识到这些局限性，尤其是那些涉及时间、专业知识、资源和精力花费的局限性，显然，在进行混合研究之前，必须要考虑好一些方法问题。然而，通过使用混合研究方法而取得的潜在收益也是非常大的：不同方向的研究者之间可以有更好的多样性和协作性，更全面的研究结果，增加研究结果的可信性，增加研究结论的效度，更深刻地理解潜在现象，收集数据的创造性方法得到提升以及增强理论的综合和整合性。因此，在研究过程中应该在混合研究的局限性与其潜在好处之间进行权衡。

问题讨论

1. 你更倾向下列哪种研究：定性研究、定量研究或者混合研究？为什么？
2. 你将如何应用混合研究的基本原则？请举例说明。
3. 在对你来说最重要的研究领域中，你认为开展混合研究时哪一基本原理最重要（三角互证、互补、发展、启蒙、扩展）？为什么？
4. 试着想出一个包括定量和定性组件的假设的研究设计。你将这个设计称为什么？

研究练习

1. 如果你正在开展或计划开展一项混合研究，回答下列的问题以帮助你厘清思考：
   （1）你的研究问题和/或研究假设是什么？
   （2）在你的研究中使用混合设计时所遵循的基本原理是什么？
   （3）你将使用哪种混合研究设计？
   （4）你将使用什么数据收集方法？如果数据收集是有一定次序的（即顺序），那么请对其做出解释。
   （5）你将如何分析你的数据？
   （6）你将如何验证你的数据？
   （7）你将在何时、如何解释你的数据？
   （8）将你预期的内容整理成表格（即你想要在报告中使用的重要标题）。
2. 查找一篇基于混合研究的已发表的文章。解释该项研究是如何逐一遵循混合研究的 8 个步骤的：

(1)考虑到研究问题和研究目标，该项混合设计合适吗?
(2)在使用混合设计所应遵循的五条基本原理(见表16.5)中，哪一条原理最适合你的研究文章?
(3)研究者使用了哪种混合研究设计?
(4)研究收集了哪种类型的数据?
(5)研究者是如何分析数据的?
(6)研究者是如何验证数据的?
(7)你猜想研究者是在何时、如何解释数据的?
(8)该期刊文章是如何被组织和撰写的?

3. 使用上述两题中的标准来审查和评论配套网站中的混合研究文章。
4. 写一份四页长的关于混合方法研究三种主要类型的比较和对照的论文。本章中已经介绍了其中一种类型。特德利和塔萨科利(Teddlie and Tashakkori，2006)提出的类型可以通过以下网址链接获得 http://www.msera.org/Rits_131/Teddlie_Tashakkori_131.pdf. 第三种类型是由克瑞斯威尔和普莱诺·克拉克(Creswell and Plano Clark，2011)提出的。

行动研究日志

提示：混合研究是行动研究者喜欢的一种研究方法。

1. 为什么行动研究者倾向于喜欢混合研究方法?
2. 你可以利用哪些人的不同但有价值的观点来审视你的行动研究过程和结果?
3. 如果你要开展一项平等地位的混合方法研究，你认为你能够自己完成此项研究吗? 还是将会与具有不同观点的研究者团队共同共完成? 如果你需要一个团队，你会选择与谁一起工作? 为什么?
4. 什么样的混合设计最适合你的行动研究计划?

PART V

Analyzing the Data

第五部分 分析数据

Chapter 17

第 17 章

描述统计

Descriptive Statistics

学习目标

- 能够解释描述统计的目的；
- 能够区分推论统计和描述统计；
- 能够解释频次分布和分组频次分布的差异；
- 能够阅读和解释条形图、线形图和散点图；
- 能够计算众数、中位数和平均数；
- 能够列举众数、中位数和平均数的优缺点；
- 能够解释正偏和负偏；
- 能够解释偏态对集中量数的影响；
- 能够描述和解释不同的差异量数；
- 能够计算极差、方差和标准差；
- 能够解释百分等级和 z 分数；
- 能够说明如何构建和解释列联表；
- 能够解释简单回归和多元回归之间的差异；
- 能够解释 y 轴截距和回归系数之间的差异。

现实生活中的研究——准确地描述数据

在 20 世纪六七十年代，直至 21 世纪，人们一直关心歧视问题并确保不存在歧视。以下是对 1973 年加州大学伯克利分校所发生事件的一个简要介绍。入学数据显示伯克利分校研究生项目在学生录取上存在性别歧视，但是当仔细地检查这些数据的时候，歧视并不存在。在这个例子中，我们向你展示显示歧视的数据以及不显示歧视的数据。这个案例刊登于《科学》（Bickel,1975），导致这一数据分析结果产生的原因是所谓的辛普森悖论（Simpson' s paradox）。

假设你在你们当地一所大学教育学院的招生办公室工作。你发现男性的录取比例是 55%（即，申请你们学校的男性中会有 55% 的被录取），女性的录取比例是 44%。你会得出什么结论？你是否会认为是性别歧视？毕竟，男性被录取的比例明显高于女性。

下表显示了你们大学的人数：

	申请人数	录取人数	录取百分比
男性	360	198	55%
女性	200	88	44%

但是，你了解一点统计，决定进一步分析这些数据。你所在的教育学院仅有两个系，因此，你决定看一下每个系的入学率。下面展示了这些结果。当查看两个系的录取比例时你会发现：在两个系中，女性（而非男性）都更可能被录取。

	A 系			B 系		
	申请人数	录取人数	录取百分比	申请人数	录取人数	录取百分比
男性	120	18	15%	240	180	75%
女性	120	24	20%	80	64	44%

也就是说，当你更加仔细地研究这些数据时，你发现女性更有可能被录取，现在，歧视女性的断言很明显是不大可能的。在这个例子中，总体数据显示一个结论，但是仔细地研究这些数据时又出现了一个完全不同的结论。出现这种令人惊讶结果的原因之一就是男性更倾向于申请更容易被录取的系，而女性更倾向于申请更难被录取的系。这一章的目的就是向你展示如何准确地描述你的数据以便于你能够向读者准确汇报你的研究结果而不误导他们。

统计是数学的一个分支，处理数值型数据分析。它可以划分为两个大类：描述统计和推论统计。**描述统计**（descriptive statistics）的目标是描述、概括或者解释一组特定数据。**推论统计**（inferential statistics）的目标是超越直接数据，基于样本来推断总体的特征。正如你在图 17.1 中看到的，推论统计可以再被细划为估计和假设检验。估计又可以划分为点估计和区间估计。在本章中，我们以描述统计为重点。在下一章中，我们以推论统计为重点。本章的内容只要求很少的数学背景，所以不要担心！我们更加关注解释而非计算。不过，我们也会向你展示如何进行一些基本计算，因此请把计算器放在手边。

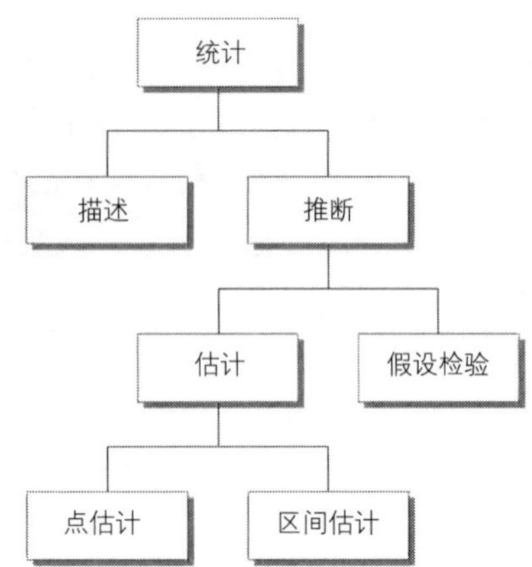

图 17.1　统计领域的主要分支

描述统计

描述统计由一组数据［有时被称作**数据集**（data set）］开始。研究者试图通过将数据处理成一个更易于说明的形式（例如，通过做出频次分布和画出图形显示），以及计算出数据的数值参数，例如平均数、百分等级和散布度量，来表示数据的基本特征。研究者能够在一组数据集中概括出其变量，他们还可以检验变量是如何相关的（例如，通过检验相关性）。描述统计中的关键问题是我们怎么才能传达数据的基本特征。一个显而易见的办法就是提供完整数据集的影印版。然而，我们可以做得更好！

我们在表 17.1 中列入了一个数据集，在本章和下一章的一些例子中我们会用到这个数据集。我们把这个数据集称作“大学生数据库”。这一假想的数据集来自 25 名近期刚毕业的大学生。数据值提供了三个定量变量——起薪、GPA（成绩平均积点）和 GRE（美国研究生生入学考试）语言部分成绩，和两个类别变量——本科专业和性别。现在看一下表 17.1，看看数据集是什么样的。注意，数据集是构建出来的，事件（即学生个体）在行中显示，变量在列中显示。这个事件 - 变量整理方式是完成数据收集之后组织数据的标准方法。（这个数据集的 SPSS 文件可以在学生同步网站的补充材料中找到。）

表 17.1　25 名近期大学毕业生的假设数据集

毕业生	起薪	GPA	本科专业	性别	GRE 语言部分得分
1	31 000	2.9	2	1	520
2	32 000	3.6	1	1	600
3	33 000	3.7	1	1	610
4	28 000	2.4	2	0	450

续表

5	37 000	3.4	3	0	500
6	32 000	3.0	3	0	500
7	33 000	3.1	2	0	520
8	25 000	2.5	1	1	450
9	38 000	3.0	3	0	650
10	33 000	2.7	2	0	490
11	30 000	3.0	2	1	500
12	32 000	2.6	1	0	580
13	32 000	3.1	2	1	480
14	31 000	3.1	1	1	530
15	24 000	2.5	1	1	460
16	40 000	3.3	3	0	630
17	31 000	3.3	1	1	510
18	38 000	3.2	2	1	620
19	35 000	3.1	3	1	680
20	32 000	3.2	2	0	550
21	41 000	3.5	3	0	680
22	34 000	3.0	3	1	590
23	28 000	3.0	1	1	650
24	30 000	2.9	2	0	480
25	36 000	3.5	2	0	570

注：类别变量本科专业的代码：1= 教育，2= 艺术和科学，3= 商业；类别变量性别的代码：0= 男性，1= 女性。

复习问题　17.1　描述统计和推论统计的差异是什么？

频次分布表

描述一个变量数据值的最基本方式之一是构建频次分布表。**频次分布表**（frequency distribution）是对数据值的系统整理，其中的数据按等级排序并将每一个独特数据值的频次都显示出来。只要按照以下步骤，你就可以为任何变量的数据值构建频次分布表。

1. 在第 1 列中按升序列出每一个数字。如果一个特定数字出现不止一次，记住，仅将它列出一次。例如，即使数字 3 出现了 5 次，仅将它列出 1 次。如果一个数字在数据中没有出现，那么你不需要列出它。

2. 数一数第 1 列中列出的每个数字出现的次数，并且将结果放在第 2 列中。

3.（可供选择）第 3 列可以通过将第 2 列中的次数转化成百分比来构建，即将第 2 列中的数字次数除以总数。

因此，第 1 列显示独特的数据值，第 2 列显示频次，第 3 列显示百分比。

例如，看一看表 17.2。这是表 17.1 大学生数据库中变量“起薪”的频次分布。你可以看到第 1 列中最低起薪是 24 000 美元，最高起薪是 41 000 美元。频次在第 2 列中显示。例如，对近期的大学毕业生来说，最常出现的起始收入是每年 32 000 美元。百分比在第 3 列中显示。例如，20% 的毕业生起薪是每年 32 000 美元，4% 的毕业生起薪是每年 41 000 美元。

表 17.2　起薪的频次分布表

（1）起薪	（2）频次	（3）百分比（%）
24 000	1	4.0
25 000	1	4.0
28 000	2	8.0
30 000	2	8.0
31 000	3	12.0
32 000	5	20.0
33 000	3	12.0
34 000	1	4.0
35 000	1	4.0
36 000	1	4.0
37 000	1	4.0
38 000	2	8.0
40 000	1	4.0
41 000	1	4.0
	n=25	100.0%

注：第 2 列显示频次分布。第 3 列显示百分比分布。

当一个变量的数据值范围比较大时，将变量的值分成区间可以有助于理解。因为数据值被聚集或分组到区间中，所以这种频次分布的结果就叫作**分组频次分布表**（grouped frequency distribution）。研究者通常构建大概 5 到 8 个大小相等的区间。我们构建了一个起薪的分组频次分布表，你可以在表 17.3 中看到。第 1 列显示区间，同之前一样，频次在第 2 列中显示，百分比在第 3 列中显示。你可以看出来频次最多的区间是 30 000 ~ 34 999 美元。这个区间包含了 14 个数据值，占全部起薪数据值的 56%。

表 17.3　起薪的分组频次分布表

起薪（X）	频次（f）	百分比（%）
20 000 ~ 24 999	1	4.0
25 000 ~ 29 999	3	12.0
30 000 ~ 34 999	14	56.0
35 000 ~ 39 999	5	20.0
40 000 ~ 44 999	2	8.0
	n=25	100.0%

在构建分组频次分布表时，区间保持**相互排斥**（mutually exclusive）是十分重要的。这意味着区间之间不应该有任何重叠。（区间 20 000 ~ 25 000 美元和 25 000 ~ 30 000 美元不是互相排斥的，因为一个挣 25 000 美元的人可以被放置在两个区间中。）同样重要的是区间应是穷尽的。当一组区间包括了数据值的全部范围时，它是**穷尽的**（exhaustive）。换言之，如果所有的数据值都落在这组区间中，那么区间是穷尽的。

数据的图形表示法

统计图是数据在二维空间中的图形表示。许多统计图都是在二维或两条坐标轴上显示数据。两条坐标轴是 x 轴和 y 轴，x 轴（也叫作横坐标）是水平的维度，y 轴（也叫作纵坐标）是垂直的维度。如果你正在绘制一个单一变量数据值的统计图，那么这个变量的数据值呈现在 x 轴上，频次或者百分比呈现在 y 轴上。如果你正在检验两个变量，那么自变量的值在 x 轴上，因变量的值在 y 轴上。此外，你还可以构建两个以上变量的图表。

直条图

直条图（bar graph）是使用垂直的长条来呈现数据的统计图。你可以在图 17.2 中看到本科专业的直条图。数据来自表 17.1 大学生数据库。注意，x 轴表示名为本科专业的变量，y 轴表示出现的频次。直条提供了三种不同本科专业频次的图像化表示。艺术和科学是最常见的专业（n=10），教育是第二常见的（n=8），商业是最不常见的（n=7）。

直方图

当你的变量是类别变量时使用直条图。但是，如果你的变量是一个定量变量，那么使用直方图会更好。**直方图**（histograms）是对频次分布的图像化呈现。它特别有用（与频次分布表相比），因为它显示了数值分布的形状。我们使用 SPSS 程序来生成起薪的直方图（如图 17.3）。注意，与直条图不同，直方图中的长条相邻，之间没有空隙。

线形图

一个绘制变量分布图形的有用方法就是构建**线形图**（line graph）。线形图是依靠绘制一条或多条线来阐明数据的一种形式。在图 17.4 中你可以看到 GPA（来自大学生数据库）的线形图。3.0 附近的平均积点分靠近分布的中心，它们出现得最频繁（即，低于 B 等级的 GPA 分数出现地最频繁）。你也可以看到不少 GPA 数据值比 3.0 更高或者更低。换句话说，GPA 数据值的分布有些分散。

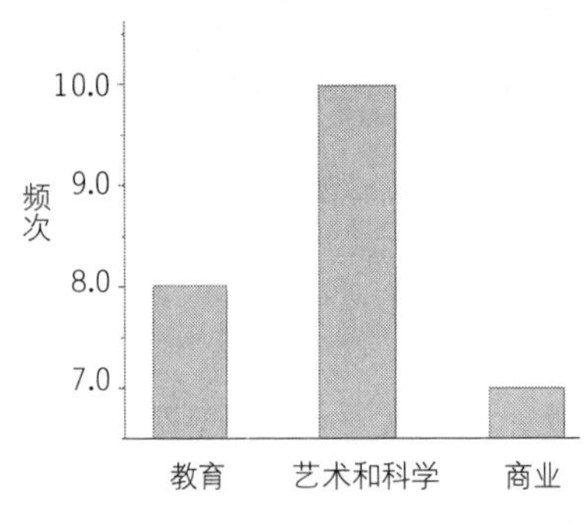

图 17.2　本科专业直条图

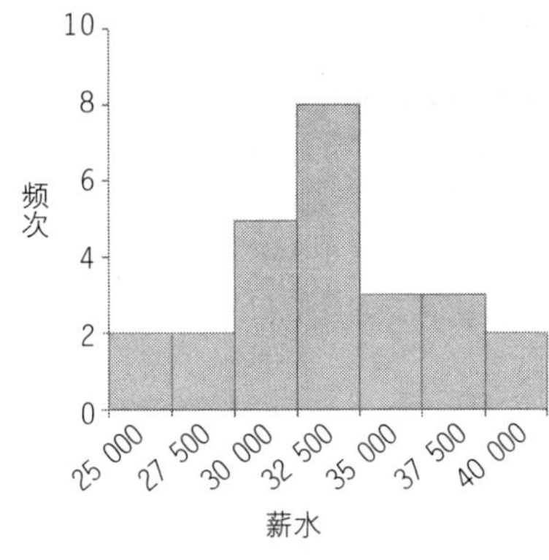

图 17.3　起薪直方图

在这里的例子中，我们给出的是单一变量——GPA 的线形图。然而，线形图也可以用于多个变量中。例如，回过头来看图 11.15 b，你将看到在因子研究设计中常建构的一种线形图。因变量置于纵轴，其中一个自变量置于横轴，第二个自变量类别由不同的线来代表。

线形图的另一种常见用途是呈现随时间变化的趋势。在这种情况下，你所希望观察的随着时间变化的变量被置于纵轴上，时间被置于横轴上。因此，请记住线形图并非只有一种。线形图是你未来可能想要使用的一种用途广泛的工具。

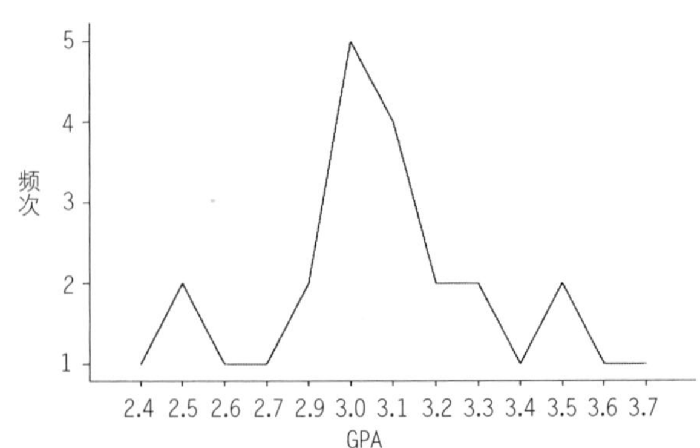

图 17.4　GPA 线形图

散点图

散点图（scatter plots）或散点示意图，是将两个定量变量之间的关系形象化的一种非常有用的方法。因变量在纵轴上表示，自变量在横轴上表示，点被绘制在图表中以代表各个事件（即个体）。

如图 17.5 所示的 GPA 对起薪的散点图。这些定量变量来自我们的大学生数据库。图中一共有 25 个数据点（即，数据集中的 25 个个体中的每人都有一个数据点）。如果你仔细观察图 17.5，你将清楚地看到平均积点分与起薪之间存在正相关。我们计算了相关系数，发现它等于 +0.628。这一较强的正相关系数证实了我们的观察，即随着 GPA 的增加，起薪也倾向于增加。简言之，GPA 和起薪之间存在明显的线性相关。

当你观察一个散点图时，考虑以下问题是有帮助的：

- 两个变量之间呈现出相关吗?
- 它是线性相关（一条直线）还是曲线相关（一条曲线）?
  （线性相关比曲线相关更常见。）
- 如果呈现线性相关，那么是正相关还是负相关？如果数据点在西南 - 东北方向上移动，那么是正相关；如果数据点在西北 - 东南方向上移动，则是负相关。
- 如果存在相关，相关性有多强？数据点看起来越像一条直线，相关性越强。数据点看起来越像一条曲线或者数据越离散，相关性越弱。

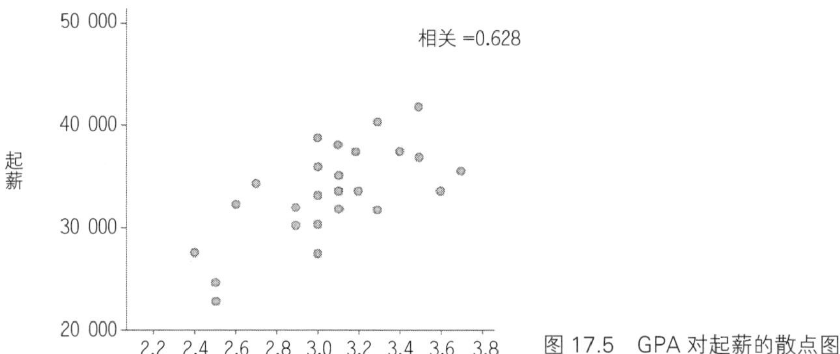

图 17.5　GPA 对起薪的散点图

> 复习问题
> 17.2　列出构建频次分布表的三个步骤。
> 17.3　本节讨论了哪些数据图形表示类型?
> 17.4　哪种图形表示被用来检验两个定量变量之间的相互关系?

集中量数

集中量数（measure of central tendency）是一个单一数值，它被认为是定量变量最典型的数字值。例如，如果有人问一名教师他 / 她的学生在最近一次的测验中成绩如何？集中量数就能够建议使用什么分数是具有代表性的。如果有人想要知道在美国人们每年挣多少钱，那么可以再次调用集中量数。最后，在一项实验中，研究者可能会对比较实验组的平均成绩（它是一个集中量数）和控制组的平均成绩感兴趣。现在我们讨论三种最常用的集中量数：众数、中位数和均数。

众数

众数（mode）是出现次数最多的数字。例如，如果你有这些数字：

1，2，3，3，4，

众数是 3，因为 3 出现了两次，其他数字仅出现一次。因此，数字 3 是出现次数最多的数字。假设你有这组数字：

1，1，3，3，4

你有 2 个众数：1 和 3。当你有两个众数时，你可以使用术语**双峰众数**来描述数据。（如果你有 3 个或更多的众数，一些研究者使用术语**多峰众数**作为描述。）如果你有这组数字：

1，3，5，8

你可以得出结论说，你有多个众数，因为所有的数字出现的次数相等。作为练习，判定这组数字的众数：

1，4，6，7，7，7，9，9，11，11，30

众数是 7，因为 7 是出现次数最多的数字。来做一个更具挑战性的练习，找出我们前面的数据集中“起薪”变量的众数。你将发现众数是 32 000 美元。

中位数

中位数（median），或者第 50 百分位数，是位于按大小顺序排列（要么升序要么降序）的一组数据中心位置的数值。如果你有奇数个数据，中位数就是中间位置上的数字。这里有一个简单的例子。如果你有这些数字：

2，9，1，7，10

首先你要把它们按升序排列如下：

1，2，7，9，10

现在你可以很容易地看出中位数是 7，因为 7 是中间位置上的数字。（如果你把 7 从数据组的中心拿开，你就得到了中间点。）

如果你有偶数个数据，中位数是最中心的两个数的均数。例如，如果你有这些数字

3，4，1，10

首先你要把他们按升序排列：

1，3，4，10

因为没有中心位置的数字，你取最中心的两个数的平均数（即，取数字 3 和 4 的平均数）。你可以看到中位数是 3.5，因为那是最中心的两个数字的平均数［即，（3+4）/2= 3.5］。

在继续之前，检查一下以确保你能找到一组数字的中位数。这里有一个简单的题目：1 和 2 的中位数是什么？对了，是 1.5。现在找到这组数字的中位数：1，5，7，8，9。中位数是 7，因为 7 是中心位置的数字。下面有一个更具挑战性的题目，请找出大学生数据库（表 17.1）中起薪的中位数。中位数是 32 000 美元。

平均数

平均数（mean）是算术平均数，或者是大多数人所说的平均值。你可能已经知道如何得到平均数了。例如，找出这三个数字的平均数：1、2 和 3。平均数是 2。这一点都不难，不是吗？方法是这样的，根据平均数公式：

$$\text{平均数} = \frac{\sum X}{n}$$

一旦你明白这些符号代表什么，这个公式就很容易使用。在我们的例子中，符号 X 代表观测值为 1、2 和 3 的变量。符号 $\sum$ 意思是“计算总和”。因此，公式中的分子（顶端的部分）表示“计算 X 变量所有观测值的总和”。公式中的 n 代表数据的个数。通过计算变量的观测值的总和并且将它除以数据的个数，你就可以得到平均数。如果数字是 1、2 和 3，你要像下面这样使用公式：

$$\text{平均数} = \frac{\sum X}{n} = \frac{1+2+3}{3} = \frac{6}{3}$$

现在，请不要说你还不会计算平均数，因为你已经知道如何得到这三个数字的平均数。但是，你确实需要小心地注意平均数公式中的符号，因为你可能对它们还是不太熟悉。作为练习，现在使用这个公式，求 2、3、6、7 和 2 的平均数（平均数是 4）。你也可以计算大学生数据库（表 17.1）中起薪的均数。如果你把所有的数字加起来，除以数字的总个数，你将发现起薪均数等于 32 640 美元。

比较平均数、中位数和众数

在这一节中，我们将要介绍正态分布和偏态分布。然后我们将说明分数分布的形态对平均数、中位数和众数的影响，我们还对平均数、中位数和众数的性质做了一些说明。那我们现在就从正态分布曲线的概念开始。

正态分布（normal distribution）或正态曲线，是一个单峰的、对称的钟形分布，它是用来描述许多物理、心理和教育变量的理论模型。在图 17.6（b）中你可以看到一个正态分布的图形。正态分布是单峰的，因为它只有一个众数；它是对称的；因为分布的两侧是镜像；它还被认为是钟型的，因为它的形状有点像钟（即，曲线在中央最高而且随着从中央向外移动而逐渐降低。曲线的高度表明数值的频次或密度）。现在，请记住正态分布这个重要的特征：**平均数、中位数和众数是相同的数字。**

图 17.6 中的另外两个分布不是正态分布［看（a）和（c）的分布］。这两个分布是**偏态**（skewed）的，这意味着它们不是对称的。当一侧延伸的比另一侧更长，使得分布不对称时，分布是偏态的。在偏态分布较长尾端处的数值出现的频次不如偏态分布高处上的数值。如果一侧显得向左延伸或拉伸，那么可以说分布是向左偏的，或者是**负偏态的**（negatively skewed）（即，向反方向延伸，数字的数值在减少）。一个简单测验的分数将会倾向于是负偏的。如果一侧显得向右延伸或拉伸，可以说分布是右偏的，或者是**正偏态的**（positively skewed）（即，向正方向延伸，数字的数值在增加）。一个非常难的测验的分数将会倾向于是正偏的。

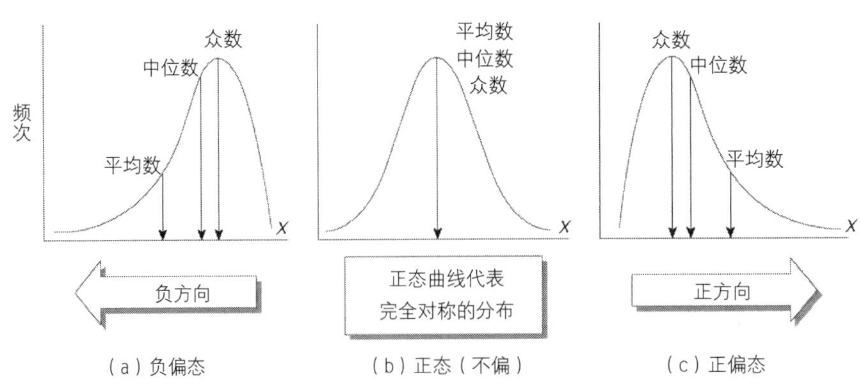

图 17.6　正态分布和偏态分布的例子

当分布是偏态的时候就会有一些有趣的事情发生。特别是，当分布是偏态的时候，平均数、中位数和众数是不同的。在图 17.6 中显示的负偏态分布中，平均数的数值比中位数小，中位数的数值比众数小（即平均数 < 中位数 < 众数）。在图 17.6 中显示的正偏态分布中，平均数的数值比中位数大，中位数比众数大（即，平均数 > 中位数 > 众数）。

为什么在偏态分布中平均数比其他集中量数变化更大呢？答案是平均数考虑了所有数的大小。相反，中位数仅考虑数据的个数和中心位置的数值。

这里有一个示范，如果你有这五个数字，

1，2，3，4，5

你可以看到中位数和平均数都等于 3。但是，看一下如果最后一个数从 5 变成 1 000 会发生什么。新数字是：

1，2，3，4，1 000

这次，均数是 202 而不是 3。这是一个巨大的变化。但是中位数没有变化。中位数仍然是 3。问题在于平均数考虑到所有数的大小，并且受到分布尾部的数据的影响（即，大数字和小数字），然而中位数仅受最中心位置数值的影响。这意味着在负偏态分布中平均数被更多地拉向左边（小数值拉低了平均数），在正偏态分布中平均数被更多地拉向右边（大数值拉高了平均数）。因此你应该记住这个一般规则：

- 如果平均数比中位数小，那么数据向左偏。
- 如果平均数比中位数大，那么数据向右偏。

这个规则十分有用，因为它能使你通过简单比较平均数和中位数来得到对偏态的粗略判断。如果它们差异很大，那么数据可能是偏态的。[1]

你可能想要知道哪一个集中量数最好。一般来说，平均数是最好的集中量数，因为它最精确。平均数要考虑所有数的大小，中位数和众数并不如此。在不同情况下平均数也是最稳定的。如你所知，中位数仅考虑数的个数以及中心位置的数值。众数通常是最不理想的，因为它仅提供什么数据最常出现方面的信息。因此，只有在你认为哪个数字或种类出现得最频繁这个问题非常重要时，你才应该使用众数。否则，平均数和中位数通常是首选的集中量数。

有一种情况下中位数比平均数更受偏爱。当你的数据是高度偏态的时候，中位数通常更受用。这是因为中位数受极值的影响更小，并且我们想要我们的集中量数能描述出一组数据中哪个具有代表性。

[1] 你并不能绝对得到这样的结论，即当平均数和中位数一样时数据是正态的。

这里有一个中位数会是首选的例子。假设居住在一个小区的 10 个家庭的年收入如下：

$16 000
$18 000
$18 000
$19 000
$19 000
$20 000
$21 000
$21 000
$500 000

这些家庭中有 9 个收入大约在 16 000 到 21 000 美元之间。但是，有一个**异常值**（outlier），一个在分布中与其他数字相比非常不合规则的数字。住宅区中的一个家庭挣 500 000 美元。（这样想吧，如果比尔·盖茨住在你所在的住宅区，他的收入必定是一个异常值！）这个例子中收入的中位数是 19 000 美元，收入的平均数是 67 000 美元。你认为这两个数字中哪个更好地描述了"代表性家庭收入"。许多人会认为中位数更好地代表了这 10 个家庭的收入。因为中位数比平均数更加接近这个例子中 90% 的家庭的收入。因为低收入水平，这些家庭中的百分之九十多少都会处于家庭财务紧张的状态。在这个例子中平均或者代表性家庭收入是 67 000 美元的均数被认为是对收入水平过于乐观的评估。这就为什么当研究者报告年收入时他们通常使用中位数而不是均数，更加重要的是，这也是当研究者的数据是高度偏态时，他们常使用中位数的原因。（看学生同步网站上关于平均数和中位数另一种比较的附加资料。）

复习问题　17.5　什么是集中量数？常见的集中量数有哪些？
17.6　什么时候中位数比平均数更受用？
17.7　如果均数比中位数大得多，数据是向左偏还是向右偏？

差异量数

差异量数（measure of variability）是一个数值指标，它提供关于数据如何离散或分散以及变异程度的信息。也就是说，差异量数告诉你人们在一个变量上有多么相似或不同。例如，我们之前的数据集中的个体是倾向于有相似还是不同的 GPA？在我们的数据集中

GPA 的差异性直观地显示在图 17.4 中的线形图中。差异量数提供对差异量的数字化表示，因此当你描述一组数据时它会为你提供另一种信息。

如果所有的数据是一样的数字，那么根本不存在差异性。例如，一组数据为：

7，7，7，7，7，7，7，7

你会得出没有差异性这个结论。理由很简单，数据没有变化，所有的数字都一样。另一方面，下面这组数据确实有一些差异性：

1，3，7，10，12，15，17，20

当一组数据几乎没有差异时，我们有时会说数据是**同质的**（homogeneous）。另一方面，如果存在大量差异，我们就把数据描述成是**异质的**（heterogeneous）。当一组数据相对同质时，你可以更加相信集中量数（平均数、中位数或者众数）是典型的。相反地，当一组数据相对异质时，你就应该认为集中量数不那么典型或欠缺代表性。

下面是相对低差异性和相对高差异性的例子：

A 组数据：53，54，55，55，56，56，57，58，59
B 组数据：4，8，23，41，57，72，83，94，100

你可以看到 B 组的数字比 A 组的数字更加分散（并且有更高的差异性）。你可能会吃惊，两组数据的平均数实际上是一样的都是 56！与数字分散的情况相比，当数字不是非常分散时，平均数更能代表这组数字。因此，差异量数通常应该与集中量数相伴。现在我们讨论三个最常用的差异性指标：极差、方差和标准差。

极差

极差（range）是最高和最低数值之间的差数。在下面的公式中，极差等于一组数据中最高的（即最大的）数值减去最低的（即最小的）数值：

极差 =H−L
其中
H 表示最大的数字，
L 表示最小的数字。

请找出前一节中 A 组和 B 组分布的极差。A 组分布的极差是 6（即 59−58=6）。

B 组分布的极差是 96（即 100−4=96）。在这个案例中，极差表达差异性，因为分布 B 的差异性比分布 A 的差异性更大。尽管极差非常容易计算，但它的用处是非常有限的。事实上，研究者并不经常使用极差。极差的一个问题在于它仅考虑两个最极端的数字。另一个相关的问题就是它易受到单一极值的严重影响。为了理解这个问题，把分布 A 中最高的数字从 59 变成 101。极差就从 6 变成了 48；仅在改变一个数字的基础上极差就变成了之前的 8 倍。

方差和标准差

在研究者中最受欢迎的两种差异量数是方差和标准差，因为这两个差异量数是最稳定的，并且它们是更高级统计分析的基础。此外，这两个差异量数也是基于一个变量的所有数值，而不是像极差那样仅基于最高和最低数值。它们本质上是对变量平均数的分散性或变异性的测量。

方差（variance）是每个数据与该组数据平均数之差平方后的平均数。为了将方差变成更吸引人的计量单位，你只需取平方根。当你取方差的平方根时，你就能得到**标准差**（standard deviation）。你可以把标准差看作是数据与平均数差异有多远的近似指标。当数据分散（异质）时，方差和标准差将会更大，当数据不是非常分散（同质）时，方差和标准差将更小。

在表 17.4 中我们向你展示如何计算方差和标准差。在这里我们也用文字向你解释。要计算方差和标准差，请按照以下五个步骤进行：

1. 找出一组数据的平均数。如表 17.4 所示，将第 1 列中的数字相加，除以数字的个数。［注意，我们使用符号“*X* 拔”（即 $\overline{X}$）来代表平均数。］

2. 用每个数值减去平均数。如表 17.4 所示，用第 1 列中的每个数值减去均数，并将结果置于第 2 列中。

3. 将你在上一步中得到的每个数字取平方。如表 17.4 所示，将第 2 列中的每个数字取平方，并将结果置于第 3 列中。

4. 将适当的数字代入到方差公式中。如表 17.4 所示，将第 3 列的数字之和代入方差公式的分子。方差公式的分母是第 1 列中的数字的个数。然后用分子除以分母，你就得到了方差。

5. 在上一步中你得到了方差。现在将方差开平方根，你会得到**标准差**。（要想得到平方根，可以在你的计算器中打上数字，然后按平方根［$\sqrt{\ }$］键。）

表 17.4 计算方差和标准差

	(1)* X	(2) $(X-\overline{X})$	(3) $(X-\overline{X})^2$
	1	−2	4
	2	−1	1
	3	0	0
	4	1	1
	5	2	4
	15	0	10
	↑	↑	↑
总和	$\sum X$	$\sum(X-\overline{X})$	$\sum(X-\overline{X})^2$

(4)** 方差 $= \frac{\sum(X-\overline{X})^2}{n} = \frac{10}{5} = \frac{2}{1} = 2.$

(5) 标准差 $= \sqrt{方差} = \sqrt{2} = 1.41.$

* 第 1 列的平均数 $=\overline{X}= \frac{\sum X}{n} = \frac{15}{5} = \frac{3}{1} = 3.$

** 如果在推论统计中用方差（即用样本方差作为对总体方差的估计），那么出于技术原因，你需要在分母中用 $n-1$ 而不是 n。当你用 $n-1$ 时，方差就是指样本方差。

标准差和正态分布

既然你已经了解了标准差的概念，我们现在就可以指出之前尚未提到的正态分布的另一个重要特征。如果数据完全遵循正态分布，那么以下陈述将永远是正确的：

- 68.26% 的数据落在 1 个标准差之内。
- 95.00% 的数据落在 1.96 个标准差之内。
- 95.44% 的数据落在 2 个标准差之内。
- 99.74% 的数据落在 3 个标准差之内。

粗略估计 1、2 和 3 个标准差之内区域的一个好的规则是我们所说的“68，95，99.7 百分比规则”（图 17.7）。但是，不要忘记**只有**在你知道数据是正态分布的时候**才能**使用这个规则。举例来说，当你在谈论诸如高度、重量和 IQ 之类的事物时，这个规则是一个有用的近似法。但是，当你收集自己的数据时，你应该小心，因为在收集到足够多的数据之前，一个分布通常不会变成正态分布（即使潜在的分布是正态的）。如果你想要应用 68，95，99.7 百分比规则，应当检查数据是否正态分布。不要自动假设这个规则适用于任何数据。

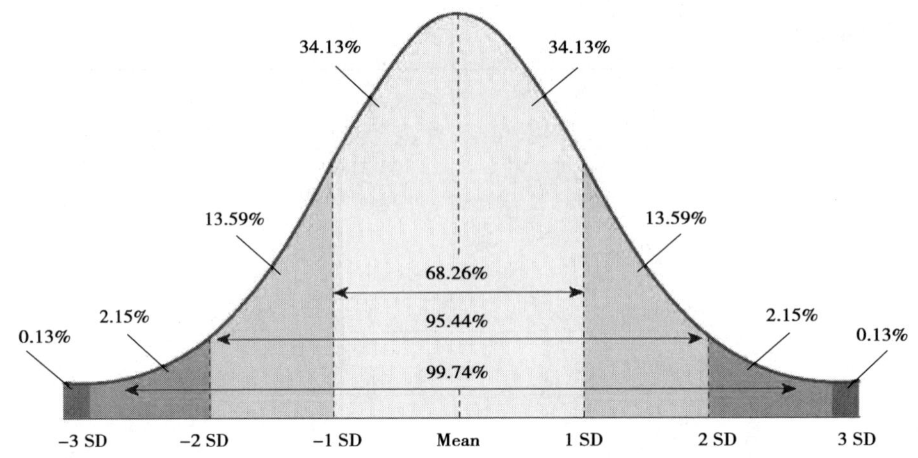

图 17.7　正态曲线下的面积 SD= 标准差

复习问题　17.8　什么是差异量数？常见的差异量数有哪些？

17.9　方差和标准差在数学上有何关系？

17.10　如果一组数据是正态分布的，多少个数据落在 1 个标准差之内？多少个落在 2 个标准差之内，多少个落在 3 个标准差之内？

相对地位量数

许多研究和评估工具的原始分数并没有内在的意义。例如，如果有人说你的学术能力的原始分数是 134 分，你会感觉如何？同样地，你会如何将你的分数与 119 分相比？很明显，如果没有更多的信息的话，你不会准确地知道如何解释你的 134 分原始分数。这就是标准化测验制定者几乎不报告原始分数的原因。相反地，他们报告各种各样的**相对地位量数**（measures of relative standing），它们能提供与一个数据分布中的其他分数相比，某一个分数落在何处的信息。我们关注两种相对地位量数：**百分等级**（percentile ranks）（将一个分布划分为 100 个相等部分的分数）和**标准分**（standard scores）（那些从一种单位转换至另一种单位以便使其有更易理解的平均数和标准差的分数）。尽管图 17.8 中有两种额外标准分，但我们接下来对于标准分的讨论集中在 z 分数。为了比较，在图 17.8 中，我们也将两种额外的标准分，即 IQ 分数（均数通常是 100，标准差是 15）和 SAT 分数（均数通常是 500，标准差是 100），包含在内。

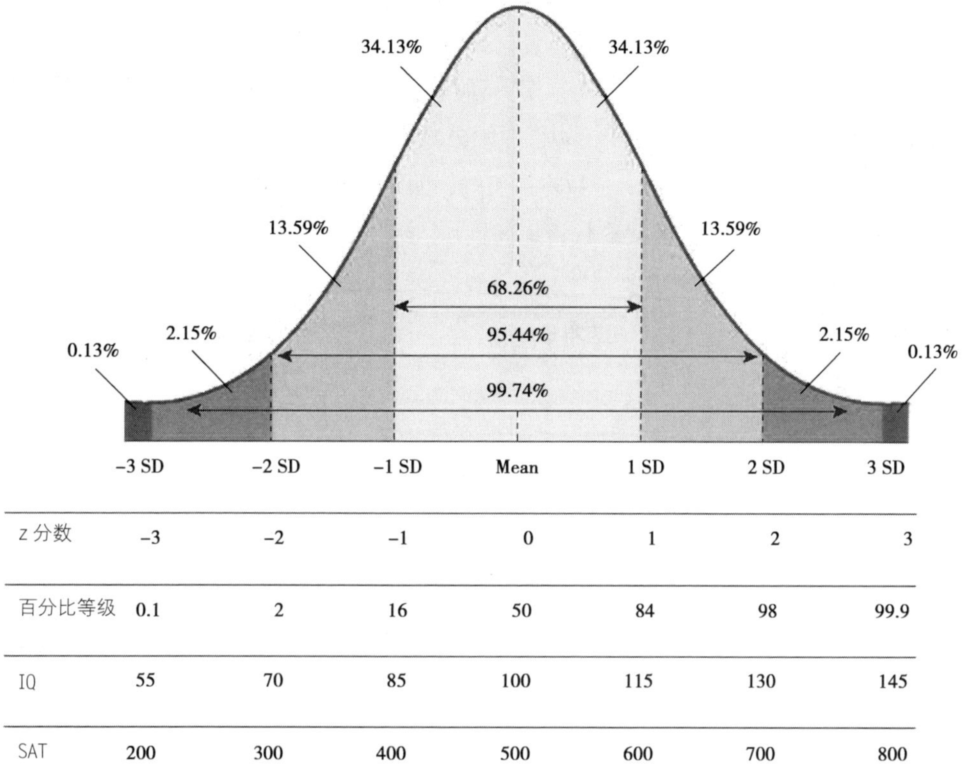

z 分数	–3	–2	–1	0	1	2	3
百分比等级	0.1	2	16	50	84	98	99.9
IQ	55	70	85	100	115	130	145
SAT	200	300	400	500	600	700	800

图 17.8　有关正态分布的百分等级和标准分 SD= 标准差

百分等级

百分位排名（percentile rank）被解释为低于某一特定原始分数的参照组中分数的百分比（Crocker & Algina,1986；Cronbach,1984；Educational Testing Service，2009）。百分等级通过对比其他人的分数来帮助个人解读自己的测试分数。**参照组**（reference group）是用来决定百分等级的一组人，参照组通常被称为常模组或标准化样本。参照组可能是一个国家样本、特定年龄儿童样本或者一个学区内所有学生的样本。一般说来，当参照组相当大并且能够代表你所要研究的群组时应该使用百分等级。

为了用百分等级来解释一个分数的意义，假设你的 GRE 语言推理部分的原始得分是 680 分。680 分对应的百分等级是 96，这意味着常模群体中有 96% 个体的分数比你低。另举一例，假设你的一个朋友语言部分得了 420 分。因为这个分数对应的百分等级是 40，因此仅有 40% 的个体得到的分数比你的朋友低。在表 17.5 中你可以看到其他 GRE 语言测试标准分以及相对应的百分等级。最后一个例子，你会如何解释 580 分的语言分数？如你在表 17.5 所见，这个分数对应的百分等级是 82。

z 分数

z 分数（z score）是被转换为标准差单位的原始分数。这意味着 **z 分数告诉你一个原始分数距平均数有多少个标准差**。如果原始分数高于平均数，那么 z 分数将是正的；如果原始分数低于平均数，那么 z 分数将是负的；如果原始分数等于平均数，那么 z 分数将会等于 0（因为一组 z 分数的平均数将永远是 0）。

表 17.5　GRE 普通能力测验解释数据

量表分数	语言推理	数量推理
800		94
780		89
760		85
740	99	80
720	98	75
700	97	71
680	96	66
660	94	62
640	92	57
620	89	52
600	86	46
580	82	44
560	77	39
540	72	35
520	67	31
500	62	28
480	57	24
460	52	21
440	46	18
420	40	16
400	35	13
380	29	11
360	24	9
340	19	7
320	13	6
300	8	4
280	5	3
260	2	2

续表

量表分数	语言推理	数量推理
240	1	1
220		
200		
平均数	457	586
标准差	121	152
测试者人数	1 421 856	1 421 502

* 基于 2005 年 7 月 1 日至 2008 年 6 月 30 日之间的所有 GRE 测试者的成绩。

z 分数标准化可以将任何一组原始分数转化成一组均数为 0、标准差为 1 的新分数。**z 分数转化不影响数据分布的总形状。**如果在转化之前数据是正态的（不是偏态的），那么在转化之后它们仍将是正态的；如果在转化之前数据是偏态的，那么在转化之后它们仍将是偏态的。转化过的分数被称作“z 分数”。

例如，假设珍妮在某个标准化测验［例如，研究生入学考试（GRE）、米勒类推测验（MAT），或者学术能力评估测试（SAT）］中的 z 分数是 +2.00。这意味着珍妮得到比平均数多两个标准差的分数。记住，z 分数告诉你相对于平均数来说一个人的分数的位置。珍妮明显比一般人做得好。假设杰伊的 z 分数是 −2.00；那么，杰伊的分数在平均数之下的 2 个标准差上。换句话说，杰伊比一般人做得差。约翰的 z 分数是 0；因此，约翰的原始分数与平均数（即总平均数）相等。约翰正好是平均水平。珍的 z 分数是 +3.50。珍的原始分数在平均数之上的 3.5 个标准差上，远在平均数之上而且比珍妮的分数更好。

如果潜在的数据是正态分布，那么 z 分数传达额外的信息。在图 17.8 中，我们展示了正态分布以及百分等级和几个标准分（z 分数、IQ 分数和 SAT 分数）。因为我们现在假设分数是正态分布的，我们有关于珍妮的 +2.00 分的额外信息。因为当数据是正态分布的时候，+2.00 的 z 分数百分等级是 98，所以我们知道珍妮比 98% 的参加这个标准化测验的人得分高。杰伊的分数百分等级是 2，这意味着他仅比 2% 的人做得好。约翰正好处在平均数（即，第 50 百分位）。珍比包括珍妮在内的几乎所有人做得都好。

你可以通过取特定原始分数与总体均数之间的差再除以标准差来计算 z 分数。你可以使用这个公式：

$$z\text{ 分数}=\frac{\text{原始分数}-\text{均值}}{\text{标准差}}=\frac{X-\overline{X}}{SD}$$

要使用这个公式，你需要原始分数，并要知道所有分数的平均数和标准差。大多数 IQ 测试平均数为 100，标准差为 15。因此，在一个 IQ 测试中得了 115 分的玛丽亚的 z 分数将会如下得出：

$$z\text{ 分数}=\frac{115-100}{15}=\frac{15}{15}=1$$

我们把玛丽亚的 IQ 得分 115 连同 IQ 平均数（100）和标准差（15）一起代入公式。产生的 z 分数等于 1（+1.00），这意味着玛丽亚的 IQ 在平均数之上的 1 个标准差上。如果你想要使用 z 分数公式，那这些就是你需要做的。

z 分数的一个好处是它们可以用来比较有着不同平均数和标准差的两个不同测试的原始分数。为了比较一个人在两个不同测试中的分数，你可以将两个原始分数转化成 z 分数并且进行比较。例如，假设玛丽亚的 SAT 得分为 700。玛丽亚是在 SAT 中表现更好还是 IQ 测试中表现更好呢？你已经知道玛丽亚的 IQ 分数产生的 z 分数是 +1.00。700 分的 SAT 分数产生的 z 分数是 +2.00。（如果你想要计算 SAT700 分的 z 分数，把这些值代入公式：原始分数 =700，均数 =500，标准差 =100。结果将是 z 分数 +2.00。）显然，+2.00 的 z 分数比 +1.00 的 z 分数更好，这意味着玛丽亚在 SAT 中比在 IQ 测试中表现更好。

检验变量之间的关系

整本书我们都在谈论变量之间的关系。这是因为研究者几乎不会满足于描述单一变量的特征。当同时描述变量之间的关系时，研究变得更加有趣。在前面的章节中我们已经谈到比较平均数（例如，参见第 11 章对变量分析的讨论）和解释相关系数（例如，参见第 2 章对相关系数的讨论）。但是，有另外两个你需要知道的话题。这两个话题就是列联表和回归。

复习问题　17.11　相对地位量数是什么？常见的相对地位量数有哪些？
　　　　　17.12　你如何计算 z 分数？

列联表

列联表（contingency table）（也叫作交叉表）在两个或者多个类别变量交叉形成的单元格中呈现信息。在一个二维列联表中，行代表一个变量的类别，列代表另一个变量的类别。多种信息都可以被置于列联表的单元格中（例如，观测的单位频次、行百分比、列百分比）。表 17.6a 是一个单位频次列联表，表 17.6b 是一个百分比列联表。

请看表 17.6a 中的列联表。你可以看到行变量是政治党派身份，列变量是性别。单元格中的数字是观测的单位频次，它表明每个单元格中的人数。例如，这组假想数据中有 92 人是民主党并且是男性，390 人是民主党并且是女性。带有单位频次的表格是构建列联表的一个好的起点，但是你不应该止步于此，因为当你仅观察单位频次时很难发现变量之间的关系。

请看表 17.6b 中的列联表。这个表是按照以下方法来构建的。我们把自变量或预测变量作为列变量，把因变量作为行变量，通过依次向下计算列的百分比来获得列百分比。这是一个合适的表格构建，因为它允许我们通过自变量（性别）来进行我们的比较。在表格的脚注中我们精确地解释了数字来源。每当你得到列百分比时，每一列的总和都会是 100%，就像 b 部分中各列一样。在你用这种方法构建表格之后，你应该做跨行比较。

当你像这样把你的数据转化成列百分比的时候，这个表就由比率构成，这些比率是你为了达到比较的目的所应该使用的。**比率**显示一组人中有特定特征的人的百分比（或比例）。例如，表 17.6b 中，你可以看到，男性中民主党成员的比率为 85.2%，女性为 69.8%。简言之，男性中民主党成员比例比女性高。（不要忘记，你的数据是假想的！）

当新闻中呈现组间比较的时候，通常是这样计算的，即，你将经常听到一组成员比另一组成员更可能拥有某一特征。例如，未婚妈妈的贫困率比已婚妈妈高，吸烟者患肺癌的比率比不吸烟者高，大量饮酒者患肝硬化的比率比不太喝酒者高等。单元格之间的比较帮助研究者确定列联表中两个类别变量之间是否存在关系（例如，婚姻状态与贫困相关，吸烟与肺癌相关，患肝硬化与人们的饮酒量有关，在我们假想的例子中，性别与政治党派有关）。[1] 如果变量之间没有关系，比率将会是一样的。

无论何时，当你想要确定列联表中变量之间是否相关时，有一个简单规则可供使用：

- 如果百分比是按列计算的，按行比较。
- 如果百分比是按行计算的，按列比较。

这个简单的规则能帮助你快速地看出一个列联表中两个变量之间是否有关系，同时它还很容易记忆。

你可以通过增加更多的类别变量将这里讲述的二维列联表知识拓展。如果你有三个类别变量，策略是从第三个类别变量的每个水平分别来检验原始的二维表格。如果你想看这一过程的例子或者更多地了解高级列联表（即基于三个或更多变量的表格），我们推荐你阅读巴比（Babbie，1998，pp.378-383 and Chapter16）以及法兰克福 - 纳区米尔斯和纳区米尔斯（Frankfort-Nachmias and Nachmias，1992，pp.403-412）的著作。在本书的同步网站上我们也有一个例子。现在我们开始介绍名为回归分析的技术。

[1] 如果你形成比率之间的比率，你可以得到所谓的相对风险，国际新闻中常常提到它。在我们的例子中，相对比值是 85.2/69.8=1.22。1.22 这个比率意味着男性比女性是民主党的可能性高 22%。如果相对比值是 2.00，那么男性是民主党的可能性会是女性的 2 倍；如果这个比值是 15.00，男性是民主党的可能性会是女性的 15 倍。

表 17.6　党派身份与性别列联表

（a）显示单位频次的列联表（假想数据）

政治党派身份	性别		
	男性	女性	总计
民主党	92	390	482
共和党	16	169	185
总计	108	559	667

（b）显示列百分比的列联表［基于（a）部分的数据］*

政治党派身份	性别	
	男性	女性
民主党	85.2%	69.8%
共和党	14.8%	30.2%
总计列百分比	100%	100%

* 列百分比 85.2% 是通过把 92 除以 108（并且乘以 100 以得到百分比）得到的；14.8% 是通过把 16 除以 108 得到的；69.8% 是通过把 390 除以 559 得到的；30.2% 是通过把 169 除以 559 得到的。注意（b）部分中两列加起来都是 100%。［如果你想要得到行百分比，只要把（a）部分中每个单元格里的事件数除以对应的行总数。各行总和将是 100%。］

回归分析

回归分析（regression analysis）是基于一个或多个自变量的值来解释或预测因变量值的一组统计程序。在回归分析中，至少会有一个单一定量因变量。尽管自变量可以是类别变量或定量变量，在此我们仅讨论自变量是定量变量的情况。回归的两种主要类型是有一个单一自变量的**简单回归**（simple regression）和有两个或多个自变量的**多元回归**（multiple regression）。

简单回归的基本思想是你获得一个**回归方程**（regression equation）。回归方程主要是定义了一条最符合观测结果的**回归线**（regression line）。任何一条线（包括回归线）的两个重要特征是线的斜率和 y 轴截距。线的斜率基本上告诉你线有多陡，y 轴截距告诉你这条线在哪里与 y 轴相交，这些是回归方程的两个主要组成部分。下面是简单回归方程公式：

$$\hat{Y} = a + bX$$

其中，

$\hat{Y}$ 是预测的因变量值，

a 是 y 轴截距，

b 是回归系数或斜率，

X 是单一自变量。

研究者几乎不手工计算回归方程。大多数研究者使用诸如 SPSS 或 SAS 这样的计算机程序。所有这一切看起来复杂，但是举一个例子就会明晰起来。让我们用大学生数据库（表 17.1）来看我们是否能够利用 GPA 对起薪进行预测。如果你看图 17.9，你可以看到我们利用 SPSS 计算机程序找到的最适合这些数据的回归线。通过看回归线，你可以看出相关是正向的（即，随着 GPA 的增加，起薪也会增加）。

你也可以利用回归线进行近似预测。如果你想使用回归线来做近似预测，你应该这样做。你可以目测检验回归线，看一个特定 X（自变量）值对应的 Y（因变量）值是什么。例如，首先在水平轴线上找到 GPA 为 3.00 的点。然后在回归线上标记出 GPA3.00 对应的点。第三，确定回归线上这点对应的起薪（即，垂直轴线上的那点）。那么，预测起薪看起来似乎是在 30 000 美元和 35 000 美元中间，因此我们可以预测预测起薪是大约 32 000 美元。

我们通常是通过获得回归方程并把 X 值代入然后得到预测的 Y 值，而不是通过目测检验回归线来做预测。即刻我们将向你展示如何代入值，现在，请看计算机程序给出的回归方程：

$$\hat{Y}=9\ 234.56+7\ 638.85\ (X)$$

y 轴截距等于 9 234.56 美元。**y 轴截距**（y-intercept）是回归线与 y 轴相交的点。在图 17.9 中，x 轴是 GPA，y 轴是起薪。回归线与 y 轴相交的点的 Y 值是 9 234.56 美元。它是当自变量（X）等于 0 时，可预测的 Y 变量（因变量）的值。

这个回归方程中的回归系数是 7 638.85 美元。回归系数或者斜率，能告诉你回归线有多陡。**回归系数**（regression coefficient）更为正式的定义是当 X 改变 1 单位时 Y 的预计变化。大回归系数意味着一条陡峭的线。如果线非常陡，X 变化 1 个单位时，Y 将会变化很大。小回归系数意味着一条不是非常陡峭的线。如果线不是非常陡，X 变化 1 个单位时，Y 的变化不大。在我们的例子中，回归方程告诉我们如果一个人的平均积点分增加 1 个单位（例如，它从 C 到 B 或者从 B 到 A），那么我们预计他 / 她的起薪会增加 7 638.85 美元。总而言之，在图 17.9 中你可以看到变量起薪和 GPA 是相关的。回归系数会告诉你，当 GPA 增加 1 单位时，起薪平均增加多少。

现在我们将向你展示一些你可能觉得有趣的事情：你可以利用简单回归方程来做预测。在我们的例子中，因变量 Y 是起薪。我们可以通过将 GPA 的值代入方程中并计算出结果来预测起薪。让我们找出 GPA 为 B 的某个学生（即 GPA 是 3.00 的某个学生）的预计起薪吧。首先我们写下公式：

$$\hat{Y}=9\ 234.56+7\ 638.85\ (X)$$

现在我们代入 X（GPA）值，看看 Y 预计值是什么，我们得到：

$\hat{Y}=9\ 234.56+7\ 638.85\ (3.00)$　　我们代入 GPA 3.00，

$\hat{Y}=9\ 234.56+22\ 916.55$　　我们把 7 638.85 美元乘以 3.00，

$\hat{Y}=32\ 151.11$　　我们把 9 234.56 美元和 22 916.55 美元相加。

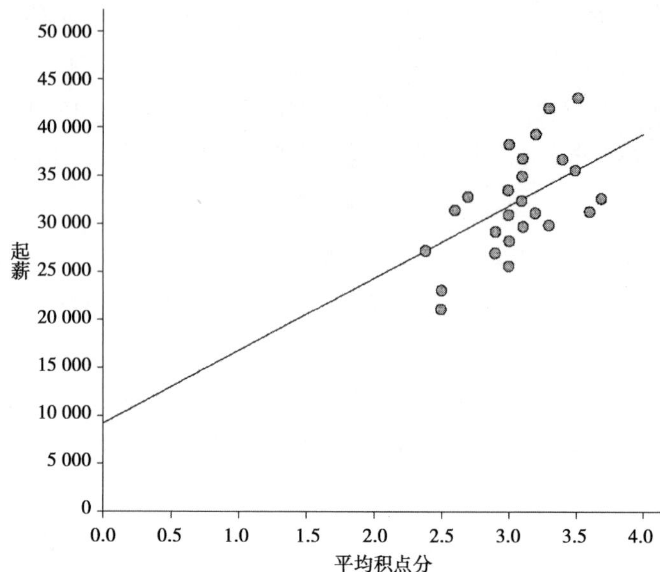

图 17.9　显示起薪和平均积点分关系的回归线

当 GPA 是 3.00（即 B）时，我们预测的起薪值是 32 151.11 美元。简言之，在我们假想的大学生数据的基础上，我们预测 GPA 为 B 的学生的起薪将会是 32 151.11 美元。这就是我们利用回归方程进行预测的例子。

现在你应该尝试自己进行预测。在我们的数据基础上，判断一下 GPA 为 3.8 的大学生的预测起薪是多少。你需要做的是用方程 Y=9 234.56+7 638.85（X）并且把 3.8 这个值代入 X 处。然后计算出结果。你将发现预计值是 38 262.19 美元。你也可以把其他 GPA 值代入公式以得到其他预测起薪。

当你使用回归方程时，例如我们刚刚从大学生数据库中得来的那个，你要记住，你只能将数据集中的 X 变量值代入方程中的 X 处。在我们这个例子的数据集中，因为所有学生的 GPA 值都在 C 和 A 范围内，因此，低于 C 或者高于 A 的 GPA 值不能代入我们的方程中。事实上，学生不可能得到高于 A 的积点，因此你永远不能把高于 4.00 的值代入方程。因此，在使用回归方程做预测时研究者必须非常小心。

多元回归和简单回归十分相似，除了多元回归中有两个或多个自变量外。二者的主要不同之处在于多元回归中的回归系数叫作**偏回归系数**（partial regression coefficients），偏回归系数显示的是，**当控制方程中的其他自变量不变**而一个自变量变化 1 个单位时 Y 的预计变化。在多元回归中，回归系数仍然显示了自变量与因变量之间的关系，不过多元回归系数还得考虑到回归方程中的其他自变量。多元回归系数与第 13 章中讨论的偏相关系数相似。

让我们再次使用我们的大学生数据库。我们把起薪作为因变量，使用两个自变量：GPA 和 GRE 语言分数。下面是由我们的统计程序 SPSS 给出的多元回归方程：

$$\hat{Y}=3\ 890.05+4\ 675.41（X_1）+26.13（X_2）$$

其中：

X_1 是 GPA，

X_2 是 GRE 语言分数。

根据这个方程，当你控制 GRE 语言成绩不变时，GPA 增加 1 单位起薪增加 4 675.41 美元。同样，当你控制 GPA 不变时，GRE 语言成绩增加 1 单位，起薪增加 26.13 美元。

你还可以使用多元回归方程来获得你选择的这两个自变量所对应的预计起薪。假设你想要知道一个 GPA 为 B（即学生的 GPA 是 3.00）且在 GRE 语言测试中得到 500 分的学生的预计起薪。你需要做的只是代入 GPA3.00 和 GRE 语言分 500，然后得到 Y 的预计值，预计起薪：

$\hat{Y}$=3 890.05+4 675.41（3.00）+26.13（500）　我们代入两个值，

$\hat{Y}$=3 890.05+14 026.23+26.13（500）　我们把 4 675.41 乘以 3.00，

$\hat{Y}$=3 890.05+14 026.23+13 065.00　我们把 26.13 乘以 500，

$\hat{Y}$=30 981.28

如果一个最近毕业的大学生 GPA 是 3.00 并且 GRE 语言分数是 500，我们预测他 / 她的起薪将会是 30 981.28 美元。你可以把任何其他有效值代入回归方程，得到预计起薪。例如，你可能想要知道 GPA 为 3.8 并且 GRE 语言是 700 分的某个学生的预计起薪。你要做的就是把两个值代入方程并且计算出预计薪水。

复习问题

17.13　检验变量之间关系的不同方法有哪些？

17.14　如果你在一个列联表中进行列百分比计算，那么你应该按列还是按行来做比较？

17.15　简单回归和多元回归之间的区别是什么？

17.16　在简单回归中如何解释回归系数？

17.17　在多元回归中如何解释回归系数？

小结

描述统计的目的是描述或概括一组数据。通常，每次概括一个变量。描述变量值的一些常见方法是构建频次分布或分组频次分布。图形表示，例如条形图、柱状图和线形图，在描述数据中也非常有用。当你想测试两个定量变量之间的关系时，散点图很有用。集中量数（平均数、中位数和众数）可提供定量变量最具代表性的值。平均数考虑所有数值，并且经常被视为最好的集中量数。然而，当数值呈现高度偏态时（不对称的），中位数这个集中量数就更受用。差异量数能告诉你数据值是如何散布或分散的。其中最有用的就是方差和标准差。当数据正态分布时，你可以应用下面这个近似规则：68% 的事件将落在 1 个标准差之内，95% 的事件落在 2 个标准差之内，99% 的事件将落在 3 个标准差之内。相对地位量数能告诉你，相比于其他分数，某一个分数落在何处。最重要的相对地位量数就是百分等级和 z 分数。散点图、列联表和回归分析也是检验和描述变量关系的重要方式。

问题讨论

1. 你认为在什么时候使用描述统计是重要的？
2. 一些统计学家说诸如平均数这样的集中量数应该伴随差异量数。你认为他们为什么会这么说？
3. 教师向家长传达学生的测验分数时应该使用哪个（或哪些）相对地位量数？为什么？
4. 说出你认为是正态分布的一个变量。它有正态曲线的全部特征吗？例如，它是否严格遵循 68、95、99.7 百分比规则？这条曲线的尾部会完全接触到底部轴线（这也是正态曲线的一个特征）吗？
5. 对于下面每一个情况，列出本章展示的用来检验两个变量关系的程序：

　（1）你有两个类别变量。

　（2）你有两个定量变量。

　（3）你有一个定量因变量和一个或多个定量自变量。

　（4）为了预示下个章节要讲的内容，注意以下内容。当你有一个定量因变量和一个类别自变量时，这个程序就叫作**单因素方差分析**。当你有一个定量因变量和两个类别自变量时，就叫作**双因素方差分析**。

研究练习

1. 确定以下数字的平均数、中位数和众数：1，2，2，2，3，3，3，3，4，4，4，9，1 650。这些数据向左偏（负偏态）还是向右偏（正偏态）？你认为哪个集中量数最能代表这组数据的集中趋势？
2. 在表 17.4 中，我们计算了下列数字的标准差：1，2，3，4，5。现在请计算出这五个数字每一个的 Z 分数。此时，你可能会回想起我们之前说过的任何一组完整的 z 分数的均数是 0，标准差是 1。对你的这组 z 分数来说，它还适用吗？
3. 如果某人告诉你他或她的 IQ 是 145，这个事件有多罕见？（提示：计算 z 分数并且结合正态曲线来解释它。）
4. 在这一章中，我们提供了一个反映 GPA 和起薪关系的简单回归方程。这个回归方程是：Y=9 234.56+7 638.85（X）。一个 GPA 为 4.00 的学生（即一个全部得 A 的学生），你预测（利用回归方程）他/她的起薪会是多少？
5. 在表 17.6（a）中，我们展示了一个由单位频次构成的列联表。在表 17.6（b）中，我们也展示了一个列联表，该表中每一列的百分比都计算了出来。下表展示了一组新的单位频次。请计算这个新表中的列百分比并解释结果。

党派身份	性　别		
	男性	女性	总计
民主党	390	920	1 310
共和党	569	160	729
总计	959	1 080	2 039

行动研究日志

提示：行动研究者认为当他们试图进行变革或获得想要的结果时，统计中的计算十分重要。

1. 在你的行动研究中集中量数是怎么发挥作用的？你更喜欢哪种（些）（众数、中位数、平均数）？为什么？
2. 在你尝试着理解和描述你的学生或者参与者时，通过使用差异量数你能够得到什么？
3. 为什么理解相似和不同都是重要的？
4. 你将如何使用比率的概念（例如，参见列联表中的列百分比）？

Chapter 18

第 18 章

推论统计

Inferential Statistics

学习目标

- 能够定义推论统计；
- 能够解释样本和总体的区别；
- 能够解释统计数值和参数的区别；
- 能够识别表征平均数、方差、标准差、相关系数、百分比和回归系数的符号；
- 能够对抽样分布进行定义；
- 能够比较并分析点估计和区间估计。

现实生活中的研究——运用推论统计进行推广

在过去的10到15年期间，很多研究已经比较了较小规模的学校和较大规模的学校，发现来自较小学校的学生“出勤率更高，辍学更少，成绩更好，参与课外活动更多，安全感更高而且显示出的行为问题更少”（Viadero，2001）。得出这一结论的研究之一是由芝加哥乔伊斯基金会（Chicagobased Joyce foundation）赞助的（Wasley et al.，2000）。在这个为期两年的研究中，芝加哥的公立学校被划分成不同的类型，划分依据是学校学生的数量，将少于350个学生的学校称为小型学校，将学生数量超过350人的学校称作大型学校。研究人员收集了学生在校表现的不同指标，例如辍学率、出勤率、留级率、学习成绩和标准测试分数。随着研究的完成，研究者必须用一种有效的方式来分析这个大型数据集，以解决研究问题。其中的一个问题是在学校规模和学生成就之间是否存在联系。此外，他们也还想确定学校规模对学生成就的影响在小学和中学阶段是否存在差异。

这些研究者是如何分析他们的研究数据以解决研究问题的呢？正确地分析任何一组量化数据都需要统计学的知识。请注意本文的这些研究者并不仅仅对他们研究的那几所学校感兴趣，他们也希望能够对学校规模效应的问题提出一个普遍适用的结论。他们想用这些信息去做一个有关学校规模的更具有概括性的陈述。换句话说，他们想把研究结论推广到其他类似情况的学校。要做出这样的结论陈述需要运用推论统计的技巧。这就是我们在这章里将要讨论的统计技术。这同时也是瓦斯利等人（Wasley et al.，2000）在他们的研究中所使用的数据分析方法。

- 解释置信区间在重复抽样中的作用；
- 列举并解释假设检验的步骤；
- 解释虚无假设和备择假设的区别；
- 解释直接和非直接虚无假设的区别；
- 解释概率值和显著性水平的区别；
- 画出假设检验决策矩阵图并对其进行解释；
- 说明怎样减少第一类型错误和第二类型错误发生的概率；
- 解释假设检验的目的；
- 解释显著性检验的基本原理；
- 解释本章讲解的不同的显著性检验方法；
- 说明统计意义和实际意义的区别；
- 说明什么是效应量指标。

在描述性统计中，研究者尝试去描述他们数据的数字特征。在**推论统计**（inferential statistics）中，研究者试图去挖掘数据之外的信息。他们可以利用概率法则从样本数据中推断总体。推论统计有两大分支，其中之一叫作估计，研究者可以根据样本数据来估计总体的特征。为了对总体做出正确的数据推断，研究者使用随机取样的样本（即概率样本）。

推论统计的另外一个分支叫作假设检验，研究者可以根据样本数据对总体的假设进行检验。你可以通过回顾图 17.1 来了解统计学的分支。

下面让我们从推论统计的四个要点开始讲起。首先，区分样本与总体是至关重要的。你会回想起一个**样本**（sample）是从总体事件中抽取的子集，而**总体**（population）是所有事件的总和。例如，一个总体可能会包括密歇根安娜堡城中所有一年级的学生，而一个样本则可能是 200 个从这个总体里选取的一年级学生。研究者常常根据研究兴趣来定义总体。

其次，一个**统计量**（statistic）（也称样本统计量）是一个样本的数字特征，而**参数**（parameter）（也称总体参数）是总体的数字特征。一些研究者感兴趣的数字特征有平均数、百分比、方差、标准差、相关系数以及回归系数。请注意：如果平均数或者相关系数（或者其他数学特征）是从样本数据中计算的，它就叫作统计量；如果它是基于整个数据总体（如人口普查）的，那么就叫参数。

第三，在推论统计中，我们虽然对总体感兴趣，但往往研究样本。我们不去直接研究总体是因为成本过高而且不可能在每个研究中都对每个个体进行研究。不过，由于我们研究样本而非总体，我们的结论有时可能是错误的。在推论统计中解决这类问题的方法是在我们的研究结论前标明可能性，即我们应该做出尽可能正确的结论。

第四，在推论统计中使用随机抽样。你可以重温第 9 章随机抽样产生**代表性**样本（即样本与其总体是十分相似的）的知识。在推论统计中使用随机抽样是十分重要的，因为它可以让研究者基于概率理论进行推论统计。基本上来说，统计学家只研究随机抽样获得的样本数据。

现在你需要熟悉一些常用统计量和参数的表征符号。研究者们在表示**统计量**和**参数**的时候使用不同的符号，因为这样可以避免样本数据和总体数据在研究过程中的混淆。统计学家们常常用希腊字母表示总体参数，而用罗马字母（即英文字母）表示样本统计量。这项惯例在统计学史上源远流长。现在请花一些时间看看表 18.1 里的一些数据符号，我们将会问你一些问题。

表 18.1　统计量与参数的表征符号清单

名称	样本统计量	总体参数
平均数	$\bar{X}$	μ (mu)
方差	SD^2	σ^2 (sigma squared)
标准差	SD	σ (sigma)
相关系数	r	ρ (rho)
百分比	p	π (pi)
回归系数	b	β (beta)

注意：样本统计量常用罗马字母表示，总体参数常用希腊字母表示。

复习问题　18.1　统计量和参数的区别是什么？
18.2　总体平均数的表征符号是什么？
18.3　总体相关系数的表征符号是什么？

假如你已经计算出了一个由 100 名五年级学生组成的样本的平均阅读表现。对于这个样本平均数你会使用什么符号代表呢？最常用的是 $\overline{X}$（读作 X 拔）。现在假设你对全美五年级学生的阅读表现进行了普查，而且你已经计算出所有学生的平均阅读成绩，你会用什么符号？就像你从图表 18.1 中看到的，总体平均数的正确符号是 μ（mu）。总体和样本的平均数计算方法是完全相同的，唯一的区别仅仅在于不同的表示符号。

现在假设你又计算了 100 名五年级学生样本的数学表现与阅读表现的相关系统，你会用什么符号表示它？样本相关系数的正确符号是 r。如果你计算了全美所有五年级学生数学表现和阅读表现的相关系数的话，你会使用什么符号？正确的符号是 ρ（rho）。主要的一点是，当你计算诸如平均数、百分比和相关系数等数值指标的时候，你需要用正确的符号去表示它们，而正确与否取决于数据来自样本还是总体。统计量和参数通常也是用相同的方法计算出来，但也有一个例外，即当研究者分析样本数据时，他们是用 n−1 而不是 n 作为方差和标准差除式的分母。（你不必好奇这么做的原因。[1]）

抽样分布

抽样分布的理论概念允许研究者基于样本统计量对总体参数进行概率推断。某一统计量的**抽样分布**（sampling distribution）是指从一个总体中随机抽出容量相同的各种样本，计算出所有样本的该统计量的值，而这些值的概率分布就是抽样分布。更简单来讲，抽样分布是来自**反复抽样**（repeated sampling）（即抽取一个样本，计算出该统计量的值，再抽取**另一个**样本，计算出该统计量的值，依此类推，直至计算出**所有**可能抽取样本的该统计量的值）的某一样本统计量所有可能值的分布。如果你真的进行过反复抽样，你会发现每次你从总体中抽取新样本的某一统计量的值都会稍有不同，这是因为推论统计中偶然性的存在。样本的值事实上很难等同于真实的总体的值——它们总在真实值的附近徘徊。因为我们在推论统计中不能对总体参数有十足把握，因此我们必须依据概率理论对总体做出推断。了解抽样分布是十分重要的，因为它解释了样本统计量在反复抽样中是如何运转的。

抽样分布是一个非常实用的想法，因为抽样分布可以为任何样本统计量而建立。例如，可以为平均数建立一个抽样分布（平均数的抽样分布），可以为一个百分比建立

[1] 如你对此十分好奇的话，我们可以向你解释，因为统计学家已经证明使用 n 作为分母，会使得总体参数变小。

抽样分布（百分比或者比率的抽样分布），可以为一个相关建立抽样分布（相关系数的抽样分布），可以为一个方差建立抽样分布（方差的抽样分布），甚至可以为两个平均数的差建立抽样分布。你能猜到这最后一种抽样分布的名称叫什么吗？（叫作两个平均数差异的抽样分布）。你会很庆幸自己不用去建立一个抽样分布！数学统计专家已经为教育研究者当前经常使用的样本统计量建立好了抽样分布模型，你只需要知道抽样分布的定义（以上已给出）以及理解抽样分布的概念即可。

非常重要的是，你要牢记以下几点：研究者们在进行研究的时候，事实上不会自己建立抽样分布。一个研究者往往从总体中只选择一个样本，而非所有可能的样本，然后用诸如 SPSS 或者 SAS 一类的计算机程序分析样本数据。请记住，抽样分布是基于所有可能的样本的，而不仅仅是研究者们研究的某个单个样本。然而，计算机程序是确实使用抽样分布的。尤其是，计算机使用抽样分布的思想去确定某种可能性（这个我们下面就会讨论到）。因此你要把抽样分布看作一个理论分布，因为研究者推论统计的每个阶段都潜藏着一个抽样分布。

抽样分布证明了任何样本统计量的值（例如平均数或者相关系数）在样本间都是不同的。请思考：如果你从总体之中随机选取了几个样本，然后计算了每个样本的某个统计量的值（例如平均数），你难道不应该期望着样本值之间有些许差异么？你不应该期望所有样本值都一模一样。在样本间这样的随机变异会导致抽样误差。

抽样误差（sampling error）是指某个样本统计量与对应的总体参数之间的差异。事实上，抽样误差经常出现在研究中，因为研究者不可能研究总体中的所有个体。抽样误差的出现并不意味着随机抽样失去效果或者研究者犯了错误。它仅仅意味着从随机样本中计算出的某一统计量的值由于随机的波动而趋于不同。

研究者有时候需要一个指标来衡量抽样分布中抽样误差的大小（例如方差），就是说，他们需要知道抽样分布的标准误。**标准误**（standard error）其实就是抽样分布的标准差。请回想第 17 章的内容，标准差告诉你在数据的分布中存在多大的变异。抽样分布的变异也可以通过标准差来描述，而统计学家喜欢把这种类型的标准差（抽样分布的标准差）称作标准误。它能够告诉你构成抽样分布的值之间存在多大的变异。无论何时你听到标准误一词，你应该联想到抽样分布中的变异。

当抽样分布中存在很多抽样误差的时候，标准误会比较大；如果没有这么多抽样误差的时候，标准误会比较小。比如说，如果抽样分布基于大容量的随机样本（例如样本量为 1 500 的所有可能样本），这个标准误会比基于小样本的抽样分布（例如样本量为 20 的样本）要小。这是因为，平均来看，样本量大的样本提供的值和总体参数更为接近，而样本量小的样本则不然。简而言之，研究者更喜欢小的标准误，而得到小标准误的方法则是选取大样本。

还有一个有关抽样分布的特征需要我们记住：如果你去建立一个抽样分布，你会发现**样本统计量的均值和总体参数是相等的**。例如，如果你从总体中抽取了所有可能的样本，然后计算每个样本的相关系数值，那么所有这些样本的相关值会等于整个总体的相关系数值。原因是样本统计量有时会高估总体值，而有时又会低估总体值，它不会始终过大或过小。最后结果是所有可能的样本统计量的平均值是和总体参数相等的。

平均数的抽样分布

现在我们要让事情变得更具体一点，考虑某个特定统计量的抽样分布。让我们看看平均数的抽样分布。我们想象你从一座城市的人口中随机抽取了一个 100 人的样本。**在这个例子中，我们告知你总体的平均收入是 50 000 美元**（在练习中你将不会知道总体的平均值）。如果你打算计算这 100 个人的平均收入，你期望得到的值是什么？你会期望样本的平均值也在 50 000 美元左右（因为你恰巧知道总体平均数是 50 000）。然而，你发现自己算出的平均数是 45 600 美元，比总体平均数略微小了一些，而样本误差的大小是 4 400 美元（即 50 000−45 600=4 400）。你的样本平均数和总体平均数并非完全一致。

现在假设你选取了另一个随机样本，样本容量同样是 100 人，来自相同的城市。这次你期望样本平均数是多少呢？再一次，你会希望样本平均数是 50 000 美元。但是这次样本平均数等于 52 000 美元。再随机选取**另一组** 100 人，他们的样本平均数则是 49 800 美元。我们假设你继续这个过程（随机取样相同容量的样本并计算每个样本的平均数），直到所有可能的样本都被检验过。很明显，你会得到许多来自你反复抽样的样本平均数！这个由这些平均数构建的线形图呈正态曲线，而这些抽样分布的总体平均数等于 50 000 美元（和参数一致）。这个样本平均数理论分布的名称叫作**平均数的抽样分布**（sampling distribution of the mean）。

你可以在图 18.1 中看到平均数的抽样分布。现在我们假定标准误是 10 000 美元，也就是说我们平均数抽样分布的标准差是 10 000 美元。如果你仔细观察图 18.1，你会发现平均数的抽样分布呈正态分布。正因如此，我们可以说大部分随机样本的平均数都是十分接近总体平均数的，只有很少部分的样本平均数与总体平均数相差甚远。总而言之，随机抽样虽然不能总是代表总体，但是大部分时候对总体都是具有代表性的。

因为随机抽样是无偏取样过程（即随机抽样不会产生总是大于或小于总体参数的样本统计量），所以，平均数抽样分布的均值等于总体的平均数。如果你抽取出所有可能的随机样本，然后计算出每个样本平均数的话，会发现这些样本平均数在总体平均数附近随机波动，并且会呈现正态分布。其中一些样本平均数会高于总体平均数，一些又会低于总体平均数，但是所有这些样本平均数的均值会正好等于真正的总体平均数。这就是随机抽样的运行过程，它是一个偶发的随机过程。现在你知道了关于抽样分布的核心思想。抽样分布在估计和假设检验——即推论统计的两大分支中起着重要的作用。

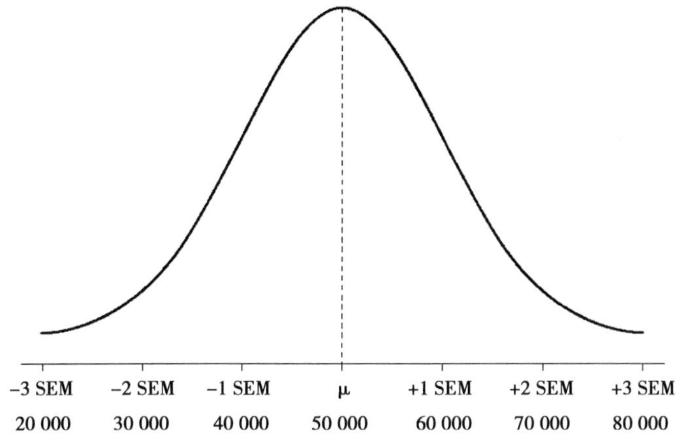

图 18.1 平均数的抽样分布
SEM 指平均数的标准误，标准误是指抽样分布的标准差。

复习问题 18.4 抽样分布的定义是什么？
18.5 反复抽样的想法是怎样和抽样分布的概念联系起来的？

估计

人们经常做出估计。例如，如果你最好的朋友询问你周日什么时候有时间去他家做客，你会提供一个估计。你可能会对你的朋友说，“我可能在两点到”。换句话说，你的估计值是“两点钟”。研究者常使用推论统计来对总体参数进行估计。统计估计的关键在于：

如何根据我的随机样本来估计总体的参数呢？

在推论统计中有两种不同的估计类型。如果你用某个数值（样本统计量的值）来作为你对总体参数的估计（你的最佳猜测），那么你运用的就是点估计。如果你提出一个你觉得包含总体参数的数值范围，那么你做的是区间估计。打个比方，你开车去修理厂，修理厂的经理告诉你估计花销。如果经理说花销可能是 300 美元，那么他提供的是点估计（一个数值）。如果经理说花销大概在 250 美元到 350 美元之间，那么他说的则是区间估计（一个极有可能包含真实花销的数值范围）。这就是点估计和区间估计的基本思想。接下来我们要进一步解释这两种估计。

点估计

点估计（point estimation）的定义是用一个样本统计量的值来估计一个总体参数的值。譬如，你可以用样本平均数去估计总体平均数，用样本百分比去估计总体百分比，或者用样本的相关去估计总体的相关。这个样本统计量的特定值就叫作**点估计值**（point estimate），而且它也是总体参数的估计值。点估计值是你对未知总体参数可能数值的最佳猜测。

让我们来看看你现在是否学会了点估计。譬如，一个来自德克萨斯州圣安东尼奥的350名教师随机样本的平均工资是39 000美元。你对总体平均数的点估计值是多少呢？你或许会估计圣安东尼奥教师总体的平均工资也是39 000美元，因为这是你随机样本的平均数。再譬如，现在这350名教师中有59%的人支持双语教学，那么总体参数百分比的点估计值是多少呢？你可能会说是59%，因为这是你随机样本中的百分比。总之，你的点估计值是39 000美元（收入）以及59%（双语教学）。

当研究者使用一个样本统计量值去估计总体参数值的时候，往往采取点估计。然而由于存在抽样误差，点估计很少能够和总体参数值完全吻合。请这样思考，如果总体的平均收入是35 000美元的话，你预计你的样本值正好是35 000美元还是预计它接近35 000美元？你应该预计它接近35 000美元，而非正好是35 000美元。回顾我们之前对抽样分布的研究，**统计量的值在样本之间是不同的**。这就是为什么点估计往往是不准确的。由于存在抽样误差，许多研究者推荐使用区间估计。

区间估计

当研究者使用区间估计的时候，他们创建了一个置信区间。**置信区间**（confidence interval）是一个从样本中推断得出的数值范围，这个数值范围极有可能包含总体参数的值。置信区间的两个端点叫作**置信界限**（confidence limits），最小值叫**置信下限**（lower limit），最高值叫**置信上限**（upper limit）。换句话说，比起点估计值（单个数值），研究者更常使用一个有着最大值和最小值的数值范围，即区间估计值。这样一来，研究者就增加了获得真实总体参数的概率。

研究者可以陈述他们由随机样本所建立的置信区间将会包含总体参数值的可能性［即**置信水平**（level of confidence）］。确立置信区间是一个长期的过程。例如，95%的置信区间会有95%的可能性包含总体参数，而99%的置信区间则有99%的可能性包含总体参数。可参见图18.2。

在图18.2的上半部分，你可以看到一个假设的平均数抽样分布。在之前的讨论中，我们说过平均数的抽样分布是正态分布，而且它的平均数等于总体平均数。另外，关于平均数的抽样分布重要的一点是由于抽样误差的存在，每个样本的平均值各不相同。现在接着来看图18.2的下半部分，这是20个样本平均数（图中的点）以及他们的置信区间。正如我们设想的，这20个平均数在总体平均数附近随机波动。然而请注意，其中有19个置信区间都包含了总体平均数，而只有一个置信区间没有命中。可以说，这个过程如我们所预期的那样进行了。

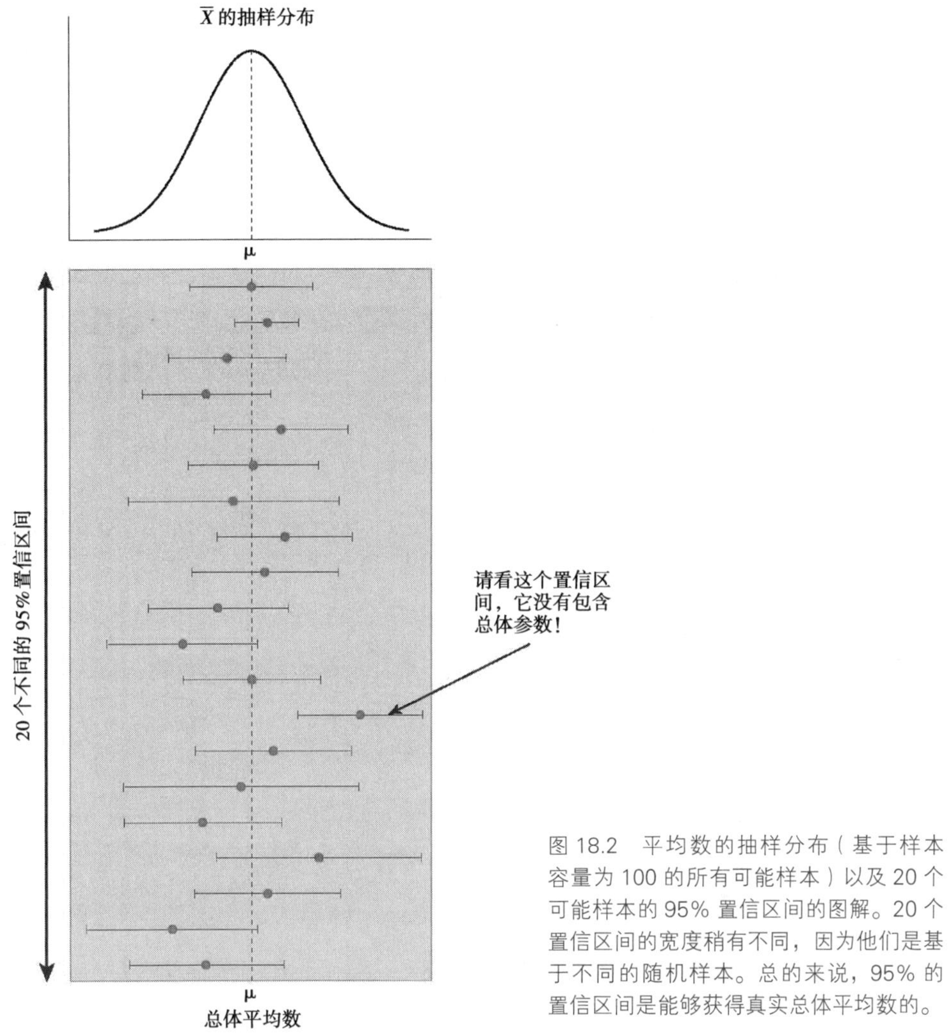

图 18.2　平均数的抽样分布（基于样本容量为 100 的所有可能样本）以及 20 个可能样本的 95% 置信区间的图解。20 个置信区间的宽度稍有不同，因为他们是基于不同的随机样本。总的来说，95% 的置信区间是能够获得真实总体平均数的。

大多数时候置信区间都包含了总体参数，但是偶尔它们也会错过。在图 18.2 中，这个过程在 20 次内成功了 19 次。由于这是置信水平为 95% 的置信区间，这正是我们所预期的结果。我们预期有 95% 的情况是正确的，而事实恰恰如此（20 个有 19 个正确概率正好是 95%）。总的来说，如果你建构 95% 的置信区间，你将会有 95% 的可能性获得真实的总体参数值。

你可能会好奇，为什么研究者使用 95% 的置信区间而不是 99% 的置信区间。毕竟使用 95% 的置信区间有 5% 的可能性犯错，而用 99% 的置信区间只有 1% 的可能性犯错。这是因为 99% 的置信区间比 95% 的置信区间更宽，而更宽的区间的精确性会下降（例如一个从 20 到 80 的区间比从 45 到 55 的区间更宽，但是没那么精确）。这是一种权衡。幸运的是，现在有一种两全其美的办法。**有一个有效的方法可以同时获得高置信水平和更窄（更精确）的区间，那就是增大样本容量**。因此，大样本要比小样本好。作为一种普遍的规律，研究者往往会选择有 5% 可能性犯错的 95% 的置信区间。不过与此同时，研究者也会试图通过调整样本容量来产生满足他们研究需要的精确区间。

现在我们想给你一个关于置信区间是怎么出现的直观解释，下面是置信区间的通用方程：

置信区间 = 点估计 ± 误差幅度

符号 ± 代表着加或减。如你所见，置信区间是一个点估计值（样本平均数、样本百分比、样本相关系数等）加上或减去误差幅度。简单地说，**误差幅度**（margin of error）是置信区间宽度的一半。置信区间是通过确定点估计值，然后再加减误差幅度而得到的。比如说，如果你想要平均数的置信区间，你可以找到样本平均数并在它的两侧加减上误差幅度。

为了了解如何计算误差幅度，你需要查阅统计学的书（例如 Moore & McCabe，1993，p.503）。幸运的是，研究者不需要亲自动手计算置信区间，因为置信区间可以通过 SPSS 或是 SAS 等软件快速得出。

现在我们向你展示一个基于表 17.1 中的大学生数据库而建立置信区间的例子。使用 SPSS 软件，我们得到了有关起薪的点估计值和 95% 的置信区间。在我们的数据库里，25 位新近大学毕业生的平均起薪是 32 640 美元，因此把 32 640 美元当作点估计值。（如果我们一定要挑一个数字做我们的估计值的话，那么我们会选择 32 640 美元。）我们发现 95% 的置信区间的误差幅度是 1 726.29 美元。因此，95% 的置信区间是从 30 913.71 美元到 34 366.29 美元。我们可以总结说我们有 95% 的信心从 30 913.71 美元到 34 366.29 美元的置信区间能够包含总体平均数。现在你知道如何正确解释置信区间了！

复习问题　18.6　两种估计方法你更喜欢哪种？为什么？
18.7　比起点估计，区间估计的优点是什么？

假设检验

在之前的章节里，我们介绍了估计，它的目的是通过样本统计量来估算总体参数。此外，你也了解到了估计有两种方法，一种是使用单个数值（点估计值）进行估计；另一种是建立点估计值的置信区间，它能让你在一定的置信水平上估计总体参数。估计的关键问题在于：

- 随机样本对总体样本的真实参数进行估计的点估计值或区间估计值是什么？

在本节中，我们将介绍**假设检验**（hypothesis testing）——推论统计的另一大分支，它关注的是样本数据在多大程度上支持一个叫虚无假设的特定假设，以及在什么时候虚无假设可以被拒绝。在估计中研究者往往没有关于总体的清晰假设；而在假设检验里，研究者常常陈述他们的虚无假设和备择假设，然后对一组新数据进行推论统计以确定拒绝哪种假设、支持哪种假设。虚无假设是一种假定没有效应存在的假设，而备择假设是一种假定有效应存在的假设。这里有另一种说法：在假设检验中，研究者希望“虚无化”虚无假设（即我们希望证明出效应或关系的存在，然后拒绝虚无假设）。

以下是假设检验回答的关键问题：

- 样本统计量的值是不大可能（假定虚无假设是正确的）让我拒绝虚无假设、解释备择假设的吗？

举例来说，研究者做了一个实验来比较一种咨询的新方法（实验组）和不咨询（对照组）的差异。在这个实验中，虚无假设说没有效果（即在治疗之后，治疗组并没有比对照组更好），而备择假设说存在效果（即治疗后，治疗组和对照组表现不同）。如果两组在实验之后表现不一样，研究者就会拒绝虚无假设而接受备择假设。[1]假设检验的目的是帮助研究者做一个针对虚无假设和备择假设的正确性的判断。最终，研究者希望实验数据能让他们拒绝虚无假设而支持备择假设。

在下一部分里，我们会详细解释虚无假设和备择假设，因为它们是假设检验的基础。在展示栏 18.1 中，我们展示了假设检验和法庭的类似之处。展示 18.1 提供了如下的材料供你预览。

展示 18.1 来自法律的比喻

美国的刑事司法体系是基于一个假设运行的，即被告是无辜的，直到超出了一个合理范围内的怀疑而被证明有罪（即无罪推定）。在假设检验里，这个假设就叫虚无假设。也就是说，研究者假设虚无假设是真的，除非有证据表明它是不正确的。

研究者的虚无假设可以是接受咨询的组相比没有接受咨询的组来说没有表现得更好，研究者就像检察官，当他们认为有证据证明某人有罪时，会把他带上法庭；而研究者在他们认为有证据能推翻虚无假设的时候，会把虚无假设带上“法庭”（即研究者事实上认为咨询技术比没有咨询效果要好）。在法庭上，陪审团通过判定是否是合理的怀疑，来决定是有罪还是无辜。研究者用推论统计来决定虚无假设正确的可能性。如果可能性比较

[1] 虽然我们有时候说你可以“接受”备择假设，但请记住：每当你拒绝虚无假设时，你都可以“试验性地接受”备择假设。这是因为即使你能够拒绝备择假设，你也可能会犯错，具体来说，你可能会犯第一类型错误（当虚无假设正确时拒绝它）。

低，研究者就会拒绝虚无假设而接受备择假设。如果可能性不低，研究者则不会拒绝虚无假设。

无论最终的决定是什么，尘埃尚未落定，因为错误很可能早已发生。在法庭上，有罪或者无罪的判断有时会被推翻或者被发现是错的。同样的，在研究里接受或是拒绝虚无假设是基于可能性的，所以研究者有时会犯错。推论统计向研究者说明了他们有多大的可能会犯错误。

虚无假设和备择假设

在前几章里你已经学习了“研究假设”的概念和研究者做出预测然后通过收集新的实证数据来检验的过程。在假设检验里，有两个新假设：虚无假设和备择假设。假设检验始于对虚无假设和备择假设的陈述。**虚无假设**（null hypothesis）用符号 H_0 代表，是关于总体参数的一个陈述，表述了关于参数的一些条件是真的。在多数教育研究中，虚无假设假定总体参数没有差异或关系。虚无假设是用概率理论直接检验的一种假设，这就是为什么假设检验有时候又被叫作“虚无假设显著性检验”或NHST。请记住关键的一点：假设检验是在虚无假设为真的**假设**下进行的。那么如果实验结果和这个假设完全不同的话，研究者会拒绝虚无假设而倾向于接受备择假设。再次强调，虚无假设是假设检验的重点，因为被直接检验的是虚无假设，而不是备择假设。

备择假设（alternative hypothesis）用符号 H_1 表示，它陈述总体参数值是除了 H_0 所陈述值之外的一些值。备择假设是虚无假设的对立面，通常假定两个变量之间的平均数或关系存在差异。虚无假设和备择假设在逻辑上相对，因为它们不可能同时正确。如果假设检验允许研究者拒绝虚无假设，那么就意味着研究者可以试着去接受备择假设。备择假设常常和研究者的研究假设一致，因此研究者希望支持备择假设。虚无假设就像一种“达到目的的手段”，研究者必须用虚无假设，因为虚无假设在统计学上是必须被直接陈述和检测的。

在表18.2里，你可以看到几个研究问题的例子，包括了虚无假设和备择假设。稍后我们还会用表17.1中的大学生数据库来检验其中的几个虚无假设。

许多学生好奇研究者为什么使用“虚无假设”这个术语。它是由著名的统计学家罗纳德·费舍爵士（Ronald Fisher, 1890—1962）提出的，他还提出假设检验的步骤。虚无假设的目的是要建立一个将被推翻或拒绝的假设。研究者这么做是因为大家都假定，除非有充分的相反证据，否则就没有效应或差异。因此，你可以把虚无假设看作是没有变化或是没有效应的假设。你也可以把它看作现状是“没什么新鲜的”“常规的事情”的假设。重点在于，研究者是一直假定虚无假设为真的，直到它被推翻或拒绝。

哈内特（Harnett，1982）是这么解释虚无假设的：

> 在假设检验理论的早期工作中发明了虚无假设一词，这个假设符合一个研究者认为其不能代表总体参数真实值的理论（因此虚无一词正代表了不合理的、空缺的或者什么都没有）。备择假设则指定了那些研究者认为和总体参数一致的值。（p.346）

根据假设检验的逻辑，你应该假定除非有足够的证据，否则不会出现效应。研究者陈述虚无假设但是最终却希望拒绝它。换句话说，研究者希望通过进行假设检验，将虚无假设虚无化。

表 18.2　推论统计中的虚无假设和备择假设的例子

研究问题	虚无假设（文字）	虚无假设(符号)	备择假设（文字）	备择假设(符号)
教师在 GRE 语言部分的得分比全美平均数更高吗?	教师 GRE 得分的总体平均数和全美平均数相同，均为 476 分。	SH_0: μGREV=476	教师 GRE 得分的总体平均数和全美平均数不同，全美平均数为 476 分。	H_1: μGREv ≠ 476
男性和女性哪个在 GRE 语言部分得分更高?	男女总体平均数没有差异。	H_0: μM=μF	男女总体平均数存在差异。	H_1: μM≠μF
教育专业、文理专业和商科专业学生的起薪不同吗?	这三个专业学生的起薪平均值相同。		在三者中至少有两者的总体平均数存在差异。	H_1: Not all equal
GPA（X）和起薪（Y）之间存在相关吗?	GPA 和起薪之间的总体相关系数为零。	H_0: $\rho_{XY}=0$	GPA 和起薪之间的总体相关系数不为零。	H_1: $\rho_{XY}\neq 0$
在控制了 GPA（X_2）后，GRE 语言部分的得分和起薪（Y）之间存在关系吗?	总体回归系数为零。	H_0: $\beta_{XY_1 \cdot X_2}=0$	总体回归系数不为零。	H_1: $\beta_{XY_1 \cdot X_2}\neq 0$

举个例子，假设我们想要知道哪一种教学方式更好：讨论式教学还是演讲式教学。以下是虚无假设和备择假设：

虚无假设：H_0：μD=μL

备择假设：H_1：μD ≠ μL

μD 代表讨论组的总体平均数，μL 代表演讲组的总体平均数。

这个虚无假设表明讨论组学生的平均表现和演讲组学生的平均表现是一样的。这个虚无假设叫点假设或者精确假设，因为它含有等号（=）。就像你看到的，备择假设陈述了虚无假设的对立面（即讨论组和演讲组的总体平均数**不同**）。

你需要记住假设检验的如下三个要点：

首先，备择假设永远不可能有等号（=）出现。其次，备择假设是基于以下三个符号之一的：≠不等于、<小于，或>大于。最后，虚无假设是基于以下三个符号之一的：=等于、≤小于等于或者≥大于等于。正如你所见，等号往往出现在虚无假设中。

直接备择假设

有时候研究者在统计检验时会陈述直接形式的备择假设，而非间接形式的备择假设。**间接备择假设**（nondirectional alternative hypothesis）包含了不等号（≠）；而**直接备择假设**（directional alternative hypothesis）要么包含大于号（>），要么包含小于号（<）。

例如，在之前的例子中，研究者可以这样陈述一组假设：

虚无假设：H_0：$\mu_D \leq \mu_L$

备择假设：H_1：$\mu_D > \mu_L$

你可以看到备择假设陈述了讨论组的总体平均数大于演讲组的总体平均数。换句话说，该陈述是直接备择假设。虚无假设的陈述也会随之而改变，所以两个假设才能包括了所有可能的结果（即让它们互补）。注意：虚无假设中仍然存在等号（即≤代表着小于或者等于）。研究者也可以这样陈述一组假设：

虚无假设：H_0：$\mu_D \geq \mu_L$

备择假设：H_1：$\mu_D < \mu_L$

这又是一个直接备择假设。然而这次备择假设陈述了讨论组的总体平均数小于演讲组的总体平均数。也就是说，这假设了演讲组学生学习效果更好。

尽管为了统计分析而用直接备择假设看起来很吸引人，但它有个重大的缺点。如果研究者用直接备择假设，并且发现了**对立面**的大量不同之处，那么研究者一定会推定总体中不存在任何关系。这就是使用直接备择假设的时候假设检验的规则。没有关联的这一结论不符合科学的**发现**机制，正因如此，大多数实际的研究者陈述直接研究假设（即做出直接的预测），但是他们检验间接备择假设，这样他们就能够保持科学的发现机制。这个过程导致了统计效力的轻微流失，但是这个小缺点可以通过多找一些被试来弥补。因此，在你阅读文献的时候，绝大多数备择假设会是间接的（就算研究者的研究假设或实际猜测是直接的）。事实上，如果研究者使用了直接备择假设的话，他有责任告知你（Pillemer，1991）。如果研究者没有在统计分析的过程中陈述备择假设，那你就当它是一个间接备择假设。

检验概率值并做出判断

现在你将学习研究者怎样做出判断，即拒绝或不拒绝虚无假设。像我们之前所讲的，在假设检验的过程中只有虚无假设是被直接检验的。当研究者陈述一个虚无假设，他就能利用推论统计的原理建立一个关于**如果虚无假设是正确的**将会发生什么的概率模型。[1]这个概率模型其实就是假定虚无假设是真实的前提下，通过反复抽样所得的样本统计量（平均数、百分比、相关系数）的抽样分布。在实际中，研究者使用诸如 SPSS 或 SAS 之类的计算机软件包来为特定的统计检验自动选择正确的抽样分布。例如，如果你检验一个关于平均数的虚无假设，SPSS 会用平均数抽样分布的信息来帮助你做统计检验。你需要做的只是明确你想要检验什么虚无假设，然后选择适当的统计方法。

在研究者陈述虚无假设、收集研究数据、利用 SPSS 选择统计检验之后，计算机程序会分析研究数据，并且在输出结果时提供概率值。**概率值**（probability value）（也称 p 值，即 p value）是在虚无假设为真的前提下，你的研究所观察结果（或者说一个更极端的结果）的概率。顺便说一点，概率值是一个条件性概率，因为它告诉你，**在虚无假设为真的条件下**检验统计量的观测值（或更极端的值）发生的概率。概率值**不**是虚无假设正确的概率，也**不**是虚无假设错误的概率；**不**是备择假设正确的概率，也**不**是备择假设错误的概率。它是当虚无假设正确的时候，某一样本统计量的观测值或更极端值由于随机波动而产生的稳定的（通过反复抽样）频率。我们会提到一些关于**概率值**可能存在的错误，让你以后避免犯这些错误。请记住，**概率值**一词有一个非常精确的定义，而你现在需要把它的定义存入你的长期记忆当中。概率值是指当虚无假设正确时所观测结果的发生概率。

得到概率值是假设检验的关键点，因为研究者要使用这个值对虚无假设进行判断。特别是，研究者在假定虚无假设正确的前提下，利用基于实验结果的概率值来确定样本统计量（平均数、百分比、相关等）的观测值是可能的还是不可能的。如果概率值非常小，研究者就可以拒绝虚无假设。

例如，如果研究者想确定谁的起薪比较高：刚刚毕业的男性大学生还是刚刚毕业的女性大学生？你会建立如下两个统计假设：

虚无假设：H_0：$\mu_{\text{男性}} = \mu_{\text{女性}}$

备择假设：H_1：$\mu_{\text{男性}} \neq \mu_{\text{女性}}$

如你所见，你想要检验的虚无假设陈述了男性和女性的平均起薪在总体上是一样的。备择假设则说起薪平均数**不**一样。你已经随机地抽取了男性和女性样本，并在你的研究中计算出了这些样本个体的起薪。

[1] 当使用推论统计时，不要忘记样本要被随机抽取或分配。这是因为，如果没有随机，概率模型将会没有意义。

如果在你的研究中男性平均起薪是 43 000 美元，而女性平均起薪是 27 000 美元的话，概率值可能很小，因为在虚无假设正确的前提下，这么大的差异是不可能的。当概率值很小的时候，研究者拒绝虚无假设，因为研究结果质疑了虚无假设。当研究者拒绝虚无假设时，说明他打算接受备择假设。（我们稍后会解释什么时候你应该觉得概率值是“小的”。）如果你选择拒绝虚无假设而接受备择假设，你需要声明你的结果是**统计显著**（statistically significant）的。在研究者不认为（基于他们数据的证据）他们得到的结果是由随机误差或是抽样误差所导致的时候，他们就会声称他们的结果是统计显著的。

另一方面，如果男性平均起薪是 33 000 美元，而女性是 31 000 美元，那么 33 000 美元和 31 000 美元之间的差异可能来自于随机误差（即抽样误差）。在这种情况下，概率值可能会比较大，因为这次的差异不可能是在虚无假设为对的前提下得到的。如果概率值很大，研究者不会拒绝虚无假设，并且会声明研究结果是统计不显著的（即两个平均数间所得的差异可能仅仅是由于随机波动而造成的）。

我们告诉过你，你可以用诸如 SPSS 之类的计算机程序判断**当虚无假设成立**的时候你的样本结果是可能的还是不可能的。你凭借计算机运算结果所得出的概率值来做这个决断。如果概率值很小，那么你的样本结果是不可能的（假定虚无假设是对的）。如果概率值很大，那么你的样本结果就是可能的（假定虚无假设是对的）。你可能会想：什么时候我能认为概率值足够小？什么时候我能认为概率值足够大？答案就是绝大多数研究者认为概率值小于等于 0.05 的时候是小的，而大于 0.05 则相对是大的。

例如，设想概率值（基于研究结果的计算机分析）在男女收入差异非常大的时候为 0.03（43 000 美元和 27 000 美元）。因为这个概率值比 0.05 小，研究者会拒绝两个总体平均数一样的（H_0：$\mu_{男}=\mu_{女}$）虚无假设，而会接受说明两者总体平均数不一样的（H_1：$\mu_{男}\neq\mu_{女}$）备择假设。研究者也会声明两个样本平均数之间的差异是统计显著的。

另一方面，设想男女收入相似的概率值（基于研究结果的计算机分析）为 0.45（33 000 美元和 31 000 美元）。这时，概率值大于 0.05。因此，研究者不会拒绝虚无假设，同时会产生两者的样本平均数差异不显著。注意：研究者不能说两个总体平均数是相同的，而只能说他们不能拒绝虚无假设。基本上来说，每当研究者不能拒绝虚无假设的时候，他 / 她就会置于模棱两可的境地中。

我们刚刚所用到的 0.05 这个数字是我们所选择的显著性水平，它帮助我们确定概率值什么时候是大或什么时候是小的。换句话说，研究者利用显著性水平来帮助确定概率值的大小。**显著性水平**（significance level）（又叫 α 水平，即 alpha level）是研究者用来判断何时拒绝虚无假设的界限。（1）当**概率值**小于或等于**显著性水平**

的时候，研究者拒绝虚无假设；（2）而当概率值比显著性水平高的时候，研究者不会拒绝虚无假设。重要的一点是你要明白显著性水平并非一定是 0.05，在研究中研究者可以选择任何显著性水平，只要他能够解释为什么使用这个显著性水平就可以了。

你可能在想为什么教育研究者通常选择 0.05 的显著性水平，以及他们为什么认为小于或等于 0.05 的概率值是足够拒绝虚无假设的；为什么大于 0.05 的概率值不够小（即过大）到能拒绝虚无假设呢？对于这些问题没有最终的答案，但是 0.05 的显著性水平已经成为了教育研究者的一个普遍传统，在其他社会科学和行为科学中也是如此。换句话说，研究者已经选择使用 0.05 的显著性水平进行实验。在历史上，罗纳德·费舍尔爵士最早使用了 0.05 的显著性水平，从此之后，0.05 的显著性水平就流行开了。然而，请记住也不是所有研究者都用 0.05 的显著性水平，它只是一个最常见的显著性水平。

那么 0.05 的显著性水平到底意味着什么？意味着如果你的样本结果发生的概率只有 5% 或者小于 5%（当虚无假设正确时，如概率值所显示），那么你就可以质疑虚无假设的真实性，然后拒绝虚无假设。请记住，研究者期望的结果是拒绝虚无假设。在研究者拒绝虚无假设的时候，他 / 她会“尝试接受”备择假设。这里提前使用一个下面会介绍的概念（即第一类误差），显著性水平代表了研究者所期望承担的第一类误差（即在虚无假设正确的情况下错误地拒绝了它）的最大风险。请记住这个要点：**显著性水平**是研究者经常用来与**概率值**进行比较的一个值。

首先，研究者选择一个他们在研究中想用的显著性水平。显著性水平是研究者选择的在确定概率值是否足够小来质疑虚无假设时的临界值（例如 0.05）。注意不要把概率值和显著性水平弄混！你应该认真地比较它们的定义并且牢记。其次，研究者运行计算机程序来得到概率值，而概率值基于对研究结果的统计分析。它告诉了研究者在虚无假设正确的前提下，观测值有多大的可能性是合适的。请记住：概率值是以研究者所收集的实际研究数据为基础的。

当你进行假设检验的时候，你要遵守这两条规则：

- 规则 1，如果概率值（是基于你的研究结果的，而且是从计算机输出中得到的）小于或等于显著性水平（研究者通常用 0.05），那么研究者拒绝虚无假设而尝试接受备择假设。研究者也会得出观测到的关系是统计显著的结论（即观测到的差异不是来自随机波动）。

- 规则 2，如果概率值大于显著性水平，那么研究者就不能拒绝虚无假设。研究者只能表示不能拒绝虚无假设，并且会做出它们的关系在统计上不显著的结论（即任何观察到的组间的差异都可能是随机波动导致的）。

如果你记住了规则 1 和规则 2，这一章里剩余的内容会变得比你想象的还要简单，这两个规则在表 18.3 中有更精确的表述。现在你应该在表 18.3 中回顾假设检验的步骤总结，这样你就能记住**假设检验的逻辑**（即显著性检验的逻辑）了。由于概率值和显著性水平的概念非常重要，我们在展示栏 18.2 中给出了更为直观的解释。

表 18.3　假设检验的步骤

1. 陈述虚无假设和备择假设。
2. 在进行研究之前设置好显著性水平。（多数教育研究者使用 0.05 作为显著性水平。注意显著性水平也叫 α 水平，或者直接叫 α。）
3. 用 SPSS 之类的计算机软件得到概率值。（注意概率值也叫 p 值。）
4. 对比概率值和显著性水平，做出统计判断。

   第四步包括两个决策规则：

   规则 1:

   如果：概率值≤显著性水平（即 p ≤ α）

   那么：拒绝虚无假设。

   并且：得到研究结果统计显著的结论。

   在实际中，这通常意味着：

   如果：概率值≤ 0.05*

   那么：拒绝虚无假设。

   并且：得到研究结果统计显著的结论。

   规则 2:

   如果：概率值> 显著性水平（即 p > α）

   那么：不拒绝虚无假设。

   并且：得到研究结果在统计上不显著的结论。

   在实际中，这通常意味着：

   如果：概率值> 0.05

   那么：不拒绝虚无假设。

   并且：得到研究结果在统计上不显著的结论。
5. 计算效应大小，解释结果并且对显著性做出实质性的判断。

   这意味着你必须要知道你的研究到底意味着什么。数据只是用来判断统计量显著性的工具。如果你得到了统计显著，你就必须解释研究中变量的结果。例如，你可能判断在 GRE 语言测验中女性的平均表现比男性平均表现更好，或者来访者中新疗法比合理情绪疗法更出色，再或者声学与整体语言的结合比只有声学要更好。

   你也一定会判断结果的实际意义，当平均数之间的差异或者样本量足够大的时候，这个结果就是有实际意义的。例如，0.15 的相关系数可能没有实际意义，即便它在数据上显著。另一方面，0.85 的相关可能有实际意义。效应大小的指标是你作出实际意义判断时的重要辅助。

*当概率值（即 p 值）是约等于 0.05 的时候，研究者应该要注意些什么呢？我们可以参考雅各布・科恩的做法，即 p 值在 0.00 和 0.05 之间是足够小到可以拒绝虚无假设的，而在 0.05 和 1.00 之间的 p 值不够小，不能拒绝虚无假设。依据这一惯例，如果 p 值是 0.0504 可以算是统计显著的，因为它接近 0.05，但是如果 p 值是 0.0505 就不能算是统计显著，因为它接近 0.051。然而还请注意，虽然你把显著性水平设置为 0.05，但是一些教授和学术期刊并不认为 0.05 就是统计显著的，因为他们认为 p 值必须要比显著性水平小，也就是说，在统计显著上，你的 p 值最大只能是 0.049，当然“9”可以有很多个。

展示栏 18.2　理解概率值和显著性水平

分清楚概率值和显著性水平十分重要，一个掷硬币的例子也许能够帮助你更深刻地认识概率值和显著性水平。

让我们设想你的导师决定去检验某个硬币是公平的虚无假设。一个公平的硬币意味着在投掷的时候它的正反两面有相同的出现概率。导师用的那枚硬币看起来似乎是一枚普通的硬币，但是你只能远距离观察它。然后，你的导师告诉你她将检验关于硬币是否公平的假设。这个例子中有如下两个假设：

虚无假设：H_0：硬币是公平的

备择假设：H_1：硬币是有偏差的

你的老师告诉你她会扔 10 次硬币，并记录正面向上的次数。显然，如果硬币是公平的，你会预计在 10 次投掷中正反面出现相同的次数。导师第一次掷出了硬币，看了看说“是正面”，并记录了结果。随后她再次扔出硬币，看了看说“是正面”，并做了记录。然后她又扔出了硬币，看了看说“是正面”，又做了记录。你的导师又这样重复了 7 遍投掷硬币的动作，而每次都是正面朝上。这个硬币公平吗？导师投掷了 10 次，每次都是正面。连续 10 次正面，这种情况可不可能发生？

大多数学生拒绝说这个练习中的硬币是公平的虚无假设，他们表示这枚硬币一定有偏差。一些学生会在仅仅连续三四次正面都向上之后就质疑硬币是公平的假设，到连续 10 次都是正面朝上的时候，显然每人都拒绝了硬币是公平的虚无假设。每个学生基本上在头脑中都有概率值和显著性水平的概念。临界点（学生确定硬币是不公平的那一点）是学生的显著性水平；概率值是假设硬币公平时，学生对特定观测结果有多大可能性的感知。学生把这个显著性水平和概率值进行对比。当概率值达到显著性水平（学生们认为的公平硬币假设不可能为真的那一刻）的时候，他们拒绝虚无假设，即他们拒绝了最初硬币是公平的假设。

在表 18.4 里你能够看到在假设硬币公平的前提下，硬币朝上的真实概率值。连续 10 次正面向上的可能性是 0.000 98。这个概率值意味着如果硬币是公平的，我们在 1 000 次投掷中只有一次会连续 10 个是正面。这说明连续 10 次得到正面十分不可能。正式的假设检验的运作机制和投硬币例子基本一致。研究者把真实的概率值（从计算机结果得到）和他们选择的显著性水平做比较。如你所知，研究者通常用 0.05 的显著性水平。在硬币投掷的例子中，我们拒绝了虚无假设（硬币是公平的）因为概率值（0.000 98）明显比显著性水平（0.05）小。请记住概率值是在虚无假设正确的前提下观测结果在统计上的可能性。**显著性水平**是研究者选择用来确定一个事件有多大可能性不会发生以致拒绝虚无假设的一个临界点。

表 18.4 投掷硬币的概率

投掷次数	概率值	连续出现的次数
1	.50000	正面的概率
2	.25000	连续 2 次正面的概率
3	.12500	连续 3 次正面的概率
4	.06250	连续 4 次正面的概率
5	.03125	连续 5 次正面的概率
6	.01563	连续 6 次正面的概率
7	.00781	连续 7 次正面的概率
8	.00391	连续 8 次正面的概率
9	.00195	连续 9 次正面的概率
10	.00098	连续 10 次正面的概率

假设检验的决策矩阵

由于推论统计研究的是样本而不是总体，因此，假设检验是基于不完整的样本数据的。由于假定假设检验基于样本数据，因此它必须依靠概率理论来进行决策。这样，决策误差有时候就无法避免。表 18.5 呈现了假设检验的四种可能结果。

在表 18.5 的上面一行是在总体中可以出现的两种可能条件：虚无假设正确或者虚无假设错误。表中第二列是研究者可以做出的两种可能决定：拒绝虚无假设或接受虚无假设。在表 18.5 里你能够看到这两个变量的四种可能结果。其中两种结果是好的（它们是正确决定），两种结果是坏的（它们是错误决定）。

表 18.5 假设检验的四种可能结果

		虚无假设的真实（但未知）状态	
		虚无假设正确（不应该被拒绝）	虚无假设错误（应该被拒绝）
你的判断*	接受虚无假设	A 类型正确判断!	第二类型错误（漏报）
	拒绝虚无假设	第一类型错误（误报）	B 类型正确判断!

* 请记住如果虚无假设正确，它不应该被拒绝，但是如果虚无假设错误，就应该被拒绝。问题是你不知道虚无假设正确与否，你有的只是从样本数据得到的概率的证据。

你能找出表 18.5 里的两个正确判断吗？ A 类型正确判断是当虚无假设正确并且你没有拒绝它的时候发生（即你没有拒绝虚无假设）。这就是在虚无假设正确的时候你希望做的。B 类型正确判断是当虚无假设错误并且你拒绝它的时候发生。这就是在虚无假设错误的时候你所希望做的。如果虚无假设是错误的，你就要拒绝它。研究者其实最想要 B 类型正确判断；这就是说，他们希望虚无假设是错的，然后就能够拒绝它，并且声明研究结果是统计显著的。

现在看表 18.5 里的两种“错误”，这些错误叫第一类型错误和第二类型错误。**第一类型错误**（Type Ⅰ error）发生在研究者拒绝了属真的虚无假设之时。请记住：如果虚无假设属真，它就不应该被拒绝。第一类型错误也叫误报，因为研究者错误地得出总体中存在关联的结论，从而错误地声称统计显著。有一个医学的比喻，虚无假设是“病人没病”，因此误报发生在当医学检验证明你有病但其实你没有病的时候。另一个刑事司法的比喻是说被告在被法官或陪审团找到罪证前是假设无罪的，因此第一类型错误发生在无辜的人被判定为有罪时。

第二类型错误（Type Ⅱ error）发生在研究者没有拒绝错误的虚无假设之时。请记住：如果虚无假设错误，它就应该被拒绝。第二类型错误有时又叫漏报，因为研究者错误地得出总体中没有关联的结论。也就是说，研究者错误地声称统计不显著。在医学的比喻里，漏报发生在医学检查说你没病但你其实有病的时候。在法庭上，第二类型错误发生在有罪的人被认定是无辜的时候。

传统上来讲，研究者更关心避免第一类型错误。事实上我们之前讨论的显著性水平也被定义为研究者能够容忍第一类型错误发生的可能性。如果研究者用 0.05 作为显著性水平，研究者就是在说他只愿意容忍第一类型错误有 5% 的发生概率。换句话说，研究者只愿意容忍 5% 的误报概率。这种态度说明研究者在对研究数据做结论的时候是严谨的人，他们只容忍声明他们的研究有 5% 的错误概率。

控制误差风险

我们在之前的章节中指出研究者所采用的显著性水平是研究者所能接受的犯第一类型错误的可能性，当研究者采用 0.05 的显著性水平时，研究者就仅仅期望发生第一类型错误的概率是 5%。因此你可能会思考，研究者为什么不用更小的显著性水平呢？举例来说，为什么研究者不用 0.01 的显著性水平呢？毕竟用较小的显著性水平会犯更少的第一类型错误。

使用更小的显著性水平的问题在于第一类型错误和第二类型错误是负相关的，换句话说，当你试着去**降低**第一类型错误发生的可能性的时候，通常会**增大**第二类型错误的发生几率。特别是如果你用一个更小的显著性水平——比如 0.01 而非 0.05——这会让拒绝虚无假设变得更困难。这是减少了第一类型错误的发生概率，但是当你拒绝虚无假设更困难的时候，你就更倾向于犯第二类型错误。也就是说，在你本该拒绝虚无假设的时候，却没有拒绝它。这就是一种权衡。当你试着去降低误报发生的概率时，你通常会更有可能犯下漏报的错误。

你会很高兴地知道有一个解决办法，那就是找更多的被试。换句话说，你需要增加样本量。更大的样本能提供更灵敏或更有**说服力**（power）的检验。如果增加样本量，你会更少犯假设检验错误，而这正是我们想要的！所以请记住："样本越大就越好"，[1] 较大的样本量比较小的样本量更好，因为它更有可能使你得出正确的结论。

如果你能用容量大的样本而且碰巧能得到统计显著（拒绝了虚无假设），那么你必须确保你的发现有**现实意义**（practical significance）（平均数之间的差异足够大，或者相关足够强）。这是因为在使用容量大的样本时，即使与虚无假设有些许偏差，也能够被检测出统计显著。斯克里文（Scriven，1993）在介绍一位哈佛统计学家时，也指出了这一点：

> 弗雷德·莫斯特勒（Fred Mosteller）是一位伟大的应用统计学家，他喜欢说自己不太关心统计上的显著性，而对我们两眼间亲眼所见的差异更感兴趣。（p71）

举个例子，你或许会比较教授拼写时的两种方法，在进行实验处理后，两种方法在拼写测验中的平均正确率分别是 86% 和 85%，二者的差异非常小，可能没有实际意义。然而，如果两组人数都非常多，那么数据可能是统计显著的。同样，如果样本足够大，一个小的相关也有可能是统计显著的，但并不具有现实意义。这并非意味着大样本不好，那个规则——样本越大就越好——依然适用。它仅仅意味着你必须时刻确保结果统计显著的同时要具备现实意义。

一个帮助你检验结果是否具有实际意义的有用工具是**效应量指标**（effect size indicator）。效应量指标是对关系强度的统计测量，它告诉你呈现的效应有多大。效应量指标包括 Cohen 标准效应量、η^2、Ω^2、Cramer V 以及相关系数的平方等。我们会在本章最后一节使用一些效应量指标。（如果你想学习更多关于效应量指标的知识，可以参考一些统计学书籍，如：Hays，1994；Howell，1997；or Huck，2007；or see Vogt and Johnson，2011.）现在你需要知道的就是效应量指标告诉了你关系有多大，或者效应有多强。你也需要了解假设检验只是一个研究者用来确定虚无假设和备择假设哪个能够更好地解释数据的工具，**知道一个结果在统计上显著并没有告诉你有关研究结果的效应大小或者实际意义**。统计显著仅仅告诉了你某个结果并非随机偶然发生，这就是为什么确定一个研究结果是否具有较大的效应量以及是否具有现实意义是十分重要的（参见表 18.3 的步骤 5）。

[1] 有时候，样本容量会过大。换句话说，在研究中抽取这么多的样本是浪费的。你可以回顾第 9 章我们关于多大的样本时足够大的讨论。

复习问题

18.8　什么是虚无假设？

18.9　在假设检验中，研究者更像谁呢：原告还是被告？为什么？

18.10　显著性水平和概率值的区别是什么？

18.11　为什么教育研究者通常使用 0.05 作为显著性水平？

18.12　陈述假设检验的两条决断规则。

18.13　以下陈述听起来像典型的虚无假设还是备择假设？（1）硬币是公平的。（2）男性和女性总体的收入水平没有差异。（3）总体中不存在相关。（4）病人没病（即是健康的）。（5）被告是无辜的。

18.14　什么是第一类型错误？什么是第二类型错误？如何降低两类错误发生的风险？

18.15　如果某一结果在统计上是显著的，为什么考虑它的实际意义同等重要？

现实中的假设检验

当你阅读教育学研究的期刊时，你会很快注意到研究者经常检验假设并对结果进行统计显著性报告。此外，你可能会回忆起之前我们学习的知识：当拒绝虚无假设时，研究结果是统计显著的；当接受虚无假设时，研究结果是统计不显著的。研究者用统计显著性来增加结论的可信程度。研究者不想解释统计不显著的结果，因为这些结果可能除了抽样误差（即随机波动）之外反映不出其他东西。另一方面，研究者想解释统计显著的结果。一个通常用来做假设检验同义词的短语是**显著性检验**（significance testing），因为检验假设时你同时也检查了统计显著性。

我们现在举一些常用的显著性检验的例子，请记住我们对所有统计检验都采用 0.05 的显著性水平。为了更详尽地介绍显著性检验，你需要查阅一些统计学教材（例如 Glass & Hopkins，1996；Hays，1994；Howell，1997；Huck，2007；Knoke & Bohrnstedt，1994；Moore & McCabe，1993）。

在我们开始之前，你需要回顾一下之前我们讨论的假设检验的两个规则，在表 18.3 里可以看到。

- 规则 1，如果概率值小于或等于显著性水平，那么要拒绝虚无假设，而尝试接受备择假设，并且得出结果在统计上显著的结论。
- 规则 2，如果概率值大于你的显著性水平，那么你不能拒绝虚无假设，并且得出结果在统计上不显著的结论。

进行显著性检验的要点是设定你的显著性水平并得到概率值。显著性水平是由研究者设定的（通常是 0.05），而概率值是基于你的研究数据所做的计算机分析，是从计算结果输出中得到的。最后，你把概率值和显著性水平进行比较，决定使用规则 1 还是规则 2。在随后所有的例子中，我们都遵循这两条规则。

这里，我们再次使用表 17.1 的大学生数据库，这个数据集包含了对 25 名刚毕业大学生几个变量（起薪、性别、GRE 语言部分得分、GPA 和专业）的假设数据。由于我们在这章会用这些数据进行推论统计分析，我们假设这 25 个学生是一个来自刚毕业大学生的较大总体的随机样本。现实中，25 个人的样本是过小的，不过，我们这里仅用来演示。

独立样本 t 检验

一个最常用的统计显著性检验叫作**独立样本 t 检验**（t test for independent samples），独立样本 t 检验通常与一个定量的因变量和两个独立的（即由两个水平或小组构成）自变量一起使用。这个检验的目的是确定两组平均数的差异是否统计显著。这个检验之所以叫作 t 检验，是因为用于确定概率值的抽样分布叫 t 分布。t 分布（每个容量不同的样本都有单独的 t 分布）看起来有点像第 17 章展示的正态曲线，而二者主要的差别是对于相对小一些的样本来说，t 分布的图像比正态曲线更平也更舒展。t 分布的平均数等于零。就像正态曲线一样，t 分布是对称的，中间比两边高，左右侧各有一个尾端代表着极端情况。

显著性检验中的 t 分布是**假定虚无假设属真时**的抽样分布，因此，研究者在 t 值太大（即当它落在 t 分布的单尾或双尾上）的时候拒绝虚无假设。通常比 +2.00 大的（如 +2.15）或比 −2.00 小的 t 值（如 −2.15）被认为是大的 t 值。

我们说 t 值**大**，意思是这个值不是落在分布曲线的中心处，而是在分布曲线的尾端。以正态曲线为类比，距正态分布中心两个标准差之外的值被认为是极端值，因为只有不到 5% 的点会落在这个区域内，t 分布也是如此。也就是说，当样本结果的 t 值落在 t 分布的两个尾端的时候（即左尾端或右尾端），就被认为是不可能的事件（在虚无假设正确的前提下）。因此，研究者会拒绝虚无假设并且声称备择假设是对结果的更好解释。

我们用大学生数据库的样本数据（表 17.1）去检验以下研究问题：男性和女性起薪的平均数差异是否显著？因变量是起薪，而自变量是性别。两个统计假设如下：

虚无假设：H_0 ： $\mu_M = \mu_F$

备择假设：90H_1 ： $\mu_M \neq \mu_F$

正像你所看到的，虚无假设陈述了男女总体的平均数相同，而备择假设则陈述了男女总体的平均数不同（即不相等）。假设我们的男女性数据都是随机选取的，这样我们就能够合理地检验这个虚无假设。

数据中男性的平均起薪是 34 333.33 美元，而女性的平均起薪是 31 076.92 美元。显然两个样本的平均数是不同的，然而请记住，无论什么时候用到样本数据，抽样误差都会出现。这意味着观察到的样本平均数差异也有可能是由偶然造成的。关键的问题是样本平均数是否有足够大的差异证明这不是由于随机抽样误差（即偶然）造成的，而是男女性总体的起薪真的存在差异。

我们可以使用 SPSS 对学生的数据进行独立样本 t 检验，得到的 t 值为 2.08。由于这个 t 值落在 t 分布的右侧尾端上，说明这是个不可能的值。（如果 t 值为 −2.08，那么它落在 t 分布的左侧尾端上，也是不可能的值。）因为在虚无假设正确的前提下，这个 t 值是不可能的，因此，概率值很小。我们从计算机结果中得到概率值，**它等于 0.049**。因为这个概率值（0.049）比显著性水平（0.05）小，我们就拒绝虚无假设并且接受备择假设（使用表 18.3 中的规则 1）。

我们的结论是观察到的男女平均数差异在统计上显著，且我们认为观察到的样本平均数之间的差异不是由于偶然而产生，而是认为男女起薪在总体上存在真实的差异。男性的平均数比女性的平均数更大，而效应量 η^2 为 0.16，说明性别能解释工资 16% 的变异。我们总结说平均而言男性比女性有更高的起薪，如果这是真的，这很有必要让政策制定者们知道。它有现实的意义。

单因素方差分析

单因素方差分析（one-way ANOVA）被用来比较两组或多组平均数。当你有一个定量因变量和一个类别自变量的时候它总是合适的。（双因素方差分析在你有两个类别自变量的时候适用，三因素方差分析在你有三个类别自变量的时候适用，以此类推。）方差分析技术使用了 F 分布，因此，当你听到方差分析又叫作 F 检验的时候请不要惊讶。F 分布看起来像图 17.6c 里的样子，它的右侧是歪斜的（即尾端被向右拉长了）。你不用担心 F 分布，因为计算机统计程序会帮你解决这个问题。

上述例子中我们还有一个感兴趣的研究问题，教育专业、文理专业以及商科专业在起薪上有没有统计上的显著差异？因变量是起薪，而自变量是不同的专业。

两个统计假设是：

虚无假设：$H_0: \mu_E = \mu_{A\&S} = \mu_B$

备择假设：H_1 : Not all equal

虚无假设陈述了三个专业的学生在起薪上具有相同的总体平均数，备择假设陈述了至少有两个总体平均数是存在差异的，但**没有**说明哪两个总体平均数是不同的。

我们再一次用 SPSS 得到数据结果，F 值是 9.66，是一个极端值。当不存在关联时，F 值在理论上等于 1.0。我们 9.66 的 F 值比 1.0 要大许多，这意味着我们的样本结果落在了

F 分布的右侧尾端。因此，概率值是小的（即，在虚无假设是正确的前提下，样本结果是不可能的）。**我们通过 SPSS 而得到的概率值等于 0.001**，因为我们用的是 0.05 的显著性水平，因此我们拒绝虚无假设并且判断起薪和专业之间存在统计上的显著差异。这是因为根据规则 1，概率值（0.001）比显著性水平要小（0.05），效应量 η^2 等于 0.47，意味着大学专业能解释工资中 47% 的变异。我们能得出的结论是至少有两个专业的平均数存在显著差异，而接下来的事后检验需要找出哪两个平均数存在显著差异。

方差分析的事后检验

单因素方差分析告诉了研究者因变量和自变量之间的关系是否存在统计显著，在我们的例子中，大学专业和起薪之间存在显著的关系。因此，我们做出至少有两个平均数存在显著差异的结论。如果你想知道到底是哪两个平均数有显著的差异，你就必须得进行**事后检验**（post hoc test），即一个紧接着方差分析的检验，用来确认哪两个平均数存在显著差异。如果一个自变量只有两个水平，你就不需要进行事后检验，你需要做的仅仅是观察一下哪个平均数更大。如果一个自变量有三个或以上的水平，那么你就需要进行事后检验。

研究者有许多不同的事后检验的方法，所有这些方法都为研究者提供了准确的概率值来确定统计显著性。一些比较流行的事后分析方法有纽曼 - 科伊尔斯检验、杜凯氏检验、邦费罗尼检验。我们用邦费罗尼检验去检查我们之前的例子中哪两个平均数存在显著差异。

以下是我们例子中的平均收入：

- 教育学专业的平均起薪是 29 500 美元
- 文理专业的平均起薪是 32 300 美元
- 商科专业的平均起薪是 36 714.29 美元

这些就是样本的平均数。我们的研究问题是这些平均数之中哪些存在统计上的显著差异？我们必须检查它们的统计显著性，因为样本平均数之间的差异可能源于随机误差（即抽样误差）。

首先，我们检查教育学和文理专业之间的平均数差异是否有显著差异。**Bonferroni 调整概率值（从 SPSS 得到）是 0.233**，我们的显著性水平是 0.05，如你所见概率值比显著性水平大，因此我们使用规则 2，不拒绝虚无假设（总体平均数相同），并且我们做出这两个平均数差异不显著的结论。即我们不能判定是教育学专业还是文理专业总体的平均数更大一些。

其次，我们要检验教育学专业和商科专业的平均数是否有显著差异。**Bonferroni 调**

整概率值是 0.001，我们的显著性水平是 0.05。你可以看到概率值小于显著性水平，因此我们用规则 1，并拒绝虚无假设（总体平均数是相等的），做出两个平均数在统计上有显著差异的结论。我们认为商科专业比教育专业有着更高的起薪，因为差异是如此巨大，所以它也是有实际意义的。

第三，我们检查文理专业和商科专业的平均数在数据上是否存在显著差异。**Bonferroni 调整概率值为 0.031**，我们的显著性水平是 0.05，因此我们用规则 1，拒绝虚无假设（总体平均数相等）。并且做出两个平均数在统计上有显著差异的结论。我们可以总结说商科专业的起薪在总体上比文理专业高。这个差异相当大，因而也是具有现实意义的。[1]

相关系数 t 检验

相关系数通常被用来表示一个定量因变量和一个定量自变量之间的关系。在推论统计中，研究者想知道观察到的相关系数在统计上是否显著。**相关系数 t 检验**（t test for correlation coefficients）是用来确定相关系数是否显著的统计检验方法。我们之所以把这个过程叫作相关系数 t 检验，是因为检测虚无假设（总体相关系统为零）的抽样分布和之前的独立样本 t 检验一样都是 t 分布。很多不同的统计检验都会用到 t 分布。

仍然用我们的大学生数据库，这次我们要回答这个问题：在 GPA（x）和起薪（y）之间的相关在统计上是否显著？假设如下：

虚无假设：H_0：$\rho_{XY}=0$

备择假设：H_1：$\rho_{XY}\neq0$

虚无假设陈述总体的 GPA 和起薪不存在相关；而备择假设则说在总体中存在相关。

我们的 GPA 与起薪的样本相关是 +0.63，这说明二者之间存在适当的强正相关。然而，我们想知道这个相关在统计上是否显著。**我们的概率值（基于数据分析以及从 SPSS 得到的结果）等于 0.001**。我们再一次采用 0.05 的显著性水平。由于概率值比显著性水平小，我们的相关是统计显著的。我们可以做出 GPA 和起薪在总体上是相关的结论，也可以因为它相对比较大的结果（即 0.63）得出这个相关有实际意义的结论。0.63 的相关意味着工资中将近 40% 的工资变异是由 GPA 导致的。（这是因为在简单的相关中，你得到了自变量能够解释因变量中变异的百分比，而它是把相关系数的平方转化成百分比得来的：0.63×0.63=0.397，然后变为百分比，得到 39.7%。）

[1] 一些统计学家建议不要按照刚刚说的那个步骤来（即，先做方差分析，紧接着做事后检验）。此外，他们还建议研究者应该做有计划比较，即他们建议研究者应该在数据收集之前，计划好他们想要检验的假设。

回归系数 t 检验

我们在第 17 章中指出简单的回归被用来检验一个定量因变量和一个自变量间的关系，而多元回归被用来检验一个定量因变量和两个或多个自变量间的关系。**回归系数 t 检验**（t test for regression coefficients）用 t 分布（抽样分布）来检验每个回归系数统计上的显著性。

由于我们在第 17 章中向你介绍了简单回归和多元回归，我们在此就不再重复了。我们现在要检验的是第 17 章中讨论的多元回归方程的两个回归系数的统计显著性。请再次看一看第 17 章中的方程（唯一的区别在于我们用小写的 x 和 y 来表示现在这个方程是基于样本数据的，而不是前一章描述统计中的总体数据）：

$$\hat{y}=3\,890.05+4\,675.41(x_1)+26.13(x_2)$$

$\hat{y}$ 是预测的起薪，

x_1 是 GPA，

x_2 是 GRE 语言得分，

3 890.05 是 $\hat{y}$ 的截距，

4 675.41 是 x_1 的回归系数——它表明了起薪和 GPA（控制了 GRE 语言部分）之间的关系，

26.13 是 x_2 的回归系数——它表明了起薪和 GRE 语言部分（控制了 GPA）的关系。

你要理解的重点是研究者通常检验回归系数的统计显著性，研究者不会相信统计不显著的回归系数，因为这个系数可能是随机误差（抽样误差）导致的。如果回归系数统计显著，研究者就能得出样本所来自的总体之间存在真正的关联。

我们第一个研究问题是关于第一个回归系数（4 675.41）的：

研究问题 1：起薪（$\hat{y}$）与 GPA（x_1）[控制 GRE 语言部分（x_2）]之间的关系是统计显著的吗?

针对第一个问题的假设如下：

虚无假设：$H_0: \beta_{yx_1x_2}=0$

备择假设：$H_1: \beta_{yx_1x_2}\neq 0$

虚无假设陈述总体回归系数等于零（即没有关联），备择假设陈述总体回归系数不等于零（即有关联）。

使用 SPSS 我们可以进行 t 检验，并得到表示起薪和 GPA 关系的回归系数的概率值。**这个概率值等于 0.035**。由于这个概率值（0.035）比显著性水平（0.05）小，因此我们拒绝虚无假设并接受备择假设。半偏相关的平方等于 0.10，说明 GPA 可以独立解释起薪的 10% 变异。我们得出的结论是起薪和 GPA（控制了 GRE 语言部分）既统计显著也有现实意义。

我们第二个研究问题是关于第二个回归系数（26.13）的：

研究问题 2：起薪（$\hat{y}$）与 GRE 语言部分（x_2）［控制 GPA（x_1）］之间的关系统计显著吗？

针对第二个问题的假设如下：

虚无假设：H_0：$\beta_{yx_1x_2}=0$
备择假设：H_1：$\beta_{yx_1x_2}\neq 0$

使用 SPSS 我们可以进行 t 检验，并得到表示起薪和 GRE 言语部分关系的回归系数的概率值。**这个概率值等于 0.014**。由于这个概率值（0.014）比显著性水平（0.05）小，因此我们拒绝虚无假设并接受备择假设。半偏相关的平方等于 0.15，说明 GRE 语言部分可以独立解释起薪的 15% 变异。我们得出的结论是起薪和 GRE 语言部分（控制了 GPA）既统计显著也有现实意义。

列联表卡方检验

列联表卡方检验（chi-square test for contingency tables）被用来验证列联表中的关系是否统计显著。在第 17 章里，我们教过你如何创立并解释列联表中的数字，我们告诉过你列联表是在两个变量都是分类变量的时候使用。我们的大学生数据库中的两个分类变量是性别和专业。因此，让我们看看这两个变量是否有显著相关。我们用 SPSS 软件构造出表 18.6 中的列联表。每行中的变量代表了大学专业，而每列的变量代表了性别。表内的每格是实际频次（每格中的人数），期望频次（如果变量不相关，每个格中所期望的人数），以及“性别百分比”（列中的百分比）。

你怎么能确定列联表中的数字是相关的呢？这些是上一章里的规则：

- 如果百分比是按列计算的话，则比较行；
- 如果百分比是按行计算的话，则比较列。

表 18.6　专业和性别的列联表 *

			性别		
			男性	女性	总计
大学专业	教育专业	实际频次	1	7	8
		期望频次	3.8	4.25	8.0
		性别百分比	8.3%	53.8%	32.0%
	文理专业	实际频次	6	4	10
		期望频次	4.8	5.2	10.0
		性别百分比	50.0%	30.8%	40.0%
	商科专业	实际频次	5	2	7
		期望频次	3.4	3.6	7.0
		性别百分比	41.7%	15.4%	28.0%
总计		实际频次	12	13	25
		期望频次	12.0	13.0	25.0
		性别百分比	100.0%	100.0%	100.0%

* 因为百分比是按列计算的，因此你应该比较行。

你可以看到我们在表 18.6 中计算了每一栏的百分比，因此你可以通过上表每行的数据来判断专业和性别之间是否有相关。这么做的话，你将会发现变量间是相关的。看第一行，可以知道 53.8% 的女性是教育专业，而只有 8.3% 的男性是教育专业。很明显，女性有着更高的比例。另外，有 50% 的男性是文理专业，而只有 30.8% 的女性是文理专业。最后，41.7% 的男性是商科专业，而 15.4% 的女性是商科专业。专业和性别明显是相关的。

推论统计的问题是，在列联表上观察到的专业与性别之间的相关统计显著吗？虚无假设是专业和性别所来自的总体没有相关。备择假设则是专业和性别在总体上相关。用于列联表的抽样分布叫作卡方分布，我们上述例子的卡方值是 6.16，**概率值是 0.046。我们的**概率值（0.046）比显著性水平（0.05）小，因此我们拒绝虚无假设（没有相关），而接受备择假设（存在相关）。我们所用的列联表的效应量指标是 Cramer’s V。Cramer’s V 的大小类似于相关系数的大小。Cramer’s V 的值是 0.496，说明专业和性别间的关系是比较大的。我们可以总结说专业和性别之间存在相关，并且相关是统计显著的，同时具有现实意义。

其他显著性检验

不论你相不相信，你已经学习了很多。但还有很多我们能讨论的其他显著性检验，事实上我们在前几章提到过一些其他的统计分析。例如，我们在第 11 章讨论过双因素方差分析，在第 11 章和第 13 章讨论过协方差分析，还有在第 13 章讨论过偏相关系数。如果你想唤醒自己对以上任何一个方法的认识，你可以复习前面的材料。如果你遇到这本书中没有出现过的显著性检验方法，你可以去浏览我们的合作网站，在那里我们有统计检验方面的补充内容。重点是你在本章所学到的知识适用于任何显著性检验（包括双因素方差分析、协方差分析以及偏相关）。换句话说，你能够判断观察到的关系是否在统计上显著。

你现在已经理解了**显著性检验的基本逻辑**（logic of significance testing），首先陈述虚无假设和备择假设，然后你得到概率值并把它和显著性水平进行比较，利用表 18.3 里的两个规则来判断结果在统计上是否显著。最后你会得到效应值的大小，解释结果并判断实际意义。这个基本逻辑将在你阅读文献或者自己进行实验的时候带领你走很长一段路。如果你遇到了本书中没有的显著性检验方法，你可以查阅有关统计的其他教材（例如 Glass & Hopkins，1996；Hays，1994；Howell，1997；Huck，2007；Knoke & Bohrnstedt，1994；Moore & McCabe，1993）。不过，所有的统计显著性的思想是一致的。

复习问题　18.16　你如何为以下问题提出虚无假设和备择假设？

A. 独立样本 t 检验　　B. 单因素方差分析

C. 相关系数 t 检验　　D. 回归系数 t 检验

小结

推论统计的目的是估计总体的特征，并检验关于总体参数的假设。当你使用构成推论统计基础的概率理论时需要随机化（随机抽样或随机分配），因为推论统计是以抽样分布的思想为基础的。抽样分布是当从定义的总体中抽取特定容量的所有可能的随机样本（例如容量为 100 的所有可能的样本或容量是 500 的所有可能的样本）而产生的某个统计值在理论上的概率分布。抽样分布清楚表明了样本统计量的值在样本之间是不同的。为样本平均数建立的抽样分布叫作平均数抽样分布，它显示了在抽取很多样本时样本平均数的分布。其他样本统计量（例如比率、相关系数）也有它们自己的抽样分布。

估计有两种，在点估计中，研究者用样本统计量的值作为对总体参数值的估计。在区间估计中，研究者建立在一定概率上可能包含总体参数的置信区间（一个数字范围），例如 95% 的置信区间有 95% 的概率包含总体参数值。

假设检验是推论检验中关于检验总体参数假设的一种检验方法，假设检验遵循着一个十分明确的逻辑，叫作显著性检验逻辑。即，研究者建立他们最终希望拒绝的虚无假设而接受备择假设。是虚无假设能够用概率理论直接检验，而不是备择假设。为了进行假设检验，你必须明白概率值和显著性水平的差异。**概率值**是在虚无假设正确的前提下样本结果的可能性，而**显著性水平**是研究者所认为事件不可能发生的临界点。使用了这些思路之余，研究者还要遵循以下的决断规则：

- 规则 1，如果概率值小于或等于显著性水平，那么就拒绝虚无假设并接受备择假设，并且可以得出结果在统计上显著的结论。
- 规则 2，如果概率值大于显著性水平，那么你就不能拒绝虚无假设，并且可以得出结果在统计上不显著的结论。

统计显著的结果就是研究者确信它不是由随机导致的结果。当证据证明备择假设而非虚无假设的时候，这个结果就是在统计上显著的。显著性检验的逻辑会帮你走很长的路，因为这个基本逻辑对所有显著性检验或者发表文献中经常使用的显著性检验都实用。

问题讨论

1. 当研究者报告研究结果统计显著时，他到底想表达什么？
2. 你认为哪个更重要：统计显著还是实际意义？
3. 怎么判断实际意义？
4. 虚无假设和备择假设的区别是什么？
5. P 值是假设检验的核心。p 值到底是什么？它有时候被误认为是什么？（提示：查阅名为“检验概率值以及做出决策”的段落）

研究练习

1. 一些教育定量研究文献始终没有提供准确的概率值（例如 p=0.036），而是用诸如 $p < 0.05$，$p < 0.01$，$p < 0.03$，$p < 0.001$ 等来对概率值进行陈述。请记住这些文献中使用的显著性水平通常是 0.05。对于以下每个概率值，请指出其在统计上是显著的还是不显著的。显著性水平设定为 0.05.（提示：如果概率值小于或等于显著性水平，结果就是统计显著的，反之，就是统计不显著的。）请在你认为的正确答案的左侧方框内打钩。

概率值	你的统计决断	
$p > .05$	□统计显著	□统计不显著
$p < .05$	□统计显著	□统计不显著
$p < .03$	□统计显著	□统计不显著
$p < .01$	□统计显著	□统计不显著
$p < .001$	□统计显著	□统计不显著
$p < .0001$	□统计显著	□统计不显著

2. 现在我们设想研究者使用了一个更严谨的显著性水平，具体来说，这次研究者用的是 .01 的显著性水平而非 .05 的显著性水平。对于以下每一个概率值，指出它们的结果在统计上是显著的还是不显著的。

概率值	你的统计决断	
$p > .05$	□统计显著	□统计不显著
$p < .05$	□统计显著	□统计不显著
$p < .03$	□统计显著	□统计不显著
$p < .01$	□统计显著	□统计不显著
$p < .001$	□统计显著	□统计不显著
$p < .0001$	□统计显著	□统计不显著

3. 找一篇定量研究的期刊文献，然后标注研究者在哪里讲到了统计显著。（注意：一些研究者仍用“显著”表示“统计显著”。）当他们声明研究结果是统计显著时，作者报告概率值了吗？文献中的任何结果在你检验之后有没有发现不显著的？对于任何统计显著的结果，作者有没有充分阐明除了统计显著之外它还有实际意义？
4. 对于统计显著性检验的重要与否一直存在着广泛的争论。一方说如果研究者报告效应量（它表明关系的大小或等级），那么统计显著性检验（即，使用概率值排除偶然性）就不需要了。另一

方则说显著性检验是必要的，因为如果结果在统计上不显著，那么我们可能仅仅是观察到了一个偶然事件。你认为我们是需要显著性检验还是效应量？还是两者都需要？解释你的原因。你会在这里找到一些对此的讨论：www.personal.psu.edu/users/d/m/dmr/sigtest/Cover.pdf. 如果需要的话，你可以使用你喜欢的浏览器在这里找到一些其他的争论。

练习题

1. 你的提案或研究中的研究问题和假设是什么？
2. 如果你要进行推论统计，你会选用置信区间还是显著性检验（或都用）？
3. 列出你对每个假设进行推论统计的步骤。
4. 如果你要进行显著性检验，你刚刚列出的每一个统计检验写出虚无假设和备择假设。
5. 你如何判定你的研究结果是否有实际意义？

行动研究日志

提示：行动研究者有时会对使用推论统计来推广自己的研究感兴趣。他们会这样做，尤其是当他们想向科学界告知有关世界奥秘的时候。为此，教育科学应该仔细聆听实践者的行动研究发现，这是十分重要的。

1. 试想出一个情景，在那里你可以在你的行动研究中使用统计估计（点估计和区间估计）。
2. 试想出一个情景，在那里你可以在你的行动研究中使用统计假设检验。

Chapter 19

第19章

定性研究与混合研究中的数据分析

Data Analysis in Qualitative and Mixed Research

学习目标

- 能够理解定性数据分析的各种术语;
- 能够描述编码的过程;
- 能够列出不同类型的编码;
- 能够了解归纳性地分析数据意味着什么;
- 能够对一些文本数据进行编码;
- 能够了解一些在定性数据中找到的常见关系类型;
- 能够描述用于分析定性数据的过程;
- 能够列出用于分析定性数据的三个最受欢迎的计算机程序;
- 能够了解使用计算机程序来进行定性数据分析的优势和劣势;
- 能够描述混合研究数据分析矩阵的单元。

现实生活中的研究——理解数据

在 2002 年的下半年，乔希・马克斯收获了他人生中最美好的一次经历，即他获准去试驾那一年度最热门的摩托车——哈雷 - 戴维森・威路得（Harley-Davidson V-Rod）。当他跳上摩托车即刻狂奔时，用他自己的话来说，他瞬间拥有了一个“纯机械的欢愉时刻”（Max，2002）。这辆摩托车不仅能跨越每一个迂回曲折的地方，而且它似乎很擅长这种跨越。马克斯拥有这辆摩托车的时长为八个小时，在这期间他一直驾驶着它，随风穿梭于荒芜的小路，但其中有十五分钟的时间，他需要乘船数英里跨越太平洋而无法驾驶。这是很长一段时间内，马克斯觉得最有趣的事情：他花费一整天的时间其他什么也不做，单单享受着骑行的快乐。

很显然，对于摩托车骑手来说，这辆新款的哈雷是一辆很棒的摩托车。然而拥有一辆哈雷摩托似乎有一种魔力，这种魔力不在于摩托车本身的质量与体验。譬如，每年的八月份都会在南达科他州的斯特吉斯举行一场摩托车拉力赛，大约有 25 万的机车驾驶者参加这场拉力赛，他们中的大多数人都是哈雷 - 戴维森的拥有者。在这个拉力赛以及你发现有哈雷骑手的许多其他地方，你都会看到他们常常穿着一件类似的摩托车“制服”，这套制服包含一些固定的搭配，牛仔裤、黑靴子、T 恤衫、黑色皮夹克以及一个或许带有俱乐部入会标志的马甲。你如果穿着其他衣服，就会被认为不是哈雷 - 戴维森俱乐部的成员。这个拉力赛以及一辆哈雷 - 戴维森的拥有权吸引了各行各业的人们。譬如，不仅福布斯杂志的创办者、已故的马尔科姆・福布斯是一个哈雷狂热者，而且整个福布斯家族里有很多骑手（Forbes Family，2002）。

对于波特兰大学市场营销专业的教授约翰・斯豪滕（John Schouten）以及俄勒冈州立大学市场营销专业的教授詹姆斯・迈克亚历山大（James McAlexander）来说，这种对哈雷 - 戴维森产品及活动的极大认同显示出了一种消费亚文化的创建。他们决定用文献来证明这种亚文化（Schouten & McAlexander，1995），即通过特别针对“新的摩托车骑手”进行一个民族志的分析，他们将这些“新骑手”界定为哈雷 - 戴维森的拥有者，但这些人并不属于已知的非法组织。

在三年的时间里，斯豪滕和迈克亚历山大参加了在南达科他州斯特吉斯举行的拉力赛；参加了代托纳摩托车周；他们起初购买了宝马汽车公司和本田汽车公司的摩托车，后来又购买了哈雷 - 戴维森摩托车；他们参加了爱荷华州的宝马拉力赛、阿巴特拉力赛，以及西部的哈雷 - 戴维森拉力赛；他们对哈雷 - 戴维森总部的工作人员进行了访谈；成为了活跃的哈雷 - 戴维森成员。他们还去了一些哈雷 - 戴维森拥有者所在的其他地方，包括代售商店、俱乐部会议、酒吧以及餐馆等。当参加这些赛事，以及同其他哈雷 - 戴维森摩托车拥有者一同骑行时，斯豪滕和迈克亚历山大观察着这些“其他”拥有者的行为，并大致记下他们的观察结果；他们访谈了许多哈雷 - 戴维森摩托车的拥有者，并拍下了其中许多人在不同情景下的照片。结果就是，在这三年间，斯豪滕和迈克亚历山大积累了大量的不同信息。在数据收集阶段的尾声，他们需要决定如何综合及总结这些丰富的信息以使它言之有理，而在本案例中，就是要呈现一幅存在于哈雷 - 戴维森摩托车拥有者之间的消费亚文化的图景。总结和理解定性数据（如斯豪滕和迈克亚历山大所收集的数据）的过程是困难且耗费时间的。然而，专项技术和建议可以使它易于管理。本章的目的就在于使你熟悉这些技术。

正式的定性研究是从 20 世纪初开始的。然而，定性数据分析仍然是一个相对较新且发展迅速的研究方法的分支。定性数据分析的先驱者马修·迈尔斯（Matthew Miles）和迈克尔·胡伯曼（Michael Huberman）于 1984 年撰写了《定性数据分析》（*Qualitative Data Analysis*）一书，他们在这本书的第一版里写到“我们对定性数据分析没有达成一致的见解”（p.16）。1994 年，在这本书的第二版中，他们写到 “今天，我们已经渐渐远离了那种事态……但是，仍然有许多要做的事情”（Huberman & Miles，p428）。近些年来，许多定性研究者都意识到拥有更多系统性数据分析程序的必要性，而且他们已经开始撰写更多关于如何进行定性研究数据分析的书籍和文章（如，Bryman & Burgess，1994；Dey，1993；Huberman & Miles；LeCompte，Preissle，& Tesch，1993；Lofland & Lofland，1995；Miles & Huberman，1994；Patton，1990；Silverman，1993；Strauss & Corbin，1990）。在本章中，我们会向你介绍定性数据分析的各种术语，为你展示定性数据分析的基础，并简单地讨论一下在定性数据分析中计算机软件的使用。

期中分析

定性研究的初期就要开始进行数据分析。在进行一项研究时，定性研究者的工作是在数据收集（如，访谈、观察、焦点小组、文档、实体作品、田野笔记）和数据分析（从原始数据中创造意义）之间交替变换的。这种贯穿于整个研究项目的收集数据、分析数据、收集补充数据、分析补充数据的循环或递归过程叫作**期中分析**（interisn analysis）（Miles & Huberman， 1994）。

期中分析常用在定性研究中，因为定性研究者通常会在一个较长的时间段内收集数据，并且他们在这段时间范围内，需要不断了解更多关于自己在研究什么的资料。换言之，定性研究者采用期中分析去形成一个对他们的研究主题逐步深入的理解，并引导每一轮的数据分析。这是定性研究的一个优势。通过在不同的时间收集数据，定性研究者能够完善他们发展中的理论，并检验他们归纳性生成的假设（即，通过检验他们的数据所形成的假设或他们在田野中所形成的假设）。当定性研究者仔细地检查并向他们的数据发问，之后又重新进入田野收集更多数据以帮助解开自己的疑问时，他们基本上表现得就像侦探一样。期中分析会持续进行，直到研究者正在研究的进程或主题得到理解或解决（或者直到研究者耗尽资源），这种分析才会停止。扎根理论家 * 采用术语**理论饱和**去描述这样一种情况，即研究者已经获得了理解，当前已没有必要去获取更多数据。我们在图 19.1 中总结了定性数据收集的过程。

* 扎根理论是质的研究中一种著名的建构理论的方法，是在 1976 年由格拉斯和斯特劳斯提出来的。——译者注

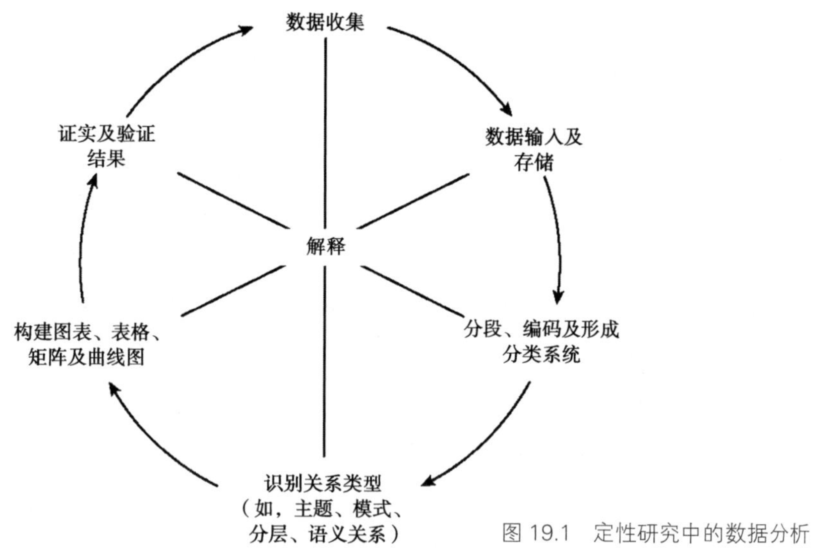

图 19.1　定性研究中的数据分析

复习问题　　19.1　什么是期中分析?

书写备忘录

记录数据分析过程中所产生想法的一个有益工具就是**书写备忘录**（memoing）。备忘录是研究者就他们从数据中所得到的内容而为自己写的反思性笔记。备忘录可以包含关于任何事情的笔记，包括一些就浮现出的概念、主题或在数据中发现的模式所形成的想法；包括对进一步数据收集的需求；包括需要在数据中进行的比较等，几乎任何事情都可以包括在其中。在项目前期书写备忘录往往更具有推测性，而在项目后期书写备忘录更带有聚焦性和总结性。要记录从反思数据中所获得的思考，书写备忘录是在进行研究项目期间需要采用的一个很重要的工具。因为定性数据分析是一个解释性的过程，所以你记录自己的想法是很重要的。你应该在想法产生的时候，就记录下它们，这样你就不必依赖于之后的回忆。

复习问题　　19.2　什么是书写备忘录?

可视数据的分析

当你读到可视数据时，想想那个古老的谚语“千言不如一画”。我们会把这个谚语改编为“千言不如一像”，因为可视数据能够包含任何类型的图像，例如照片、艺术品、书中的图片、视频图像、你的研究参与者所展示给你的非语言表达，以及你在田野中看到的任何“符号”。依赖大量可视数据的研究者指出，必须以写作的形式呈现研究结论是一个神话，或者就像科利尔（Collier）所称作的“虚幻的语言世界”（p.59）。在许多领域里，例如文化人类学以及传播学，可视数据都是主要的证据来源。我们这里对可视数据的分析涉及三种方法：图片引谈分析（photo interviewing analysis）、符号视觉分析（semiotic visual analysis）和视觉内容分析（visual content analysis）。

图片引谈是一种数据收集（第 8 章有所描述）的方法，在这一方法中，研究者会在正式或非正式的访谈期间向研究参与者展示一些图片。据说这种方法的独特之处在于研究者可以允许参与者“分析”展示给他们的图片；而研究者要记录下这些“结果”。在此方法中，我们将图片视为数据，将参与者视为分析者。研究者仅仅需要把这些描述性的结果报告为主要的研究结论。除了这种**图片引谈分析**（photo interviewing analysis），研究者之后或许还要进一步解释这些结论。在本章的余下部分，数据分析都是由定性研究者所进行的或者是在收集了原始数据之后，由定性研究者和参与者共同进行。

符号视觉分析（semiotic visual analysis）以符号学理论为基础。**符号学**（semiotic）是关于符号以及它们在人类文化中代表何种含义的研究。**符号**代表着某些含义，它对不同能力的人或许有着不同的含义。因此，进行符号学分析的研究者非常关注符号在视觉图像中的意义。符号学研究者并不关注寻找那些能够在统计学上具有代表性的图像。确切地说，他们关注那些具有概念性含义的单个图像或者关注这种含义是如何通过图像产生的。

图像通常具有分层的意义。从一个符号学的视角来说，图像是兼有外延的意义和内涵的意义（Barthes，1973）*。在图像的第一层，我们称它为**外延**意义，研究者仅仅想要知道图像所描绘的是什么。这一层假设只能识别出我们已经知道的内容，这类知识会受到譬如照片下面注解的文字说明的影响，或我们文化中的视觉原型的影响。第二个符号层，即**内涵意义**，是建立在研究者和参与者已知内容的基础上，并探索一些通过图像来表达和呈现想法及价值观的方法。这就是符号学研究如此刺激和气人的地方。符号学研究神话，而没有哪个领域如视觉图像那样神话得如此明显。

视觉内容分析（visual content analysis）不同于符号学分析。视觉内容分析以研究者在单个图像或一组图像中直接可视的内容为基础。它不同于其他视觉分析的方法，因为它

---

* Barthes，全名 Roland Barthes，罗兰·巴特，生于 1915 年 11 月 12 日，卒于 1980 年 3 月 26 日，法国文学批评家、文学家、社会学家、哲学家和符号学家。其许多著作对于后现代主义思想发展有很大影响，其影响包括结构主义、符号学、存在主义、马克斯主义与后结构主义。一译者注

是更加量化的。譬如，研究者可能会用视觉内容分析法，来检验女性或少数民族在学校课本中或招聘大学教授的网站上出现的相对频率。不同于其他的定性视觉数据分析方法，视觉内容分析集中于研究一个代表性样本，而不是单个的图像实例。它很少关注深层意义，而是更加关注普遍性。视觉内容分析开始于分类及比较视觉内容的断言或假设。这些类别是能够观察到的。基于研究问题、推广研究结论的重要性以及所采用的统计程序，研究的语料库（样本规模或领域）需要提前确定。视觉内容分析通常会局限于研究中代表特定变量的孤立内容。这些变量则受限于那些编码器能够一致（可靠地）分类而定义明确的值的影响。譬如，**环境**变量呈现了办公室、家庭、公共场所、修道院、学校、外部或其他地方的一个或多个值。

有许多视觉分析的方法，既使用了定性（解释）数据分析法，也使用了定量（计数）数据分析法。所分析的视觉数据可以包含单一图像，例如一张照片或一幅图画，也包含多图像，例如时间 - 序列图像或视频文件。视觉数据可以由参与者（小组成员、被调查者）在数据收集期间，为了报告事件和建构意义而进行“分析”，可以由专家程序员去数一数特定具体现象出现的次数而进行分析，可以由那些擅长解释文化意义的人进行分析，还可以通过其他许多方法进行分析。视觉数据也可以包括在定性分析软件中，而且它们可以保持自己的原始形式（如，图片、照片、视频图像）。你可以写下理论备忘录（即，你以及你的参与者对视觉数据的解释和想法），并把这些备忘录与你在定性研究数据库中的其他转录材料放在一起。在定性研究中，为了理解所研究的内容，你通常会去分析一组多种类型的材料。

复习问题　19.3　什么是视觉数据？它们可能会得到怎样的分析？

数据录入及存储

要想仔细地分析定性数据，我们建议你转录数据。**转录**（transcription）是转化定性研究数据的过程，例如把访谈中的录音或通过观察而记录的田野笔记转化成键入的文本。我们把这种键入的文本称作转录稿。如果原始数据来源是一段录音，那么转录的过程就是坐下，听磁带录音，把所说内容键入一个文字处理文件。如果数据是备忘录、开放式问卷或观察笔记，那么转录就包括把手写文本键入一个文字处理文件。简而言之，转录就是把数据从一个较无用的形式转变成一个更加有用的形式。在你转录完数据后，要把你的原始数据妥善保管。

有的定性研究者采用了一种在市场上有售的语音识别计算机程序，这种程序可以相对容易地进行转录。当你对着一个连接到电脑上的麦克风，读出单词和句子，这些程序就进行了数据的转录。有两个很受欢迎的程序分别是 IBM 的语音输入软件（ViaVoice）和 Dragond 的语音识别软件（Naturally Speaking）。语音识别软件的主要优势就在于对着麦克风讲话要比打字更容易。虽然同打字相比，这些语音软件并没有节约太多的时间，但这些程序的效率会不断提升。

当你的定性数据不能直接转化成文本时（如，观察录像、静止图片以及人工产品），本章所探讨的这些原则依然适用。你不能直接转录这类数据源，那么，你可以做的就是采用编码原则（在下一节中探讨），并把编码和你的注解放入文本文件中，以便进行进一步的定性数据分析。

复习问题　　19.4　在可能的情况下，为什么转录定性数据很重要?

分段、编码及形成分类体系

分段（segmenting）就是把数据分解成有意义的分析单位。当你把文本数据分段时，你会逐字逐句地阅读文本，并不断地问你自己以下问题：我看到或许对我的研究很重要且有着特殊意义的文本段了吗？这一段是在某些方式上不同于它之前和之后的文本吗？这一段从哪里开始，到哪里结束？一个有意义的文本单位可能是一个词、一个单独的句子、几个句子，它可能包含一个更大篇幅的文章，例如一个段落，甚至是一个完整的文件。文本段一定要有意义，且对于研究者来说，这个意义是要记录下来的。

编码（coding）就是把数据段（通常是文本数据）标上符号、描述性词语或者类别名称的过程。这里是迈尔斯和胡伯曼（Miles & Huberman，1994）对它做出的解释：

> 编码是在研究期间对编辑好的描述性或推断性信息所赋予的意义单位所做的标记或标签。编码通常附属于不同大小的“组块”——单词、短语、句子或整个段落……它们可以表现为一种直截了当的类别标签形式或者一种更加复杂的形式。（p.56）

当研究者在转录稿中发现了一个有意义的文本段时，他 / 她会用一个代码或分类名称去表示或识别那个特定的文本段。正如你所见，分段和编码紧密相关，因为分段涉及设置有意义的数据段，而编码涉及用代码或类别来标记或标注那些数据段。

表 19.1 展示了一个关于编码的访谈转录稿的例子。转录稿的内容来源于一个研究者（R）对一名大学教师（CT）进行的访谈。如果你看了表 19.1，你会了解到研究者逐字逐句地阅读了文本，并把描述性的单词或短语放在了左边空白处，紧挨着文本段。研究

者还用方括号扩住了数据段，以保证每一段的开始和结尾都是清楚明了的。（其他一些标记文本段的方式包括使用行号或者在相关文本下面画线。）在这个例子中，研究者询问大学教师关于她的学生参观小学课堂的经历，学生们的这次参观是教育心理学这门课的要求。这位教师相信，通过给她的学生一些能够帮助他们做出职业选择的信息，这次参观经历为他们提供了经验式学习。

表 19.1　编码的文本数据实例

	研究者 R：好，让我们从教育专业的本科生早前在学校的田野经验对他们的影响开始。您觉得这些经历对您的学生有什么样的影响呢？
书本知识 经验式学习 课堂管理、教学策略 学生共同需求 学生个体需求	教师 CT：我想它给了他们审视真实课堂所需的视角。［阅读书本中的教学是一码事；］［真正走进一个真实的课堂，面对真实的学生，并试图真正教给他们一些知识是另一码事。从根本上说，我认为有一些东西需要依靠经验来学习。］［我的学生可以尝试一些课堂管理原则］以及［教学策略］，这些都是我在教育心理学课上教给他们的。我的学生也可以了解到所有的小学生都是不同的。［儿童们有一些共同的需求］，但是［对于课堂里的每一个个体来说，他们也有一些独特的需求］。
	研究者 R：通过走进课堂，是否还有一些其他的结果呢？
  职业选择 生涯规划 学习	教师 CT：是的，由于学生过去都是独自待在校园里，他们绝大多数都没有进入过真实的课堂。从那次经历以后，学校中的一些事情都以许多方式发生了改变。［进入课堂的职业经验已经使我的一些学生认识到教学真的不适合他们。］我不想失去一些有潜力的教师，但是［他们现在做决定，要比等到四年以后他们完成了教育专业的学习，成为了一名教师，然后又决定不想待在课堂里好得多。］

在编码期间，随着新编码的形成，如果它们尚未列入清单，我们必须要把它们添加到编码的总清单上。一份**总清单**（master list）简单地罗列了研究中所使用的全部编码。这张总清单应该包含每一个编码，且这些编码要带有完整的编码名称以及对编码的简短介绍或定义。一个结构优良的总清单会使从事这个项目的其他研究者都能很容易地使用这张清单。

在编码期间，每当遇到一个适当的文本段，总清单上的编码都应该能够再次应用到新的文本段上。譬如，来自表 19.1 中的数据所组成的总清单里的一类，就是“职业选择”。因此，当这个研究的数据分析员遇到了另一个数据段时，而且在这个数据段里受访的同一个人或另一个人对职业选择也做出了评论，那么研究者会再次应用“职业选择”标签。每当一个文本段是关于职业选择时，研究者都会使用编码“职业选择”来指代那个文本段。

这里有一个关于编码的例子，它是基于本书作者之一所做的一个咨询项目中的数据。一些公共组织的成员填写了一份开放式问卷，问题之一是，你的组织需要改善的具体问题是什么？表 19.2 展示了参与者们的回答。

表 19.2　对开放式问题"你的组织需要改善的具体问题是什么？"所作回答的列表（无先后顺序）

参与者的回答
没有给每个人以足够的空间。
我们办公室的设备过时了，需要更换。
我们的办公室需要更好的清洁服务。
我们需要更客观的招聘和雇佣标准。
我们需要客观的绩效考核和奖励机制。
我们需要一致的政策应用。
存在一些领导问题。
应该淘汰效率低的工作人员。
每个部门都对其他部门存在刻板印象。
决策通常基于不准确的信息。
我们在这里需要更多晋升的机会。
因为有太多的模式，所以我们的产品不统一。
有太多的流言和批判。
各级责任不明确。
我们需要一个意见箱。
我们需要更多的计算机终端设备。
这里有太多的"我们和他们"情绪。
缺少对个人需求的关注。
对员工有偏袒和特惠待遇。
各个级别都需要更多的培训。
需要对员工的能力和业绩进行更好的评估以便保证晋升具有更加客观的基础。
新员工需要培训。
许多员工都在替未经培训的员工背负重责。
这儿的办公室是以"地盘"为导向的。
在层级之间和各级内部都存在一个社会等级。
需要改善交流。
某些部门居于高位。
对我们的产品有太多的各级审查。
需要太多的签字。
存在大量的重复和冗余。
我们办公室的成员互相抵触，而不是像一个团队那样工作。

看一会儿这些回答，然后判断你是否注意到了任何有意义的信息类别。之后看看表 19.3，了解一下研究者是如何将数据进行编码的。如你所见，研究者在表 19.3 中将开放式问题的回答分成了六个类别。他们将编码展示在左边空白处。组织成员列出了这个组织存在的若干问题，而这些问题又变成了以下几类：管理问题、自然环境、人事规范、员工发展、群际和人际关系以及工作结构等。这六类是在检查他们的回答并归类后确定的。

表 19.3　对开放式问题——你的组织需要改善的一些具体问题是什么？所作回答的分类

归纳的分类	参与者的回答
管理问题	存在一些领导问题。 我们需要一个意见箱。 缺少对个人需求的关注。 对员工有偏袒和特惠待遇。 决策通常基于不准确的信息。 我们需要一致的政策应用。
自然环境	我们的办公室需要更好的清洁服务。 我们办公室的设备过时了，需要更换。 我们需要更多的计算机终端设备。 没有给每个人以足够的空间。
人事规范	我们需要更客观的招聘和雇用标准。 我们需要客观的绩效考核和奖励机制。 应该淘汰效率低的工作人员。 需要对员工的能力和业绩进行更好的评估以便保证晋升具有更加客观的基础。
员工发展	各个级别都需要更多的培训。 新员工需要培训。 许多员工都在替未经培训的员工背负重责。 我们在这里需要更多晋升的机会。
群际和人际关系	这儿的办公室是以“地盘”为导向的。 这里有太多的“我们和他们”情绪。 在层级之间和各级内部都存在一个社会等级。 需要改善交流。 有太多的流言和批判。 某些部门居于高位。 每个部门都对其他部门存在刻板印象。
工作结构	对我们的产品有太多的各级审查。 需要太多的签字。 各级责任不明确。 我们办公室的成员互相抵触，而不是像一个团队那样工作。 存在大量的重复和冗余。 因为有太多的模式，所以我们的产品不统一。

假如你认为你或者其他人是以不同的方式对前面例子中的回答进行编码，那么你也许是对的。当你与不同的编码者在恰当编码方面有着高度一致性时，你就有了**编码者间信度**（intercoder reliability）。编码者间信度是一种评分者信度（在第 6 章中有所探讨，另见于 Miles & Huberman，1994，p.64）。编码者间信度增加了研究的客观性，减小了由编码者之间的不一致所带来的误差。不同编码者的编码要达到高度一致需要一

定的训练和大量的实践。**编码者内部信度**（intracoder reliability）也很重要。也就是说，每个单一编码者的一致性也很重要。要帮你记住编码者间信度和编码者内部信度之间的不同，只需要记住前缀“inter-”的意思是“在……之间”，而前缀“intra-”的意思是“在……之内”即可。因此，编码者间信度指的是在编码者之间的信度或者一致性，而编码者内部信度指的是一个单一编码者内部的信度。如果你所阅读的定性研究文章的作者强调了编码者间信度和编码者内部信度的问题，那么你就应该提高对他们所做研究的评价。

如果你想对自己的数据进行编码，并形成分类名称，那么你应该从描述数据段内容的文字开始。你通常会希望分类名称能够比字面文本更加抽象，这样，你就可以把同样的分类名称运用到你在阅读更多文本时所遇到的其他类似的研究例子中。譬如，在表 19.3 中，研究者采用了分类名称“自然环境”而不是“办公设备”，其目的在于除了办公设备以外，自然环境的其他方面也可以包含在这一类中。这种归纳分类名称的能力是在实践中培养起来的。在第一次尝试时，你或许不能得出最佳的分类名称。如果你不能，那么你所需要做的就是形成一个新的分类名称，然后在你的转录稿上使用这个新的分类名称。当你实际地对一些书面文献进行了编码后，你会发现这种编码的过程要比你所想的简单许多。

在编码时，研究者并不总是使用一些完整的描述性单词或短语。一些研究者更喜欢用分类名称的缩写作为他们的编码。同每当一种分类在数据中出现就写出完整的分类名称相比，使用缩写词可以节省一些时间。为了对数据进行编码，其他研究者建立了复杂的符号系统。当你对自己的数据进行编码时，你需要决定是使用完整的单词、短语或者缩略词，还是使用一个复杂的符号编码系统。

表 19.4 展示了一个使用符号编码系统进行数据编码的例子。这个转录稿节选自教育民族志学者玛格丽特·勒孔特（Margaret LeCompte）所作的一个观察研究，该研究是关于小学课堂规范的。勒孔特每隔 5 分钟或当活动发生改变的时候，就在左边一栏记录下时间。她把教师语言用引号标注起来，把学生语言和研究者记录的信息用圆括号标注起来。她还在左侧空白处标明了活动类型。编码 R 代表创建规则的教师语言，编码 T 代表集中于为学生建立一个时间表的教师语言，编码 W 代表集中于学生任务或学生工作的教师语言。尽管表中所使用的编码对外部读者来说并不是非常清楚，但它们对勒孔特来说却有着非常精确的意义。勒孔特在研究初期归纳性地形成了她的编码系统，并且在之后的数据分析中也使用了这个系统。

表 19.4　田野笔记转录稿所使用的符号编码系统

（学生们在教室外玩耍，有几个学生在走廊里站着。教师来了。）			
8:55			“进来吧，女生先进。”（在他们排好队之前，有一些混乱）（他们进来了，
8:57			并走向自己的座位。）
		T2A	（T2A）“史密斯老师已经准备好要上课了。”
	安定学生	R1A	（她坐在教室前面的椅子上。）（R1A）“史密斯老师在等着你们哦。”
		R2B	（R2B）“我喜欢伯尼坐着的方式，还有阿托查。”
		R1A	（R1A）“同学们，请不要互相扔雪球。”
		R4B	（R4B）“地面上并没有充足的雪，你们所捡起的雪球里面掺杂着石块。
			如果我们有很多的雪，我们可以打雪仗，但如果没有那么多雪，请大家
		R4A	不要再互相扔雪球……”（R4A）“如果你们同意我所说的，现在不扔雪
		R4B	球，那么一旦有了好的条件，我们就进行一次打雪仗活动。”（R4B）“这
9:03		T2A	不仅仅是说你会伤到人，而且你自己也会陷入麻烦当中。”（T2A）“那
		W1B	好，女生们可以在休息时间去烤饼干。”（W1B）“男生们，如果你什么
			也不做就回到这里；如果你无法独自工作，就可以去德沃夏克（Dvorak）
	组织学生	W2B	老师的游戏室里。”（W2B）“我希望如果你们来这儿是要工作，那么
		R1A	你们就真的去工作。”（R1A）“我希望在星期一之前，每位同学都能带
			来五美分。”（这是给女生准备的惊喜吗？）“不，它是给你们每一个
			人的。”

来源：From M. D. LeCompte，J. Preissle，and R. Tesch，*Ethnography and Qualitative Design in Educational Research*，p. 294，copyright 1993 Academic Press. Reprinted by permission of Elsevier and the authors.

注意：教师语言是用引号来标注；学生语言和对情境的描述是用括号括起来的。

归纳编码和先验编码

由于大多数定性研究都具有归纳性，因此定性研究者通常会直接通过数据来形成他们的编码或分类名称。当你以这种方式进行编码时，实际上就形成了**归纳编码**（inductive codes），它是研究者在编码过程中，通过直接检验数据而形成的编码。归纳编码能够以客位术语（参与者自己所使用的术语）为基础。譬如，高中生可能会用客位术语**运动仔**（jocks）来指代搞体育的学生。归纳编码也能够以研究者所熟悉的社会科学术语为基础。譬如，一个关于**运动员**（jocks）的社会科学术语可能是**运动者**（athletic role）。最后，归纳编码应该是准确、清晰、描述性的语言，大多数人都会同意用它来概括一个数据段的特征（如，我们或许会同意那个数据段指的是运动员）。

有时，研究者会把一个已经确定好的编码方案带到研究项目中。我们称这类编码为**先验编码**（priori codes）或预先编码，因为它们是在当前研究之前或之初形成的。当研究者试图重复或扩展某个先前的研究时，他（或她）就会使用先验编码。研究者也可以在数据收集之前，基于与研究问题的相关性，建立一些先验编码。当研究者把先验编码带到研究中时，他们就可以使用一个初始编码单（一个已经形成的总清单）

来编码。但是，在编码期间，只有当这些编码符合数据段时，研究者才能使用它们。研究者不能把编码强行用到数据上，当发现数据段并不符合清单上的任何编码时，研究者就应该形成新的编码。在实践中，许多研究者既会采用预先编码，也会采用归纳编码。

同现编码和表张编码

在到目前为止的讨论中，我们只是对已有的数据段采用了一种描述性分类。然而，如果你对转录稿进行编码，这些编码极有可能会重叠。换言之，你可能会用不同的主题或类别来概括同一组数据上。如果这些分类是错综复杂的，你会很自然地把一些编码重叠，而结果就是出现所谓的同现编码。**同现编码**（co-occurring codes）就是部分重叠或完全重叠的多组编码（即，两组或两组以上的编码）。同现编码只会呈现出编码上的概念冗余（即，两组编码基本上是同一个意思）。更有趣的是，同现编码可能会显示出不同分类之间的一种关系，这些分类是就单独个体的一组文本内部或者就不同个体的多组文本之间进行的。表 19.5 展示了一个关于个体转录稿内部的同现编码的例子。如果你看到了表中的文本，你会明白“心情”是标记着 8 ~ 13 行的一种类别，“积极”是标记着 11 ~ 20 行的一种类别，“喜欢”是标记着 16 ~ 20 行的一种类别，“不喜欢”是标记着 21 ~ 29 行的一种类别，“想念”是标记着 30 ~ 40 行的一种类别，而“它们”是标记着 32 ~ 34 行的一种类别。如你所见，其中的一些分类是重叠的。更具体来说，32 ~ 34 行就出现了两个同现编码。在这三行中，两种编码“想念”和“它们”同时出现。此外，16 ~ 20 行也同时用了“喜欢”和“积极”进行编码。因此，这些也是同现编码。需要记住的关键问题是，在对数据进行编码时，你可以允许重叠编码的存在。

研究者也可以对整篇文档、访谈或组行进行编码。譬如，可以给表 19.5 中的 6 ~ 40 行（即，所有给定行）一个诸如“学校”的代码，因为它是所有行目讨论的主题。如果你有几个访谈转录稿，你或许会决定把代码“女性”或“男性”附到每个转录稿中，以此来表示参与者的性别。应用于一个完整文档或案例（如，应用于一个访谈）中的编码叫作**表张编码**（facesheet codes）。术语**表张**可能最初源于研究者把一张纸附到每个转录稿上，而这张纸上罗列着应用于整篇转录稿的编码。我们经常将人口统计学变量用作表张编码（如，性别、年龄、种族、职业、学校）。研究者之后可能会决定用表张编码对他们的数据文件进行分类，以寻找组间差异（如，年长教师与年轻教师之间的差异）或数据中的其他关系。

表 19.5　重叠编码的文本

P：	如果不是必须去学校的话，你愿意去吗？	
N：	如果我心情好的话，我愿意去学校，但在其他时间——当我想去骑马或者做一些类似的事情时——我就不愿意去。有些时候，当我觉得心情还不错，想去学校的时候，我就会去。	心情
P：	你喜欢学校吗？	
N：	有时候还稍稍有点喜欢。	积极
P：	你喜欢学校里的哪些事情呢？	
N：	嗯，有时候我喜欢学校是因为我们有一些额外休息时间、艺术课或其他类似的事情，而其他时候——当我必须去上音乐课时——我就很不喜欢学校，因为我不喜欢音乐。	喜欢
P：	你还不喜欢学校的一些什么事情呢？	不喜欢
N：	当我们有一大堆作业的时候——像英语、拼写和书法，在早上还有各种各样学习材料之类的任务。之后，在数学课上，我们还有大概 42 个问题，就像我们要把它们一次都弄完。	
P：	如果你不去学校，你会想念那里的什么呢？	
N：	有时——比如并没有法律和规定要求我们必须去学校，而且它们改变了相关的情况——那么，我或许有一天会想念艺术课，第二天会想念其他课程，还会想念一些与它们类似的事情，即使我甚至不知道我们应该在星期几上这些课。	"它们" 想念
P：	你认为，你会最想念学校中的什么事情呢？	

来源：From M. D. LeCompte，J. Preissle，and R. Tesch，*Ethnography and Qualitative Design in Educational Research*，p. 294，copyright 1993 Academic Press. Reprinted by permission of Elsevier and the authors.

复习问题 19.5 分段和编码之间有什么不同?
19.6 归纳编码和先验编码之间有什么不同?
19.7 同现编码和表张编码之间有什么不同?

点查

我们已经探讨了转录数据的重要性，也向你展示了把编码分配到定性数据上的基础知识。就此，数据分析员也许会决定确认一下词语或编码类别在数据中出现的频率是多少。而这种量化数据的过程就叫作**点查**（enumeration）。点查可以帮助定性研究者在撰写研究结论时，传达一些诸如“数量”或“频率”的概念。通常，读者除了要了解发生了一些事情外，还需要知道这些事情发生了多少次或多久发生一次。譬如，韦伯（Weber，1990）报告了1980年民主党和共和党在台上演讲时所使用词语的频率。民主党在台上演讲时最常使用的五个词语是：**我们的**（出现430次）、**必须**（321次）、**民主党**（226次）、**联邦**（177次）以及**支持**（144次）。而共和党在台上演讲时最常使用的词语是：**我们的**（347次）、**他们的**（161次）、**管理**（131次）、**政府**（128次）以及**共和党**（126次）。词语或编码的频率能够帮助研究者确定词语和想法的重要性。列出频率也会帮助识别数据中突出的主题（如，参与者在哪种事情上提了很多次）。

当在定性研究报告中提及数量时，你务必要核对所得数量的依据，否则你可能会受到误导。譬如，在民主党和共和党上台做演讲的例子中，依据就是文件中的所有词语（如，在民主党的演讲中，有144个单词是**支持**）。诸如这种数字仅仅体现了文件的作者对一个词语的强调。如果要分析几个访谈转录稿，那么所报告数字的依据可能就是由所有参与者提到的词语的数量。如果在这个案例中，有一个词语出现的频率较高，那么你可能倾向于相信，绝大多数参与者都频繁使用了这个词。然而，一个特定词语的高频率也可能意味着某一个参与者多次使用了这个特定的词。换言之，一个词语出现的频率较高，或许仅仅是因为一个或两个研究参与者多次使用了这个词，而不是因为有许多不同的参与者使用了这个词。在定性数据分析中，点查是非常有用的，但一定要注意所报告数字的种类。

复习问题 19.8 解释点查的过程。

创建分层分类系统

分类是定性数据分析的基本构建模块，这是因为定性研究者可以通过识别和研究在数据中出现的类别来理解他们的数据。你通常可以把一个数据集的各个类别看作是形成了一个分类系统，这个分类系统描绘了那些数据的特征。在对数据进行编码之后，研究者不一定要思考数据中的每一个句子或每一个词语，他 / 她可以关注由分类系统所展现出的主题和关系。你之前学过怎样在定性数据中寻找分类，也学习过如何计算这些展示主题的分类。

有时，我们可以将分类化解成不同级别。也就是说，一组子分类可能从属于某一分类，而这个分类或许本身又从属于一个更高的级别。想一想，我们可以把这种分类叫作**水果**。在这个例子中，可能的子分类就是橘子、葡萄柚、猕猴桃、苹果和香蕉。这些都是水果的子分类，因为它们是称作“水果”这种更高分类级别的“一部分”或“一种类型”。而水果分类本身可能又是一个叫作**食物**的更高分类的子分类。像这样的分类系统就叫作**分层**，因为我们对它们进行了分层或将它们分成了不同的级别。

我们可以在弗兰特曼和昆克尔（Frontman & Kunkel，1994）所写的研究文章中找到一个关于分层分类系统的例子。这两个研究者想了解咨询师在何时以及在何种程度上相信他们与咨询者的对话是成功的。他们对 69 名来自不同心理健康领域的心理健康工作者进行了访谈，这些领域包括心理咨询、临床心理学、婚姻及家庭治疗、社会工作以及学校心理学等。在同咨询者进行了一段初始会话后，参与者需要填写一份开放式问卷，这份问卷要求他们描述，他们觉得在这段会话中有哪些是成功的。一组研究人员对转录稿进行了分析，并提出了一个非常详尽的分层分类系统。弗兰特曼和昆克尔的报告称，他们以一种自下而上的形式构建了他们的层级，这意味着最低级别的分类最接近研究中所收集的实际数据。这种自下而上或者叫归纳性的策略是定性研究者最常使用的方法（Weitzman & Miles，1995）。

我们在图 19.2 中重现了弗兰特曼和昆克尔（Frontman & Kunkel，1994）分类系统的一小部分，目的就是要带给你一种分级编码的感觉。在浏览这个图的时候，一定要注意，我们已经忽略了弗兰特曼和昆克尔分层系统中的许多类别；向下的箭头显示了我们略去的其他一些级别和类别所在的地方。在文章中，他们介绍了完整的分层分类系统所包含的全部 44 个类别。

你可以看到在图 19.2 中所展示的分层系统中，较高级别要比较低级别更具有一般性。也就是说，一个高级类别包含着它下面的各个类别。图 19.2 的分层系统中的最高一级包含了极具一般性的类别，叫作积极意识和合作。弗兰特曼和昆克尔（Frontman & Kunkel，1994）在接近他们研究项目的结论处提出，这两个一般性的类别要把它们下面的多组类别包括在内。在图 19.2 的分层系统中的第二层级，你可以看到，研究者把咨询师

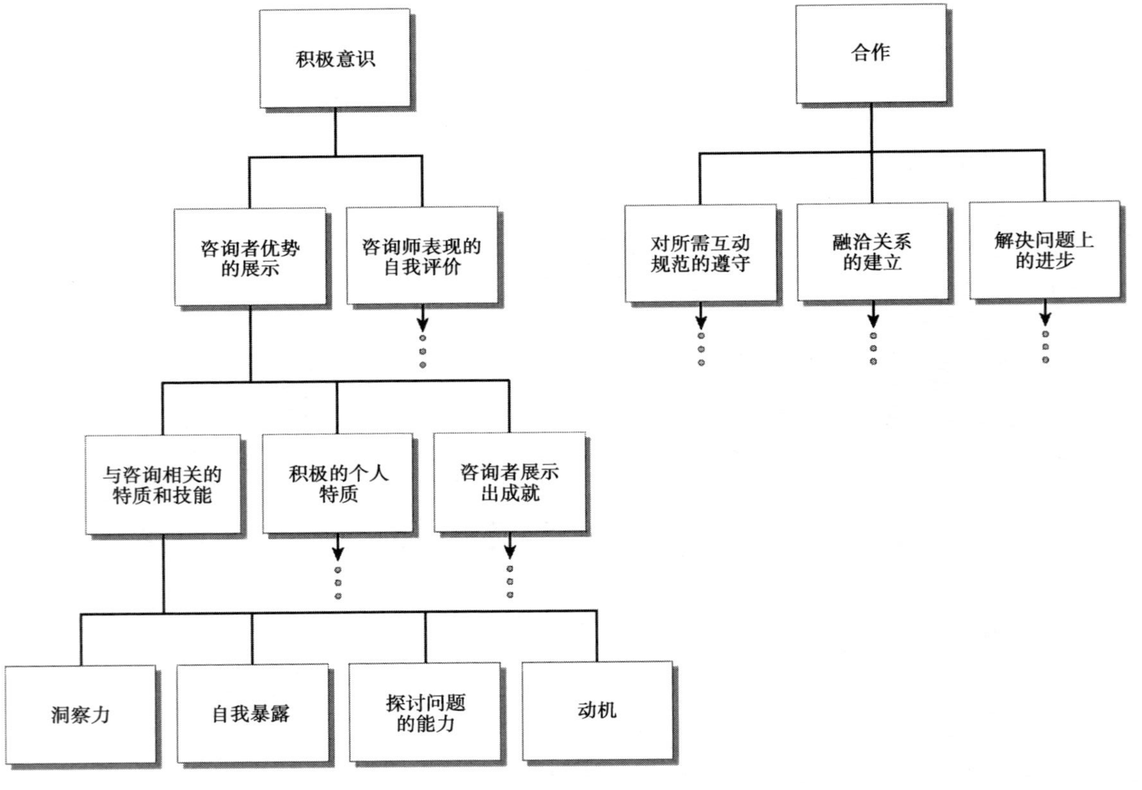

图 19.2　关于咨询师对初始会话的成功之处进行解释的层级分类。垂直省略号代表我们略去的弗兰特曼和昆克尔研究中的一些子分类所在的地方。

来源：From K. C. Frontman and M. A. Kunkel. A grounded theory of counselors' construal of success in the initial session. *Journal of Counseling Psychology*，41（4），492-499. Copyright © by the American Psychological Associaation. Reproduced with permission.

们对成功的解释分成了五类。下面是对这五类进行的简要解释：

1. 咨询者优势的展示（“咨询师把咨询者所表现出的技能、行为及特质作为成功的表现”）；
2. 咨询师表现的自我评价（“咨询师通过评价他 / 她自己在会话期间的表现水平来评估是否成功”）；
3. 对所需互动规范的遵守（“通过在会话中呈现的某些互动模式来判断成功与否”）；
4. 融洽关系的建立（“通过咨询师和咨询者之间建立起的融洽关系来界定成功”）；
5. 解决问题上的进步（“将成功归功于咨询者在解决问题方面取得了进展，即能够建立和实施直接的步骤来解决问题”；Frontman & Kunkel，pp.498-499）。

我们上面列出的五类中的前两类属于积极意识的内容，而后三类属于合作的内容。在倒数第二层级，我们提供了“咨询者优势的展示”之下的几个分类。在最低层级，我们展示了“与咨询相关的特质和技能”之下的几个分类。如你所见，在图 19.2 所展示的分层系统中总共有四个层级。我们发现弗兰特曼和昆克尔（Frontman & Kunkel，1994）的分层系统很有趣，因为它提供了一个关于数据分层结构的直观图像。此外，看到咨询师所相信的能证明治疗成功的方面也是很有趣的。

复习问题　19.9　什么是分层分类系统？为什么建构分层系统是很有用的？

识别分类中的关系

在这部分中，我们会向你展示一些在定性研究数据中探寻关系的方法。当定性研究者使用术语**关系**时，它同定量研究者使用的这个术语相比，有一个稍微不同的意义。你在前面的章节中已经了解到，定量研究者会把他们的目光聚焦于检验变量之间的关系。然而，定性研究者却给术语关系附上了一个更加广泛的意义。图 19.2 中所展示的分层系统就是一种关系类型。定性研究者使用术语关系去指代许多不同种类的关系或事物之间的联系，这种关系包括变量，但却不仅限于变量。这样的界定既没有更好，也没有更糟；它只是有所不同。

表 19.6 展示了一个由著名定性研究者詹姆斯・斯普拉德利（James Spradley，1979）所总结的几种关系类型。花一些时间来看看这九种关系，因为当你阅读一些转录稿或者查看从数据中形成的分类时，你可能会发现其中的一些关系。斯普拉德利的列表并不是详尽的，但却是具有提示性的。毫无疑问，如果你分析一些转录数据，你还会发现其他的关系类型。

表 19.6　斯普拉德利的常见语义关系

名称	关系形式
1. 严格包含	X 是 Y 的一种。
2. 空间分布	X 是 Y 的一个地方；X 是 Y 的一部分。
3. 因果	X 是 Y 的一个结果；X 是 Y 的一个原因。
4. 基本原理	X 是执行 Y 的一个原因。
5. 行动位置	X 是执行 Y 的一个地方。
6. 功能	X 是用作 Y 的。
7. 手段 - 目的	X 是执行 Y 的一种方法。
8. 顺序	X 是 Y 的一个步骤（阶段）。
9. 归属	X 是 Y 的一个属性（特征）。

来源：Adapted from J. P. Spradley，1979，p. 111.

假设你在阅读一篇访谈转录稿，你看到了下面的文本：“当我忽视强尼的行为时，他对教室里的其他同学表现得更加咄咄逼人。但如果我走过去，站在他身旁，他通常就会安静一会儿。”这段文本呈现了在一些类别中可能存在的一个因果过程（在表 19.6 中，这叫作因果关系。）尤其，它显示出，忽视强尼的行为爆发会导致咄咄逼人的行为出现，而靠近强尼则会减少这种行为的出现。很显然，一篇转录稿中的这样两句话并不能提供确凿的证据证明一种一般性因果关系的存在；但是，像这样的陈述的确属于一种因果形式，而且它们或许会启发你，为了探寻进一步的关系，应该做一些补充分析和数据收集。

现在，回忆一下我们在图 19.2 中为你展示的分层分类系统。如果你再看一下这个图，就会看见其中一类是“与咨询相关的特质和技能”。而在这一类的下面存在四种特质：洞察力、自我暴露、讨论问题的能力以及动机。你可以把这四种子分类视为斯普拉德利的严格包含关系，因为它们属于“特质或技能”的几种表现。严格包含关系是定性数据分析中一种很常见的关系形式。

教育研究者通常使用术语**类型学**去指代遵循斯普拉德利严格包含关系形式的分类。**类型学**（typology）是一种把事情分解成不同类型或种类的分类系统。类型学与分类法基本上是同样的事。你或许还记得在高中或大学的生物课上所学的分类法是怎么回事。在生物学上，动物分类法的标准是界（kingdom）、门（phylum）、纲（class）、目（order）、科（family）、属（genus）、种（species）。（这里有一个辅助记忆法：国王在玻璃纤维凳子上下棋。Kings Play Chess On Fiber Glass Stools.）贝利（Bailey，1994）指出，“术语**分类法**在生物科学领域使用得更加普遍。而类型学主要用在社会科学领域里”（p.6）。类型学是很有用的，因为它们能帮助研究者理解定性数据。

类型学可以是简单的，也可以是复杂的。譬如，你可能对学校里小集团的类型、教师所用教学策略的类型或者学生生活方式的类型感兴趣。这些都是非常简单的、一维的分类。在一个更复杂的水平上，你可以把图 19.2 中的分层分类系统视为一种大的分类，它展示了咨询师对成功进行解释的不同类型。要构建一种类型学（分类方式），我们还需要构建互斥分类和穷尽分类，这是非常有用的。**互斥分类**（mutually exclusive categories）是明确分开或有所区别的分类，它们不会重叠。**穷尽分类**（exhaustive categories）是对数据中所有相关的情况进行分类。在定性研究中，穷尽分类是很难做到的，因为有些情况根本就不适合一种分类形式。但是不管怎样，符合你的分类方式的情况越多越好。

另一种有趣的类型学是由巴顿（Patton，1990）构建的，当时他正在帮助一群高中教师开发一个预防学生辍学的计划。巴顿对教师们进行了观察和访谈，下面就是他所发现的内容：

> 对数据的归纳分析显示，根据教师为解决这一问题而愿意承担直接责任的程度，可以看出教师对待辍学的行为可能是一种概念化的连续统。这一维度不同于那种把责任转移给他人的所谓“承担责任”。第二维度关注于教师对有效干预策略的看法。归纳分析显示了教师中的三种看法。一些教师认为需要采取一种改造策略去帮助孩子解决问题；另一些教师更喜欢一种维持或看管策略，其目的仅仅在于保证学校能够运营下去，也就是维持系统。还有一些教师会因为学生不可接受和不恰当的行为，而喜欢寻找一些惩罚他们的方式，使他们不再有机会再犯错误。（pp.411-412）

从这段引文中，你可以看出，巴顿找到了与预防辍学相关的两种简单的或一维的分类方式：（1）教师对如何处理辍学的看法；（2）教师对待辍学的行为。

巴顿决定把这两种简单的分类交叉成一个二维矩阵以把这两个维度联系在一起。当他这么做的时候，他发现了一种对研究中的教师有着重要意义的分类方式。这种分类包括处理高中辍学问题的六类教师角色。在图 19.3 中，矩阵里的六个单元展现了这些角色。图中所展示的不同类型的教师角色包括顾问 / 朋友、交通警察、古板的校长、转介人、鸵鸟般的人以及满腹牢骚的人。你或许在自己的学校就能看到其中一些类型的教师。记住，在分析定性研究数据时，你有时可以通过把两个或多个维度交叉分类来获取一些新的、有趣的信息。

现在，让我们看一个关于斯普拉德利“顺序”关系类型的例子（表 19.6）。这个例子来源于一篇由费舍尔（Fisher，1993）所写，题为“一个描述老年人发展变化的框架”的文章。费舍尔之所以进行这项研究，是因为他对“判定是否可以将老年期划分成一组有意义的阶段”感兴趣。他决定不依赖于那些流行的发展心理学书籍所呈现的阶段，因为其中罗列的许多内容都已经过时了。此外，一些书籍还把所有老年人都统一归为一个

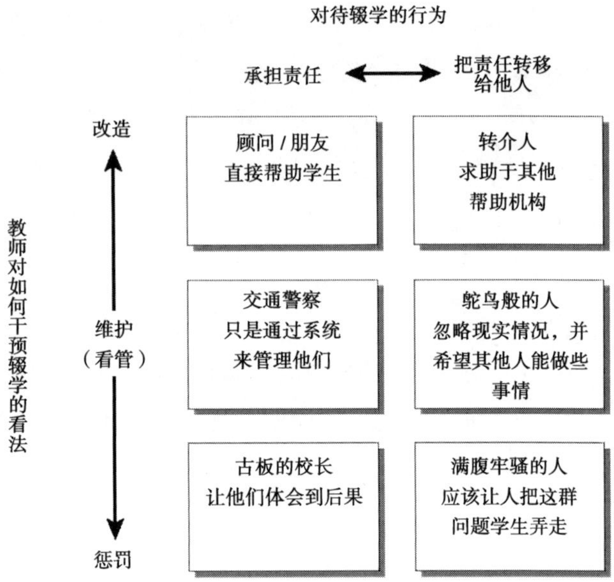

对待辍学的行为

承担责任 ⟷ 把责任转移给他人

教师对如何干预辍学的看法	承担责任	把责任转移给他人
改造	顾问/朋友 直接帮助学生	转介人 求助于其他帮助机构
维护（看管）	交通警察 只是通过系统来管理他们	鸵鸟般的人 忽略现实情况，并希望其他人能做些事情
惩罚	古板的校长 让他们体会到后果	满腹牢骚的人 应该让人把这群问题学生弄走

图 19.3 巴顿对处理高中辍学问题的教师角色分类

来源：Adapted from M.Q.Patton，*How to Use Qualitative Methods in Evaluation*，p.413，copyright © 1990 by SAGE Publications，Inc. Reprinted by permission of SAGE Publications，Inc.

叫作**老年**的单一发展阶段。于是，费舍尔决定用定性研究来探索老年的概念。

费舍尔对 74 位年龄跨度从 61 到 94 岁的老人进行了深度访谈。他通过深度的、开放式的访谈，向参与者询问了他们人生中的各种经历。在他的研究结论中，一个很有趣的主题是不管老人们所处的环境如何，他们全都倾向于去适应自己的生活环境。费舍尔还从他的数据中形成了可以按时间排序的五种核心分类。这些分类划分了以下老年的各个（顺序）阶段：（1）中年的连续性；（2）早期过渡；（3）修正后的生活方式；（4）后期过渡；（5）最后时期。在表 19.7 中，你可以看到这五个阶段中每一个阶段的界定特征。

表 19.7 按时间排序的分类

分类Ⅰ：中年的连续性	
特征：	忙于退休计划 继续中年生活方式 用其他活动代替工作
分类Ⅱ：早期过渡	
特征：	自然而然的过渡活动 自发的过渡活动 中年连续性的结束
分类Ⅲ：修正后的生活方式	
特征：	适应早期过渡的变化 适合老年期的稳定生活方式 通过同龄组归属意识到社会化

续表

分类Ⅳ：后期过渡	
特征：	失去健康和活动性 需要帮助和 / 或护理 失去自主性
分类Ⅴ：最后时期	
特征：	适应后期过渡的变化 适合依赖水平的稳定生活方式 有限感、死亡感

来源：Adapted from Fisher，J. C.（1993）. A framework for describing developmental change among older adults. *Adult Education Quarterly*，43（2），81.

绘制图表

用于展现不同分类之间关系的一个很有用的工具叫作**绘图**（diagramming）（即，绘制图表）。图表就是“为了展现或解释一些东西是如何发挥作用或为了阐明一个整体的各个部分间的关系而设计的一个设计图、简图、图画或者大纲”（*The American Heritage Dictionary*，2010）。图 19.2 和图 19.3 就是关于图表的例子，我们在上一节中已经对它们讨论过了。图表非常受视觉导向学习者的欢迎，而且我们可以用图表来为报告的读者有效地展示各种关系。在数据分析期间，当你试图了解数据的意义时，使用图表也是很有帮助的。

图 14.2 就是关于用图表展示一个复杂过程的例子，这个例子很容易理解。此图表描绘了一个关于大学里的部门主席是如何促进教职员工成长与发展的扎根理论。这个图表表明教职员工的职业阶段决定着主席所关心的部门问题的类型，而部门问题又决定着主席在与教职员工共事时所采用的具体策略。此图表还列出了应用那些策略后的结果。

一种类似的图表叫作网络图。**网络图**（network diagram）展示不同变量或事件之间随时间推移的直接联系（Miles & Huberman，1994）。图 13.4 是路径分析图，它是网络图的一种。路径分析图以定量研究为基础。但是，网络图也能够以定性数据为基础。定性研究者经常使用这些图表来描绘他们所思考的潜在因果关系。我们在图 19.4 中呈现了一个关于以定性数据为基础的部分网络图的例子。这个图基于一项由迈尔斯和胡伯曼所做的学校创新与改进研究。此图表明，学区较少的内部资金导致了学区较多的环境动荡问题（如，对于校长而言，资金上的短缺导致了学校不确定的运行状况）。这也导致了各个学校改进项目的领导及工作人员有着较低的稳定性。而这种不稳定性所带来的结果就是，职业流动性极高。

想要了解更多关于因果网络图的内容，你应该看看迈尔斯和胡伯曼（Miles & Huberman，1994）所做的工作。他们对定性研究中围绕因果分析所产生的问题进行了广泛的讨论，他们探讨了如何基于一个单一案例或多个案例构建因果网络图。如果你对定性数据中的因果关系感兴趣，你应该再回顾一下本书第 10 章所介绍的研究效度问题，尤其是内部效度部分。迈尔斯和胡伯曼还探讨了如何构建不同种类的有趣矩阵（即，两个或多个维度的分类），以帮助更好地分析和呈现定性研究数据。

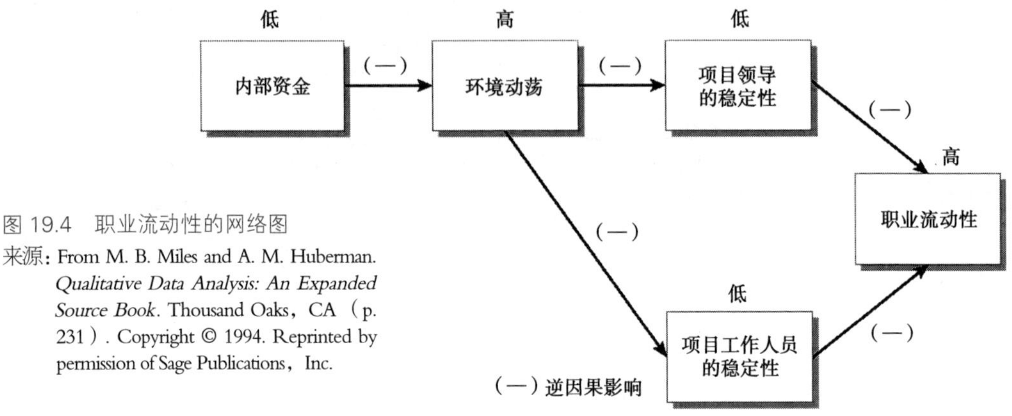

图 19.4　职业流动性的网络图

来源：From M. B. Miles and A. M. Huberman. *Qualitative Data Analysis: An Expanded Source Book*. Thousand Oaks，CA（p. 231）. Copyright © 1994. Reprinted by permission of Sage Publications，Inc.

复习问题　19.10　定性研究者如何展示不同分类中的关系类型？

19.11　在定性研究中，如何使用网络图？

证实与确认结果

在第 10 章中，我们探讨了如何评估及提高定性研究数据的效度或可信性。我们建议你现在回顾一下五种效度类型以及用于提高定性研究效度的策略（参见表 10.2）。关键的一点就是，在定性数据收集、分析以及撰写报告的整个过程中，只要可能，你都要考虑效度问题并使用那些策略，这是非常重要的。

复习问题　19.12　在定性研究中具有潜在重要性的五种效度类型是什么？它们的定义是什么？

19.13　用于提高定性研究效度的 13 种策略是什么？它们的定义是什么？

定性数据分析的计算机程序

定性研究者是最近才使用计算机分析定性数据的。尽管他们长时间以来都是用文字处理软件进行转录和编辑数据，但在近十年里研究者们开始大量使用分析定性数据的计算机程序。这些程序的开发人员深入了解了定性研究者在理解数据时所遵循的步骤，然后开发了能够使这些步骤实现自动化的程序。在检验这种定性数据分析程序所具有的优势之前，我们先来看一看在没有这些程序时，定性研究者通常是如何理解数据的。

定性研究者过去通常对数据分析采用一种文件编排系统法。他们通过转录数据及复制各种数据文件来开始他们的数据分析。然后，他们在这些副本的左侧空白处手编数据。在这之后，研究者会复制这些编码后的数据，并把这些数据分割成带有标记代码的文本段。这样，研究者就创建了一个文件编排系统，而且他们还会为每一个编码保留一个文件夹。他们会把文本段分别放进合适的文件夹里。如果一个文本段有多个编码，那么研究者就会把这个文本段复制多份，然后将文本段的副本放在所有相关的文件夹中。通过这种方式，所有文件夹都包含了全部合适的数据段。就此，研究者可以重读每一份文件夹中的文本段，寻找在数据中出现的主题。

当用手工来完成这些步骤时，越复杂的分析需要越多的工作。譬如，寻找两个同现编码通常需要创建一个文件夹，这个文件夹的标题会有两个编码名称。找到这两个单独编码的文件夹，然后核对两个文件夹中的文本段，以确定它们是否把左侧空白处的两个编码都包含在内。如果两个编码都在，那么就将文本段复制下来，之后把它放进新的带有两个编码名称的文件夹里。

如你所见，用手工进行复杂的数据分析很耗费时间，同时也是非常困难的。大概这就是定性数据分析没有像定量数据分析那样迅速发展的原因之一。然而，随着定性研究者对计算机程序日益广泛的使用，我们可以预见到在未来的十年，研究者对定性数据的分析会向前迈进一大步。我们做出这种预测的原因之一就在于，过去需要用手工完成，耗费了大量时间的步骤，现在仅仅需要计算机上按几个按键就可以完成。为了让你对计算机数据分析的优势有一个基本认识，我们列出了定性数据分析的计算机程序所具有的一些功能。

我们几乎可以用定性数据分析程序来完成本章所讨论的所有事情。譬如，我们可以用它们来对数据进行存储和编码。在编码期间，大多数程序都能形成诸如图 19.2 中所展示的那种分层分类系统。此外，大多数的程序都能进行不同种类的编码，包括同现编码和表张编码。而点查环节也仅仅通过点击几下鼠标就能完成。一些程序还帮助你把备忘录或注释附到代码或数据文件上，这样，你就可以记录下分析期间的重要想法。有些程序还能生成用于呈现数据的图形。最后，大多数定性数据分析程序的核心和灵魂就是它们的搜索功能，我们现在就来探讨这个主题。

你可以用计算机程序包进行简单或复杂的搜索，而这个程序包使用的是**布尔操作符**（Boolean operators）。布尔操作符是用于创造以基本思维法则为基础的逻辑组合的文字。每天，当我们思考和讨论事情的时候，我们都在使用布尔操作符。我们使用的一些常见的布尔操作符有 AND，OR，NOT，IF，THEN 和 EXCEPT。我们需要编写定性数据分析的计算机程序，这样，你就可以用这些或其他一些操作符来搜索你的数据或一组编码。

譬如，你或许要在一组访谈转录稿中搜索编码或文本，这个转录稿是关于教师满意度问题的，它使用了下面的词串："男性 AND 满意的 AND 一年级。"我们称布尔操作符 AND 为交集操作符，因为它寻找的是文字或编码的所有交集。这种搜索会定位到所有关于满意的一年级男教师的例子。同样地，你可以搜索到使用以下词串的女教师："女性 AND 教师"。你可以通过把否定词 NOT 添加到搜索命令中来寻找反面例子（不具有其中任何特征的例子）（如，"NOT 教师"会搜索到所有非教师的例子）。

另一种操作符是 OR，也称为合并操作符。这种操作符寻找的是呈现所提供文字或编码中的任何一个，将它们汇集在一起形成的全部例子。譬如，如果你用命令"女性 OR 一年级"搜索一篇文档，你会找到或者"女性"或者"一年级"或者二者都有的例子。另一种搜索命令在一个很受欢迎的程序中叫作 FOLLOWED-BY。这一命令会让你找到这样的例子，即数据中的两种编码按特定顺序出现（如，惩罚 FOLLOWED-BY 安静的行为）。如你所见，你可以用布尔操作符进行大量不同类型的搜索。

许多定性及混合研究数据分析的计算机程序都是可用的。其中，最受欢迎的三种程序分别是 NVivo、QDA Miner、NUD*IST（这代表了 Nonnumerical，Unstructured Data Indexing，Searching，and Theorizing——并非你所想的那样！）以及 Ethnograph。当然，还有许多其他的程序。我们在本书同步网站的补充材料中列了一些不同的定性数据分析程序的网站。在本章结尾处，我们也提供了一些链接。绝大多数公司都会给你发送一个示范副本或允许你从他们的网站免费下载一个。如果你认为自己对定性数据分析程序很感兴趣，那么你就应该对示范副本进行测试，这是一个非常棒的方法，它能帮你找出哪种程序最符合你的特定需求。

我们通过列出使用计算机程序进行定性数据分析的优势和劣势来做最后的总结。其优势在于，定性数据分析的计算机程序可以帮助存储及组织数据，我们可以用这些程序完成本章及其他章节讨论过的所有数据分析，它们能够减少分析数据所需的时间（如，用手工完成且花费了大量时间的分析过程，如果改用计算机程序来完成，几乎不花费什么时间），而且这些程序还能让你完成一些用手工几乎无法完成的步骤，这是因为手工操作既耗费时间，也太过复杂。而计算机程序的劣势在于，我们需要花时间学习它，它们很贵，并且还需要可以用的电脑。另外，它们还会逐渐过时。其中，最大的劣势是它的投产期很长。尽管如此，但如果你计划在一段较长的时间内进行大量的定性数据分析，我们还是建议你使用计算机程序。

复习问题　19.14　数据分析的计算机程序具有哪些功能？

19.15　定性数据分析的计算机程序主要有哪些？

混合研究中的数据分析

这部分是由安东尼·J·奥韦格布兹和伯克·约翰逊所写

在同一项研究中收集定量和定性数据的做法已经有几十年了。然而，在同一个框架内对定量数据和定性数据都进行分析的正规技术直到最近才出现，我们将这一过程称为混合方法的数据分析，甚至更简单，就是混合分析。尽管混合分析技术尚未获得充分发展，但在最近几年，越来越多的出版作品已经把目光主要或专门地投向了混合分析（Bazeley，2003；Caracelli & Greene，1993；Chi，1997；Greene，Caracelli，& Graham，1989；Li，arquart，& Zercher，2000；Onwuegbuzie & Leech，2004，2006；Onwuegbuzie & Teddlie，2003；Sandelowski，2000，2001）。下面介绍几个近期的混合分析文献中所探讨的概念和技术。

在混合研究中，当收集完定性和/或定量数据后，你就需要开始分析数据了。也就是说，你要准备好进行混合分析了。术语**混合数据分析**（mixed data analysis）指的就是研究者在一个单一的研究中，既使用定量分析技术，也使用定性分析技术。研究者可能在大约同一时间使用定量及定性技术。譬如，研究者或许会将定性及定量数据合并到一个单一的数据库中并同时分析它们。另一方面，研究者也可能在不同的时间使用定量及定性技术（即，相继地或反复地）。譬如，在一个研究中可能会首先对定性数据进行分析、解释和使用，之后再对定量数据进行分析。更复杂的可能性也是存在的。譬如，在研究的每一个阶段，研究者可能都会通过多种方式来收集、分析及使用两种类型的数据。关键的一点就是，在混合数据分析期间，要在同一个研究中使用定量及定性数据或定量及定性数据分析的方法。

混合分析矩阵

在进行混合分析之前，你需要做出两个决定。第一，你需要确定你打算分析的数据类型的数量。当然，这取决于数据收集期间所获得的数据类型的数量。我们将数据类型分为定量数据或定性数据。譬如，定量数据包括基于标准化测试、评定量表、自我报告、症状清单或人格调查的测量。定性数据包括开放式访谈回答、开放式问卷回答、观察笔记和田野笔记、个人日志、日记、永久记录、会议转录、社会及民族志的历史以及照片。如果只采用一种数据类型（即，只采用定量数据或只采用定性数据），那么我们把它称作**单元**数据。反之，如果我们既采用了定性数据，也采用了定量数据，那么我们称它为**多元**数据。

第二，你需要确定你打算采用几种数据分析类型。这些数据分析类型既可以是定量的（即，统计的），也可以是定性的。我们在前两章介绍了定量分析的内容，而在本章前面介绍了定性分析的内容。如果你只采用一种数据分析类型，那么我们把它称作**单元**分析。反之，如果采用两种数据分析类型，那么我们称它为**多元**分析。

上面提到的两方面决定构成了所谓的**混合分析矩阵**。［我们这里所说的矩阵是在翁韦格布兹等人（Onwuegbuzie，Slate，Leech & Collins，2007）研究中找到的一个简化版。］把两种数据类型（单元数据和多元数据）与两种分析类型（单元分析和多元分析）进行交叉，构成了一个 2×2 的矩阵，这个矩阵包含了四个单元。你可以在表 19.8 中看到混合分析矩阵。在下面的段落中，我们会分别描述每一个单元。

表 19.8　混合研究数据分析矩阵

	分析类型[a]	
数据类型[b]	**一种分析类型：单元分析**	**两种分析类型：多元分析**
一种数据类型： 单元数据	单元格 1 单元数据 - 单元分析 这不是混合数据分析的类型。	单元格 2 单元数据 - 多元分析 （a）针对定量数据：定量分析及对定量数据的定性分析。 或者 （b）针对定性数据：定性分析及对定性数据的定量分析。
两种数据类型： 多元数据	单元格 3 多元数据 - 单元分析 这种类型不常使用。 对定量数据和定性数据都只有定量分析。 或者 对定性数据和定量数据都只有定性分析。	单元格 4 多元数据 - 多元分析 这是单元 2 中（a）和（b）的结合。

a 一种分析类型，或是定量（即统计）分析，或是定性分析。
b 一种数据类型，或是定量数据，或是定性数据。

单元格 1。第一个单元格呈现的是用标准分析类型对一种数据类型进行的分析。就其本身而论，这个单元格包含了传统的**单元数据 - 单元分析**，它意味着或是对定量数据的一种定量（统计）分析，或是对定性数据的一种定性分析。这类分析表明，基础研究在本质上或是一种定量研究，或是一种定性研究，哪一个都不代表混合研究。因此，表 19.8 所呈现的混合分析矩阵包含了全部三种研究范式的分析（即，单元格 1 呈现了只进行定量研究或只进行定性研究，而其他单元格则呈现了混合研究）。我们在这里对混合分析方法很感兴趣。

单元格 2。第二个单元格呈现的是用两种分析类型（定性分析和定量分析）对一种数据类型（只有定量数据或只有定性数据）进行的分析。这类分析叫作**单元数据 - 多元分析**。因为它既采用了定量分析技术，也采用了定性分析技术，所以这种分析类型是混合的。这个单元格采用的第一种分析应该与数据类型直接匹配。因此，如果数据类型是定量的，那么混合分析的第一阶段也应是定量的（即统计的）。同样地，如果数据类型是定性的，那么混合分析的第一阶段就应该是定性的。之后，研究者会将来源于初步分析的数据转化成其他数据类型。也就是说，会将定量数据转变成能够进行定性分析的数据或所谓的**质化数据**（Tashakkori & Teddlie，1998），或者是将定性数据转变成能够进行统计分析的数值代码或所谓的量化数据（Tashakkori & Teddlie）。

- **质化数据**。对数据进行质化的一种方法就是形成叙事资料（如，模式资料、平均资料、整体资料、比较资料、规范资料），而其中的叙事性描述是根据统计数据构建的。譬如，特德利和斯特林菲尔德（Teddlie & Stringfield，1993）进行了一个关于八所配对学校的纵向研究，这八所学校最初根据基线数据分类成有效和无效的。在研究开始后的五年里，研究者采用八种经验标准对学校的效能状态进行了重新分类。这些标准是①常模参照测验的分数，②效标参照测验的分数，③课堂里花在任务上的时间，④课堂教学手段质量的分数，⑤教职工的稳定性，⑥学生出勤，⑦学校全体学生在社会经济状况上的变化，⑧改善学校“风气”的措施。特德利和斯特林菲尔德把这些定量数据（即量化过的数据）转换成了如下对学校概况的质性定义：①稳定——更有效，②稳定——不太有效，③进步，④下滑。这些学校概况有助于更好地理解研究者对学校观点的不断演化。
- **量化数据**。当研究者量化数据时，“为了更充分地描述和 / 或解释目标现象，通常用数字来表示定性‘主题’的分数、规模或群集”（Sandelowski，2001，p. 231）。这能让研究者了解，在定性数据中，不同的类别或陈述多久出现一次，而不是只知道出现了何种类别或陈述。量化有时还包括报告与定性观察相关的“效应值”（Onwuegbuzie，2003；Sandelowski & Barroso，2003），这种效应值的范围是从显性效应值（即，为了确定规范、观察结果、语言或主题的流行率而计算定性数据）到隐形效应值（即，量化一些不可观测的内容，如，通过因素分析出现的主题）。

单元格 3。第三个单元格呈现的是仅用一种数据分析类型对两种数据类型（即，定性数据和定量数据）进行的分析——也就是，**多元数据 - 单元分析**。这种组合在研究中并不常见。事实上，我们通常应该避免这个单元，因为它会造成研究者用一种非标准化的分析类型去分析一种数据类型。（如，只用定量分析法分析定量数量或只用定性分析法分析定性数据）。

单元格 4。第四个单元格呈现的是用两种分析类型对两种数据类型进行的分析。这种分析类型叫作**多类型混合分析**。因为它既采用了定量分析技术，又采用了定性分析技术，因此这种分析是混合的。多元数据 - 多元分析可以同时进行，它涉及把对定量数据的定量分析与对定性数据的定性分析结合在一起，随后，在把源于定性和定量结论的各种解释以某种方式合为一体的过程中进行元推论（Tashakkori & Teddlie，2003）。或者，事实上，多元数据 - 多元分析也可以是有序进行的，在这一过程中，来自定性分析的研究结论会提示随后的定量分析，反之亦然。单元格 4 适合于非常复杂的分析设计。譬如，李等人（Li et al，2000）采用了他们所谓的跨轨分析法。这种方法具有对定性和定量数据进行并行分析的特征，这样，在数据分析过程中的各个阶段，数据分析就会在两组数据类型之间不断地交叉变换（Li et al.）。

混合数据的分析步骤

进行混合分析可能会包含许多分析策略和步骤（Onwuegbuzie & Teddlie，2003）。尽管翁韦格布兹和特德利把以下内容视为混合数据分析的各个阶段，但我们更喜欢将这些视为混合数据分析的策略或步骤。在一个特定的研究中，你可能会用到其中的一些内容，但有些内容你可能不会用到：

1. **数据简化**涉及减少定量数据（如，借助描述统计、探索性因素分析）和/或定性数据（如，借助主题分析、备忘录）中的维度。
2. **数据呈现**指的是直观地描述你的定量数据（如，使用表格和图形）和/或定性数据（如，使用图形、图表、矩阵、清单、评估准则、网络以及韦恩图）。
3. **数据转换**涉及量化和/或质化数据。
4. **数据相关**涉及对不同的数据类型建立相互关系或进行交叉分类，如，把定性数据转变成分类变量以及用定量变量检验它们的关系。
5. 在**数据整合**中，将定量和定性数据结合到一起去创造新的或统一的代码、变量或数据集。

下面两个步骤几乎对所有混合研究都很重要。

6. 在**数据比较**中，你要对来源于定性和定量数据源或数据分析的研究结论进行比较。
7. 在**数据整合**中（通常最后完成），要将定性和定量的研究结论整合为一个连贯的整体。

复习问题　19.16　与混合研究数据分析矩阵的四个单元格相一致的四种分析类型是什么？

19.17　用于混合数据分析的一些不同策略或步骤是什么？

小结

定性数据分析通常涉及对源于访谈或田野笔记转录稿的文本的分析。定性数据分析的基本步骤包括转录数据、阅读和再读转录稿（即，把你自己沉浸在数据里以了解这到底是怎么回事）、对数据进行分段和编码、计数文字和编码类别（点查）、寻找数据中的关系和主题，以及形成帮助解释数据的图表。数据分析的目标在于能够清晰地总结你的数据以及基于数据形成归纳性理论。你可能会对你的数据提出以下疑问：在访谈或田野笔记中出现了什么主题？最经常提到的主题是什么？对你所研究的人来说，什么问题最重要？你所研究的人具有什么文化特质？你的参与者如何看待你的研究主题？在你的数据中，哪些关系类型（如，严格包含、因果、功能、顺序）是明显的？如何将你在数据中识别的类别排序成有意义的扎根理论？你可以提出的问题几乎是无限的，它们会依据你的研究问题、你所进行的定性研究类型（如，现象学、民族志、案例研究、扎根理论、历史学），以及基于你的学科训练所形成的理论视角而发生改变。定性数据分析的计算机程序能够帮助分析定性数据，但你的确需要花点儿时间来学习它们。（请阅读学生同步网站补充材料处的总结资料。）

问题讨论

1. 在定量研究中，数据分析提供了关于统计显著性和效应值的信息。那么，在定性研究中，你怎样确定研究的内容是否是重要的或具有实际意义的?
2. 表 19.6 列出了九种关系类型，请你想出关于其中一种关系类型的例子，然后与同学们分享。
3. 在定性研究中，拥有多个数据分析员的优势和劣势分别是什么?
4. 为什么说传统的定性数据分析是归纳性的? 通过你的方法，你会怎样使它更具演绎性?

研究练习

分析下面的数据。这段数据是转录后的田野笔记，它来源于由罗伯特・斯塔克（Robert Stake）在墨西哥城做的一个课堂观察。当你对数据进行编码的时候，注意寻找以下问题的答案：文本中出现了什么主题? 课堂环境怎么样? 教师采用了什么样的教学风格? 请解释这种教学风格。有哪些课堂规范（如，到班级，在课堂上说话）? 教学内容是什么? 学生和/或教师的政治信仰是什么? 课堂上使用了何种教学材料? 在你完成对文本的编码后，就观察写一个简短的总结报告，（在报告中）回答上面列出的问题，并补充一些你在对数据进行编码时所出现的其他想法。

课堂笔记，10 月 23 日[1]

今天，气温会攀升到 70 华氏度，但是在这个用白瓷砖和水磨石建成的教室里，仍然很寒冷。这里有 11 个学生（花名册上 29 名中的 11 名），每一个学生都穿着夹克或毛衣。毫无疑问，他们离开家的时候，天气更冷。普瑞特林老师让学生们回忆一下关于资本主义起源的话题，并让他们挑选一个已经准备好答案的问题。来自后排的一个答案是很有挑战性的。这时，有两个学生进来了——此时课程已过了十分钟——现在又多了四个。——普瑞特林先生对答案进行了纠正，并要求同学们给出更多答案。他的教学风格很随意。他点上一根烟。听众们都处于一种警觉状态。——"马克思"这三个字隐约出现在课本的封面上。我们只看得见两本书。而几个学生有指定章节的影印本。黑板上写满了上节课的逻辑符号，它们现在是不能引人注意的。一些学生在浏览他们的答案，而大多数学生都专注于普瑞特林先生对所提供答案做出的评价。——第一个答案是由男生提供的，现在由女生来提供一个答案。老师进一步扩展了她的想法，然后自己又完善了所给出的解释。

——彼此间的交流驱散了屋里的寒冷。——屋外，动力割草机不断地发出劈啪声，努力地修剪着一块儿厚厚的草坪，因为它似乎并未被打理过。——此时，课程过了二十分钟。另一个学生到了。他们大多数都在 20 岁左右，都有着黑黑的头发。他们是刚入学的社会研究和人类学专业的新生，选了关于政治学说的社会学课程。这时，又来了一个学生。她推开关着的门，用一把椅子顶住它，以阻挡来自广场的微风。——普瑞特林先生在详细地展开一个答案。之后，他转向了另一个问题，并在等待回答者时又点了一根烟——他再次要求完善，且得到了学生们的几次尝试；然后，给出了令他满意的答案。接着是另一个问题。他耐心地等着学生主动回答。学生们似乎在思考或者在把之前写的内容读给自己听。

[1] 再版自 Robert E. Stake，"Class Notes，October 23，" *The Art of Case Study Research*，pp.88-90，copyright © 1995 by Sage Publications，Inc. Reprinted by permission of Sage Publications，Inc.，and the author.

——墨西哥城的薄雾笼罩着市中心到东南部的数英里路。昨日的倾盆大雨并没有净化天空。——在等待回答者的时候，教室里又是一阵寂静。第一个年轻的女士给出了她的答案。她是七个人中或敢于冒险的学生中唯一一位女生。由于她提及了农民以及普瑞特林先生之前详述的内容，她获得了大家的频频点头。大家对这些理论上的东西，至少是其中提及的遥远的农民，似乎抱有一种同情。如果在这个教室里存在资本主义拥护者，那他也是不敢说出来的。半个小时过去了。“独唱会”仍在继续。只有几个学生在修改他们的笔记（或继续创作它们），绝大多数学生都在试图阅读或倾听。学生们的思维逐渐被调动起来，而不是在空转。最终，大家的心情好起来了。

——紧张的气氛缓和了些许。四位观察者隐匿于房间之中，即使他们在做记录的时候，也是几不可闻。教师专注于自己的工作，一直在点名。普瑞特林是一位消瘦的男士，年纪在 40 岁左右。他穿着一件漂亮的夹克，搭配一件衣领紧扣的黑衬衫和一条金项链。他的手指修长而伸展。——有段时间，教室外拖拽重物的嘈杂声干扰了教学。——最后一段时间，教师公布了答案，并要求学生做进一步的研究。仅有少数学生拥有课本。然后老师鼓励学生提出问题。这时交流变得更自然一些，但是仍旧有些公事化。

交流在继续，学生的思维“全开”，时而温和地争辩，时而点头同意。更多行色匆匆的居民，现在大概有一千七百万，充斥着楼下的大街小巷，产生了城市的噪声。一张海报劝诫到：“管理！选举！”门边的涂鸦写着“无知可以杀死……”。课程接近尾声，点上最后一支烟，给出一个总结，然后会心一笑。

练习题

1. 你打算为你的研究问题收集定性数据吗？如果是，在这里重新写下那些问题。如果你没有提出或进行一个实际的研究项目，那么在这里写下两个假设的定性研究问题，并用它们来完成下面 2 ~ 5 的问题。
2. 对刚刚列出的每一个问题，你会收集什么样的定性数据？
3. 针对每一个问题及上面列出的数据源，你的定性分析计划是什么？
4. 你将如何验证你的研究结论？（提示：见表 10.2 以及第 10 章的推荐材料。）
5. 你将如何确定你的定性研究结论是否显著？

行动研究日志

提示：行动研究者通常会收集定量和定性数据。因此，他们依赖于定量、定性及混合数据分析技术。

1. 你认为转录各种定性数据（如，理论备忘录、田野笔记、访谈、开放式问卷）同只是阅读和重读它们相比，其优势和劣势分别是什么？
2. 你在你的定性数据中找到的主要主题是什么？
3. 你要怎样把你的定性和定量数据以及研究结论合并到一起以得出更大的结论（“元推论”）？

PART Ⅵ

Writing the Research Report

第六部分

撰写研究报告

第 20 章

如何准备研究报告和使用美国心理学协会格式（APA 格式）指南

Chapter 20

第 20 章

如何准备研究报告和使用美国心理学协会格式（APA 格式）指南

How to Prepare a Research Report and Use APA Style Guidelines

在开展研究后，你应该考虑准备一个研究报告，并交给期刊以待发表。在准备研究报告之前，你应该批判性地审阅它，并自问研究是否存在缺陷以及是否重要到适合发表。其他人会对研究结果感兴趣吗？它会影响他们的工作或者产生教育影响吗？一般情况下，你绝不应该开展一个你认为不适合发表的研究。如果这个研究是重要的而且不存在产生模糊结论的缺陷，你应该继续进行研究报告的准备工作，因为这是交流研究结果的机制。表 20.1 列出了教育研究者发表报告的一些期刊。

教育研究者感兴趣的大多数期刊会推荐或者指定作者遵循美国心理学协会的《APA 格式》（*Publication Manual of the American Psychological Association*）（American Psychological Association，2010）规定的格式。我们把这个手册称为《APA 格式》（*APA Publication Manual*）。现在我们来解释这种格式，因为它在教育研究者感兴趣的期刊中十分流行。

在某种程度上，研究报告准备工作的区别取决于你开展的是定量研究还是定性研究。请记住，定量研究聚焦于假设检验并以实验研究为代表。然而定性研究常常更具有探索性，结合从人种志到历史研究的不同途径或方法。由于定量研究和定性研究的不同目标和方法，因此撰写定量和定性研究报告的方法也会不同。

表 20.1　发表教育研究结果的期刊

American Educational Research Journal	美国教育研究期刊
Journal of Education	教育期刊
American Journal of Education	美国教育期刊
Journal of Education for Students Placed at Risk	处于危险中的学生的教育期刊
Anthropology and Education Quarterly	人类学与教育学季刊
Journal of Educational and Behavioral Statistics	教育和行为统计期刊
Applied Measurement in Education	教育实用测量
Journal of Educational Psychology	教育心理学期刊
Art Education	艺术教育
Journal of Educational Research	教育研究期刊
Cambridge Journal of Education	剑桥教育期刊
Journal of Information Technology for Teacher	教师教育的信息技术期刊
Child Development	儿童发展
Education	教育
Cognition and Instruction	认知与教学
Journal of In-service Education	在职教育期刊
Creativity Research Journal	创造力研究期刊

续表

Journal of Literacy Research	读写能力研究期刊
Cross Cultural Psychology	跨文化心理学
Journal of Negro Education	黑人教育期刊
Curriculum Studies	课程研究
The Journal of Research in Science Teaching	科学教学研究期刊
Curriculum/Technology Quarterly	课程 / 技术季刊
Journal of Vocational Education and Training	职业教育和培训期刊
Early Childhood Education Journal	儿童早期教育期刊
Kappa Delta Pi Record	Kappa Delta Pi 纪事
Education and Urban Society	教育与城市社会
New Teacher Advocate	新老师倡导者
Education Action Research	教育行动研究
Oxford Studies in Comparative Education	牛津比较教育研究
Educational Assessment	教育评估
Phi Delta Kappan	卡潘杂志
Educational Evaluation and Policy Analysis	教育评价与政策分析
PROSPERO	普洛斯彼罗
The Educational Forum	教育论坛
Reading Research Quarterly	阅读研究季刊
Educational Policy	教育政策
Research in Post-Compulsory Education	后义务教育研究
Educational Psychologist	教育心理学家
Research in the Teaching of English	英语教学研究
Educational Psychology Review	教育心理学评论
Review of Educational Research	教育研究评论
Educational Research and Evaluation	教育研究和评价
School Leadership and Management	学校领导和管理
Educational Researcher	教育研究者
Teacher Development	教师发展
Elementary School Journal	小学期刊
Teacher Education Quarterly	教师教育季刊
Harvard Educational Review	哈佛教育评论
Teachers and Teaching: Theory and Practice	教师和教学：理论和实践
International Studies in Sociology of Education	教育社会学国际研究
Teachers College Record	师范学院记录

续表

Journal for Research in Mathematics Education	数学教育研究期刊
Teaching and Teacher Education	教学和教师教育
Journal of Classroom Interaction	课堂互动期刊
Theory into Practice	理论融入实践
Journal of Curriculum and Supervision	课程和管理期刊
Urban Education	城市教育
Journal of Curriculum Studies	课程研究期刊
The Urban Review	城市评论

我们首先关注定量研究报告的写作，然后是定性研究报告的写作。但是，在开始讨论之前，我们想要介绍无论在撰写哪种类型的研究报告时都必须遵守的几个一般性原则。

撰写研究报告的一般性原则（I）

也许撰写研究报告最重要的一般性原则是报告必须按照能够清楚地向读者传递信息的方式进行准备。良好的写作是一门技术，它需要认真考虑呈现方式和使用的语言。良好的写作通常是一个逐步发展的过程。获得良好写作的指导显然不是你学习本书或本课程的目的。良好的写作是很重要的，所以我们会讨论在准备一个研究报告时，你应该遵循的一般性原则，《APA 格式》对此进行了详细的说明（2010）。为了更快地了解一些你可以避免的常见错误，请在学生配套网站上查看巴尔克的写作技巧。

如果你有写作方面的困难，除了《APA 格式》以外，还有几本书可能很有用。斯特朗克和怀特的《风格的要素》（*The Elements of Style*）（W. Strunk Jr. and E. B. White，1918/2000）是一部经典之作，具有文风洗练的优点；盖奇（Gage，2006）的《推论的形式：大学论文写作》（*The Shape of Reason*）、两位罗斯诺（Rosnow，2009）的《心理学论文写作》（Writing Papers in Psychology）* 都是很好的资源，对清晰的写作很有帮助；赫尔特（Hult，1996）的《社会科学研究和写作》（Researching and Writing in the Social Sciences）和贝克（Becker，1986）的《社会科学学术写作规范与技巧》（Writing for Social Scientists）也是很好的参考书籍。

清楚的沟通需要有序地陈述想法。从报告的开始到结束，必须有连续性的词语、概念和主题发展。这种连续性可以通过使用标点符号说明观点之间的关系而达成，也可以使用过渡词，例如“那么”“接下来”“因此”和“然而”。因为你对你报告中的材料

* 本书最新版中译本已由重庆大学出版社引进出版。

很熟悉，所以经常会有失客观，而且在清晰表达方面存在的问题可能不会即刻显现。一个好的方法就是撰写研究报告，并在再次阅读之前，先把它放在一边。几天之后再阅读报告就会发现表达是否清晰的问题。

撰写研究报告需要流畅和简练的表达方式。流畅的表达可以通过避免含糊，或避免转换主题、时态、人称而达成，因为所有这些问题都可能会使读者产生疑惑。例如，动词时态的一致性会增强表达的清晰程度。简练的表达可以通过简短的词语而实现。这意味着要消除重复、冗长、行话、模棱两可，避免过度使用被动语态、累赘的陈述、粗制滥造的写作，而且不能过于详细描述研究报告中的任何一部分，如被试或者步骤。例如，不使用 at the present time，而是使用 now。短语 absolutely essential 是冗长的，应该被简化到 essential。你应该确定你所使用的词语表达了它们的字面意义。这意味着你必须避免使用口语、行话或模糊的比较。根据 APA 指南，当你描述研究所采取的步骤时，你应该使用人称代词“我”或“我们”。我们现在介绍的所有指导方针都是基于《APA 格式》(2010)的最新版本。

语言(I.1)

用于表达研究结果的语言应该避免侮辱性的态度和有偏见的假设。为了达成这个目标，应该遵守三个指导方针：具体、对标签敏感和承认参与。

具体(I.1A)

当提到一个人或多个人时，你应该选择免于偏见的准确而清晰的词语。当陷入疑惑时，在更加具体而不是较为笼统的方向上犯错误。例如，如果你正在描述年龄组，最好提供一个具体的年龄范围(例如，从 8 岁到 12 岁)，而不是一个广泛的类别，比如 12 岁以下。处于危险中的人群这个描述也过于广泛。反之，要确定涉及的危险和人群(如，遭受性虐待危险的儿童)。相似的，当把男性和女性作为一个社会群体时，要首选单词 gender，而不是 sex，因为 sex 会与性行为发生混淆。

标签(I.1B)

在任何研究中必须要尊重被试优先原则，被试应该被称以他们喜欢的称呼。这意味着要尽可能地避免贴标签，或者如同在科学中常见的那样，将被试按照目标人群(如，老年人)进行分类，或者使被试的情况(如，抑郁、中风患者)相同。一个有效的命名是将人置于首位，然后是描述性的短语(如，children with a diagnosis of attention deficit hyperactivity disorder)。同样的建议也适用于敏感性问题，即一个组比另外一个组好，或者一个组是标准组，而另外一个组要接受评判。例如，将受虐待儿童与正常儿童进行比较是不合适的，这样会伤害受虐待的儿童。一个更为合适的比较是在曾经受过虐待的儿童与未曾受过虐待的儿童之间展开。

参与（I.1C）

在你的研究中，你应该以承认他们的参与的方式来描写被试。《APA 格式》（2001）第五版推荐使用一般术语 participants 来指代参与研究的个人。在现在的第六版中，这个建议已经变成了使用一般术语 participants 或者 subjects。总之，当描述你的研究被试时，你应该具体化，并使用描述性的术语，例如患有注意力缺陷多动障碍的儿童或者中学教师。当撰写你的研究报告时，你也应该使用主动语态（如，学生完成了）。总之，要以承认被试参与的方式来讲述研究被试的行为。遵守这些指导方针，从而避免以侮辱人格的态度和偏颇假设的方式进行写作。谨记这些原则，具体要注意以下问题。

性别（gender）。被试应该被以避免产生性别认同或性别角色模糊的方式进行描述。这意味着你绝不应该使用他（he）来指代两个性别，或者使用人（man）或人类（mankind）来指代总体的人。在没有失去其本来含义或不影响清晰表达的情况下，人类（people）、个人（individuals）和人们（persons）等词语才可以被代替。

性取向（sexual orientation）。当指的是性情感、性吸引力和性行为的持久模式时，你应该使用术语性取向（sexual orientation）而不是术语性偏好（sexual preference）。此外，当指代这样类型的个人时，你应该使用诸如男同性恋（gay men）、男双性恋（bisexual men）、女同性恋（lesbians）和女双性恋（bisexual women）这样的术语来取代诸如双性恋（homosexual）这样的不准确术语。总之，你应该避免使用具有偏向含义或反映刻板印象的术语，因为这样做是对个人的诋毁。

种族和民族认同（racial and ethnic identity）。请记住，种族和民族的名称经常发生改变，可能会变得过时和具有否定意义。当提到一个人的民族或种族时，谨记具体性、敏感性和研究被试喜欢的名称这三条指导方针。一些具有非洲血统的人可能更喜欢术语黑人（Black），而其他人更喜欢非裔美国人（African American）。现在，当提到北美的原住民时，美洲原住民（Native American）、美洲印第安人（American Indian）、北美原住民（Native North American）都是可以被接受的术语。因为有数以百计的原住民群体，因此你通常应该更加的具体化（如，萨摩亚人、因纽特人、纳瓦霍人）。

残疾（disabilities）。当描述身体有残疾的人时，保持他们作为人类的完整性和尊严是很重要的。避免使用直接描述他们身体状况的语言，例如把被试描述成癌症病人，或使用形象化的暗喻，例如"坐轮椅的"。反之，要描述被试为有癌症的人或是被轮椅限制的人。相似的，避免居高临下的使用委婉语，例如"特殊的或有生理缺陷的"。

年龄（age）。有关年龄的一般原则是要具体地描述被试的年龄并避免开放式的定义，例如超过 65 岁。12 岁以下的人可以被称为男孩和女孩，13 岁到 17 岁的人可以被称为年轻男性或女性，或女性或男性青少年。称 18 岁和 18 岁以上的为男人或女人。年纪大的成年人更倾向于被称为老年人（elderly）。

为了获得有关不失偏颇的语言信息，你可以查阅完整的《APA 格式》，而且你应该访问 www.apastyle.org，寻找关于我们在这里讨论的主题的最新文档。

编辑风格（I.2）

编辑风格指的是一个出版者为确保清楚连贯地展现出版物而使用的规则或指南。这些规则明确了撰写研究报告时要遵循的基本规则和指导方针。根据《APA 格式》，下面我们列举和讨论一些规则。这个手册被使用在多数的社会、行为和教育研究上。如果你需要额外的信息，你应该查阅那本手册。*

标点符号（I.2A）

《APA 格式》对有关几乎所有的标点符号问题都给出了建议。如果你对一个特殊的标点符号问题不能完全理解，请查阅《APA 格式》。同时，本书配套网站上的“伯克的写作技巧”文档中还说明了一些更为常见的标点符号错误。这里有经常会发生错误的四条规则：

1. 总是在一系列事物中的 and 之前加入一个逗号（如，apples，oranges，and pears）。
2. 逗号和句号被包含在引号当中（如，中学中流行的词语是“geeks，”“dorks，”and “jocks”）。
3. 使用分号而非逗号来分开两个独立分句。
4. 独立分句之前有一个冒号。独立分句是一组可以独立成句的词语。

斜体（I.2B）

在一般情况下，很少使用斜体。使用文字处理软件的斜体功能来处理需要以斜体形式出现的词语。斜体需要在一些书面项目上出现，包括标题（如，书、期刊）、首次引入的一个新技术术语、很多统计符号以及可能容易被误读的词语。不要对在英语词典中出现的外来词或希腊字母使用斜体（如，a priori，per se，et al）。如果可能的话，少使用斜体来强调。

缩写词（I.2C）

你应该较少地使用缩写词。只有当缩写词符合惯例并可能为读者所熟悉时，或者当你可以节省相当大的空间并避免繁琐的重复时，才可以使用缩写。需要遵守的一般性规则是，只有当缩写词有助于你与读者进行沟通时，才可以使用缩写。以下的拉丁缩写词只能在附加说明的材料中使用：cf.（compare），e.g.，（for example），etc.（and so forth），i.e.，（that is），viz.，(namely），and vs.（versus，against）。

这条规则的例外是拉丁缩写词 et al.（and others），它可以被使用在文章文本中。一些表示时间单位的词，例如 second，hour，minute，millisecond，nanosecond 缩写成 s，hr，min，ms，ns。天、星期、月和年不缩写。缩写词和符号被用在很多计量单位中，

* 以下建议主要针对英文写作。—译者注

如 m（meter），N（newton），P.M.（post meridiem），V（volt）。这些缩写词无需使用斜体或下划线。一些缩写词现在已经被看作是词语（如，AIDS，HIV，IQ，ESP）。许多其他的缩略词也在《APA 格式》中出现，它们可以在研究报告中使用。当使用这里未提到的缩写词之前，你应该首先查阅这个手册。

标题（I.2D）

标题表明了你的文章的组织结构。一个文章有五个层次的标题，它们有以下这样自上而下的层级（APA，2010，p. 62）：

- 层级 1

  居中、粗体、大写字母和小写字母
- 层级 2

  左对齐、粗体、大写字母和小写字母
- 层级 3

  缩进、粗体，并用一个句号来结束小写字母段落标题
- 层级 4

  缩进、粗体、斜体，并用一个句号来结束小写字母段落标题
- 层级 5

  缩进、斜体，并用一个句号来结束小写字母段落标题

注意小写字母段落标题（即，层级 3、4 和 5）是以一个大写字母开始的，其他的字母都是小写字母。同时，正文从与小写字母段落标题的同一行开始。

不是所有的标题都要在文章中使用。APA 格式标题使用的逻辑是很简单的。如果文章只需要一个层级的标题，那就使用层级 1。如果需要两个层级，那就使用层级 1 和 2，以此类推。下面说明了几个层级标题的使用。

- 两个层级的标题如下所示：

Method

Selection of Research Participants

- 三个层级的标题如下所示：

Experiment 1

Method

Selection of research participants.

- 四个层级的标题如下所示：

Experiment 1

Method

Selection of research participants.

Experimental and control Participants.

- 五个层级的标题如下所示：

Experiment 1

Method

Selection of research participants.

Experimental and control Participants.

Strategies used with participants.

不要使用字母或数字来标记你的标题（如 I、II、III）。

引用（I.2E）

在第 5 章中，我们讨论了剽窃，将其定义为使用其他人的作品并作为自己的作品进行展示。当使用作者的原话时（即，4 个或更多的一连串的词语），你必须总是遵循两个基本的引用规则。引用规则一：当在文章中插入少于 40 个单词的引文时，就使用双引号将引文围住。引用规则二：40 个以及超过 40 个单词的引文通过一个单独的区块来呈现，不使用引号，但是需要缩进大约半英寸，并从新的一行开始。在这两种情况下，你必须列入引文的作者以及出版年代，并在文章中的参考文献部分列入文章的完整引用信息。不管是区块引用还是将引文插入文章内，你必须加入引文所在的具体页码。

数字（I.2F）

使用词语来表示句首的数字，以及任何小于 10 的数字。使用数字符号来表示所有其他的数字。这条规则的例外之处在《APA 格式》中有详细说明。当你使用数字符号时，确定你使用的是阿拉伯数字（1、2、3），而不是罗马数字（I、II、III）。

物理测量（I.2G）

所有的物理测量都要使用公制单位。如果一个测量使用了非公制单位，要在括号里用等价的公制单位来表示。

呈现统计结果（I.2H）

当在文章中呈现推理统计检验的结果时，要提供充足的信息来让读者充分理解所做的分析。当报告统计检验时，你应该提供检验的统计值、自由度、概率值、关系范围的效应值指标、置信区间的效应值。例如，t 和 F 检验可以如下报告：

$t(28)=4.67$，$p=0.04$，$d=0.55$，95% CI［0.30，0.95］

$F(3,32)=8.79$，$p=0.02$，est $\omega^2=0.08$

当报告置信区间时，你应该将置信上限与置信下限放在方括号中，并将其放在名称之后，如下所示：

95% CI ［−2.36，4.75］

文章中的文献引用（1.21）

当你在研究报告中引用他人的作品时，你必须通过引用你所使用的作品来给予他们认可。使用作者 - 日期引用法，这包括在合适的地方插入作者的姓氏和出版日期，如下所示：

史密斯（2009）称，在所有群体中教育与收入呈正相关。

或者

教育与收入呈正相关（Smith，2009）。

或者

研究显示教育与收入呈正相关（Smith，2009）。

有了这样的信息，读者可以转到文章的参考文献部分，然后找到有关这个来源的完整信息。涉及同一作者的多次引用要按照时间顺序进行排列：

史密斯（1987，1993，1998，1999）

涉及不同作者的多次引用按照字母顺序进行排列：

许多研究（Adams，1997；Cox，1994；Smith，1998；Thomas，1999）表示……

如果一处引用包括超过两个但是少于六个的作者，那么在第一次使用引文时，所有的作者都应该被引用。接下来的引用只列出第一作者的姓氏，后面跟着“等等”的缩写词和文章的出版年代，如下所示：

史密斯等人（1998）

如果一处引用关系到六个或者更多的作者，那么只有第一作者的姓氏会出现在全部的引文中，其后跟着缩写词等等。如果你遇到此处没有说明的引用来源问题，请查阅《APA 格式》。

参考文献（1.3）

研究报告中的所有引用必须在参考文献部分准确地和完整地呈现，以便于读者能够找到相关文献。这意味着每个条目应该包括作者的姓名、出版年代、标题、出版数据和其他能够确定文献的必要信息。所有的参考文献要按照第一作者姓氏的字母顺序进行排序，使用双倍行距和悬挂式缩进，并在一张单独的页面的顶部中心用大写和小写字母写下单词**参考文献**。

期刊、书籍和书籍章节参考文献的一般形式分别如下所示：

Canned，I. B.，& Had，U. B.（1999）. Moderating violence in a violent society. *Journal of Violence and Peace*，Making，32，231-243.

Breeze，C.（1997）. *Why children kill.* New York，NY: Academic.

Good，I. M.（1998）. Moral development in violent children. In A. Writer & N. Author（Eds.），*The anatomy of violent children*（pp. 134-187）. Washington，DC: Killer Books.

对于电子资源和定位器信息，过去所使用的一些参考模式并不适用，因为有时候很难辨别一篇文章的网络版本是最新版还是旧版。通常的建议是当参考电子资源时，使用与固定媒体源相同的部分，然后尽可能多的添加必需的电子检索信息，从而让其他人找到你所引用的资源。在过去，如果你引用的是从网络获取的信息，要包含期刊、书籍或报告出版者的主页资源定位符（URL），如以下例子所示（a）只在网络上出现的已发表的期刊文章和（b）出现在网络上的文档。

Van Camp，R.，& Roth，C.（2002）. Role of parental discipline on classroom behavior. *Journal of Child and Adolescent Behavior*，21，121-132. Retrieved from http://jcab.org/articles.html

Task Force on Teen Pregnancy in the Southeastern Region.（n.d.）. *Methods for reducing teen pregnancy*. Retrieved from http://www.reduceteenpregnancy.org

然而，网络上的内容经常被移动或删除，这会导致无效的资源定位符。为了克服这个困难，一些国际出版商开发了数字对象标识符（digital object identifier，DOI）系统，从而提供识别数字网络信息的稳定方式。不管文章位于网络的哪个位置，这个系统将唯一的标识符分配到每篇文章上，从而引领你找到文章。当文章已经出版并有可使用的电子版式时，出版商会给每篇文章分配一个数字对象标识符。数字对象标识符会出现在文章的首页。一篇有数字对象标识符的期刊文章的参考文献格式如下所示：

Johnson，B.（2010）. The advantages of doing a grounded-theory study. *Journal of*

Advanced Qualitative Methods，43，154-163. doi：10.1276/j.aqm.2009.34.108

如果你需要这里没有讨论的参考条目，你将需要查阅《APA 格式》。

版式（I.4）

当输入你的文章时，所有的内容要使用两倍行距，并选择统一的字体。在 APA 出版物中，新罗马体（Times New Roman）和 12 号字体大小是首选的字体格式。每页的顶端、底部、左侧和右侧都应该有一英寸的空白（2.54 厘米）。使用你的文字处理软件中的斜体和粗体功能以及《APA 格式》上介绍的其他特殊的字体或格式类型。

撰写 APA 格式的定量研究报告（II）

研究报告有七个主要的部分：

1. 标题页
2. 摘要
3. 导言
4. 方法
5. 结果
6. 讨论
7. 参考文献

在第 4 章中，我们讨论了研究计划中需要的一些组成部分。在这一章中，我们聚焦于撰写最终的研究报告。当看完以上的七部分，请注意结果部分和讨论部分没有在研究计划中出现，因为当时研究还未开展。然而，这两个主要的部分会在研究报告中出现，因为研究报告是用来记录你的完整研究的。现在我们介绍这七个部分中每个部分所包含的内容。

标题页（II.1）

标题页包含栏外标题、标题、作者、作者的机构名称和作者注。栏外标题是标题的缩短版，使用大写字母左对齐，并出现在标题页的顶部以及所有随后的页面里。标题位于页面的中心，并使用大写和小写字母。标题应该清楚地总结论文的主题，明确地确定研究中的变量或理论问题以及它们之间的关系。标题的长度应该不多于 12 个词。

对研究做出重大贡献的作者姓名应该直接出现在标题的下方，在页面居中排列，并按照他们对研究所做的贡献大小排序。首选的形式是使用作者的全名并省略头衔和学历。

作者开展研究时的所属机构要在作者姓名之下居中排列。

“作者注”位于作者所属机构的下方，居中排列。作者注应该提供关于每个作者所属部门的信息；致谢、免责声明，或利益冲突；作者的联系方式。每一部分信息都由一个单独的段落提供，每个段落以缩进的格式开始。第一段说明每个作者开展研究时的所属机构。第二段说明自从研究完成后，作者所属机构发生的任何变化。第三段对研究所提供的任何财政支持或对于完成研究提供的帮助表示感谢。这一段也包括有关研究所需要公开的特殊情况的信息（如，免责声明、已知的利益冲突）。第四段提供主要作者的联系信息，读者可以就报告与作者进行通信。这包括联系人完整的邮寄地址和电子邮件地址。如果这四段中的任何一段与你的研究无关，那么这一段可以被省略。因此，一些“作者注”信息只有两段或三段。之后本章提供的 APA 格式的研究报告样本（从 527 页开始）就有三个段落的作者注。

文章的所有页面要从标题页开始依次编号，编号位于页面的右上角。

摘要（II.2）

摘要是对研究报告内容的一个全面总结。词数限制因杂志而异，但是一般来说摘要在 150 词到 250 词之间。**摘要**（abstract）应该在一个单独的页面呈现，并位于页面的顶端。摘要应该是一个没有段落缩进的单独段落，它应该是准确的、简明的和连贯的。实证研究的摘要应该概述问题、研究被试、使用的方法、研究的基本结论或研究结果（包括统计显著性水平、效应值和置信水平）、任何重要的结论以及它们的应用性或影响。

导言（II.3）

研究报告从导言开始，由于所处的页面位置，所以并不需要列标题。输入文章的标题，并将它置于页面顶端的中间位置。根据之前的相关研究，导言提出了正在研究的具体问题，并描述了研究策略。你通常应该首先概述问题领域，有时还要说明研究的意义。接着导言会继续对这个领域已经开展的研究进行综述，并与正在研究的具体问题相联系。这个文献综述并不是详尽的，它只引用与现在的研究直接相关的研究，并对其他人的工作给予一个适当的历史记录和认可。一个详尽的文献综述对于论文更为合适。

在介绍了研究问题并对之前的文献进行综述后，你应该在你所报告的研究中说明你做了什么。这可能会以研究目的和使报告变得清楚易懂的假设的形式出现。总的来说，导言应该说明研究的目的，表明它如何与这个领域之前的研究相联系，并确定将要接受检验的假设。

方法（II.4）

方法部分在导言之后，它不需要从一个单独的页面开始。方法部分的目的是要准确地告诉你的读者研究是如何开展的。它使读者能够评价研究设计的适当性，并评估结果的信度和效度。如果给出的方法是很好的，另外一个研究者可以复制你的研究。

为了促进方法部分的交流，它通常分成几部分：被试、仪器或工具、步骤。如果研究设计是复杂的，那么可能会加入额外的部分来传递特殊信息。

被试（II.4A）

被试部分应该确定被试的主要人口学特征，例如他们的年龄和性别。你必须描述选择被试、确定样本大小和反应率的抽样法。其他相关信息也应该包含在内，例如他们是如何被分配到实验处理条件中的，被挑选参与研究但最终没有完成研究的被试数量（以及原因），合格和淘汰标准，以及鼓励参与的任何诱因。

仪器或工具（II.4B）

这部分描述了用来收集数据的仪器或工具，并解释了使用它们的原因。任何用来提高测量的信度和质量的方法都应该被描述。所使用的心理测量和生物计量性质的仪器应该被提及。

步骤（II.4C）

从被试和研究者开始接触到被试离开研究，步骤部分准确地告诉了读者研究是如何实行的。这部分包含了对研究中实验者和被试行为的逐步描述，包括提供给被试的任何指导、刺激条件，被试所做出的反应，以及所使用的任何控制方法，例如随机化或平衡。换句话说，在步骤部分，你要准确地说明你和被试的行为以及你是如何做到的。

结果（II.5）

结果部分在方法部分之后，它不需要从一个单独的页面开始。结果部分的目的是总结收集到的数据和它们的统计处理。在写这部分时，请记住任何有关结果的讨论都出现在讨论部分。结果部分应该告诉读者数据是如何被分析的以及分析的结果。在提供统计分析的结果时，请记住要说明所有的相关结果，包括 α 水平、效应值、置信区间。对缺失数据的处理应该与缺失数据的频率或比例、缺失数据的原因一起进行说明。如果开展多重显著性检验，那么说明曾经使用过的显著性水平是较为方便的，如下所示：

> 0.05 α 水平用在所有的统计检验中。

任何推断检验（如，t 检验、F 检验和卡方检验）的结果应该伴有检验统计量的数值，还有随之而来的自由度、准确的概率水平、效应量指标和效应趋势。一定要有足够的描述性统计，例如样本大小、方法、相关性和标准差，以便理解效应的本质。你也应该提供证据，证明你的研究有足够的先验力来发现一个效应。

在报告和说明一个统计学上的显著性效应的趋势时（因为明显的原因，非显著性效应不需要详细说明），你应该确定满足你目标的最明确和最经济的媒介。一般来说，表格是用来提供详细定量数据和阐述多变量主效应的首选。如果空间允许，图形可以有效地说明交互作用。如果你使用一个图形或者表格，你一定要告诉读者报告中文本所描述的内容。然后给予充分的解释确保读者能够正确地理解它。例如，当阐述方法时，总是要加入一个相关的差异量，例如标准差或均值方差。

讨论（II.6）

讨论部分有解释和评价研究结果的目的，主要强调研究结果和研究假设之间的关系。通过说明研究假设是否得到支持来开始你的讨论。根据解释研究结果的说法，告诉读者你认为它们意味着什么。在这种情况下，你应该努力把你的研究结果与先前的研究结果相结合，以使你的研究结果处于这个领域的文献背景下。除此之外，也应该阐明已经得到的任何结论。当解释研究结果时，你应该考虑研究中固有的任何局限性或缺点，例如可能的偏倚、威胁内部效度的因素、不精确的测量工具和效应值。一般来说，你应该承认研究中的局限性，以及在多大程度上可以推广你的研究结果。

讨论部分应该以对结果重要性的评论作为结尾。只要评论没有夸大，这就可能是一个或长或短的讨论。讨论部分的结尾也可能是研究结果中出现的新的或未解决的问题，这将会包括对该领域未来研究的建议。

参考文献（II.7）

参考文献部分提供了研究报告文本中所有引用的一览表。这部分既表示了对其他人学术工作的认可，同时又提供了找到他们作品的方式。在准备参考文献列表时，你应该从一个新的页面开始，并使用粗体在页面顶端居中输入**参考文献**（references）。虽然一些论文规定参考文献列表是单倍行距，但是所有的词目都应该是双倍行距。使用悬挂式缩进格式输入参考文献，并使每篇文献的第一行左对齐，随后的行要缩进。

脚注（II.8）

脚注按照它们在报告文本中出现的顺序，用阿拉伯数字依次编号。大多数的脚注是内容脚注，包含需要补充的材料或详述文中提供的信息，有时它们也被用来说明版权许可。只有当内容脚注能够加强讨论时，它们才应该被使用，否则它们可能会分散注意力。虽然脚注可能被置于参考文献后的一个单独页面里，但是脚注也可以被放在页面的底部，在这里它们的指称对象被探讨。位于一个单独页面上的脚注要按照它们在文章中被提及的顺序排列。

表格（II.9）

表格的出版费用较高，因此只有当表格可以比一个冗长的讨论更经济和清楚地呈现和总结数据时，才可以使用。表格应该被视为对正文的信息补充。虽然每个表格本身是可以理解的，但是它也应该是正文不可缺少的组成部分，并应该在文中的某处被提及。当提到一个表格时，应通过名字（如，表格 5）来指称它，而且不使用诸如“以上表格”或“第 6 页的表格”等指称。在正文中，只讨论表格的重点内容。如果你决定使用表格，按照它们在文中被提及的顺序，使用阿拉伯数字进行编号。

每个表格都应该有一个能够清楚地解释所包含数据的简短标题。标题和它的编号要在表格的顶端左对齐输入。表格中每行和每列数据应该有一个标注，可以尽可能简略地确定每行和每列所包含的数据。对于表格内容，你可以选择单倍行距，也可以选择双倍行距，所使用的行距应该以表格内容的可读性为准。表格中列出的数值应该被精确到所需的小数位数，从而表达测量的精确性。应该用一个破折号来表示缺失数据。

很多不同类型的表格可被用来描述数据。《APA 格式》讨论了你可能会使用的几乎所有类型的表格结构，并说明了很多类型的表格。如果你要构建一个表格，你应该查阅《APA 格式》获得更多的细节来准备。

下面的清单用来确保你所构建的表格符合《APA 格式》列出的规范：

- 必须用表格吗？
- 表格应该以打印版出现，还是可以用在线补充文件的形式来代替？
- 呈现可比数据的表格之间存在一致性吗？
- 标题是简短和具有说明性的吗？
- 每一列都有一个列标题吗？
- 所有的缩写词、特殊的斜体、破折号、粗体和特殊的符号都被解释了吗？
- 注释按照（a）一般注释、（b）特别注释、（c）概率注释的适当顺序排列了吗？
- 所有的垂直线都已经被消除了吗？
- 所有的表格使用相同的置信水平了吗？所有主要的点估计值有置信区间吗？
- 对于统计显著性检验而言，是否已经确保了正确的概率水平？
- 已经给予复制的版权表格完全的认可了吗？已经得到复制表格的许可了吗？
- 文中引用表格了吗？

图形（II.10）

图形代表除了格之外的其他任何插图，诸如统计图、曲线图或图画等。图形提供整体的结果模式，但是不如表格提供的信息准确，因为它们需要读者评估价值。有时候图表比表格更适合呈现信息。如果图表在很大程度上有助于理解文章并能够最有效地呈现信息，你应该加入图表。当需要来解释一些复杂的理论构想或代表一个复杂交互作用的实证结果时，文章中通常会加入一个图表。

当构建一个图形时，重点应该是简单、清楚、连续性和有信息价值。因此，只有当它们可以增强文章表现性，并能以清楚和易于理解的方式表达基本的事实时，才可以使用。

图形题注和图例（II.10A）

每个图形有一个题注和一个图例。图形题注说明图形内容，并可作为图形的标题。它被置于图形的下方。图例解释了图表中使用的任何标志，它被置于图形内。

图形准备（II.10B）

图形应该使用专业的软件计算机生成。使用的分辨率应该足以产生高质量的图像，字母通常不小于 8 号且不大于 14 号。当准备一个图形时，主要的指导方针是确保表述要清晰而且完整。下面的检查清单可以用来帮助准备一个图形。

- 图形是必需的吗？
- 图形是否以清楚和简单的并且没有无关细节的形式呈现？
- 标题描述内容了吗？
- 图形的所有部分被清楚的标注了吗？
- 文章中引用的图形是否有附录？
- 分辨率是否足够高并能确保精确的复制？

APA 格式的文章范例

为了帮助你准备一个研究报告，根据我们已经介绍的指导方针，现在我们提供一个研究报告范例[1]。它符合《APA 格式》规定的准则。这个研究报告的每个部分都包括了对其内容的一个简短评论，并对本章所讨论的特定部分进行了数字引用。我们希望当你撰写自己的定量报告时，会发现这个 APA 格式的范例很有用。如果你想知道如何构建标题页或如何在文章中引用参考文献（等等），你可以快速地参看这篇文章来了解它是如何做到的。在将这篇文章收入最新的《APA 格式》后，我们已对文章进行了模式化处理。在这篇文章之后，你将会发现本章的最后两部分，它们说明了如何写作定性研究报告和混合研究报告。

[1] "Sadder and less accurate？ False memory for negative material in depression，" by J.Joormann，B.A.Teachman，and I.H.Gotlib，2009，*Journal of Abnormal Psychology*，118，412-417.Copyright by the American Psychological Association.

Running Head: SADDER AND LESS ACCURATE 1

Sadder and Less Accurate?
False Memory for Negative Material in Depression

Jutta Joormann

University of Miami

Bethany A. Teachman

University of Virginia

Ian H. Gotlib

Stanford University

Author Note

Jutta Joormann, Department of Psychology, University of Miami; Bethany A. Teachman, Department of Psychology, University of Virginia; Ian H. Gotlib, Department of Psychology, Stanford University.

This research w
Grants MH59259
Teachman. The a
running the partic
Clore for sharing

Correspondenc
Jooman, Departme
FL 33124. E-mail:

文章标题——参看 Ⅱ.1 部分。

作者姓名和所属机构——参看 Ⅱ.1 部分。

有关作者注的信息在 Ⅱ.1 部分有讨论。

SADDER AND LESS ACCURATE 2

Abstract

Previous research has demonstrated that induced sad mood is associated with increased accuracy of recall in certain memory tasks; the effects of clinical depression, however, are likely to be quite different. We used the Deese-Roediger-McDermott (DRM) paradigm to examine the impact of clinical depression on erroneous recall of neutral and/or emotional stimuli. Specifically, we presented DRM lists that were highly associated with negative, neutral, or positive lures and compared participants diagnosed with Major Depressive Disorder (MDD) and nondepressed control (CTL) participants on the accuracy of their recall of presented material and their false recall of never-presented lures. Compared with CTL participants, MDD participants recalled fewer words that had been previously presented but were more likely to falsely recall negative lures; there were no differences between MDD and CTL participants in false recall of positive or neutral lures. These findings indicate that depression is associated with false memories of negative material.

Keywords: depression, memory, cognition, emotion, bias

有关撰写摘要的信息在 Ⅱ.2 部分有讨论。

如 Ⅰ.4 部分讨论的那样，正文需双倍行距，并使用Times New Roman字体。

SADDER AND LESS ACCURATE 3

Sadder and Less Accurate? False Memory for Negative Material in Depression

Mood states and emotions affect memory in various ways. Mood-induction studies, for example, have demonstrated that negative affect is associated with increased accuracy in retrieval (Storbeck & Clore, 2005), while positive mood states are associated with decreases in processing capacity (Mackie & Worth, 1989) and reduced processing motivation (Wegener & Petty, 1994), resulting in less accurate recall (Ruder & Bless, 2003). At the same time, research on mood-congruency suggests that affective states increase the accessibility of mood-congruent material (Bower, 1981). Understanding this complex interaction of mood and memory is important given its critical role in emotion regulation and emotional disorders.

Individual differences in mood-congruent memory and in the accessibility of mood-incongruent material have been proposed to predict the ability to regulate negative mood states (Joormann & Siemer, 2004; Joormann, Siemer, & Gotlib, 2007). Indeed, depression, by definition a disorder characteriz

associated with two

First, difficultie

stimuli and inhibitic

撰写导言的信息包含在Ⅱ.3 部分。

SADDER AND LESS ACCURATE 4

Second, negative affect associated with depressive disorders makes mood-congruent material more accessible and mood-incongruent

SADDER AND LESS ACCURATE 5

Previous studies of mood and memory have focused almost exclusively on the number of items that are correctly recalled. It is important to recognize, however, that there are different errors of memory: People can forget stimuli that they have seen, and they can 'remember' items that they have not seen. This latter error, often termed a 'commission error' or 'false memory,' has rarely been investigated in depression.

Interestingly, resul

clinical samples an

depressed samples

false memories in

more careful proce

Ruder & Bless, 20

clinical samples (e

should be less pro

depression is asso

2004) and increase

suggested by netw

cognitive theories

may produce more

SADDER AND LESS ACCURATE 6

(Jou & Foreman, 2007; see Roediger, Watson, McDermott, & Gallo, 2001, for a review of this literature). In fact, unlike false recall in other paradigms, participants typically recall the critical lures with a high degree of confidence and state that they recalled the word because they actually remember seeing or hearing it, and not just because it seemed familiar (see Roediger & McDermott, 1995, 2000).

To date, few researchers have examined individual differences in DRM performance and the effects of emotional states on DRM recall. Storbeck and Clore (2005) recently demonstrated that non-clinical individuals in a negative mood state were less likely to recall critical lures than were participants who had undergone a positive mood induction, a

SADDER AND LESS ACCURATE 7

We hypothesized that, given their chronic activation of negative material, depressed participants would 'recall' more negative, but not more positive or neutral, critical lures than would nondepressed control participants.

如 I .2D 部分所示，使用正确的标题顺序。

Method

描述被试的信息在 II .4A 部分讨论。

Participants

Participants were solicited from two outpatient psychiatry clinics and through advertisements posted within the community. We excluded individuals if they were not fluent in English, were not between 18 and 60 years of age, or if they reported severe head trauma or learning disabilities, psychotic symptoms, bipolar disorder, or alcohol or substance abuse within the past 6 months. rained interviewers
administered the S
Spitzer, Gibbon, &
first study session
diagnosis, and .92
absence of current
DSM-IV criteria;
Participants we
the DSM-IV criteri
consisted of indivic

如 I .2F 部分提到的那样，正确地表达数字。

SADDER AND LESS ACCURATE 8

no current diagnosis and no history of any Axis I disorder. Participants also completed the Beck Depression Inventory-II (BDI; Beck, Steer, & Brown, 1996), a 21-item, self-report measure of the severity of depressive symptoms and the 22-item Ruminative Response Scale (RRS, Nolen-Hoeksema & Morrow, 1991) to examine how participants tend to respond to sad feelings and symptoms of dysphoria. Fifty-two individuals (25 currently diagnosed with MDD, 27 never-disordered controls) participated in this study.

如 I .2C 部分讨论的那样，只在有限的条件下少量地使用缩略词。

Materials

描述研究中使用的材料、仪器和工具的信息在 II .4B 部分。

We presented 40 lists, each containing 15 words. Thirty-five of the 40 lists were taken from McDermott and Watson (2001). We added to this the happy list and the sad list used by Storbeck and Clore (2005) and created three additional lists using valence, arousal, frequency, and association norms. To assess false memory separately for neutral, negative, and positive lures, we compared valence ratings for critical lures from these lists to the Affective Norms of English words ANEW; Bradley & Lang, 1999), which lists valence and arousal ratings for over 1,000 English adjectives, verbs, and nouns on 9-point scales (1: not at all arousing/very negative to 9: very arousing/very positive). Because 11 of the 40 critical lures are not included in the ANEW, we obtained ratings from 12 undergraduate and graduate students using scales that were identical to the ANEW (full details on the ratings and lists may be obtained from the first author).

如 I .1C 部分讨论的那样，使用没有任何偏见或没有侮辱性态度的语言。

SADDER AND LESS ACCURATE 9

Of the 40 lures associated with the lists, we identified 3 as positive, 3 as negative, and 34 as neutral. Combining ANEW ratings with our ratings, the positive lures had an average valence rating of *M* = 7.67 (*SD* = 0.55) and an average arousal rating of *M* = 5.43 (*SD* = 0.96); the negative lures had an average valence rating of *M* = 2.87 (*SD* = 2.18) and an average arousal rating of *M* = 4.43 (*SD* = 0.26). The remaining (neutral) lures had an average valence rating of *M* = 5.20 (*SD* = 1.46) and an arousal rating of *M* = 4.63 (*SD* = 1.33). As expected, the three types of critical lures differed significantly in their valence ratings, $F(2,37) = 7.91$, $p < .01$, but importantly, did not differ in arousal, word frequency, or average word length, all *Fs* < 1, *ns*.

Design and Procedure

The false recall paradigm was modeled after Storbeck and Clore (2005). All words were presented in the same order, with the first word of each list being mos
associative strengt
lists was randomiz
250 ms each with
Participants we
diagnostic intervie
them to remember
would be presented
was to follow the p
seconds to write do
Following Roedige
cautioned participa

注意：作者应该报告准确的 p 值。参见Ⅱ.5 部分的统计结果介绍。

介绍研究步骤的信息在Ⅱ.4C 部分

如Ⅰ.1C 部分讨论的那样，要承认被试的积极参与。

SADDER AND LESS ACCURATE 10

during the recall task. All participants began with the 'King' list as a practice trial. After each list, a tone signaled the start of the memory test. Participants were given a booklet to write down the words they recalled. After 45 s another tone signaled the end of the recall period and the start of the presentation of the next list. This procedure was repeated for all 40 lists.

Results

Participant Characteristics

Demographic and clinical characteristics of the two groups of participants are presented in Table 1. The two groups did not differ significantly in age, $t(50) < 1$, or education, $t(46) = 1.41$, $p > .05$; as expected, MDD participants had significantly higher BDI scores than did CTL participants, $t(50) = 16.23$, $p < .01$. MDD participants also had higher scores on the RRS, $t(50) = 9.35$, $p < .01$. Five participants in the MDD group were diagnosed with current comorbid anxiety disorders (1 with current and lifetime Social Anxiety Disorder (SAD) and Post-Traumatic Stress Disorder (PTSD), 2 participants with current and lifetime SAD and lifetime PTSD, and 1 participant with current and lifetime PTSD; 1 participant was diagnosed with lifetime PTSD but no current comorbid condition). Other current or lifetime comorbid diagnoses were observed in our sample.

介绍研究结果的信息出现在Ⅱ.5 部分。

正确的统计分析表述在Ⅱ.5部分讨论。你能找出这些作者在呈现他们的数据分析时所犯的错误吗？

SADDER AND LESS ACCURATE 11

Accurate Recall of Presented Words

To examine whether the MDD and CTL participants differed in their recall of words from the lists, we first examined the mean percentages of correctly recalled words per list (see Table 1). We conducted a repeated-measures analysis of variance (ANOVA) examining correct recall, with group (MDD, CTL) as the between-subjects factor and valence of the lure (neutral, positive, negative) as the within-subject factor. This analysis yielded significant main effects of group, $F(1, 50) = 8.00$, $p < .01$, $\eta^2 = .14$, and valence, $F(2, 100) = 28.55$, $p < .01$, $\eta^2 = .35$, which were qualified by a significant interaction of group and valence, $F(2, 100) = 3.13$, $p < .05$, $\eta^2 = .04$. Although MDD participants exhibited lower recall of previously presented words than did CTL participants across all lists (ne
$t(50) = 3.15$, $p < .$
this difference was
positive lures, indi
recall than did the
from the positive l

SADDER AND LESS ACCURATE 12

Mean Error Production

To investigate group differences in the number of errors on the memory test, we examined whether MDD and CTL participants differed

SADDER AND LESS ACCURATE 13

Discussion

撰写讨论部分所需要包含的要素见Ⅱ.6部分。

The present study was designed to investigate whether clinical depression is associated with increased false recall of neutral and/or emotional material. Compared to control participants, depressed participants falsely recalled a higher proportion of negative lures. Importantly, no group differences were obtained for recall of positive and neutral lures, indicating that the higher propensity for false recall in depression does not reflect a general deficit, but instead, is specific to the processing of negative material. Depressed participants also demonstrated less accurate recall than did their nondepressed counterparts for previously presented items, especially those from the positive lists. Thus, even though depressed participants exhibited a general deficit in recall, consistent with prior literature (e.g. Burt et al., 1995), they were also more likely to recall negative lures that had not been presented to

Our findings
If depressed peop
counterparts to pr
impact of memory
to be even more
findings suggest t
quite different fro
Clore (2005) repo

在研究报告文本中，引用其他人文章的正确方法在Ⅰ.2Ⅰ部分讨论。

SADDER AND LESS ACCURATE 14

bring to mind items that are related to the list but that were not presented. Indeed, the stronger the initial activation, the higher the probability for false recall. The activation of these items, however, is not sufficient to lead to false memory. A second process, monitoring, can affect the false memory effect by selecting items at recall that the participant does not remember seeing even though they seem familiar. Thus, the activation-monitoring framework proposes that the probability of false recall is a function of the

SADDER AND LESS ACCURATE 15

Roediger et al. (2001). Through spreading activation, semantic activation processes during encoding of a list can bring to mind items that are related to the list but that were not presented. Indeed, the stronger the initial activation, the higher the probability for false recall. The activation of these items, however, is not sufficient to lead to false memory. A second process, monitoring, can affect the false memory effect by selecting i
though they seem f
the probability of fa
presented but relate
(2005) added a vari
investigate whether
at recall. They conc
negative mood grou
affect monitoring at

Unlike transient
both the activation a

SADDER AND LESS ACCURATE 16

We should note two limitations of the current study. First, because of our decision to use as many of the original DRM lists as possible without considerably lengthening the task in order that our findings could readily be compared to other DRM studies, we used 3 positive, three negative, and 34 neural lists. The relatively small number of positive and negative lists was also due to the inherent difficulties in constructing novel, high-quality DRM lists. Although this design choice somewhat limits direct comparison of false recall of neutral versus emotional lures, our main hypotheses focused on between-group

SADDER AND LESS ACCURATE 17

References

介绍参考文献格式的信息出现在Ⅱ.7部分和Ⅰ.3部分。

American Psychiatric Association. (1994). *Diagnostic and statistical manual of mental disorders* (4th ed.). Washington, DC: Author.

Beck, A. T. (1976). *Cognitive therapy and the emotional disorders*. New York: International Universities Press.

Beck, A. T., Steer, R. A., & Brown, G. K. (1996). *Manual for the Beck Depression Inventory-II*. San Antonio, TX: Psychological Corporation.

Blaney, P. H. (1986). Affect and memory: A review. *Psychological Bulletin, 99*, 229–246.

Bower, G. H. (198
129–148.

Bradley, M. M., &
(ANEW): Tech
Center for Res

Burt, D. B., Zemba
impairment: A
Psychological

Chan, S., Goodwin,
students have
Medicine, 37,

First, M. B., Spitzer
Clinical Intervi
CV). Washingt

Hertel, P. T. (199

SADDER AND LESS ACCURATE 18

Hertel, P. T., & Rude, S. S. (1991). Depressive deficits in memory: Focusing attention improves subsequent recall. *Journal of Experimental Psychology: General, 120*, 301–309.

Joormann, J., & Gotlib, I. H. (2008). Updating the contents of working memory in depression: Interference from irrelevant negative material. *Journal of Abnormal Psychology, 117*, 206–213.

Joormann, J., & Siemer, M. (2004). Memory accessibility, mood regulation and dysphoria: Difficulties in repairing sad mood with happy memories? *Journal of Abnormal Psychology, 113*, 179–188.

Joormann, J., Siemer, M., & Gotlib, I. H. (2007). Mood regulation in depression: Differential effects of distraction and recall of happy memories on sad mood. *Journal of Abnormal Psychology, 116*, 484–490.

Jou, J., & Foreman, J. (2007). Transfer of learning in avoiding false memory: The roles of warning, immediate feedback, and incentive. *The Quarterly*

SADDER AND LESS ACCURATE　19

Nolen-Hoeksema, S., & Morrow, J. (1991). A prospective study of depression and posttraumatic stress symptoms after a natural disaster: The 1989 Loma Prieta earthquake. *Journal of Personality and Social Psychology, 61,* 115–121.

Parrott, W. G., & Sabini, J. (1990). Mood and memory under natural conditions: Evidence for mood incongruent recall. *Journal of Personality and Social Psychology, 59*, 321–336.

Peters, J. V., Jelicic, M., Verbeek, H., & Merckelbach, H. (2007). Poor working memory predicts false memories. *European Journal of Cognitive Psychology, 19*, 231–232.

Roediger, H. L., III, & McDermott, K. (1995). Creating false memories: Remembering words not presented in lists. *Journal of Experimental Psychology: Learning, Memory, and Cognition, 21*, 803–814.

Roediger, H. L., III, & McDermott, K. B. (2000). Tricks of memory. *Current Directions in Psychological Science, 9*, 123–127.

Roediger, L., III, Watson, J., McDermott, K., & Gallo, D. (2001). Factors that determine fals
Bulletin and R

Ruder, M., & Bless
heuristic. *Journ*

Ruiz-Caballero, J.,
negative perso

Rusting, C. L., & D
negative mood
Personality &

Storbeck, J., & C
happiness, fa
Psychological

Watkins, E. (200
Psychological

Wegener, D. T., &
states: The he
Social Psychol

SADDER AND LESS ACCURATE　20

Footnote

[1]This group difference remained significant when we excluded MDD participants diagnosed with a current comorbid condition, $t(45) = 2.14$, $p < .05$. False recall was not significantly correlated with measures of rumination (RRS) or BDI scores.

有关脚注的位置和信息出现在Ⅱ.8 部分。

有关构建表格的内容在Ⅱ.9部分讨论。

SADDER AND LESS ACCURATE 21

Table 1

Characteristics of Participants, Proportion of Correctly Recalled Words, and Mean Error Rates

	Group	
	MDD	CTL
N (*N* female)	25 (14)	27 (19)
Age	32.56 (8.33)	31.29 (10.69)
Years of education	15.42 (2.53)	16.22 (2.26)
% Caucasian	65	66
% income < $50,000	77	70
BDI	27.48 (11.48)	1.19 (1.99)
RRS	56.97 (12.51)	31.13 (6.80)
Recall: % Correct Positive	.30 (.08)	.37 (.07)
Recall: % Correct Negative	.28 (.06)	.32 (.06)
Recall: % Correct Neutral	.34 (.06)	.37 (.05)
Mean Errors Positive	0.41 (0.31)	0.22 (0.35)
Mean Errors Negative	0.44 (0.33)	0.32 (0.32)
Mean Errors Neutr		

Note: Standard devi
nosed with Majo
BDI = Beck Depre

有关构建图形的内容在Ⅱ.10部分讨论。

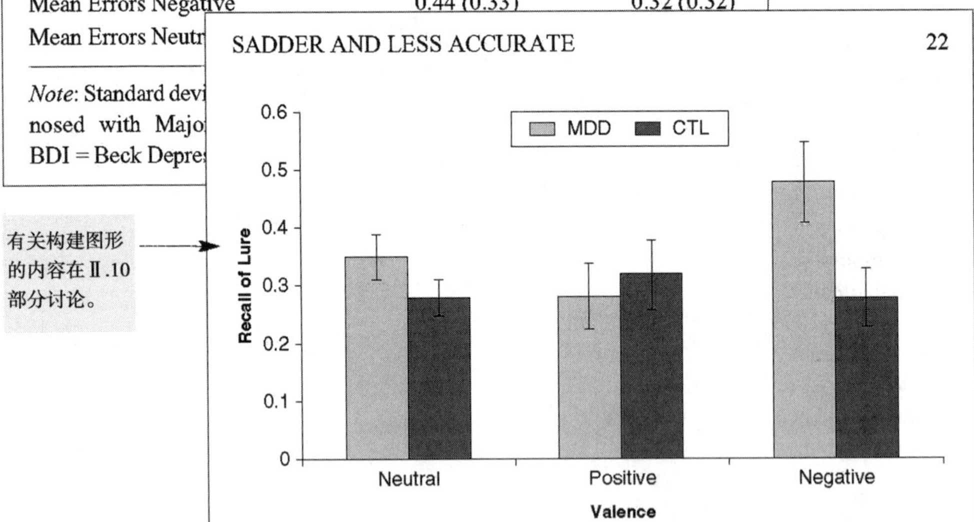

Figure 1. Probability of recalling critical neutral, positive, or negative lures in the Deese-Roediger-McDermott task in participants with major depressive disorder (MDD) and control participants (CTL). Error bars represent one standard error.

撰写定性研究报告

我们同意莎伦·梅里亚姆（Merriam，1998）所说的“定性研究报告没有标准格式”（P.227）。四十多年前，洛弗兰德（Lofland，1971）称多样性风格在定性研究中很流行，而今天那种多样性依然比较普遍。例如，定性研究者使用很多非传统的和富有创造力的风格，如定性报告中包含故事、诗歌、随笔、绘画和照片。同时，我们及越来越多的学者（如，Berg，1998；Merriam，1998）认为定性类期刊文章的特定结构是有帮助的，因为它让读者知道应该期待什么样的信息，信息的位置以及可以有助于对单独的定性研究报告进行比较。简而言之，当你写作一个定性研究文章时，你需要在写作的创造性目标和写作的结构性目标之间找到一个平衡，它要最适合于你，而且也要适合你计划用来传播定性研究（期刊、论文、评估报告）的途径。

学习如何撰写定性研究报告的一个方法是查阅已经出版的范例，并使用学到的想法来帮助撰写你自己的文章。我们已经在本书的配套网站上加入了人种志研究，从而阐明一个定性研究报告。

在本章的前半部，我们讨论了有关撰写研究报告的一些一般性原则。这些原则适用于定量研究、定性研究和混合研究。然而，我们想要特别增加两点与定性研究相关的讨论。首先，定性研究者倾向于非常积极地使用第一人称（即，“我”而不是“研究者”）和主动语态（“我采访了教师”而不是“教师被研究者采访了”）（《APA 格式》现在也推荐这些定性研究做法！）。定性研究者认为这种风格使得他们处于自己的研究当中，并鼓励定性研究者要对他们在研究中所起的积极作用负责任。这样是有意义的，因为定性研究者必须要在定性研究的几乎每一步中都扮演中心角色（如，研究者是“数据收集工具”，因为研究者必须对什么是重要的、应该注意和记录什么做出现场决策，研究者必须手动编码文本，而不是使用统计分析程序来提供标准统计结果，研究者必须解释整个研究，等等）。

其次，化名（即，伪名）在定性研究中被广泛地使用。因为只有少数人作为被试参与到定性研究中，而且在这些被试身上可以获得深入的信息，所以定性研究者必须谨慎地确保研究被试的身份具有足够的隐蔽性。如果报告的读者能够根据报告中给出的关于被试的描述性信息而辨别出被试的身份，那么保密性就不够充分。例如，如果你正在开展一所小学的人种志研究，学校里的每个人都知道校长、图书管理员等。只是为了个人而使用假名可能还不够。在发表的报告中，你可能也需要给予学校或城市一个假名。最后的策略是保留个人的隐私性信息，从而使他 / 她难以被识别。在大多数情况下，你能够在你的研究中从被试那里获得使用假名的书面许可，而不需要做出任何额外的努力来隐瞒他们的身份。这些伦理问题在定性研究中尤为重要。

在本章的前半部分，按照《APA 格式》建议的那样，我们讨论了定量研究报告的 7

个主要组成部分（标题页、摘要、导言、方法、结果、讨论和参考文献）。这 7 个部分也可以很有效地在定性研究报告中使用。多数有关这 7 个部分的先前评论也适用于定性研究报告，我们在这里不重复那些观点了。然而，围绕与撰写定性研究报告有关的这 7 个部分，我们强调几个重要的问题。

从技术的角度来看，标题页在定量和定性研究报告中是相似的。不管哪种报告类型，总是尽量写一个清楚的和描述性的标题。摘要在定量和定性研究报告中也是相似的。当撰写一个摘要时，你的目标总是简洁地叙述文章的重点、关键的方法论特征以及最重要的结果。

导言部分（有时候称为背景）清楚地解释你的研究目的，接着说明与你的研究有关的任何研究文献，例如，如果你希望让你的研究适合更大范围的研究，那么许多这样的材料应该置于导言中。然而，定性研究的导言与定量研究的导言有些不同。例如，定性研究报告通常不包含任何演绎假设（根据之前的文献和理论得出的有关变量间关系的假设性预测），因为与验证性推论相比，定性研究通常更多地做解释推理。虽然研究问题经常在定性研究报告的导言中得以说明，但是它们通常以开放的和一般的形式出现（如，研究者希望"发现"、"探索一个过程"、"解释或者理解"、"叙述经历"），而不是以非常具体的问题形式出现，这种情况在定量研究中更为常见（Creswell，1994，p. 71）。

有时候方法部分会被合并到定性研究报告的导言中。然而，定性研究作者使方法成为独立部分的做法变得越来越普遍。我们认为定性期刊文章中应该有单独的方法部分。作者可能希望在一个更大众化的报告版本中将方法部分归入到附录中，但即使是这样，研究者描述开展研究所使用的方法还是很重要的。否则，读者就会疑惑不解，没有足够的信息来评估研究的质量。

方法部分需要有这样的信息：研究是如何开展的、在哪里开展的、和谁开展的、为什么要这样设计研究、数据是如何收集和分析的，以及最重要的是实施了什么样的步骤来确保论点和结论的有效性。今天对于定性研究者而言，在报告中含有以下这样的部分也是普遍的，即可以反映他们的个人观点、他们的学科背景、他们的理论和例证观点，以及这些特征如何影响他们的研究。研究者应该讨论他们使用什么样的策略来确保定性研究的效度（如，查看我们在第 10 章讨论的三角测量、较少推论描述、广泛的田野研究和自反性）。当你阅读定性研究报告的方法部分时，一个关键问题是"作者使你确信他们有效并合理地开展了研究吗？"

也许定性研究报告中最重要的部分是结果部分（有时候在定性研究报告中被称作"发现"部分）。这是研究者提供大量证据来支持他 / 她的论点的部分。当撰写结果部分时，最重要的问题是提供充足的和令人信服的证据。你的观点必须有实证数据的支持（如，引用、扎根理论）。一般来说，你不想让读者去说，"我不确定我是否同意作者的观点"。

研究者应该尽量使以下这种情况最小化，即在没有任何证据的支持下，读者必须将研究者的论点当作他们自己的观点。当我们开展结果部分时，我们应该记住以下这点："它是基于证据的！"正如波格丹和比克伦（Bogdan and Biklen，1998）所指出的那样，"事实上，定性研究者告诉读者，'这是我所发现的，这是支持那种观点的细节'"（p.195）。如果我们遵循了这个建议，我们可能会产生令人信服的、可靠的和合理的结果部分。

在撰写一个令人信服的结果部分时，你需要在描述和解释之间找到一个合理的平衡。一方面，你不需要过度使用大量的描述性细节，而进行很少的解释性说明。例如，你不应提供没有解释的文字、访谈记录和田野笔记。请牢记，这样的信息可能看起来对你很重要，因为你专注于你的研究数据。然而，这样详细的信息可能对你的读者并不重要，而且在期刊文章中，版面是有限的。另一方面，你确实需要提供充足的描述性细节来支持你的结论和解释性说明。如果你没有提供足够的描述性细节，读者将会被迫过度地依赖你没有支持性证据的观点。如果你没有提供足够的解释性说明，你的读者将会沉浸于细节中。当撰写定性研究报告时，在描述和解释性说明之间找到最好的平衡需要时间和练习。它也依靠读者和传播报告的媒介。例如，一本书或一篇学位论文的篇幅要比期刊文章更长。而且，与最畅销的定性研究纪实性书籍的读者相比，期刊文章的读者通常不太愿意将你的话语当作你的解释。

撰写结果部分的一个重要策略是从你的研究被试中引用，并加入你的田野笔记和其他数据中的一些简短的章节，从而使你的读者接近研究被试和报告中描述的真实情形。你应该提供一些丰富的和生动的有关环境、背景、被试、文化场景和被试间相互作用的描述。这样，读者可以间接地体验到与研究被试处于相同情况下的感觉。片段（如，详细的例子）和较少推论描述（如，来自被试的引用）的使用对实现这个目的很有用。另外一种表现数据的方式是做出解释性说明，并在每个说明后都附有一个或多个例证。在结果部分，将描述性数据和解释性说明交织在一起有助于读者理解你的推理路线。不管结果部分的具体格式怎么样，请记住你必须总是能提供支持你论点的数据（描述、引用、多源数据等）。

与定量报告的结果部分相比，定性报告的结果部分常常含有更多的副标题。根据实施的定性研究类型和数据分析的结果，由副标题确定的特定结构将会不同。例如，定性研究结果部分的结构可能会围绕（1）在研究中得到检验的研究问题或研究议题，（2）适用于研究数据的基于文献的先验概念图示，（3）在数据分析过程中发展而来的类型学，（4）数据中发现的关键主题，或者（5）基于从研究数据中产生的扎根理论而得出的概念图示。不管具体的格式怎么样，请记住你必须使读者确信你的论点，那是有效报告写作的关键。

在讨论部分（有时候被称作结论），定性研究者应该说明全部的结论，并提供补充解释。研究者也应该确定结果是否与有关的特定主题或小组已出版研究文献的结果相一致。虽然研究是探索性的，但是使你的结论适用于讨论部分的相关研究文献是重要的。它也有助于为深入研究提供建议，因为研究很少会在真空中实施。几乎所有的研究可以而且应该与我们所开展过的研究的整体情况相关，而且与我们要努力增加有关人类和他们条件的研究型知识有关。

参考文献部分在定量和定性报告中是相同的。如果使用的是 APA 参考格式，那么参考文献应该遵循本章之前描述的和样例报告中演示的 APA 格式。最后，之前讨论的辅助部分（表格、图形等）在定性研究报告中也会发挥重要作用。例如，当需要大量的叙事文本来传达同样的信息时，一个数据图或矩阵图很有用。学习更多有关呈现定性研究数据的资源是迈尔斯和休伯曼（Miles and Huberman，1994）的《定性数据分析：一本扩展源书》。

撰写混合研究报告

在某种程度上，我们已经解释了如何撰写定量研究报告和定性研究报告。然而，当你的报告是基于定量和定性研究时，你应该做什么？我们的建议是，首先要了解你的读者并按照能够与读者清楚沟通的方式进行写作。其次，一定要解释你的混合研究哲学和综合法，这是在第 10 章讨论过的范式效度的关键部分。第三，我们认为在混合研究报告中展示研究现象的多个视角是重要的。一种创造性的风格是在报告的结果和讨论部分，交替展示主位观点和客位观点；另一种是使用公正的隐喻，并使主角保卫冲突的立场，然后努力提供一个广泛的、综合的、中和的（即混合的）观点。还有一种是使用辩证逻辑（即，论点、对照、综合），每一种方法都写下来，之后是竞争范式相互批判（定性批判定量的初稿，定量批判定性的初稿）。最后，混合视角将会通过综合法来完成报告。第四，我们强调在所有的情况下，并没有单独适合于混合研究的写作方法，只要你能使用数据和证据来充分地证明你的论点，你的表达风格就可能具有创造性。第五，如果你要撰写定量研究与定性研究并重的混合设计的研究报告，那么在这个混合研究报告中，你需要充分尊重这两种方式各自的思维风格来描述和整合它们。第六，确保你把从定性和定量数据、结论中得出的观点与正当的**元推理**（meta-inference）（即，根据定量和定性的数据和结论得出的综合性推断或结论）相融合。如果你有共通性混合效度，如第 10 章讨论的那样（p. 274），那么就需要这种综合性观点。你的元推理也应该意识到社会和政治的需要，以及你的研究结果如何有助于知识和社会的公平。如第 10 章讨论的那样，这就是混合研究中的政治效度。

作为一个起点而且为了方便沟通，在很多情况下，你可以围绕本章之前讨论的 APA 报告中相同的七个通用部分来构建你的报告（即，标题页、摘要、导言、方法、结果、讨论和参考文献）。基于这个起点，混合报告的主要改进是需要在一个或多个部分中组织定量和定性部分，并按照适合你的读者的方式进行。例如，一种有效的结构风格是通过你的研究问题将导言、方法、结果和讨论组织起来，你能够告诉你的读者，每一个研究问题代表了什么样的定量、定性和混合观点，从而适应每个主要报告部分的需要。另外一种风格是通过研究范式（定性、定量和混合）来组织一些部分。例如，定性结果可能首先呈现，接着是定量结果，之后是混合结果。还有一种风格是撰写基本单独的分报告（一个是定性部分，一个是定量部分），之后是将这些综合的混合部分。

正如你所看到的，撰写混合研究报告是独特的，不同于撰写传统的单一方法研究报告。然而，它也与撰写其他类型的研究报告相似。在所有的研究报告中，关键是清楚地提出每一个研究问题，使你的报告具有高度的描述性和可读性；并针对每个研究结果和建议，向你的读者提供的充足的、使人信服的、合理的证据。

问题讨论

1. 对于研究方法初学者来说，你认为最常见的写作错误或写作问题是什么？
2. 你认为研究报告的哪部分最难写？
3. 你认为什么类型的研究对作者要求最高：定量研究、定性研究或混合研究？

研究练习

1. 拿出这学期你评论的一篇文章，并评判你的写作。
2. 使用科教资源信息中心（ERIC），找到一篇定性研究文章，阅读这篇文章，并回答以下问题。
   （1）文章的各个部分是什么？
   （2）作者在每个部分试图完成什么任务？
   （3）作者使用了什么证据来支持结论或解释？
   （4）这个报告的格式和风格是如何与一个定量研究报告存在差异的？

行动研究日志

提示：之前我们提过，教育科学有必要认真听取实践者的行动研究发现。因此，行动研究者必须通过诸如专业的学术会议和出版物等媒介来记录他们的结论并与其他人分享。人际沟通机制也是重要的，例如与同行、被试、管理者和父母分享你的结论和观点。请牢记，为了参与到不断的学习中，沟通必须是双向的（或多向的）。

1. 你应该如何明确地沟通和传播从你的行动研究中获得的观点？
2. 你的沟通和传播计划是什么？
3. 你如何传达你的结论？其他人认为有用吗？他们对你的项目的看法是什么？你想和谁继续开展你的“行动交流和学习”？你应该组织一个学习团体来继续致力于关注一个特定的行动研究问题吗？
4. 如果你要继续你的行动研究计划，有什么后续问题吗？
5. 你接下来的具体的行动研究问题和行动计划是什么？

参考文献

Adams-Price, C. E., Henley, T. B., & Hale, M. (1998). Phenomenology and themeaning of aging for young and old adults. *International Journal of Aging and Human Development*, 47 (4), 263-277.

American Association for the Advancement of Science. (1990). *Science for all Americans: Project 2061*. New York, NY: Oxford University Press.

American Educational Research Association(AERA).(1992). Ethical standards of the American Educational Research Association. *Educational Researcher, 21*, 23-26.

American Educational Research Association, American Psychological Association, &National Councilon Measurement in Education (1985). *Standards for educational and psychological testing*.Washington, DC: American Psychological Association.

American Educational Research Association, American Psychological Association, & National Council on Measurement in Education. (1999). *Standards for educational and psychological testing (2nd ed.)*. Washington, DC: American Psychological Association.

The American Heritage Dictionary of the English Language (4th ed.). (2010). Boston, MA: Houghton Mifflin Harcourt. Retrieved from http: //www.yourdictionary.com.

American Psychological Association. (1954). Technical recommendations for psychological tests and diagnosis techniques. *Psychological Bulletin*, 51, 201-238.

American Psychological Association (APA). (2001). *Publication manual of the American Psychological Association* (5th ed.). Washington, DC: Author.

American Psychological Association (APA). (2010). *Publication manual of the American Psychological Association* (6th ed.). Washington, DC: Author.

Anderson, J. R. (1995). *Cognitive psychology and its implications*. New York, NY: W.H. Freeman.

Anyon, J. (2009). *Theory and educational research: Toward critical social explanation*. New York, NY: Routledge.

Asher, H.B. (1983). *Causal modeling*. Beverly Hills, CA: Sage.

Babbie, E. (1998). *The practice of social research* (8th ed.).Belmont, CA: Wadsworth.

Babbie, E. R. (1990). *Survey research methods*. Belmont, CA: Wadsworth.

Bailey, K.D. (1994). *Typologies and taxonomies: An introduction to classification techniques*. Thousand Oaks, CA: Sage.

Bailley, S.E., Dunham, K., & Kral, M. J. (2000). Factor structure of the grief experience questionnaire (GEQ). *Death Studies*, 24, 721-738.

Bakeman, R. (2000). Behavioral observation and coding. In H.T.Reis & C.M. Judd (Eds.), *Handbook of research methods in social and personality psychology* (pp. 138-159). Cambridge, England: Cambridge University Press.

Bandalos, D.L., Yates, K., & Thorndike-Christ, T. (1995). Effects of math self-concept, perceived self-efficacy, and attributions for failure and success on test anxiety. *Journal of Educational Psychology*, 87, 611-623.

Barlow, Nock, &Hersen. (2009). *Single-case experimental designs: Strategies for studying behavior change* (3rd ed.). Boston, MA: Allyn & Bacon.

Barnette, J.J. (1999). *Likert response alternative direction: SA to SD or SD to SA: Does itmake a difference?* Paper presented at the annual meeting of the American Educational Research Association, Montreal, Canada.

Barnette, J.J. (2000). Effectsof stem and Likert response option reversals on survey internal consistency: If you feel the need, there is a better alternative to using those negatively worded stems. *Educational and Psychological Measurement*, 60 (3), 361-370.

Baron, D. (2002, February). Will anyone accept the good news on literacy? *Chronicle of Higher Education*, 10.

Barthes, R. (1973). *Mythologies*. London, England: Paladin.

Bartlett, T. (2002, May 10). Students become curricular guinea pigs. *Chronicle of Higher Education*, A12-A14.

Bateson, G., &Mead, M. (1942). *Balinese character: A photographic analysis*. New York, NY: Academy of Sciences.

Baumrind, D. (1985). Research using intentional deception: Ethical issues revisited. *American Psychologist*, 40, 165-174.

Bazeley, P. (2003). Computerized data analysis for mixed methods research. In A.Tashakkori & C.Teddlie (Eds.), *Handbook of mixed methods in social and behavioral research* (pp. 385-422). Thousand Oaks, CA: Sage.

Becker, H. S. (with Richards, P.). (1986). *Writing for social scientists: How to start and finish your thesis, book, or article*. Chicago, IL: University of Chicago Press.

Benson, J., & Hocevar, D. (1985). The impact of item phrasing on the validity of attitude for elementary school children. *Journal of Educational Measurement*, 22, 231-240.

Berg, B. L. (1998). *Qualitative research methods for the social sciences*. Boston, MA: Allyn & Bacon.

Berkowitz, A., & Padavic, I. (1999). Getting a man or getting ahead: A comparison of white and black sororities. *Journal of Contemporary Ethnography*, 27(4), 530-557.

Bickel, J. (1975). Sex bias in graduate admissions: Data from Berkeley. *Science*, 187, 398-404.

Biehl, J. K. (2002, April 27). 18 die in German high school shooting. Ex-student targets teachers, kills self. *Boston Globe*, p.A1.

Bijou, S.W., Peterson, R.F., Harris, F.R., Allen, K. E., & Johnston, M. S. (1969). Methodology for experimental studies of young children in natural settings. *Psychological Record*, 19, 177-210.

Birnbaum, M.H. (2001) *Introduction to behavioral research in the Internet*. Upper Saddle River, NJ: Prentice Hall.

Blackburn, S. (1994). *The Oxford dictionary of philosophy*. Oxford, England: Oxford University Press.

Bodycott, P., Walker, A., & Kin, J.L.C. (2001).More than heroes and villains: Pre-service teacher beliefs about principals. *Educational Research*, 43, 15-31.

Bogdan, R.C., & Biklen, S.K. (1998). *Qualitative research education: An introduction to theory and methods*. Boston, MA: Allyn & Bacon.

Bollen, K.A., & Lennox, R. (1991). Conventional wisdom on measurement: A structural equation perspective. *Psychological Bulletin*, 110 (2), 305-314.

Bonevac, D. (1999). *Simple logic*. FortWorth, TX: Harcourt Brace.

Borden, M., Bruce, C., Mitchell, M.A., Carter, V., &Hall, R.V. (1970). Effects of teacher attention on attending behavior of two boys at adjacent desks. *Journal of Applied Behavior Analysis*, 3, 199-203.

Bos, J., Huston, A. C., Granger, R., Duncan, G., Brock, T., & McLoyd, W.C. (1999). *New Hope for people with low incomes: Two-year results of a program to reduce poverty and reformwelfare*. NewYork, NY: NY Manpower Research Demonstration Corporation.

Box, G. E. P., Hunter, W. G., & Hunter, J. S. (1978). *Statistics for experimenters*. New York, NY: Wiley.

Box, G. E. P., & Jenkins, G.M. (1970). *Time-series analysis: Forecasting and control*. San Francisco, CA: Holden-Day.

Braden, J. P., & Bryant, T. J. (1990). Regression discontinuity designs: Applications for school psychologists. *School Psychology Review*, 19, 232-239.

Brainard, J. (2000, December 8). As U.S. releases new rules on scientific fraud, scholars debate how much and why it occurs. *Chronicle of Higher Education*, p.A26.

Brewer, J., &Hunter, A. (1989). *Multimethod research: A synthesis of styles*. Newbury Park, CA: Sage.

Breznitz, Z. (1997). Effects of accelerated reading rate on memory for text among dyslexic readers. *Journal of Educational Psychology*, 89, 289-297.

Brown, R., Pressley, M., Van Meter, P., & Schuder, T.(1996). A quasi-experimental validation of transactional strategies instruction with low-achieving second-grade readers. *Journal of Educational Psychology*, 88, 18-37.

Brown, T. (1996). The phenomenology of the mathematics classroom. *Educational Studies in Mathematics*, 31, 115-150.

Bryman, A., &Burgess, R.G. (1994). *Analyzing qualitative data*. London, England: Routledge.

Butler, R., & Neuman, O. (1995). Effects of task and ego achievement goals on help-seeking behaviors. *Journal of Educational Psychology*, 87, 261-271.

Campbell, D. T. (1957), Factors relevant to the validity of experiments in social settings. *Psychological Bulletin*, 54, 297-312.

Campbell, D.T. (1969). Reforms as experiments. *American Psychologist*, 24, 409-429.

Campbell, D. T. (1979). Degrees of freedom and the case study. In T.D. Cook & C.S. Reichardt (Eds.), *Qualitative and quantitative methods in evaluation research* (pp. 49-67). Beverly Hills, CA: Sage.

Campbell, D. T. (1988). Definitional versus multiple operationism. In E. S. Overman (Ed.), *Methodology and epistemology for social science: Selected papers* (pp. 31-36). Chicago, IL: University of Chicago Press.

Campbell, D.T., & Boruch, R.F. (1975). Making the case for randomized assignments to treatments by considering the alternatives: Six ways in which quasi-experimental evaluations in compensatory education tend to underestimate effects. In C.A. Bennett & A.A. Lunsdaine (Eds.), *Evaluation and experiment: Some critical issues in assessing social programs*. NewYork, NY: Academic Press.

Campbell, D.T., & Fiske, D.W. (1959). Convergent and discriminant validation by the multitrait-multimethod matrix. *Psychological Bulletin*, 56, 81-105.

Campbell, D. T., & Stanley, J. C. (1963). *Experimental and quasiexperimental designs for research*. Chicago, IL: Rand McNally.

Caracelli, V.W., & Greene, J.C. (1993). Data analysis strategies for mixedmethod evaluation designs. *Educational Evaluation and Policy Analysis*, 15 (2), 195-207.

Carr, E.H. (1963). *What is history?* NewYork, NY: Knopf.

Carr, M., & Jessup, D.L. (1997). Gender differences in first-grade mathematics strategy use: Social and metacognitive influences. *Journal of Educational Psychology*, 89, 318-328.

Chamberlin, T. (1965). The method of multiple working hypotheses. *Science*, 147, 754-759.

Chaplin, W. F., John, O.P., & Goldberg, L.R. (1988). Conceptions of state and traits: Dimensional attributes with ideals as prototypes. *Journal of Personality and Social Psychology*, 54, 541-557.

Chi, M. T.H. (1997). Quantifying qualitative analyses of verbal data: A practical guide. *Journal of the Learning Sciences*, 6, 271-315.

Chicago Manual of Style (15th ed.). (2003). Chicago, IL: University of Chicago Press.

Christensen, L. B. (1997). *Experimental methodology* (7th ed.). Boston, MA: Allyn & Bacon.

Christensen, L.B. (2007). *Experimental methodology* (10th ed.). Boston, MA: Allyn & Bacon.

Christensen, L.B., Johnson, R.B., & Turner, L.A. (2011). Research methods, design, and analysis (11th ed.). Boston, MA: Allyn & Bacon.

Christensen, L., & Pettijohn, L. (2001). Mood and carbohydrate cravings. *Appetite*, 36, 137-145.

Christy, T. E. (1975). The methodology of historical research: A brief introduction. *Nursing Research*, 24, 189-192.

Cochran, W.G. (1977). *Sampling techniques*. NewYork, NY: Wiley.

Cohen, J. (1968). Multiple regression as a general data-analytic system. *Psychological Bulletin*, 70, 426-443.

Cohen, J., & Cohen, P. (1983). *Applied multiple regression/correlation analysis for the behavioral sciences*. Hillsdale, NJ: Erlbaum.

Cohen, R. J., Swerdlik, M. E., & Phillips, S. M. (1996). *Psychological testing and assessment: An introduction to tests and measurements* (3rd ed.). Mountain View, CA: Mayfield.

Coles, A. P. (2002). How the mayor should fix the schools. *City Journal*, 12 (3), 44-51. Retrieved fromhttp: //www.city-journal.org/html/12_3_how_the_mayor.html

Collier, J., & Collier, M. (1986). *Visual anthropology: Photography as a research method*. Albuquerque: University of New Mexico Press.

Collier, M. (2002). Approaches to analysis in visual anthropology. In T. van Leeuwen & J. Carey (Eds.), *Handbook of visual analysis* (pp. 35-60). London, England: Sage.

Collingwood, R. G. (1940). *An essay on metaphysics*. Oxford, England: Clarendon.

Collins, K.M.T., Onwuegbuzie, A. J., & Jiao, Q.G. (2007). A mixed methods investigation of mixed methods sampling designs in social and health science research. *Journal of Mixed Methods Research*, 1, 267-294.

Collins, K.M.T., Onwuegbuzie, A.J., &Sutton, I.L. (2006). A model incorporating the rationale and purpose for conducting mixed methods research in special education and beyond. *Learning Disabilities: A Contemporary Journal*, 4, 67-100.

Converse, J.M., & Presser, S. (1986). *Survey questions: Handcrafting the standardized questionnaire*. Newbury Park, CA: Sage.

Cook, T.D., & Campbell, D.T. (1979). *Quasi-experimentation. Design and analysis issues for field settings*. Chicago, IL: Rand McNally.

Cook, T.D., & Shadish, W.R. (1994). Social experiments: Some developments over the past fifteen years. *Annual Review of Psychology*, 45, 545-580.

Cosbie, J. (1993).Interrupted time-series analysis with brief single-subject data. *Journal of Consulting and Clinical Psychology*, 61, 966-974.

Creswell, J. W. (1994). *Research design: Qualitative and quantitative approaches*. Thousand Oaks, CA: Sage.

Creswell, J.W. (1998). *Qualitative inquiry and research design: Choosing among five traditions*. Thousand Oaks, CA: Sage.

Creswell, J.W., & Brown, M. L. (1992). How chairpersons enhance faculty research: A grounded theory study. *Review of Higher Education*, 16 (1), 41-42.

Creswell, J.W., & Plano Clark, V. L. (2011). *Designing and conducting mixed methods research* (2nd ed). Thousand Oaks, CA: Sage.

Crocker, L., &Algina, J. (1986). *Introduction to classical and modern test theory*. Fort Worth, TX: Holt, Rinehart, and Winston.

Croft, S. E. (1999). Creating locales through storytelling: An ethnography of a group home for men with mental retardation. *Western Journal of Communication*, 63(3), 329-347.

Cronbach, L. J. (1951). Coefficient alpha and the internal structure of tests. *Psychometrika*, 16, 297-334.

Cronbach, L. J. (1984). *Essentials of psychological testing* (4th ed.). New York, NY: Harper & Row.

Cronbach, L. J. (1991). *Essentials of psychological testing*. NewYork, NY: Harper & Row.

Cronbach, L. J., & Meehl, P. E. (1955). Construct validity in psychological tests. *Psychological Bulletin*, 52, 281-302.

Cross, T. L., & Stewart, R.A. (1995). A phenomenological investigation of the Lebenswelt of gifted students in rural high schools. *Journal of Secondary Gifted Education*, 6 (4), 273-280.

Dane, F.C. (1990). *Research methods*. Pacific Grove, CA: Brooks/Cole.

Davis, J.A. (1985). *The logic of causal order*: Beverly Hills, CA: Sage.

Davis, J.A., & Smith, T.W. (1992). *The NORC General Social Survey: A user's guide*. Newbury Park, CA: Sage.

Deemer, S. A., & Minke, K. M. (1999). An investigation of the factor structure of the Teacher Efficacy Scale. *Journal of Educational Research*, 93, 3-10.

Deering, P.D. (1996). An ethnographic study of norms of inclusion and cooperation in a multiethnic middle school. *Urban Review*, 28 (1), 21-39.

Dempsey, J.V., &Tucker, S.A. (1994).Using photo-interviewing as a tool for research and evaluation. *Educational Technology* (*Research Section*), 34 (4), 55-62.

DeLaPaz, S. (2001). Teaching writing to students with attention deficit disorders and specific language impairment. *Journal of Educational Research*, 95 (1), 37-47.

Denzin, N. K. (1989). *The research act: A theoretical introduction to sociological methods* (3rd ed.). Englewood Cliffs, NJ: Prentice Hall.

Denzin, N. K., & Lincoln, Y. S. (Eds.). (2005). *The Sage handbook of qualitative research* (3rd ed.). Thousand Oaks, CA: Sage.

Devries, P. (2000). Learning how to be a music teacher: An autobiographical case study. *Music Education Research*, 2 (2), 165-179.

Dey, I. (1993).*Qualitative data analysis: A user-friendly guide for social scientists*. London, England: Routledge.

Deyhle, D.M. (1992, January). Constructing failure and maintaining cultural identity: Navajo and Ute school leavers. *Journal of American Indian Education*, 31 (2), 24-47.

Diener, E., &Crandall, R. (1978). *Ethics in social and behavioral research*. Chicago, IL: University of Chicago Press.

Dillman, D. A. (2007). *Mail and internet surveys: The tailored design method*. Hoboken, NJ: JohnWiley & Sons.

Doll, R. (1992). Sir Austin Bradford Hill and the progress of medical science. *BritishMedical Journal*, 305, 1521-1526.

Dority, B. (1999). The Columbine tragedy: Countering the hysteria. *The Humanist*, 59 (4), 7.

Drew, N. (1986). Exclusion and confirmation: A phenomenology of patients' experiences with caregivers. *IMAGE: Journal of Nursing Scholarship*, 18, 39-43.

Drew, R. S. (1997). Embracing the role of amateur. *Journal of Contemporary Ethnography*, 25 (4), 449-469.

Dykeman, C., Daehlin, W., Doyle, S., & Flamer, H.S. (1996). Psychological predictors of school-based violence: Implications for school counselors. *The School Counselor*, 44, 35-44.

Editorial. (2002, May 8). Our opinions: Without excuses, schools succeed. *Atlanta Journal-Constitution*, p. 15A.

Educational Testing Service. (2009). *Graduate Record Examinations Guide to the Use of Scores*: 2009-10. Princeton, NJ: Author.

Ellickson, P. L. (1989). *Limiting nonresponse in longitudinal research: Three strategies for school-based studies* (Rand Note N-2912-CHF). Santa Monica, CA: RAND.

Ellickson, P. L., & Hawes, J. A. (1989). An assessment of active versus passive methods for obtaining parental consent. *Evaluation Review*, 13, 45-55.

Farrell, E., Peguero, G., Lindsey, R., & White, R.(1988). Giving voice to high school students: Pressure and boredom, ya know what I'm sayin'? *American Education Research Journal*, 25 (4), 489-502.

Feist, J. (1990). *Theories of personality*. Fort Worth, TX: Holt, Rinehart, and Winston.

Fetterman, D.M. (2009).Ethnography. In L. Bickman & D. J.Rog (Eds.), *Handbook of applied social research methods* (2nd ed., pp.543-588).Thousand Oaks, CA: Sage.

Finkel, S.E. (1995).*Causal analysis with panel data*. Thousand Oaks, CA: Sage.

Fisher, J. C. (1993).A framework for describing developmental change among older adults. *Adult Education Quarterly*, 43 (2), 76-89.

Flynn, J.R. (1987). Massive IQ gains in 14 nations: What IQ tests really measure. *Psychological Bulletin*, 101, 171-191.

Folkman, S. (2000). Privacy and confidentiality. In B. D. Sales & S. Folkman (Eds.), *Ethics in research with human participants* (pp.49-58). Washington, DC: American Psychological Association.

Forbes Family. (2002, September 9). The Forbes family (and "Forbes") continues to ride Harleys. *Min Media Newsletter*. Retrieved from Lexis-Nexis.

Ford, D. N., Voyer, J. J., &Wilkinson, J.M. G. (2000). Building learning organizations in engineering cultures: Case study. *Journal of Management in Engineering*, 16 (4), 72-83.

Forness, S. R., & Kavale, K. A. (1996). Treating social skill deficits in children with learning disabilities: A meta-analysis of the research. *Learning Disability Quarterly*, 19, 2-9.

Fraenkel, J.R., &Wallen, N.E. (1996). *How to design and evaluate research in education*. NewYork, NY: McGraw-Hill.

Frankfort-Nachmias, C., & Nachmias, D. (1992) . *Research methods in the social sciences* (4th ed.) . NewYork, NY: St.Martin' s Press.

Fritze, R.H., Coutts, B.E., &Vyhnanek, L.A. (1990) . *Reference sources in history: An introductory guide*. Santa Barbara, CA: ABC-CLIO.

Frontman, K. C., & Kunkel, M. A. (1994) . A grounded theory of counselors' construal of success in the initial session. *Journal of Counseling Psychology*, 41 (4) , 492-499.

Fuertes, J. N., Sedlacek, W. E., & Liu, W.M. (1994) . Using the SAT and noncognitive variables to predict the grades and retention of Asian American university students. *Measurement and Evaluation in Counseling and Development*, 27, 74-84.

Fultz, M. (1995) .African American teachers in the South, 1890-1940: Powerlessness and the ironies of expectation and protest.*History of Education Quarterly*, 35, 401-422.

Gage, J. T. (2006) . *The shape of reason: Argumentative writing in college* (4th ed.) . New York, NY: Pearson/ Longman.

Gail, M.H. (1996) .Statistics in action. *Journal of the American Statistical Association*, 91 (433) , 1-13.

Gallo, M.A., & Horton, P. B. (1994) .Assessing the effect on high school teachers of direct and unrestricted access to the Internet: A case study of an East Central Florida high school. *Educational Technology Research and Development*, 42 (4) , 17-39.

Gay, L. R., Mills, G. E., & Airasian, P.W. (2008) . *Educational research: Competencies for analysis and applications* (9th ed.) .Upper Saddle River, NJ: Prentice Hall.

Gilbert, L.M., Williams, R.L., &McLaughlin, T.F. (1996) . Use of assisted reading to increase correct reading rates and decrease error rates of students with learning disabilities. *Journal of Applied Behavior Analysis*, 29, 255-257.

Gladue, B.A., & Delaney, H. J. (1990) . Gender differences in perception of attractiveness of men and women in bars. *Personality and Social Psychology Bulletin*, 16, 378-391.doi: 10.1177/0146167290162017

Glaser, B.G. (1978) . *Theoretical sensitivity*. MillValley, CA: Sociology Press.

Glaser, B. G., & Strauss, A. L. (1967) . *The discovery of grounded theory: Strategies for qualitative research*. NewYork, NY: Aldine De Gruyter.

Glass, G. (1976) . Primary, secondary, and meta-analysis of research. *Educational Research*, 5, 3-8.

Glass, G.V., & Hopkins, K.D. (1996) . *Statistical methods in education and psychology* (3rd ed.) . Boston, MA: Allyn & Bacon.

Glass, G.V., Willson, V. L., & Gottman, J.M. (1975) . *Design and analysis of time series*. Boulder, CO: Laboratory of Educational Research Press.

Glazerman, S., Levy, D., &Myers, D. (2003) . *Nonexperimental replications of social experiments: A systematic review*. Princeton, NJ: Mathematica Policy Research.

Goffman, E. (1959) . *The presentation of self in everyday life*. Garden City, NY: Anchor Books.

Gold, R. (1958) . Roles in sociological field observations. *Social Forces*, 36, 217-223.

Goldenberg, C. (1992) . The limits of expectations: Acase for case knowledge about teacher expectancy effects. *American Educational Research Journal*, 29, 517-544.

Graham, S., & Golan, S. (1991) . Motivational influences on cognition: Task involvement, ego involvement, and depth of processing. *Journal of Educational Psychology*, 83, 187-194.

Grant, D.F. (2000) . The journey through college of seven gifted females: Influences on their career related decisions. *Roeper Review*, 22 (4) , 251-261.

Green, A. J. (1995) . Experiential learning and teaching: A critical evaluation of an enquiry which used phenomeno logical method. *Nurse Education Today*, 15, 420-426.

Greene, J.C. (2007) . *Mixed methods in social inquiry*. San Francisco, CA: Jossey-Bass.

Greene, J.C., Caracelli, V. J., & Graham, W.F. (1989) . Toward a conceptual framework for mixed-method evaluation designs. *Educational Evaluation and Policy Analysis*, 11, 255-274.

Guba, E.G. (1990) .*The paradigm dialog*. Newbury Park, CA: Sage.

Guba, E. G., & Lincoln, Y. S. (1981) . *Effective evaluation*.San Francisco, CA: Jossey-Bass.

Guba, E. G., & Lincoln, Y. S. (1989) . *Fourth generation evaluation*.Newbury Park, CA: Sage.

Guba, E. G., & Lincoln, Y. S. (1992) . *Effective evaluation: Improving the usefulness of evaluation results through responsive and naturalistic approaches* (Paperback ed.) . San Francisco, CA: Jossey Bass.

Guilford, J.P. (1936) . *Psychometric methods*. NewYork, NY: McGraw-Hill.

Guilford, J. P. (1959) . *Personality*. NewYork, NY: McGraw-Hill.

Gunsalus, C. K. (1993) . Institutional structure to ensure research integrity. *Academic Medicine*, 68 (Sept. Suppl.) , 533-538.

Gunter, P.L., Shores, R.E., Jack, S.L., Denny, R.K., & DePaepe, P.A. (1994) . A case study of the effects of altering instructional interactions on the disruptive behavior of a child identified with severe behavior disorders. *Education and Treatment of Children*, 17, 435-444.

Hall, E. (1966) . The hidden dimension. Garden City, NY: Anchor Books.

Harchar, R.L., & Hyle, A.E. (1996) .Collaborative power: A grounded theory of administrative instructional leadership in the elementary school. *Journal of Educational Administration*, 34 (3) , 15-29.

Harnett, D.L. (1982) .*Statistical methods* (3rd ed.) .Reading, MA: Addison Wesley.

Harper, D. (2002) . Talking about pictures: A case for photo elicitation. *Visual Studies*, 17 (1) , 13-26.

Harry, B. (1992) . An ethnographic study of cross-cultural communication with Puerto Rican-American families in the special education system. *American Educational Research Journal*, 29 (3) , 471-494.

Hays, W. L. (1994) . *Statistics*. New York, NY: Holt, Rinehart, and Winston.

Heinsman, D.T., & Shadish, W.R. (1996) .Assignment methods in experimentation: When do nonrandomized experiments approximate answers from randomized experiments. *Psychological Methods*, 1, 154-169.

Hersen, M., & Barlow, D. H. (1976) . *Single case experimental designs: Strategies for studying behavioral change*.NewYork, NY: Pergamon.

Hersen, M., & Bellack, A. S. (2002) .*Dictionary of behavioral assessment techniques*. Clinton Corners, NY: Percheron Press.

Hesse-Biber, S.N. (2010) . *Mixed methods research: Merging theory with practice*. NewYork, NY: Guilford Press.

Hilgartner, S. (1990) . Research fraud, misconduct, and the IRB. *IRB: A Review of Human Subjects Research*, 12, 1-4.

Himadi, B., Osteen, P., Kaiser, A. J., & Daniel, K. (1991). Assessment of delusional beliefs during the modification

of delusional verbalizations. *Behavioral Residential Treatment*, 6, 355-366.
Holden, C. (1987).NIMH finds a case of "serious misconduct." *Science*, 235, 1566-1567.
Holland, D.C., & Eisenhart, M.A. (1990). *Educated in romance: Women, achievement, and college culture*. Chicago, IL: University of Chicago Press.
Holmes, D. S. (1976a). Debriefing after psychological experiments: Ⅱ. Effectiveness of postdeception dehoaxing. *American Psychologist*, 31, 858-867.
Holmes, D. S. (1976b). Debriefing after psychological experiments: I.Effectiveness of postexperimental desensitizing. *American Psychologist*, 31, 868-875.
Holy Horatio! (1974, June 10).*Time*, 103, 18.
Howard, J. (2006, November 10).Oral history under review.*Chronicle of Higher Education*, A14-A17.
Howe, K. R., & Dougherty, K. C. (1993). Ethics, institutional review boards, and the changing face of educational research. *Educational Researcher*, 22, 16-21.
Howell, D. C. (1997). *Statistical methods for psychology.* Belmont, CA: Duxbury Press.
Huber, G.P., &Van deVen, A.H. (1995). *Longitudinal field research methods: Studying processes of organizational change*. Thousand Oaks, CA: Sage.
Huberman, A.M., & Miles, M. B. (1994). Data management and analysis methods. In N.K. Denzin & Y. S. Lincoln (Eds.), *Handbook of qualitative research* (pp. 428-445).Newbury Park, CA: Sage.
Huck, S.W. (2007). *Reading statistics and research.* Boston, MA: Allyn & Bacon.
Hult, C.A. (1996). *Researching and writing in the social sciences.* Boston, MA: Allyn & Bacon.
Humphreys, P. (1989). *The chances of explanation: Causal explanation in the social, medical, and physical sciences*. Princeton, NJ: Princeton University Press.
Isaac, S., &Michael, W.B. (1995). *Handbook in research and evaluation: For education and the behavioral sciences*. San Diego, CA: Educational and Industrial Testing Services.
Jacob, B.A. (2001).Getting tough? The impact of high school graduation exams. *Educational Evaluation and Policy Analysis*, 23 (3), 99-121.
Jaeger, R. M. (1984). *Sampling in education and the social sciences*. New York, NY: Longman.
James, W.(1995).*Pragmatism*.Mineola, NY: Dover.(Original work published in 1907)
Jenkins, J. J., Russell, W. A., & Suci, G. J. (1958). An atlas of semantic profiles for 360 words. *American Journal of Psychology*, 71, 688-699.
Jimerson, S., Carlson, E., Rotert, M., Egeland, B., & Sroufe, L.A. (1997). A prospective, longitudinal study of the correlates and consequences of early grade retention. *Journal of School Psychology*, 35 (1), 3-25.
John, O. P., & Benet-Martinez, V. (2000).Measurement: Reliability, construct validation, and scale construction. InH.T.Reis & C.M.Judd (Eds.), *Handbook of research methods in social and personality psychology* (pp.339-369).Cambridge, England: Cambridge University Press.
Johnson, A. P. (2008). *A short guide to action research.* Boston, MA: Pearson.
Johnson, R.B. (1994). Qualitative research in education. *SRATE Journal*, 4 (1), 3-7.
Johnson, R.B. (1995). Estimating an evaluation utilization model using conjoint measurement and analysis. *Evaluation Review*, 19 (3), 313-338.
Johnson, R. B. (1997). Examining the validity structure of qualitative research. *Education*, 118 (2), 282-292.
Johnson, R. B. (2001). Toward a new class if ication of nonexperimental quantitative research. *Educational Researcher*, 30 (2), 3-13.
Johnson, R.B. (2008).Knowledge. In *The SAGE encyclopedia of qualitative research methods.* Thousand Oaks, CA: Sage.
Johnson, R.B. (2009).Toward a more inclusive "scientific research in education." *Educational Researcher*, 38, 449-457.
Johnson, R. B., & Gray, R. (2010).A history of philosophical and theoretical issues for mixed methods research. In A. Tashakkori & C. Teddlie (Eds.), *SAGE handbook of mixed methods in social & behavioral research* (2nd ed., pp.69-94). Thousand Oaks, CA: Sage.
Johnson, R.B., & Onwuegbuzie, A. J. (2004). Mixed methods research: A research paradigm whose time has come. *Educational Researcher*, 33, 14-26. Also available online at http: //aera.net/publications/?id=338
Johnson, R.B., Onwuegbuzie, A. J., & Turner, L.A. (2007). Toward a definition of mixed methods research. *Journal of Mixed Methods Research*, 1 (2), 1-22.
Johnson, R.B., &Turner, L.A. (2003).Data collection strategies in mixed methods research.InA.Tashakkori & C.Teddlie (Eds.), *Handbook of mixed methods in social and behavioral research* (pp.297-319).Thousand Oaks, CA: Sage.
Jonassen, D.H., & Grabowski, B. L. (1993).*Handbook of individual differences, learning, and instruction.* Hillsdale, NJ: Erlbaum.
Jones, J.H. (1981).*Bad blood: The Tuskegee syphilis experiment*.NewYork, NY: Free Press.
Kaestle, C.F. (1992).Standards of evidence in historical research.*History of Education Quarterly*, 32, 361-366.
Kaestle, C.F. (1997).Recentmethodological developments in the history of American education. In R. M. Jaeger (Ed.), *Complementary methods for research in education* (pp.119-132).Washington, DC: American Educational Research Association.
Kaestle, C. F., Campbell, A., Finn, J. D., Johnson, S. T., & Mikulecky, L. J. (2001). *Adult literacy and education in America: Four studies based on the National Adult Literacy Survey* (NCES 2001-534). Washington, DC: U.S. Department of Education, Office of Educational Research and Improvement, National Center for Education Statistics.
Kalton, G. (1983). *Introduction to survey sampling.* Newbury Park, CA: Sage.
Karabenick, S. A., & Sharma, R. (1994). Perceived teacher support of student questioning in the college classroom: Its relation to student characteristics and role in the classroom questioning process. *Journal of Educational Psychology*, 86 (1), 90-103.
Kato, H., &Okubo, T. (2006).Problem behavior and classroom atmosphere: A comparison of classes with high and lowlevels of problem behavior. *Japanese Journal of Educational Psychology*, 54 (1), 34-44.
Keedy, J.L., Fleming, T.G., Gentry, R.B., & Wheat, D.L. (1998). Students as meaning makers and the quest for the common school: Amicroethnography of a US history classroom. *Journal of Curriculum Studies*, 36, 619-645.
Kenny, D.A., Kashy, D.A., &Bolger, N. (1998).Data analysis in social psychology.In D.Gilbert, S.Fiske, & G.Lindzey (Eds.), *The handbook of social psychology* (Vol. 1, 4th ed., pp. 233-265). Boston, MA: McGraw-Hill.
Kerlinger, F. N. (1986). *Foundations of behavioral research.* FortWorth, TX: Harcourt Brace Jovanovich.
Keyser, D. J., & Sweetland, R. C. (1984-1994). *Test*

critiques (Vols. I-X) . Austin, TX: Pro-Ed.

Kiecolt, K. J., & Nathan, L. E. (1985) . *Secondary analysis of survey data.* Newbury Park, CA: Sage.

Kish, L. (1965) . *Survey sampling.* NewYork, NY: Wiley.

Knapp, T.R. (1978) . Canonical correlation analysis: A general parametric significance testing system. *Psychological Bulletin*, 85, 410-416.

Knight, J.A. (1984) . Exploring the compromise of ethical principles in science. *Perspectives in Biology and Medicine*, 27, 432-441.

Knoke, D., & Bohrnstedt, G.W. (1994) . *Statistics for social data analysis*. Itasca, IL: F. E. Peacock.

Krueger, R.A. (1998) . *Moderating focus groups*. ThousandOaks, CA: Sage.

Kuder, G. F., & Richardson, M.W. (1937) . The theory of the estimation of reliability. *Psychometrika*, 2, 151-160.

Kuhn, T. S. (1962) . *The structure of scientific revolutions*. Chicago, IL: University of Chicago Press.

Kusche, C.A., & Greenberg, M.T. (1983) . Evaluative understanding and role taking ability: A comparison of deaf and hearing children. *Child Development*, 54, 141-147.

Lake, J.F., & Billingsley, B.S. (2000) . An analysis of factors that contribute to parent-school conflict in special education. *Remedial and Special Education*, 21 (4) , 240-251.

Lance, G.D. (1996) . Computer access in higher education: Anational survey of service providers for students with disabilities. *Journal of College Student Development*, 37 (3) , 279-288.

Lankenau, S. E. (1999) . Stronger than dirt. *Journal of Contemporary Ethnography*, 28 (3) , 288-319.

LaPiere, R.T. (1934) .Attitudes vs. actions. *Social Forces*, 13, 230-237.

Lasee, M. J., & Smith, D.K. (1991) . *Relationships between the KABC and the early screening profiles*. Paper presented at the annualmeeting of the National Association of School Psychologists, Dallas, TX.

LeCompte, M.D., & Preissle, J. (1992) . Toward an ethnology of student life in schools and classrooms: Synthesizing the qualitative research tradition. In M. D. LeCompte, W. L.Millroy, & J. Preissle (Eds.) , *The handbook of qualitative research in education* (pp.815-859) .San Diego, CA: Academic Press.

LeCompte, M.D., &Preissle, J. (1993) . *Ethnography and qualitative design in educational research*. San Diego, CA: Academic.

LeCompte, M.D., Preissle, J., & Tesch, R. (1993) . *Ethnography and qualitative design in educational research* (2nd ed.) . San Diego, CA: Academic Press.

Leikin, S. (1993) . Minors' assent, consent, or dissent tomedical research. *IRB: A Review of Human Subjects Research*, 15, 1-7.

Leland, J., & Joseph, N. (1997, January 13) . Hooked on ebonics. *Newsweek*, 78-79.

Lewin, K. (1946) . Action research and minority problems. *Journal of Social Issues*, 2 (4) , 34-46.

Li, S., Marquart, J. M., & Zercher, C. (2000) . Conceptual issues and analytical strategies in mixed-method studies of preschool inclusion. *Journal of Early Intervention*, 23, 116-132.

Likert, R. (1932) . Atechnique for the measurement of attitudes. *Archives of Psychology*, 140, 5-53.

Lincoln, Y. S. (2005) . Institutional review boards and methodological conservatism: The challenge to and from phenomenological paradigms. InN. K. Denzin & Y.S. Lincoln (Eds.) , *The SAGE handbook of qualitative research* (3rded., pp.165-181) . Thousand Oaks, CA: Sage.

Lincoln, Y. S., & Guba, E.G. (1985) . *Naturalistic inquiry*. Newbury Park, CA: Sage.

Lincoln, Y. S., & Guba, E.G. (2000) . Paradigmatic controversies, contradictions, and emerging confluences. InN.K. Denzin & Y.S. Lincoln (Eds.) , *Handbook of qualitative research* (pp.163-188) . Thousand Oaks, CA: Sage.

Lofland, J. (1971) . *Analyzing social settings: A guide to qualitative observation and analysis*. Belmont, CA: Wadsworth.

Lofland, J., & Lofland, L.H. (1995) . *Analyzing social settings: A guide to qualitative observation and analysis* (2nd ed.) . Belmont, CA: Wadsworth.

Maddox, T. (Ed.) . (2002) . *Acomprehensive reference for assessment in psychology, education, and business* (5th ed.) . Austin, TX: Pro Ed.

Manthei, R., &Gilmore, A. (1996) . Teacher stress in intermediate schools. *Educational Research*, 38, 3-18.

Mantzicopoulos, P., & Knutson, D. J. (2000) .Head Start children: School mobility and achievement in the early grades. *Journal of Educational Research*, 93 (5) , 305-311.

Markham, J.M. (1985, January 6) . Hitler diaries trial stirs judge to disbelief and ire. *New York Times*, p.A14.

Martinson, B.C., Anderson, M.S., & de Vries, R. (2005) . Scientists behaving badly. *Nature*, 420, 739-740.

Maruyama, G. M. (1998) . *Basics of structural equation modeling*. Thousand Oaks, CA: Sage.

Max, J. (2002, October 28) .Vroom, vroom. *Newsweek*, 79.

Maxwell, J.A. (1992) .Understanding and validity in qualitative research. *Harvard Educational Review*, 62 (3) , 279-299.

Maxwell, J.A. (1996) . *Qualitative research design.* Newbury Park, CA: Sage.

Mayer, G.R., Mitchell, L.K., Clementi, T., Clement-Robertson, E., & Myatt, R. (1993) . A dropout prevention program for at risk high school students: Emphasizing consulting to promote positive classroom climates. *Education and Treatment of Children*, 16, 135-146.

McKelvie, S. (1978) . Graphic rating scales: How many categories? *British Journal of Psychology*, 69, 185-202.

McMenamin, J. (2002, September 20) . Schools step up anti-drug efforts with crisis hot line, skits in Carroll; Principal leads campaign after son' s fatal overdose. *Baltimore Sun*, p. 6B.

McVea, K., Crabtree, B.F., Medder, J.D., Susman, J.L., Lukas, L., McIlvain, H.E., Davis, C.M. . . . Hawver, M. (1996) .An ounce of prevention? Evaluation of "Put Prevention Into Practice" program. *Journal of Family Practitioners*, 43, 361-369.

Mead, M., Bateson, G., & Macgregor, F. (1951) . *Growth and culture: Aphotographic study of Balinese childhood*.New York, NY: Putnam.

Menard, S. (1991) . *Longitudinal research.* Newbury Park, CA: Sage.

Merriam, S. B. (1988) . *Case study research in education: A qualitative approach*. San Francisco, CA: Jossey-Bass.

Merriam, S. B. (1998) . *Qualitative research and case study applications in education*. San Francisco, CA: Jossey-Bass.

Merton, R.K. (1948) .The self-fulfilling prophecy. *Antioch Review*, 8 (2) , 193-210.

Merton, R. K., Fiske, M., & Kendall, P. L. (1956) . *The focused interview*.New York, NY: Free Press.

Merton, R.K., & Kendall, P. L. (1946) . The focused

interview.*American Journal of Sociology*, 51, 541-557.
Messerli, J. (1972). *Horace Mann*. NewYork, NY: Knopf.
Messick, S. (1989).Validity.In R.L.Linn (Ed.), *Educational measurement* (3rd ed., pp. 13-103). NewYork, NY: Macmillan.
Messick, S. (1995).Validity of psychological assessment: Validation of inferences from persons' responses and performances as scientific inquiry into score meaning. *American Psychologist*, 50, 741-749.
Miles, M. B., & Huberman, A.M. (1994). *Qualitative data analysis: An expanded source book*. Thousand Oaks, CA: Sage.
Miller, D.C., & Salkind, N. J. (Eds.). (2002). *Handbook of research design and social measurement* (6th ed.). Thousand Oaks, CA: Sage.
Mischel, W. (1999). *Introduction to personality*. New York, NY: Holt, Rinehart, and Winston.
Mitchell, M., & Jolley, J. (2001). *Research design explained*. New York, NY: Harcourt College.
Moore, D.S. (1993). *Telecourse study guide for against all odds: Inside statistics and introduction to the practice of statistics*. New York, NY: W.H. Freeman.
Moore, D. S., & McCabe, G. P. (1993). *Introduction to the practice of statistics*. NewYork, NY: W.H. Freeman.
Morgan, D.L. (1998).Practical strategies for combining qualitative and quantitative methods: Applications to health research. *Qualitative Health Research*, 8, 362-376.
Morgan, D.L., &Krueger, R.A. (1998). *The focus group kit*.Newbury Park, CA: Sage.
Morse, J. M. (1991). Approaches to qualitative-quantitative methodological triangulation. *Nursing Research*, 40, 120-123.
Morse, J.M., & Niehaus, L. (2009). *Mixed method design: Principles and procedures*.Walnut Creek, CA: Left Coast Press.
Moustakas, C. (1990). *Heuristic research: Design, methodology, and applications*.Newbury Park, CA: Sage.
Muller, L.E. (1994). Toward an understanding of empowerment: A study of six women leaders. *Journal of Humanistic Education and Development*, 33, 75-82.
Myers, D.G. (2001).Dowe fear the right things? *American Psychological Society Observer*, 14 (10).Retrieved from http: //www.psychological science.org/observer/1201/ prescol.html.
National Historical Publications and Records Commission. (1988).*Directory of Archives and Manuscript Repositories in the United States*. Washington, DC: Author.
Neisser, U. (1979). The concept of intelligence. *Intelligence*, 3, 217-227.
Nicholls, J. G. (1984). Achievement motivation: Conceptions of ability, subjective experience, task choice and performance. *Psychological Review*, 91, 328-346.
Norton, M. B. (1995). *Guide to historical literature* (3rd ed.). New York, NY: Oxford University Press.
Nosek, B.A., & Banaji, M.R. (2002).E-research: Ethics, security, design, and control in psychological research on the Internet. *Journal of Social Issues*, 58, 161-176.
Nossiter, A. (2006, November 1). Post-Katrina anger boils over in school. *Mobile Register*, p.7B.
Nunnally, J. (1978). *Psychometric theory*.New York, NY: McGraw-Hill.
Nunnally, J.C., & Bemstein, L.H. (1994). *Psychometric theory*. NewYork, NY: McGraw-Hill.
Nye, B., Hedges, L.V., & Konstantopoulos, S. (2001). Are effects of small classes cumulative? Evidence from a Tennessee experiment. *Journal of Educational Research*, 94 (6), 336-345.
O' Brien, D. (2002, July 11). Boy, 16, gets 25 years in killing: Ex high school wrestler fatally shot on mall lot. *Baltimore Sun*, p. 3B.
Ohles, J.F. (Ed.). (1978). *Biographical dictionary of American educators*. Westport, CT: Greenwood.
Okey, T.N., &Cusick, P.A. (1995). Dropping out: Another side of the story. *Educational Administration Quarterly*, 31 (2), 244-267.
Omizo, M.M., & Omizo, S.A. (1990). Children and stress: Using a phenomenology approach. *Elementary School Guidance and Counseling*, 25 (1), 30-36.
Onwuegbuzie, A. J. (2003). Effect sizes in qualitative research: A prolegomenon. *Quality & Quantity: International Journal of Methodology*, 37, 393-409.
Onwuegbuzie, A.J., &Collins, K.M.T. (2007). A typology of mixed methods sampling designs in social science research. *The Qualitative Report*, 12 (2), 281-316. (ERIC Document Reproduction Service No.EJ800183)
Onwuegbuzie, A. J., & Johnson, R.B. (2006). The validity issue in mixed research. *Research in the Schools*, 13(0), 48-63.
Onwuegbuzie, A. J., & Leech, N.L. (2004). Enhancing the interpretation of "significant" findings: The role of mixed methods research. *The Qualitative Report*, 9, 770-792.
Onwuegbuzie, A. J., & Leech, N.L. (2006).Linking research questions to mixed methods data analysis procedures. *The Qualitative Report*, 11, 474-498.
Onwuegbuzie, A. J., Slate, J. R., Leech, N. L., & Collins, K.M. T. (2007).Conducting mixed analyses: A general typology. *International Journal of Multiple Research Approaches*, 1, 4-17.
Onwuegbuzie, A.J., &Teddlie, C. (2003).A framework for analyzing data in mixed methods research. In A. Tashakkori & C. Teddlie (Eds.), *Handbook of mixed methods in social and behavioral research* (pp. 351-383). Thousand Oaks, CA: Sage.
OPRR Reports. (1991). *Code of federal regulations* 45 (Part 46, p. 5). Washington, DC: U.S. Government Printing Office.
Osgood, C.E., Suci, G. J., & Tannenbaum, P.H. (1957). *The measurement of meaning*. Urbana: University of Illinois Press.
Otieno, T.N. (2001). Higher education: Aqualitative inquiry into the educational experiences of seven African women. (ERIC Document Reproduction Service No. ED453773)
Patton, M. Q. (1987). *How to use qualitative methods in evaluation*. Newbury Park, CA: Sage.
Patton, M. Q. (1990). *Qualitative evaluation and research methods*.Newbury Park, CA: Sage.
Patton, M. Q. (2002). *Qualitative research and evaluation methods* (3rd ed.).Thousand Oaks, CA: Sage.
Pedhazur, E. J. (1997). *Multiple regression in behavioral research: Explanation and prediction*. Fort Worth, TX: Harcourt Brace.
Pedhazur, E. J., & Schmelkin, L. P. (1991). *Measurement, design, and analysis: An integrated approach*. Hillsdale, NJ: Lawrence Erlbaum.
Peirce, C. S. (1997). Some consequences of four incapacities. In L.Menand (Ed.), *Pragmatism: A reader* (pp. 4-6). New York, NY: Vintage Books. (Original work published in 1868)
Pennebaker, J.W., Dyer, M.A., Caulkins, R. S., Litowitz, D. L., Ackreman, P. L., Anderson, D. B., & McGraw, K.M. (1979).Don' t the girls' get prettier at closing

time: A country and western application to psychology. *Personality and Social Psychology Bulletin*, 5, 122-125. doi: 10.1177/014616727900500127

Phi Delta Kappa. (1996, September). The 28th annual Phi Delta Kappa/Gallup poll. *Phi Delta Kappan.*

Phillips, D. C., & Burbules, N. C. (2000). *Postpositivism and educational research.* NewYork, NY: Rowman & Littlefield.

Phillips, S. R. (1994).Asking the sensitive question: The ethics of survey research and teen sex. *IRB: A Review of Human Subjects Research*, 16, 1-6.

Picou, J. S. (1996). Compelled disclosure of scholarly research: Some comments on high stakes litigation. *Law and Contemporary Problems*, 59, 149-157.

Pillemer, D.B. (1991).One-versus two-tailed hypothesis tests in contemporary educational research. *Educational Researcher*, 20 (9), 13-17.

Popper, K. R. (1965). *Conjectures and refutations* (2nd ed). New York: Basic Books.

Popper, K.R. (1974). Replies to my critics. In P.A.Schilpp (Ed.), *The philosophy of Karl Popper* (pp. 963-1197). La Salle, IL: Open Court.

Popper, K.R. (1985). Falsificationism versus conventionalism. In D.Miller (Ed.), *Popper selections* (pp. 143-151). Princeton, NJ: Princeton University Press. (Originally published in 1934)

Pring, R. (2000).The "false dualism" of educational research. *Journal of Philosophy of Education*, 34 (2), 247-260.

Rech, J. F. (1996, Winter). Gender differences in mathematics achievement and other variables among university students. *Journal of Research and Development in Education*, 29 (2), 73-76.

Reichardt, C. S., & Cook, T.D. (1979). Beyond qualitative versus quantitative methods. In T.D. Cook & C. S. Reichardt (Eds.), *Qualitative and quantitativemethods in evaluation research* (pp.7-32). Beverly Hills, CA: Sage.

Reichardt, C. S., & Rallis, S. F. (1994). Qualitative and quantitative inquiries are not incompatible: A call for a new partnership. In C. S. Reichardt & S. F. Rallis(Eds.), *The qualitative-quantitative debate: New perspectives* (pp. 85-91). San Francisco, CA: Jossey-Bass.

Reips, U. (2000). The web experiment method: Advantages, disadvantages, and solutions. In M.H. Birnbaum (Ed.), *Psychology experiments on the Internet* (pp. 89-117). NewYork, NY: Academic Press.

Resnick, J. H., & Schwartz, T. (1973). Ethical standards as an independent variable in psychological research. *American Psychologist*, 28, 134-139.

Riemen, D.J. (1998).The essential structure of a caring interaction: Doing phenomenology. In J.W. Creswell (Ed.), *Qualitative inquiry and research design: Choosing among five traditions* (pp. 271-296).Thousand Oaks, CA: Sage. Originally published in 1986 in P. M.Munhall & C. J. Oiler (Eds.), Nursing research: A qualitative perspective.Norwalk, CT: Appleton-Century-Crofts.

Roberson, M. T., & Sundstrom, E. (1990). Questionnaire design, return rates, and response favorableness in an employee attitude questionnaire. *Journal of Applied Psychology*, 75, 354-357.

Robinson, J. P., Shaver, P. R., & Wrightsman, L. S.(1991). *Measures of personality and social psychological attitudes.* NewYork, NY: Academic.

Roenker, D. L., Thompson, C. P., & Brown, S. C. (1971). Comparison of measures for the estimation of clustering in free recall. *Psychological Bulletin*, 76, 45-48.

Rosenbaum, P.R. (2002). *Observational studies* (2nd ed.).NewYork, NY: Springer-Verlag.

Rosenberg, D. (2002, June 10). Fighting G-force. *Newsweek*, 49.

Rosenberg, M. (1968). *The logic of survey analysis.* NewYork, NY: Basic Books.

Rosenthal, R. (1991). Teacher expectancy effects: A brief update 25 years after the Pygmalion experiment. *Journal of Research in Education*, 1, 3-12.

Rosenthal, R., & Jacobson, L. (1968). *Pygmalion in the classroom*.New York, NY: Holt, Rinehart, and Winston.

Rosnow, R. L., & Rosnow, M. (2009). *Writing papers in psychology* (8th ed.).Belmont, CA: Wadsworth.

Rossi, P. H., Lipsey, M.W., & Freeman, H. E. (2004). *Evaluation: A systematic approach*. Thousand Oaks, CA: Sage.

Rossman, G. B., & Wilson, B. L. (1994). Numbers and words revisited: Being "shamelessly eclectic." *Quality and Quantity*, 28, 315-327.

Salmon, M.H. (2007). *Introduction to logic and critical thinking*.Belmont, CA: Thomson Higher Education.

Sandelowski, M. (1995). Focus on qualitative methods: Sample sizes in qualitative research. *Research in Nursing & Health*, 18, 179-183.

Sandelowski, M. (2000). Combining qualitative and quantitative sampling, data collection, and analysis techniques in mixed-method studies. *Research in Nursing Health*, 23, 246-255.

Sandelowski, M. (2001). Real qualitative researchers don' t count: The use of numbers in qualitative research. *Research in Nursing and Health*, 24, 230-240.

Sandelowski, M., & Barroso, J. (2003). Creating metasumm aries of qualitative findings. *Nursing Research*, 52, 226-233.

Sandoval, C. (2000). *Methodology of the oppressed.* Minneapolis: University of Minnesota Press.

Savoye, C. (2001, November 13). First stop for urban teachers-intraining. *Christian Science Monitor*,93(245), 14.

Schafer, M., & Smith, P. K. (1996). Teachers' perceptions of play fighting and real fighting in primary school. *Educational Research*, 38, 173-180.

Scheaffer, R. L., Mendenhall, W., & Ott, R. L. (1996). *Elementary survey sampling* (5th ed.). Belmont, CA: Duxbury Press.

Schlenker, B. R., & Forsyth, D. R. (1977). On the ethics of psychological research. *Journal of Experimental Social Psychology*, 13, 369-396.

Schouten, J.W., & Mc Alexander, J.H. (1995). Subcultures of consumption: An ethnography of the new bikers. *Journal of Consumer Research*, 22, 43-60.

Schouten, P. G.W., & Kirkpatrick, L.A. (1993). Questions and concerns about the Miller Assessment for Preschoolers. *Occupational Therapy Journal of Research*, 13, 7-28.

Schumacker, R. E., & Lomax, R. G. (2004). *A beginner' s guide to structural equation modeling* (2nd ed.). Mahwah, NJ: Erlbaum.

Schuman, H., &Presser, S. (1996). *Questions and answers in attitude surveys: Experiments on question form, wording, and content.*Thousand Oaks, CA: Sage. (Original work published 1981)

Schutz, P., Croder, K.C., &White, V.E. (2001).The development of a goal to become a teacher. *Journal of Educational Psychology*, 93 (2), 299-308.

Scriven, M. (1967).The methodology of evaluation. In R. E. Stake (Ed.), *Perspectives of curriculum evaluation* (pp. 39-83). Chicago, IL: Rand Mc Nally.

Scriven, M. (1993). *Evaluation thesaurus.* Newbury Park, CA: Sage.

Sears, S. J., Kennedy, J. J., & Kaye, G.L. (1997). Myers-Briggs personality profiles of prospective educators. *Journal of Education Research*, 90 (4), 195-202.

Severson, H.H., & Ary, D.V. (1983). Sampling bias due to consent procedures with adolescents.*Addictive Behaviors*, 8, 433-437.

Shadish, W. R., Cook, T.D., & Campbell, D. T. (2002). *Experimental and quasi-experimental designs for generalized causal inference.* Boston, MA: Houghton Mifflin.

Shaffir, W.B., & Stebbins, R.A. (Eds.). (1991). *Experiencing fieldwork: An inside view of qualitative research.* Newbury Park, CA: Sage.

Silverman, D. (1993). *Interpreting qualitative data: Methods for analyzing talk, text and interaction.* London, England: Sage.

Smith, B.A. (1998). The problem drinker' s lived experience of suffering: An exploration using hermeneutic phenomenology. *Journal of Advanced Nursing*, 27, 213-222.

Smith, H. J. (1997). *The role of symbolism in the structure, maintenance, and interactions of high school groupings.* Unpublished masters thesis, University of South Alabama, Mobile, AL.

Smith, J. K. (1984). The problem of criteria for judging interpretive inquiry. *Educational Evaluation and Policy Analysis*, 6, 379-391.

Smith, L.T. (2008). *Decolonizing methodologies: Research and indigenous peoples.* NewYork, NY: Zed Books.

Smucker, B.S., Earleywine, M., & Gordis, E.B. (2005). Alcohol consumption moderates the link between cannabis use and cannabis dependence in the Internet survey. *Psychology of Addictive Behaviors*, 19, 212-216.

Snowling, M. J., Goulandris, N., & Defty, N. (1996). A longitudinal study of reading development in dyslexic children. *Journal of Educational Psychology*, 88, 653-659.

Society for Research in Child Development. (1993). *Ethical standards for research with children.* Ann Arbor, MI: Author.

Solot, D., & Arluke, A. (1997). Learning the scientist' s role: Animal dissection in middle school. *Journal of Contemporary Ethnography*, 26 (1), 28-54.

Spradley, J. P. (1979). *The ethnographic interview*. Fort Worth, TX: Holt, Rinehart, and Winston.

Stake, R.E. (1978). The case study method in social inquiry. *Educational Researcher*, 7 (2), 5-9.

Stake, R. E. (1995). *The art of case study research*. Thousand Oaks, CA: Sage.

Stake, R. E. (1997). Case study methods in educational research. In R.M. Jaeger (Ed.), *Complementary methods for research in education* (2nd ed.).Washington, DC: American Educational Research Association.

Steinberg, J.A. (2002). Misconduct of others: Prevention techniques for researchers. *Observer*, 15, 11, 40.

Sternberg, R. J., Conway, B. E., Ketron, J. L., & Bernstein, M. (1981). People' s conception of intelligence. *Journal of Personality and Social Psychology*, 41, 37-55.

Stevens, S. S. (1946). On the theory of scales of measurement. *Science*, 103, 677-680.

Stevens, S. S. (1951). Mathematics, measurement, and psychophysics. In S. S. Stevens (Ed.), *Handbook of experimental psychology* (pp. 1-49). NewYork, NY: Wiley.

Stewart, D.W., Shamdasani, P. N., & Rook, D.W. (2009). Group depth interviews: Focus group research. In L.Bickman & D.J. Rog (Eds.), *The SAGE handbook of applied social research methods* (2nd ed., pp. 589-616). Thousand Oaks, CA: Sage.

Stolzenberg, R.M., & Land, K. C. (1983). Causal modeling and survey research. In P. H. Rossi, J. D. Wright, & A. B. Anderson (Eds.), *Handbook of survey research*. Orlando: Academic.

Strauss, A. (1995). Notes on the nature and development of general theories. *Qualitative Inquiry*, 1 (1), 7-18.

Strauss, A., & Corbin, J. (1990). *Basics of qualitative research: Grounded theory procedures and techniques.* Newbury Park, CA: Sage.

Strauss, A., & Corbin, J. (1994). Grounded theory methodology: An overview. InN.K. Denzin & Y.S. Lincoln (Eds.), *Handbook of qualitative research.* Thousand Oaks, CA: Sage.

Stringer, E.T. (1996). *Action research*.Newbury Park, CA: Sage.

Strunk, W., Jr., & White, E. B. (2000). *The elements of style* (4th ed.).NewYork, NY: Longman.

Sudman, S. (1976). *Applied sampling*.New York, NY: Academic.

Suen, H. K., & Ary, D. (1989). *Analyzing quantitative behavioral observation data.* Hillsdale, NJ: Erlbaum.

Tabachnick, B. G., & Fidell, L. S. (1996). *Using multivariate statistics.* New York, NY: Harper Collins.

Tallerico, M. (1993). *Gender and politics at work: Why women exit the superintendency.*Fairfax, VA: National PolicyBoard for Educational Administration.

Tashakkori, A., & Teddlie, C. (1998). *Mixed methodology: Combining qualitative and quantitative approaches.* Thousand Oaks, CA: Sage.

Tashakkori, A., &Teddlie, C. (Eds.). (2003). *Handbook of mixed methods in social and behavioral research.* Thousand Oaks, CA: Sage.

Tashakkori, A., &Teddlie, C. (2006, April). *Validity issues in mixed methods research: Calling for an integrative framework.* Paper presented at the annual meeting of the American Educational Research Association, San Francisco, CA.

Tashakkori, A., & Teddlie, C. (Eds.). (2010). *Handbook of mixed methods insocial and behavioral research* (2nd ed.).Thous and Oaks, CA: Sage.

Teddlie, C., & Stringfield, S. (1993). *Schools make a difference: Lessons learned from a 10-year study of school effects*. New York, NY: Teachers College Press.

Teddlie, C., & Tashakkori, A. (2006). A general typology of research designs featuring mixed methods. *Research in the Schools*, 13 (1), 12-28. Retrieved from http: //www.msera.org/Rits_131/Teddlie_Tashakkori_131.pdf

Teddlie, C., & Tashakkori, A. (2009). *Foundations of mixed methods research: Integrating qualitative and quantitative approaches in the social and behavioral sciences.*Thousand Oaks, CA: Sage.

Teddlie, C., & Yu, F. (2007). Mixed methods sampling: A typology with examples. *Journal of Mixed Methods Research*, 1 (1), 77-100.

Thompson, B. (1998, April 15). *Five methodology errors in educational research: The pantheon of statistical significance and other faux pas.* Invited address presented at the annual meeting of the American Educational Research Association, San Diego, CA.

Thorkildsen, T. A., Nolen, S. B., & Fournier, J. (1994). What is fair? Children' s critiques of practices that influence motivation. *Journal of Educational Psychology*, 86, 475-486, CA.

Tryfos, P. (1996). *Sampling methods for applied research: Text and cases*.NewYork, NY: Wiley.

Tryon, W. W. (1982).A simplified time-series analysis for evaluating treatment interventions. *Journal of Applied*

Behavior Analysis，15，423-429.

Tunnicliffe，S. D.（1995）. The content of conversations about the body parts and behaviors of animals during elementary school visits to a zoo and the implications for teachers organizing field trips. *Journal of Elementary Science Education*，7（1），29-46.

Turner，L.A.，Johnson，R.B.，& Pickering，S.（1996）. Effect of ego and task instructions on cognitive performance. *Psychological Reports*，78，1051-1058.

U.S.Office of the Surgeon General.（1964）. *Smoking and health: Report of the advisory committee to the surgeon general of the public health service*.Washington，Public Health Service，Office of the Surgeon General.

University of Michigan Survey Research Center.（1976）. *Interviewer' s manual*（Rev. ed.）. Ann Arbor，MI: Institute for Social Research.

Valentine，P.，& McIntosh，G.（1990）. Food for thought: Realities of a women-dominated organization. *Alberta Journal of Educational Research*，36（4），353-369.

Van Haneghan，J.P.，&Stofflett，R.T.（1995）. Implementing problem solving technology into classrooms: Four case studies of teachers. *Journal of Technology and Teacher Education*，3（1），57-80.

Van Manen，M.（1990）. Researching lived experience: *Human science for an action sensitive pedagogy*. London，Ontario，Canada: State University of NewYork Press.

Velleman，P. F.，& Wilkinson，L.（1993）. Nominal，ordinal，interval，and ratio typologies aremisleading. *The American Statistician*，47（1），65-72.

Verhallen，M.，Bus，A.G.，& de Jong，M.T.（2006）.The promise of multimedia stories for kindergarten children at risk. *Journal of Educational Psychology*，98，410-419.

Viadero，D.（2001，November 28）. Research: Smaller is better. *Education Week*. Retrieved from http: //www.edweek.org

Vogt，W.P.，& Johnson，R.B.（2011）. *Dictionary of statistics and methodology: A nontechnical guide for the social sciences*（4th ed.）. Thousand Oaks，CA: Sage.

Wasley，P.A.，Fine，M.，King，S. P.，Powell，L. C.，Holland，N. E.，Gladden，R.M.，& Mosak，E.（2000）. *Small schools: Great strides*. New York，NY: Bank Street College of Education.

Way，N.，Stauber，H.Y.，Nakkula，M. J.，& London，P.（1994）. Depression and substance use in two divergent high school cultures: A quantitative and qualitative analysis. *Journal of Youth and Adolescence*，23（33），1-357.

Webb，E. J.，Campbell，D. T.，Schwartz，R. D.，& Sechrest，L.（2000）. *Unobtrusive measures*. Thousand Oaks，CA: Sage.

Webb，E. J.，Campbell，D. T.，Schwartz，R. D.，Sechrest，L.，& Grove，J. B.（1981）. Nonreactive measures in the social sciences （2nd ed.）. Boston: Houghton Mifflin.

Weber，M.（1968）. *Economy and society*. NewYork，NY: Bedminster.

Weber，R.P.（1990）. *Basic content analysis*（2nd ed.）. Newbury Park，CA: Sage.

Wechsler，D.（1989）. *Wechsler preschool and primary scale of intelligence—revised*. San Antonio，TX: Psychological Corporation.

Weems，G. H.，& Onwuegbuzie，A. J.（2001）. The impact of midpoint responses and reverse coding on survey data. *Measurement and Evaluation in Counseling and Development*，34（3），166-176.

Weick，K. E.（1968）. Systematic observational methods. In G. Lindzey & E.Aronson（Eds.），*The handbook of social psychology*（Vol. 2，pp. 357-451）.Reading，MA: Addison Wesley.

Weiner，B.（Ed.）.（1974）. *Achievement motivation and attribution theory*.Morristown，NJ: General Learning Press.

Weisner，T.（2000）. Understanding better the lives of poor families: Ethnographic and survey studies in the New Hope experiment. *Poverty Research News*，4（1），10-12.

Weitzman，E.A.，& Miles，M. B.（1995）. *Computer programs for qualitative data analysis*. Thousand Oaks，CA: Sage.

Weng，L.，& Cheng，C.（2000）. Effects of response order on Likert type scales. *Educational and Psychological Measurement*，60（6），908-924.

Williamson，W.P.，Pollio，H.W.，& Hood，R.W.（2000）. A phenomenological analysis of the anointing among religious serpent handlers. *International Journal for the Psychology of Religion*，10（4），221-240.

Wineburg，S. S.（1991）. Historical problem solving: A study of the cognitive processes used in the evaluation of documentary and pictorial evidence. *Journal of Educational Psychology*，33，73-87.

Woolf，P. K.（1988）. Deception in science. In American Association for the Advancement of Science and American Bar Association Conference of Lawyers and Scientists，*Project on Scientific Fraud and Misconduct: Report on Workshop Number One*. Washington，DC: American Association for the Advancement of Science.

Worthen，B.R.，Sanders，J.R.，& Fitzpatrick，J.L.（1997）. *Program evaluation*. NewYork，NY: Longman.

Wright，B.E.，& Masters，G.N.（1982）. *Rating scale analysis*. Chicago，IL: Mesa Press.

Wynder，E. L.，& Graham，E.A.（1950）. Tobacco smoking as a possible etiologic factor in bronchogenic carcinoma. *Journal of the American Medical Association*，143，329-336.

Yin，R. K.（1981）. The case study as a serious research strategy. *Knowledge: Creation，Diffusion，Utilization*，3，84-100.

Yin，R. K.（1994）. *Case study research: Design and methods*. Thousand Oaks，CA: Sage.

Yin，R.K.（2009）. How to do better case studies（with illustrations from 20 exemplary cases）. In L. Bickrnan & D. J.Rog（Eds.），*Handbook of applied social research methods*（2nd ed.，pp.254-282）.Thousand Oaks，CA: Sage.

Yoder，P.（1990）. Guilt，the feeling and the force: A phenomenological study of the experience of feeling guilty. *Dissertation Abstracts International*，50，5341B.

Young，C.H.，Savola，K.L.，& Phelps，E.（1991）. *Inventory of longitudinal studies in the social sciences*. Newbury Park，CA: Sage.

Yin，R.K.（1998）.The abridged version of case study research: Design and method. In L. Bickrnan & D. J. Rog（Eds.），*Handbook of applied social research methods*（pp. 229-259）. Thousand Oaks，CA: Sage.

Yow，V.（1994）. *Recording oral history: A practical guide for social scientists*. Thousand Oaks，CA: Sage.

Ziller，R.C.（1990）. *Photographing the self: Methods for observing personal orientations*. Newbury Park，CA: Sage.

Zimney，G.H.（1961）. *Method in experimental psychology*. NewYork，NY: Ronald Press.

译后记

《教育研究：定量、定性及混合方法》（第四版）向广大读者描述了实证研究的基本逻辑以及研究思路的来源。其内容涉及到如何撰写研究计划、数据收集的方法、非实验定量研究、定性研究和混合研究中的数据分析、使用APA格式撰写研究报告等。该书的特色十分鲜明，会让有关研究的学习变得更轻松。除了开放性短文把当前事件和研究联系起来之外，每章开头都列有学习目标，以帮助学生思考他们到底将学到什么。同时每章都会有学习辅助措施来帮助学生复习核心概念。因此，对于教师和学生来说，《教育研究》是一本简单易懂而又影响深远的研究方法书籍。该书能够帮助学生理解多种教育领域和相关领域中的研究方法和策略，提高学生的阅读能力，训练学生批判性地看待各种研究和发表的文章，并提高他们撰写研究计划、设计问卷、独立开展实证研究的能力。

本书的译者及其所译章节如下：

马健生博　士，北京师范大学国际与比较教育研究院（前言）；

胡　淼博　士，外语教学与研究出版社（第1、2章）；

陈　晨博　士，山东师范大学教育学院（第3章）；

陈　玥博士生，北京师范大学国际与比较教育研究院（第4、13章）；

桂　敏博士生，北京师范大学国际与比较教育研究院（第5、14章）；

吴佳妮博士生，北京师范大学国际与比较教育研究院（第6、15章）；

宋薇薇硕　士，沈阳市教育研究院（第7、16章）；

张婷婷硕士生，北京师范大学国际与比较教育研究院（第8章）；

朱晓玲硕　士，北京师范大学国际与比较教育研究院（第9、17章）；

李　洋硕士生，北京师范大学国际与比较教育研究院（第10、19章）；

连　锦硕士生，北京师范大学国际与比较教育研究院（第11、20章）；

时晨晨、饶舒琪硕士生，北京师范大学国际与比较教育研究院（第12章）；

马子奇，北京师范大学心理学院（第18章）。

全书译稿完成后，由马健生进行了校订。由于译、校者水平所限，译文难免存在疏漏错误，敬请读者批评指正。

译者

2014年4月

Educational research: quantitative, qualitative, and mixed approaches/ Burke Johnson, Larry Christensen.—4th ed
English language edition published by SAGE Publications Inc., A SAGE Publications Company of Thousand Oaks, London, New Delhi, Singapore and Washington D.C.,© [2012] by SAGE Publications, Inc.

版贸核渝字（2012）第 187 号